## Contreplaqués

Il y a deux tailles de panneau : 1 200 mm x 2 400 mm (1,20 m x 2,40 m) — mesure fondamentale — ou 1 220 mm x 2 400 mm (1,22 m x 2,40 m) — conversion arithmétique du panneau de 4 pi x 8 pi. Autrement, il faut commander sur mesure. L'épaisseur (en métrique) des contreplaqués de catégories revêtement et *select* est fondée sur les mesures impériales, ce qui n'est pas le cas des contreplaqués poncés.

### Épaisseurs

| Catégories revêtement et *select* | | Catégorie poncée | |
|---|---|---|---|
| 7,5 mm | (⁵/₁₆ po) | 6 mm | (⁴/₁₇ po) |
| 9,5 mm | (³/₈ po) | 8 mm | (⁵/₁₆ po) |
| 12,5 mm | (½ po) | 11 mm | (⁷/₁₆ po) |
| 15,5 mm | (⁵/₈ po) | 14 mm | (⁹/₁₆ po) |
| 18,5 mm | (³/₄ po) | 17 mm | (²/₃ po) |
| 20,5 mm | (⁵/₆ po) | 19 mm | (³/₄ po) |
| 22,5 mm | (⁷/₈ po) | 21 mm | (¹³/₁₆ po) |
| 25,5 mm | (1 po) | 24 mm | (¹⁵/₁₆ po) |

## Grammes, litres et mètres

Les unités de base du système métrique sont le gramme pour le poids, le litre pour le volume et le mètre pour la longueur. Les autres unités s'obtiennent en multipliant ou en divisant par 10, 100 ou 1 000. Par exemple, le kilogramme représente 1 000 grammes, le centimètre, 1/100 ou 0,01 d'un mètre.

## Évaluation d...

Pour obtenir la supe... ...z la longueur par la largeur. Choisissez ensuite l'épais... ...convient pour voir de combien de mètres cubes de béton vous aurez besoin.

| Superficie (long. x larg.) en mètres carrés (m²) | Épaisseur en millimètres | | |
|---|---|---|---|
| | 100 | 130 | 150 |
| | volume en mètres cubes (m³) | | |
| 5 | 0,50 | 0,65 | 0,75 |
| 10 | 1,00 | 1,30 | 1,50 |
| 20 | 2,00 | 2,60 | 3,00 |
| 30 | 3,00 | 3,90 | 4,50 |
| 40 | 4,00 | 5,20 | 6,00 |
| 50 | 5,00 | 6,50 | 7,50 |

Pour un patio de 10 m de long sur 6 m de large ayant une épaisseur de 100 mm (soit 10 cm), faites le calcul suivant : 10 m x 6 m = 60 m² (superficie). En suivant le tableau ci-dessus, vous pouvez soit doubler la quantité requise pour une surface de 30 m² avec 100 mm d'épaisseur (2 x 3 m³ = 6 m³), soit additionner les quantités données pour 10 m² et pour 50 m² (1 m³ + 5 m³ = 6 m³).

## Fahrenheit et Celsius

Pour convertir des degrés Fahrenheit en degrés Celsius (autrefois appelés degrés centigrades), soustrayez d'abord 32, puis multipliez par ⁵/₉. Par exemple : 68°F - 32 = 36 ; 36 x ⁵/₉ = 20°C. Pour convertir des degrés Celsius en degrés Fahrenheit, multipliez par ⁹/₅, puis additionnez 32 au produit obtenu. Par exemple : 20°C x ⁹/₅ = 36 ; 36 + 32 = 68°F.

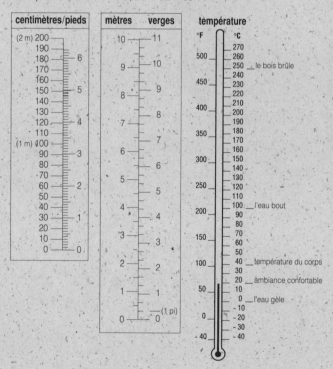

SÉLECTION DU READER'S DIGEST

# OUTILS ET TECHNIQUES DU BRICOLEUR

SÉLECTION DU READER'S DIGEST

# OUTILS ET TECHNIQUES DU BRICOLEUR

Sélection du Reader's Digest (Canada) Ltée, Montréal

# OUTILS ET TECHNIQUES DU BRICOLEUR

## Équipe de Sélection

**Rédaction**
Agnès Saint-Laurent

**Graphisme**
Cécile Germain

**Correction d'épreuves**
Joseph Marchetti

**Recherche**
Wadad Bashour

**Direction artistique**
John McGuffie

**Coordination**
Susan Wong

**Production**
Holger Lorenzen

## Autres collaborateurs à cette édition

**Traduction**
Paul Poirier
René Raymond
Suzette Thiboutot-Belleau

**Révision technique**
Michelle Pharand

**Secrétariat de rédaction**
Geneviève Beullac

**Index**
France Laverdure

**Illustrations**
Sylvia Bokor
Mario Ferro
Ray Skibinski
Robert Steimle
Robert Steimle, Jr.

**Photographies**
Michael Molkenthin (principales)
Richard Felber
Robert Laporta
Deborah Denker (couverture)

**OUTILS ET TECHNIQUES DU BRICOLEUR est l'adaptation du READER'S DIGEST BOOK OF SKILLS & TOOLS**

**Rédaction**
Sally French
Alice Philomena Rutherford

Copyright © 1993 The Reader's Digest Association (Canada) Ltd.
Copyright © 1993 The Reader's Digest Association, Inc.

Les crédits de la page suivante sont par la présente incorporés à cette notice.

Copyright © 1995 Sélection du Reader's Digest (Canada) Ltée
215, avenue Redfern, Montréal, Qué. H3Z 2V9

---

**Données de catalogage avant publication (Canada)**

Vedette principale au titre :

    Outils et techniques du bricoleur : répertoire illustré des outils et des matériaux canadiens : comment réussir tous vos travaux de bricolage

Comprend un index.
Traduction de : Reader's Digest book of skills & tools.

ISBN 0-88850-239-7

    1. Outils. 2. Bricolage. 3. Habitations — Chauffage et ventilation. I. Sélection du Reader's Digest (Canada) (Firme). II. Titre : Outils et techniques du bricoleur.

TT155.R4214 1994    621.9    C94-941099-3

Imprimé aux États-Unis d'Amérique

95 96 97 98 / 5 4 3 2 1

# REMERCIEMENTS

L'éditeur remercie les experts et les organisations suivantes qui ont bien voulu apporter leur concours à la réalisation de cet ouvrage.

Aberdeen's Magazine of
  Masonry Construction
Adjustable Clamp Company
Advanced Technology Inc.
AIN Plastics, Inc.
Allcraft Tool & Supply
  Company, Inc.
American Clamping Corp.
American Machine & Tool
  Co., Inc.
American Saw & Mfg. Company
American Tool Companies, Inc.
Ames Lawn and Garden Tools
Andrite, A Division of
  Wondrastone Co. Inc.
Arrow Fastener Company, Inc.
Association canadienne du
  ciment portland
Association canadienne de
  l'industrie de la peinture
  et du revêtement
Ball & Ball
Barrasso & Sons, Inc.
Richard J. Bell Company Inc.
S.A. Bendheim Company Inc.
Black & Decker
Boise Cascade Corp.
Botolpher & Lee, Inc.
BP Chemicals, Inc.–Filon
  Products
Brass Accent by Urfic, Inc.
Brick Institute of America
Brico Centre
Bridge City Tool Works, Inc.
C&A Wallcoverings
Central Hardware & Electric
  Corp.
Central Supply Inc.
Centre canadien d'hygiène et
  de sécurité au travail
Centre Do-It
Ciment St. Laurent Inc.
Colonial Bronze Co.
Concrete Paver Institute
Congoleum Corp.
Conseil canadien du bois
Conseil canadien des normes
Albert Constantine & Son, Inc.
Cooper Tools
Delta International Machinery
  Corp.

Ray Donarski
Tom Doyle
Dremel Power Tools
Eldorado Stone Corporation
Empak Company
Environnement Canada,
  Division des déchets solides
Fibre Glass Evercoat Co. Inc.
Flexi-Wall Systems
Florian Glass
Formica Corporation
Freud, Inc.
Garden State Flooring
Garrett Wade Company
GB Electrical, Inc.
GE Plastics
Glen-Gery Corporation
Goineau-Bousquet
Grinnell Concrete Pavingstones
Grizzly Imports, Inc.
Hafele America Co.
Hager Hinge Co.
Harris-Tarkett, Inc.
Hebron Brick Supply Co.
HEWI, Inc.
Hitachi Power Tools U.S.A.
  Limited
Hi-Way Concrete Products
Hyde Tools
Ilco Unican Corp.
Industrie Canada, Direction
  générale des produits
  chimiques et bio-industries
Industries Mondiales Armstrong
  Canada Ltée
Inter Design Inc.
International Wallcoverings Ltd.
The Irwin Company
Ives: A Harrow Company
Johnson Level and Tool
  Manufacturing Company, Inc.
Jolie Papier Ltd.
Kentile Floors Inc.
Kentucky Mill Work
Kentucky Wood Floors, Inc.
Keystone Retaining Walls
  Systems Inc.
Kwikset, A Black & Decker
  Company
Lasco Panel Products, div. of
  Tomkins Industries Inc.

Laticrete International
C.R. Laurence Company Inc.
Lazon Paints & Wallcoverings
LBI, Inc.
Lee Valley Tools Ltd.
LePage Ltée
McFeely's
Makita U.S.A. Inc.
Mannington Floors
Marion Tool Corp.
Marshalltown Trowel Company
Middletown Plate Glass Co. Inc.
Milwaukee Electric Tool Corp.
Monterey Shelf, Inc.
Benjamin Moore & Co.
Mosaic Supplies
Musolf Distributing Inc.
National Concrete Masonry
  Association
National Manufacturing
  Company
National Oak Flooring
  Manufacturers' Association
National Particleboard
  Association
National Wood Flooring
  Association
New Hippodrome Hardware
  Corp.
NicSand, Inc.
Office des normes générales
  du Canada
Owens-Corning Fiberglas Corp.
Padco, Inc.
Paxton Hardware
Peintures Glidden
Pfister Industries
Pittsburgh Corning Corporation
Plexi-Craft Quality Products
  Corp.
Porter-Cable Professional
  Power Tool Corporation
Potlatch Corporation
Power-Flo Products
PPG Industries
Red Devil, Inc.
Cynthia Rees Ceramic Tile
  Showroom
Rickel Do-It-Yourself Home
  Centers
Ridge Tool Company

Rio Grande Albuquerque
Robbins Inc.
Roofing Industry Educational
  Institute
Roysons Corporation
Ryobi America Corp.
S-A Power Tool Company
Sandvik Saws and Tools
Santé Canada, Direction
  générale de la santé
Schlage Lock Company
Shur-line Inc.
R&G Sloane Manufacturing Co.
Société canadienne
  d'hypothèques et de
  logement (SCHL)
Solo Metal Works Ltd.
South Street Ready-Mix
  Concrete
Stanley Tools
The L.S. Starrett Company
John Sterling Corp.
Stone Products Corporation
StoneWall™ Landscape
  Systems, Inc.
Structural Stone Company, Inc.
Tahran Painting & Decorating
  Center
Target Products Inc.
TECO/Lumberlok
3M Do-It-Yourself Division
Tremco Ltd.
Tremont Nail Company
Triangle Tool Group Inc.
Unicorn Universal Woods Ltd.
Unilock N.Y. Inc.
Vaughan & Bushnell Mfg. Co.
Vermont American Tool Co.
V.T. Industries, Inc.
Wallcoverings Association
Webster et fils
Wedge Innovations
R.D. Werner Company, Inc.
Wilde Tool Co., Inc.
Willson Safety Products
Ralph Wilson Plastics Co.
Wood Moulding and Millwork
  Producer's Association
F.W. Wostbrock Hardwood
  Floor Company, Inc.
Wright Products Corp.

## Sources des photographies

Andrite, A Division of Wondrastone Co. Inc., p.203 (toutes)
W. Cody/Westlight, p.202 (en bas, à gauche)
*The Family Handyman*, p.287 (les trois en haut)
Peter Gridley/FPG International, p.287 (en bas, à gauche)
Bill Hedrich, Hedrich-Blessing, p.287 (en bas, à droite)
R.D. Werner Company, Inc., p.87 (échelle extensible)

**Avertissement**

Toute activité de bricolage comporte un certain risque.
Les matériaux, les outils, les conditions de travail, sans
compter les aptitudes du bricoleur, peuvent varier de
façon significative. Bien que toutes les précautions aient
été prises par l'éditeur pour assurer l'exactitude et la
précision des directives, le lecteur demeure responsable
du choix de ses outils, de ses matériaux et de ses
méthodes de travail. C'est à lui qu'il incombe de se
conformer aux codes, aux règlements municipaux, aux
directives du fabricant et aux normes de sécurité.

*Outils et techniques du bricoleur* s'adresse à tous ceux qui prennent plaisir à manier les outils et à travailler autour de la maison. Si vous songez à vous construire un patio, à recouvrir vos comptoirs de cuisine, à rafraîchir vos murs ou si, de manière générale, vous aimez que les choses soient à la fois pratiques et bien faites, ce livre vous aidera de deux façons : en vous décrivant les outils et les matériaux dont vous aurez besoin et en vous indiquant comment arriver à vos fins.

*Outils et techniques du bricoleur* est divisé en huit grandes sections. La première, Outils, et la seconde, Ferronnerie, consistent de planches en couleurs illustrant plus d'un millier d'outils et de pièces accompagnés d'une description de leur utilisation. Vous y trouverez tous ceux qui sont d'usage courant — marteaux, scies, pinces, tournevis, clous et charnières — et d'autres qui, au contraire, sont très spécialisés comme le rouleau à tramer, la mèche à angles, la jauge de filetage et toute la gamme des gabarits de toupie. Où que vous ouvriez ce livre, tous les articles qui apparaissent sur une même double page sont de dimensions proportionnelles, c'est-à-dire qu'ils ont été photographiés à la même échelle — sauf quelques-uns dont on comprendra par leur position dans un encadré qu'ils sont ou bien plus grands ou bien plus petits que tous les autres.

Les six sections qui suivent décrivent comment employer ces outils et les pièces de ferronnerie selon le matériau que l'on a choisi. Les photographies en couleurs servent ici à illustrer soit le matériau brut, soit l'effet obtenu grâce à l'application d'une technique. Ces matériaux peuvent être notamment divers types de bois et de métaux, de moulures, de finitions du bois, de maçonnerie et de blocs de béton, de pierres, de dallages, de carreaux de céramique et de vinyle, de stratifiés, de verre, fibre de verre et de blocs de verre, de peinture et de papiers peints, de parquets et de revêtements de plancher. Les multiples techniques pour travailler ces matériaux sont décrites étape par étape avec d'abondantes illustrations en couleurs dans le style propre à Sélection du Reader's Digest. Le débutant trouvera ici des principes de base, tandis que l'expert pourra puiser une profusion de trucs et de conseils.

*Outils et techniques du bricoleur* n'est pas un recueil de plans à suivre pour réaliser des projets ; le but de ce livre est plutôt de vous montrer comment mettre à profit les outils et les matériaux disponibles sur le marché. Lorsque vous aurez compris les techniques de base, vous pourrez donner libre cours à votre créativité. Bien que ce livre n'aborde pas de travaux d'envergure (ceux d'électricité, de plomberie, de charpente en sont notamment exclus), les techniques qu'il décrit vous permettront d'exécuter vous-même une foule de travaux préparatoires et de réaliser d'importantes économies en ne laissant que l'essentiel aux soins des spécialistes.

Pour compléter ce livre, quelques courtes sections sont consacrées à l'organisation d'un atelier sécuritaire, aux consignes de prudence, à la planification des travaux (y compris les mesures standard d'espaces et de mobilier à l'intérieur d'une maison). Vous trouverez aussi un carnet d'adresses qui vous indique où vous procurer les pièces et les matériaux courants et ceux qui ne le sont pas. Et pour ceux qui ont l'intention de se lancer dans de grands travaux, quelques conseils pour déterminer quand recourir aux services d'un spécialiste et comment faire la sélection.

— LA RÉDACTION

# TABLE DES MATIÈRES

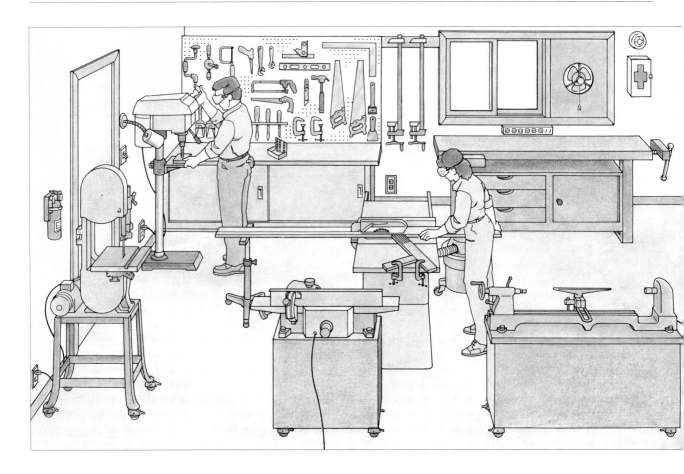

Un atelier où l'on trouve un établi solide, des outils de base, un équipement de protection adéquat et beaucoup d'espace de rangement facilite l'accomplissement de la plupart des travaux. Prévoyez de l'espace supplémentaire pour ajouter d'autres outils et accessoires à mesure que vous gagnerez en expérience et que vous entreprendrez des travaux plus complexes.

**Choix du local.** L'atelier idéal est aménagé dans un local fermé, bien aéré et conçu en vue du travail à effectuer. On peut le fermer à clé pour empêcher l'utilisation non autorisée des outils et des matériaux. Il permet de gagner du temps puisque les outils et les pièces en cours de façonnage peuvent rester en plan.

L'atelier doit mesurer au moins 8 x 10 pi (2,5 x 3 m). Construisez une nouvelle charpente ou convertissez en atelier un hangar, une pièce ou un grand placard que vous n'utilisez pas. Dans un garage ou un sous-sol, ajoutez un mur ou une grande porte coulissante pour séparer l'aire de travail des automobiles, du chauffe-eau ou de la buanderie. Dans un grenier, il est difficile de transporter des outils ou des matériaux de grandes dimensions, et la charpente peut ne pas être assez résistante pour supporter de lourdes charges : renforcez les solives.

**Électricité.** Confiez à un électricien la pose des fils électriques. Installez au plafond des fluorescents de forte intensité et utilisez des suspensions ou des baladeuses à pince pour diriger la lumière sur l'établi et les machines fixes. Si possible, posez un ventilateur aspirant au-dessus de l'établi.

Prévoyez des prises électriques pour tous les outils importants, des circuits autonomes pour certains outils et des prises de 220 V. Des prises supplémentaires vous éviteront de faire courir des fils sur le plancher ou les plateaux. Si vous devez faire courir un fil sur le plancher, recouvrez-le d'une moulure en bois de couleur voyante. Ne laissez jamais un fil sur une surface humide. Si l'atelier est humide (ou si vous travaillez à l'extérieur), les circuits électriques doivent comporter des disjoncteurs de fuite de terre (GFCI). En cas de défectuosité (un fil sous tension touchant le boîtier en métal d'un outil mis à la terre), le disjoncteur vous protégera en coupant le courant.

Évitez les rallonges électriques, dans la mesure du possible. Si vous devez en utiliser, veillez à ce qu'elles comportent une fiche à trois broches et que leur capacité excède celle du cordon de l'outil. Pour empêcher qu'une rallonge et le cordon d'un outil se détachent, nouez-en les extrémités, sans serrer, avant de les brancher.

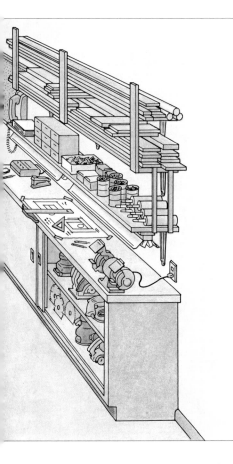

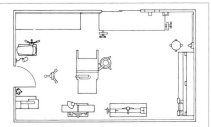

**Aménagez votre atelier** de façon que l'emplacement de l'établi soit fonctionnel par rapport aux machines fixes et aux principaux espaces de rangement. Si les dimensions du local le permettent, placez l'établi au centre ; si vous possédez une scie circulaire, laissez assez d'espace tout autour en vue de la manipulation de grands contreplaqués et installez une rallonge de plateau. En installant les machines fixes sur des supports munis de roulettes à frein, vous pourrez les déplacer et optimiser l'espace.

**Autres mesures de sécurité.** Installez un extincteur et des détecteurs de fumée. Choisissez un extincteur de classe A-B-C-D, conçu pour éteindre les feux causés par le bois, l'huile, l'essence, les produits chimiques et l'électricité. Vérifiez périodiquement l'état de l'extincteur et celui des piles des détecteurs de fumée.

Ayez à portée de la main une trousse de premiers soins et une liste de numéros de téléphone d'urgence. Posez sur les machines fixes des interrupteurs que ne peuvent actionner les enfants. Il existe des interrupteurs à clé et des dispositifs qui recouvrent et verrouillent la fiche.

**Construction d'un établi.** L'établi est le cœur de l'atelier. Il doit être solide et de bonnes dimensions. Vous pourrez l'acheter ou, mieux encore, le construire vous-même en fonction de vos besoins.

L'établi rudimentaire convient aux petits travaux et consiste en un panneau de particules ou de contreplaqué sous lequel sont fixées des pattes de métal (qui se vendent dans les centres de rénovation). Cependant, pour le bricoleur aguerri ou l'artisan, il faut un établi plus solide. Les marchands de bois offrent des établis préfabriqués ou en kits (voir pp. 348-353). Vous pourrez aussi construire un établi avec des 2 x 4 et, pour assurer la solidité, plusieurs feuilles de contreplaqué recouvertes d'un panneau de bois franc.

Ménagez des espaces de rangement en dessous de l'établi en y installant des tablettes, des tiroirs en bois ou en plastique et des bacs coulissants. Vous trouverez des plans d'établis, des plus simples aux plus complexes, dans divers manuels et revues qui traitent de bricolage et dans les centres de rénovation.

Pour bloquer les pièces à façonner, posez un étau d'établi et des griffes convenant à vos besoins. Si le plancher est en béton, posez un tapis antifatigue ou de la moquette de rebut devant l'établi et les machines fixes ; vous éviterez ainsi la fatigue des jambes et le refroidissement des pieds.

Une paire de chevalets vous permettra de supporter, pour les mesurer ou les couper, les longues pièces de charpente et les panneaux (contreplaqués et autres). Un contreplaqué posé sur deux chevalets constituera un plan de travail d'appoint pour effectuer les travaux de peinture, de teinture et de finition.

**Rangement.** Les outils, la quincaillerie et les matériaux non utilisés doivent toujours être rangés. Un atelier en désordre est propice aux incendies et aux accidents.

L'entreposage doit être sécuritaire et fonctionnel. Sur le mur situé le plus près de l'établi, fixez un panneau perforé muni de crochets : vous pourrez y accrocher les outils manuels dont vous vous servez le plus fréquemment. Disposez les crochets pour que les outils ne se touchent pas : vous les manipulerez ainsi facilement.

Rangez les petits outils électriques sur des rayons en métal ou en bois. Pour les clous et les vis, recyclez des boîtes de café en métal, et réservez au bois et aux autres matériaux un rayon ou un espace sec sur le plancher. Remisez dans des cartons les matériaux de rebut qui pourront servir pour d'autres travaux. Un système de rangement plus poussé pourra inclure de grosses boîtes à outils, des contenants de regroupement, des supports et des bacs en bois ainsi que des rayons, des placards et des tiroirs intégrés.

Placez les produits inflammables ou toxiques (peintures, diluants, adhésifs, huiles, etc.) dans une armoire métallique verrouillée. Quand vous n'en avez plus besoin, consultez les règlements municipaux pour savoir comment vous en débarrasser de façon à protéger votre environnement.

Choisissez vos outils en fonction de votre budget, de votre degré d'habileté et des travaux que vous allez vouloir accomplir. Les outils de qualité coûtent cher, mais vous n'avez pas besoin d'en acheter beaucoup pour commencer. Apprenez d'abord à manier quelques outils de base (manuels et électriques), et, au fur et à mesure que vous prendrez de l'assurance, vous pourrez en ajouter de nouveaux. Contentez-vous de louer les outils qui ne serviront qu'une fois. (Vous trouverez des adresses de fournisseurs aux pages 348-353.)

**Entretien des outils.** Un outil doit être convenablement entretenu pour rester à la fois efficace et sécuritaire. Affûtez, nettoyez ou remplacez les outils de coupe avant qu'ils ne soient endommagés ou émoussés.

La plupart des outils électriques sont scellés et n'ont pas besoin d'être lubrifiés. Toutefois, certains devront l'être, et vous aurez peut-être à changer les balais, le cordon ou l'interrupteur.

Avant de nettoyer un outil électrique, débranchez-le et essuyez-le avec

un linge ou une éponge humides. Ne le submergez jamais dans l'eau et n'utilisez pas de solvant. Dégagez les trous d'aération à l'air comprimé ou avec un aspirateur.

Si vous possédez des outils sans fil, n'utilisez que la pile et le chargeur d'origine. Il ne faut jamais charger ni ranger ce type d'outil-là à des températures inférieures à 40°F (4°C) ou supérieures à 105°F (40°C).

**Rangement des outils.** Rangez les outils de coupe là où leur tranchant sera protégé et ne risque pas de blesser qui que ce soit ni d'endommager d'autres outils. Pour empêcher la corrosion, il faut s'assurer d'entreposer les outils dans un lieu sec. Vaporisez un enduit antirouille sur ceux qui sont en acier ou encore placez des boules de camphre ou du papier antirouille dans les boîtes à outils et les meubles de rangement. Les vapeurs des boules de camphre forment sur les outils une pellicule antirouille, tandis que le papier dégage des vapeurs protectrices et absorbe l'humidité.

Les boîtes à outils de petite ou de moyenne dimension, à plateau amovible, servent à ranger les petits outils et à les transporter. Les boîtes plus volumineuses, à tiroirs, plateaux et compartiments, servent à ranger des outils et de la quincaillerie variés. Certaines sont même dotées de roulettes.

Quand vous travaillez ailleurs que dans l'atelier, utilisez une ceinture à outils pour transporter les outils de base et la quincaillerie. Il existe aussi des tabliers de grosse toile qui permettent de transporter des clous, des vis, des fixations diverses et de petits outils.

**Vêtements.** Lorsque vous travaillez, portez de préférence des chaussures ou des bottes de cuir résistantes, dotées de semelles antidérapantes ; évitez les chaussures de type sandales et les chaussures de toile. Roulez vos manches au-dessus du coude, attachez vos cheveux s'ils sont longs et ne portez jamais de bijoux qui pendent ni de vêtements amples, surtout si vous devez utiliser un outil électrique : ils pourraient être happés par l'outil et occasionner de graves accidents. Portez des gants pour manipuler les matériaux bruts, les objets à bords tranchants, le métal chaud ou le verre brisé. Portez-en aussi pour décharger des matériaux ou nettoyer l'atelier. Mais n'en portez jamais pour manipuler vos outils. Un outil manuel pourrait vous échapper et vous blesser, ou la lame d'un outil électrique happer votre gant et la main qu'il recouvre.

Portez des genouillères si vous travaillez longtemps à genoux. Une couverture repliée ou un journal épais feront aussi l'affaire.

**Protection des yeux et de l'ouïe.** Protégez vos yeux si vous effectuez un travail produisant de la poussière ou des copeaux ou si vous avez à manipuler des liquides dangereux. Les lunettes de sécurité sont généralement adéquates, mais les lunettes de protection sont encore plus efficaces et peuvent être portées par-dessus les lunettes ordinaires. Pour une protection complète, portez un écran facial.

**L'accumulation de sciure** et de copeaux constitue un risque d'incendie et l'inhalation des poussières est nocive. Reliez un collecteur de poussières ou un aspirateur d'atelier aux outils électriques produisant de la poussière. La plupart des outils ont un déflecteur de sciure ; à défaut, fabriquez un raccord en contreplaqué qui retiendra le tuyau, percez un trou pour recevoir le tuyau du collecteur, fixez le raccord sur l'outil et enfoncez l'ajutage du tuyau dans le trou. Vous pourrez même créer un système central en reliant divers outils à un collecteur à l'aide de tubes souples et de tuyaux et des raccords en PVC rigide.

Lorsque vous vous servez d'outils bruyants, portez un protecteur ou des bouchons d'oreilles. Ils filtrent les bruits dommageables tout en laissant passer la voix d'une personne.

**Bonnes habitudes de travail.** Quel que soit l'outil utilisé, pensez constamment à votre sécurité. Concentrez-vous, travaillez à un rythme qui vous convient et arrêtez dès que vous sentez venir la fatigue. Abstenez-vous des tâches dangereuses que vous ne vous sentez pas en mesure d'accomplir. Ne fumez jamais en travaillant.

Les enfants, les visiteurs et les animaux ne doivent jamais entrer dans l'atelier, encore moins quand vous utilisez un outil électrique : ils peuvent être à l'origine d'un accident en se mettant dans votre chemin ou en distrayant votre attention.

Tout outil mal utilisé représente un danger potentiel. Par mesure de sécurité, prenez l'habitude de lire la notice qui l'accompagne. N'excédez jamais la capacité d'un outil, pas plus que les limites de votre savoir-faire.

**Aération.** La poussière provenant du bois, du métal ou du béton est nocive, tout comme celle qui résulte du ponçage de certains bois, dont les bois traités sous pression. Un certain nombre d'enduits et de teintures sont des irritants pour la peau ou les yeux.

Aérez l'atelier : ouvrez les fenêtres et les portes ou faites fonctionner un ventilateur aspirant. Portez un masque antipoussières quand le besoin s'en fait sentir, et un respirateur en présence de vapeurs toxiques (adhésifs et décapants) ou d'isolant.

Les masques les plus efficaces sont approuvés par le National Institute for Occupational Safety and Health (NIOSH), des États-Unis. Parfois, les normes du NIOSH servent de référence aux organismes canadiens s'intéressant à la sécurité. Les respirateurs sont vendus avec des cartouches interchangeables, à codes de couleur, qui filtrent les poussières toxiques et les vapeurs émanant de produits comme la peinture, la laque ou les adhésifs.

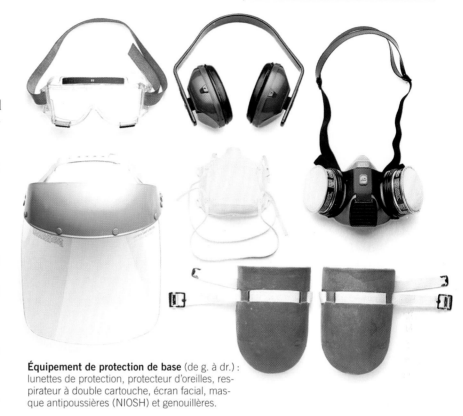

**Équipement de protection de base** (de g. à dr.) : lunettes de protection, protecteur d'oreilles, respirateur à double cartouche, écran facial, masque antipoussières (NIOSH) et genouillères.

### ▶ EMPLOI SÉCURITAIRE DES OUTILS ÉLECTRIQUES ◀

Pour une utilisation sécuritaire des outils électriques, observez toujours les mesures suivantes :
▷ Veillez à ce que l'outil utilisé soit antichoc et bien mis à la terre.
▷ N'utilisez pas d'outil électrique si vous êtes fatigué ou sous l'influence de médicaments, de drogues ou d'alcool.
▷ Repassez mentalement les étapes d'utilisation d'un outil avant de vous en servir.
▷ Utilisez toujours les dispositifs de sécurité des scies, comme le protège-lame, le couteau diviseur et le dispositif antirecul.
▷ Ne sciez pas de bois mouillé ; soyez prudent en sciant du bois gauchi ou noueux.
▷ Vérifiez s'il y a des clous, des vis ou des nœuds lâches avant de scier ou de percer.
▷ Les pièces longues ou larges doivent être soutenues : demandez de l'aide ou installez une rallonge.
▷ Bloquez bien toutes les pièces.
▷ Utilisez un presseur à peigne, un poussoir ou un gabarit pour diriger une pièce sur une lame en rotation.
▷ Ne laissez rien traîner sur le plateau.
▷ Ôtez les clés de réglage avant de lancer un outil.
▷ Avant de brancher un outil, voyez s'il est à *off* ; serrez les brides, les boutons, les écrous et les leviers ; assurez-vous que les lames sont bien fixées.

▷ N'utilisez jamais un outil électrique si vous êtes debout sur une surface mouillée.
▷ Ne laissez pas entrer les enfants et les animaux dans l'atelier.
▷ Gardez les mains et le corps loin de la trajectoire des lames.
▷ Gardez les cordons loin des lames.
▷ Ne tenez jamais un outil à bout de bras. Ne vous penchez jamais au-dessus de la lame d'un outil, quel qu'il soit.
▷ Tenez-vous d'un côté de la scie, au cas où la lame causerait le recul de la pièce.
▷ Après une coupe, éteignez l'outil et laissez la lame s'immobiliser d'elle-même.
▷ Ne touchez jamais à une lame en rotation.
▷ Si une lame se bloque, mettez l'outil hors circuit et débranchez-le avant de débloquer la lame.
▷ Si l'on vous interrompt pendant un travail, terminez d'abord ce que vous faites puis éteignez l'outil avant de répondre.
▷ Sur un banc de scie, enlevez le bois de rebut en vous servant d'un long bâton.
▷ Débranchez d'abord un outil que vous voulez régler ou dont vous voulez remplacer un accessoire.
▷ Affûtez ou remplacez sans attendre une lame émoussée ou endommagée.
▷ Ne transportez pas un outil en le tenant par son cordon.
▷ Soyez toujours vigilant.

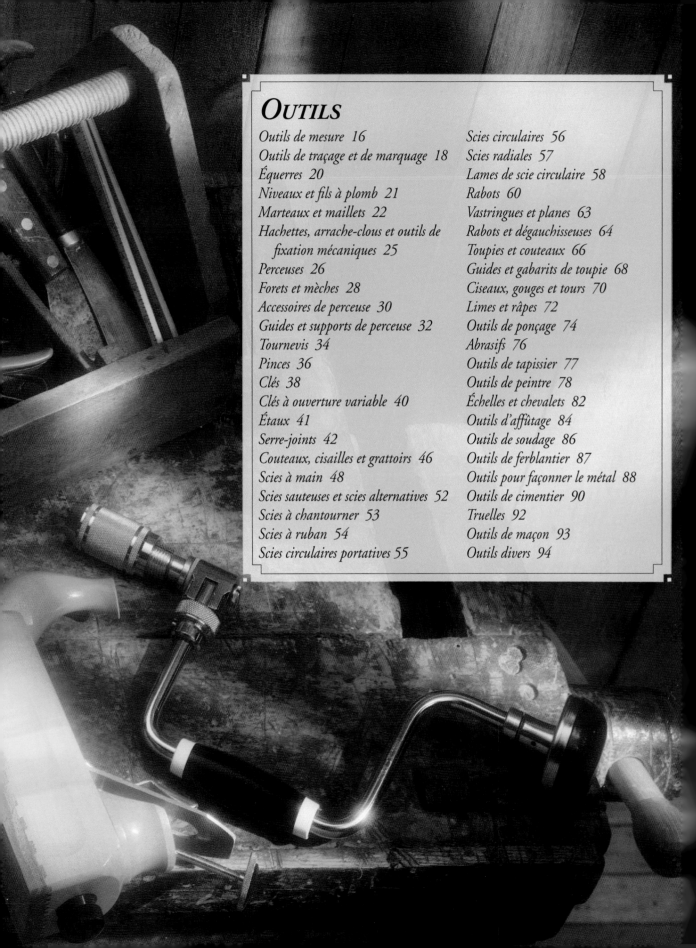

# OUTILS

# OUTILS DE MESURE

Pour effectuer tout travail de précision, qu'il s'agisse de la fabrication d'une simple boîte de bois ou de l'aménagement d'une salle de jeu, il importe de disposer d'un bon jeu d'outils de mesure. La moindre erreur de calcul pourra entraîner des défauts d'apparence ou de fonctionnement, car des pièces mal mesurées s'assembleront mal. Si la première mesure est erronée, l'erreur pourra s'amplifier à mesure que le travail progresse, ce qui donnera un résultat final décevant.

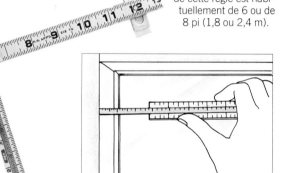

**Règle en acier.** Graduations impériales et métriques. Cette règle très droite peut servir de guide de traçage et de coupe. Sa longueur varie entre 12 et 48 po (de 30 à 120 cm).

**Règle pliante.** Se range dans un petit espace. Le modèle illustré, en bois franc, comporte une rallonge coulissante en laiton servant à la mesure de dimensions intérieures et de profondeurs. En outre, il indique l'espacement standard des montants de charpente. La longueur de cette règle est habituellement de 6 ou de 8 pi (1,8 ou 2,4 m).

**Ruban à mesurer.** Règle en métal souple (généralement remplaçable) logée dans un boîtier. À l'extrémité de la règle, un crochet permet de mesurer facilement de longues surfaces. La plupart des boîtiers sont en métal et dotés d'une pince à ceinture ainsi que d'un bouton permettant de bloquer la règle ; certains modèles servent aussi d'équerre (à droite). Les longueurs standards vont de 3 à 50 pi (1 à 15 m).

La rallonge sert aux mesures intérieures. Les mesures additionnées de la règle et de la rallonge donnent la longueur totale.

Mesure de formes non planes : partez de 2 po (5 cm) ; soustrayez 2 po (5 cm) du total.

**Micromètre.** Instrument de haute précision, dont la capacité maximale est de 1 po (2,5 cm). Il indique le plus souvent les dimensions extérieures.

**Jauge de filetage.** Outil qui permet de déterminer rapidement le pas d'une vis, d'un boulon, d'un écrou ou d'un alésage. Il suffit de placer l'une après l'autre contre le filetage les lames métalliques dentelées logées dans le boîtier, jusqu'à ce que le pas corresponde (il ne doit y avoir aucun jeu). Le numéro inscrit sur la lame indique le pas.

**Ruban à mesurer souple.** En fibre de verre, légèrement extensible, ou en inox souple, plus stable. Si vous prenez vos mesures seul, fixez le crochet à un clou. Une manivelle permet de réenrouler le ruban. Le ruban peut atteindre 300 pi (90 m), longueur idéale lorsqu'il s'agit d'effectuer des travaux à l'extérieur.

**Appareil électronique de mesure de distance.** Il émet des ultrasons sur une distance pouvant atteindre 250 pi (76 m). Les ultrasons sont réfléchis par une surface plane et l'appareil en indique la distance. Recherchez un modèle pouvant servir de calculatrice.

**Calibre d'épaisseur.** Il sert au calibrage de tôles ou de fils. Pour l'utiliser, poussez le fil ou la tôle dans les ouvertures jusqu'à ce que l'épaisseur et l'ouverture correspondent. Le numéro de l'ouverture indique le calibre.

16  Outils

**Compas à ressort.** Outil qui trace des cercles, des arcs et des lignes parallèles. Deux branches à pointe sèche sont retenues par un ressort. Une vis règle l'écartement. Le compas est un outil idéal pour rapporter les mesures précises d'une règle sur une pièce à façonner ou vice versa. Pour marquer les fractions successives d'une longueur donnée, déplacez-le en ligne droite en le faisant pivoter, une branche passant devant l'autre.

**Compas d'intérieur.** Doté de branches droites (retenues par un ressort ou un axe de frottement dur) et de pointes orientées vers l'extérieur, il sert à rapporter ou à prendre des mesures intérieures (diamètre intérieur de tuyaux).

**Compas d'épaisseur.** Les branches cintrées servent à prendre ou à rapporter des mesures extérieures et à mesurer le diamètre d'un tuyau ou d'une tige tournée.

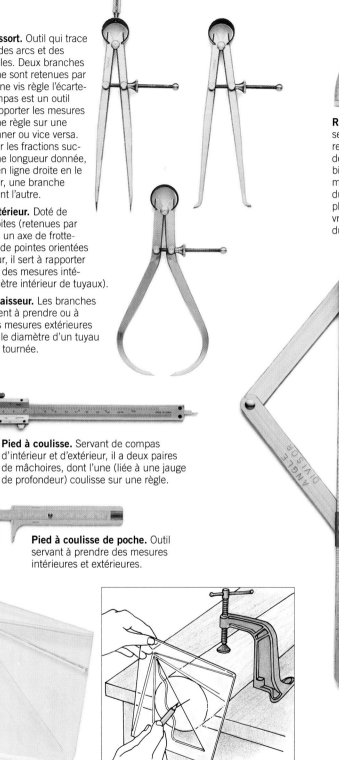

**Pied à coulisse.** Servant de compas d'intérieur et d'extérieur, il a deux paires de mâchoires, dont l'une (liée à une jauge de profondeur) coulisse sur une règle.

**Pied à coulisse de poche.** Outil servant à prendre des mesures intérieures et extérieures.

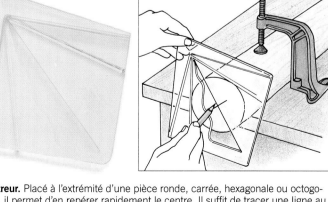

**Centreur.** Placé à l'extrémité d'une pièce ronde, carrée, hexagonale ou octogonale, il permet d'en repérer rapidement le centre. Il suffit de tracer une ligne au crayon en prenant appui sur la partie droite, puis de faire pivoter le centreur sur 90° et de tracer une autre ligne. Le centre se trouve à l'intersection des lignes.

**Rapporteur.** Outil servant à mesurer et à rapporter des angles et des biseaux. Fait de matériaux allant du plastique léger au métal lourd, il a une tête hémisphérique portant deux séries de graduations qui couvrent 180° dans deux sens opposés. La règle pivotante du plus petit modèle sert de jauge de profondeur.

**Diviseur d'angle.** Il permet de mesurer tout angle et de le rapporter sur une pièce. Ses branches sont fixées sur une règle à coulisse graduée de 10° à 170°. Une vis bloque l'outil à l'angle voulu.

**Rapporteur universel.** Outil utilisé pour mesurer ou rapporter des angles intérieurs ou extérieurs de 0° à 360°. Il suffit d'écarter les branches à l'angle voulu (indiqué par le cadran ou la pièce), de les bloquer au moyen du bouton placé au centre du cadran et d'effectuer la lecture ou le rapport. Le rapporteur sert aussi à mesurer les onglets et à vérifier la précision des angles, l'équerrage et la rectitude.

De nombreux travaux nécessitent le traçage d'angles, de courbes et de lignes droites. Des outils spéciaux sont nécessaires au traçage précis d'un motif. Les rapporteurs et les compas sont le plus souvent utilisés pour tracer des courbes ; il existe toutefois d'autres outils. Bon nombre d'outils combinés servent à des usages variés. Pour rapporter des repères et des lignes de coupe, vous aurez besoin de traçoirs, de pointes à tracer, de poinçons, de cordeaux et de trusquins divers.

**Pistolets.** Faits d'acrylique transparent, ils servent à tracer des formes irrégulières et des détails de perspective, ainsi qu'un nombre illimité de courbes identiques.

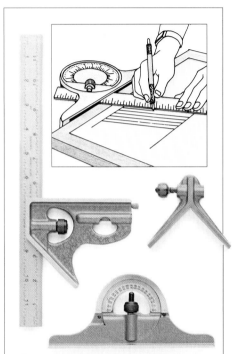

**Compas porte-crayon.** Outil qui trace des arcs et des cercles. Logez un crayon dans la branche courte, réglez l'écartement, placez la pointe sèche au centre du cercle à tracer et faites tourner le crayon sur 360°.

**Fausse équerre.** Outil réglable servant à mesurer, à vérifier et à rapporter des angles. Sa poignée est en bois ou en plastique. Un écrou à ailettes bloque à l'angle voulu la branche en métal. Fixez l'angle en le copiant ou en utilisant un rapporteur. L'extrémité à 45° sert dans les coins en onglet.

**Équerre-niveau à combinaisons.** Elle combine règle, rapporteur, équerre et centreur. Rapporteur : bloquez-le sur la règle à l'angle voulu, placez la partie plate de la tête sur le bord de la pièce et tracez une ligne. Centreur : bloquez-le sur la règle, placez les branches sur le cercle et tracez une ligne en vous appuyant sur la règle.

**Compas d'ellipse.** Pour tracer de grands cercles et de grands arcs, fixez les compas sur une règle, une planche ou une barre, la distance les séparant étant égale au rayon du cercle ou de l'arc à tracer.

**Compas à vernier.** Plus précis qu'un compas ordinaire. Sa mine peut être remplacée par une pointe d'acier servant à rayer le métal.

**Outil combiné.** Il remplace sept outils : règle de 18 po (45 cm), équerre, rapporteur, clinomètre, plomb et niveau (en fait, quatre niveaux distincts permettant des lectures dans diverses positions). Pour utiliser l'outil comme une équerre ou une fausse-équerre, glissez la règle dans la tourelle tournante. Elle indique les degrés d'un côté et la pente de l'autre.

**Pistolet déformable.** Constitué d'un faisceau de bandes de plomb recouvert de vinyle, il permet de créer, de rapporter et de reproduire des formes inhabituelles. Donnez-lui une forme, tenez-le en place et tracez le motif.

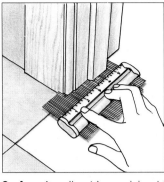

**Conformateur.** Il sert à reproduire et à rapporter un profil irrégulier. Il comporte une série de tiges mobiles, en métal ou en plastique, qui épousent la forme de l'objet contre lequel elles sont appuyées.

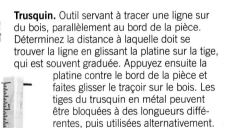

**Pointeaux.** On les frappe avec un marteau. L'amorçoir (en haut) et le pointeau de traçage (au centre), plus pointu, ont une pointe biseautée servant à entamer le métal ou le bois avant le perçage. Le chasse-goupille (en bas) a une tige droite et une pointe plate ; il sert à dégoupiller certains assemblages.

**Trusquin.** Outil servant à tracer une ligne sur du bois, parallèlement au bord de la pièce. Déterminez la distance à laquelle doit se trouver la ligne en glissant la platine sur la tige, qui est souvent graduée. Appuyez ensuite la platine contre le bord de la pièce et faites glisser le traçoir sur le bois. Les tiges du trusquin en métal peuvent être bloquées à des longueurs différentes, puis utilisées alternativement.

**Trusquin à double traçoir.** Pour tracer deux lignes sur le bord d'une pièce de bois à mortaiser, bloquez la platine à la distance exacte, appuyez-la contre la pièce et faites glisser le traçoir sur le bois.

**Traçoir à métal.** On l'utilise pour faire de légères marques sur le métal tendre (motif, ligne de coupe, instruction qui sera dissimulée ultérieurement).

**Pointe à tracer.** Elle sert à faire de petits avant-trous pour des clous, un foret ou des vis. Elle remplace un crayon s'il faut tracer des lignes très fines. Sa poignée est en bois ou en plastique. L'outil permet aussi de percer des trous dans le cuir ou le vinyle.

**Pointeau automatique.** Doté d'un ressort, il s'utilise sans marteau. Il suffit de le tenir d'une main et de l'appuyer fermement à l'endroit que l'on veut marquer.

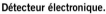

**Cordeau.** Boîtier rempli de craie qui contient une ficelle de 50 à 100 pi (15 à 30 m) de longueur, servant à tracer de longues lignes droites. Il suffit de tendre la ficelle, de la soulever puis de la faire claquer.

**Roulette à patron.** Outil servant à faire de légères perforations dans le bois. On peut l'utiliser avec du papier carbone pour tracer des lignes pointillées.

**Détecteur électronique.** Il repère les montants dans les murs en mesurant les changements de densité. Il existe aussi des détecteurs magnétiques, peu coûteux, qui détectent les vis et les clous fixant les revêtements aux montants. La présence de tuyaux ou de fils peut toutefois fausser leur lecture.

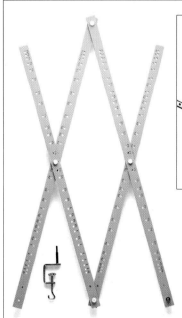

**Pantographe.** Pour agrandir ou réduire un dessin, fixez le pantographe à une table à dessin ou à une planche ; installez-le comme ci-dessus ; réglez-le en fonction de l'échelle choisie. D'une main, guidez la pointe sur l'original ; de l'autre, guidez le crayon servant à la reproduction.

# ÉQUERRES

Outil de dessin et de mesure, l'équerre est essentielle pour le marquage et l'assemblage. Pour tracer des lignes, placez la poignée parallèlement à l'objet et effectuez le traçage le long de la branche. Les modèles dont la branche et la poignée forment un angle de 90° peuvent servir à vérifier la perpendicularité d'une coupe ou d'un assemblage. Certaines équerres ont une branche et une poignée destinées à tracer des angles aigus ou obtus.

**Équerre en T réglable.** Outil résistant servant au traçage de lignes à différents angles sur des surfaces de grandes dimensions. Sa poignée mesure généralement 48 po (1,2 m) ; la branche pivotante de 22 po (56 cm) peut être bloquée à tout angle.

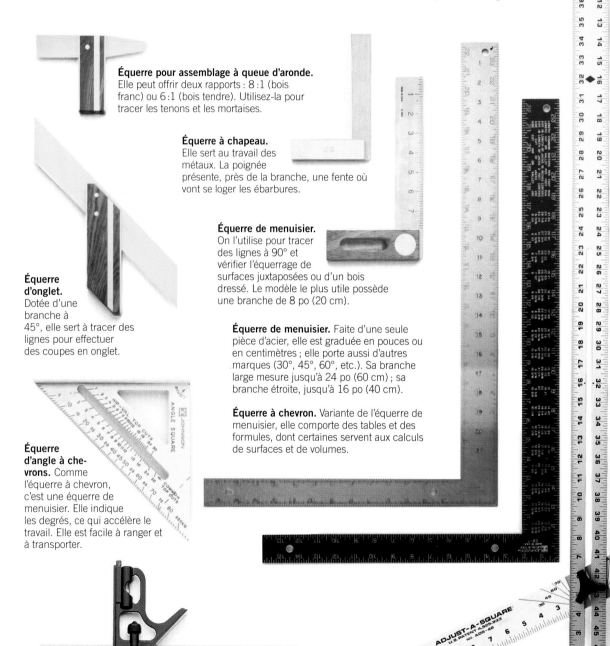

**Équerre pour assemblage à queue d'aronde.** Elle peut offrir deux rapports : 8 :1 (bois franc) ou 6 :1 (bois tendre). Utilisez-la pour tracer les tenons et les mortaises.

**Équerre à chapeau.** Elle sert au travail des métaux. La poignée présente, près de la branche, une fente où vont se loger les ébarbures.

**Équerre de menuisier.** On l'utilise pour tracer des lignes à 90° et vérifier l'équerrage de surfaces juxtaposées ou d'un bois dressé. Le modèle le plus utile possède une branche de 8 po (20 cm).

**Équerre d'onglet.** Dotée d'une branche à 45°, elle sert à tracer des lignes pour effectuer des coupes en onglet.

**Équerre de menuisier.** Faite d'une seule pièce d'acier, elle est graduée en pouces ou en centimètres ; elle porte aussi d'autres marques (30°, 45°, 60°, etc.). Sa branche large mesure jusqu'à 24 po (60 cm) ; sa branche étroite, jusqu'à 16 po (40 cm).

**Équerre à chevron.** Variante de l'équerre de menuisier, elle comporte des tables et des formules, dont certaines servent aux calculs de surfaces et de volumes.

**Équerre d'angle à chevrons.** Comme l'équerre à chevron, c'est une équerre de menuisier. Elle indique les degrés, ce qui accélère le travail. Elle est facile à ranger et à transporter.

**Équerre combinée.** Équerre qui possède plusieurs des caractéristiques des outils de mesure et de marquage. Elle peut servir d'équerre de menuisier, d'équerre d'onglet (45°) et de niveau.

# NIVEAUX ET FILS À PLOMB

Qu'il s'agisse d'installer un lavabo, d'enfoncer un poteau de clôture ou d'ériger un mur, il importe que les surfaces soient d'aplomb et de niveau. Le niveau à bulle d'air (nivelle) comporte une ou plusieurs fioles transparentes remplies de liquide. La bulle d'air emprisonnée dans le liquide indique qu'une surface est bien de niveau quand elle se trouve au centre.

**Niveau numérique.** Outil qui remplit le même rôle que les autres niveaux. Sur les modèles plus anciens, des voyants clignotants indiquent si la surface est oui ou non de niveau. Les modèles plus récents offrent une lecture numérique en degrés, en pouces par pied et en pourcentages et un affichage simulant une bulle d'air.

**Niveau torpille.** Variante plus courte du niveau de menuisier, il mesure de 8 à 9 po (20 à 23 cm). Il comporte d'ordinaire trois fioles (horizontale, verticale, à 45°), dont la lecture se fait par le dessus ou par les côtés. Sa base, parfois rainurée, permet de le poser sur un objet rond.

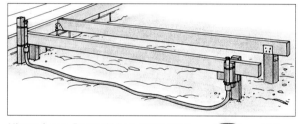

**Niveau de menuisier** (centre). Il comporte un nombre variable de fioles horizontales et verticales, réglables ou remplaçables. D'ordinaire, le cadre est en aluminium, en laiton, en magnésium, en plastique ou en bois ; il peut être aimanté. Avant d'acheter un niveau, vérifiez sa précision sur une surface qui est de niveau. Les longueurs standards sont de 24 et de 48 po (60 et 120 cm). Pour vérifier une pente, mettez sur la surface un niveau de 48 po (122 cm). Ajoutez sous l'outil des blocs de bois. Chaque pouce (2,5 cm) d'un bloc représente une pente de ¼ po par pied (6 mm par 30 cm).

**Niveau de maçon.** Semblable au niveau de menuisier, il comporte des fioles très résistantes, un cadre en bois franc bordé de laiton et des embouts en caoutchouc. Étant plus long (son cadre mesure jusqu'à 72 po [180 cm]), il s'utilise sur des structures en béton ou en brique.

**Niveau à eau.** Raccordé à un tuyau d'arrosage rempli d'eau, il permet de fixer une hauteur sur une distance qui n'est limitée que par la longueur du tuyau. Pour l'utiliser, vissez un tube à chaque extrémité du tuyau et remplissez celui-ci d'eau. Soulevez l'un des tubes jusqu'à ce que l'eau atteigne le niveau désiré ; le niveau de l'eau dans l'autre tube sera le même.

**Niveau de ligne.** Niveau miniature que l'on accroche à une ficelle tendue entre deux points. Doté d'une fiole standard, il sert dans divers travaux (maçonnerie, installation de clôture, aménagement paysager).

**Niveau multifonction.** Un cadran indique l'horizontalité et l'inclinaison (en degrés). Certains modèles sont dotés d'un aimant servant à les fixer à des outils métalliques (règle, équerre, etc.).

**Niveau rond.** Utile pour vérifier l'horizontalité des meubles, des électroménagers, des véhicules récréatifs et des embarcations de plaisance. La surface est horizontale si la bulle d'air se trouve au centre du repère circulaire.

**Fil à plomb.** Outil qui consiste en un poids fixé au bout d'un fil. Pour vérifier la verticalité d'un élément (papier peint, panneau, etc.), suspendez le fil à plomb juste à côté, le poids près du sol, et attendez qu'il se soit immobilisé.

La dimension et le poids des marteaux varient. Optez pour un outil de qualité, bien équilibré, convenant à votre main, à votre force et à l'usage envisagé. Un marteau de qualité a une tête en acier forgé et un manche en bois franc, en fibre de verre, en graphite ou en acier. Évitez les têtes en fonte et les manches en bois tendre. Une tête de frappe rugueuse empêchera le marteau de dévier et les clous d'être projetés dans les airs ; on évitera cependant d'utiliser ce type de marteau sur une surface finie, qu'il marquerait. Les manches sont profilés, assurant une bonne prise ; d'autres sont antidérapants.

**Marteau à panne ronde.** Marteau doté d'une tête de frappe plate pour frapper des ciseaux à froid et des pointeaux et d'une panne ronde pour façonner le métal tendre. Manche (bois ou fibre de verre) : 10-16 po (25-40 cm) ; tête : 2-48 oz (60 g-1,3 kg) ; une tête de 20 oz (600 g) convient à la plupart des usages.

**Marteau à démolir.** Il ressemble au marteau à panne fendue, mais comme sa panne est presque droite, il arrache moins bien les clous. Il est excellent pour forcer ou arracher des planches, des lattes et des panneaux. Manche : 10-17 po (25-43 cm) ; tête : 10-22 oz (280-625 g). Il existe des marteaux à démolir plus lourds ou munis d'une tête aimantée.

**Marteau à panne fendue.** Outil servant à enfoncer des clous communs ou à finir, mais pas des clous découpés ni des clous à béton, qui risquent de l'endommager. Sa panne très recourbée permet d'arracher des clous. Tête : 10-24 oz (280-680 g) ; manche : 10-16 po (25-40 cm).

**Massette.** Elle ne marque pas les surfaces, sa tête comportant des tables en plastique, dur ou mou. On l'utilise pour l'assemblage, le sertissage et le démontage (bois ou métal tendre). Tête : 1½-32 oz (40-900 g) ; manche : 8-14½ po (20-37 cm).

**Marteau de rembourreur.** Petit et léger, il retient les pointes à enfoncer. Manche (bois) : 10-11 po (25-28 cm) ; tête : 5-8 oz (140-230 g). L'une des têtes est aimantée ; l'autre sert à frapper ou à arracher des pointes. Utilisé en ébénisterie et en rembourrage.

**Marteau de maçon.** Sa tête plate sert à fixer les briques dans le mortier ; la table en coin, à les couper ou à enlever l'excédent de mortier. Tête : 10-24 oz (280-680 g) ; manche (bois ou acier tubulaire) : 8-14½ po (20-37 cm).

**Marteau à panne plate.** Il est doté d'une tête de frappe plate et d'une panne se terminant en pointe. Bien équilibré, il est utilisé traditionnellement en ébénisterie. On peut tenir un clou avec deux doigts et le frapper avec la panne sans se blesser. Tête : 3½-12 oz (100-340 g) ; manche : 10½-15 po (27-38 cm).

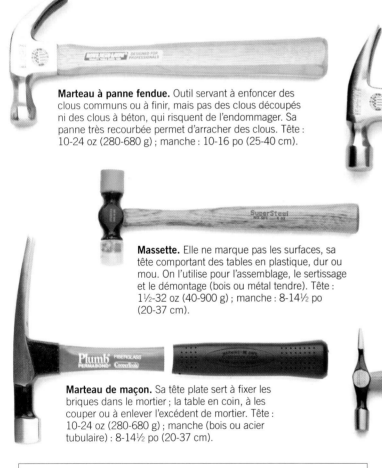

**Chasse-clou.** Il sert à noyer les clous dans le bois. Placez sa pointe sur la tête du clou et frappez-le avec un marteau. Le diamètre de la pointe varie de ⅓₂ à ⁵⁄₃₂ po (0,75 à 3,75 mm).

**Marteau de bijoutier.** Léger, il est idéal pour réaliser des travaux délicats (modèles réduits, bijoux, etc.). Tête : 2½-3 po (6-8 cm) ; manche : 8½-10 po (22-25 cm).

**Masse.** Outil permettant, grâce à son poids, de briser le béton ou d'enfoncer de gros crampons, des pieux ou des ciseaux dans la pierre, la brique, etc. Tête (acier) : 2-20 lb (1-9 kg) ; manche (bois ou fibre de verre) : 10-36 po (25-90 cm). Les lourdes masses à long manche servent principalement aux travaux de démolition.

**Marteau à démolir à haute résistance.** Il sert à assembler et à démonter les charpentes. Sa panne est plus étroite et plus droite que celle du marteau à démolir standard. Son manche de hachette de 17 po (43 cm) offre une plus grande puissance de levier et tourne moins dans la main. Sa tête pèse 23 oz (650 g).

**Massette de maçon.** Outil servant à frapper des ciseaux de maçon, des clous trempés, des pointeaux et des ciseaux à froid ou à brique. Tête (métal) : 2½-4 oz (70-120 g) ; manche (bois) : 10 po (25,4 cm).

**Maillet de menuisier en bois.** On l'utilise pour assembler des pièces de bois, frapper des ciseaux et installer des pièces de métal sans les marquer. Tête (hêtre, gaïac) : 2½-7 po (6-18 cm), 6-30 oz (170-850 g).

**Maillet en caoutchouc.** Surtout utilisé pour réaliser des travaux d'assemblage et de carrosserie. Tête (caoutchouc noir rigide ou caoutchouc blanc ne marquant pas) : 18-32 oz (500-900 g) ; manche (bois) : 10-13 po (25-33 cm).

**Maillet de sculpteur.** Il sert à frapper des ciseaux et autres outils de sculpture. Tête (bloc de gaïac) : 16-40 oz (450 g-1,1 kg), 4-6 po (10-15 cm). Rangez cet outil dans un sac en plastique pour éviter son dessèchement.

**Marteau à amortisseur.** Une tête remplie de grenaille d'acier et d'huile absorbe l'énergie des coups et supprime, par le fait même, les rebonds. Tête : 8 oz-4 lb (230 g-1,8 kg) ; manche : 10-14 po (25-35 cm).

**Maillet à deux têtes.** Il est muni de deux têtes de frappe, l'une ronde (1⅝ po [4 cm]) pour conférer au métal en feuille une forme concave dans une forme en bois, l'autre en coin (1⅝ x ¼ po [4 x 0,6 cm]) pour façonner le métal sur une enclumette.

**Maillet de cuir.** Sa tête est en cuir comprimé (3-30 oz [85-850 g]), son manche en bois (11-12 po [28-30 cm]). Cet outil peut remplacer le maillet de menuisier en bois.

# MARTEAUX À MÉTAL, TAS ET ENCLUMES

On façonne souvent les métaux avec un marteau, d'où la multiplicité de marteaux spéciaux. La tête de frappe doit rester propre et lisse, car le moindre défaut sera imprimé sur le métal. Il est bon de garder à portée de la main une toile à polir ou un tampon gras pour essuyer la tête pendant le travail. Enduisez de vaseline, de cire ou d'huile la tête d'un marteau qui demeurera inutilisé durant une longue période.

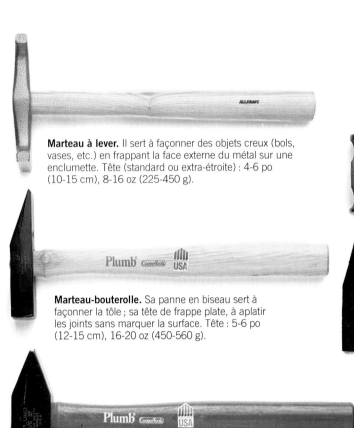

**Marteau à ciseler.** Il sert à frapper des ciseaux qui impriment dans le métal des motifs décoratifs. Ce travail est exécuté dans un bol rempli de poix. Tête : 2-8 oz (60-225 g).

**Marteau à repousser.** Malgré son nom, il sert à estamper, à atteindre des zones difficiles d'accès ou à exécuter un bosselage. Tête : 4-6 po (10-15 cm), 3-18 oz (85-500 g).

**Marteau à dresser.** On l'utilise pour aplatir et renforcer la tôle en la façonnant. Tête : 2-8 po (5-20 cm), 2-19 oz (56-540 g). Il peut comporter une tête carrée et une tête ronde.

**Marteau à lever.** Il sert à façonner des objets creux (bols, vases, etc.) en frappant la face externe du métal sur une enclumette. Tête (standard ou extra-étroite) : 4-6 po (10-15 cm), 8-16 oz (225-450 g).

**Marteau-bouterolle.** Sa panne en biseau sert à façonner la tôle ; sa tête de frappe plate, à aplatir les joints sans marquer la surface. Tête : 5-6 po (12-15 cm), 16-20 oz (450-560 g).

**Marteau à forger.** Il sert à façonner tiges et barres de métal. Tête : 4-6 po (10-15 cm), 3-18 oz (85-500 g). Il a d'ordinaire une tête un peu bombée ou plate et une autre pointue.

**Marteau de forgeron.** Utilisé pour façonner sur une enclume du métal chauffé, enfoncer des crampons, des pieux, des rivets et clous trempés, frapper des ciseaux et exécuter tout travail demandant une lourde tête. Tête : 2-4 lb (1-1,8 kg). L'une des têtes de frappe est plate ; l'autre pointue.

**Enclume.** C'est l'un des outils de façonnage du métal les plus anciens et les plus utilisés : il en existe de nombreux modèles. Le plus répandu a une table plate et une bigorne conique. Les enclumettes, dont le poids varie de 5 à 50 lb (2,2 à 22 kg), servent aussi à façonner le métal. La barre horizontale de l'enclumette en T peut être incurvée ou conique. L'enclumette plate et celle en forme de champignon sont beaucoup utilisées. On introduit l'outil dans un support (illustration) boulonné à l'établi ou à une enclume. On façonne aussi le métal à l'aide de blocs rectangulaires et de mandrins coniques.

# HACHETTES, ARRACHE-CLOUS ET OUTILS DE FIXATION MÉCANIQUES

Il existe de nombreux outils semblables au marteau par leur forme ou leur fonction. La hachette, bien sûr, sert à couper plutôt qu'à frapper ou à façonner, mais elle possède souvent une tête de frappe. D'autres outils, manuels ou électriques, servent à enfoncer des pointes et des agrafes. Les travaux d'arrachement trop difficiles à effectuer avec un marteau standard peuvent être exécutés avec de gros leviers ou des arrache-clous.

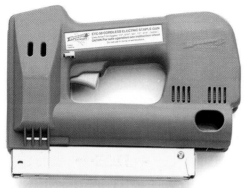

**Agrafeuse électrique.** Elle sert à agrafer rapidement et facilement des matériaux épais ou de grandes dimensions ; il suffit de la poser sur le matériau et d'appuyer sur la détente.

**Hachette à placoplâtre.** Elle sert à couper, à positionner et à fixer le placoplâtre. Sa tête de frappe permet d'enfoncer et de noyer les clous sur des surfaces plates et près des coins. Sa fente biseautée sert à arracher les clous ; son tranchant, à découper et à entailler. Manche : 12½-16 po (32-40 cm) ; tête : 12-14 oz (340-400 g).

**Demi-hachette.** D'usage général, elle sert à la fois de marteau et de hachette. Elle permet aussi d'arracher les clous. Manche (généralement en bois) : 12-14 po (30-35 cm) ; tête : 20-30 oz (570-850 g).

**Outil de fixation.** Le cylindre aimanté à ressort retient de petites pointes que l'on enfonce par simple pression.

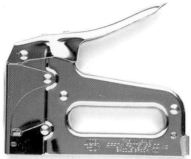

**Agrafeuse.** Il suffit d'appuyer sur la poignée pour fixer de l'isolant recouvert de papier ou de la pellicule de plastique. On s'en sert aussi en rembourrage.

**Hachette à bardeaux.** Elle sert à poser des bardeaux en bois. Son tranchant permet de couper les bardeaux. Un calibre, sur le bord, sert à uniformiser l'espacement des bardeaux ; il suffit de placer une vis à la hauteur voulue. Manche : 14 po (35 cm) ; tête : 14 oz (400 g).

**Cloueuse.** Elle enfonce et noie d'un seul coup des pointes de 1 à 1¼ po (2,5 à 3,2 cm) sans faire de marques.

**Pied-de-biche.** Outil doté de deux têtes incurvées, l'une servant d'arrache-clou et l'autre, de levier pour ôter des moulures ou de défaire des assemblages cloués. Longueur : 12-30 po (30-75 cm).

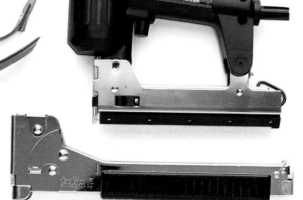

**Arrache-clou.** Outil servant à arracher les clous profondément enfoncés. Sa longueur (15 po [38 cm]) procure une puissance de levier supérieure à celle d'un marteau. L'utilisation d'une massette de maçon en accroît la puissance.

**Pistolet-agrafeur à percussion.** Il sert à agrafer en un seul mouvement. Il suffit de rabattre l'outil sur le matériau à agrafer. Il s'utilise avec des agrafes de tailles variées.

# PERCEUSES

Même s'il existe de nombreux outils de perçage manuels, vous devriez posséder au moins une perceuse électrique. Dotée de l'accessoire ou du foret adéquat, elle se révélera efficace dans presque tous les matériaux et pourra même remplacer d'autres outils. La perceuse peut compter une, deux ou trois vitesses ; elle peut également être à vitesse variable. Sa dimension est fonction du diamètre maximal de l'ouverture du mandrin. Plus le modèle est massif, plus la vitesse de la perceuse est basse et plus son *couple* est élevé. La pièce à percer doit être bien soutenue et bien retenue. Un avant-trou fait avec un amorçoir, une pointe à tracer ou un clou empêchera le foret de glisser.

**Vilebrequin.** On l'actionne en tournant une manivelle ; il faut exercer une pression sur la mèche. Cet outil convient au perçage de gros trous dans le bois et à la pose de vis. Les mèches utilisées ont une queue spéciale.

**Chignole.** Elle sert à percer le bois, le métal tendre et le plastique. Une manivelle actionne un engrenage qui fait tourner le foret ; on inverse la rotation pour retirer le foret.

**Drille**. Un mouvement alternatif permet de faire tourner le foret. La drille perce des avant-trous d'un diamètre pouvant atteindre $^{11}/_{64}$ po (4 mm). Elle peut être utilisée d'une seule main, ce qui permet de tenir la pièce ou de guider l'outil de l'autre main. La poignée du modèle illustré contient les forets.

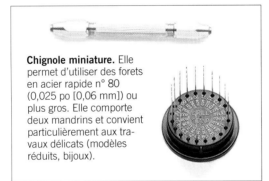

**Chignole miniature.** Elle permet d'utiliser des forets en acier rapide n° 80 (0,025 po [0,06 mm]) ou plus gros. Elle comporte deux mandrins et convient particulièrement aux travaux délicats (modèles réduits, bijoux).

**Perceuses électriques standards.** Leur mandrin est de ¼, ⅜ ou ½ po (6, 10 ou 12 mm). Optez pour un modèle à action réversible, qui permet d'ôter des vis. Si vous désirez utiliser des accessoires, achetez un modèle à vitesse variable. Vu sa grande vitesse, le modèle de ¼ po (6 mm) convient au perçage de petits trous. Le modèle de ⅜ po (9,5 mm) constitue un meilleur choix pour la plupart des travaux de bricolage. Le modèle de ½ po (12 mm) perce de plus gros trous, mais sa faible vitesse le rend impropre au ponçage ou au meulage.

**Perceuse sans fil.** La perceuse à pile solidaire de la poignée se recharge au moyen d'un transformateur branché sur une prise murale. La perceuse à pile amovible est accompagnée d'un chargeur qui permet de recharger la pile. La recharge dure de 15 minutes à 3 heures ; chaque pile peut être rechargée plus de 300 fois. Achetez une pile supplémentaire pour éliminer les temps morts. La recharge ne doit jamais avoir lieu à une température inférieure à 40°F (4,5°C) ou supérieure à 105°F (40,5°C). Mettez la perceuse à *Off* quand elle ne sert pas.

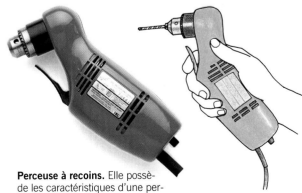

**Perceuse à recoins.** Elle possède les caractéristiques d'une perceuse de ⅜ po (9,5 mm), mais le mandrin, orienté à 55°, et la forme bien équilibrée du boîtier permettent de l'utiliser dans les recoins. Un interrupteur à palette règle la vitesse — jusqu'à 1300 tr/min. Un autre interrupteur règle le sens de rotation.

**Perceuse-tourne-vis.** Son moteur offre un couple supérieur permettant la pose de vis sans risque de surchauffe et le perçage rapide de matériaux durs. Le modèle sans fil (illustration) est facile à utiliser en raison de l'absence de cordon.

**Tournevis élec-trique.** Outil servant à poser des vis à pla-coplâtre. Son mandrin comporte une butée de profondeur. Pour ne pas endommager le matériau ni les têtes de vis, évitez de trop serrer. Réglez le couple en conséquence. Il existe des modèles sans fil.

**Perceuse à percussion.** Un mouvement de rotation et de percussion permet de percer le béton et la brique. Logé dans le mandrin d'un modèle à vitesse variable, le foret percute la surface jusqu'à 40 000 fois par minute. La plupart des modèles sont à action réversible et comportent un dispositif permettant d'interrompre rapidement la percussion. Il existe aussi des modèles sans fil.

**Perceuse à poignée fermée.** Elle est utilisée pour percer à l'aide d'une mèche hélicoïdale ou pour réaliser des travaux demandant un couple élevé. Dotée d'un mandrin de ½ po (12 mm), elle compte une ou deux vitesses, ou des vitesses variables. Deux poignées assurent une prise solide favorisant la précision.

**Perceuse coudée.** Elle permet d'accéder aux recoins que ne peut atteindre une perceuse standard. La section coudée du modèle de ½ po (12 mm) illustré ici peut être démontée, ce qui permet d'utiliser la perceuse horizontalement. Cette caractéristique n'est pas sur tous les modèles.

**Perceuse à colonne.** Cet outil fait fonction à la fois de perceuse et d'établi. Qu'il s'agisse d'un modèle de plancher ou d'un modèle d'établi, la perceuse doit être boulonnée. La profondeur de son col de cygne dicte la dimension maximale de la pièce à percer. Bloquez la pièce sur le plateau ; actionnez le levier afin que le foret entame le matériau. Vu la position fixe du foret et du plateau, la perceuse à colonne est l'outil idéal pour percer des trous droits ou obliques précis. Elle facilite aussi l'utilisation d'accessoires de ponçage et de façonnage.

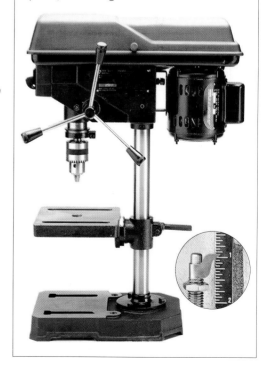

Une bride règle, sur la colonne, la hauteur du plateau ; une autre, sous le plateau, en règle l'inclinaison. Bloquez les petites pièces et la tôle avec des serre-joints ; pour percer de grosses pièces, utilisez un gabarit.

# FORETS ET MÈCHES

Les perceuses sont conçues de façon à recevoir des mèches et des forets spéciaux permettant de percer des trous de diamètres divers dans des matériaux variés. Il y a des forets et des mèches pour le bois, les métaux (ferreux ou non), le plastique, le placoplâtre, le béton, la maçonnerie, le verre et la tuile. Certains percent des trous extra-lisses et précis ; d'autres, moins chers, percent aussi des trous précis quand on sait s'en servir, mais provoquent l'éclatement du bois si la pression exercée est trop grande. La plupart sont offerts dans un large éventail de diamètres et de qualités.

**Foret-fraise.** Offert en plusieurs diamètres, il perce des trous et des avant-trous d'un diamètre précis. Il peut créer en même temps des fraisures ou des trous chambrés. Le foret conique (à droite) assure un serrage solide.

**Foret hélicoïdal.** Fait d'acier au carbone, il perce le bois ; fait d'acier rapide, le métal. Lubrifiez-le à l'huile pour percer l'acier ou le fer forgé et au kérosène pour percer l'aluminium.

**Foret à centrer.** Il constitue le meilleur choix pour percer le bois. Sa pointe de centrage permet de percer des trous précis et lisses, ce qui se révèle particulièrement important en ébénisterie.

**Foret-fraise réglable.** Une vis de pression maintient la butée ou le collet en place ; on la desserre pour régler leur position en fonction des besoins (fraisure, trou chambré, trou affleurant). Sur le modèle à collet, la position de l'arbre et des couteaux est modifiable. Avant de resserrer, veillez à ce que le plat des couteaux soit face à la vis. Divers diamètres sont offerts qui correspondent aux diamètres de différentes vis.

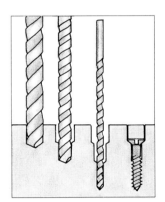

Réalisez un trou chambré avec un foret ayant un diamètre légèrement inférieur à celui du filet et deux autres de diamètre égal à celui du fût et de la tête. Masquez la tête avec une pastille de bois encollée.

**Foret à verre et à tuile.** En cours de perçage, sa pointe en carbure doit baigner dans la térébenthine.

**Fraise.** Sa pointe entame le bois, le plastique ou le métal et crée un évidement servant à noyer les vis.

**Mèche plate.** Dotée d'une pointe de centrage et de deux tranchants plats, elle sert à percer le bois. Amorcez le perçage à petite vitesse ; augmentez la vitesse à mesure que la mèche pénètre dans le bois. Les fibres peuvent éclater autour du trou de sortie.

**Foret à maçonnerie.** Conçu pour percer la maçonnerie, la tuile, l'ardoise et le plâtre à une vitesse de 400 tr/min, il a une pointe en carbure, et une goujure spiralée qui évacue la poussière.

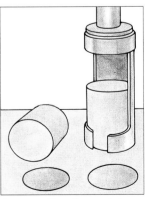

**Emporte-pièce.** Il permet de découper des pastilles de bois franc (hauteur : 1/8 po [3 mm] min., 1/2 po [12 mm] max.) servant à masquer les vis et les clous noyés. À n'utiliser que sur une perceuse à colonne.

**Mèche Forstner.** Elle sert à percer des trous peu profonds à bord uni et à parois lisses. Un petit traçoir permet de percer des trous à fond presque plat. Pour mortaiser, percez des trous coalescents. N'utilisez cette mèche que sur une perceuse à colonne.

**Alésoir**. Sa forme conique permet d'introduire la pointe dans un trou percé dans le bois ou le métal. L'avance de l'alésoir provoque l'agrandissement du trou. On s'en sert aussi pour ébarber les tuyaux de métal.

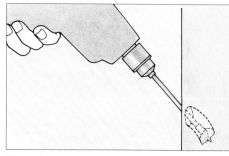

**Mèche à angles.** Son tranchant incliné permet de percer des trous courbes dans les recoins. Il faut pénétrer le bois en ligne droite sur ½ po (12 mm) avant d'incliner la mèche. Vitesse de perçage : 850-1 000 tr/min dans le bois tendre et 600-850 tr/min dans le bois franc.

**Foret-fraise et pointe de tournevis.** Vendus ensemble, ils se logent dans une perceuse ou un tournevis électriques. Percez un avant-trou, puis relâchez la détente. Une fois le mandrin immobilisé, logez-y la pointe ; auparavant, glissez la bague vers l'avant pour dégager le foret.

**Mèche tire-fond.** Elle sert à percer des trous servant au passage de tuyaux dans le bois. Une avance rapide est assurée par sa pointe filetée remplaçable. Elle ne peut être utilisée qu'avec une perceuse de ½ po (12 mm) à couple très élevé.

**Foret-scie.** Il perce le bois ou le métal. La pointe perce d'abord le trou, puis les dents (sur le côté du corps) entament l'ouverture. Ce foret peut aussi agrandir un trou. Lubrifiez la pointe si vous percez du métal.

**Mèche hélicoïdale.** On l'utilise avec un vilebrequin. Sa pointe permet de la centrer. La torsade évacue les alésures. C'est un accessoire idéal pour mortaiser.

**Mèche extensible.** Son couteau réglable sert à percer des trous de diamètres variés. On utilise cette mèche pour percer des trous servant au passage de tuyaux ou de fils dans le bois. Elle ne convient pas aux travaux de finition. Pour régler le couteau, desserrez la vis ; les graduations servent à fixer le diamètre.

**Outil pivotant.** Il s'utilise avec une perceuse à colonne pour découper de grands trous de diamètres variés. Un bras porte le couteau.

**Foret à redans.** Offrant 13 diamètres, il perce un trou et l'ébarbe en une seule opération. Il perce les pièces en bois, en métal tendre et en plastique d'une épaisseur de ⅛ po (3 mm) ou moins.

**Foret à acrylique.** Sa pointe empêche l'éclatement de l'acrylique. Mettez du bois ou du plastique de rebut sous la pièce à percer. Bloquez-la, puis percez-la lentement en exerçant une pression constante, qui sera toutefois plus légère lorsque le foret l'aura presque traversée.

**Scie-cloche.** Dotée de dents en acier trempé et recuit, elle découpe de gros trous dans le bois, le métal, le plastique et le placoplâtre. On la fixe sur un arbre que l'on introduit dans le mandrin de la perceuse. Centrez le trou grâce au foret qui saille légèrement, et appuyez la scie contre la pièce.

# ACCESSOIRES DE PERCEUSE

Il n'est pas nécessaire d'acheter des accessoires de perceuse, mais ils peuvent accroître la précision de celle-ci et en faciliter l'utilisation. Ils peuvent aussi la transformer en perceuse-tournevis, en toupie, en ponceuse, en meuleuse et en polissoir. Certains sont fixés sur le boîtier ou le support, d'autres sont logés dans le mandrin. Mais les accessoires ne remplaceront jamais parfaitement la ponceuse, la meuleuse ou le polissoir mêmes.

**Arbre flexible.** Longueur : 36-52 po (90-130 cm). Il facilite l'utilisation de la perceuse (travaux délicats, espaces restreints). L'une des extrémités est introduite dans le mandrin de la perceuse ; l'autre possède un mandrin auquel s'adaptent divers accessoires (forets, râpes, limes rotatives).

**Clé de mandrin.** Serrez le mandrin à la main, puis introduisez la clé dans l'un des trous et tournez-la vers la droite. Retirez-la toujours avant de percer.

**Mandrin autoserrant.** Il ne nécessite pas de clé (serrage manuel). On peut le fixer sur une perceuse à mandrin standard ou s'en servir comme pièce de rechange. Certaines perceuses sont vendues avec ce type de mandrin.

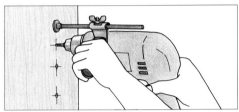

**Butées.** Elles permettent de percer des trous d'égale profondeur. La butée, dans laquelle est logé le foret, est en plastique ou en métal. Il existe un modèle se fixant sur le boîtier d'une perceuse électrique ou sur une poignée. Lorsque la profondeur voulue est atteinte, la butée, en contact avec le matériau, empêche l'avance du foret.

**Calibre à forets.** Il sert à mesurer le diamètre des forets (de 1/32 à 1/2 po [0,7 à 6 mm]). Le diamètre du foret sera celui indiqué face au trou dans lequel le foret inséré n'aura plus de jeu.

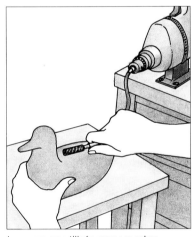

La perceuse utilisée avec un arbre flexible doit être placée sur un support fixé à l'établi. L'arbre flexible peut aussi être relié à une perceuse à colonne.

**Transmission à angle droit.** Sert à polir et à poncer ou à percer un trou dans peu d'espace ; permet de doubler ou de réduire de moitié la vitesse de perçage ; et s'insère entre la perceuse et le mandrin.

**Rallonge.** Elle peut recevoir une queue plate ou hexagonale et permet d'utiliser une mèche plate ou hélicoïdale pour percer des trous en profondeur ou dans les espaces difficiles d'accès. Mettez un foret dans la douille et bloquez-le avec les vis de pression ; avant d'amorcer le perçage, assurez-vous qu'il est placé dans un avant-trou. La longueur de la rallonge atteint 18 po (45 cm).

**Coffret à forets.** Il en existe divers modèles. Il faut que les diamètres soient indiqués près des compartiments. Tournez le couvercle jusqu'à ce que son trou s'aligne sur le compartiment voulu et retirez-en le foret.

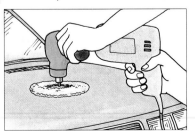

**Pointes de tournevis.** Elles servent à visser des vis avec une perceuse électrique.

**Mandrin-tournevis.** Un limiteur de couple stoppe la rotation dès que la vis est fixée ou que la pression est relâchée. Insérez cet accessoire dans le mandrin d'une perceuse à vitesse variable et logez-y une pointe de tournevis.

**Limes et râpes rotatives.** On s'en sert avec une perceuse à colonne ou un arbre flexible. Les grosses dents conviennent au bois, les petites, au métal.

**Meule en fils métalliques.** Sa vitesse de rotation maximale est de 3000 tr/min. On l'utilise avec n'importe quelle perceuse pour ôter peinture, rouille et taches sur du bois ou du métal.

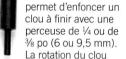

**Rotocloueuse.** Elle permet d'enfoncer un clou à finir avec une perceuse de ¼ ou de ⅜ po (6 ou 9,5 mm). La rotation du clou empêche le bois de fendre. La tête du clou affleure presque la surface ; finissez au marteau.

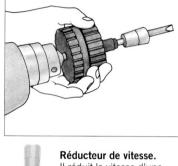

**Réducteur de vitesse.** Il réduit la vitesse d'une perceuse monovitesse, ce qui permet de poser vis et écrous. Tenez le boîtier pendant le travail. Un anneau commande la marche avant, un autre, la marche arrière.

**Tambour à poncer.** Il sert à poncer des surfaces courbes ou irrégulières. Utilisable sur le bois, le métal, la fibre de verre et le plastique. S'adapte à une perceuse standard ou à colonne.

**Brosse coupe.** Elle s'utilise avec une perceuse standard pour ôter la peinture, la rouille ou les taches sur le bois ou le métal. Sa vitesse de rotation maximale ne devrait pas dépasser 2500 tr/min.

**Meule à lamelles abrasives.** Disque sur lequel sont fixées des lamelles de papier de verre qui, en tournant, s'adaptent à la surface (bois, métal, fibre de verre ou plastique) à poncer ou à polir. Les grains abrasifs sont de grosseurs variées.

**Disques de papier de verre.** Ils sont parfois combinés à un plateau de caoutchouc. Certains disques sont autocollants ou à bandes velcro. Ils sont recouverts de grains de grenat ou d'oxyde d'aluminium, de grosseurs variées (de grossiers à fins).

**Disque en fibre.** Utilisé pour poncer, meuler ou entamer des surfaces peintes ou rouillées, le métal, la tuile, la brique, le béton et le plastique. Fait de carbure de silicium, le disque est calé sur un arbre avec des rondelles en métal standards. Pour plus de précision et de sûreté, utilisez un support de perceuse.

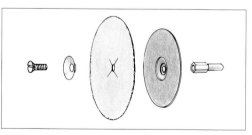

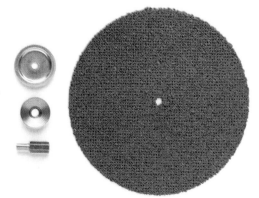

**Polissoir.** Tampon doux, généralement en laine ou en polyester, servant à polir le métal. Habituellement lavable et réutilisable.

# GUIDES ET SUPPORTS DE PERCEUSE

Percer des trous exige une précision difficile à obtenir si l'on travaille à main levée. Il existe divers supports de perceuse qui procurent la stabilité nécessaire au perçage de trous à tout angle. Par ailleurs, ils libèrent les mains qui pourront alors déplacer la pièce. Pour utiliser des accessoires comme la râpe rotative fixée sur un arbre flexible, le support est essentiel.

Les guides de perceuse assurent la précision d'une foule de travaux. Ceux qui figurent à la page suivante, sauf le foret Vix et l'appareil à mortaiser, peuvent être utilisés avec une perceuse standard ou à colonne.

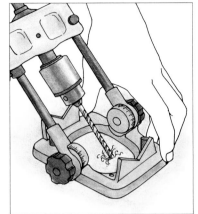

**Support vertical.** Il transforme une perceuse standard en une petite perceuse d'établi à colonne, dont elle possède les caractéristiques de base : butée graduée, levier, plateau. Certains modèles permettent de placer la perceuse à l'horizontale pour le meulage. Sur d'autres modèles, le plateau peut être incliné en vue du perçage de trous obliques. Boulonnez solidement le support sur l'établi avant de l'utiliser.

**Support de précision.** Se fixe sur la perceuse, à la place du mandrin. Son mandrin se trouve sous l'entretoise coulissant verticalement entre deux tiges retenues à une base plate. Ces tiges peuvent être inclinées et bloquées à des intervalles de 5°. Un collet, sur l'une des tiges, sert de butée.

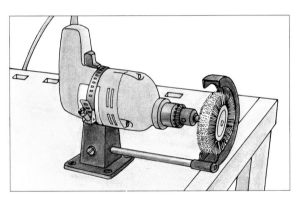

**Support horizontal.** Constitué d'un socle et d'un protecteur, il doit être boulonné sur un établi. On l'utilise pour maintenir une perceuse de ¼ ou de ⅜ po (6 ou 10 mm) en position horizontale. Divers accessoires permettent d'utiliser la perceuse pour réaliser des travaux de ponçage, de meulage et de polissage. Le support permet d'utiliser un arbre flexible (p. 30).

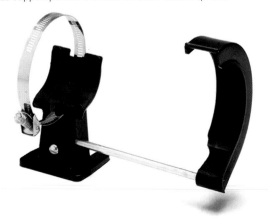

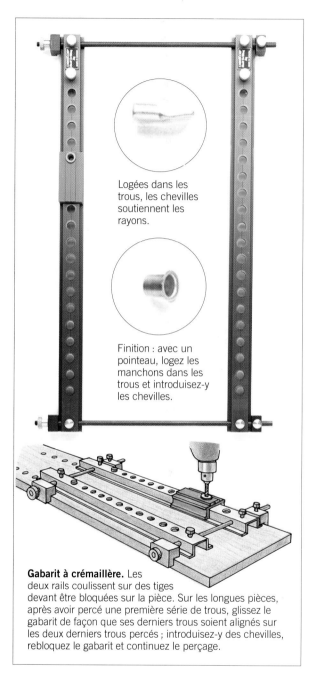

Logées dans les trous, les chevilles soutiennent les rayons.

Finition : avec un pointeau, logez les manchons dans les trous et introduisez-y les chevilles.

**Gabarit à crémaillère.** Les deux rails coulissent sur des tiges devant être bloquées sur la pièce. Sur les longues pièces, après avoir percé une première série de trous, glissez le gabarit de façon que ses derniers trous soient alignés sur les deux derniers trous percés ; introduisez-y des chevilles, rebloquez le gabarit et continuez le perçage.

**Foret Vix.** Foret à ressort fixé au centre d'un guide que l'on place dans le mandrin d'une perceuse électrique standard. Il sert à percer des avant-trous pour les vis de charnières. Maintenez les charnières en place au moyen de ruban adhésif, placez le guide dans l'un des trous et poussez sur la perceuse pour faire sortir le foret. Une vis permet de régler la profondeur des avant-trous ou de remplacer le foret en acier rapide.

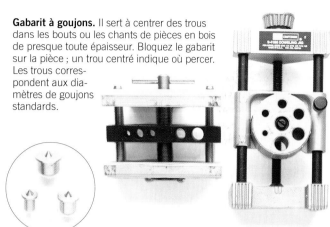

**Gabarit à goujons.** Il sert à centrer des trous dans les bouts ou les chants de pièces en bois de presque toute épaisseur. Bloquez le gabarit sur la pièce ; un trou centré indique où percer. Les trous correspondent aux diamètres de goujons standards.

**Centreur de goujon.** Il sert à aligner les trous percés dans deux pièces de bois à goujonner. Percez les trous dans une pièce, logez-y les centreurs, alignez l'autre pièce et appuyez. Les centreurs laissent des marques indiquant où percer les trous.

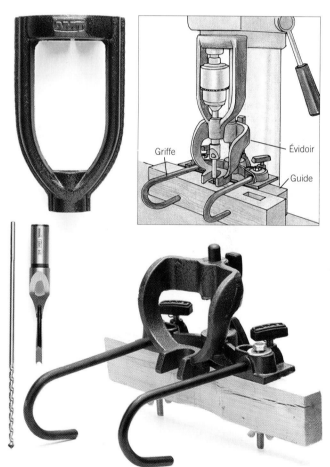

Griffe

Évidoir

Guide

**Appareil à mortaiser.** On le boulonne sur un fourreau, au-dessus du mandrin d'une perceuse à colonne. Le foret évacue les alésures et le ciseau mortaise la pièce. L'appareil comprend un guide et un évidoir, ainsi que des griffes servant à bloquer la pièce. La perceuse doit tourner à vitesse normale ; travaillez par paliers de ⅛ po (3 mm). À la fin de chaque passe, glissez la pièce pour continuer le mortaisage.

Les tournevis sont conçus pour serrer et desserrer des vis. Leurs dimensions varient de même que la forme de leur tige et de leur pointe. Pour serrer une vis, il faut exercer un certain couple de serrage (et non une pression vers le bas) ; plus la poignée est large, plus le couple est élevé à chaque rotation. Pour poser une vis, tenez la vis et le tournevis à la verticale. Un usage normal laissera intactes la pointe du tournevis et la tête de la vis. Pour éviter d'endommager un tournevis, ne l'utilisez jamais en guise de levier, de pointeau ou de ciseau.

**Tournevis à tige ronde.** Sa tige ronde permet de tourner rapidement le tournevis ; tenez la tige d'une main pendant que vous tournez la poignée de l'autre.

**Tournevis court.** Utile dans les espaces restreints. Sa tige est très courte et sa poignée large assure une prise ferme et un meilleur couple.

**Tournevis à tige carrée.** Il offre un couple élevé. Tournez-le avec une clé à molette, placée sur la tige ; n'exercez pas un couple trop élevé, car vous risqueriez d'endommager ou de briser la tête de la vis. Un manchon de caoutchouc placé sur une poignée cannelée en plastique en accroît le diamètre et, par conséquent, le couple de serrage.

**Tournevis d'ébéniste.** Sa poignée ovale se loge bien dans la paume de la main. Sa pointe droite permet de serrer des vis encastrées à tête plate sans marquer les bords du trou.

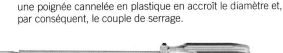

**Tournevis d'électricien.** Sa longue tige permet d'atteindre le fond des boîtes de jonction. Sa poignée gainée de plastique protège contre les décharges électriques. Avant d'entreprendre le travail, supprimez tout branchement ou coupez le courant.

**Tournevis à pointe plate.** Si sa pointe est évasée, il convient mieux aux vis à tête ronde ou ovale ; si sa pointe est droite, aux vis à tête plate.

**Tournevis à pointe cruciforme (Phillips).** Tournevis le plus utilisé. Sa pointe se loge sans jeu dans une tête cruciforme. Elle offre une prise plus ferme que celle de la pointe plate.

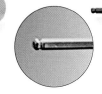

**Tournevis Torx.** Très utilisé par les mécaniciens. Sa pointe en étoile sert à remplacer des pièces comme le cabochon d'un feu arrière. Il y a des vis Torx dans les électroménagers et l'équipement d'entretien de la pelouse et du jardin.

**Tournevis à pointe hexagonale.** Substitut de la clé hexagonale, il convient aux vis encastrées à tête creuse. Il est en dimensions impériales ou métriques.

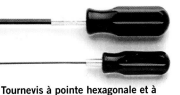

**Tournevis à pointe hexagonale et à extrémité sphérique.** Destiné aux vis à tête creuse. Sa pointe ronde est inclinable à 25° ou moins par rapport à la surface. Il est très utile dans les espaces restreints.

**Tournevis Pozidriv.** Tournevis à pointe cruciforme, à bout plat plutôt que pointu, très utilisé dans l'industrie de l'automobile. On s'en sert aussi pour l'assemblage des électroménagers.

**Tournevis à pointe papillon.** Sa pointe en forme de papillon convient particulièrement aux travaux requérant un bon serrage. Elle s'adapte à des vis spéciales qui permettent de protéger l'intégrité des assemblages.

**Tourne-écrou.** Pour serrer des écrous et des boulons à six pans. Manche de type tournevis. Un code de couleur ou une marque permettent de reconnaître la dimension des tourne-écrous vendus en jeux.

**Tournevis Robertson.** La couleur de la poignée indique généralement la dimension de la pointe, qui permet d'atteindre des vis encastrées (meubles, maisons mobiles, véhicules récréatifs, bateaux). Carrée, la pointe offre un couple élevé.

**Tournevis positionneur.** Sa pointe fendue retient la vis. Insérez la pointe dans la fente de la vis et faites glisser la bague vers la pointe fendue, qui, bloquée dans la fente, retiendra la vis.

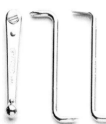

**Tournevis contre-coudé.** Utile dans les espaces restreints. Les pointes, inclinées à 45° ou à 90°, sont plates, cruciformes ou de type Robertson ; une combinaison de ces formes est parfois offerte. L'utilisation d'un modèle à rochet, auquel on imprime un mouvement alternatif, dispense de soulever la pointe.

**Tournevis sans fil.** Doté de pointes interchangeables, il permet de poser un grand nombre de vis sans effort. Un interrupteur permet d'inverser le sens de rotation. L'arbre du modèle illustré peut être bloqué, ce qui permet d'utiliser l'outil comme un tournevis ordinaire et de disposer d'un couple de serrage plus élevé. Pour recharger la pile, placez le tournevis ou la pile dans le chargeur. Il existe bien sûr des modèles à cordon.

**Tournevis orientable sans fil.** Le boîtier articulé en son centre offre deux positions de travail : droite (position courante) ou inclinée (poignée pistolet). Le couple de serrage peut être réglé.

**Tournevis porte-pointe magnétique.** On y adapte des pointes interchangeables de dimensions et de types courants. Une douille aimantée retient les pointes. Certains modèles comportent un rochet, offrant une vitesse et un couple élevés, et un mécanisme pour inverser le sens de rotation. La poignée contient les pointes de rechange.

**Tournevis de bijoutier.** Idéal pour les petites vis servant à l'assemblage de lunettes, par exemple. Il suffit d'appuyer sur sa tête avec l'index, et de tourner le corps avec les autres doigts.

**Tournevis automatique.** Pour faire tourner le mandrin, imprimez un mouvement alternatif au tournevis. Le bouton-poussoir permet d'inverser le sens de rotation. La bague moletée, située sous le bouton-poussoir, sert à bloquer la tige quand elle est rétractée, ce qui permet d'utiliser l'outil comme un tournevis ordinaire. Sa poignée peut contenir les pointes de rechange.

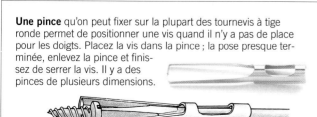

**Une pince** qu'on peut fixer sur la plupart des tournevis à tige ronde permet de positionner une vis quand il n'y a pas de place pour les doigts. Placez la vis dans la pince ; la pose presque terminée, enlevez la pince et finissez de serrer la vis. Il y a des pinces de plusieurs dimensions.

**Pointe taraudée** (en haut) et **vrille** (en bas). Pour percer des avant-trous dans le bois, tournez l'outil vers la droite. Le diamètre du trou doit être moins grand que celui de la vis, car le filet doit bien mordre dans le bois. Les vrilles sont offertes en dimensions diverses.

Qu'elles servent à saisir une pièce difficile à tenir ou à couper un fil ou autre chose, les pinces ont toutes en commun deux branches articulées qui se terminent par deux mâchoires s'ouvrant et se fermant comme des ciseaux. Une pince ne doit servir qu'au travail pour lequel elle a été conçue. La pince à bec long est petite et délicate ; la forcer pourra la rendre inutilisable. Ne serrez ni ne desserrez un écrou avec une pince qu'en cas d'urgence : elle risque de lui faire perdre son filet et de le rendre difficile à desserrer par la suite. Sauf mention explicite, ne supposez pas qu'une pince destinée aux travaux d'électricité soit isolée, même si les branches sont gainées de plastique ou de caoutchouc.

**Pince motoriste.** Deux types de dents (fines ou grosses) permettent de saisir des objets de formes variées. Un joint à coulisse procure deux écartements.

**Pince motoriste plate à mâchoires incurvées.** Son bec courbe permet de suivre le travail. Les mâchoires comportent un tranchant (caractéristique commune à la plupart des pinces motoristes).

**Pince réglable.** Pince motoriste offrant trois écartements. Sa tête déportée permet de travailler dans les espaces restreints où il faut une grande puissance de levier.

**Pince multiprise.** Les dents permettent de saisir des objets plats, carrés, ronds ou hexagonaux. Pour varier l'écartement, faites glisser la mâchoire inférieure dans l'un des cinq crans.

**Pince-étau à mâchoires droites.** La vis règle l'ouverture et la tension des mâchoires. Fermez les branches pour bloquer la pince ; appuyez sur le levier pour relâcher la prise.

**Pince multiprise de grande dimension.** Ses longues branches augmentent la puissance de levier. Ses mâchoires parallèles assurent une prise ferme.

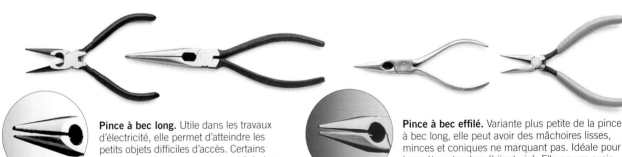

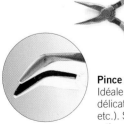

**Pince à bec long.** Utile dans les travaux d'électricité, elle permet d'atteindre les petits objets difficiles d'accès. Certains modèles ont un tranchant. Les mâchoires étroites et plates sont parfois striées.

**Pince à bec effilé.** Variante plus petite de la pince à bec long, elle peut avoir des mâchoires lisses, minces et coniques ne marquant pas. Idéale pour les métaux tendres (bijouterie). Elle pourra avoir un bec strié et des branches à ressort.

**Pince à bec effilé incurvé.** Idéale pour les travaux délicats (bijoux, électricité, etc.). Ses mâchoires retiennent un objet loin de la pince, ce qui permet de mieux le voir.

**Pince à bec rond.** Très utilisée en électricité et en bijouterie. Ses mâchoires rondes, lisses et coniques sont conçues pour boucler de petits fils ou de la tôle mince.

**Pince à bec effilé et à bout coupant.** Elle sert à couper des fils minces. Son tranchant permet des coupes à ras.

**Pince coupante diagonale.** Elle coupe le fil et le métal minces. Le tranchant étant sur le côté des mâchoires, les coupes sont précises. Cet outil permet des coupes à ras ou dans les espaces où des outils plus gros ne peuvent être utilisés.

**Pince coupante en bout.** Pince semblable à la pince à bec effilé à bout coupante, mais plus grosse et dotée d'une tête ovale. Permet de couper de gros fils. Mâchoires en biais aussi offertes.

**Pince à clôture.** Outil polyvalent doté d'un tranchant de chaque côté de la tête. Ses mâchoires permettent de tirer et de tendre le treillis métallique. Son marteau sert à enfoncer des clous en U ; le pied-de-biche, à en arracher.

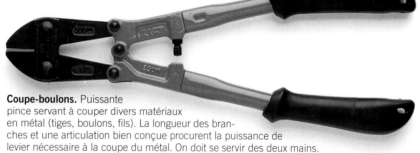

**Tenailles.** Elles servent à découper des formes irrégulières dans un carreau de céramique et des tuiles autour des appareils sanitaires.

**Coupe-boulons.** Puissante pince servant à couper divers matériaux en métal (tiges, boulons, fils). La longueur des branches et une articulation bien conçue procurent la puissance de levier nécessaire à la coupe du métal. On doit se servir des deux mains.

**Pince à dénuder.** Elle sert à dénuder les fils. Une vis limite la profondeur de pénétration des tranchants ; son serrage règle l'écartement des branches et des mâchoires. Une bande les tient fermées quand la pince est inutilisée.

**Pince à dénuder et à couper.** Pour dénuder un fil, placez-le dans un trou, serrez les branches et tirez. Pour le couper, placez-le entre les tranchants plats et serrez les branches.

### Pincettes et tenailles

Ces outils ne sont pas des pinces. Ils servent à exécuter des travaux délicats et à protéger les mains (chaleur, produits chimiques).

**Pincettes.** Servent à tenir de petits objets. Idéales pour les travaux délicats (modèles réduits, bijoux). Permettent aussi de retirer les échardes. Branches droites ou courbes, à bec pointu, rond ou plat, strié ou non.

**Pince à dénuder automatique latérale.** Elle sert à couper et à dénuder un fil en une seule opération. Vous n'avez pas à ôter la gaine après l'avoir coupée (ce que vous devriez faire avec une autre pince). Une paire de mâchoires sert à retenir le fil ; une autre, à couper la gaine et à dénuder le fil sur une longueur convenant aux connexions.

**Pince d'électricien.** Ses mâchoires plates et dentées offrent une prise solide, qui permet de tirer sur un fil ou de l'épisser. Au centre des mâchoires, un tranchant sert à sectionner câbles et fils.

**Pincettes à souder.** Servent à tenir de petits objets à souder. Parfois utilisées comme serre-joints. Pour ouvrir les branches, exercez une pression là où elles se chevauchent (au centre de l'outil).

**Pince universelle.** Utile pour mesurer, dénuder ou sectionner un fil, sertir des connecteurs ou couper une vis mécanique. Divers modèles sont offerts. Ses poignées, comme celles des autres pinces à dénuder, ne sont pas isolantes.

**Tenailles de cuivre.** Servent à tenir une pièce soudée pendant son immersion dans un bain de décapage. On ne peut pas utiliser de fer, vu la réactivité de ce métal.

Les clés offrent la puissance de levier permettant de serrer ou de desserrer les écrous, les boulons et les raccords de tuyauterie. Elles sont à ouverture fixe ou variable. La clé à ouverture fixe est offerte en dimensions impériales ou métriques ; elle ne doit servir qu'à tourner un boulon ou un écrou de dimension rigoureusement identique à la sienne. Le moindre écart peut se traduire par des dommages au filet du boulon ou de l'écrou. Certaines clés allongées à ouverture fixe ont une tête à fourche latérale qui se glisse sur les écrous et les boulons difficiles d'accès. Les clés fermées sont toutefois plus résistantes et tendent moins à glisser ; on trouve des modèles à 6, à 8 ou à 12 pans.

**Clé d'électricien.** Clé à fourches dotée d'une tête à ouverture standard et d'une autre, identique, mais dont l'ouverture est orientée à 90° par rapport au manche. Elle permet d'atteindre les écrous et les boulons difficiles d'accès.

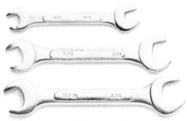

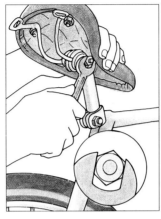

**Clé à fourches.** Elle comporte deux ouvertures de dimensions différentes. Dans certains jeux, chaque ouverture correspond à l'une des ouvertures de la clé précédente ou suivante ; vous disposez ainsi de deux clés de même dimension, l'une pour tourner l'écrou, l'autre pour bloquer le boulon.

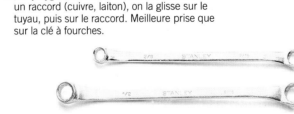

**Clé mixte.** Dotée de deux têtes différentes mais d'ouverture égale. L'anneau polygonal convient aux tâches exigeant de la force ; pour les travaux légers, la fourche accélère le serrage ou le desserrage.

**Douille pied-de-biche.** Le logement carré reçoit une poignée ou une rallonge de clé à douille. Le type de poignée utilisé déterminera l'orientation de la fourche (parallèle ou oblique). Accessoire utile lorsqu'il y a des obstacles à contourner.

**Clé dynamométrique.** Idéale pour le serrage en série de boulons ou d'écrous sans variation du couple ni gauchissement. Le modèle standard possède une plaque graduée solidaire de la poignée ; une aiguille fixe indique le couple quand, sous l'effet de la pression, la poignée se déplace latéralement. Les douilles et les adaptateurs à carré conducteur standard peuvent être utilisés.

**Clé polygonale à têtes fendues.** Pour serrer un raccord (cuivre, laiton), on la glisse sur le tuyau, puis sur le raccord. Meilleure prise que sur la clé à fourches.

**Clé polygonale contre-coudée.** Sert à tourner des pièces hexagonales ou carrées (écrous, têtes de boulons). Le coudage facilite la prise en main. L'anneau polygonal enserre plus solidement l'écrou ou le boulon qu'une fourche. Il faut remettre la clé en position après chaque rotation.

**Clé polygonale mixte.** Chaque tête possède cinq ouvertures différentes. Le manche offrant une puissance de levier minime, la clé ne sert qu'aux travaux légers. C'est un outil compact, convenant parfaitement au cyclotouriste.

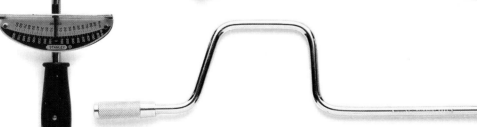

**Poignée à vilebrequin.** La rotation de la poignée permet de serrer ou de desserrer les écrous ou les boulons. La tête de ⅜ ou de ½ po (9 ou 12 mm) reçoit des douilles, des adaptateurs et des rallonges. La poignée arrière reste fixe, quel que soit le sens de rotation.

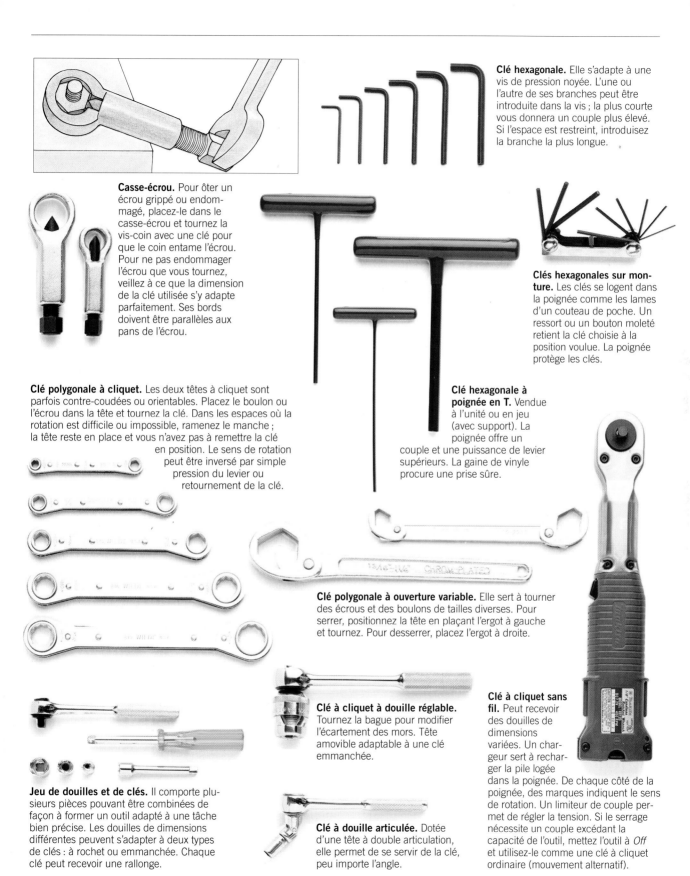

**Clé hexagonale.** Elle s'adapte à une vis de pression noyée. L'une ou l'autre de ses branches peut être introduite dans la vis ; la plus courte vous donnera un couple plus élevé. Si l'espace est restreint, introduisez la branche la plus longue.

**Casse-écrou.** Pour ôter un écrou grippé ou endommagé, placez-le dans le casse-écrou et tournez la vis-coin avec une clé pour que le coin entame l'écrou. Pour ne pas endommager l'écrou que vous tournez, veillez à ce que la dimension de la clé utilisée s'y adapte parfaitement. Ses bords doivent être parallèles aux pans de l'écrou.

**Clés hexagonales sur monture.** Les clés se logent dans la poignée comme les lames d'un couteau de poche. Un ressort ou un bouton moleté retient la clé choisie à la position voulue. La poignée protège les clés.

**Clé polygonale à cliquet.** Les deux têtes à cliquet sont parfois contre-coudées ou orientables. Placez le boulon ou l'écrou dans la tête et tournez la clé. Dans les espaces où la rotation est difficile ou impossible, ramenez le manche ; la tête reste en place et vous n'avez pas à remettre la clé en position. Le sens de rotation peut être inversé par simple pression du levier ou retournement de la clé.

**Clé hexagonale à poignée en T.** Vendue à l'unité ou en jeu (avec support). La poignée offre un couple et une puissance de levier supérieurs. La gaine de vinyle procure une prise sûre.

**Clé polygonale à ouverture variable.** Elle sert à tourner des écrous et des boulons de tailles diverses. Pour serrer, positionnez la tête en plaçant l'ergot à gauche et tournez. Pour desserrer, placez l'ergot à droite.

**Clé à cliquet à douille réglable.** Tournez la bague pour modifier l'écartement des mors. Tête amovible adaptable à une clé emmanchée.

**Clé à cliquet sans fil.** Peut recevoir des douilles de dimensions variées. Un chargeur sert à recharger la pile logée dans la poignée. De chaque côté de la poignée, des marques indiquent le sens de rotation. Un limiteur de couple permet de régler la tension. Si le serrage nécessite un couple excédant la capacité de l'outil, mettez l'outil à *Off* et utilisez-le comme une clé à cliquet ordinaire (mouvement alternatif).

**Jeu de douilles et de clés.** Il comporte plusieurs pièces pouvant être combinées de façon à former un outil adapté à une tâche bien précise. Les douilles de dimensions différentes peuvent s'adapter à deux types de clés : à rochet ou emmanchée. Chaque clé peut recevoir une rallonge.

**Clé à douille articulée.** Dotée d'une tête à double articulation, elle permet de se servir de la clé, peu importe l'angle.

# CLÉS À OUVERTURE VARIABLE

Conçue pour saisir des tuyaux, des raccords, des boulons et des écrous, la clé à ouverture variable peut comporter deux mâchoires, l'une fixe, l'autre mobile, ou encore une courroie ou une chaîne. Utilisez-la si vous ne disposez pas d'une clé fixe de dimension appropriée ou si vous devez travailler dans un endroit difficile à atteindre, comme sous un lavabo. Pour obtenir un résultat optimal, exercez la pression sur la mâchoire fixe.

**Clé à molette.** Outil polyvalent. Ses mâchoires lisses peuvent saisir les écrous, les boulons et les raccords de tuyauterie (parfois chromés). La vis sans fin, accessible de chaque côté de la tête, commande le déplacement de la mâchoire mobile.

**Clé à tuyau.** Sa mâchoire mobile coulisse dans une molette qui commande l'écartement. Ses deux mâchoires dentées assurent une prise solide. Exercez la pression sur la mâchoire mobile, qui comporte un ressort et est un peu de biais. Quand vous cessez d'exercer la pression, vous pouvez relâcher la prise et repositionner la clé sans perdre l'écartement.

**Clé anglaise.** Ses mâchoires lisses, perpendiculaires à la poignée, permettent de saisir des objets à bords plats. Une vis sans fin commande le déplacement de la mâchoire.

**Clé à crémaillère.** Pour saisir un raccord de siphon, de renvoi d'évier ou de toilette et des écrous de forme inhabituelle, réglez l'écartement, puis bloquez les mâchoires.

**Pince-étau à chaîne.** Pour saisir des objets aux formes irrégulières ou retenir ensemble des objets, jusqu'à concurrence d'un diamètre de 6 po (15 cm), placez la chaîne tout autour et glissez-la sous le crochet. Tournez la vis pour régler la tension. Pour bloquer la chaîne, serrez les branches ; pour la débloquer, appuyez sur le levier de dégagement.

**Clé à chaîne.** Pour saisir un gros tuyau ou un objet de forme inhabituelle, passez la chaîne autour de l'objet, fixez-la au crochet et tirez la clé vers le bas (le crochet étant orienté vers le haut).

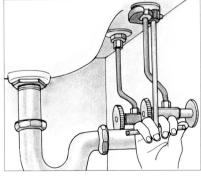

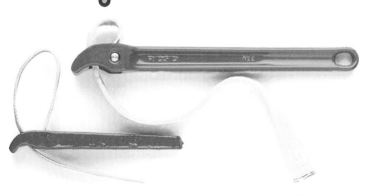

**Clé coudée à tuyaux.** Son long manche permet d'atteindre les écrous de robinet ou de raccord situés sous un lavabo ou un évier. Sa mâchoire articulée, parfois réversible, se remet en place d'elle-même après chaque rotation.

**Clé à courroie.** Elle sert à saisir un tuyau sans le marquer. La griffe étant orientée vers le sol, passez la courroie autour du tuyau, puis dans l'ouverture ; tirez du côté du bout pendant de la courroie.

# ÉTAUX

Outil de serrage servant à immobiliser une pièce à façonner, l'étau est fixé (en permanence ou temporairement) sur un plan de travail. Les étaux spéciaux de menuisier ont des mors chemisés de bois ou de métal ; les étaux servant au façonnage du métal ont des mors dentés en métal. Protégez la pièce en utilisant des mordaches. Si la pièce est en bois, choisissez des mordaches en bois ou en panneau de fibre ; si elle est en métal, utilisez des plaques de tôle lisse pliées à 90°, ayant au moins la largeur des mors et sur lesquels elles prendront appui, ou encore utilisez des garnitures de bois.

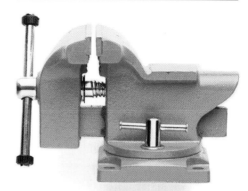

**Étau de mécanicien.** Boulonné en permanence sur l'établi, il sert au façonnage du métal. De nombreux modèles possèdent une enclumette et une semelle pivotante pouvant être bloquée. Certains, avec des mors ronds et dentés, peuvent enserrer un tuyau.

**Étau de menuisier.** Fixez le mécanisme à vis et à glissières sous l'établi, de préférence près d'une patte pour plus de stabilité. Les mors et le levier saillent sur le bord de l'établi. Les mors, plats et lisses, sont percés de trous servant à fixer des mordaches en bois. Le levier coulisse de chaque côté, ce qui facilite la rotation ; il comporte souvent un mécanisme de déblocage rapide.

**Étau de perçage.** Fixé au plateau d'une perceuse à colonne, il retient de petits objets ronds en métal. Parfois inclinable pour le perçage en biais.

**Griffe.** Elle exerce une pression vers le bas sur une pièce de bois. On peut l'installer au bord, au centre ou sur les côtés de l'établi ou sur le plateau d'une perceuse à colonne ou d'une scie circulaire. La griffe est habituellement retenue par des boulons fixés à l'établi. D'autres boulons, fixés ailleurs dans l'atelier, permettront une utilisation souple de l'outil.

**Pélican.** Sa longue crémaillère coulisse dans un flasque qui, pour plus de solidité, est logé dans un trou chambré, percé dans le plateau de l'établi. Un bras s'articule sur la crémaillère ; une vis commande le serrage. Posez quelques flasques sur les bords de l'établi ; vous jouirez ainsi d'une plus grande latitude.

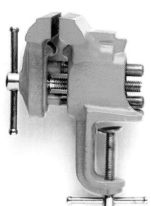

**Étau amovible.** Petit étau de mécanicien, portatif, qui convient aux travaux légers et que l'on fixe au bord de l'établi au moyen d'une vis de serrage. On peut le ranger quand on ne l'utilise pas et l'installer rapidement au moment voulu.

**Valets d'établi.** En métal ou en bois, ils immobilisent la pièce à façonner dans un étau d'établi. L'un se fixe dans un trou percé dans l'établi ; l'autre, sur le mors mobile.

Les serre-joints libèrent les mains et permettent d'unir temporairement deux pièces. Utilisez-les pour bloquer deux éléments devant être cloués ou percés, pour effectuer un montage à blanc ou pour consolider un assemblage pendant que la colle sèche.

Il en existe de nombreux modèles. Certains serre-joints ont un usage très spécialisé, d'autres sont polyvalents. Tout bon bricoleur devrait disposer d'un éventail de serre-joints de la meilleure qualité ; achetez-les par paire au gré de vos besoins. Plus vous en aurez, plus votre travail sera facilité. Quand vous vous en servez, appliquez la pression uniformément des deux côtés afin de ne pas gauchir les pièces.

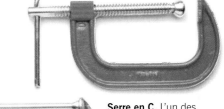

**Serre en C.** L'un des modèles les plus courants. Sa monture en C lui a valu son nom. Sur l'une des extrémités de la vis de serrage est fixée une *rotule* qui retient la pièce contre la monture ; à l'autre extrémité se trouve une poignée en T, qu'il suffit de tourner.

**Serre à gorge profonde.** Sa forme permet un blocage près du centre d'une pièce, d'où une pression uniforme. Sa gorge profonde est particulièrement utile pour retenir de larges pièces, que la gorge peu profonde d'une serre standard ne permettrait pas d'unir. Pour éviter de marquer les pièces, fixez un morceau de bois de rebut sur chaque mâchoire au moyen de ruban adhésif double face.

**Serre en C à monture carrée.** Type de serre en C qu'une gorge carrée permet d'adapter aux coins de pièces carrées, la pression exercée demeurant maximale.

**Serre à bordure.** Serre dotée de deux ou de trois vis permettant d'exercer, perpendiculairement, une pression sur le chant ou le bord d'une pièce. Le modèle illustré est plus polyvalent pour ce qui est du positionnement de la pièce. La vis centrale peut être placée au centre de pièces d'épaisseurs variées.

**Petit serre-joint manuel.** Semblable à la presse réglable, cet outil possède cependant des mâchoires fixes en position parallèle. Idéal pour unir des pièces petites ou minces sans encombrement.

**Serre à ressort.**
Serrez les branches pour ouvrir les mâchoires. Une fois les branches relâchées, le ressort assure la fermeture des mâchoires et le blocage de la pièce. Certains modèles ont des branches gainées de plastique qui facilite l'ouverture, ainsi que des mâchoires recouvertes d'un matériau protecteur.

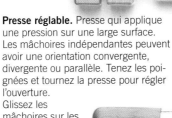

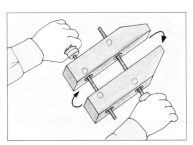

**Presse réglable.** Presse qui applique une pression sur une large surface. Les mâchoires indépendantes peuvent avoir une orientation convergente, divergente ou parallèle. Tenez les poignées et tournez la presse pour régler l'ouverture. Glissez les mâchoires sur les pièces et serrez la poignée arrière.

**Presse extensible.** Composée d'une mâchoire fixe et d'une mâchoire coulissante montées sur une barre de métal, cette presse comporte un dispositif de blocage à ressort qui fixe la position de la mâchoire mobile. Placez la pièce contre la mâchoire fixe et glissez l'autre mâchoire vers la pièce. Une fois la presse en place, serrez la vis pour bloquer la pièce.

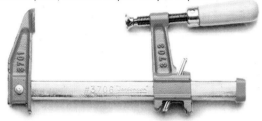

**Serre à came.** Serre dotée d'une mâchoire coulissante à réglage rapide. Pour bloquer la mâchoire mobile et la pièce, placez le levier perpendiculairement à la barre. Les mâchoires sont recouvertes de liège protecteur. Vu sa légèreté, cette serre convient aux travaux délicats.

**Serre Universal.** Pour unir deux pièces de ½ ou de ¾ po (12 ou 19 mm) devant être encollées. Une mâchoire retient la pièce par friction ; l'autre possède une vis permettant d'accroître la pression. Convient le mieux aux longues pièces se prêtant mal à l'emploi de serres à coulisse.

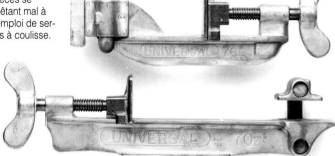

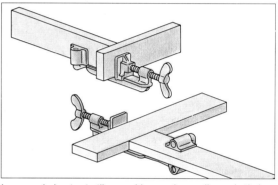

La serre du haut est utile pour bloquer des coulisses de tiroirs ou des tablettes sur un bâti de meubles ; celle du bas, pour retenir des assemblages aboutés ou en T.

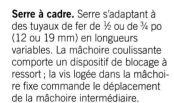

**Serre à cadre.** Serre s'adaptant à des tuyaux de fer de ½ ou de ¾ po (12 ou 19 mm) en longueurs variables. La mâchoire coulissante comporte un dispositif de blocage à ressort ; la vis logée dans la mâchoire fixe commande le déplacement de la mâchoire intermédiaire.

**Étriers.** Supports pour tuyaux de ¾ po (19 mm). Fixés sur des chevalets et retenant des colliers, ils soutiennent un plan de travail. Utiles pour créer un poste de serrage sur un établi.

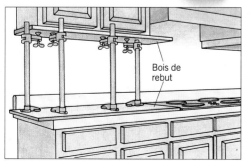

Bois de rebut

**Serre à cadre réversible.** La mâchoire coulissante peut être utilisée dans les deux sens, ce qui permet d'exercer une pression vers l'intérieur ou l'extérieur. Cette serre fonctionne comme la serre à cadre standard : placez d'abord la pièce contre la mâchoire intermédiaire, fixez ensuite la mâchoire coulissante, puis serrez la vis.

# AUTRES SERRE-JOINTS

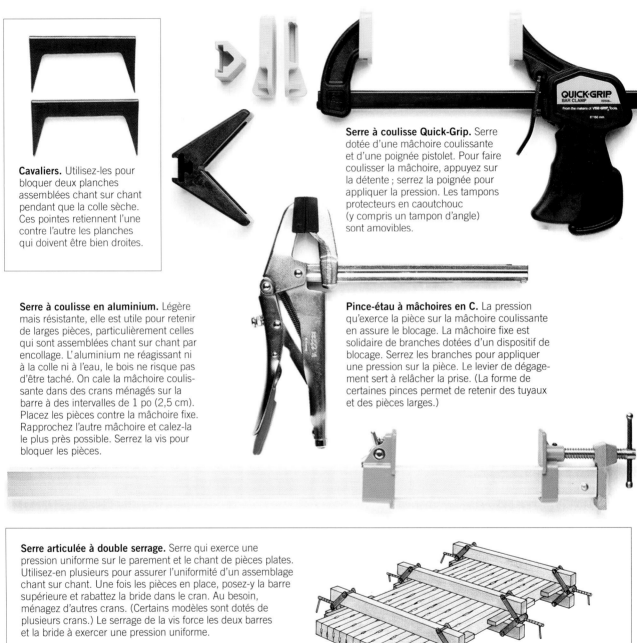

**Cavaliers.** Utilisez-les pour bloquer deux planches assemblées chant sur chant pendant que la colle sèche. Ces pointes retiennent l'une contre l'autre les planches qui doivent être bien droites.

**Serre à coulisse Quick-Grip.** Serre dotée d'une mâchoire coulissante et d'une poignée pistolet. Pour faire coulisser la mâchoire, appuyez sur la détente ; serrez la poignée pour appliquer la pression. Les tampons protecteurs en caoutchouc (y compris un tampon d'angle) sont amovibles.

**Serre à coulisse en aluminium.** Légère mais résistante, elle est utile pour retenir de larges pièces, particulièrement celles qui sont assemblées chant sur chant par encollage. L'aluminium ne réagissant ni à la colle ni à l'eau, le bois ne risque pas d'être taché. On cale la mâchoire coulissante dans des crans ménagés sur la barre à des intervalles de 1 po (2,5 cm). Placez les pièces contre la mâchoire fixe. Rapprochez l'autre mâchoire et calez-la le plus près possible. Serrez la vis pour bloquer les pièces.

**Pince-étau à mâchoires en C.** La pression qu'exerce la pièce sur la mâchoire coulissante en assure le blocage. La mâchoire fixe est solidaire de branches dotées d'un dispositif de blocage. Serrez les branches pour appliquer une pression sur la pièce. Le levier de dégagement sert à relâcher la prise. (La forme de certaines pinces permet de retenir des tuyaux et des pièces larges.)

**Serre articulée à double serrage.** Serre qui exerce une pression uniforme sur le parement et le chant de pièces plates. Utilisez-en plusieurs pour assurer l'uniformité d'un assemblage chant sur chant. Une fois les pièces en place, posez-y la barre supérieure et rabattez la bride dans le cran. Au besoin, ménagez d'autres crans. (Certains modèles sont dotés de plusieurs crans.) Le serrage de la vis force les deux barres et la bride à exercer une pression uniforme.

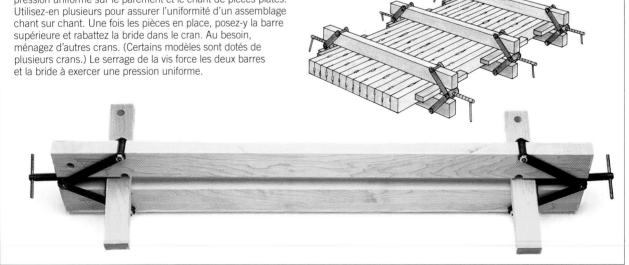

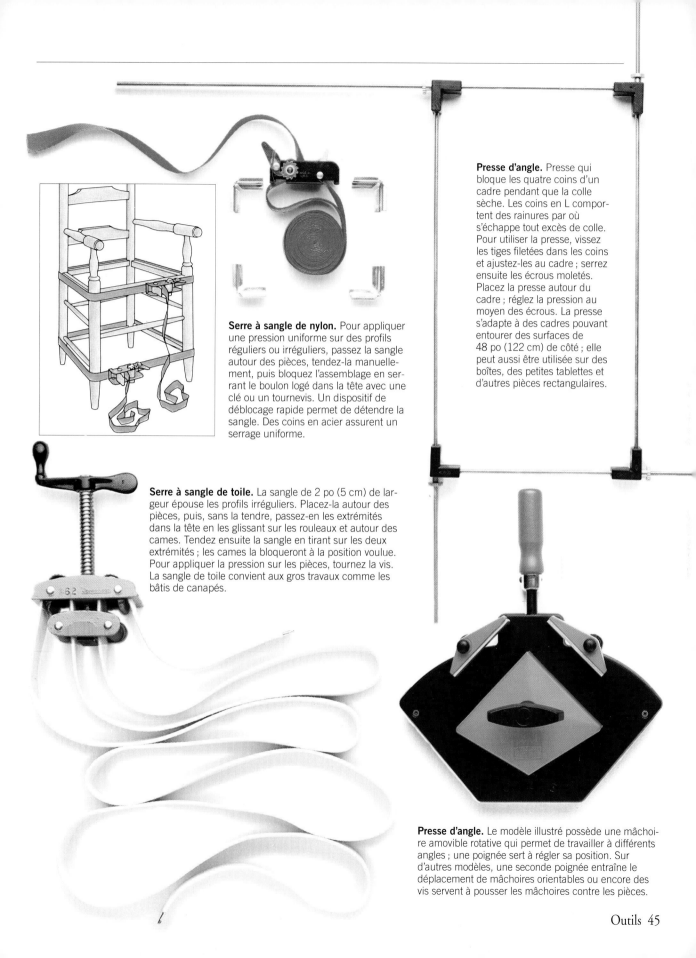

**Presse d'angle.** Presse qui bloque les quatre coins d'un cadre pendant que la colle sèche. Les coins en L comportent des rainures par où s'échappe tout excès de colle. Pour utiliser la presse, vissez les tiges filetées dans les coins et ajustez-les au cadre ; serrez ensuite les écrous moletés. Placez la presse autour du cadre ; réglez la pression au moyen des écrous. La presse s'adapte à des cadres pouvant entourer des surfaces de 48 po (122 cm) de côté ; elle peut aussi être utilisée sur des boîtes, des petites tablettes et d'autres pièces rectangulaires.

**Serre à sangle de nylon.** Pour appliquer une pression uniforme sur des profils réguliers ou irréguliers, passez la sangle autour des pièces, tendez-la manuellement, puis bloquez l'assemblage en serrant le boulon logé dans la tête avec une clé ou un tournevis. Un dispositif de déblocage rapide permet de détendre la sangle. Des coins en acier assurent un serrage uniforme.

**Serre à sangle de toile.** La sangle de 2 po (5 cm) de largeur épouse les profils irréguliers. Placez-la autour des pièces, puis, sans la tendre, passez-en les extrémités dans la tête en les glissant sur les rouleaux et autour des cames. Tendez ensuite la sangle en tirant sur les deux extrémités ; les cames la bloqueront à la position voulue. Pour appliquer la pression sur les pièces, tournez la vis. La sangle de toile convient aux gros travaux comme les bâtis de canapés.

**Presse d'angle.** Le modèle illustré possède une mâchoire amovible rotative qui permet de travailler à différents angles ; une poignée sert à régler sa position. Sur d'autres modèles, une seconde poignée entraîne le déplacement de mâchoires orientables ou encore des vis servent à pousser les mâchoires contre les pièces.

Les outils de coupe et de grattage sont essentiels, qu'il s'agisse d'ouvrir des cartons d'emballage ou d'enlever de la peinture écaillée. Les couteaux se divisent en deux grands types : les couteaux à lame tranchante, qui permettent de couper divers matériaux, et ceux à lame large et moins tranchante, qui permettent d'appliquer des produits. Les grattoirs, qui ont une lame tranchante, facilitent l'enlèvement de revêtements divers. Ne travaillez qu'avec une lame bien affûtée.

**Couteau universel.** Des lames variées permettent de couper le bois, le vinyle, etc. Sur un modèle à poignée droite de bonne qualité, un bouton commande la sortie et le retrait de la lame. Les lames de rechange sont souvent rangées dans la poignée. Dans le modèle à poignée coudée, dévissez l'embout et faites pivoter les côtés.

**Couteau à lame cassable.** L'embout amovible permet l'insertion de la lame ; la fente qui y est ménagée sert à briser les sections émoussées. Un bouton permet de bloquer la lame et de la rentrer dans le manche.

**Couteau à simple tranchant.** Couteau à lame de rasoir remplaçable, idéal pour rogner et couper les revêtements muraux, le papier, etc. Le modèle de gauche permet d'obtenir des joints parfaits.

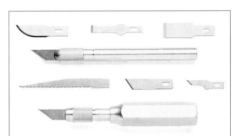

**Couteau-scalpel.** Couteau polyvalent à lames diverses. La taille de la poignée varie. À grosse poignée, il convient à la coupe de matériaux durs ; à petite poignée, aux travaux de précision. Desserrez le mandrin pour changer la lame. Lame et poignée doivent correspondre au matériau à couper.

**Serpette à tapis.** La forme de la lame permet d'exécuter des coupes dans les coins et autour des montants de porte, des évents, des tuyaux, etc. ; son dos, de pousser du tapis sous les moulures.

**Couteau à vinyle.** Idéal pour entailler le vinyle et d'autres revêtements de sol.

**Serpette à revêtements de sol.** Utile pour façonner les revêtements de sol ou entailler le placoplâtre. Le bout sert de grattoir.

**Couteau à plastique.** Son tranchant en biais sert à entailler l'acrylique et d'autres matériaux cassants.

**Grattoir triangulaire.** Utilisé pour gratter la peinture sur des moulures. Le profil de la lame varie. Il existe des grattoirs à lames interchangeables. Certains modèles sont vendus en jeux.

**Couteau à toiture.** Utilisez-le pour entailler et couper des matériaux de couverture, du placoplâtre et de l'isolant. Le modèle à lame droite permet de séparer des bardeaux d'asphalte.

**Grattoir à lame de rasoir.** La lame à tranchant unique permet de gratter la peinture et les autocollants sur les vitres. Un dispositif sert à rentrer la lame (à droite) ou à la bloquer dans diverses positions (à gauche).

**Grattoir à double tranchant** (ci-dessus). Ôte rapidement peinture et vernis. Son pommeau permet d'accroître la pression. Deux tranchants servent à gratter les surfaces.

**Grattoir à vitres.** Pour ôter de la peinture sur un carreau sans endommager le mastic, faites glisser le grattoir en appuyant les roulettes contre la moulure de la fenêtre.

**Grattoir polyvalent.** Le guide facilite l'enlèvement de la peinture sur des surfaces planes.

**Spatule de vitrier.** Outil combinant un couteau à démastiquer à lame plate résistante avec un couteau à mastic à lame en V. Pour créer un bord biseauté, tenez l'outil légèrement de biais.

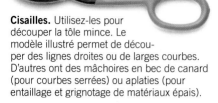

**Cisailles.** Utilisez-les pour découper la tôle mince. Le modèle illustré permet de découper des lignes droites ou de larges courbes. D'autres ont des mâchoires en bec de canard (pour courbes serrées) ou aplaties (pour entaillage et grignotage de matériaux épais).

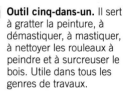

**Cisailles aviation.** Elles permettent de découper la tôle avec peu d'efforts. Un mécanisme de démultiplication offre une bonne maîtrise avec une faible pression manuelle. Leurs mâchoires striées sont antidérapantes, conviennent aux durs travaux et servent aux découpes rectilignes (des mâchoires spéciales servent aux découpes courbes) ou combinées. La couleur indique le type de découpe. Un loquet bloque les mâchoires.

**Couteau à mastic.** Une lame souple permet d'étendre et de lisser la pâte de bois, le mastic et autres produits de remplissage ; une lame rigide, de gratter la peinture, la colle, le papier peint (vinyle ou papier), etc.

**Outil cinq-dans-un.** Il sert à gratter la peinture, à démastiquer, à mastiquer, à nettoyer les rouleaux à peindre et à surcreuser le bois. Utile dans tous les genres de travaux.

**Couteau à démastiquer.** Le dos de la lame est plus large que le tranchant, ce qui permet de frapper le couteau avec un marteau. Pour démastiquer un carreau, placez le bout légèrement oblique de la lame contre le mastic et frappez le dos avec un marteau.

**Grignoteuse.** Dotée d'un poinçon et d'une matrice remplaçables, elle découpe l'aluminium, l'inox et l'acier ondulé. Elle exécute des découpes rectilignes ou courbes. La découpe en plongée nécessite le perçage d'un avant-trou. C'est un excellent outil pour découper les conduits d'aération.

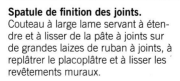

**Spatule de finition des joints.** Couteau à large lame servant à étendre et à lisser de la pâte à joints sur de grandes laizes de ruban à joints, à replâtrer le placoplâtre et à lisser les revêtements muraux.

**Outil d'angle.** Outil servant à appliquer uniformément la pâte à joints dans les angles. Son manche déporté assure le dégagement de la main.

**Cisailles à tôle électriques.** Utilisez-les pour découper, sans ébarbures, des lignes droites, des courbes serrées et des ouvertures, dans la tôle, le plastique stratifié ou rigide, le vinyle, le tapis, le caoutchouc mousse et les panneaux de particules. Elles peuvent découper jusqu'à 15 pi (4,5 m) à la minute. La détente permet de varier la vitesse. La tête pivote parfois sur 360°.

Les meilleures scies à main sont en acier trempé de qualité et possèdent une poignée bien galbée. La principale différence qui existe entre elles réside dans la forme, le nombre et le calibre des dents ; ces caractéristiques déterminent l'usage des scies (tronçonnage, refend, chantournement) et le type de matériau qu'elles peuvent couper (métal, plastique, bois, placoplâtre). Pour empêcher le grippage, les fabricants inclinent habituellement les dents vers l'extérieur de façon que le trait de coupe soit légèrement plus large que la lame. En général, plus il y a de dents au pouce (d.p.), plus la coupe est douce et plus elle doit être faite lentement. La plupart des scies américaines et européennes coupent avec un mouvement de poussée.

**Scie à placoplâtre.** Pour découper des ouvertures devant recevoir des prises ou des appareils électriques. Lame : 6-9½ po (15-24 cm), 10 d.p. environ. Sa pointe tranchante permet d'exécuter des coupes en plongée.

**Pince à avoyer.** On l'utilise pour incliner les dents d'une scie à main à l'angle convenant à une coupe. Affûtez d'abord la scie. Tournez ensuite l'enclumette de la pince à l'angle voulu, placez la mâchoire sur une dent et serrez les branches ; un poussoir entraîne la dent contre l'enclumette.

**Scie à tronçonner.** Semblables à des couteaux, ses dents tranchent les fibres du bois à contre-fil. Lame standard : 26 po (66 cm), 7-12 d.p. Une lame ayant de 10 à 12 d.p. offre une coupe douce.

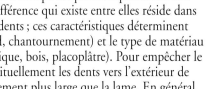

**Scie à dossière.** Scie à tronçonner servant à créer des assemblages. Son bout carré et son dos renforcé assurent la rigidité de la lame pendant la coupe. Lame standard : 8-14 po (20-35 cm), 11-14 d.p.

**Scie à panneaux.** Sa lame à dents fines minimise les risques d'éclatement des plis extérieurs du contreplaqué. Une série de dents placées au bout de la pointe permet de réaliser des coupes en plongée sans perçage préalable d'un trou de guidage. Lame standard : 11 po (28 cm), 14 d.p.

**Scie à refendre.** Ses grosses dents coupent dans le sens du fil en creusant une rainure dans le bois. Lame standard : 26 po (66 cm), 4-7 d.p. Une lame de 5½ d.p. effectue une coupe douce et rapide.

**Scie égoïne universelle.** Idéale si vous ne pouvez acheter qu'une scie. Ses dents ont trois faces biseautées offrant un fort tranchant, et les creux les séparant sont profonds, ce qui facilite l'évacuation rapide de la sciure. Lame : 26 po (66 cm), 9 d.p. Coupe rapide et douce.

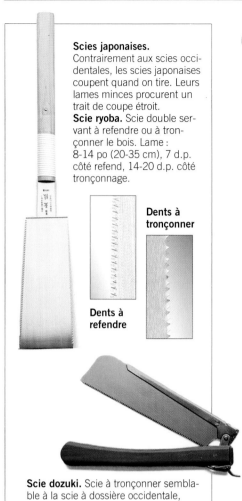

**Scies japonaises.**
Contrairement aux scies occidentales, les scies japonaises coupent quand on tire. Leurs lames minces procurent un trait de coupe étroit.

**Scie ryoba.** Scie double servant à refendre ou à tronçonner le bois. Lame : 8-14 po (20-35 cm), 7 d.p. côté refend, 14-20 d.p. côté tronçonnage.

**Dents à tronçonner**

**Dents à refendre**

**Scie à placage.** Son double tranchant sert à couper les placages minces en bois franc.

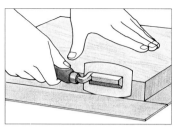

Une étroite lame courbe facilite les travaux de précision et une poignée déportée permet des coupes affleurantes. Lame : 3 po (7,5 cm), 13 d.p.

**Scie à chevilles.** Scie servant à araser les goujons, les tenons, etc. Lame (double tranchant) : 6 po (15 cm), 11 d.p. et 20 d.p. Ses dents sont légèrement orientées vers le haut, de façon à assurer le dégagement de la lame et à ne pas endommager la surface.

**Scie dozuki.** Scie à tronçonner semblable à la scie à dossière occidentale, mais repliable. Lame standard : 9 po (23 cm), 18 d.p.

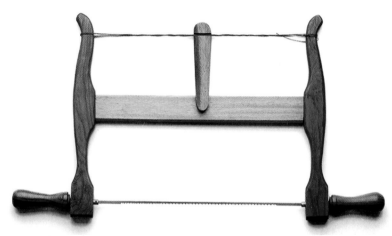

**Scie à châssis.** On l'utilise pour découper des motifs courbes. La ficelle tordue dans la partie supérieure du châssis procure la tension qui empêche la lame de ployer durant le sciage. La lame peut être orientée à tout angle par simple rotation des poignées. Lame : 8-12 po (20-30 cm), 8-16 d.p.

**Scie à araser.** Sa poignée droite et ses dents fines procurent un trait de coupe étroit. Idéale pour les assemblages délicats. Lame : 10 po (25 cm), 16-20 d.p.

**Scie pliante de poche.** Poignée dans laquelle est logée une lame (à bois, à métaux, à plastique, etc.) de scie sauteuse ou alternative. Le repliement de la lame assure la protection des dents. La poignée contient des lames de rechange.

**Scie à archet.** Outil résistant servant à débiter ou à scier grossièrement du bois vert ou sec, ou des matériaux de construction. Un cadre en acier tubulaire retient la lame en la tendant. Un levier de déblocage rapide règle la tension. La lame, remplaçable, possède des dents droites et des creux qui permettent de travailler dans les deux sens.

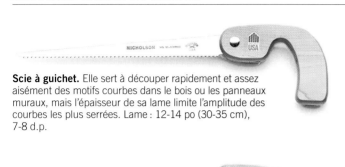

**Scie à guichet.** Elle sert à découper rapidement et assez aisément des motifs courbes dans le bois ou les panneaux muraux, mais l'épaisseur de sa lame limite l'amplitude des courbes les plus serrées. Lame : 12-14 po (30-35 cm), 7-8 d.p.

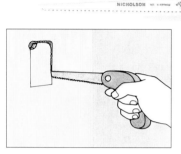

**Scie passe-partout.** Scie à guichet à dents fines pour couper le métal léger, le bois et le placoplâtre. Lame : 10 po (25 cm), 9 d.p. Percez un trou avant d'amorcer une coupe en plongée.

**Scie universelle à lames interchangeables.** Scie consistant en une poignée et en un jeu de lames de scie à guichet et de scie passe-partout de longueurs variées. La base crantée de la lame est logée dans la poignée, où elle est retenue par un boulon, lui-même retenu par un écrou à ailettes prenant appui sur une rondelle.

**Scie fine.** Scie de 6 po (15 cm) à dents fines (25 d.p.) servant à découper de très étroites rainures. Utile pour façonner les assemblages à queue d'aronde.

**Scie à guichet démontable.** Elle sert à découper des courbes serrées et des motifs courbes dans des espaces restreints. Lame : 4-10 po (10-25 cm), 8 d.p. Pour plus de précision, fixez la lame de façon qu'elle coupe quand vous tirez sur la scie (comme une scie japonaise).

**Scie à émonder pliante.** Sa lame repliable de 10 po (25 cm) en acier trempé est dotée de dents longues et fines (5 d.p.), inclinées vers l'arrière, qui coupent quand on tire la scie vers soi.

**Scie à émonder.** Sa lame en acier trempé et recuit sert à couper des branches. La scie illustrée a une lame de 18 po (45 cm) à double tranchant : d'un côté, de grosses dents permettent de couper le bois vert ; de l'autre, des dents à tronçonner (7 d.p.) servent à finir les coupes et à scier le bois mort.

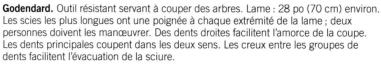

**Scie à tuyaux de plastique.** Outil combinant la scie spécialisée et la scie égoïne universelle, il coupe les tuyaux en PVC et en ABS, le contreplaqué et le placoplâtre. Lame : 12 po (30 cm), 10 d.p. Ses dents coupent dans les deux sens. Pour changer la lame, ôtez la vis de fixation et la vieille lame, mettez la nouvelle lame et reposez la vis.

**Godendard.** Outil résistant servant à couper des arbres. Lame : 28 po (70 cm) environ. Les scies les plus longues ont une poignée à chaque extrémité de la lame ; deux personnes doivent les manœuvrer. Des dents droites facilitent l'amorce de la coupe. Les dents principales coupent dans les deux sens. Les creux entre les groupes de dents facilitent l'évacuation de la sciure.

**Scie à métaux.** Scie dotée d'une lame étroite à dents extra-dures et d'un cadre résistant à poignée pistolet. Lame : 8-16 po (20-40 cm), 14-32 d.p. Pour tendre la lame, serrez l'écrou à ailettes. La cadre creux du modèle illustré sert au rangement de lames de rechange.

**Scie à métaux à cadre réglable.** On utilise ce cadre à coulisse avec des lames de longueurs variées. Pour plus de stabilité, tenez de l'autre main le devant du cadre pendant le sciage.

**Scie à chantourner.** Un cadre d'acier tend une lame étroite et souple pouvant être orientée à tout angle et servant à découper de petites courbes dans le bois. Lame : 6 po (15 cm), 12-18 d.p. On règle la tension par simple rotation de la poignée. Pour scier l'intérieur d'une planche, percez un trou et glissez-y la lame seule ; fixez-la ensuite au cadre.

**Miniscie à métaux.** Elle consiste en une poignée logeant une lame entière ou brisée. Utilisez-la pour couper du métal dans les espaces restreints, où une scie standard ne peut être utilisée.

**Lame-fil au carbure.** Tige recouverte de grains de carbure servant à couper le verre, la céramique, le plastique, la maçonnerie, le marbre, la fibre de verre et le métal. Elle permet de scier dans tous les sens ; idéale pour découper des courbes et façonner les carreaux de céramique près des cadres de portes ou des tuyaux.

**Scie à découper.** Scie à gorge profonde qui permet de faire des coupes plus profondes que la scie à chantourner standard. Sa denture étant extra-fine (32 d.p.), la lame permet de découper des motifs courbes complexes. Pour poser la lame, fixez d'abord l'une de ses extrémités au cadre. Arquez légèrement le cadre en l'appuyant contre une surface solide ; fixez l'autre extrémité et relâchez le cadre.

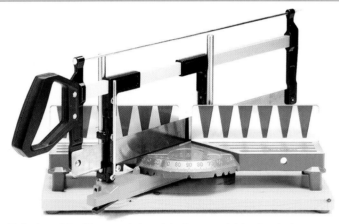

**Boîte à onglets.** Elle permet de maintenir avec précision l'angle de coupe d'une scie à dossière et sert à tailler des moulures en onglet. Le modèle le plus simple est une boîte de bois en forme de U dont les côtés comportent une entaille à 90°. Le modèle illustré, très précis, comprend une scie intégrée et des serre-joints. Un dispositif fixe l'angle de coupe.

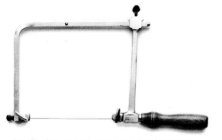

**Bocfil.** Scie utilisée par les bijoutiers pour couper du métal léger en feuille. Lame : 5-6 po (12-15 cm), jusqu'à 80 d.p. Pour changer la lame, voyez la scie à découper.

**Scie commando.** Scie polyvalente consistant en un fil recouvert de barbes et doté de deux poignées. Elle coupe dans tous les sens et entame le bois, le plastique, le caoutchouc, l'os et la glace. Passez-la autour de l'objet à couper et tirez alternativement sur chaque poignée, en exerçant une certaine pression.

Comparée à la scie à main, la scie électrique procure une coupe plus rapide et plus précise. La lame d'une scie sauteuse décrit un mouvement alternatif vertical ; la lame d'une scie alternative, un mouvement alternatif horizontal. Des lames variées permettent de couper divers matériaux. Après une coupe à la scie électrique portative, ne déposez l'outil qu'une fois la lame immobilisée.

Pour découper des courbes très serrées, sciez d'abord des traits droits dans la chute ; découpez ensuite les motifs. Les morceaux de rebut tomberont au fur et à mesure, créant ainsi un dégagement pour faciliter l'avance de la lame.

**Scie sauteuse.** Elle permet de scier en ligne droite ou de découper des motifs courbes. Avec la lame appropriée, vous pourrez scier le bois, le métal, le plastique, etc. Recherchez un modèle à mouvement orbital réglable (qui permet d'évacuer la sciure) et à vitesse variable (de 0 à 3 200 courses par minute [cpm]), doté d'une semelle orientable (pour les coupes en biseau).

**Scie sauteuse à chantourner.** Elle est dotée d'un porte-lame pivotant qui permet de découper des motifs complexes sans rotation de la scie elle-même. Trois réglages sont possibles : chantournement automatique (la rotation de la lame suit l'avance de la scie), chantournement manuel (l'utilisateur guide la lame au moyen du bouton situé sur le dessus du boîtier) et chantournement standard (sciage rectiligne).

**Scie alternative.** Scie résistante à mouvement alternatif rapide, utilisée surtout pour scier grossièrement le bois, le plâtre, les tuyaux en PVC, le métal, etc. C'est l'outil idéal pour ménager dans les murs des ouvertures devant recevoir des fenêtres, des portes, des circuits électriques et de la plomberie. Certains modèles n'ont qu'une vitesse (2 000 cpm), d'autres deux (1 800 et 2 500 cpm). Le modèle à vitesse variable (de 0 à 2 400 cpm) constitue le meilleur choix.

**Lames de scie sauteuse.** Ces lames sont classées en fonction du nombre de dents au pouce. Plus ce nombre est élevé, plus la coupe est lente et douce ; plus il est faible, plus la coupe est rapide et grossière. Le rayon de rotation diminue en fonction de l'étroitesse de la lame. Lames à bois (en haut, de g. à dr.) : à tronçonner, à dégrossir, à dents extra-fines, à chantourner, à dégrossir. Autres lames (en bas, de g. à dr.) : à araser (bois), à dents moyennes, fines et extra-fines (métal). Il existe aussi des lames à céramique, à fibre de verre, à cuir et à plâtre.

**Lames de scie alternative.** Longueur : 2½-12 po (6-30 cm). Profondeur de passe : jusqu'à 12 po (30 cm) dans le bois et ¾ po (19 mm) dans le métal. Les trois lames du haut permettent de couper les tuyaux d'acier. Suivent deux lames à bois, une lame pour découper des courbes dans le fer, une lame pour découper des courbes dans le contreplaqué et une lame pour scier les tuyaux en vinyle.

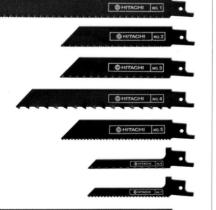

Outil de choix pour réaliser des coupes et des ouvertures complexes et précises, la scie à chantourner est indispensable en marqueterie et au découpage de modèles réduits et d'ornements. La lame est retenue par une paire de porte-lames calés sur deux bras animés d'un mouvement alternatif. Recherchez une scie dotée d'un bras de tension qui élimine jusqu'à un certain point les marques de dents et réduit le risque de bris de la lame. Les scies à vitesses multiples ou à vitesse variable sont les plus polyvalentes. Fixez la scie à un établi si elle ne possède pas son propre socle.

**Lames de scie à chantourner.** Toutes les lames permettent de découper des courbes très serrées. Les lames standards coupent le bois, le plastique et quelques matériaux fibreux ; les lames très fines, le métal mince non ferreux. Une lame spiroïdale permet de scier dans tous les sens. Les lames à tenons, plus facile à poser que les lames à bouts lisses, ne s'adaptent pas à tous les mandrins.

**Chasse-sciure.** Dispositif qui élimine la sciure et permet de suivre la coupe. Un bouton de blocage fixe la position de la buse, qu'on peut soulever, mais qui doit reposer sur la pièce en cours de sciage.

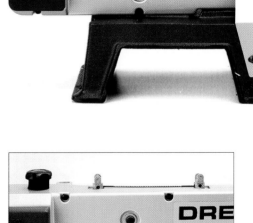

**Réglage de la tension.** La tension de la lame est réglée par simple rotation du bouton. Pour loger une lame à bouts lisses dans les mandrins, utilisez le calibre (à droite du bouton).

**Changement de lame.** Desserrez le bouton de réglage de la tension. Logez l'extrémité supérieure de la lame dans le mandrin du haut. Si la scie permet de scier des pièces d'une largeur supérieure au col-de-cygne (par rotation sur 90° de la lame à tenon), poussez la pièce dans le sens opposé au col. Logez l'extrémité inférieure de la lame dans le mandrin du bas (ôtez la plaque de lumière).

**Bouton de blocage du plateau.** Pour scier en biseau, réglez l'inclinaison du plateau. Il y a des plateaux inclinables dans les deux sens.

# SCIES À RUBAN

Idéale pour scier des courbes et refendre des pièces, la scie à ruban sert aussi à réaliser des coupes droites dans le bois, le plastique et le métal. Une lame forme un cercle fermé autour de deux poulies ; la poulie du bas est la poulie motrice. La profondeur du col-de-cygne doit convenir aux travaux que vous effectuerez ; c'est elle qui détermine la largeur maximale des pièces à scier. La profondeur de passe (la distance séparant le plateau du protège-lame supérieur lorsqu'il est réglé à sa position la plus haute) doit aussi être suffisante. Elle peut atteindre 4 po (10 cm) sur les petites scies et dépasser 7½ po (19 cm) sur les grosses scies. La scie à vitesse variable offre une meilleure maîtrise au moment de la coupe.

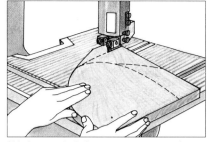

Si la largeur de la lame ne permet pas de découper une courbe, éliminez la chute en plusieurs passes. Si la coupe doit s'achever à l'intérieur de la pièce, arrêtez la scie une fois la coupe effectuée et retirez la lame pour qu'elle ne se dégage pas des poulies.

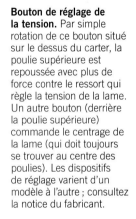

**Bouton de réglage de la tension.** Par simple rotation de ce bouton situé sur le dessus du carter, la poulie supérieure est repoussée avec plus de force contre le ressort qui règle la tension de la lame. Un autre bouton (derrière la poulie supérieure) commande le centrage de la lame (qui doit toujours se trouver au centre des poulies). Les dispositifs de réglage varient d'un modèle à l'autre ; consultez la notice du fabricant.

**Guide-lame et protège-lame supérieurs.** Organes qui s'adaptent à l'épaisseur de la pièce. Le guide-lame supérieur (qui doit être placé à ⅛ po [3 mm] de la pièce) et un autre guide, situé sous le plateau, maintiennent l'alignement de la lame.

**Bouton de blocage du plateau.** Bloque le plateau à divers angles. Sous le plateau, une plaque graduée indique l'inclinaison. Réorientez le plateau à 90° par rapport à la lame avec une équerre.

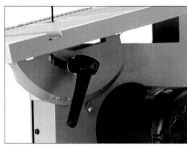

**Lame.** On accède à la lame par une ouverture située sur le côté de la scie. Sa largeur et son nombre de dents varient. Plus il y a de dents, plus la coupe est lente et douce ; mais moins il y en a, plus la coupe est rapide et grossière.

**Scie à ruban portative.** Scie utilisée pour découper les pièces d'une largeur excédant la capacité de la scie à ruban standard. Profondeur de passe : 4 po (10 cm) ; à vitesse variable. Tenez-la à deux mains et bloquez bien la pièce (laissez assez d'espace entre les serre-joints et la ligne de coupe). Pour libérer vos mains, procurez-vous un socle.

La scie circulaire portative permet de faire des coupes droites dans le bois et d'autres matériaux (pp. 58-59). Elle possède soit un engrenage standard de type hélicoïdal, soit un engrenage à vis sans fin, plus puissant, utilisé surtout dans le domaine de la construction. La dimension de la scie est fonction du diamètre maximal de sa lame, soit de 3⅜ à 16¼ po (8 à 41 cm), 7¼ po (18 cm) étant le diamètre le plus courant. Optez pour une scie qui vous convient ; une scie trop lourde pourrait entraîner de la fatigue et être difficile à manœuvrer.

**Scie circulaire sans fil.** Outil alimenté par une pile. Le modèle illustré, doté d'un réservoir à eau et d'une lame au diamant, est idéal pour scier la céramique. L'eau doit refroidir la lame et la pièce. Les scies rectifieuses de précision servent à couper la planche et le contreplaqué.

**Scie circulaire.** Son protège-lame supérieur est fixe ; son protège-lame inférieur, retenu par un ressort, se soulève progressivement au cours du sciage. Une semelle inclinable à 45° s'appuie sur la pièce et comporte parfois un dispositif de réglage de la profondeur de passe.

**Scie à onglets.** Combinant la boîte à onglets et la scie circulaire, cet outil peut être placé et bloqué à tout angle situé entre 0° et 45°, à gauche ou à droite. Sa capacité peut atteindre 3⅛ po (8 cm) en épaisseur et 4¾ po (12 cm) en largeur ; plus l'angle est ouvert, plus la largeur maximale décroît. Certains modèles se prêtent aux coupes composées.

**Scie coulissante à onglets composés.** Elle sert à couper des pièces larges par simple translation de la base sur deux tiges. On l'utilise pour exécuter des coupes en onglet (jusqu'à 45°) et, grâce à un dispositif d'inclinaison latérale, des coupes composées (jusqu'à 45°). Certains modèles permettent de scier des pièces ayant jusqu'à 12 po (30 cm) de largeur.

Idéale pour réaliser des coupes droites ou obliques, la scie circulaire refend et tronçonne des pièces de grandes dimensions. Une lame circulaire saillit d'une lumière vers laquelle on pousse la pièce (parfois la lame est tirée vers la pièce.) La grosseur de la scie est déterminée par le diamètre maximal des lames qu'on peut y adapter, généralement de 10 po (25 cm). Le modèle d'établi est portatif et peu encombrant ; le modèle de plancher procure toutefois des coupes plus douces et plus précises.

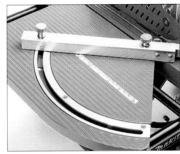

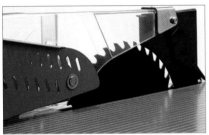

**Protège-lame.** Accessoire qui empêche le contact accidentel des mains et de la lame et la projection de débris vers l'utilisateur. Le couteau diviseur, accroché au protège-lame, garde le trait ouvert derrière la lame ; si le trait se refermait, la lame s'y coincerait, causant le recul de la pièce vers l'utilisateur et d'éventuelles blessures.

**Guide à onglet.** Accessoire pouvant être réglé en vue du tronçonnage ou du sciage oblique (jusqu'à 45°) d'une pièce. Pour scier une longue planche, supportez-la d'une main ; de l'autre, poussez-la vers la lame en rotation, en utilisant le guide. Un autre type de guide à onglet figure à la page 54.

**Guide de refend.** Il guide une pièce que l'on veut scier dans le sens de la longueur. Bloquez-le à la largeur voulue. En sciant, maintenez la pièce contre le guide ; utilisez un poussoir pour diriger la pièce vers la lame. Il faut enlever le guide à onglet avant d'exécuter un refend.

**Profondeur de passe.** La hauteur de la lame détermine la profondeur de passe. Sur le modèle illustré, la hauteur est fixée par simple rotation d'un bouton. Des repères indiquent l'inclinaison de la lame (jusqu'à 45°).

**Accessoires de protection.** Ils sont indispensables. Le poussoir (en haut) permet de garder les doigts loin de la lame. Le guide protecteur à ressort (au centre) sert à retenir et à guider la pièce tout en prévenant un retour brutal vers l'utilisateur ; il y a un tel guide de chaque côté de la lame. Le presseur à peigne (en bas) sert à maintenir la pièce contre le guide pendant que vous la refendez ; utilisez-en deux sur une grosse scie circulaire.

Le bloc moteur-lame de la scie radiale coulisse sous un bras ; un mécanisme vous permet de les faire pivoter et de les incliner. La scie radiale est un excellent outil de tronçonnage, surtout dans le cas de longues planches. Sa lame peut être placée à l'horizontale. En utilisant les accessoires convenant au modèle utilisé, vous pourrez transformer la scie en ponceuse, en toupie ou en perceuse à colonne. La grosseur de la scie est déterminée par le diamètre maximal des lames qu'on peut y adapter (pp. 58-59) ; une scie de 10 po (25 cm) est un outil polyvalent. Consultez d'abord le manuel de l'utilisateur.

Couteau diviseur

Griffe antirecul

**Protège-lame**. Dispositif de protection en plastique transparent ou en acier dont sont dotées toutes les scies radiales. La griffe antirecul fixée au protège-lame empêche le recul d'une pièce à refendre (la griffe retiendrait la pièce qui serait repoussée vers l'utilisateur). Le couteau diviseur, situé derrière la lame, garde le trait ouvert pendant le sciage et empêche le coincement de la lame.

**Plateau.** Le plateau peut être recouvert d'un panneau de fibres protecteur de ¼ po (6 mm). Pour couper une pièce de part en part, la lame doit entamer le plateau ou le panneau protecteur. Sciez des traits dans le plateau et le guide au besoin. La scie illustrée est un modèle portatif facile à ranger et à transporter. Le modèle de plancher, à haut rendement, permet toutefois de réaliser des coupes plus précises.

**Blocage du bras.** On bloque le bras dans des crans destinés aux coupes en onglets (jusqu'à 22,5° à gauche et 45° à droite) ; on peut aussi le bloquer entre les crans.

**Blocage de la chape.** Ce dispositif sert à faire pivoter la lame et à la bloquer en position de refend. Le point de blocage détermine la largeur de la coupe.

**Coupe en biseau.** La lame s'incline jusqu'à 90° des deux côtés et permet d'exécuter des coupes en biseau. Pour effectuer des coupes composées, réglez le bras et la lame.

# LAMES DE SCIE CIRCULAIRE

Les possibilités de coupe offertes par une scie circulaire (portative ou non) ou une scie radiale augmentent selon le nombre de lames dont vous disposez. Les lames se divisent en deux catégories : lames en acier standard et lames à dents à pointes de carbure. Les premières doivent être affûtées souvent ; les secondes conservent leur tranchant plus longtemps, mais leurs dents sont plus cassantes. Le nombre de dents, leur rectification et la profondeur des creux les séparant déterminent la douceur et la vitesse de la coupe. Les grosses dents rectifiées à plat procurent une coupe de refend rapide et grossière ; les petites dents pointues inclinées alternativement à gauche et à droite, une coupe à contre-fil lente et douce.

**À refendre.** Grosses dents en ciseau carrées. Coupe nette parallèle au fil (bois franc ou tendre).

**À tronçonner.** Petites dents pointues. Coupe douce perpendiculaire au fil (bois franc ou tendre, contreplaqué).

**Combinée.** Grosses dents pointues alternes. Refend, tronçonnage et coupe en onglet (tout type de bois), sans changement de lame.

**Combinée à dents en ciseau.** Grosses dents. Coupe de refend rapide et grossière.

**Raboteuse évidée.** Le pourtour étant plus épais que le corps, la voie est plus large. Coupe douce (tronçonnage, onglets).

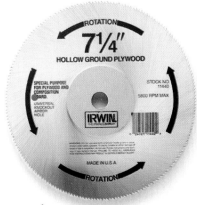

**Évidée à contreplaqué.** Fines dents alternes biseautées. Coupe sans éclats (contreplaqué, boiseries).

**À contreplaqué et à boiseries.** Petites dents alternes biseautées. Coupe douce (contreplaqué, boiseries).

**À métaux non ferreux et à plastique.** Dents alternes biseautées coupant le laiton, l'aluminium, le cuivre, le plastique. Lubrifiez (huile, paraffine).

**À pourtour mince.** Peu de pertes vu l'étroitesse du trait. Sciage de pièces de bois ayant moins de ¾ po (2 cm) d'épaisseur. Dents à pointes de carbure.

**Combinée à pourtour mince.** Grosses dents alternes et biseautées à pointes de carbure. Saillies antirecul. Refend et tronçonnage doux (bois).

**De charpenterie à pourtour mince.** Grosses dents en ciseau carrées à pointes de carbure. Saillies antirecul. Coupe de refend douce (bois).

**À finir à pourtour mince.** Petites dents alternes et biseautées à pointes de carbure. Saillies antirecul. Tronçonnage doux (bois).

**De réfection.** Grosses dents à pointes de carbure. Coupe grossière. Tranche même les clous noyés dans le bois. Idéale pour la rénovation.

**À métaux non ferreux.** Dents à pointes de carbure coupant l'aluminium, le cuivre, le plomb, le laiton. Lubrifiez (huile, paraffine).

**À revêtement antiadhésif.** Dents à pointes de carbure. Coupe fine (bois, contreplaqué, placage, plastique).

**À tête à rainurer.** Jeu de lames et de déchiqueteurs servant à créer des entailles, des feuillures et des rainures (bois massif, plastiques stratifiés). Il existe des modèles monobloc réglables. N'utilisez ce type de lame que sur une scie circulaire non portative ou radiale.

Outil de menuiserie ne consistant qu'en une lame, ou *fer*, logée dans un fût, le rabot sert à dresser et à finir le bois ainsi qu'à chanfreiner, à adoucir et à dégauchir les chants. Des rabots spéciaux permettent de créer des feuillures et des formes décoratives.

Optez pour un rabot convenant au travail à effectuer. Le bouton de réglage de la profondeur doit être facile à atteindre et à manipuler. La fourchette doit parfaitement soutenir le fer. Pour dresser de grandes pièces, utilisez un rabot à semelle biseautée ; pour dresser des chants, un rabot à semelle unie.

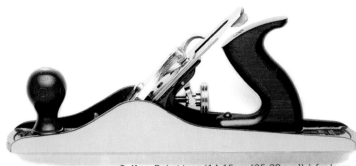

**Galère.** Rabot long (14-15 po [35-38 cm]) à fer large servant aux travaux de dégrossissage et au dressage de larges planches. Pour dresser du bois fraîchement coupé, soulevez le contre-fer de ¹⁄₁₆ po (1,5 mm) ; pour finir une pièce, placez le contre-fer à ¹⁄₃₂ po (0,80 mm) du tranchant. Positionnez le fer à l'aide du levier de réglage latéral et du bouton de réglage de la profondeur.

**Varlope en acier.** Rabot servant à dresser des planches jointes bout à bout et de larges planches. Sa longue semelle (22-23 po [55-58 cm]) l'empêche de dévier sur des bosses ou dans des creux. Assurez, au besoin, le réglage de la profondeur.

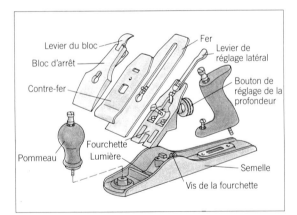

**Varlope en bois.** Un guide permet d'équarrir et de dégauchir les chants pour obtenir des assemblages sans jeu. Idéal pour dresser les pièces à coller bout à bout. Pour transformer cet outil en galère, enlevez le guide.

**Rabot à repasser.** Il sert à finir les surfaces grossièrement dressées. Sa petite semelle (7-9 po [18-23 cm]) convient au dressage de petites surfaces irrégulières.

**Rabot à mouchette.** Sa semelle et son fer inclinés procurent un fini de lambris. Largeur de passe : 2 po (5 cm). Il existe des modèles pour droitiers et pour gauchers. Pour régler le fer, frappez-le légèrement avec un maillet.

**Rabot à corroyer.** Rabot qui ôte beaucoup de bois rapidement. Travaillez par petites passes, en tenant le rabot de biais par rapport au fil. Finissez le dressage avec un rabot à repasser.

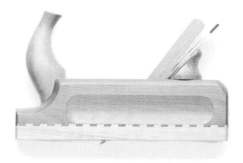

**Rabot à corne.** Rabot de finition doté, à l'avant du fût, d'une poignée augmentant la force de poussée. Plus petit et plus léger que le rabot à repasser, cet outil entraîne moins de fatigue, mais il ne convient pas aux gros travaux.

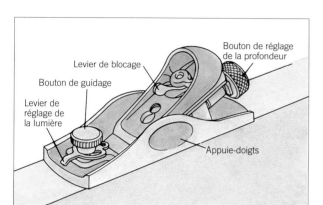

Bouton de réglage de la profondeur

Levier de blocage

Bouton de guidage

Levier de réglage de la lumière

Appuie-doigts

**Rabot de coupe.** Rabot destiné aux travaux de dressage et de finition. La molette située sous la poignée règle la saillie. Petit, le rabot de coupe se manœuvre d'une seule main.

**Rabot à angle aigu.** On l'utilise pour façonner de petites moulures et dresser en bout. Orienté à 12°, son fer procure un dressage doux sur le grain transversal ou d'extrémité ; on peut le régler pour un dressage plus grossier.

**Guillaume de bout.** S'emploie pour créer des feuillures et des entailles de belle facture jusque dans les coins. Son nez court permet de travailler dans les espaces restreints.

**Petit rabot.** Il sert dans les espaces inaccessibles aux rabots standards. Très utile pour les travaux délicats. Il en existe un modèle à poignée.

**Noisette.** Pour travaux délicats. Rabot doté d'un fer droit, ou bien d'un fer concave et d'un fer convexe de même courbure.

**Rabot à écorner.** S'utilise pour équarrir les chants. Son fût en L sert de guide ; son fer en biais procure un fini doux et ne provoque pas l'éclatement des fibres.

**Guillaume de côté.** Il sert à dresser les feuillures, les entailles et les rainures. Deux lames permettent le travail dans les deux sens. Saillie du fer : jusqu'à ½ po (1 cm).

**Guillaume.** Le guillaume permet de dégager des feuillures. Un fer, au centre, sert au dressage ordinaire ; un autre, au nez, au dressage dans les coins. Des saillies permettent de travailler transversalement sur le grain. Parfois doté d'un guide réglable amovible.

**Guillaume à épaulements.** Semelle et fût à angle droit. Sert à dresser les épaulements d'assemblages à tenons ou à feuillures.

**Rabot à chanfreiner.** Il sert à biseauter ou à chanfreiner les coins de pièces carrées. Des tiges filetées et des écrous fixent la largeur du biseau. Des repères, au nez et au talon, assurent un réglage précis du fer. Semelle en V, à 90°.

**Rabot à mortaiser.** Rabot servant à créer des mortaises de charnières, de gâches, de serrures à pêne dormant, etc. Son utilisation permet des bords bien droits.

**Feuilleret.** Un modèle permet de créer des chants arrondis ; l'autre, des chants biseautés. Le fer avant donne un fini grossier que le fer arrière adoucit. Des vis Allen noyées sur le fût servent à régler la saillie des fers.

**Rabot démontable.** Guillaume, guillaume de bout et guillaume de fil réunis en un seul outil. Un nez aplati (à gauche) permet de conserver la profondeur de passe jusque dans les coins. Adaptez le rabot au travail en changeant la tête (une vis la fixe au fût). Utilisez une des cales (au centre) pour élargir la lumière.

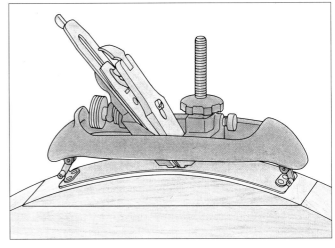

**Rabot cintrable.** La semelle flexible permet de dresser des surfaces concaves ou convexes. Posez d'abord le rabot sur la pièce, puis réglez la courbure de la semelle en tournant le bouton calé sur une tige filetée. Ce réglage étant fait, réglez ensuite la saillie du fer.

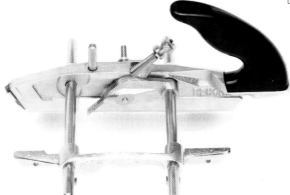

**Rabot à combinaisons.** Doté d'un guide réglable, il sert à dégager des rainures et des feuillures. Un jeu d'accessoires permet de l'utiliser pour tailler des baguettes et des languettes. Il existe des fers de largeurs et de types variés.

**Guimbarde.** Elle sert à faire des rainures, des entailles et autres ouvertures à fond plat, ou à dresser le fond de rainures et d'entailles. Dotée d'un guide réglable amovible, elle permet de dresser des rainures droites ou courbes jusque dans les coins.

# VASTRINGUES ET PLANES

Bien que tous ces outils servent à dresser et à façonner le bois, chacun est conçu spécialement pour créer des surfaces planes, concaves ou convexes. En général, les vastringues conviennent mieux aux travaux de finition, les planes aux travaux de dégrossissage. On doit manœuvrer la plupart de ces outils à deux mains dans un mouvement de poussée ou de traction. Des lames tranchantes sont un gage de sécurité et assurent des surfaces lisses. Travaillez toujours dans le sens du fil.

**Vastringue à lame droite réglable.** Elle doit comporter deux écrous réglant la saillie du fer. Une vis retient le *bloc d'arrêt,* qui prend appui sur le fer ; desserrez-la avant de régler la saillie. La vastringue illustrée convient aux surfaces planes ou convexes. Bien utilisée, la vastringue permet de réduire passablement le temps consacré au ponçage.

**Vastringue convexe.** On l'utilise pour créer des évidements.

**Vastringue concave.** La lame courbe sert à dresser rampes, poteaux et pattes de chaises. Les pièces façonnées peuvent se loger dans les évidements créés avec la vastringue convexe.

**Vastringue à chanfrein.** Doté de deux guides réglables, cet outil permet de biseauter ou de chanfreiner des pièces équarries.

**Vastringue à combinaisons.** Outil possédant une lame droite et une lame concave, les deux plus étroites que celles des vastringues qu'il remplace.

**Petites vastringues.** Utiles pour travailler dans les espaces exigus et pour exécuter des travaux délicats, elles ont une semelle plate, ronde ou ovale. Pour régler la saillie ou aiguiser la lame, ôtez la vis et la rondelle.

**Racloir d'ébéniste.** Fût en forme de vastringue dans lequel est logé un racloir. (Certains racloirs sont utilisés sans fût.) La vis à oreilles règle la saillie du racloir. Outil qui sert à aplanir les nœuds, à ôter la colle séchée et à détacher de minces copeaux.

**Plane à genoux.** Plane à lame fortement incurvée servant à creuser le bois. Utile pour évider une pièce ou pour dégrossir, elle se manœuvre moins bien que la vastringue.

**Plane creuse.** La traction exercée sur cet outil détermine la profondeur de passe. La forme des poignées et de la lame varie. Les petites planes conviennent à la sculpture ; les plus grosses offrent une prise adaptée aux durs travaux.

**Plane à queue.** Outil à lame courbe qui servait à l'origine à finir l'intérieur de tonneaux et de seaux. Manœuvrez-le d'une main pour évider sièges et bols en bois.

**Plane droite.** Plane à lame droite que l'utilisateur doit pousser pour entamer le bois ; le retournement de la lame permet de tirer l'outil vers soi. La soie traverse les poignées, ce qui rend cet outil plus résistant ; c'est une caractéristique à rechercher au moment de choisir une plane.

Le rabot électrique se prête bien au dressage des chants de porte. Toutefois, vous devrez aussi disposer d'une dégauchisseuse et d'une surfaceuse si vos travaux requièrent des assemblages parfaits. (Pour être efficaces, ces deux outils doivent être réglés avec précision.) Grâce à eux, vous obtiendrez des planches plus minces que la normale et pourrez économiser en achetant des pièces de bois brut que vous dresserez vous-même. Sur la dégauchisseuse, dressez et dégauchissez d'abord un parement, puis dégauchissez et équarrissez les chants. Uniformisez ensuite l'épaisseur de la pièce au moyen de la surfaceuse.

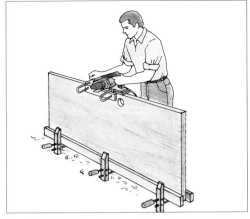

Le rabot est l'outil parfait pour ôter un peu de bois sur une porte qui s'ouvre mal à cause de l'humidité ou par suite de la pose d'une moquette. Assoyez la porte sur des presses réglables ; élargissez la base avec du bois de rebut.

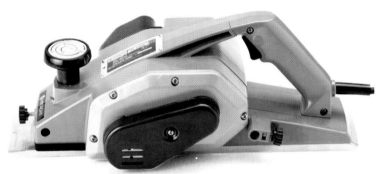

**Rabot électrique.** On utilise souvent le rabot pour dresser et équarrir les chants. Chaque fois qu'une planche passe sur les deux fers en rotation, elle perd jusqu'à ⅛ po (3 mm) de son épaisseur ; travaillez par passes successives si vous devez en ôter davantage. La dimension du rabot est déterminée par la largeur de ses fers, qui va de 3¼ à 6⅝ po (8 à 17 cm), selon le modèle. Pendant le dressage, exercez une pression uniforme sur la pièce ; à la fin de chaque passe, relâchez la pression à l'avant de l'outil pour éviter de surcreuser la pièce. Un guide s'adaptant au rabot permet à l'utilisateur de modifier l'angle de dressage.

**Poussoirs.** Accessoires de protection absolument indispensables pour ceux qui utilisent une dégauchisseuse (ou une scie circulaire ou radiale). Les poussoirs illustrés possèdent des semelles de caoutchouc-mousse, assurant une prise solide, et des poignées inclinées, qui maintiennent les mains à l'écart du guide.

**Dégauchisseuse.** Elle sert à dresser, à dégauchir et à équarrir des planches de 4 à 8 po (10 à 20 cm) de largeur et comporte deux plateaux, un porte-fers et un guide. La hauteur du plateau avant détermine la profondeur de passe, qui atteint ⅛ po (3 mm). Un protecteur (rétracté ici) protège les mains ; utilisez des poussoirs si le chant est plus bas que le protecteur. Le guide s'incline jusqu'à 45° des deux côtés et permet de créer des biseaux et des chanfreins. Il existe des modèles d'établi et de plancher.

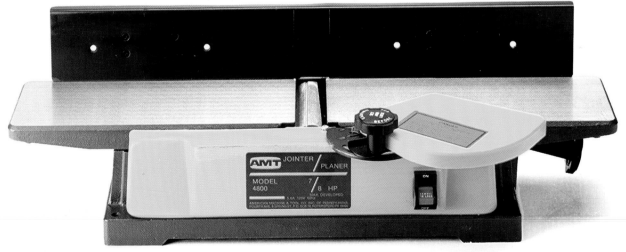

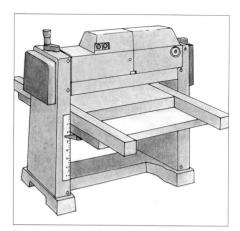

**Pour dresser des pièces** de dimensions inférieures à celles qui sont recommandées, fixez du bois de rebut aux chants avec un adhésif thermofusible. (La largeur de l'assemblage ne doit pas excéder la capacité de la machine.) Après le dressage, détachez le bois de rebut.

## Scie à rainurer

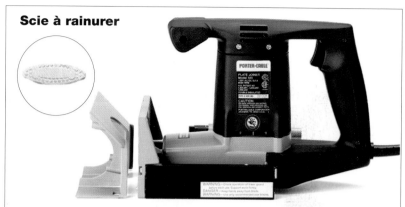

Unique en son genre, la scie à rainurer sert à renforcer les assemblages (aboutés, à onglets, angulaires) réalisés avec des pièces de bois. Dans des rainures correspondantes, préalablement découpées avec l'outil dans chaque pièce, on met des pastilles ovales, en bois ou en plastique, légèrement encollées ; la colle provoquant l'adhérence et la dilatation des pastilles, l'assemblage est résistant et sans jeu. On aligne les pastilles par simple glissement latéral alors que la colle n'est pas sèche.

**Surfaceuse.** Machine qui permet d'obtenir une pièce d'épaisseur donnée après dégauchissement ou dressage. Une fois la pièce posée sur le plateau, des rouleaux la font avancer automatiquement vers des fers en rotation. Il vaut mieux effectuer plusieurs passes pour n'ôter qu'un peu de matériau à la fois. Il faut tenir compte du type de bois, de la largeur de la pièce et du débit de la machine. Plus le débit est faible, plus le nombre de passes par centimètre est élevé et plus la surface dressée est douce. Les modèles d'établi peuvent façonner des pièces ayant de 4 à 12 po (10 à 30 cm) de largeur et de 3/32 à 6 po (0,20 à 15 cm) d'épaisseur ; les modèles de plancher, des pièces de dimensions supérieures, soit de 12 à 36 po (30 à 92 cm) de largeur et de 1/8 à 8 po (0,3 à 20 cm) d'épaisseur. La machine est à une ou deux vitesses ou à vitesse variable. Les fers sont parfois à double tranchant ; un tranchant émoussé peut donc être remplacé par simple retournement de la lame après débranchement de la machine et enlèvement des débris.

Adaptable à divers travaux de menuiserie, la toupie peut servir à créer des chants ou des surfaces décoratives, des assemblages d'excellente facture et des ouvrages sculptés. Le mandrin a un diamètre de ¼, ⅜ ou ½ po (6, 9 ou 13 mm). Un mandrin de ¼ po (6 mm) convient aux travaux légers ; un mandrin plus gros est toutefois plus polyvalent. La puissance du moteur varie de ½ à 3¼ CV ; plus elle est grande, plus on peut abattre de travail. Choisissez une toupie qui a des poignées offrant une prise confortable et un interrupteur facilement accessible.

Les couteaux servent à créer des profils variés. Les couteaux en acier rapide doivent être affûtés plus souvent que les couteaux au carbure, plus durables mais aussi plus coûteux. Un guide plein ou à paliers à billes permet de suivre le chant de la pièce à façonner.

**Toupie plongeante.** Idéale pour toupiller des motifs internes. Réglez la butée de profondeur, puis placez la toupie sur la pièce et lancez le moteur ; débloquez le levier qui commande la descente du boîtier et abaissez le couteau pour entamer la pièce. Il existe des modèles à vitesse variable.

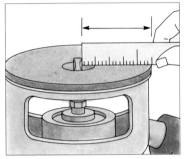

Mesurez la distance qui sépare le tranchant du bord de la semelle avant de régler un guide. Reportez la mesure sur la pièce.

Son couteau tourne vers la droite et doit mordre dans le bois. Pour toupiller un chant, poussez la toupie vers la droite ; poussez-la vers la gauche si vous travaillez à l'intérieur de la pièce.

**Toupie standard.** Elle est dotée d'un mandrin de ¼ po (6 mm) et d'un moteur de ⅞ CV dont le boîtier coulisse à la verticale. Pour modifier la profondeur de passe, desserrez l'anneau de réglage de la profondeur. Gardez les doigts loin du couteau en rotation.

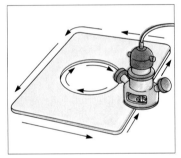

**Base plongeante de rattrapage.** Base utilisée pour transformer en toupie plongeante une toupie standard dotée d'un boîtier circulaire de 3½ po (9 cm). La base possède également un levier de blocage et une butée de profondeur réglable.

**Affleureuse.** Toupie servant à la finition des chants de pièces recouvertes de plastique stratifié. Accessoires (de gauche à droite et de haut en bas) : base déportée utilisée dans les coins ; base réglable dont l'angle d'attaque varie de 0 à 45° ; fendoir servant à couper les stratifiés.

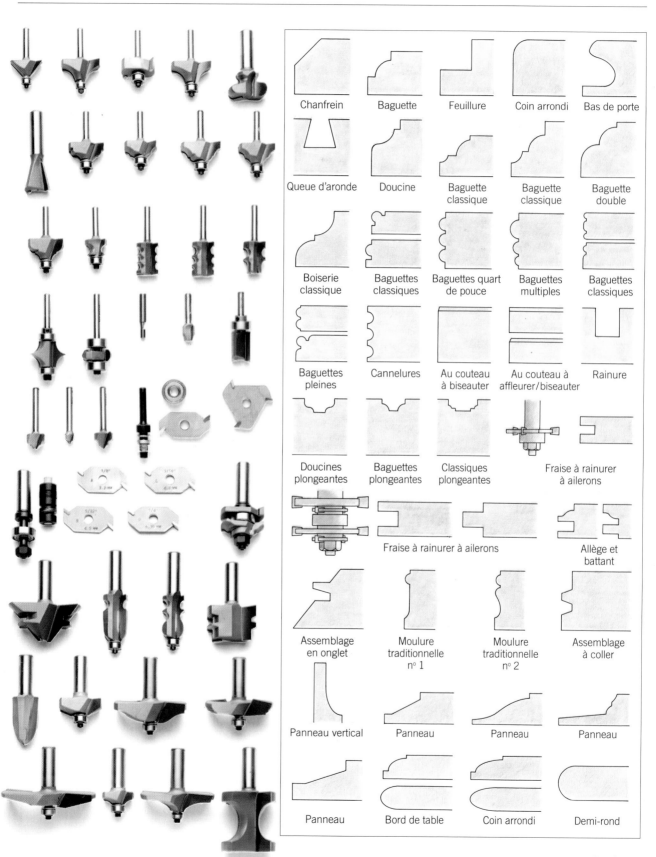

| | | | | |
|---|---|---|---|---|
| Chanfrein | Baguette | Feuillure | Coin arrondi | Bas de porte |
| Queue d'aronde | Doucine | Baguette classique | Baguette classique | Baguette double |
| Boiserie classique | Baguettes classiques | Baguettes quart de pouce | Baguettes multiples | Baguettes classiques |
| Baguettes pleines | Cannelures | Au couteau à biseauter | Au couteau à affleurer/biseauter | Rainure |
| Doucines plongeantes | Baguettes plongeantes | Classiques plongeantes | Fraise à rainurer à ailerons | |

Fraise à rainurer à ailerons

Allège et battant

| | | | |
|---|---|---|---|
| Assemblage en onglet | Moulure traditionnelle nᵒ 1 | Moulure traditionnelle nᵒ 2 | Assemblage à coller |
| Panneau vertical | Panneau | Panneau | Panneau |
| Panneau | Bord de table | Coin arrondi | Demi-rond |

Pour un façonnage parfait, l'on adapte souvent à la toupie un guide ou un gabarit. Avant de toupiller une pièce de cette façon, faites-vous la main sur du bois de rebut. La largeur des couteaux étant variable, calculez toujours la distance qui sépare le tranchant (le couteau se trouvant dans le mandrin) du bord de la semelle avant de mettre en place le guide ou le gabarit (p. 66).

**Pantographe.** Accessoire servant à reproduire les motifs d'un gabarit sur une surface plane. Fixez la toupie à la semelle, lancez le moteur et suivez le motif avec la pointe ; la toupie reproduira le motif sur la pièce. Certains modèles comprennent du lettrage et des dessins. Vous pouvez aussi créer vos propres gabarits.

**Guide à dresser le placage et coussinets.** Guide et accessoires vendus en jeu. Fixé à une semelle spéciale, le guide comporte un palier permettant de façonner des profils décoratifs au moyen de couteaux sans guides. Il peut aussi découper les stratifiés et façonner des formes irrégulières sur les chants. Les coussinets et la bague de retenue protègent les gabarits de précision. N'utilisez jamais ensemble le guide et un coussinet.

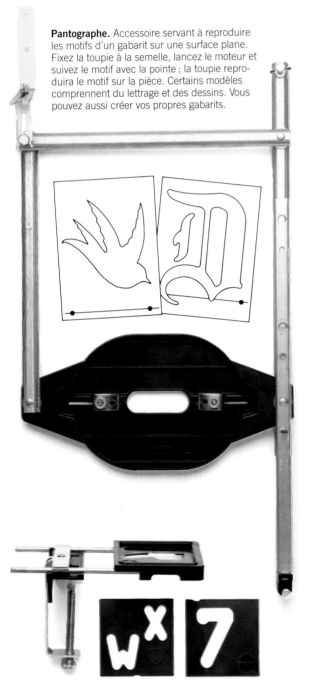

**Guide latéral.** Guide servant à toupiller une pièce parallèlement à son chant ainsi qu'à toupiller en plongée rectiligne ou circulaire. Le guide réglable sert au toupillage rectiligne ; une pointe de centrage réglable retient le guide quand il sert au toupillage circulaire. Des écrous à ailettes bloquent les accessoires de réglage.

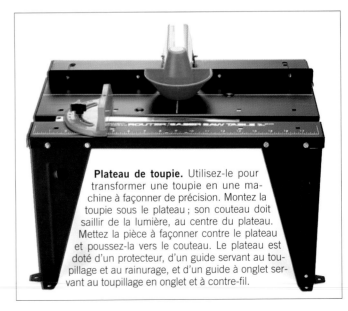

**Plateau de toupie.** Utilisez-le pour transformer une toupie en une machine à façonner de précision. Montez la toupie sous le plateau ; son couteau doit saillir de la lumière, au centre du plateau. Mettez la pièce à façonner contre le plateau et poussez-la vers le couteau. Le plateau est doté d'un protecteur, d'un guide servant au toupillage et au rainurage, et d'un guide à onglet servant au toupillage en onglet et à contre-fil.

**Gabarit de lettrage.** On l'utilise avec un coussinet et un couteau droit, en V ou à gorge pour graver des lettres et des chiffres sur le bois. Une serre fixe le gabarit et la pièce à l'établi. Caractères et grosseurs variés.

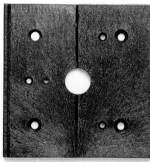

**Guide pour joints angulaires.** Semelle composée de deux pièces qui remplace la semelle de la toupie standard. Pour créer un joint angulaire parfait, effectuez une passe sur chaque pièce à l'aide du couteau vendu avec la semelle.

**Gabarit pour assemblages à tenons et à mortaises.** On l'utilise pour créer des assemblages à tenons et à mortaises ronds et sans jeu. Jusqu'à trois mortaises et tenons consécutifs peuvent être taillés sans déplacement du gabarit. Il est possible de choisir l'angle d'assemblage. Ce gabarit est vendu avec un couteau à guide.

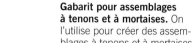

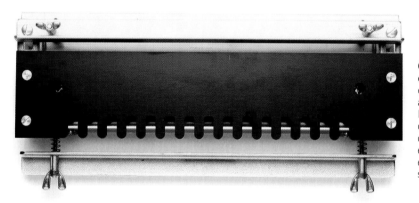

**Gabarit pour assemblages à queues d'aronde.** Il sert à réaliser, avec un coussinet et un couteau pour queues d'aronde, des assemblages à queues d'aronde résistants. Le coussinet suit le profil du gabarit pendant que le couteau découpe simultanément dans deux pièces une série de queues et les encoches correspondantes, régulièrement espacées. Ce gabarit taille aussi des queues semi-couvertes ou recouvertes.

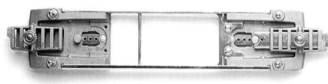

**Gabarit pour pentures.** Posé sur le chant ou le montant d'une porte, ce gabarit sert à créer les mortaises de pentures ayant 2½ à 5½ po (6 à 14 cm) de largeur. Le jeu de trois gabarits permet de tailler jusqu'à trois mortaises à la fois. Sur les glissières unissant les gabarits, des repères indiquent l'emplacement des pentures pour les portes de 6½ à 7 pi (2 à 2,15 m) de hauteur. Ne l'utilisez qu'avec une toupie fixée sur un guide pour pentures.

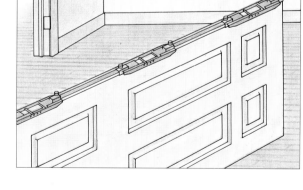

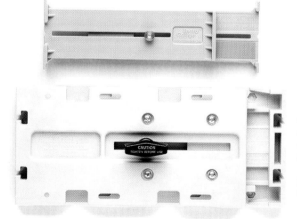

**Gabarit universel.** Accessoire qui peut servir de guide réglable sur un plateau de toupie (entures multiples et queues d'aronde) ou de butée réglable (autres travaux). Le gabarit (en bas) sert aussi de guide de scie circulaire et il peut servir à d'autres usages sur une scie radiale ou une perceuse à colonne. Un guide multifonction (en haut) règle l'alignement du couteau et du guide ainsi que la profondeur de passe, avec la même précision que le gabarit.

# CISEAUX, GOUGES ET TOURS

Un ciseau ou une gouge affûtés régulièrement et protégés contre la rouille sont bons à vie. Offerts en diverses dimensions, les ciseaux servent à façonner le bois, le métal et la pierre. On les pousse manuellement ou on les frappe avec un maillet. Leurs lames d'acier ont les côtés droits ou biseautés, les premiers étant plus résistants que les seconds. La lame biseautée est pratique dans les espaces restreints. La forme de la lame (carrée, ronde ou en biseau) détermine son usage. La gouge a une lame concave ou convexe. Rangez ciseaux et gouges de façon que leurs lames ne puissent s'entrechoquer ni heurter d'autres outils.

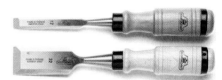

**Ciseau à charnières.** Ciseau à lame courte, facile à utiliser. Poussez-le manuellement ou frappez-le légèrement avec un maillet. Ses côtés biseautés et son tranchant droit en font l'outil idéal pour découper des queues d'aronde.

**Bédane.** Ciseau à lame épaisse rigide, à tranchant droit et aux côtés carrés, qui sert à créer des évidements. Pour dégrossir, frappez le manche avec un maillet.

**Biseau.** Il sert de couteau pour finir une coupe dans un espace restreint. Son tranchant en biseau (60° environ) peut être pour droitiers ou pour gauchers. Les côtés droits de la lame en font un outil robuste. Le biseau doit être poussé manuellement.

**Ciseau de charpentier.** Doté de côtés biseautés et d'un tranchant droit, ce ciseau ploie un peu quand on l'utilise dans les espaces restreints. Pour dégrossir une mortaise, un assemblage, etc., frappez-en le manche virolé avec un maillet.

**Ciseau à encastrement.**
La forme de la lame permet d'égaliser le fond des rainures et des petites mortaises. Placez le tranchant du ciseau au fond de la mortaise, qui peut avoir jusqu'à 6 po (15 cm) de profondeur.

**Ciseau d'angle.** Semblable à un pointeau, il s'utilise surtout avec un maillet ; parfois, un manche permet de le pousser manuellement. Le tranchant en L égalise les trous carrés et les angles à 90° et plus ; il sert aussi à tailler et à finir les mortaises.

**Butte-avant.** Ciseau à tranchant droit ou en biseau (orienté vers la droite ou vers la gauche), qu'on utilise comme un riflard ou une gouge de petite dimension dans la finition, la décoration.

**Burin.** Outil que l'on frappe avec un marteau pour couper la tôle, les rivets, les boulons et les clous. Il sert aussi à briser les carreaux de céramique qui dissimulent la plomberie.

**Riflard.** Idéal pour égaliser les rainures et détacher de minces copeaux. Son tranchant droit à côtés biseautés permet d'atteindre des espaces restreints. Poussez-le manuellement ; ne le frappez pas.

**Ciseau à plancher.** Utilisé pour couper et soulever les revêtements de sol, il est idéal pour travailler sur les parquets bouvetés et languettés. Sa lame large répartit également la pression et n'endommage pas les lattes adjacentes.

**Riflard coudé.** Une lame déportée assure un dégagement suffisant au niveau du manche lorsque le ciseau est posé à plat sur la pièce, même en son centre.

**Départoir.** Utilisez-le pour fendre les bardeaux, les planches à clin, etc. Enfoncez sa lame dans la pièce et achevez le fendage en décrivant un mouvement de va-et-vient.

**Ciseau à noyer.** Il sert à soulever un petit éclat de bois. Le clou entré, collez dessus l'éclat de bois.

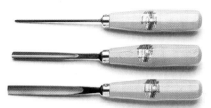

**Gouge.** La gouge sert au découpage de motifs complexes et à la sculpture sur bois. Certains modèles peuvent être frappés avec un maillet. Tranchant : rainuré, triangulaire, en biseau, droit, biseauté ou en V.

**Couteaux de sculpteur.** Dotés de lames diverses, ces couteaux servent à sculpter (bas-reliefs) et à tailler le bois. Souvent vendus en jeu, ils peuvent être rangés dans un sac en toile.

**Gouge miniature.** Outil servant aux travaux très délicats. Les tranchants offerts sont identiques à ceux des gouges standards.

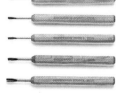

**Gouge d'ébéniste.** Sa poignée se cale bien dans la paume.

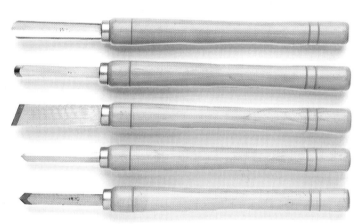

**Ciseaux de tournage.** Ces ciseaux servent à façonner des pièces sur un tour. Un jeu de base comprend (de haut en bas) la gouge (arrondis, gorges), le dégorgeoir (gorges, évidements divers), le biseau (baguettes, finition de cylindres droits ou coniques), le grain-d'orge (rainures en V, épaulements carrés) et le burin à bois (calibrage, enlèvement du rebut).

**Doloire.** Outil de sculpteur servant à façonner rapidement de grosses pièces de bois, la doloire est offerte en plusieurs dimensions ; sa tête peut être dotée d'un tranchant de hache ou de gouge ; le modèle illustré possède les deux tranchants.

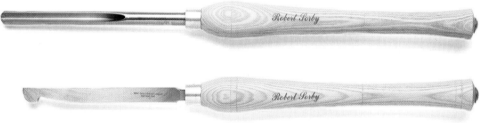

**Gouge à gorge profonde.** Gouge qui sert à façonner des bols sur un tour. Bien utilisée, elle rend le ponçage inutile.

**Ciseau à racler.** Ciseau qui sert à finir l'intérieur des pièces tournées. Sa lame peut être ronde ou carrée.

**Tour.** Le tour sert à créer des pièces cylindriques en bois. Une poupée fixe contient une poulie qui communique le mouvement du moteur à une broche. Selon le tour, la broche de la poupée fixe ou celle de la poupée mobile est réglable. L'utilisateur entame le bois avec un ciseau qu'il tient sur le porte-outil. Pour façonner un bol ou un objet circulaire plat, fixez la pièce sur un plateau calé sur la broche de la poupée fixe ; faites pivoter le porte-outil sur 90°.

# LIMES ET RÂPES

Selon le modèle utilisé, une lime ou une râpe peuvent affûter, façonner ou adoucir une pièce de bois ou de métal tout en la rognant. La taille (disposition des dents), la rugosité, la longueur et la forme de l'outil en déterminent l'usage. La lime à taille simple a une denture à arêtes parallèles et diagonales servant à adoucir et à affûter les pièces de métal. La lime à double taille présente une seconde série d'arêtes qui croisent les premières ; elle rogne rapidement le métal. La râpe est couverte de picots disposés en rangées droites ou irrégulières ; elle dégrossit rapidement le bois ou le métal tendre. Les termes à taille douce, demi-douce ou bâtarde (rude) définissent la rugosité de la lime ou de la râpe.

**Lime plate** (gauche). Lime d'usage général qui rogne rapidement le métal. Légèrement conique et de profil rectangulaire, ses faces sont à double taille (médaillon) et ses chants, à taille simple.

**Lime plate à main** (centre gauche). Lime à chants parallèles, dotée d'un chant lisse qui ne marque pas les pièces.

**Lime plate à côtés lisses** (centre droit). On l'insère dans les fentes étroites.

**Lime carrée** (droite). Insérable dans les évidements, les coins ainsi que dans les mortaises et trous carrés.

**Lime demi-ronde.** Outil qui a une face ronde et une face plate, utilisé pour limer de grandes surfaces concaves et planes.

**Lime ronde.** Pour créer de petites courbes ou élargir un trou. Le modèle conique est une *queue-de-rat.*

**Lime triangulaire.** Lime qui a trois faces plates à taille simple.

**Limes à scies.** De gauche à droite : lime pour scie à chaîne, lime couteau à placage, lime à taille croisée, lime pour scie circulaire (dents orientées à moins de 60°), lime conique (dents à 60°).

**Lime à arrondir** (gauche). Arêtes alternes parallèles. Les sculpteurs sur bois et les ébénistes l'utilisent pour sculpter.

**Lime à bois** (droite). Lime demi-ronde aux dents un peu plus grosses que celles de la lime à arrondir.

**Lime à façonner** (gauche). À taille simple (médaillon), elle laisse un fini doux sur le métal.

**Lime d'usage général** (centre). Pour façonner du métal tourné, finir des métaux, limer à traits tirés et affûter (couteaux, scies).

**Lime à mèches** (droite). Elle sert à affûter les mèches hélicoïdales.

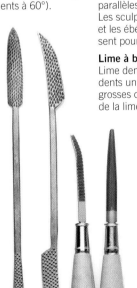

**Tiers-point** (gauche). Lime conique à trois faces plates servant à limer le métal à angle aigu.

**Lime à couteau** (centre). Pour les angles aigus.

**Lime à bouter** (droite). Sa pointe étroite convient aux espaces restreints.

**Rifloirs.** Outils servant à sculpter le bois et à travailler le métal, les rifloirs façonnent et rognent les pièces dans des espaces irréguliers ou restreints. Leurs caractéristiques sont identiques à celles des limes et des râpes standards. L'on trouve des rifloirs à poignée et des rifloirs doubles (qui servent de lime et de râpe).

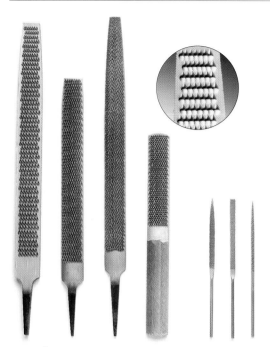

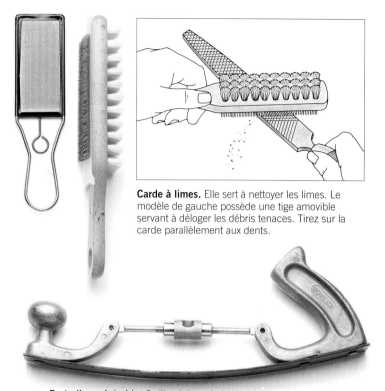

**Carde à limes.** Elle sert à nettoyer les limes. Le modèle de gauche possède une tige amovible servant à déloger les débris tenaces. Tirez sur la carde parallèlement aux dents.

**Râpes.** À denture formée de picots plutôt que d'arêtes, les râpes servent à dégrossir rapidement les pièces. Elles donnent de meilleurs résultats sur le bois, mais on peut les utiliser sur le cuir et les métaux tendres. De gauche à droite : râpe à bois, rectangulaire, à gros picots ; râpe d'ébéniste, demi-ronde, à picots moyens ; râpe de modeleur, demi-ronde, à petits picots ; râpe de cordonnier, demi-ronde d'un côté et plate de l'autre. Il existe aussi une râpe ronde (non illustrée). Les petites râpes facilitent le travail dans les espaces restreints.

**Porte-lime cintrable.** Outil qui, tenu à deux mains, assure une prise solide et un limage énergique. Fixez-y une lime et réglez-en la courbure. La lime peut avoir de 12 à 14 po (30 à 35 cm) de longueur.

**Manche.** Le manche assure une bonne prise et protège la main contre les blessures que peut causer la soie. Il n'est générale-ment pas vendu avec la lime. Sur le modèle illustré, une vis permet de régler l'ouverture des mâchoires.

**Lime Surform.** La denture de cette lime est formée de picots troués pour laisser passer les rognures, et la lame ne s'empâte pas. L'outil peut rogner, dresser et façonner divers matériaux : le bois, le panneau de fibres, certaines tuiles à toiture, le plastique rigide, la fibre de verre, l'aluminium, le cuivre et le laiton.

**Plane Surform.** Cette plane entame le matériau quand on la tire vers soi. La pression exercée détermine la profondeur de passe. La lame est tout juste coincée.

**Petit rabot Surform.** Il épouse la forme de la paume. Il sert à dresser des surfaces étroites et à travailler en espace restreint.

**Rabot Surform.** Outil que l'on pousse à deux mains pour façonner, dresser ou rogner une pièce. Ses lames ne peu-vent être affûtées : elles sont remplaça-bles. Leur taille est fine, ordinaire ou moyenne ; le calibre des picots varie de gros à fin. Utilisez ce rabot sur le bois, le contreplaqué, le panneau de particu-les, le plâtre, le vinyle et le linoléum.
L'un des chants de la lame à taille ordinaire permet de travailler dans les coins.

**Lime-rabot Surform.** Sa poignée orientable permet de manœuvrer l'outil comme une lime ou un rabot.

**Lime Surform ronde.** Elle sert à élargir les trous et à limer les surfaces courbes.

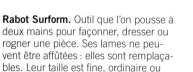

Les outils de ponçage manuels et électriques façonnent des pièces, en éliminent les imperfections et adoucissent leurs surfaces ; ils enlèvent aussi la rouille et divers revêtements. Les cales et les tampons à poncer facilitent le ponçage manuel ; un outil électrique exige moins de temps mais parfois plus d'habileté. On peut louer les grosses ponceuses comme les ponceuses à parquet. Portez toujours un masque antipoussières et des lunettes protectrices, que la ponceuse possède ou non un collecteur de poussières. Lancez le moteur avant que l'abrasif n'entre en contact avec la surface ; à la fin du ponçage, attendez que la plaquette se soit immobilisée avant de déposer la ponceuse. Videz souvent le sac à poussière, surtout si vous poncez du métal après avoir poncé du bois ; les étincelles produites par le métal chaud peuvent enflammer la sciure.

**Cale.** Coincez les deux extrémités d'un papier de verre entre la semelle et le dos.

**Cale souple.** Cale qui épouse la surface à poncer. Pour changer sa forme, désunissez les deux extrémités ou poussez-en une sous l'autre.

**Cale Stick-It.** Une feuille de papier de verre autocollante est fixée sur la semelle de feutre. Pour la remplacer, il suffit de la décoller et d'en coller une nouvelle. La poignée large offre une prise confortable. L'extrémité carrée de la semelle sert au ponçage dans les angles ; l'extrémité arrondie, au ponçage de surfaces concaves.

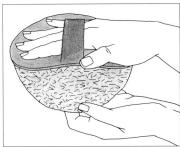

**Tampon à poncer.** Fixé à la main par une courroie, il est utile sur les grandes surfaces. Des bandes velcro retiennent le disque abrasif de 6 po (15 cm). La souplesse du tampon lui permet d'épouser la surface à poncer.

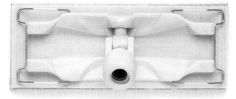

**Bloc à poncer.** Fixez-le à un manche télescopique pour poncer un plafond et le haut d'un mur. Des pinces en métal retiennent le papier de verre.

**Ponceuse de finition.** Animée d'un mouvement orbital, cette ponceuse sert à préparer une surface avant sa finition. Une plaquette souple (recouverte d'un papier de verre) décrit rapidement de petits cercles tandis que le boîtier demeure fixe. La petitesse de l'outil permet de l'utiliser d'une seule main ; gardez la plaquette bien à plat sur la surface. Du papier autocollant peut être employé. Pour travailler dans les coins, procurez-vous une plaquette carrée de dimension quart de feuille. Un sac à poussière est parfois fourni avec l'outil.

**Ponceuse vibrante.** Ponceuse à une ou à deux vitesses ou à vitesse variable. Pour ne pas surmener le moteur, exercez une pression légère en cours de ponçage. La plaquette prend le tiers d'une feuille de papier de verre.

**Ponceuse à mouvement orbital irrégulier.** Ponceuse à vitesse unique ou variable. L'irrégularité du mouvement permet d'obtenir un fini sans volutes lorsqu'un abrasif doux est utilisé.

**Ponceuse à courroie et à disque.**
Boulonnée sur l'établi, cette machine ponce, polit et aiguise des pièces étroites de toutes formes. Sa courroie peut être relevée ou abaissée. Pour le polissage, utilisez une courroie à polir. Un disque, placé derrière le plateau réglable, permet d'adoucir les extrémités ou les chants convexes des pièces à façonner. Un guide à onglet procure un ponçage précis. On peut y adapter des accessoires de meulage.

**Ponceuse portative à courroie.** Une courroie abrasive permet de poncer rapidement de grandes pièces de bois planes, de corroyer le bois et de le décaper. Elle est placée sur deux roues en forme de tambour : la roue arrière est mue par un moteur ; l'autre, retenue par un ressort, sert à tendre une courroie. Le poids et la puissance de l'outil sont fonction de la longueur et de la largeur de la courroie. Recherchez une ponceuse dotée d'un sac à poussière et voyez si la prise est confortable. En cours de ponçage, maintenez la courroie bien à plat sur la surface.

**Ponceuse à disque.** La ponceuse à disque, qui sert aussi de polissoir et de meuleuse, permet d'adoucir les surfaces en bois et en métal, de les décaper et d'en enlever la rouille. Pour polir les surfaces métalliques peintes, le bois verni, etc., placez un polissoir en laine sur le plateau de caoutchouc. La ponceuse compte une ou deux vitesses ; elle peut aussi être à vitesse variable. Le polissage devrait s'effectuer à petite vitesse. En cours de meulage, seule une partie du plateau souple doit toucher la surface (à droite).

15°-30°

# ABRASIFS

Le papier abrasif (ou papier de verre) est un support en papier ou en tissu, classé selon son poids et sur lequel sont collés des grains d'oxyde d'aluminium, d'émeri, de grenat ou de carbure de silicium. Vendu en morceaux précoupés de formats divers ou en feuilles pouvant être pliées et déchirées aux dimensions voulues, il est aussi classé selon une échelle granulométrique : plus le chiffre est élevé, plus les grains sont fins. Il y a donc le papier extra-rude (30-40), rude (50-60), moyen (80-100), fin (120-150), très fin (160-240), extra-fin (280-320), superfin (360-400) ou ultrafin (au-delà de 400). Les laines métalliques et les poudres à polir sont aussi des abrasifs.

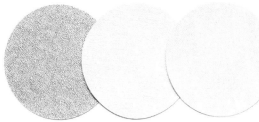

**Disques de papier abrasif.** Ils offrent trois degrés de rugosité : rude, moyen ou fin. Pour un ponçage rapide, employez un papier à grains grossiers ; les papiers fins servent à enlever le vernis, la peinture, etc., sur le bois, le métal et le plastique.

**Papiers abrasifs précoupés.** Possédant les caractéristiques des papiers en feuilles standard, les papiers précoupés s'adaptent exactement à certains outils de ponçage (de gauche à droite) : cale, ponceuse vibrante, ponceuse de finition à plaquette carrée, ponceuse portative à courroie et ponceuse à courroie d'établi. S'ils ne sont pas autocollants, ils sont retenus par des pinces ou des bandes velcro ; toute leur surface est recouverte de grains. Mais le ponçage de bois tendres nécessite l'emploi d'un papier dont les grains ne couvrent que 70 p. 100 de la surface et qui résiste à l'encrassement.

**Papiers abrasifs en feuilles.** Ils sont recouverts d'abrasifs divers (de haut en bas) : *oxyde d'aluminium,* abrasif synthétique résistant servant à adoucir et à décaper le bois, le métal, le plastique et la fibre de verre ; *émeri,* abrasif fin et naturel collé sur une toile, qu'on utilise sur le métal ; *grenat,* abrasif naturel dont les grains se brisent en cours de ponçage (renouvelant ainsi les arêtes tranchantes), qui sert à poncer les bois francs ou tendres ; *carbure de silicium,* abrasif synthétique pour ponçage à l'eau ou à sec du bois et du métal, entre les applications de vernis, de peinture, etc. (l'eau réduit l'encrassement et prolonge l'efficacité du papier). Le dernier papier est en fait un tampon recouvert de grains d'*oxyde d'aluminium ;* on peut le rincer et le réutiliser avec de l'eau ou à sec.

**Toile abrasive.** Toile qui s'adapte à un bloc à poncer. Utilisez-la sur le placoplâtre pour le ponçage initial des joints et des obturations. Les ouvertures laissant passer la poussière, la toile ne s'encrasse pas.

**Laine d'acier.** La laine d'acier sert à nettoyer, à décaper et à polir le métal, le bois, etc. Un chiffre indique son degré de rugosité, qui va d'extra-rude (4) à superfin (0000). Les laines de bronze et de cuivre, inoxydables, conviennent aux surfaces exposées à l'eau.

# OUTILS DE TAPISSIER

Les outils présentés ici facilitent la pose du papier peint et donnent des résultats comparables à ceux des spécialistes. Pour dérouler et encoller le papier peint, vous devez disposer d'un plan de travail propre. Si vous ne possédez pas une grande table de 5 x 3 pi (1,5 x 0,9 m), posez un contreplaqué sur deux chevalets et recouvrez cette table improvisée d'un plastique. Si vous devez poser beaucoup de papier peint, il serait bon d'acheter une table de colleur pliante. Pour poser le papier peint préencollé, il suffit d'une auge de plastique, peu coûteuse.

**Brosse à lisser.** Elle sert à éliminer les plis et les poches d'air. Le modèle à longs poils doux convient aux revêtements en papier, en tissu, en liège, en soie et en toile de ramie ; celui à poils courts convient aux revêtements en vinyle, plus résistants. Les deux modèles ont 12 po (30 cm) de longueur.

**Pinceau à encoller.** Garni de poils ayant 3 po (7,5 cm) de longueur, ce pinceau permet d'encoller les papiers peints qui ne sont pas préencollés. D'une largeur de 6 po (15 cm), il est vendu en kit ou à l'unité.

**Roulette de tapissier.** Utilisez-la pour égaliser les bords (sauf si les motifs sont en relief). Son manchon peut être ovale (joints), conique (angles) ou plat (cadres).

**Kit de retouche.** Pour recoller les coins retroussés, utilisez la seringue à pointe conique (gauche) ; pour éliminer une poche d'air, pratiquez une incision avec un couteau, puis injectez l'adhésif avec la seringue à pointe d'aiguille (droite). Lissez ensuite la surface avec une roulette ou une brosse, puis lavez-la si le papier peint est lavable.

**Lissoir.** Sur un papier peint en vinyle, le lissoir procure une surface lisse et chasse les poches d'air. On s'en sert aussi pour étendre le plâtre à reboucher. Ses coins arrondis ne marquent pas.

**Coupe-angles** (à gauche). Un guide facilite la coupe dans les angles et autour des plinthes.

**Couteau à papier peint** (à droite). Utilisez-le autour des prises, des bouches d'aération, etc.

**Ciseaux à papier peint.** Leurs lames tranchantes procurent une coupe précise, leurs anneaux une prise confortable.

**Molette de tapissier** (ci-dessus). Vendue avec une limande, elle sert à tailler le papier peint.

**Grattoir à papier peint.** Servant à ôter le papier peint, il est utilisé avec un appareil à décoller le papier peint ou avec un décapant chimique. Sa lame est remplaçable.

**Appareil à décoller le papier peint.** Outil qui facilite le décollement du papier peint. Tenez-le sur le papier de façon que la vapeur le pénètre juste assez pour ramollir l'adhésif. Finissez au grattoir.

En prenant le temps de choisir les bons outils et en appliquant de bonnes méthodes de travail, le peintre amateur pourra obtenir des résultats remarquables. Brosses à soies ou à tampon de mousse, rouleaux, tampons, pistolets, les outils sont variés, chacun offrant des avantages distinctifs, selon le revêtement à appliquer, la superficie à couvrir ainsi que la qualité et la vitesse d'application recherchées. Des accessoires spéciaux, dont certains servent à apprêter la surface et à nettoyer les outils, facilitent les travaux de peinture et permettent d'obtenir des résultats comparables à ceux qu'obtiennent les spécialistes.

**Pinceau étroit.** Il est doté de soies naturelles ou synthétiques convenant à l'application de peinture à l'alkyde ou au latex. Largeur maximale : 2 po (5 cm). Utilisez-le sur les plinthes, les moulures, etc., ainsi que dans les espaces trop petits pour le rouleau.

**Pinceau à bout oblique.** Son biseau permet de peindre les rebords sans laisser de coulures. Appliquez la peinture avec le bout des soies. Travaillez sans à-coup, les soies courtes d'abord.

**Tampon-guide.** Ses fibres serrées assurent une application rapide et uniforme de la peinture aux endroits où il y a des découpes. Le modèle de droite possède des galets-guides et un tampon amovible lavable.

**Pinceau à soies de porc.** L'on préfère les soies de porc pour appliquer la peinture à l'alkyde, le vernis et la teinture. Un bon pinceau bien entretenu servira longtemps.

**Tampon d'angle.** Doté de deux ailes formant un angle de 90°, il est conçu pour peindre les angles. Pour effectuer d'autres types de découpes, tenez-le de façon à n'utiliser qu'une seule aile.

**Pinceau large.** Large d'au moins 4 po (10 cm), il est utilisé sur de grandes surfaces. Pour une application rapide, choisissez-le le plus large possible. Ses soies en polyester ou en nylon permettent d'appliquer la peinture au latex ou à l'alkyde, le vernis et la teinture.

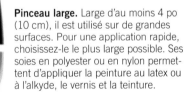

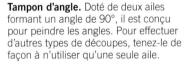

**Tampons.** Bien pratiques dans les recoins. L'angle d'attaque du tampon de gauche est modifiable par simple pression d'un bouton et retournement du tampon. Le tampon de droite est en mousse et jetable.

**Tampon large.** Utilisez-le sur les murs, les plafonds et les planchers. On y adapte un manche télescopique.

**Bac pour tampon.** On l'accroche aux marches d'un escabeau ou aux échelons d'une échelle. Le tambour permet d'essorer le tampon et d'éliminer tout surplus de peinture.

**Petits rouleaux.** Le rouleau de gauche (largeur : 3 po [7,5 cm]) est vendu avec son bac ; on l'utilise pour faire des retouches et dans les recoins. Le rouleau suivant sert à peindre les angles ; le rouleau de droite, les surfaces étroites.

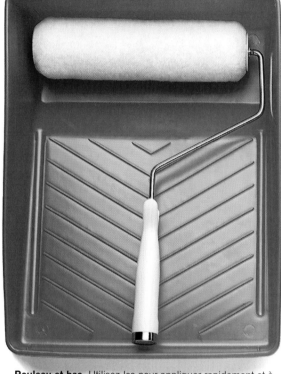

**Rouleau à tuyaux.** Son manchon en U épouse la forme des tuyaux de chauffage. (N'appliquez sur ces tuyaux que de la peinture résistant à la chaleur.)

**Rouleau et bac.** Utilisez-les pour appliquer rapidement et à peu de frais de la peinture, du vernis, etc., sur de grandes surfaces. Un rouleau prend moins de peinture qu'un pinceau et permet d'obtenir aisément un fini lisse et uniforme. Mettez le bac sur une surface plane et versez la peinture dans sa partie creuse. Trempez le rouleau dans la peinture et faites-le rouler sur le plateau nervuré en exerçant une légère pression pour éliminer le surplus de peinture.

**Rouleau anti-éclaboussures.** Des embouts retiennent solidement le manchon dans la chape ; pour enlever le manchon, dégagez-les. La poignée s'adapte à un manche télescopique.

**Rouleau à tramer.** Son manchon est constitué de pièces de cuir dont les bords laissent leur empreinte. Le manchon s'adapte à une armature spéciale ; les deux sont vendus ensemble.

**Guide de découpe.** Il protège ce qu'on ne veut pas peindre. Tenez-le perpendiculairement à la surface à peindre. Sa forme est adaptée à celle d'un rouleau.

**Manchons.** Ils sont conçus en fonction du produit à appliquer (peinture au latex ou à l'alkyde, stuc, etc.). Posez-les sur une armature ou dans la chape d'un rouleau antiéclaboussures. Ils serviront plusieurs fois s'ils sont bien nettoyés.

**Manche télescopique.**
Vissez le manche dans la poignée filetée d'un rouleau ou d'un tampon pour atteindre les plafonds et le haut des murs sans l'intermédiaire d'une échelle et pour appliquer de la peinture sur un plancher sans vous pencher ni vous agenouiller. Longueur : 6 pi (1,80 m) ou plus.

**Rouleau à alimentation mécanique.** Vendu avec un couvercle et un tuyau de remplissage qui s'adaptent à un bidon de peinture. Reliez le manche au couvercle. Faites coulisser les deux tubes constituant le manche pour y aspirer la peinture. Dégagez le manche ; poussez sur le tube saillant pour transmettre la peinture au rouleau.

**Rouleau à alimentation électrique.** Il est plus facile à utiliser que le précédent. Une pompe électrique placée sur le bidon de peinture alimente le rouleau par l'intermédiaire d'un tuyau souple. Un bouton-poussoir, sur le manche, sert à déclencher ou à couper l'alimentation. Ce rouleau est l'outil idéal pour réaliser des travaux d'envergure.

**Bec verseur.** Adapté à un bidon standard de 1 gal (4,5 l), il permet de transvaser la peinture sans perte.

**Ouvre-bidon.** Outil qui permet d'ôter rapidement, sans le briser, le couvercle à rebords d'un bidon de 1 gal (4,5 l) et d'un bidon en plastique de 5 gal (23 l) contenant de la peinture, du stuc, etc.

**Agitateur.** Il s'adapte à presque toutes les perceuses électriques standard. Il agite et mélange la peinture, la pâte à joints, etc. plus uniformément qu'à la main et avec moins de pertes.

**Pistolet vaporisateur.** Il sert à vaporiser la peinture, la teinture, le vernis, etc., et procure rapidement un fini lisse et uniforme. Idéal pour les volets et la vannerie.

**Pinceau à pocher.** Pinceau que l'on passe sur un pochoir pour peindre des motifs décoratifs sur les murs, les meubles, etc. N'y mettez pas trop de peinture.

**Gant à peindre.** Pour peindre une surface aux formes inhabituelles ; enduisez le gant de peinture et passez-le sur l'objet à peindre.

**Éponges à peindre.** De formes variables, elles servent à appliquer de la peinture ou de la teinture. L'apparence du fini dépend de leur texture.

**Pinceaux à vernir.** Vu le profil ovale de ses soies, le pinceau de gauche retient bien le vernis et se manie bien. Le pinceau de droite possède des poils de blaireau dont les bouts fendus retiennent plus de vernis.

**Pinceau à rechampir.** Pinceau virolé garni de poils de chameau coupés et groupés de façon à former une touffe effilée. Glissez-le sur la teinture ou le vernis frais pour imiter les veines du bois ou le marbre ; utilisez-le aussi pour tracer de fines lignes.

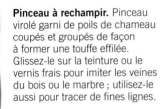

**Spalter.** Pour imiter les veines du bois, faites-le glisser sur la teinture ou la peinture fraîches. Divers formats sont offerts. Dents d'acier de largeur variable.

**Distributeur.** Accessoire qui contient une roulette de papier (ou de polythène) dont une partie de la largeur est constituée de papier-cache servant à protéger les surfaces qui ne seront pas peintes.

**Spalter rond.** Il est doté d'une semelle en caoutchouc à motifs concentriques ; faites-le glisser ou rouler sur la teinture ou le vernis frais.

**Essoreuse.** Elle facilite le nettoyage des pinceaux et des manchons. Fixez-y l'outil à nettoyer et faites-le tremper dans de l'eau ou un solvant. Dans une grosse poubelle ou derrière des toiles protectrices, tirez sur la poignée et abaissez-la pour faire tourner l'outil et l'essorer. (Protégez vos vêtements.)

**Spalter à trois peignes.** Cet outil à dents de caoutchouc convient particulièrement aux surfaces rondes ou courbes.

**Brosse à pointes.** Ses pointes servent à séparer les soies des pinceaux au moment du nettoyage (avant que la peinture sèche).

**Pistolet à air chaud.** Il produit un jet d'air chaud entre 250° et 1 100°F (120° et 600°C) et sert à ramollir la peinture avant le grattage. (Ne chauffez pas une vieille peinture au plomb.) Il permet en outre de décoller des carreaux et de plier le plastique. Amorcez le travail à basse température.

**Brosse métallique.** Dotée ou non d'un grattoir, elle sert à ôter la peinture écaillée, la rouille, etc., sur le bois, le métal et d'autres matériaux avant l'application de peinture.

# ÉCHELLES ET CHEVALETS

Des échelles et des chevalets, et peut-être un établi portatif, se révéleront fort utiles pour travailler en hauteur ou pour former un plan de travail d'appoint. Les fabricants d'échelles doivent se conformer à de strictes normes de fabrication et les organismes de normalisation évaluent leurs produits pour en déterminer la *charge nominale*. Les charges nominales de base sont 200 lb (90 kg, charge légère), 225 lb (102 kg, charge moyenne), 250 lb (113 kg, charge lourde) et 300 lb (136 kg, charge extra-lourde).

**Attention :** Avant d'utiliser un escabeau, déployez-le complètement et bloquez les entretoises. Vérifiez l'état et la stabilité d'une échelle ; faites-lui toujours face et tenez les montants pour y monter ou en descendre. N'utilisez jamais une échelle endommagée ; n'y montez jamais s'il vente ou s'il pleut. Ne l'installez jamais près de câbles, électriques ou autres. Ne travaillez jamais à deux sur une échelle. Ne vous tenez jamais plus haut que le niveau recommandé par le fabricant.

**Escabeau à trois montants.**
D'une hauteur variant de 4 à 12 pi (1,2-3,6 m), cet escabeau est utile pour atteindre les angles en hauteur. Son montant arrière unique peut aussi être introduit entre les montants d'une charpente, ce qui permet de placer l'escabeau le plus près possible du mur. Les montants avant sont conçus pour conférer à l'escabeau une bonne stabilité.

**Escabeau.** Mesurant de 4 à 16 pi (1,2-4,8 m) de hauteur, il consiste en un piètement articulé muni d'une tablette escamotable sur laquelle l'utilisateur peut déposer un contenant de peinture et des outils. Il est en bois (pin ponderosa), en aluminium ou en fibre de verre. La fibre de verre est légère et, contrairement au métal ou au bois humide, elle ne conduit pas l'électricité.

**Chevalets.** Vous pouvez acheter les chevalets préfabriqués ou les faire avec des 2 x 4 et un kit d'assemblage (ci-dessus). Bacs et crochets à outils sont aussi offerts. Deux chevalets supporteront une grosse pièce ou, couverts d'un contreplaqué, serviront de plan de travail d'appoint.

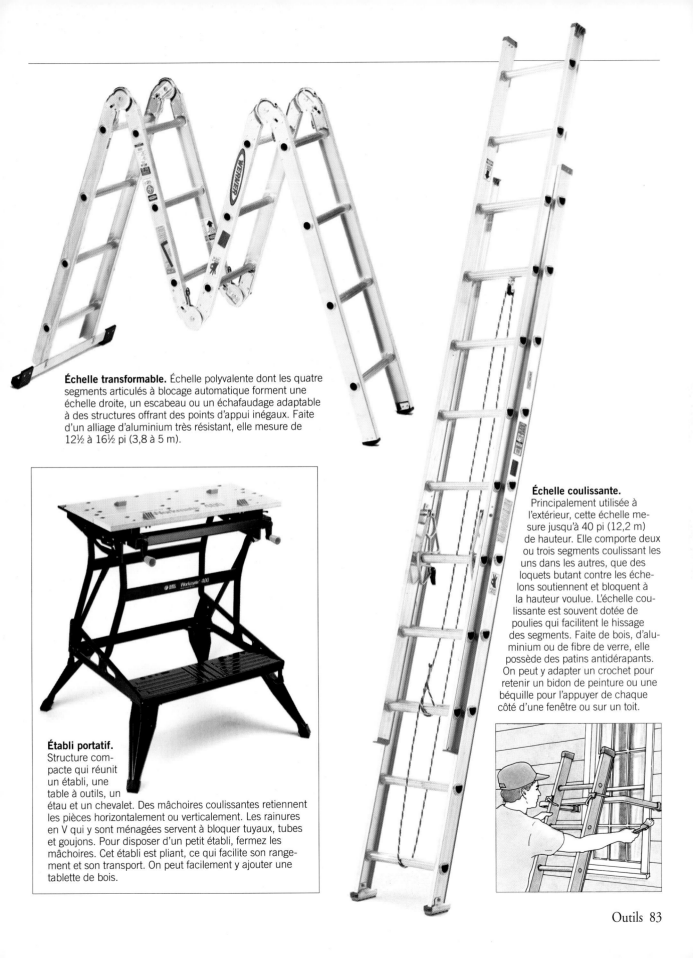

**Échelle transformable.** Échelle polyvalente dont les quatre segments articulés à blocage automatique forment une échelle droite, un escabeau ou un échafaudage adaptable à des structures offrant des points d'appui inégaux. Faite d'un alliage d'aluminium très résistant, elle mesure de 12½ à 16½ pi (3,8 à 5 m).

**Échelle coulissante.**
Principalement utilisée à l'extérieur, cette échelle mesure jusqu'à 40 pi (12,2 m) de hauteur. Elle comporte deux ou trois segments coulissant les uns dans les autres, que des loquets butant contre les échelons soutiennent et bloquent à la hauteur voulue. L'échelle coulissante est souvent dotée de poulies qui facilitent le hissage des segments. Faite de bois, d'aluminium ou de fibre de verre, elle possède des patins antidérapants. On peut y adapter un crochet pour retenir un bidon de peinture ou une béquille pour l'appuyer de chaque côté d'une fenêtre ou sur un toit.

**Établi portatif.**
Structure compacte qui réunit un établi, une table à outils, un étau et un chevalet. Des mâchoires coulissantes retiennent les pièces horizontalement ou verticalement. Les rainures en V qui y sont ménagées servent à bloquer tuyaux, tubes et goujons. Pour disposer d'un petit établi, fermez les mâchoires. Cet établi est pliant, ce qui facilite son rangement et son transport. On peut facilement y ajouter une tablette de bois.

# OUTILS D'AFFÛTAGE

Vous pouvez affûter les outils sur diverses pierres et meules, et polir les métaux avec des polissoirs et des pâtes à polir. Meules et polissoirs s'adaptent au mandrin de perceuses électriques (travaux légers) ou aux arbres d'un touret (la plupart des tourets en ont deux). Avant d'utiliser une meule, vérifiez-en l'état en la frappant avec la poignée d'un tournevis. La meule en bon état résonne ; si le son produit est sourd, la meule est ébréchée ou fêlée : remplacez-la. Bien que le touret possède des protecteurs, portez toujours un écran facial et placez-vous en retrait au moment de le lancer : en se brisant, une meule pourrait vous blesser. Pour éviter l'échauffement d'une pièce, exercez-y une pression légère et plongez-la souvent dans l'eau. Dressez régulièrement les meules pour que leur chant demeure droit et uni. Après avoir nettoyé une pierre, rangez-la dans une boite fermée (huilez les pierres à huile avant de les ranger).

**Pierre à double usage.** Faite de carbure de silicium ou d'oxyde d'aluminium, cette pierre possède un côté à gros grains et un côté à grains moyens. Mouillez-la à l'eau ou à l'huile (l'huile évite l'emploi subséquent d'eau).

**Pierre à eau japonaise.** Ses particules usées, en se brisant, découvrent de nouvelles arêtes tranchantes. Avant d'être utilisée, une pierre à grains moyens ou gros doit tremper dans l'eau durant 6 heures ; une pierre douce, durant 5 minutes. Mouillez la pierre en cours d'affûtage.

**Pierre polyvalente.** Pierre en forme de coin convenant aux tranchants droits (côté plat) ou de forme irrégulière (côté rond), elle est idéale pour affiler les gouges et les outils de sculpture. Frottez-la sur le tranchant ; celui-ci doit être fixe.

**Pierre à gouges.** Sa forme convient à l'affûtage des gouges. Elle doit être mouillée (eau ou huile minérale légère), selon sa nature. Frottez-la sur les gouges.

**Pierre de l'Arkansas.** Pierre naturelle de grande qualité, offerte dans quatre catégories : Washita, tendre, dure, noire dure. Huilez-la.

**Huile.** Appliquée sur les pierres à huile, elle permet d'accélérer l'affûtage et empêche l'encrassement des pores. Si la pierre devient poisseuse, nettoyez-la au kérosène ou à l'ammoniaque ; ces produits dissolvent l'huile.

**Porte-pierre.** Doté de semelles rainurées antidérapantes, le porte-pierre immobilise la pierre pendant l'affilage. Mettez-la entre les butées et tournez les deux bagues moletées.

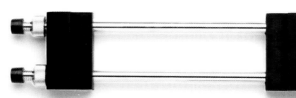

**Guide de biseautage.** Outil qui offre 25 angles d'affûtage différents. Placez le tranchant sous le bloc et bloquez-le une fois qu'il lui est parallèle.

**Brunissoirs.** Ils servent à créer le morfil des grattoirs. Les lames ronde et triangulaire sont d'usage général. L'outil du haut sert aux retouches.

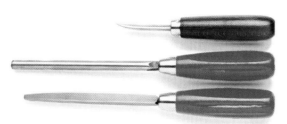

**Guide d'affilage.** Il permet d'affiler les lames et les fers à un angle donné. Un bouton supérieur bloque la lame ou le fer ; un bouton latéral règle l'angle d'affilage ; des galets font mouvoir le guide sur la pierre.

**Arbre conique.** Il s'adapte au touret et reçoit divers accessoires. Le polissoir conique est de rugosité et de forme variables. Le polissage de métaux imparfaits est réalisé avec des polissoirs aux formes irrégulières, le polissage d'anneaux avec des polissoirs de petit diamètre.

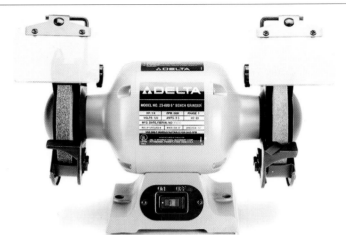

**Touret.** Le touret doit être fixé à un établi ou à un socle. Devant chaque meule, il comporte un porte-outil, un pare-étincelles et un protecteur. Ses dimensions varient ; utilisez toujours les meules correspondantes.

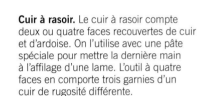

**Pâtes à polir.** Appliquez-les sur un polissoir pour réaliser le polissage de finition. De haut en bas : pain d'émeri (rouille) ; tripoli (laiton, acier, aluminium et étain) ; colcotar blanc (chromes, acier et nickel) ; colcotar rouge (argent et autres métaux précieux).

**Meules de touret.** Les meules sont faites de divers matériaux. La meule de pierre, de rugosité variable, sert à l'affûtage. La meule en fils métalliques permet de décaper des petits objets ou d'en enlever la rouille. La meule à polir, ou polissoir, sert au polissage des métaux.

**Cuir à rasoir.** Le cuir à rasoir compte deux ou quatre faces recouvertes de cuir et d'ardoise. On l'utilise avec une pâte spéciale pour mettre la dernière main à l'affilage d'une lame. L'outil à quatre faces en comporte trois garnies d'un cuir de rugosité différente.

**Dresse-meule.** Il en existe différents modèles. Un bâton de carbure de silicium (ci-dessus) sert à désencrasser les meules et à les remettre en état. Pour dresser les meules inégalement usées, passez-y un dresse-meule à molettes dentées (à gauche). Appuyez-le sur le porte-outil d'un touret ou un gabarit de votre fabrication. Un diamant dresse-meule (à droite), très dur, permet de dégauchir les meules.

**Affûteuse à forets.** Outil mû par une perceuse électrique standard (et non par une perceuse sans fil). Placez la perceuse sur le support et introduisez l'arbre de l'affûteuse dans le mandrin. Utilisez la douille pour tenir le foret.

Outils 85

# OUTILS DE SOUDAGE

En soudage, la chaleur sert à faire fondre un liant (la soudure) et à unir des pièces de métal. Divers fers à souder électriques permettent de travailler à des températures beaucoup moins élevées que celles que dégagent les chalumeaux. Soyez extrêmement prudent lorsque vous travaillez avec des outils chauffants. Ayez un extincteur à portée de la main, portez des lunettes et des vêtements protecteurs, ne travaillez pas en présence de gaz explosifs et ne dirigez jamais la flamme d'un chalumeau vers des matières inflammables.

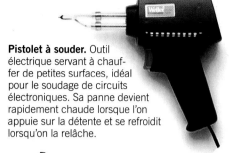

**Pistolet à souder.** Outil électrique servant à chauffer de petites surfaces, idéal pour le soudage de circuits électroniques. Sa panne devient rapidement chaude lorsque l'on appuie sur la détente et se refroidit lorsqu'on la relâche.

**Fer à souder électrique.** On l'utilise avec des pannes de formes variées. Le modèle illustré convient aux travaux durs (vitraux). Les fers-crayons, plus petits, servent à réaliser des soudures légères (circuits électriques).

**Soudure tendre.** Elle est offerte sous la forme d'un fil plein ou d'un fil à âme décapante. La soudure à l'acide (en haut) convient aux pièces lavables (le lavage élimine le décapant) ; la soudure à la résine (en bas), aux circuits électroniques ; et la soudure en fil plein sans plomb (à droite), aux tuyaux.

**Soudure forte.** Soudure dont le point de fusion est plus élevé que celui de la soudure tendre. Coupez-la menu avant de l'utiliser.

**Fer à souder sans fil.** Fer au butane dont l'autonomie atteint quatre heures. Allumé par simple pression d'un bouton, il sert à souder ou à produire de l'air chaud. Remettez toujours le capuchon.

**Décapant.** Appliqué sur le métal, il empêche l'oxydation et facilite la fusion. À la résine, il convient aux circuits électroniques, au chlorure de zinc, au brasage tendre, et au fluorure ou au borax, au brasage fort.

**Chalumeau.** Utilisé avec une bonbonne de propane ou d'acétylène et une bonbonne d'oxygène, il produit une flamme pouvant atteindre 5 000° F (2 760° C). Il sert aux grosses soudures, à la coupe du métal, au brasage et au soudage autogène.

**Support.** Conçu pour recevoir un fer à souder chaud, il protège l'utilisateur contre d'éventuelles blessures ; il peut être fixé au bord de l'établi. Déposez-y toujours le fer lorsqu'il est inutilisé. (Certains fers sont vendus avec un petit support.)

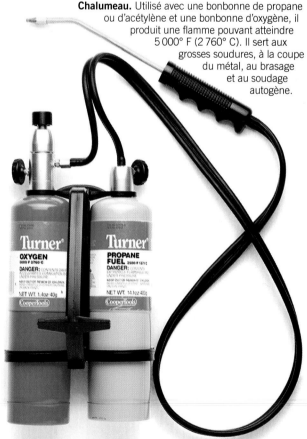

**Briquet.** Plus sûr que les allumettes, le briquet produit une étincelle servant à allumer le propane ou le butane.

**Lampe à souder au propane.** Son brûleur convient à diverses tâches : soudage, décapage du métal (ne chauffez pas une vieille peinture au plomb), chauffage ponctuel. Le propane mélangé à l'air produit une flamme dont la température est d'environ 2 500° F (1 370° C).

**Fil à ligature.** Fil de fer noir servant à immobiliser les pièces à souder. Le calibre 26 convient à la plupart des travaux

# OUTILS DE FERBLANTIER

Comme la tôle est un métal résistant, souple et polyvalent, il existe de nombreux outils servant à la couper, à la plier, à la façonner, à l'agrafer et à l'étirer. Outre ceux qui figurent ci-dessous, bon nombre des outils présentés dans les pages précédentes pourront se révéler nécessaires. Ce sont, entre autres : le pointeau ou traçoir à métal, le micromètre, les cisailles, les grignoteuses, les scies, les forets, les marteaux, les maillets, les tas, les enclumes et enclumettes, ainsi que les étaux de mécanicien.

**Assembleur manuel.** Outil qui sert à façonner un joint par aplatissement et blocage des tôles. Posez-le sur l'assemblage et frappez-le avec un marteau à panne ronde ou un maillet en le déplaçant tout le long du joint.

**Presse à plier.** Outil qui sert à former un bord rabattu, un bordé en cordon, un pli ouvert ou un pli à angle. Une poignée procure la puissance de levier nécessaire au pliage de la tôle. Cependant, deux planches parfaitement planes et des serre-joints placés au bord d'un plan de travail formeront une presse de fortune ; bloquez-y la tôle et pliez-la avec un maillet.

**Pince à plier.** Elle sert à plier et à aplatir les bords d'une tôle. Utilisez-la pour former une boîte sur un bord rabattu, pour renforcer un bord par pliage ou pour réaliser un joint.

**Cisaille.** Elle découpe une entaille en V bien nette ; ses mâchoires entament la tôle sans glisser. Un mécanisme de démultiplication accélère et facilite la découpe.

**Bol à recuit.** Rempli de copeaux de charbon de bois, il se prête au recuit du métal ou à l'assujettissement de petites pièces à souder ; rempli de poix, au ciselage et au repoussage.

**Poinçon.** Il exerce une pression de plus de 2 000 lb (900 kg) sur le matériau à percer (tôle, plastique ou cuir). Un puissant mécanisme pousse un petit poinçon métallique dans une matrice cylindrique.

**Ciselets et repoussoirs.**
Petits outils à pointe obtuse servant à orner les métaux de motifs décoratifs.

**Jeu d'emporte-pièces.** Insérez la tôle à percer dans la fente horizontale et entamez-la en frappant avec un marteau l'emporte-pièce ayant le diamètre désiré.

**Pince à riveter.** Utilisez-la pour créer des assemblages (métal, plastique, tissu épais) au moyen de rivets entrant dans des avant-trous.

**Sac de sable.** Il constitue une surface de travail molle convenant au débosselage du métal. Placez simplement la surface endommagée sur le sac et débosselez-la délicatement avec un maillet.

# AUTRES OUTILS À FAÇONNER LE MÉTAL

Pour cintrer, couper et unir des tuyaux de métal, il vous faudra des outils spéciaux. Pour fileter des tiges ou des plaques de métal, il vous faudra un jeu de tarauds et de filières. Ces outils coupent tout métal plus tendre que l'acier trempé dont ils sont faits et peuvent refaire le filetage endommagé de pièces d'appareils et d'automobiles. Il existe des filières et des porte-filières de grandes dimensions qui servent à fileter les tuyaux de laiton ou d'acier. Le façonnage de bijoux métalliques requiert des outils spéciaux ; outre ceux qui sont présentés plus loin, il vous faudra peut-être aussi une pince à mâchoires lisses pour manipuler les pièces délicates.

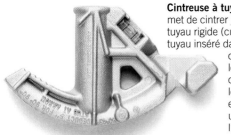

**Cintreuse à tuyau.** Outil qui permet de cintrer jusqu'à 180° un tuyau rigide (cuivre, acier). Un tuyau inséré dans le manchon sert de manche. Glissez le tuyau à cintrer dans la forme, posez le pied sur la saillie et tirez le manche ; un niveau donne l'angle de cintrage.

**Coupe-tuyau.** Il sert à bien couper un tuyau de cuivre ou d'acier. Offert en différents diamètres, cet outil est parfois doté d'un alésoir (en haut) qui permet d'ébarber un tuyau après l'avoir coupé.

**Cintreuse ordinaire.** Ressort serré qui permet de cintrer sans les déformer des tuyaux à paroi mince en cuivre ou en aluminium. Long d'environ 12 po (30 cm), cet outil est offert dans les diamètres standard. Glissez-le sur le tuyau en le tournant ; pliez-le ensuite lentement avec les mains ou en l'appuyant sur un genou.

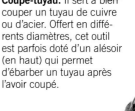

**Alésoir.** Il permet d'ébarber un tuyau après l'avoir coupé. Poussez-le dans le tuyau en tournant. L'on trouve aussi des alésoirs qui s'adaptent à une perceuse électrique.

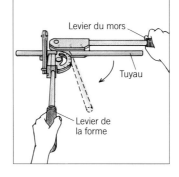

Levier du mors

Tuyau

Levier de la forme

**Cintreuse à levier.** Pour exécuter un cintrage, tenez le levier de la forme (ou bloquez-le dans un étau), relevez le levier du mors, glissez le tuyau dans la forme et rabaissez lentement le levier du mors.

**Étau à collets.** Il sert à évaser les tuyaux souples devant recevoir des raccords à collet. Une serre (ci-dessous) retient le tuyau ; un cône (à droite) évase l'ouverture en le pénétrant.

**Filière et porte-filière de plombier.** Bloquez le tuyau à fileter dans un étau. Calez la filière dans le porte-filière et posez-la au bout du tuyau. En appuyant, tournez le porte-filière jusqu'à ce que la filière entame le métal. Versez de l'huile de coupe au bout du tuyau et continuez de tourner l'outil sans appuyer ; ajoutez de l'huile au besoin.

**Tarauds.** Utilisez-les pour fileter l'intérieur de trous faits dans le métal ou pour en refaire le filetage.

**Tourne-à-gau-che.** Il sert à manœuvrer un taraud. Avec une poignée en T, il offre moins de puissance de levier.

**Porte-filière.** Clé spéciale servant à manœuvrer la filière. Le modèle ci-dessus est vendu avec un adaptateur qui permet de le transformer en tourne-à-gauche.

**Filon.** Le filon permet de réparer le filetage extérieur des vis, des tuyaux et des tiges (tout diamètre).

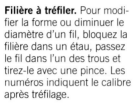

**Filières.** Elles servent à fileter les vis, les boulons et les tiges. On touvera des jeux de filières et de tarauds (comprenant un porte-filière et un tourne-à-gauche) ainsi que des filières à diamètre variable.

**Taraud triple.** Outil servant à faire les filetages dans le métal mince (boîtes de jonction) ou le plastique ou à les décrasser. Les tarauds sont remplaçables et de diamètres variés.

**Filière à tréfiler.** Pour modifier la forme ou diminuer le diamètre d'un fil, bloquez la filière dans un étau, passez le fil dans l'un des trous et tirez-le avec une pince. Les numéros indiquent le calibre après tréfilage.

**Bouterolle.** Elle est offerte en dimensions variées. Avec un dé à former (ci-dessous) et un marteau à panne ronde, elle sert à exécuter les travaux de ciselage et de repoussage, et à façonner le métal mince.

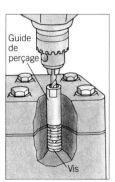

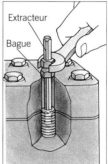

**Dé à former.** Doté de cavités de dimensions et de formes variées, il est utilisé en bijouterie pour façonner les métaux. Servez-vous d'une bouterolle et d'un marteau pour façonner le métal.

**Extracteur.** Pour déloger une vis ou un boulon brisés, percez-y un trou, insérez-y l'extracteur (à gauche) et tournez-le avec une clé (une bague pour celui du centre). Des guides (à droite) facilitent le perçage.

**Bloc à former.** Il sert à donner une forme carrée, rectangulaire, triangulaire ou courbe à des fils ou à des bandes de métal. Mettez la pièce dans une rainure ; martelez-la.

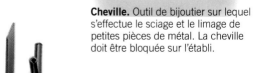

**Forme de cintrage.** Forme à goujons positionneurs qui, placée dans un étau, bloque une barre de métal pendant que vous la cintrez au marteau.

**Cintreuse.** Elle peut remplacer le triboulet (ci-dessous). Pour former un bracelet ouvert, coincez l'extrémité d'une bande de métal dans la pince et cintrez.

**Cheville.** Outil de bijoutier sur lequel s'effectue le sciage et le limage de petites pièces de métal. La cheville doit être bloquée sur l'établi.

**Triboulet (bracelets).** Forme qui sert à façonner des bracelets. Cintrez manuellement le métal sur le triboulet et frappez-le avec un maillet. Retournez le bracelet et achevez le cintrage.

**Support à triboulet.** Support qui maintient le triboulet en position horizontale. Le trou ménagé dans l'un des montants du support reçoit la pointe étroite du triboulet pour bagues.

**Triboulet (bagues).** Il s'utilise comme le précédent. Il est gradué, ce qui permet de donner à une bague le diamètre voulu. Sa conicité oblige à retourner la bague de temps en temps.

La mise en œuvre du béton requiert l'utilisation de nombreux outils d'usage général : instruments de mesurage et de nivellement, équerre d'acier, marteau et scie (pour fabriquer les coffrages) et seaux (pour doser le ciment avant de l'ajouter au mélange). Elle nécessite aussi l'emploi des outils spéciaux présentés ci-dessous. Pour enfouir la base d'un pilier ou d'un poteau, vous aurez besoin d'une bêche-tarière ; pour gâcher le mortier, d'une auge à mortier. Vous pourrez acheter une auge de plastique ou de métal, ou en fabriquer une avec des planches (pour les côtés) et un contreplaqué traité sous pression (pour le fond). Pour effectuer des travaux d'envergure, louez une bétonnière ou commandez du béton préparé.

**Règle à araser.** C'est le premier outil dont on se sert pour niveler le béton frais. Ses extrémités doivent reposer sur le dessus du coffrage. Il y a des règles en bois et des règles légères en aluminium (ci-dessus) offertes en longueurs standard. Un long 2 x 4 bien droit fera tout aussi bien l'affaire.

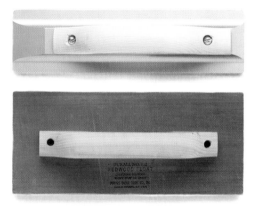

**Bouclier.** Le bouclier lisse le béton nivelé ; il provoque la remontée du sable et du ciment, et la descente de l'agrégat. Le magnésium (en haut) convient au ciment cellulaire ; le bois (en bas), aux autres types de ciment ; le bouclier à coins arrondis s'adapte aux surfaces courbes.

**Fer à bordure.** Fer qui permet de finir et d'arrondir les arêtes de dalles et d'allées en béton. Sa semelle est droite, courbe ou les deux.

**Fer à rainures.** Il laisse une rainure qui empêche la fissuration attribuable à la dilatation et à la contraction du béton.

**Pelle à bout carré.** Pelle utilisée de préférence à la bêche. Pour éliminer l'air, plongez-la et remontez-la dans le béton une fois coulé ; poussez le béton contre les parois du coffrage avec son dos.

**Binette à mortier.** La binette permet de gâcher le mortier, et de mélanger et d'étendre le béton. De gros trous percés dans la lame servent à aérer le mélange pour lui donner une bonne consistance.

**Bêche-tarière.** Outil servant à creuser des trous nets, profonds et étroits.

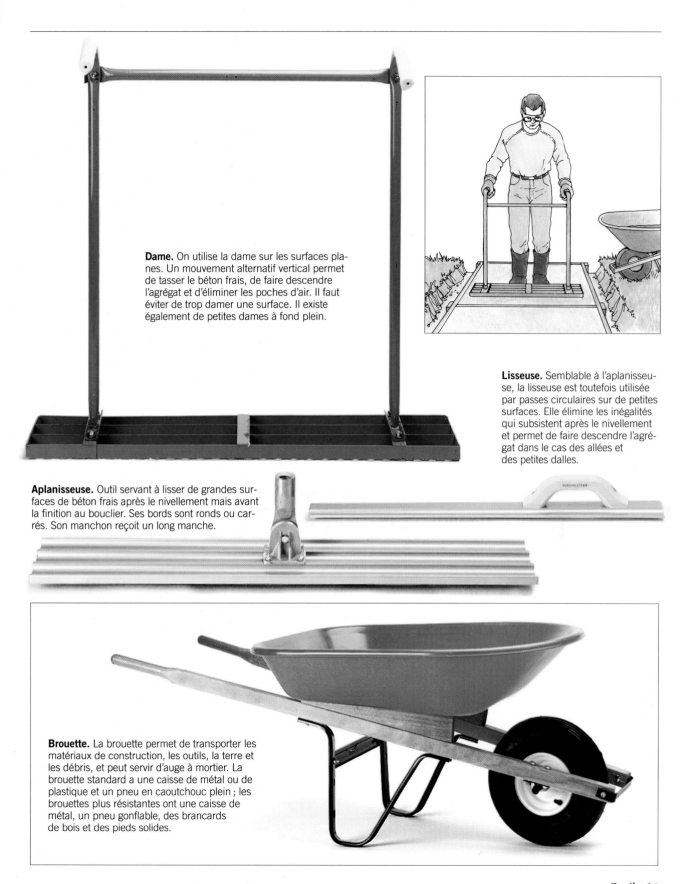

**Dame.** On utilise la dame sur les surfaces planes. Un mouvement alternatif vertical permet de tasser le béton frais, de faire descendre l'agrégat et d'éliminer les poches d'air. Il faut éviter de trop damer une surface. Il existe également de petites dames à fond plein.

**Lisseuse.** Semblable à l'aplanisseuse, la lisseuse est toutefois utilisée par passes circulaires sur de petites surfaces. Elle élimine les inégalités qui subsistent après le nivellement et permet de faire descendre l'agrégat dans le cas des allées et des petites dalles.

**Aplanisseuse.** Outil servant à lisser de grandes surfaces de béton frais après le nivellement mais avant la finition au bouclier. Ses bords sont ronds ou carrés. Son manchon reçoit un long manche.

**Brouette.** La brouette permet de transporter les matériaux de construction, les outils, la terre et les débris, et peut servir d'auge à mortier. La brouette standard a une caisse de métal ou de plastique et un pneu en caoutchouc plein ; les brouettes plus résistantes ont une caisse de métal, un pneu gonflable, des brancards de bois et des pieds solides.

Les meilleures truelles ont une lame d'acier monobloc de haute qualité et une poignée de bois, de plastique ou de cuir. Les truelles à lame soudée, moins coûteuses, se voilent et se brisent plus facilement. Avant d'acheter une truelle, vérifiez la qualité de la lame en la frappant sur une surface dure : une bonne lame résonne longtemps. Tenez aussi compte du poids, de la dimension, de l'équilibrage et de la souplesse de l'outil, ainsi que de l'angle de sa poignée. Après usage, rincez bien la lame et séchez-la après en avoir enlevé tout résidu de mortier. Enduisez d'huile de lin un manche de bois ou de cuir.

**Lisseuse.** Truelle servant à lisser un béton qui a commencé à prendre. Tenez-la presque à plat et décrivez d'amples arcs d'un côté à l'autre de la surface. Exécutez deux passes pour obtenir un fini extra-lisse.

**Truelle italienne à bout rond.** Elle sert à gâcher le mortier et à en appliquer de petites quantités dans les recoins, surtout pour réparer le mortier effrité et le béton. Son nez arrondi coince la laine minérale dans des fentes.

**Truelle à bout tronqué.** Elle sert à prendre du mortier dans un seau ou une auge, à en enduire les briques et à lisser de petites surfaces.

**Lisseuse ronde.** Cette truelle est une lisseuse spéciale dont la lame à coins arrondis ne peut entamer accidentellement le béton frais. C'est la lisseuse idéale.

**Truelles d'angle.** On les utilise dans les angles rentrants ou saillants. Une poignée centrée en assure l'équilibre et permet d'exercer une pression égale de part et d'autre de l'angle.

**Fer à gorge.** Truelle qui façonne l'angle que forment une marche et une contremarche. La courbure de la lame laisse une empreinte arrondie.

**Truelle de briqueteur.** Truelle qui sert à enduire de mortier les briques et les blocs de béton. La forme de sa lame en fait aussi l'outil idéal pour lisser de petites surfaces de béton.

**Truelle langue-de-chat.** Petite truelle qui permet d'appliquer le mortier entre les briques ou les blocs de béton, de remplir de petites cavités et de réparer les joints.

**Truelle à briqueter.** Truelle de briqueteur à lame extra-large, qui prend plus de mortier que la truelle standard et permet de le lisser plus aisément. C'est le meilleur outil pour graisser les briques et les blocs de grandes dimensions.

**Truelle à bout carré.** Truelle dont on se sert dans les espaces inaccessibles aux grosses truelles pointues.

# OUTILS DE MAÇON

Pour poser de la brique, des blocs de béton ou de la pierre, vous aurez besoin de nombreux outils spéciaux, dont certaines des truelles présentées à la page 92, ainsi que de nombreux marteaux, niveaux et instruments de mesurage et d'équerrage. En outre, il vous faudra des outils pour transporter, couper, aligner et nettoyer les briques, et d'autres encore pour travailler le mortier. Il vous faudra aussi prévoir une taloche, plateau muni d'une poignée sur lequel vous mettrez la mortier. Vous pouvez l'acheter ou en fabriquer une à l'aide d'un carré de contreplaqué sous le centre duquel vous visserez un bout de manche à balai. Il vous faudra enfin une auge de plastique ou de bois pour gâcher le mortier.

**Pointe de maçon.** Outil servant à rejointoyer (refaire les joints dont le mortier est effrité) les murs de briques ou de blocs.

**Fer à galets.** Fer avec lequel on creuse de ½ po (1,2 cm) les joints de mortier. La saillie du clou servant de « soc » peut être réglée pour changer l'aspect du joint. Le joint creusé doit être lissé et tassé avec un fer à joint étroit.

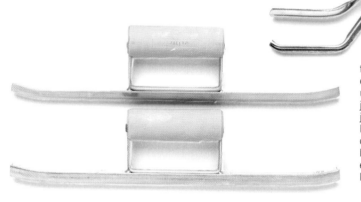

**Fer à joint.** Il sert à égaliser les joints avant que le mortier sèche. Le fer à joint convexe (en haut) forme un joint arrondi ; le fer à joint coudé (en bas), un joint à motif. Le fer à joint long (à gauche, en haut) convient aux longs joints horizontaux ; le fer à joint en V (à gauche, en bas) laisse une rainure en V.

**Blocs corniers.** Blocs fixés aux coins des murs. On tend entre eux un cordeau qui sert de repère et permet de poser des assises parfaitement de niveau. Des fiches de briqueteur pourront les remplacer.

**Porte-briques.** Outil qui facilite le transport des briques. Une poignée à glissière permet de porter de 6 à 10 briques. Un autre modèle sert à transporter les blocs de béton, un à la fois.

**Ciseau à briques.** Ciseau pour couper la brique, la pierre ou le béton, que l'on frappe avec un marteau. Largeur : 3½-5 po (8,8-12,7 cm). Sa largeur la plus courante est 4 po (10 cm). Plus il est large, plus droite est la coupe.

**Brosse de maçon.** Elle permet d'éliminer les rugosités du mortier frais et de nettoyer les briques et les blocs de béton avant la pose du mortier (une surface propre est gage de joints résistants).

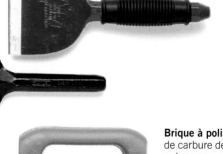

**Bédane.** Pour ôter le mortier durci, tenez ce ciseau d'une main et frappez-le avec une massette ; portez des gants. Selon son orientation, le biseau entame le mortier en profondeur ou en surface.

**Brique à polir.** Bloc de carbure de silicium qu'on passe sur le béton durci pour éliminer les rugosités et les marques laissées par les coffrages.

# OUTILS DIVERS

Des centaines d'outils figurent déjà dans le présent chapitre. Mais il en existe encore beaucoup d'autres qui, d'une façon ou d'une autre, ont pour objet de simplifier le travail du bricoleur. Que ce soit pour encoller, plaquer ou carreler une surface, ou encore pour travailler le verre ou le plastique, ils se révéleront rentables s'ils doivent être utilisés souvent et même, dans certains cas, s'ils ne doivent servir qu'une ou deux fois. Achetez-les au gré de vos besoins ; avec le temps, votre atelier sera bien garni. D'autre part, n'oubliez pas qu'il est toujours possible de louer des outils.

**Pinceaux à encoller.** Garnis de soies de porc, ils servent à appliquer de la colle animale chaude et de la colle blanche ou jaune. Un long manche permet d'atteindre les recoins. Les soies sont fixées au manche avec de la colle et une ficelle ; l'absence de virole est particulièrement avantageuse si vous travaillez sur de belles pièces : les soies ne laisseront pas de taches de rouille. Formats variés.

**Pot à colle en verre.** Un pinceau amovible sert à appliquer de la colle blanche ou jaune. Un poids sur le couvercle maintient le pinceau en place et ferme l'ouverture. Appuyez sur la poignée à ressort pour tremper le pinceau dans la colle.

**Roulette à encoller.** Pour appliquer rapidement et uniformément de la colle blanche ou jaune ou de la colle animale sur une surface plane, pressez la bouteille tout en passant la roulette sur la surface à encoller ; plus vous pressez, plus il y a de colle. Lavez la roulette à l'eau chaude savonneuse. Enlevez la colle séchée avec une lame non tranchante.

**Pistolet-colleur.** La chaleur fait fondre un bâtonnet d'adhésif introduit dans une ouverture au-dessus de la poignée ; appuyez sur la détente pour appliquer l'adhésif. Le pistolet-colleur illustré est alimenté par un chargeur qui lui sert de support. Choisissez le type d'adhésif destiné au matériau à encoller (bois, céramique, plastique, etc.).

**Poire à colle.** Trois buses interchangeables (tout usage, aiguille, à goujonner) servent à appliquer de la colle blanche ou jaune. Pour éviter que la colle sèche entre les applications, fixez de la pellicule plastique sur le goulot au moyen d'un élastique.

**Seringue à encoller.** Une buse étroite permet d'appliquer, sans perte, tout type de colle dans des recoins. Capacité : ½ oz (15 ml).

**Roulette à plaquer.** Roulette qui permet d'asseoir un placage fraîchement collé, en y exerçant une pression uniforme. Elle a jusqu'à 7 po (18 cm) de largeur. Sur les joints, utilisez une roulette étroite.

**Roulette à chape.** Elle épouse la forme de la paume et permet d'exercer une pression uniforme sur un placage. Le poignet doit toucher la surface.

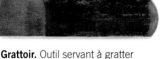

**Brosses dures.** Elles servent à ôter la saleté ou à finir une surface difficile d'accès. Poils : inox ou laiton, pour le frottage des métaux ; nylon ou crin, pour le frottage léger ; tampico (matériau absorbant), pour le polissage.

**Grattoir.** Outil servant à gratter un matériau à encoller. Les stries qu'il crée favorisent l'adhérence.

**Coupe-bordure double.** Il sert à couper la bordure d'un placage appliqué sur un chant de 1¼ po (3 cm) ou moins. Réglez l'ouverture et glissez-le dans le sens des flèches.

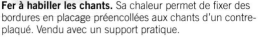

**Fer à habiller les chants.** Sa chaleur permet de fixer des bordures en placage préencollées aux chants d'un contre-plaqué. Vendu avec un support pratique.

**Perceuse-meuleuse.** Elle s'utilise avec divers accessoires miniatures (fraises, meules, polissoirs, tambours à poncer, lames, forets) sur le bois, le métal, le verre et la tuile. Employez-la à main levée ou avec un arbre flexible. Il existe un modèle sans fil.

**Fer à pyrogravure.** Un élément de 20 à 100 watts permet de décorer le bois par noircissement thermique. L'outil est utilisé avec des pointes interchangeables. Pour régler le degré de noircissement, employez un rhéostat thermorégulateur (vendu séparément).

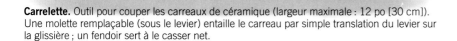

**Carrelette.** Outil pour couper les carreaux de céramique (largeur maximale : 12 po [30 cm]). Une molette remplaçable (sous le levier) entaille le carreau par simple translation du levier sur la glissière ; un fendoir sert à le casser net.

**Roulette pour fibre de verre.** Un cylindre à rainures spiroïdales permet de chasser l'air emprisonné au moment de l'application de la résine sur la fibre de verre. Dimensions variées. Cylindre en aluminium ou en plastique.

**Pistolet à calfeutrer.** Pour appliquer de la pâte à calfeutrer ou un adhésif, mettez-y une cartouche et appuyez sur la détente ; sous l'impulsion de la tige, un poussoir expulse en filet le contenu de la cartouche. Un levier fait relâcher la pression.

**Roulette pour moustiquaire.** La roulette à pourtour rond sert à pousser la moustiquaire dans la gorge du cadre ; la roulette à pourtour concave, à pousser la languette dans la gorge sur la moustiquaire.

**Coupe-verre.** Une molette entaille le verre. Pour achever la coupe, tenez le verre, près de l'entaille, entre le pouce et l'index et cassez le en le ployant. Un grugeoir sert à casser le verre mince.

**Coupe-tuyau.** Boulonné sur un plan de travail, il sert à couper les tuyaux de plastique ou de caoutchouc. Mettez un tuyau dans le mors en V de la branche inférieure et abaissez la branche supérieure pour que sa lame entame le matériau.

**Roulette à stratifié.** Un cylindre en caoutchouc lisse sert à asseoir les stratifiés au moment du collage pour assurer une forte adhérence.

**Chauffe-panneau.** Il sert à chauffer un panneau d'acrylique pour l'amollir et à créer des arrondis et des plis. Ce modèle permet d'amollir des panneaux ayant jusqu'à 36 po (90 cm) de largeur et ⅜ po (1 cm) d'épaisseur. La durée d'exposition à la chaleur (de 30 secondes à 4 minutes) est fonction de l'épaisseur.

# FERRONNERIE

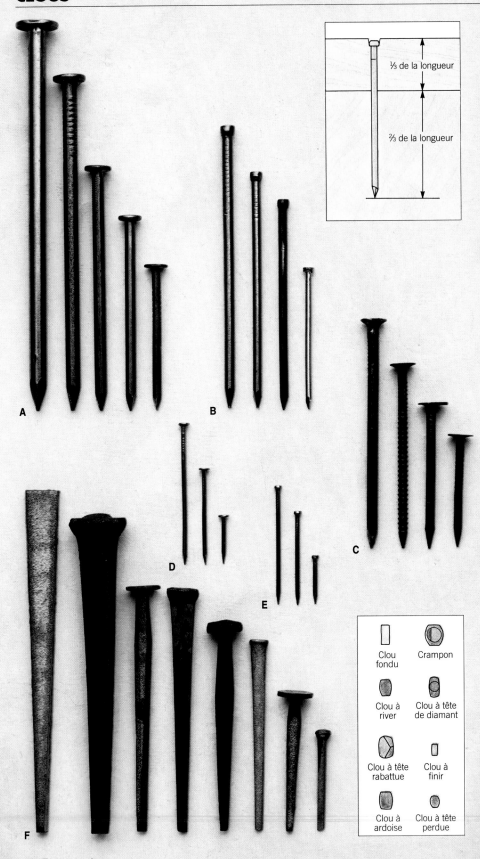

**⅓ de la longueur**

**⅔ de la longueur**

De tous les accessoires de fixation, les clous sont les plus courants. Fabriqués en divers métaux, styles et grosseurs, ils sont surtout utilisés pour l'assemblage permanent de matériaux variés.

Pour clouer une pièce mince sur une pièce épaisse (à gauche), employez des clous dont la longueur égale trois fois l'épaisseur de la pièce mince ; pour clouer des pièces d'égale épaisseur, employez deux clous ou plus ayant une longueur inférieure de ¼ po (6 mm) à la somme des épaisseurs.

**Clou à bois (A).** Résistant, sa tête plate ne traverse pas la pièce de bois ; utilisé en menuiserie et en charpenterie. L'unité de longueur du clou est le penny (p. 347), symbolisé par un *d.* Plus un clou est long, plus son diamètre est large. Le clou d'emballage (non illustré) est de petit calibre et ne fend pas le bois mince.

**Clou à finir (B).** Mince à petite tête, il sert à assembler les meubles et à fixer les moulures. Sa tête est généralement noyée et recouverte de pâte de bois. Le clou à boiserie (non illustré), un clou à finir de gros calibre, sert à fixer les dormants de portes et de fenêtres. Il résiste à l'arrachement.

**Clou à placoplâtre (C).** Très pointu à tête large. Au plafond, où le clou subit des efforts d'arrachement, utilisez des clous à tige annelée ou des clous enduits de résine (la résine fond sous l'effet de la friction et fige le clou). La longueur du clou à placoplâtre s'exprime en pouces, et son diamètre par un numéro de calibre (plus le chiffre est élevé, plus le clou est petit).

**Pointe de Paris (D).** Petit clou à bois adapté aux travaux délicats.

**Clou-épingle (E).** Petit clou à finir convenant aux travaux délicats.

**Clous d'époque (F).** Reproductions de clous divers servant à restaurer les meubles anciens et à fixer de vieilles charnières. À droite sont dessinées les têtes des clous photographiés, vues de dessus.

Clou fondu

Crampon

Clou à river

Clou à tête de diamant

Clou à tête rabattue

Clou à finir

Clou à ardoise

Clou à tête perdue

**Clou annelé (A).** Sa tige comporte des arêtes profondes et serrées où les fibres du bois se coincent, ce qui procure une résistance maximale à l'arrachement dans les bois tendres et mi-tendres. Cette caractéristique en fait le clou idéal pour fixer les sous-planchers, qu'il empêche de craquer ou de prendre du jeu.

**Clou à toiture (B).** Sa tête large et plate ne traverse pas les matériaux de couverture pour toiture, comme les bardeaux d'asphalte. Il est généralement galvanisé.

**Clou coupé (C).** En acier ou en fer, ce clou sert à fixer les lames de parquet bouvetées et languettées. Sa pointe et sa tige plates réduisent les risques d'éclatement des fibres.

**Clou vrillé (D).** Ce clou tourne comme une vis quand on l'enfonce. Son fort mordant empêche les craquements.

**Clou à bateaux (E).** Clou à tige annelée inoxydable qui procure un fort mordant. Il est idéal pour les assemblages qui seront soumis aux intempéries.

**Clou à tête ovale (F).** Il sert à fixer les écussons de serrures. Diamètre : ⅝-¾ po (16-19 mm).

**Clou à lambris (G).** Petit clou rigide, souvent annelé, idéal pour fixer les lambris aux montants. Couleurs variées.

**Clou à moulure (H).** Clou semblable au clou-épingle. La tête est généralement noyée et recouverte de pâte à bois.

**Clous à deux têtes (I).** Utilisé pour créer des assemblages temporaires, comme ceux des coffrages et des échafaudages. Sa tête supérieure demeure saillante, ce qui facilite l'arrachement du clou. Le clou à deux têtes est en acier poli ou galvanisé.

**Clou galvanisé (J).** Clou zingué résistant à la rouille. Il convient aux ouvrages comme les terrasses, exposées aux intempéries.

**Clou à maçonnerie (K).** Fait d'acier trempé, ce clou ne plie pas : on l'utilise pour fixer des fourrures aux murs maçonnés. À tige striée, il assure plus de mordant qu'à tige lisse.

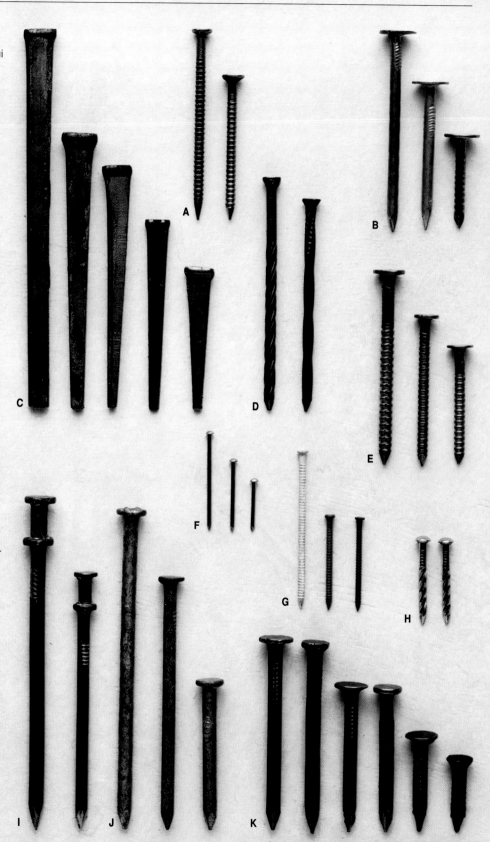

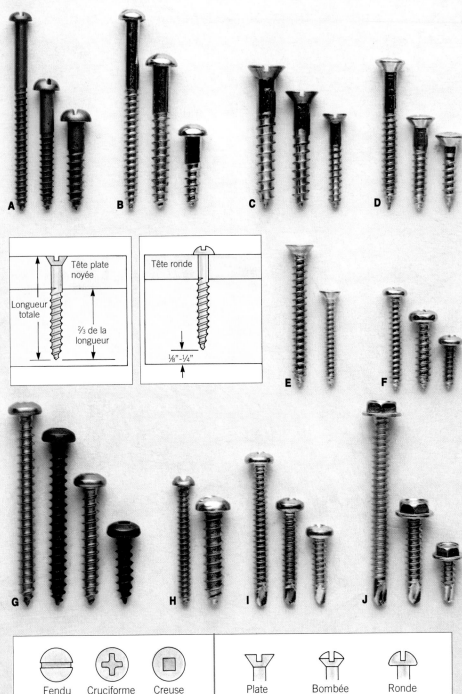

Cinq critères déterminent le choix d'une vis : la nature et l'épaisseur de la pièce à visser, la grosseur de la vis, le matériau dont elle est faite, la forme de sa tête et son type d'empreinte. Il y a des vis à bois, à placoplâtre, à maçonnerie et à tôle. Jusqu'à ¼ po (6 mm), leur diamètre s'exprime par un numéro de calibre ; au-delà, en fractions de pouces. Leur longueur, de ¼ à 6 po (6 mm à 15 cm), se mesure de la pointe jusqu'à la partie de la tête qui affleurera une surface. Il y a des vis en laiton, en aluminium et en bronze, mais les plus résistantes sont en inox ou en acier zingué. Elles ont diverses têtes et empreintes (ci-dessous). Des empreintes mixtes (fendue et cruciforme, par exemple), permettent l'emploi d'un tournevis ayant l'une ou l'autre pointe. La vis à sens unique est difficile à desserrer ; elle assure l'intégrité des assemblages. Les vis à empreinte creuse ou en étoile sont surtout utilisées sur les automobiles et les appareils électroménagers.

**Vis à bois.** Vis qui permet de créer des assemblages résistants et démontables. L'on trouve ici des vis laitonnées **(A)** et zinguées **(B)** à tête ronde et fendue, des vis à tête plate et fendue **(C)** et des vis à tête bombée et à empreinte cruciforme **(D)**. La grosseur de la vis dépend de l'épaisseur des pièces à visser. Les deux tiers des filets doivent pénétrer dans la seconde pièce ; la longueur de la vis doit être inférieure de ⅛ à ¼ po (3 à 6 mm) à l'épaisseur des deux pièces réunies.

**Vis à tôle.** L'on trouve ici des vis à tête plate **(E)** et à tête cylindrique **(F)** à empreinte cruciforme, des vis à tête cylindrique et à empreinte creuse **(G)**, des vis à sens unique à tête cylindrique **(H)**, des vis autotaraudeuses à tête cylindrique et à empreinte cruciforme **(I)** et des vis autotaraudeuses à tête à six pans et à rondelle **(J)**. La pointe aplatie des vis autotaraudeuses perce le métal et y coupe des filets.

**Empreintes.** Utilisez un tournevis dont la pointe s'adapte parfaitement à l'empreinte. La vis à tête à six pans doit être tournée avec une clé anglaise.

Fendu · Cruciforme · Creuse · En étoile · Sens unique · Six pans

**Têtes.** La tête plate affleure la surface lorsqu'elle est noyée ; la tête bombée est partiellement noyée ; les autres têtes saillent. La tête à six pans est offerte avec ou sans rondelle.

Plate · Bombée · Ronde · Cylindrique · Six pans · Six pans/rondelle

**Vis à placoplâtre (A).** Vis mince et tranchante, qui ne requiert pas d'avant-trou. Elle fixe le placoplâtre aux montants plus fermement qu'un clou. L'empreinte cruciforme ou creuse retient bien la pointe du tournevis, qui ne peut déchirer le papier recouvrant le placoplâtre.

**Tire-fond (B).** Vis à bois très résistante, généralement utilisée pour réaliser des assemblages qui exigent une forte résistance à l'arrachement. Les tire-fond peuvent avoir jusqu'à 6 po (15 cm) de longueur et existent en cinq diamètres, de $\frac{3}{16}$ po (4,5 mm) à ½ po (12,7 mm). Tête à six pans (ci-contre) ou carrée ; posez-les avec une clé ou une douille.

**Vis à scellement.** Vis à filets tranchants et espacés, que l'on fixe directement dans le béton. Tête à six pans à rondelle **(C)** ou plate **(D)**.

**Vis traversante à cheville (E).** Vis servant à assembler des unités de rangement (comme des armoires de cuisine) ou à créer des structures démontables. La vis traverse les pièces et se loge dans la cheville calée de l'autre côté. Les modèles en plastique léger permettent d'assembler des pièces en acrylique.

**Vis à ailettes (F).** Vis mécanique (p. 102) à tête large pouvant être saisie entre le pouce et l'index. On l'utilise là où des réglages manuels sont souvent nécessaires.

**Suspente (G).** Elle permet de poser des plafonds suspendus faits de carreaux acoustiques. Vissez-la dans une solive et accrochez-y le fil qui retiendra le treillis du plafond.

**Boulon-vis (H).** Vis dotée d'un filetage de vis mécanique et de filets ordinaires. Percez un avant-trou ; calez deux écrous côte à côte sur le filetage de vis mécanique et introduisez la pointe de la vis dans l'avant-trou ; saisissez les écrous avec une clé et tournez.

**Goujon fileté (I).** Le goujon fileté sert surtout à fixer les pieds de table. Percez des avant-trous ; vissez-le dans le haut du pied avec une pince-étau aux mâchoires recouvertes d'un matériau protecteur ; vissez ensuite le pied sous la table.

**Cuvette (J).** Elle procure une surface permettant de serrer des vis à tête plate sans endommager le bois.

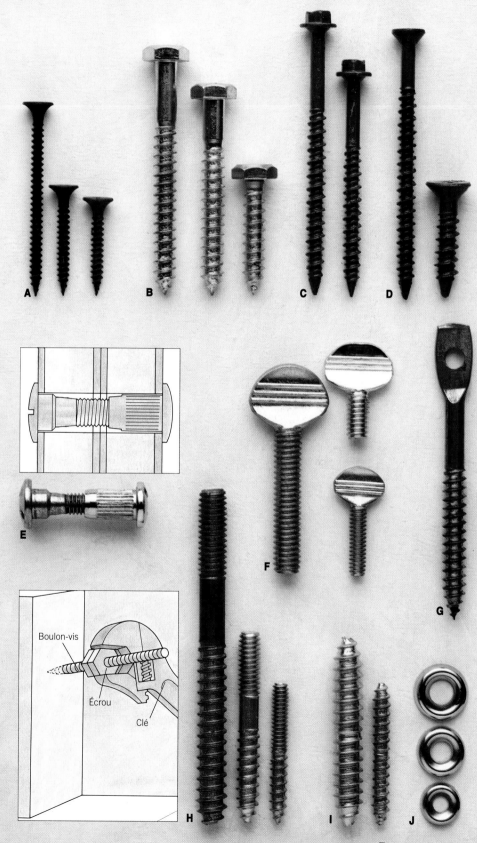

Le boulon, utilisé avec une ou deux rondelles et un écrou ou une ferrure filetée, permet de réaliser des assemblages très résistants et facilement démontables sans que les pièces ne soient endommagées. Le boulon doit être assez long pour dépasser l'écrou une fois l'assemblage réalisé (au moins un des filets du boulon doit être visible). La grosseur du boulon s'exprime généralement par son diamètre, en pouces, ou par un numéro de calibre, suivis par le pas et la longueur, en pouces. Par exemple, ¼-20 x 1 signifie ¼ po (6 mm) de diamètre, 20 filets au pouce et 1 po (2,5 cm) de longueur. La longueur des boulons varie de ³⁄₁₆ à 6 po (0,45 à 15 cm) ; la combinaison du diamètre et du pas, de #1-72 à ½-13. Plus le boulon est gros, moins il y a de filets au pouce.

**Boulon mécanique (A).** Boulon résistant à tête à six pans ou carrée.

**Boulon poêlier (B).** Sa tête fendue est ronde ou plate.

**Vis mécanique (C).** Semblable au boulon poêlier, elle peut toutefois porter diverses empreintes. On peut la visser directement dans une pièce de métal filetée.

**Boulon de carrosserie (D).** Il sert à unir des pièces de bois ou de métal. Son collet carré le bloque en place.

**Boulon en U (E).** Il sert à retenir tuyaux et fils.

**Boulon à œil (F).** Il sert à retenir fils et cordes.

**Boulon pour plaque d'immatriculation (G).** On y visse un écrou ou une contre-plaque en plastique.

**Tendeur à lanterne (H).** Doté de crochets ou d'yeux à longueur réglable, il exerce un traction diagonale assurant l'horizontalité d'une barrière..

**Tige filetée (I).** Tige d'assemblage pouvant avoir jusqu'à 3 pi (90 cm) de longueur, à filets fins ou gros.

**Rondelle plate (A).** Placée sous la tête d'un boulon ou sous un écrou, cette rondelle répartit la pression et protège la surface. La rondelle de carrosserie, percée d'un petit trou, couvre les trous plus grands que la tête du boulon utilisé.

**Rondelle à ressort (B).** Sa structure quasi spiroïdale fait légèrement ressort sous un écrou et empêche tout desserrement. Dans un assemblage composé de pièces de bois, mieux vaut l'asseoir sur une rondelle plate.

**Rondelle éventail (C).** Dotée de dents extérieures, intérieures ou mixtes, elle accroît la puissance de serrage d'un boulon. Sa forme peut être adaptée à la tête plate d'une vis mécanique.

**Écrou à six pans (D).** Il reçoit un boulon pour unir des pièces par serrage. Il peut être assis sur une rondelle.

**Écrou carré (E).** Comme l'écrou précédent, sauf qu'il est doté de quatre pans.

**Écrou borgne (F).** Écrou décoratif servant à couvrir la pointe des boulons et à protéger les filets.

**Écrou moleté (G).** Écrou se prêtant au serrage manuel, employé dans les assemblages qui doivent être rapidement montés et démontés. Le moletage assure une bonne prise entre le pouce et l'index.

**Écrou freiné (H).** Une garniture fibreuse, en bout de filet, empêche l'écrou de se desserrer sous l'effet de vibrations ou d'efforts.

**Écrou d'essieu (I).** Écrou employé pour couvrir le bout d'une tige ou retenir une petite roue sur un essieu. Non fileté, il est mis en place par pression. Il existe aussi des modèles en plastique.

**Écrou encastré (J).** Pour poser facilement des vis mécaniques dans le bois, percez un trou et encastrez l'écrou à coups de marteau (les griffes doivent pénétrer le bois).

**Écrou à ailettes (K).** Il sert à créer des assemblages démontables. Tournez-le avec les doigts, jamais avec une pince.

**Douille taraudée (L).** Vissée dans le bois, cette douille reçoit un boulon.

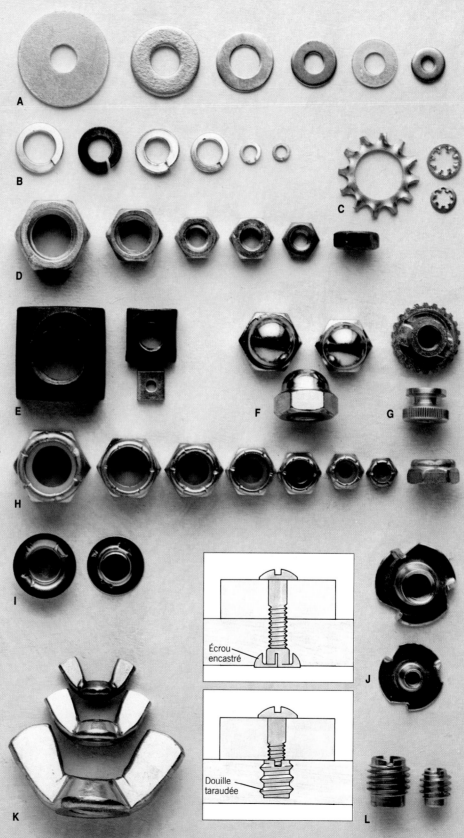

Écrou encastré

Douille taraudée

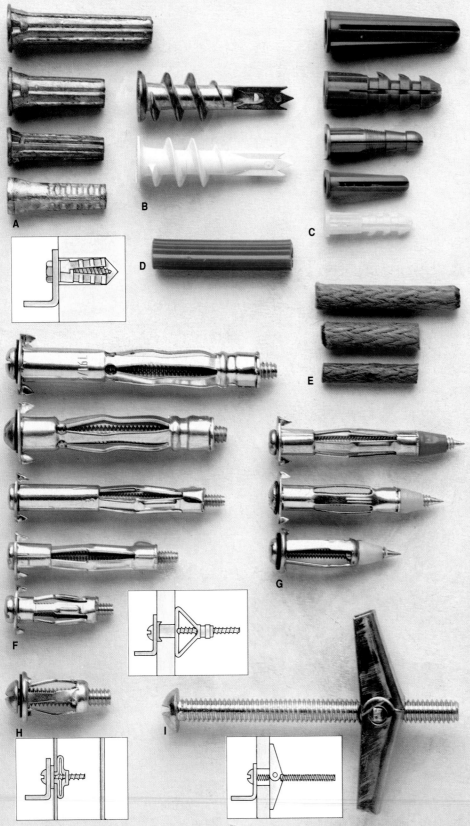

Dans la maçonnerie ou le placo-plâtre, les fixations finissent par jouer et ressortir ; là où l'on souhaitait une prise solide, l'on assiste à la longue à l'effritement du matériau. Chevilles, tampons et boulons à gaine ou à ailettes permettent de remédier à cette situation.

**Cheville de plomb (A).** Logée dans un trou percé dans le plâtre ou la maçonnerie, elle se dilate lorsqu'une vis y est introduite et la retient en faisant pression sur la paroi du trou. Percez un trou où elle pourra pénétrer sans jeu ; logez-y-la. Passez la vis dans la pièce à installer (attache au dos d'un cadre) et fixez.

**Cheville pour placoplâtre (B).** Elle ne requiert pas d'avant-trous. Enfoncez-en la pointe et vissez-la avec un tournevis. Utilisez-la pour fixer des objets légers.

**Cheville de plastique (C).** Son principe d'utilisation est identique à celui de la cheville de plomb.

**Tampon de plastique (D).** Plus résistant que la cheville de plastique, il sert à fixer des objets lourds.

**Cheville en fibre (E).** Elle permet de fixer une vis dans la maçonnerie.

**Boulon à gaine d'expansion (F).** Vis mécanique logée dans une gaine. Percez un avant-trou dans une cloison creuse et, la vis étant en place, insérez-y la gaine qui s'aplatira contre l'intérieur de la cloison lorsque vous serrerez la vis. Ôtez la vis et fixez l'objet.

**Boulon à gaine d'expansion à enfoncer (G).** Garni d'une vis pointue, il ne requiert pas d'avant-trou : enfoncez-le avec un marteau.

**Boulon à gaine d'expansion pour porte creuse (H).** Il est doté d'une petite gaine d'expansion.

**Boulon à ailettes (I).** Percez un avant-trou dans un panneau mural puis, tout en tenant l'objet à fixer, passez la vis mécanique et les ailettes dans le trou ; serrez la vis. Les ailettes se déploient derrière le panneau et butent contre lui. Si vous desserrez complètement la vis, les ailettes tomberont derrière le mur.

**Ailettes de plastique (A).** Comme le boulon à ailettes ; cette attache comporte toutefois une vis pointue au lieu d'une vis mécanique à bout carré ; en outre, elle se loge dans un trou plus petit et peut être réutilisée.

**Tampon métallique à enfoncer (B).** Ses pattes s'ouvrent quand vous posez la vis. Pour l'enlever, desserrez la vis sur les trois quarts de sa longueur, tenez-la avec une pince et tirez. Le tampon a une dimension unique convenant aux cloisons de ⅜ po (9,5 mm) ou moins. Dans une cloison en plâtre ou une boiserie mince, percez un avant-trou de ⅛ po (3 mm).

**Cheville pour vis mécanique (C).** Percez un trou et enfoncez-y la cheville avec un outil spécial ; poussé contre la paroi de la cheville, un coin d'acier en provoque la dilatation et réalise le blocage.

**Tampon expansible (D).** En plomb, refendu et articulé à une extrémité, on le fixe dans le béton. Percez un trou, logez-y le tampon et posez un tire-fond.

**Tampon expansible à deux coins (E).** Doté d'un coin à chaque extrémité, il offre une bonne résistance à l'arrachement.

**Attache à pointes (F).** Renfort d'assemblage à huit pointes très espacées. Enfoncez-la bien droite.

**Attache ondulée (G).** Elle sert aux assemblages légers, aboutés ou à onglets (moustiquaires, cadres, etc.).

**Rivet aveugle (H).** Pour assembler des tôles, percez un trou et logez-y le rivet avec une pince à riveter.

**Goupille fendue (I).** Calez la goupille dans un trou percé dans une tige, écartez-en les branches et refermez-les autour de la tige.

**Semence (J).** Pointe servant à fixer du tapis ou du tissu sur du bois.

**Semence de tapissier (K).** Se présente dans un grand choix de têtes décoratives.

**Agrafe (L).** Attache de forme variable qui sert à fixer le tissu, l'isolant, les fils, etc.

**Pointe de vitrier (M).** Pointe qui bloque un carreau dans son châssis.

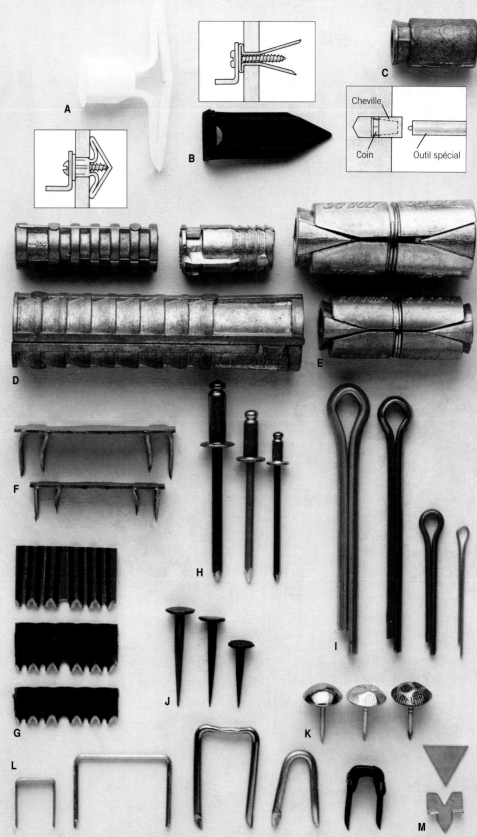

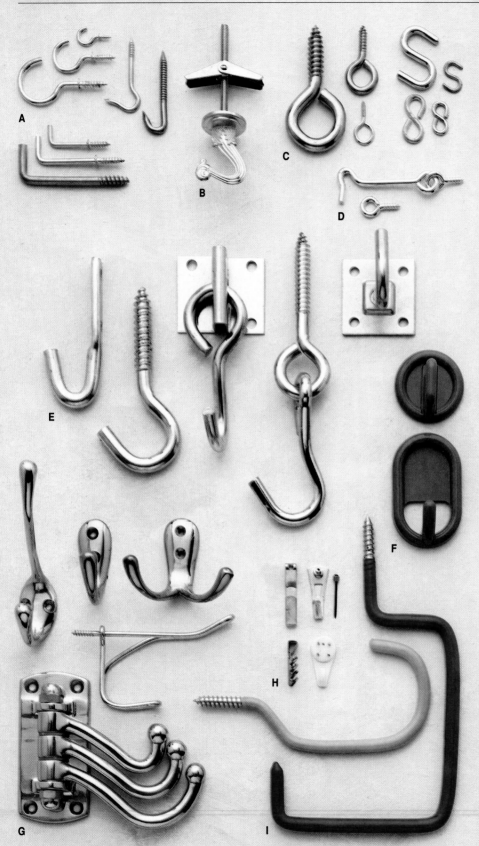

Que ce soit pour accrocher une tasse ou une corde à linge, vous trouverez toujours le crochet qu'il vous faut. Utilisez de gros crochets pour suspendre les objets lourds : de petits crochets risqueraient de céder. Avant de poser un crochet fileté, percez un avant-trou avec un clou ou une perceuse.

**Crochet à vis (A).** On le visse dans le bois et le placoplâtre pour retenir divers objets. Le crochet à pointe arrondie convient aux usages domestiques ; à pointe effilée, aux plafonds suspendus ; le gond convient aux objets larges.

**Crochet pour plafond (B).** Attache combinant un crochet et un boulon à ailettes, utilisée pour suspendre une lampe ou une plante.

**Piton (C).** Accrochez-y directement un objet ou suspendez-y auparavant un crochet en S ou en 8.

**Crochet de fermeture (D).** Uni à un piton, il se visse dans un vantail de porte ou de fenêtre. On l'accroche à un autre piton pour fermer le vantail. Le crochet à moraillon (non illustré) assure une meilleure protection.

**Crochets d'arrimage (E).** De gauche à droite : crochet tout usage à tige plate percée de deux trous à vis ; crochet d'escarpolette, à visser dans un plafond ; crochet à hamac garni d'une plaque adaptée aux surfaces planes ; crochet à hamac logé dans un piton convenant aux surfaces courbes ; crochet de corde à linge, que l'on adapte à une plaque.

**Crochet autocollant (F).** Crochet en plastique convenant aux charges légères. Après avoir nettoyé la surface, détachez-en la pellicule protectrice et posez-le en appuyant.

**Patère (G).** Dotée d'un ou de plusieurs crochets orientables, elle sert à suspendre les manteaux et les chapeaux. Celle du bas possède trois crochets pivotants.

**Crochet à tableau (H).** Cloué à un mur, il supporte le poids d'un tableau.

**Crochet robuste (I).** Utile dans un garage ou un atelier. Il en faut deux pour soutenir une bicyclette.

# SUPPORTS

Les jeux de deux supports ou plus sont indispensables pour soutenir divers objets. Déterminez leur position de façon précise et assurez-vous de leur horizontalité.

**Supports de tringle à rideau et de store.** Pour soutenir une tringle à brise-bise, vissez les supports **(A)** au-dessus d'une fenêtre, pour un montage extérieur, ou fixez des supports à douille **(B)** au chambranle, pour un montage intérieur. Clouez les supports de store **(C)** à l'intérieur du chambranle (certains se posent à l'extérieur ou au mur). On pose une tringle à rideau en U sur des supports à montage extérieur **(D)**.

**Supports à rampes.** Ferrures de mains courantes, d'appui-pieds et de garde-corps. Sous une rampe plate, utilisez un support **(E)**. La douille du support **(F)** reçoit une rampe ronde retenue à chaque extrémité par un flasque **(G)**.

**Consoles (H).** Fixées au mur, elles soutiennent des rayons (en bois tendre ou en contreplaqué de ¾ po [19 mm] d'épaisseur). Vissez-en une tous les deux poteaux si la charge à supporter est légère ou sur chaque poteau si la charge est lourde.

**Taquets (I).** Insérés dans des trous percés dans les montants d'une armoire, on y fixe des tablettes.

**Crémaillères (J).** Logés dans une crémaillère, des taquets soutiennent les rayons d'armoires ou de bibliothèques. Fixez quatre crémaillères (elles peuvent être encastrées) ; vérifiez leur verticalité avec un niveau. Posez à la même hauteur les taquets destinés à recevoir une tablette. Les crémaillères peuvent être sciées aux fins d'ajustement.

**Console à vis de blocage (K).** Calée dans les fentes d'une crémaillère murale (à droite), elle sert de support à rayon. Vissez les crémaillères aux poteaux ; vérifiez leur verticalité avec un niveau. Posez la console ; serrez la vis de blocage. Le nez de la console se termine par une butée empêchant tout glissement intempestif.

**Console escamotable (L).** Relevée et bloquée, elle sert de support à un plan de travail d'appoint. Une légère pression sur le levier de dégagement suffit à l'escamoter.

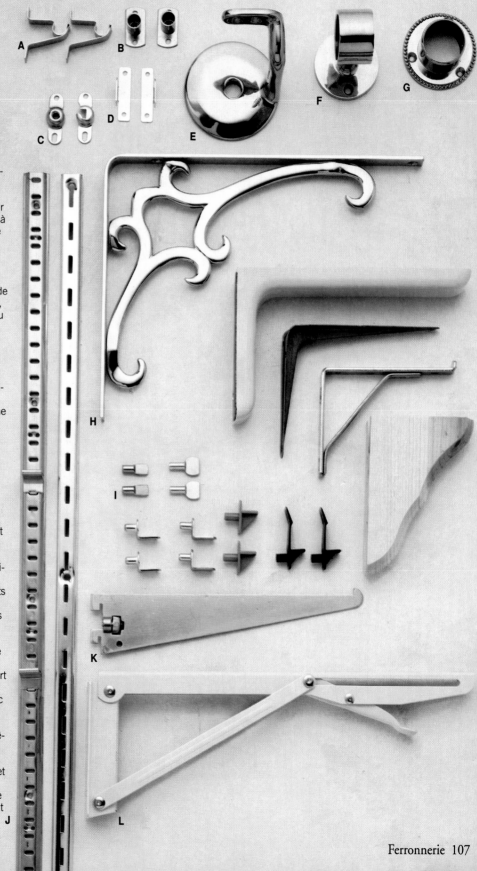

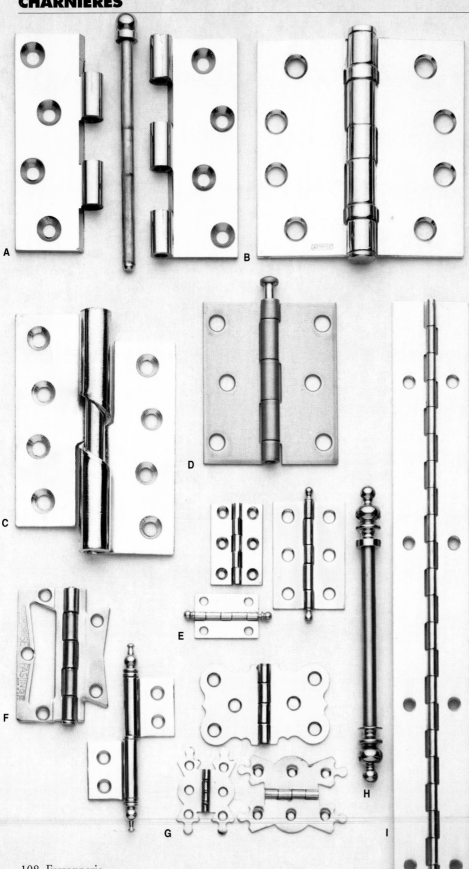

Les charnières se composent le plus souvent de deux lames s'articulant sur une fiche. Contrairement aux modèles destinés aux portes de maison, on pose indifféremment à gauche ou à droite la plupart de celles qui sont conçues pour les portes de meubles. Posées en applique, les lames saillent un peu, d'où un léger écart entre la porte et le cadre en position fermée.

**Charnière à fiche amovible (A).** La fiche amovible permet d'enlever une porte sans dévisser la charnière. La tête de la fiche doit toujours être en haut. Les charnières à fiche rivée conviennent aux portes extérieures sur lesquelles le nœud saille. Pour enlever la porte, il faut dévisser ce type de charnière.

**Charnière à billes (B).** Elle convient aux portes lourdes et possède des coussinets à graissage permanent.

**Charnière à soulèvement (C).** Charnière de porte intérieure dotée d'un fût à coulisse spiroïdale. Quand on ouvre la porte, l'une des lames la soulève en coulissant. La porte se referme par gravité.

**Charnière à meubles (D).** Elle soutient les portes de meubles. Sa fiche, amovible, possède une tête bombée.

**Petite charnière (E).** Charnière à fiche rivée ou amovible, que l'on pose sur de petites boîtes.

**Fiche (F).** Fixée en applique, elle ne crée pas d'écartement. À gauche : vissez la petite lame sur la porte et la grande sur le cadre ; la porte fermée, la petite lame est logée dans la grande. À droite : la lame du bas pivote sous celle du haut.

**Charnière ornementale (G).** De formes diverses, elle orne les meubles et objets de qualité.

**Fiche à tête ornementale (H).** Elle sert à remplacer une fiche amovible ordinaire.

**Charnière piano (I).** Robuste charnière d'abattant, longue de 2 à 6 pi (0,6 à 1,8 m), elle peut être coupée aux fins d'ajustement. On la pose en applique ou sur entaille.

**Charnière double (A).** On la pose verticalement ou horizontalement sur des meubles, des portes de placards et de petits coffres.

**Paumelle (B).** Elle a deux parties séparables ; il est donc facile d'enlever une porte qui en est dotée. Elle se présente dans des dimensions et des styles divers convenant aux portes d'armoires, d'horloges de parquet et de maison.

**Charnière d'abattant (C).** Charnière à fiche rivée et à lames larges soutenant bien les abattants et les couvercles.

**Charnière de coffret (D).** Vu sa petite dimension, elle convient aux couvercles délicats des coffrets à bijoux. Elle s'ouvre à 90°.

**Charnière de table à abattants (E).** On la pose sous les abattants de tables à joints charnières. Sa longue lame doit être vissée à l'abattant.

**Charnière de desserte (F).** À coins ronds ou carrés, elle convient aux petites tables à abattants. Ouverte, elle offre une surface plane, sans nœud protubérant ; rabattue, sa lame est maintenue à 90° par un ressort d'acier.

**Penture à battants (G).** Conçue pour être posée en applique, elle peut avoir des lames lisses ou ouvrées. Les gros modèles conviennent aux éléments lourds (couvercles de coffres, barrières, portes, etc.).

**Briquet (H).** Penture à battant à lames droites, surtout posée sur entaille dans les secrétaires et sur les abattants.

**Charnière de table à cartes (I).** Semblable au briquet, elle s'ouvre toutefois à 180° et convient donc aux petits abattants escamotables.

**Penture anglaise (J).** De grande dimension, elle convient aux charges lourdes (portes, barrières, boîtes, coffres). Le modèle présenté ici est parfois appelé charnière à té. La petite penture ornementale se pose sur de petites boîtes.

**Charnière à équerre (K).** Ferrure posée en applique sur les portes d'armoires et les portes de maison de poids standard. Il en existe aussi un modèle dont la lame droite se pose sur entaille.

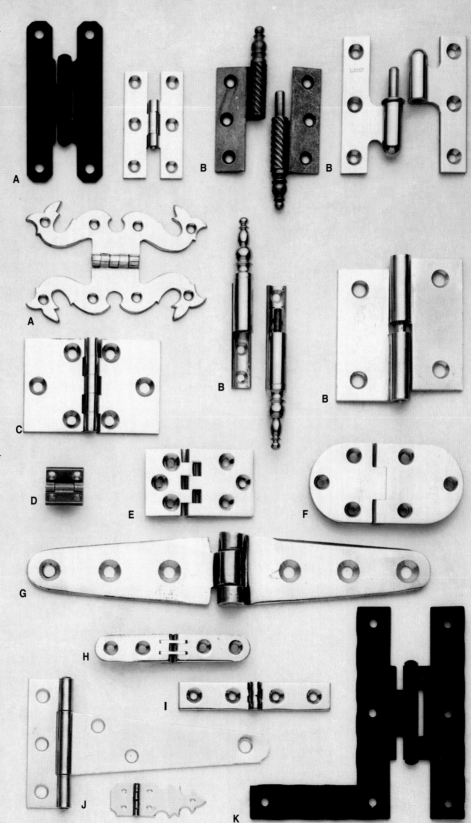

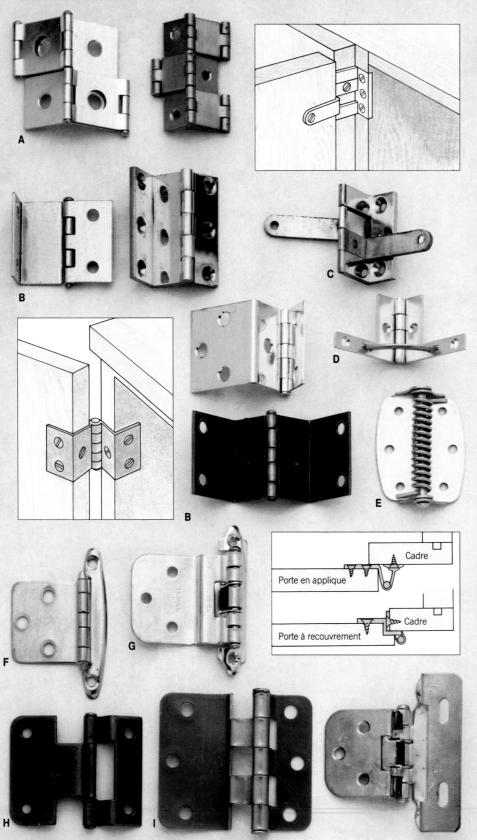

**Charnière de paravent (A).** Charnière à poser sur chants (porte pliante ou paravent). Deux jeux de lames et de noeuds jumelés permettent une ouverture à gauche et à droite. Pour éviter tout grippage, choisissez des lames dont la largeur (moins le noeud) est égale ou inférieure à l'épaisseur de l'ouvrant.

**Charnière à axe déporté (B).** Type de charnière à fiche rivée à poser sur les portes d'armoires encastrées. La dimension de la charnière doit convenir à l'épaisseur de la porte. Pour un support accru, l'équerre se fixe sur le chant et la paroi intérieure de la porte. En position fermée, seul le noeud est apparent. Le modèle à deux équerres (en bas) offre encore plus de solidité. On pose l'une des équerres sur la porte, l'autre sur le bâti.

**Charnière coudée (C).** Posée sur le montant (ou la cloison) central d'une armoire, elle soutient deux portes pouvant s'ouvrir chacune séparément à 180°.

**Charnière quart de cercle (D).** On l'encastre sur les chants d'une petite boîte. Angle d'ouverture : 100°.

**Charnière à ressort (E).** Dotée d'un ressort en spirale. On la pose en applique sur les portes qui doivent se refermer automatiquement.

**Charnière de porte en applique (F).** On fixe sa lame courte à la face extérieure du bâti ; sa lame longue, à la paroi intérieure de la porte.

**Charnière de porte à recouvrement (G).** Semblable à la charnière précédente, celle-ci possède une longue lame coudée qui s'adapte à une porte d'armoire à recouvrement. Un ressort logé dans le noeud sert de ferme-porte semi-automatique.

**Charnière de porte en applique semi-dissimulée (H).** Utilisée pour retenir les portes d'armoires en applique, cette charnière n'est presque pas visible en position fermée. On pose sa lame courte coudée à l'intérieur du bâti ; quand la porte est fermée, seul le noeud est visible.

**Charnière de porte à recouvrement semi-dissimulée (I).** Une fois qu'elle est posée, seul le noeud est visible. La charnière à ressort (ci-contre) referme la porte d'un coup sec lorsqu'elle est relâchée.

**Charnière à pivot (A).** On la fixe en applique sur le chant des portes d'armoires et sur le bâti. Des trous de vis ovales en facilitent l'ajustement. En position fermée, seul le tourillon est visible.

**Pivot (B).** De dimensions diverses, le pivot convient à une foule d'objets : du coffret à bijoux à la porte de 200 lb (90 kg). Encastré sur le chant d'une porte, en haut et en bas, il est presque invisible. Dans le cas du pivot coudé (en bas), le nœud est apparent.

**Charnière à ressort à double effet (C).** Charnière à fermeture automatique qui permet à la porte de pivoter vers la gauche et vers la droite. Certains modèles doivent être posés sur une plaque fixée au cadre.

**Charnière pour porte de verre (D).** Sa pose n'oblige pas à percer des trous dans le verre car l'une des lames est vissée sur le bâti de l'armoire et l'autre, retenue par une vis de pression, reçoit le bord de la porte. Un loqueteau à ressort intégré assure la fermeture de la porte.

**Charnière d'abattant cylindrique (E).** Fixée aux meubles à abattant, elle réunit les éléments sans écartement. Pour qu'elle affleure les surfaces, encastrez-la sur le chant inférieur du bâti et de l'abattant.

**Charnière invisible (F).** Offerte en différents modèles, elle convient aux petites portes d'armoires et autres objets légers. On la fixe dans des évidements pratiqués à la perceuse ou à la toupie. En position fermée, les lames sont rabattues l'une sur l'autre et les segments d'articulation sont escamotés derrière les entailles des lames. Choisissez une charnière de dimension légèrement inférieure à l'épaisseur des chants.

**Charnière en façade (G).** Posez la plaque sur le devant du bâti d'une armoire et encastrez la cuvette dans la porte. Pour régler la position verticale ou horizontale de la porte, tournez les vis de la plaque. Angle d'ouverture : 105°.

**Charnière invisible réglable (H).** Posée sur entaille ou en applique, elle s'ouvre à 176°. Sa cuvette est encastrée dans la porte, et sa plaque est fixée sur le côté du bâti. Pour régler la position de la porte, desserrez les vis.

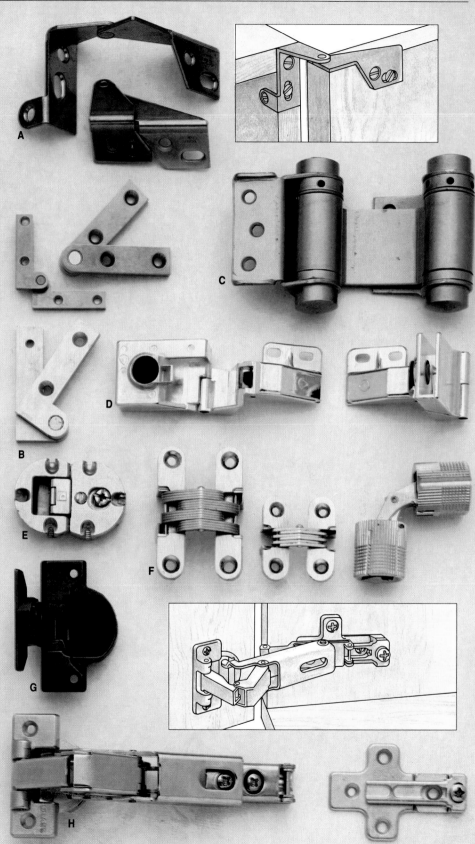

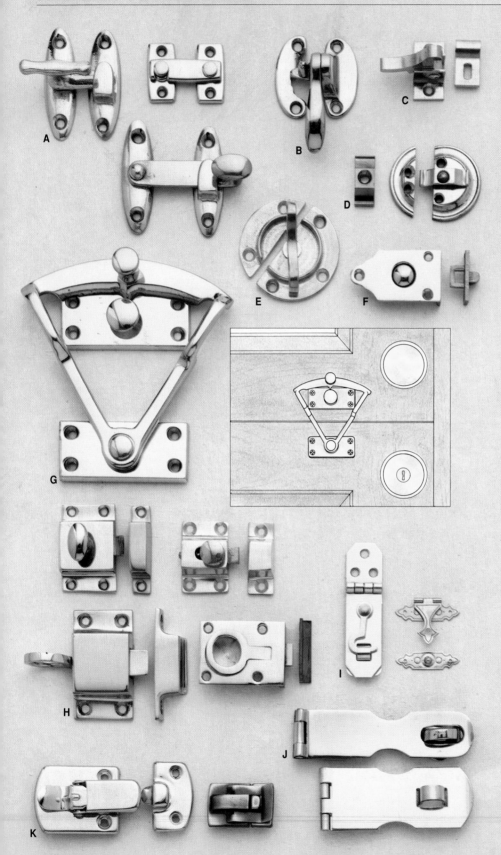

Pour tenir fermés les portes de meubles et d'armoires et les couvercles de boîtes, fixez-y des loquets ou des loqueteaux. Leurs dimensions varient en fonction des besoins.

**Loqueteau (A).** Il tient fermées les persiennes et les petites portes. Posez-les pour que la clenche s'engage bien dans le mentonnet. Lorsqu'un loqueteau sert à tenir fermées deux portes, bloquez-en une avec une ferrure du type loqueteau à agrafe **(C)**, posée à l'intérieur en haut ou en bas.

**Loqueteau à ressort (B).** Il tient fermées de petites portes. Pour ouvrir, soulevez le levier. Un ressort rabat le levier lorsqu'il est relâché.

**Loqueteau à agrafe (C).** Ferrure pour petites portes. Pour ouvrir, il faut pousser le levier.

**Loqueteau pivotant (D).** Loqueteau qu'il suffit de tourner pour tenir fermée une porte légère. Vissez-le près du bord de la porte.

**Loqueteau de table (E).** Vissée sous les plateaux d'une table à rallonge, il sert à unir les éléments sans laisser de jeu.

**Loqueteau de secrétaire (F).** À encastrer. Il est commandé par un mécanisme à ressort.

**Loquet de porte à guichet (G).** On visse la clenche sur le vantail inférieur ; le mentonnet, sur le vantail supérieur. Pour plus de protection, posez un pêne dormant sur le vantail supérieur.

**Loquet de placard (H).** Un pêne à ressort s'engage dans une gâche. Actionnez-le en tournant le bouton (en haut), en tirant ou en poussant la poignée à anneau (en bas).

**Moraillon (I).** Idéal pour tenir fermés les couvercles de petites boîtes.

**Moraillon de sécurité (J).** Sa plaque recouvre les vis, ce qui empêche les cambrioleurs de les enlever. Il faut ensuite y insérer un cadenas.

**Fermeture de boîte (K).** Son bras mobile tient fermé le couvercle d'une boîte ou d'un coffre par simple recouvrement du tenon.

**Loqueteau à bille (A).** Douille dans laquelle est logée une bille à ressort. Posez-la sur le chant d'une porte d'armoire plane. Lorsque la porte est fermée, la bille saille dans un évidement. La gâche procure une finition soignée.

**Loqueteau à deux billes (B).** Loqueteau convenant aux portes d'armoires encastrées ou en applique. Les billes s'enclenchent dans la gâche et des vis règlent leur tension.

**Loqueteau à rouleaux (C).** Doté de rouleaux à ressort, il s'utilise comme le précédent.

**Verrou de passe-plat (D).** Posez le modèle du haut sur le bord inférieur d'une porte ; sa gâche, sur la base du bâti. Posez l'autre modèle sur la paroi verticale du bâti ; sa gâche, sur la porte. Il faut pousser pour ouvrir la porte.

**Loqueteau magnétique (E).** Retenue par un aimant, la gâche métallique plaque la porte contre le bâti. Fixez le loqueteau dans l'armoire et la gâche sur la paroi intérieure de la porte. Il faut une poignée pour ouvrir la porte.

**Loqueteau automatique (F).** Combinaison des fermetures **(E)** et **(D)** : il faut pousser pour ouvrir. Sur une porte de bois, fixez une gâche métallique.

**Loqueteau pour porte de verre (G).** Il fonctionne comme le précédent ; sa gâche se glisse contre la porte de verre, pas à travers.

**Serrure de placard (H).** On la pose en applique. Pratiquez une mortaise qui recevra le pêne.

**Serrure à encastrer (I).** Un double trou de serrure permet un positionnement vertical ou horizontal. Encastrez la serrure.

**Serrure à mortaiser (J).** Idéale pour les portes coulissantes, les pupitres à cylindre, etc. Le modèle de droite possède un pare-poussière à ressort.

**Serrure à barillet (K).** Elle se présente sous différentes formes et convient aux tiroirs et aux portes d'armoires. On la pose en applique. Le modèle du bas, à droite, s'emploie sur les portes d'armoires en verre. Il faut cependant percer un trou dans le verre.

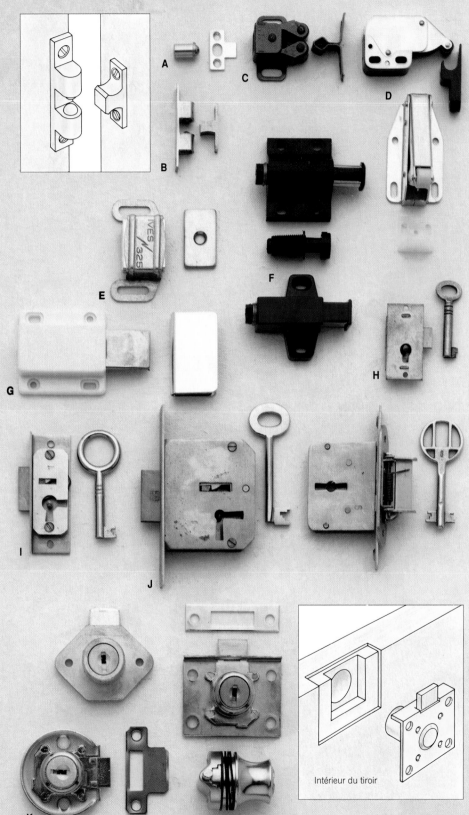

Intérieur du tiroir

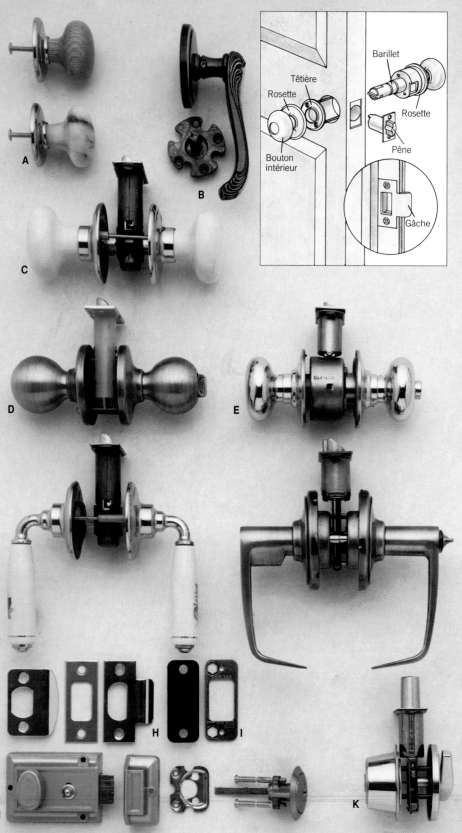

Barillet

Têtière

Rosette

Rosette

Bouton intérieur

Pêne

Gâche

Pour poser des boutons de porte et des serrures, il faut percer un ou deux trous dans la porte et pratiquer une mortaise dans le cadre. Ces ferrures étant de conceptions diverses, suivez les instructions du fabricant.

**Faux bouton (A).** On le fixe à une porte pliante. Percez un avant-trou traversant et introduisez la vis de l'intérieur du placard. Fixez la rosette et vissez le bouton. Posez un loque-teau pour tenir la porte fermée.

**Fausse béquille (B).** Sa plaque support se loge dans un trou de 1 po (2,5 cm) de diamètre. Pour en poser une, percez un trou de ¼ po (6 mm) de profondeur ; pour en poser deux, un trou traversant.

**Serrure tubulaire de couloir (C).** Serrure cylindrique dotée d'un pêne à ressort. Utilisez le gabarit du fabri-cant pour percer les trous du pivot et du pêne. Dans le cadre, pratiquez la mortaise qui recevra le pêne.

**Serrure tubulaire d'intimité (D).** Serrure de chambre à coucher ou de salle de bains permettant de verrouiller une porte de l'intérieur. Posez-la comme la précédente. (Pour la déverrouiller de l'extérieur, introduisez un clou dans le trou percé dans le bouton.)

**Serrure à cylindre (E).** Serrure d'intimité qui permet de verrouiller une porte de l'extérieur avec une clé. Posez-la comme les précédentes.

**Serrure à poignées (F).** Serrure de couloir, d'intimité ou à cylindre, selon le modèle. Les poignées facilitent l'ouverture de la porte par les per-sonnes handicapées.

**Gâche (G).** Elle reçoit le pêne d'une serrure. Encastrez-la dans le cadre avec des vis de 3 po (7,5 cm). Elle s'emploie seule ou mieux avec une plaque **(H)** et une contre-plaque **(I)**.

**Serrure en applique (J).** Serrure d'appoint à poser sur le bord d'une porte, à 6 po (15 cm) au-dessus du bouton.

**Serrure à pêne dormant (K).** Serrure d'appoint à barillet simple actionné au moyen d'une clé ou d'un bouton-poucier. Posez-la comme les serrures précédentes.

**Serrure d'extérieur (A).** Serrure de porte d'entrée. La serrure présentée ici comporte un pêne demi-tour à cran d'arrêt, semblable au pêne à ressort mais doté en plus d'une tige antivol. Percez des trous dans la paroi et le chant de la porte ; dans le cadre, pratiquez la mortaise qui recevra le pêne. Le pêne est commandé, à l'extérieur, par le poucier ou une clé et, à l'intérieur, par un bouton.

**Serrure d'extérieur double (B).** Serrure dotée d'un pêne à ressort et, pour plus de protection, d'un pêne dormant (en haut). Pour poser le pêne dormant, percez des trous supplémentaires dans la paroi et le chant de la porte et pratiquez une seconde mortaise dans le cadre, environ à 6 po (15 cm) au-dessus de la première.

**Serrure d'extérieur monobloc (C).** Elle réunit, sur un même écusson ornemental, un pêne à ressort et un pêne dormant. Trous et mortaises devant être pratiqués avec précision, cette serrure est difficile à poser. Un gabarit fourni par le fabricant permet de marquer les points de perçage. Comme les autres serrures, elle peut, par simple inversion des boutons et des pênes, être utilisée sur une porte s'ouvrant à droite ou à gauche.

**Serrure d'extérieur monobloc (D).** Variante de la précédente, elle est doté d'un pêne demi-tour à cran d'arrêt et d'un pêne dormant. L'ouverture de certains modèles est commandée par deux clés.

**Serrure mixte à poussoir et à combinaison (E).** Serrure à pêne demi-tour à cran d'arrêt dont l'installation requiert deux trous et une mortaise. Pour en déclencher l'ouverture, on compose sur des poussoirs le numéro d'une combinaison que l'on pourra changer à volonté. (Conservez les instructions en lieu sûr.)

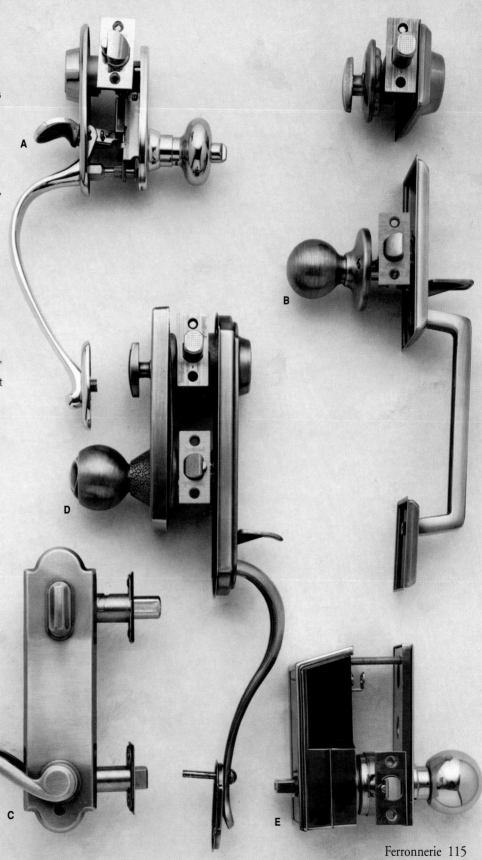

A

B

C

D

E

# AUTRES FERRURES DE PORTE

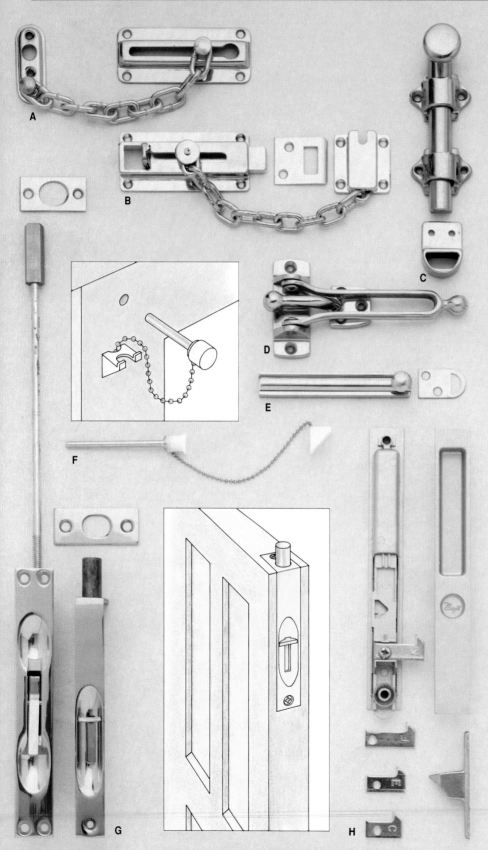

Les serrures présentées ici sont à mettre sur des portes qui n'ont besoin que d'une protection minimale. À la page suivante sont décrits divers accessoires.

**Chaîne de sûreté (A).** Elle permet d'entrebâiller la porte pour identifier un visiteur ou aérer la maison. Posez la gâche sur la porte et la plaque de la chaîne sur le cadre avec des vis de 3 po (7,5 cm) de longueur.

**Targette et chaîne de sûreté (B).** La targette assure une meilleure protection que la chaîne seule. Posez la longue gâche horizontalement sur la porte, à fleur de chant. Vissez la plaque de la chaîne sur le cadre vis-à-vis la gâche. Fixez la petite gâche sur le cadre de façon que la targette puisse s'y engager ; encastrez-la au besoin.

**Verrou de porte à guichet (C).** On le pose verticalement sur une porte à guichet ou une porte ordinaire. Porte à guichet : posez le verrou sur la demi-porte du haut ; la gâche sur la demi-porte du bas. Porte ordinaire : posez le verrou dans le haut de la porte ; fixez une gâche plate (non illustrée) au linteau.

**Arrêt de sûreté (D).** Plus résistant qu'une chaîne de sûreté. Fixez le bras long au cadre et le bras court à la porte, près du chant, à environ ¾ po (2 cm) du bras long. Les deux éléments doivent être de niveau.

**Verrou à glissière (E).** On le fixe horizontalement ou verticalement, la glissière sur la porte et la gâche sur le cadre. Sa tige doit s'engager facilement dans la gâche.

**Goupille de porte-fenêtre (F).** On l'introduit dans un trou percé dans la porte coulissante et la porte fixe. Vissez le support en plastique.

**Verrou à coquille (G).** Il assujettit l'une des portes d'une porte double. On l'encastre dans le chant de la porte. Le modèle court convient aux portes de bois ; le modèle long, aux portes de métal.

**Fermeture de porte-fenêtre (H).** Ferrure de rechange ; choisissez-la de la bonne longueur. Logez le mécanisme dans le cadre de la porte-fenêtre et fixez la plaque de garde. Posez la gâche sur le cadre avec précision.

**Butoir mural (A).** Il arrête une porte et empêche le bouton de heurter le mur. Avant de visser un butoir rigide, percez un avant-trou (la distance séparant le butoir du plancher doit permettre le passage d'une brosse d'aspirateur). Le butoir à ressort ne présente pas de difficulté pour l'aspirateur car il est souple. Vissez la plaque amovible et fixez-y le butoir.

**Battement sur platine (B).** Vissé dans le parquet, il limite la course d'une porte. Orientez-le pour que la garniture de caoutchouc appuie de tout son long contre la porte (le bouton ne doit pas toucher le mur).

**Butoir de charnière (C).** Il s'adapte à une charnière à fiche amovible. Passez la fiche dans l'œil du butoir.

**Arrêt à béquille (D).** Fixé à une porte, il la maintient ouverte. Il suffit d'en abaisser la béquille de façon que le patin repose à plat sur le parquet. Relevez la béquille lorsqu'elle ne sert pas.

**Butoir mural (E).** Il empêche le bouton de marquer le mur. Vissez-le au mur à la hauteur du bouton.

**Heurtoir (F).** Il en existe de nombreux modèles. Centrez-le sur une porte extérieure, à 60 po (1,50 m) du seuil.

**Judas (G).** Dispositif optique pour identifier un visiteur sans ouvrir la porte. Percez un trou ; introduisez-y la tige et la douille filetées.

**Entrée de lettres (H).** Découpez une fente dans la porte avec une scie alternative ; fixez ensuite la plaque extérieure, puis la plaque intérieure.

**Ferme-porte pneumatique (I).** Fixé à la traverse supérieure et au cadre, il ferme sans la claquer une contre-porte ou une porte moustiquaire.

**Ressort de porte (J).** Il ferme une porte légère. Ici, celui du haut est retenu par des crochets ; celui du bas, par des vis.

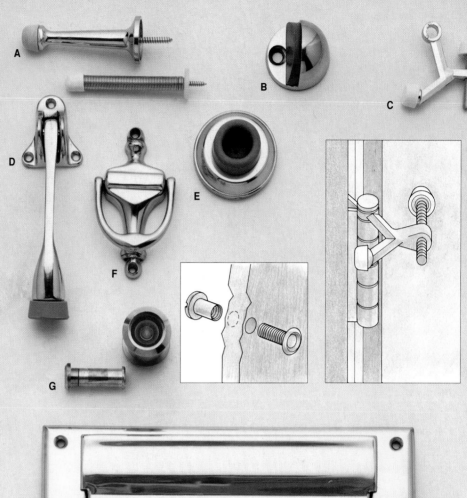

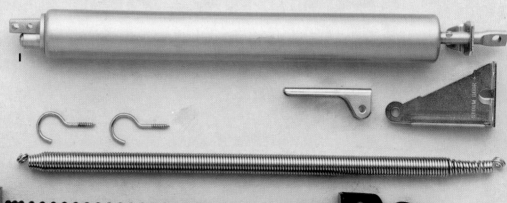

# FERRURES DE FENÊTRE

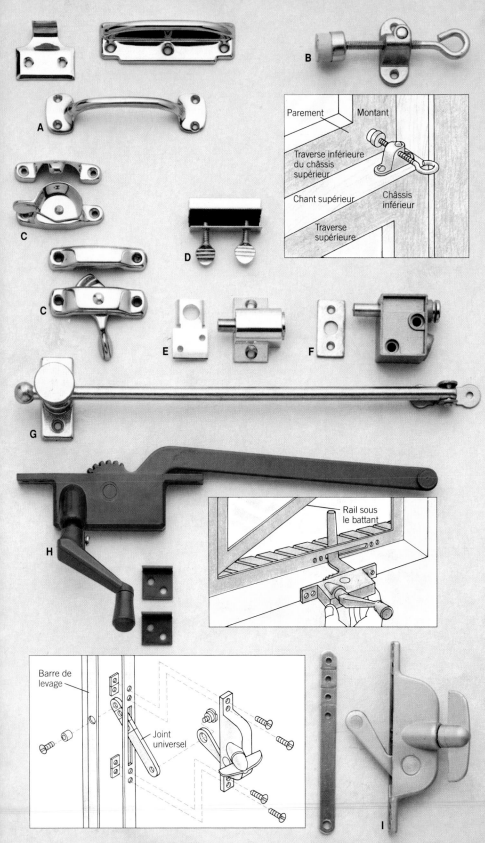

Parement  Montant

Traverse inférieure
du châssis
supérieur

Chant supérieur

Châssis
inférieur

Traverse
supérieure

Rail sous
le battant

Barre de
levage

Joint
universel

Garnie de ferrures appropriées, une fenêtre s'ouvre, se ferme et se verrouille facilement. Quelques-unes des ferrures présentées ici sont des accessoires ; d'autres, des pièces de rechange.

**Poignée de châssis (A).** Fixée à la traverse inférieure du châssis du bas, elle sert à remonter le châssis.

**Verrou de fenêtre (B).** Il maintient ouvert un châssis de fenêtre à guillotine. Vissez-le sur le chant de la traverse supérieure du châssis du bas pour que le patin soit vis-à-vis d'un montant. Pour bloquer le châssis, tournez le boulon jusqu'à ce que le patin s'appuie sur le montant.

**Loqueteau de châssis (C).** Il resserre les châssis d'une fenêtre à guillotine pour les empêcher de s'entrechoquer et diminuer les courants d'air. Posez la gâche au centre du chant de la traverse inférieure du châssis du haut. Alignez le poucier ; fixez-le au chant de la traverse supérieure du châssis du bas.

**Fermeture à vis à ailettes (D).** Elle limite l'ouverture d'une fenêtre à guillotine ou coulissante en métal. Glissez-la sur le rail et serrez les vis.

**Serrure pour châssis de fenêtre à guillotine (E).** Elle tient un châssis fermé ou entrouvert. Fixez-la au chant supérieur du châssis du bas ; fixez les deux gâches au montant du châssis du haut. Une clé en commande l'ouverture.

**Serrure de fenêtre coulissante (F).** Posée sur chant, elle convient aussi aux portes-fenêtres. Percez un trou borgne dans la traverse du châssis fixe ; posez la gâche.

**Entrebâilleur de fenêtre (G).** Il sert à manœuvrer les battants de fenêtres. Une tige sur la traverse coulisse dans un support sur l'appui. Pour la bloquer, serrez le bouton moleté.

**Commande de fenêtre à battants (H).** Un bras sert à ouvrir et à fermer la fenêtre et coulisse dans une glissière sous le battant. Pour l'actionner, tournez la manivelle.

**Commande de jalousie à joint universel (I).** Elle peut remplacer la plupart des commandes de jalousie. Une vis en fixe le bras au joint, lui-même fixé à une barre de levage.

# ACCESSOIRES DE SALLE DE BAINS

Le moyen le plus simple de rafraîchir une salle de bains est d'en remplacer les accessoires. Mais rappelez-vous qu'on ne peut pas remplacer des accessoires encastrés par des accessoires en applique. En général, les accessoires en laiton ont un revêtement protecteur ; nettoyez-les avec un linge doux, sec ou humide, et polissez-les avec un linge sec.

**Porte-serviettes (A).** Il comporte deux supports et une barre. Marquez l'emplacement des supports ; posez-en un et logez-y une extrémité de la barre. Posez l'autre. Utilisez des vis pour fixer les supports du modèle en porcelaine et laiton. Les supports du porte-serviettes en porcelaine blanche se glissent sur des plaques de métal d'abord vissées au mur.

**Porte-serviettes double (B).** Ses barres sont suffisamment espacées pour permettre aux serviettes de bien sécher. Les supports qui les retiennent doivent être de niveau, correctement espacés et fixés avec des boulons à ailettes.

**Anneau à serviette (C).** Compact, il est fixé à un seul support. Vissez le support au mur, posez l'anneau et serrez la vis de pression.

**Barre d'appui (D).** Posée à la verticale ou en diagonale au-dessus de la baignoire ou dans la cabine de douche, elle offre un point d'appui aux personnes handicapées.

**Porte-brosses à dents et porte-gobelet (E).** On le glisse sur un support au-dessus du lavabo. Fixez-le avec une vis de pression. (Le modèle en laiton a une plaque bombée qui se visse au support.)

**Savonnier (F).** On le pose sur un support au-dessus du lavabo. (Le modèle en porcelaine bleue, non amovible, est fixé avec du plâtre de Paris : nettoyez les surfaces, mouillez-les et appliquez le plâtre ; exercez une pression sur le savonnier pendant que le plâtre durcit.)

**Porte-papier hygiénique (G).** On peut le visser, le fixer comme le porte-serviettes double ou l'intégrer à un mur que l'on revêt de carreaux de céramique.

# POIGNÉES ET BOUTONS DE MEUBLES

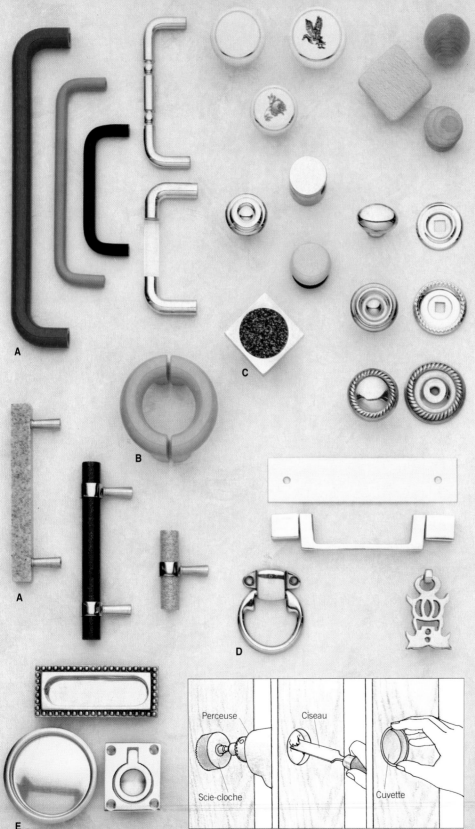

A

C

B

A

E

Perceuse

Ciseau

Scie-cloche

Cuvette

D

Les poignées et les boutons de tiroirs ou d'armoires sont offerts dans une foule de styles, de formes et de matériaux. Les modèles en nylon, en métal chromé, en marbre, en plastique et en verre conviennent aux meubles de cuisine et de salle de bains, et peuvent donner à d'autres pièces une apparence moderne et fonctionnelle. Les modèles en bois, en laiton et en émail confèrent de l'élégance aux meubles du salon et de la chambre à coucher.

**Poignée (A).** On la pose à la verticale sur une porte ou à l'horizontale sur un tiroir. Marquez-en l'emplacement et percez les trous de vis. Posez-les en les vissant de l'intérieur du tiroir ou de la porte.

**Poignée hémisphérique en nylon (B).** On la pose seule ou par paire (pour constituer une poignée en forme d'anneau). Vous pouvez également les poser côte à côte sur deux portes de façon à former un cercle.

**Bouton (C).** On le fixe de la même façon qu'une poignée ; une seule vis est nécessaire. S'il y a une applique, on la met en place avant de fixer le bouton.

**Poignée tombante (D).** Elle est légèrement plus compliquée à poser que les autres. Percez un trou pour chaque vis ; marquez l'emplacement de l'applique et posez une vis. Logez-y l'un des ergots de la poignée ; logez l'autre ergot dans la tête de l'autre vis avant de la fixer. Si la poignée est déjà fixée à une applique, posez-la comme une poignée standard.

**Cuvette (E).** On l'emploie surtout sur les portes coulissantes. Avec un ciseau, découpez un évidement pour y loger la cuvette sans qu'il y ait de jeu. Si la cuvette est ronde, utilisez une perceuse électrique et une scie-cloche pour ébaucher l'évidement et un ciseau pour le finir. Adoucissez le pourtour de l'évidement avec du papier de verre et mettez en place la cuvette. (Certains modèles doivent être collés ou fixés avec de petites vis fournies par le fabricant.)

**Poignées de style William and Mary**
(à droite). On les assujettit avec des
goupilles. Marquez l'emplacement
de la poignée et percez un trou.
Écartez les branches de la goupille
et introduisez la poignée. La goupille
retenant la poignée, passez-la dans
l'applique, puis dans le trou percé
dans la porte ou le tiroir. Avec des
pinces aux mâchoires recouvertes
d'un ruban protecteur, rabattez, à
l'intérieur, les branches de la goupille. Pour finir, frappez délicatement
avec un marteau.

**Autres poignées d'époque** (à droite
et ci-dessous). Il y en a ici de styles
Queen Anne, Sheraton, Chippendale
et Hepplewhite. Si la poignée est
assujettie avec des boulons orne-
mentaux et des écrous, noyez les
écrous à l'intérieur du tiroir ou derrière la porte et sciez la tige saillante
des boulons. Si vous remplacez une
poignée et que les trous n'ont pas
le même espacement, essayez
d'ajuster les branches de la nouvelle
poignée. Si cela ne réussit pas,
posez une poignée dont l'applique
couvre les anciens trous.

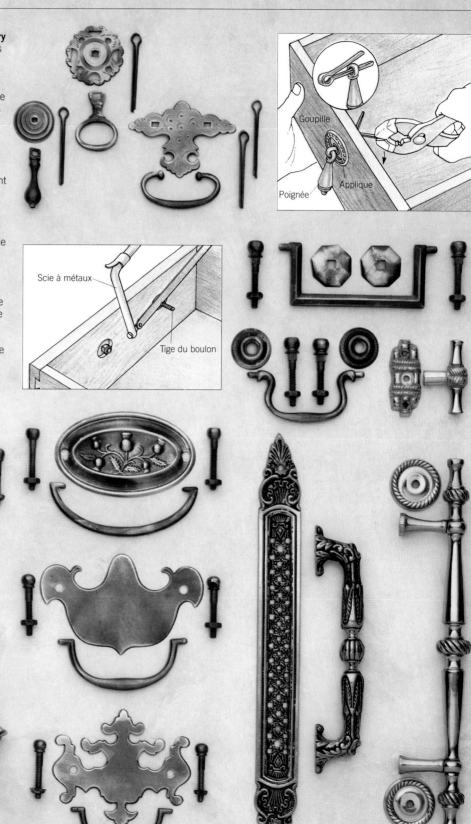

# AUTRES ACCESSOIRES POUR MEUBLES

Certains des accessoires présentés ici rendront vos meubles plus fonctionnels, tandis que d'autres en rehausseront l'apparence.

**Patin pour pied de meuble (A).** Patin à clou ou à vis qui, posé sous chaque pied d'un meuble, en facilite le déplacement tout en protégeant le parquet contre les éraflures.

**Niveleur réglable (B).** On l'introduit dans le pied d'un meuble doté d'une douille universelle ou percé d'un trou ayant 5/16 ou 3/8 po (7,5 ou 9,5 mm) de diamètre.

**Roulette à tige (C).** On la fixe dans un pied creux ou dans un embout fileté se vissant dans le pied. La roulette à bille (à droite) permet de déplacer un meuble facilement.

**Roulette à sabot (D).** On y emboîte le pied du meuble puis on le visse. Sa forme et sa dimension doivent convenir au pied.

**Roulette à plateau (E).** Son plateau se visse sous un meuble. La roulette étant basse, elle est idéale là où le dégagement est réduit. Certaines roulettes à plateau sont dotées d'un frein.

**Compas d'abattant (F).** Ferrure qui se pose par paire sous les abattants (de pupitres ou autres) et sert à les maintenir ouverts à 90°. L'embase du bouton se fixe dans le meuble ; le pivot, sous l'abattant.

**Compas de coffre (G).** Il maintient ouverts les couvercles de coffres et de coffrets à bijoux. Vissez une plaque dans le coffre ou le coffret et l'autre sous le couvercle. Certains compas ont un mécanisme de blocage. Le modèle de gauche , pourvu d'un mécanisme pivotant, s'utilise à droite ou à gauche.

**Glissière de tiroir (H).** Elle guide un tiroir que l'on ouvre ou ferme. Posez un des éléments sur le tiroir et l'autre sur le bâti. Certaines glissières se fixent en dessous du tiroir.

**Appliques ornementales (A).** Elles se présentent dans une infinie variété de formes, de dimensions et de styles. On les utilise pour orner des meubles ; elles conviennent particulièrement bien aux reproductions de meubles d'époque. On les fixe avec des vis ou des clous. Certaines sont percées de trous pour y loger des poignées (de tiroir ou de porte).

**Écussons (B).** Appliques que l'on pose sur les petits trous de serrure. Si vous installez vous-même la serrure, posez l'écusson en dernier. Ils peuvent aussi servir à des fins purement ornementales et être posés en l'absence de serrure.

**Plaques cornières ornementales (C).** Ces plaques sont offertes dans diverses formes et dimensions. Les plaques en L et en Y doivent être clouées sur des coins à deux côtés ; le gousset de coin et l'autre plaque en Y (à droite) sont cloués sur les coins à trois côtés.

**Plaque de pied (D).** Elle retient solidement un pied de chaise ou de table. Boulonnez-la sur le dessus du pied et vissez-la sous le meuble. Deux trous filetés permettent de fixer le pied verticalement ou de biais.

**Équerres et pattes (E).** Ferrures de consolidation que l'on pose sur les pièces qui ont subi une rupture et sur les assemblages nouveaux. La patte renforce des assemblages aboutés ; l'équerre en T, des assemblages en T, l'équerre en L et l'équerre plate, des assemblages d'angle ; l'équerre à trois côtés renforce des assemblages soumis à des efforts considérables.

**Ferrures d'assemblage démontables (F).** Elles permettent de créer des structures pouvant être démontées et remontées au besoin.

**Équerres à lumière (G).** Une des branches a une fente verticale ou horizontale qui permet au bois de jouer.

**Ferrure de table à abattants (H).** Fixez une plaque de fixation sous le plateau et l'autre sous l'abattant ; logez-y les branches de la ferrure en U pour unir le plateau et l'abattant. Utilisez deux ferrures par abattant.

**Poignée pour porte de verre (I).** On la glisse sur le bord d'une porte vitrée. L'intérieur est coussiné.

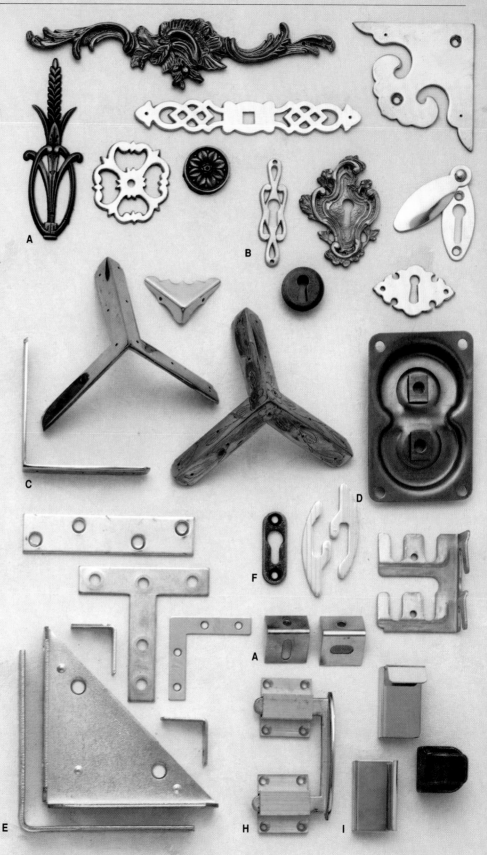

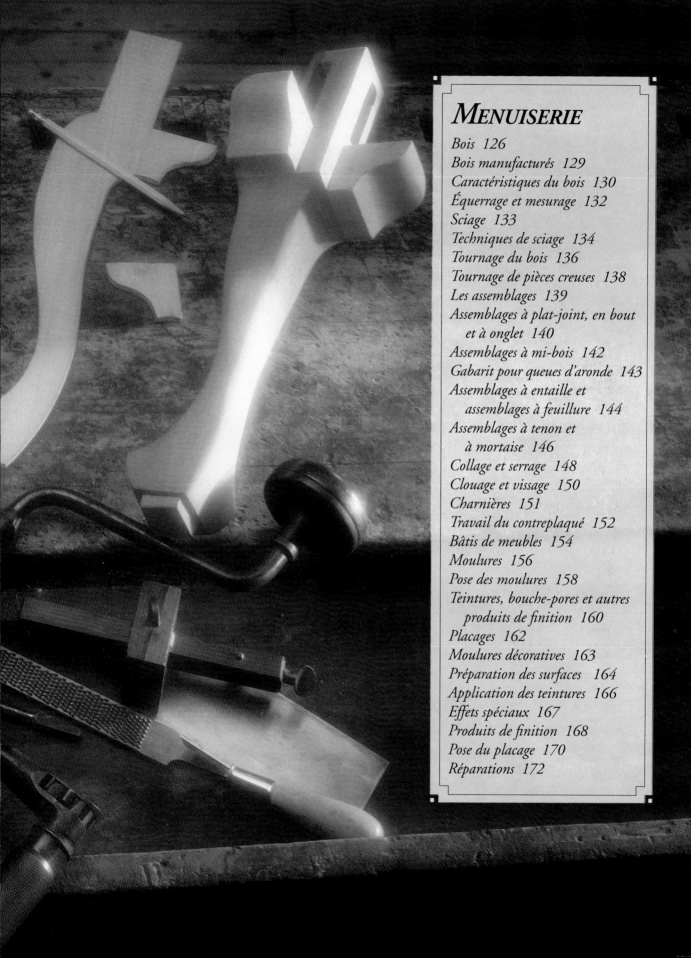

# MENUISERIE

Matériau de base en construction et dans le domaine des arts, le bois allie résistance et beauté. Il est offert en pièces de formes et de dimensions variées, allant des poutres épaisses aux bandes de placages minces comme du papier.

Parmi les centaines d'essences connues, seules quelques-unes (surtout des bois tendres indigènes) sont utilisées en construction. Elles sont vendues sous forme de bois dimensionné, de planches ou de produits manufacturés, comme les moulures et les portes.

Le bricoleur comme l'ébéniste pourra aussi employer des essences indigènes ou exotiques, offertes sous diverses formes et pouvant être commandées par catalogue.

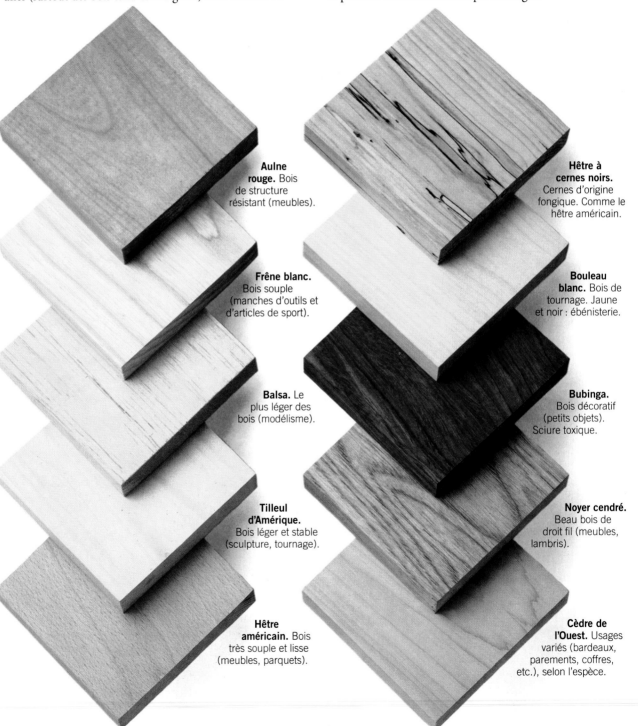

**Aulne rouge.** Bois de structure résistant (meubles).

**Hêtre à cernes noirs.** Cernes d'origine fongique. Comme le hêtre américain.

**Frêne blanc.** Bois souple (manches d'outils et d'articles de sport).

**Bouleau blanc.** Bois de tournage. Jaune et noir : ébénisterie.

**Balsa.** Le plus léger des bois (modélisme).

**Bubinga.** Bois décoratif (petits objets). Sciure toxique.

**Tilleul d'Amérique.** Bois léger et stable (sculpture, tournage).

**Noyer cendré.** Beau bois de droit fil (meubles, lambris).

**Hêtre américain.** Bois très souple et lisse (meubles, parquets).

**Cèdre de l'Ouest.** Usages variés (bardeaux, parements, coffres, etc.), selon l'espèce.

**Cerisier d'automne.** Texture fine. Excellent bois d'ébénisterie (meubles, armoires).

**Caryer.** Bois résistant mais souple (manches d'outils).

**Châtaignier d'Amérique.** Texture grossière ; parfois trous de vers.

**Houx.** Bois blanc à fil serré (incrustations).

**Cocobolo.** Bois précieux (incrustations, bijoux, objets tournés).

**Grévillée.** Bois à figure régulière (meubles, boiseries).

**Orme d'Amérique.** Souvent transformé en placages (meubles, lambris).

**Acajou.** Bois de choix en ébénisterie.

**Sapin de Douglas.** Bois d'œuvre tendre et résistant (charpentes).

**Érable** moucheté. Bois d'érable à sucre (meubles).

**Copalme d'Amérique.** Bois à veinures sombres formant souvent un motif (ébénisterie, tournage).

**Érable** madré. Bois de placage (meubles). D'ordinaire, le bois massif se travaille difficilement.

**Chêne rouge.** Bois résistant et souple (planchers, meubles solides).

**Chêne blanc.** Bois souple (meubles, placages de meubles).

**Corail.** Bois veiné (meubles, incrustations).

**Padouk.** Bois jaune naturellement décoratif (incrustations).

**Pin.** Bois d'usage très courant (lambris, meubles, planchers).

**Tulipier.** Bois diversement mis en œuvre (meubles teints ou peints, placages de contreplaqués, moulures et boiseries).

**Peltogyne.** Bois pourpre (incrustations, boiseries).

**Séquoia.** Bois résistant aux intempéries (terrasses).

**Sycomore.** Bois d'ébénisterie et de planchéiage.

**Teck.** Excellent bois d'extérieur et de placage.

**Noyer noir.** Bois souvent utilisé en ébénisterie.

**Goncalo alves.** Bois à veinures contrastantes grises, noires et jaunes (incrustations, boiseries).

# BOIS MANUFACTURÉS

Faits de bois stratifié ou de fibres de bois comprimées, les panneaux de bois manufacturés sont une solution de rechange écologique à l'emploi du bois massif. Le classement du contreplaqué fabriqué à partir d'essences feuillues est fonction de l'essence du placage, du mode de débit (déroulage, tranchage sur quartier, tranchage sur faux-quartier) et au type d'âme (panneau de fibres, panneau de particules ou bois massif). Le classement du contreplaqué d'essence résineuse est fonction de son usage (intérieur ou extérieur), de sa résistance et de la qualité du placage. Les principaux agglomérés sont le panneau de particules, le panneau de copeaux et le panneau de fibres. Comme les éléments du panneau de particules et du panneau de fibres sont collés à l'urée formaldéhyde, portez un masque quand vous les travaillez. Si les vapeurs vous incommodent, recherchez des panneaux contenant un autre type d'adhésif.

**Âme.** L'épaisseur de l'âme varie de ¼ à 1½ po (6 mm à 3,8 cm) et plus. De gauche à droite : contreplaqué de feuillu ; contreplaqués à trois et à cinq plis ; panneau de particules (monobloc) ; panneau OSB (les longues fibres sont nettement visibles).

**Panneaux à rainure et à languette.** Utilisables comme sous-planchers, ils sont constitués de contreplaqués et de panneaux OSB. Rainures et languettes procurent un assemblage serré.

**Panneau de particules** (en haut). Il en existe plusieurs catégories : 1-M-1 et 1-M-2 (supports de placages), 1-M-1 (sous-planchers), 2-M-1 et 2-M-2 (panneaux thermorésistants et hydrofugés).

**Panneau de copeaux** (au centre). Aussi résistant que le contreplaqué mais non hydrofugé.

**Panneau de fibres** (en bas). Stable se façonnant bien à la machine. Usages : portes d'armoires, supports de placages.

**Contreplaqué de feuillu** (en haut). De type prêt-à-finir. Les placages extérieurs de haute qualité peuvent, selon leur catégorie, être peints ou teints. À utiliser si l'aspect final importe. Les placages de bouleau (illustré ici) et de chêne se trouvent partout.

**Contreplaqué de résineux** (en bas). Le placage du contreplaqué fait à partir du sapin de Douglas ou d'autres résineux du Canada sont classés A, B ou C (C = bas de gamme). Usages intérieurs ou extérieurs.

Les arbres se divisent en deux grandes catégories, *bois francs* et *bois tendres,* selon qu'ils appartiennent à la classe des feuillus ou à celle des conifères. Cependant, il faut savoir que certains bois tendres sont plus durs que certains bois francs tendres. Par ailleurs, dureté et résistance allant de pair, les bois les plus résistants sont aussi les plus difficiles à travailler.

Le terme *fil* désigne l'orientation des cellules longitudinales d'une pièce de bois. La grosseur relative des cellules détermine la *texture* du bois ; les motifs de la pièce constituent sa *figure.* Le bois fraîchement scié a une forte teneur en eau et doit être séché avant d'être façonné. Le bois séché en séchoir et généralement vendu par les marchands de bois renferme de 6 à 18 p. 100 d'eau. Le bois ayant une teneur en humidité inférieure à 10 p. 100 est recommandé en ébénisterie ; le bois d'œuvre peut avoir une teneur plus forte.

Après avoir séché, le bois continue de se dilater et de se contracter. Vous devez donc tenir compte de ce phénomène qui pourra se traduire par la distorsion des pièces, un jeu dans les assemblages ou le blocage des tiroirs. Pour en pallier les effets, choisissez un bois stable. Avant de vous servir du bois, entreposez-le dans la maison durant environ un mois afin que sa teneur en humidité corresponde à l'humidité ambiante. Après l'avoir façonné, appliquez un produit de scellement sur toutes ses surfaces.

Il existe plusieurs catégories de bois. Le bois franc portant le label FAS (*firsts and seconds*) est sans défaut sur environ 85 p. 100 de sa surface ; celui qui porte le label *select* ou *#1 common* l'est sur environ 65 p. 100. Pour réaliser des structures en bois tendre, choisissez des pièces de catégorie *Select Structural* si vous recherchez un beau fini ; des pièces de catégorie n°s 1, 2 ou 3 si vous comptez les peindre.

Le bois franc se vend dans le commerce au *pied-planche* (1 pi [0,3 m] de longueur x 1 pi [0,3 m] de largeur x 1 po [2,5 cm]) d'épaisseur. Quant au bois tendre, il est souvent vendu au *pied linéaire,* unité de mesure qui renvoie à la longueur de la pièce. Le bois dimensionné (2 x 4, 2 x 6) est vendu selon sa *dimension nominale* (dimension avant surfaçage ou dressage) ou sa *dimension réelle* (dimension après surfaçage), inférieure à la précédente. Le bois tendre perd ½ po (1,2 cm) en longueur et en largeur ; le bois franc, environ ¼ po (0,6 cm) en épaisseur.

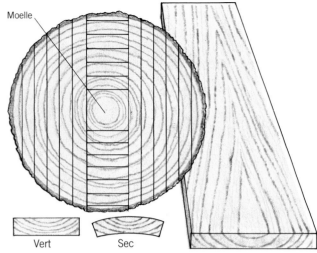

**Débit en plot.** Débit qui donne des pièces aux cernes de croissance formant un angle de moins de 45°. En séchant, les pièces contenant la moelle subissent un fort tuilage et gercent ; elles sont donc habituellement refendues en deux. Les pièces débitées en plot gauchissent en séchant.

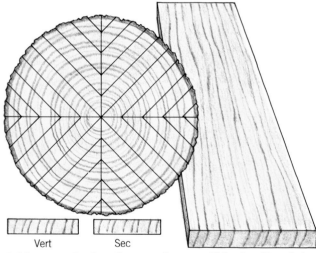

**Débit sur quartier.** Les pièces que donne ce débit ont un fil serré et régulier car les cernes forment un angle de 45° à 90° avec la surface. Ce type de débit entraînant plus de pertes que le précédent, les pièces obtenues coûtent plus cher. Le bois débité sur quartier peut gercer, mais il gauchit moins.

## Figures du bois

    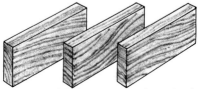

**Droit fil.** Le fil est parallèle aux chants. C'est le bois le plus résistant.

**Fil tranché.** Cernes de croissance déviés par des défauts dans le bois.

**Fil madré.** Plus faible que le droit fil. Figure intéressante ; difficile à travailler.

**Fil tors.** Cernes de croissance torsadés le long du fût de l'arbre.

**Fil entrecroisé.** Cernes successivement spiralés dans des sens opposés. Les déviations sont visibles sur ces planches sciées dans un même bloc.

## Défauts du bois

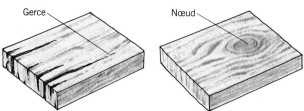

Gerce

Nœud

**Le bois** sèche plus rapidement dans le sens du fil qu'à contre-fil. La dessiccation inégale qui en découle provoque des gerces en bout de planche. Les nœuds (diamètre : ¼-1½ po [6-38 mm]) sont les restes d'une branche morte que l'arbre a englobés en croissant.

## Empilage du bois

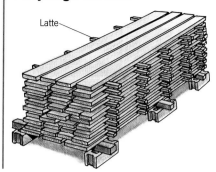

Latte

**Pour assurer une bonne circulation d'air** et réduire les risques de gauchissement, séparez les rangées de planches avec des lattes de bois sec de 1 x 1 po ; placez-en une à chaque bout de la pile et tous les 16 po (40 cm) environ.

## Gauchissement

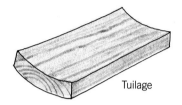 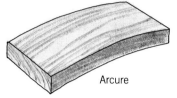 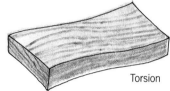

Tuilage

Arcure

Torsion

**Le bois se déforme** lorsqu'il prend du retrait ou se gonfle inégalement. La tension que subissent les fibres entraîne alors le gauchissement.

## Bois

| Essences | Caractéristiques | Texture | Façonnage | Finition |
|---|---|---|---|---|
| **Acajou** | Résistant, très stable | Moyenne | Facile | Vernissage facile ; fini lustré difficile à obtenir à l'huile ; bouche-pores parfois nécessaire |
| **Bouleau jaune** | Résistant, assez stable | Moyenne | Assez difficile ; dressage difficile | Huilage et vernissage faciles (mais couleur pâle) |
| **Bubinga** | Très résistant, stable | Fine | Difficile | Facile ; habituellement huilé |
| **Caryer** | Très résistant, stable | Grossière | Difficile ; émousse les tranchants | Huilage et vernissage faciles |
| **Cèdre** (bois tendre) | Assez résistant, très stable | Grossière | Difficile (gerces, nœuds) | Assez difficile (nœuds) |
| **Cerisier d'automne** | Résistant, stable | Fine | Facile | Huilage et vernissage très faciles |
| **Chêne rouge** | Très résistant, stable | Grossière | Facile (possibilité d'éclatement) | Huilage et vernissage faciles |
| **Érable à sucre** | Très résistant, assez stable | Fine | Assez difficile | Huilage et vernissage très faciles |
| **Frêne** | Très résistant, très stable | Grossière | Assez difficile | Ponçage, teinture : résultats inégaux |
| **Hêtre américain** | Très résistant, stable | Fine | Assez difficile | Huilage et vernissage faciles |
| **Noyer** | Résistant, très stable | Moyenne | Facile ; a tendance à marquer | Huilage et vernissage très faciles |
| **Noyer cendré** | Résistant, stable | Moyenne | Facile ; a tendance à marquer | Huilage et vernissage très faciles |
| **Palissandre** | Très résistant, très stable | Fine | Difficile ; collage difficile | Facile ; habituellement huilé |
| **Pin blanc** (bois tendre) | Assez résistant, très stable | Moyenne | Très facile | Application de peinture ou de vernis très facile ; fini lustré difficile à obtenir à l'huile |
| **Séquoia** (bois tendre) | Résistant, très stable | Grossière | Sciage et dressage faciles ; mais se fend au clouage | Bouche-porage facile (difficile si un fini lustré est recherché) |
| **Teck** | Très résistant, très stable | Grossière-moyenne | Facile ; collage difficile | Facile ; habituellement huilé |
| **Tilleul d'Amérique** | Assez résistant, très stable | Fine | Très facile, mais tend à marquer | Facile ; habituellement peint ou teint et vernis |
| **Tulipier** | Assez résistant, stable | Fine | Très facile, mais tend à marquer | Application de peinture ou de vernis facile ; plusieurs couches d'huile pour un fini lustré |

# ÉQUERRAGE ET MESURAGE

## Équerrage : précision sur toute la ligne

La première étape en menuiserie est de choisir la plus belle surface (parement) de chaque planche et de la rendre parfaitement plane. Chaque planche doit aussi avoir un chant de niveau formant un angle droit avec cette surface. Ces deux éléments serviront de référence pour tout mesurage, marquage et sciage réalisés sur la surface et ses chants opposés.

Si vous disposez d'une dégauchisseuse et d'une surfaceuse, achetez du bois brut de dimensions nominales (c'est le bois le moins cher) et façonnez une surface et chaque chant sur la dégauchisseuse et l'autre surface sur la surfaceuse. Si vous ne disposez que de rabots, achetez des planches (elles coûtent plus cher) dressées en épaisseur et en largeur. Les planches coupées sur mesure, qui sont encore plus chères, devront tout de même être dressées et équerrées. Si vous dressez des planches à la main (p. 134), utilisez une galère, puis un rabot à repasser ; équerrez les chants avec une varlope ou une galère.

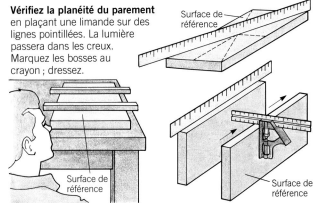

**Vérifiez la planéité du parement** en plaçant une limande sur des lignes pointillées. La lumière passera dans les creux. Marquez les bosses au crayon ; dressez.

**Vérifiez,** avec des pièces de bois droites, s'il y a déformation. Placez-vous à leur niveau. Marquez les bosses. Dressez.

**Chant de référence.** Vérifiez la présence de bosses et l'équerrage des coins en utilisant la face planée comme référence. Marquez ; dressez.

## Mesurage et marquage

Avant de tracer une ligne de coupe sur des planches de bois brut, ajoutez 1 po (2,5 cm) aux dimensions requises. Les planches dressées possédant des surfaces de référence pourront être taillées aux dimensions exactes sur la longueur, mais en allouant, sur la largeur, $\frac{1}{32}$ à $\frac{1}{16}$ po (0,75-1,5 mm) de plus en vue du dressage à la galère. Quand vous aurez équerré le parement et le chant d'une planche, marquez-les, le premier d'une boucle, le deuxième d'un V pour vous permettre d'orienter les planches. Tracez ensuite les lignes de coupe.

La pointe à tracer procure le marquage le plus précis, mais si vous préférez utiliser un crayon, choisissez-en un à mine dure, taillée en sifflet. Utilisez les mêmes outils tout au long du travail et évitez de modifier le réglage du trusquin avant d'avoir tracé toutes les lignes qui y correspondent. Avec un crayon, marquez le centre des trous d'une croix encerclée.

Un trop grand nombre de marques peut poser des difficultés d'interprétation. Inscrivez donc des indications à côté des marques (côté chute) pour éviter les erreurs de sciage.

Enfin, vérifiez toutes les mesures avant le sciage ; une erreur découverte après coup pourrait vous forcer à tout recommencer.

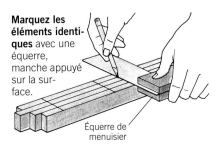

**Marquez les éléments identiques** avec une équerre, manche appuyé sur la surface.

Équerre de menuisier

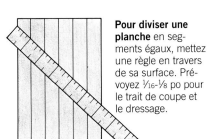

**Pour diviser une planche** en segments égaux, mettez une règle en travers de sa surface. Prévoyez $\frac{1}{16}$-$\frac{1}{8}$ po pour le trait de coupe et le dressage.

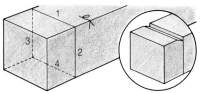

**Lignes de coupe.** Mettez l'équerre sur la surface de référence ; tracez les lignes dans l'ordre. Avec un ciseau, pratiquez une entaille de guidage.

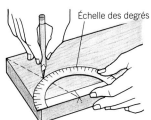

**Marquage d'un angle.** Alignez la ligne de foi sur le chant ; marquez l'angle. Reliez les deux points.

Échelle des degrés

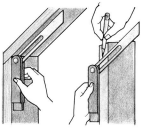

**Report d'un angle.** Ouvrez la fausse équerre à l'angle voulu. Reportez l'angle sur l'autre planche.

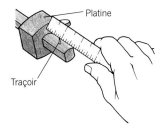

Platine

Traçoir

**Réglage du trusquin.** Desserrez la vis ; réglez l'écartement avec une règle. Resserrez la vis ; vérifiez l'écartement.

**Utilisation du trusquin.** Tenez la platine ; inclinez le trusquin et tirez-le vers vous ou poussez-le, traçoir sur la ligne.

Pour refendre le bois, on utilise couramment les scies à refendre, à archet, radiale, à ruban, circulaire portative ou le plateau de sciage ; pour le tronçonner, les scies à tronçonner, à archet, circulaire portative, à ruban ou radiale ; pour le scier à angle, les scies à dossière, à chantourner, circulaire portative, radiale, à onglets, à ruban ou le plateau de sciage ; pour scier le contreplaqué, les scies à tronçonner, circulaire portative ou le plateau de sciage ; pour découper des courbes, les scies à guichet, à chantourner, à ruban ou sauteuse ; pour fermer des assemblages, les scies à dossière, à araser, à archet, radiale ou le plateau de sciage.

Lorsque vous utilisez une scie à main, mettez la pièce de bois sur l'établi ou des chevalets. Pour refendre une pièce, tenez la scie à 60° ; pour tronçonner, tenez-la à 45° environ. Comme les fibres peuvent éclater à la sortie de la lame, mettez la planche parement dessus lorsque vous vous servez d'une scie à main ou d'un plateau de sciage ou lorsque vous tronçonnez une pièce avec une scie radiale ; mettez la planche parement dessous lorsque vous employez une scie circulaire portative ou lorsque vous refendez une pièce avec une scie radiale. Sciez le long du trait de coupe, sinon la longueur de la pièce sera réduite d'autant.

Pendant le refend, la lame risque de se coincer dans le trait s'il se referme. Le coincement de la lame d'une scie circulaire est très dangereux car il provoque le *recul* de la scie vers l'utilisateur. Pour empêcher que la lame d'une scie circulaire ou à main ne se coince, utilisez, dans le premier cas, un couteau diviseur ou enfoncez un coin dans le trait. Sur un plateau de sciage, empêchez le recul d'une pièce à refendre en l'appuyant contre un *guide de refend* au moyen d'un *presseur à peigne* (illustration). Un *poussoir* servira à guider les pièces étroites.

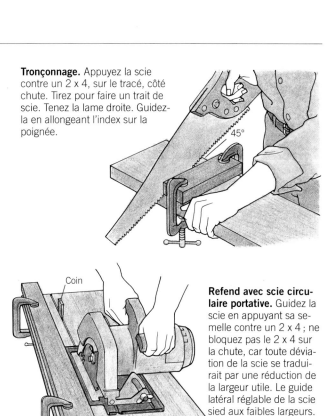

**Tronçonnage.** Appuyez la scie contre un 2 x 4, sur le tracé, côté chute. Tirez pour faire un trait de scie. Tenez la lame droite. Guidez-la en allongeant l'index sur la poignée.

Coin

**Refend avec scie circulaire portative.** Guidez la scie en appuyant sa semelle contre un 2 x 4 ; ne bloquez pas le 2 x 4 sur la chute, car toute déviation de la scie se traduirait par une réduction de la largeur utile. Le guide latéral réglable de la scie sied aux faibles largeurs.

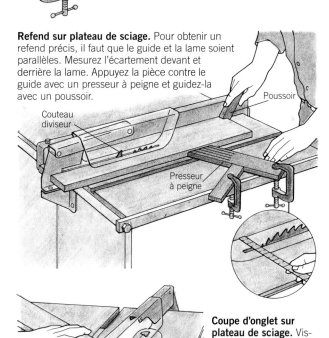

**Refend sur plateau de sciage.** Pour obtenir un refend précis, il faut que le guide et la lame soient parallèles. Mesurez l'écartement devant et derrière la lame. Appuyez la pièce contre le guide avec un presseur à peigne et guidez-la avec un poussoir.

Couteau diviseur

Poussoir

Presseur à peigne

**Coupe d'onglet sur plateau de sciage.** Vissez un guide supplémentaire (planchette droite en bois franc ou en contreplaqué) sur le guide à onglet ; collez du papier de verre sur le guide pour empêcher la pièce de se déplacer.

Guide supplémentaire

---

Les *outils de coupe* (ciseaux, planes, rabots et vastringues) servent à sculpter le bois et procurent une finition douce. Utilisés à contre-fil, ils brisent les fibres du bois ; employez-les donc dans le sens du fil, sur des pièces de droit fil. Les *outils de raclage* (limes, râpes et rabots-râpes) arrachent les fibres du bois plutôt qu'ils ne les coupent ; ils procurent une finition pelucheuse. Ils s'emploient à contre-fil ou dans le sens du fil.

La précision du rabotage dépend de l'affûtage de la lame, de la planéité de la semelle et d'un réglage adéquat. La lumière doit convenir à la tâche : large sur une galère, moyenne sur une varlope et étroite sur un rabot à repasser. En outre, le contre-fer (qui empêche le fer de briser les fibres) pourra devoir être adouci à la lime pour bien l'ajuster au fer. Fixez-le à $1/32$ po (0,75 mm) du tranchant, moins loin pour la finition, plus loin pour le dégrossissage.

Détacher trop épais de copeaux à la première passe pourra bloquer le fer dans la pièce de bois. Réglez la saillie du fer pour détacher de fins copeaux et faites un essai ; donnez ensuite du fer graduellement. Pour obtenir une surface très douce, achevez le dressage en donnant de moins en moins de fer. Pour éviter que les fibres se soulèvent aux extrémités, renforcez le fil du bois en fixant, avant le dressage, une planchette de rebut sur les chants avec des serres ; vous pouvez aussi exécuter le dressage par passes allant des chants vers le centre.

Quoiqu'il soit parfois nécessaire de les employer à contre-fil, les ciseaux donnent un meilleur résultat quand on les pousse dans le sens du fil. Pour dégager une rainure, utilisez un ciseau dont la lame est un peu plus étroite que la rainure. Pour bien maintenir la profondeur de coupe, tenez le ciseau biseau à l'intérieur ; tenez-le droit pour entamer le bois en profondeur ou incliné pour travailler parallèlement à la surface. Pratiquez, à contre-fil, une entaille formant butée pour empêcher l'éclatement des fibres. Par mesure de précaution, bloquez la pièce et gardez les mains derrière le tranchant. Ne dirigez jamais la lame vers vous.

Planes et vastringues sont utiles sur les surfaces courbes. La plane rappelle le ciseau : selon la technique employée, elle ôte plus ou moins de bois. La vastringue ressemble davantage au rabot. Pour une bonne prise, choisissez une poignée cylindrique ; pour sculpter le bois, optez pour un pommeau. La poignée horizontale donne des coupes en profondeur uniformes ; la poignée courbe, une prise naturelle ; la poignée surbaissée, de la précision. En utilisant la plane, gardez les deux mains sur les poignées. Ayez les deux pieds bien au sol quand vous tirez la lame vers vous : vous pourrez mieux vous interrompre si les fibres éclatent.

Limes, râpes et rabots-râpes servent surtout à façonner rapidement des surfaces courbes. Ils coupent quand on les pousse. La surface façonnée doit ensuite être adoucie au rabot, au racloir d'ébéniste ou au papier de verre. Pour une polyvalence optimale, optez pour un outil de section hémisphérique. Manœuvrez la râpe ou la lime en diagonale, une main sur la poignée pour pousser l'outil et l'autre main sur la pointe pour le guider. Le rabot-râpe, utile pour arrondir les coins, se manœuvre de la même façon, mais il offre une meilleure prise, sa forme étant celle d'un rabot. Les dents des limes et des râpes ont tendance à s'empâter ; nettoyez-les souvent avec une brosse spéciale, la *carde à limes,* en la tirant dans le sens des dents.

## Utilisation du rabot

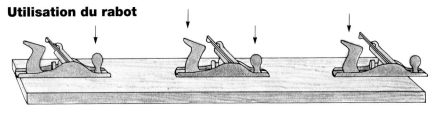

**Au début de chaque passe,** appuyez sur le nez du rabot. À mi-chemin, répartissez la pression sur toute la semelle. Achevez la passe en appuyant sur le talon. La semelle doit demeurer à plat sur la pièce. Faites passer votre poids du pied arrière au pied avant à la fin de chaque passe.

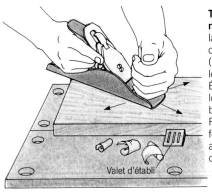

**Travaillez en diagonale** sur les pièces larges, par passes chevauchantes (pour ne pas soulever les fibres). Étendez l'index le long du fer pour bien maîtriser l'outil. Réglez la saillie du fer au minimum ; achevez le dressage dans le sens du fil.

Valet d'établi

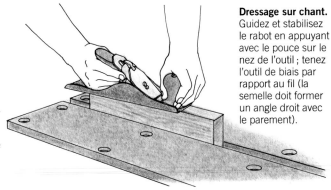

**Dressage sur chant.** Guidez et stabilisez le rabot en appuyant avec le pouce sur le nez de l'outil ; tenez l'outil de biais par rapport au fil (la semelle doit former un angle droit avec le parement).

# Utilisation du ciseau

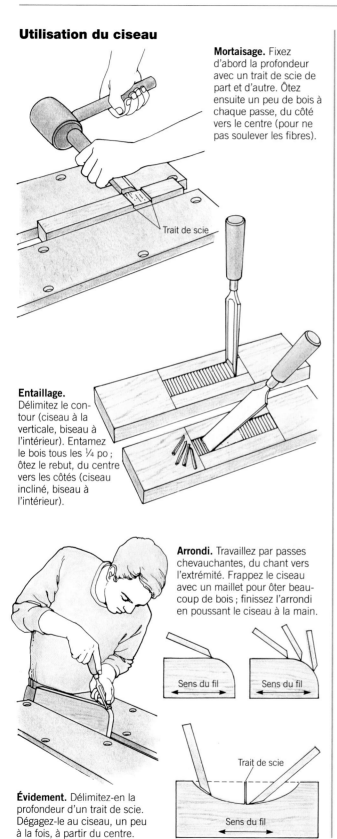

**Mortaisage.** Fixez d'abord la profondeur avec un trait de scie de part et d'autre. Ôtez ensuite un peu de bois à chaque passe, du côté vers le centre (pour ne pas soulever les fibres).

Trait de scie

**Entaillage.** Délimitez le contour (ciseau à la verticale, biseau à l'intérieur). Entamez le bois tous les ¼ po ; ôtez le rebut, du centre vers les côtés (ciseau incliné, biseau à l'intérieur).

**Arrondi.** Travaillez par passes chevauchantes, du chant vers l'extrémité. Frappez le ciseau avec un maillet pour ôter beaucoup de bois ; finissez l'arrondi en poussant le ciseau à la main.

Sens du fil

Sens du fil

Trait de scie

Sens du fil

**Évidement.** Délimitez-en la profondeur d'un trait de scie. Dégagez-le au ciseau, un peu à la fois, à partir du centre.

# Utilisation de la scie sauteuse

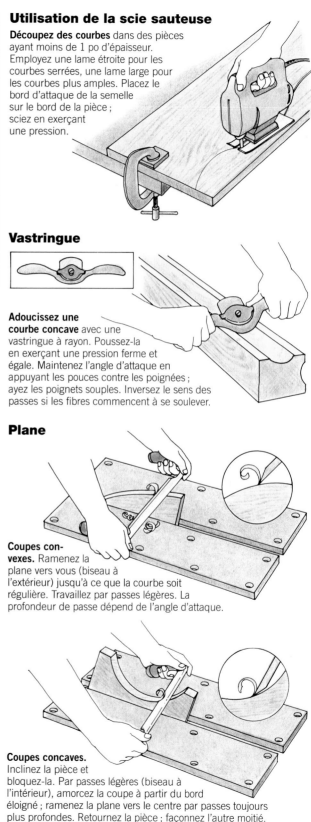

**Découpez des courbes** dans des pièces ayant moins de 1 po d'épaisseur. Employez une lame étroite pour les courbes serrées, une lame large pour les courbes plus amples. Placez le bord d'attaque de la semelle sur le bord de la pièce ; sciez en exerçant une pression.

# Vastringue

**Adoucissez une courbe concave** avec une vastringue à rayon. Poussez-la en exerçant une pression ferme et égale. Maintenez l'angle d'attaque en appuyant les pouces contre les poignées ; ayez les poignets souples. Inversez le sens des passes si les fibres commencent à se soulever.

# Plane

**Coupes convexes.** Ramenez la plane vers vous (biseau à l'extérieur) jusqu'à ce que la courbe soit régulière. Travaillez par passes légères. La profondeur de passe dépend de l'angle d'attaque.

**Coupes concaves.** Inclinez la pièce et bloquez-la. Par passes légères (biseau à l'intérieur), amorcez la coupe à partir du bord éloigné ; ramenez la plane vers le centre par passes toujours plus profondes. Retournez la pièce ; façonnez l'autre moitié.

Le tournage entre pointes consiste à cylindrer une pièce de bois placée entre la poupée fixe et la poupée mobile. Le bois franc non noueux, de droit fil et à texture fine ou moyenne est le plus facile à tourner ; les fibres du bois à texture grossière peuvent éclater. Le bois tendre peut être tourné, mais il est difficile d'y façonner des détails bien définis. On peut se servir de bois sec ou vert.

Du côté de la poupée mobile, la contre-pointe à cuvette doit être bien appuyée contre la pièce, mais sans excès (la pièce doit tourner librement). Pour employer un outil de raclage, placez le porte-outil de façon que le tranchant se trouve tout près de la pièce et au niveau du bord supérieur ; fixez le porte-outil un peu plus haut s'il s'agit d'un outil de coupe. Déplacez le porte-outil vers l'intérieur au fur et à mesure que le diamètre de la pièce diminue.

**Attention !** Portez un écran facial et éteignez le tour avant de replacer le porte-outil ou de prendre des mesures.

Pour les débutants, les outils de raclage sont plus faciles à utiliser. Ils permettent de sculpter diverses formes, mais produisent une surface rugueuse qu'il faudra poncer. Les tourneurs expérimentés coupent ou tranchent le bois avec des outils de coupe, qui détachent des copeaux et produisent une surface lisse devant parfois être légèrement poncée.

Rognez d'abord les coins de la pièce par petites passes et à petite vitesse ; augmentez la vitesse au fur et à mesure que la pièce s'arrondit. Amorcez le tournage d'une première section à 1 po (2,5 cm) du bout de la pièce. Exécutez une série de passes en alternant le sens d'attaque. Pour éviter de fendre le bois en entamant la section suivante, déplacez l'outil vers la section déjà tournée. Rognez les extrémités par passes

## Fixation d'une pièce

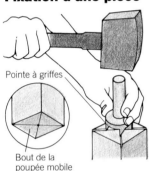

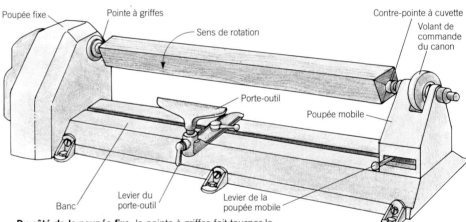

**Préparatifs.** Situez l'axe de la pièce en traçant deux diagonales sur les bouts. Sur le bout côté poupée fixe, sciez un trait sur chaque diagonale ; enfoncez-y la pointe à griffes. Sur le bout côté poupée mobile, faites un trou à l'intersection des diagonales avec une pointe à tracer.

**Du côté de la poupée fixe,** la pointe à griffes fait tourner la pièce ; du côté de la poupée mobile, la contre-pointe à cuvette la retient. Lubrifiez la contre-pointe à cuvette. Amorcez l'ébauchage à petite vitesse ; augmentez la vitesse pour adoucir la pièce tournée. Exécutez la finition à vitesse maximale.

## Orientation de l'outil

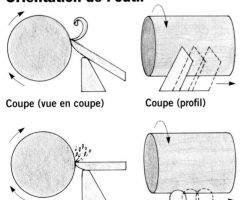

Coupe (vue en coupe)

Coupe (profil)

Raclage (vue en coupe)

Raclage (vue en plan)

**Coupe.** Appliquez le biseau du tranchant sur le bois ; relevez l'outil pour que le bas du tranchant entame le bois ; déplacez l'outil latéralement.

**Raclage.** L'outil parallèle au plan de travail et à plat sur le porte-outil, appliquez son tranchant sur le bois et déplacez-le latéralement.

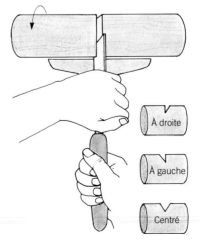

À droite

À gauche

Centré

**Sillon en V.** Pratiquez une saignée avec la pointe d'un biseau. En tenant l'outil à 90°, façonnez le fond du sillon avec le bas du tranchant. Pour façonner un sillon en V ayant une aile à droite ou à gauche, orientez le biseau en conséquence. Façonnez un sillon en V en dégageant les ailes jusqu'au fond. Élargissez au besoin.

répétées, en allant vers le centre. Pour racler, déplacez un ciseau à racler rond le long du porte-outil, parallèlement au plan de travail. Pour couper, placez le centre du tranchant d'une gouge carrée contre la pièce pendant qu'elle tourne ; la main sous la gouge, faites pivoter un peu l'outil dans le sens de rotation de la pièce tout en le déplaçant le long du porte-outil avec l'autre main posée dessus. Pour éviter que l'outil ne soit happé, tenez-le solidement et exercez une pression constante (ne faites pas pénétrer la lame de force dans le bois).

Pour poncer une pièce en rotation, ôtez le porte-outil et appliquez sur le bois un petit morceau de papier de verre que vous tiendrez à l'aide d'une vieille pièce de cuir (ou tenez une bande de papier de verre par les bouts sous la pièce). Sur une surface lisse, amorcez le ponçage avec un papier très fin (180-220) ; sur une surface rugueuse, un papier moyen (80).

## Étapes du tournage

**Tenez la gouge par le dessus** pour amorcer le tournage. Appuyez le manche sur vous.

**Achevez de cylindrer** la pièce avec un ciseau à racler rond tenu par-dessous.

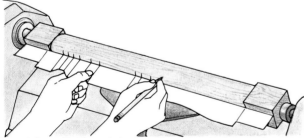

**Report du profil.** Placez le bord rectiligne du gabarit contre le cylindre ; marquez là où il faudra couper. Tenez le crayon sur le porte-outil, la pointe sur les marques ; tournez le cylindre à la main.

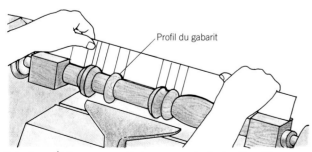
Profil du gabarit

**Gabariage.** Éteignez souvent le tour pour gabarier la pièce. Si vous ne devez tourner que quelques pièces, mesurez les diamètres avec un compas d'épaisseur.

## Profils

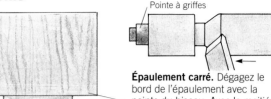
Pointe à griffes

**Épaulement carré.** Dégagez le bord de l'épaulement avec la pointe du biseau. Avec la moitié inférieure du tranchant (pas sa base), creusez la pièce. Uniformisez ensuite la face verticale de

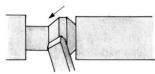

**Bourrelet.** Taillez un sillon en V de part et d'autre du bourrelet. Arrondissez le bourrelet en partant du sommet et allez jusqu'au fond de chaque sillon ; le tranchant doit se trouver à la verticale en fin de passe. Répétez de l'autre côté.

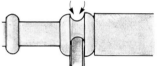

**Gorge.** Dégagez un épaulement. Faites jouer le biseau de l'épaulement jusqu'au centre de la gorge (le dessus de la gouge est orienté vers le haut en fin de passe). Façonnez l'autre épaulement ; achevez la gorge.

**Urne.** Partant du renflement, ébauchez l'urne avec un biseau, à 1/16 po de ses dimensions finales. Faites jouer le biseau du sommet vers les creux. Taillez les petites concavités comme s'il s'agissait de gorges.

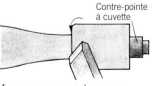
Contre-pointe à cuvette

**Épaulement rond.** À partir du sommet, faites jouer le tranchant, sa base orientée vers le creux. En fin de passe, la lame doit être à la verticale.

# TOURNAGE DE PIÈCES CREUSES

Le tournage sur plateau consiste à creuser une pièce de bois retenue sur un plateau vissé sur la broche d'une poupée fixe. Il vaut mieux utiliser un bois franc à texture fine parce qu'il donne un fini plus doux que le bois tendre et le bois franc à texture grossière. Si vous êtes inexpérimenté, travaillez des blocs de 6 à 8 po (15 à 20 cm) de diamètre et de 2 po (5 cm) d'épaisseur. Utilisez des outils à racler ; les dégorgeoirs et les ciseaux à pointe de diamant sont plus faciles à employer que les gouges et autres types de ciseaux et risquent moins de marquer le bois ou de s'y coincer.

Avant de fixer une pièce au tour, dressez-en la base et arrondissez-en les coins. Si vous devez vous servir d'une pièce d'appui, fabriquez-la avec du bois franc : les vis ne tiendraient ni dans un bois tendre ni dans un contreplaqué. Fixez sur la pièce d'appui avec un adhésif thermofusible les pièces ayant jusqu'à 12 po (30 cm) de diamètre et 2 po (5 cm) d'épaisseur. Tracez le contour de la pièce d'appui (préalablement vissée) sur la pièce à façonner ; appliquez rapidement la colle sur le pourtour de la pièce d'appui et à l'intérieur de la ligne tracée sur la pièce à façonner. Placez les pièces l'une sur l'autre pendant une minute ; fixez-les au tour.

Pour tourner un bol, façonnez-en l'extérieur d'abord. Dressez le bord extérieur à petite vitesse. Amorcez ensuite le tournage à vitesse moyenne et achevez-le à grande vitesse. Gardez l'outil à plat sur le porte-outil et exercez une pression légère sur la pièce. Avant d'évider la pièce, mesurez-en l'épaisseur et déterminez la profondeur du bol. (La paroi ne doit jamais avoir moins de ¼ po [6 mm] d'épaisseur.) Ôtez le porte-outil avant de poncer. Utilisez d'abord un papier de verre rude (60) ; passez ensuite au papier moyen (80, 120) puis au papier fin (180 ou 220). Poncez une pièce de grand diamètre à petite vitesse et une pièce de petit diamètre à grande vitesse. Défaites l'assemblage et poncez la base pour détacher la colle.

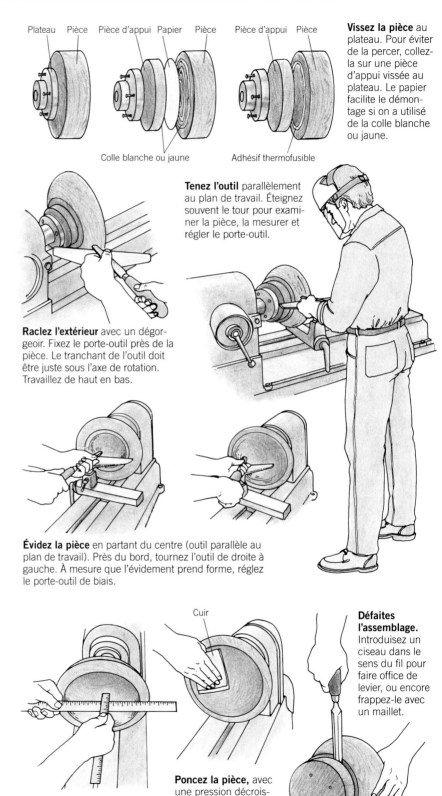

Plateau  Pièce    Pièce d'appui  Papier  Pièce    Pièce d'appui  Pièce

Colle blanche ou jaune          Adhésif thermofusible

**Vissez la pièce** au plateau. Pour éviter de la percer, collez-la sur une pièce d'appui vissée au plateau. Le papier facilite le démontage si on a utilisé de la colle blanche ou jaune.

**Raclez l'extérieur** avec un dégorgeoir. Fixez le porte-outil près de la pièce. Le tranchant de l'outil doit être juste sous l'axe de rotation. Travaillez de haut en bas.

**Tenez l'outil** parallèlement au plan de travail. Éteignez souvent le tour pour examiner la pièce, la mesurer et régler le porte-outil.

**Évidez la pièce** en partant du centre (outil parallèle au plan de travail). Près du bord, tournez l'outil de droite à gauche. À mesure que l'évidement prend forme, réglez le porte-outil de biais.

Cuir

**Défaites l'assemblage.** Introduisez un ciseau dans le sens du fil pour faire office de levier, ou encore frappez-le avec un maillet.

**Vérifiez** de temps à autre la profondeur avec deux règles tenues à angle droit.

**Poncez la pièce,** avec une pression décroissante, à partir du centre. Une pièce de cuir protégera la main.

# LES ASSEMBLAGES

La résistance des assemblages détermine la résistance du produit fini. Il existe des centaines d'assemblages que l'on classe, pour la plupart, dans l'un des six groupes figurant dans le tableau ci-dessous. Ainsi, dans un assemblage à queues d'aronde, les queues pourront être apparentes, semi-couvertes ou recouvertes ; dans un assemblage à tenon et à mortaise, les tenons qui se rencontrent dans une mortaise (dans un pied de table, par exemple) seront taillés en onglet, ou encore fixés avec des coins pour offrir plus de résistance.

Comment choisir l'assemblage idéal pour un ouvrage donné ? Il faut tenir compte de sa résistance, bien sûr, mais aussi de son apparence, de votre savoir-faire et des outils dont vous disposez. Faute de quoi, l'encollage d'un assemblage mal ajusté sera médiocre ou encore les pièces formant un assemblage trop serré devront être accouplées de force, avec tous les risques d'éclatement ou de rupture que cela comporte. Optez donc pour l'assemblage le plus simple.

La résistance d'un assemblage dépend de l'ampleur de la surface d'encollage et de son orientation par rapport au fil du bois. L'encollage dans le sens du fil procure une forte adhérence, car la colle demeure à la surface du bois ; l'encollage à contre-fil procure une adhérence médiocre, car la colle est absorbée par le bois. Les assemblages à emboîtement (assemblages à queues d'aronde) et ceux qui offrent un maximum de surfaces d'encollage dans le sens du fil (assemblages à plat-joint) sont les plus résistants. En général, des clous, des vis ou des languettes rapportées renforcent les assemblages à contre-fil (assemblages en bout).

## Assemblages courants

| Type | | Outils | Usages | Résistance | Exécution |
|------|---|--------|--------|------------|-----------|
| **En bout**<br>**À plat-joint** | 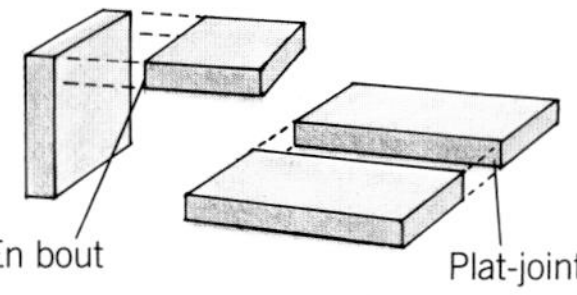 <br>En bout — Plat-joint | Scie à dossière ou à tronçonner ; scie circulaire ou radiale. Finition (plat-joint) : rabot ou dégauchisseuse | En bout : charpentage<br><br>Plat-joint : grandes surfaces | En bout : faible (renforcez-le)<br><br>Plat-joint : bonne | En bout : très facile<br><br>Plat-joint : coupes précises et chants droits et lisses |
| **À onglet** | 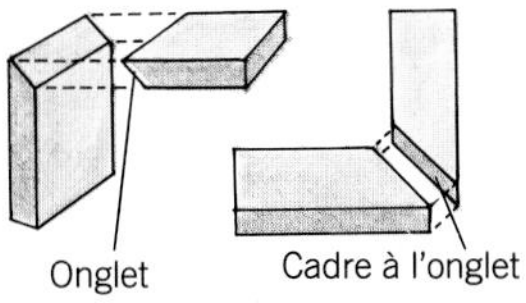 <br>Onglet — Cadre à l'onglet | Boîte à onglets, scie à dossière et rabot ; scie à onglets ; plateau de sciage | Cadres et moulures | Faible ; renforcez-le avec des tourillons, des pigeons ou des languettes rapportées | Coupes précises : difficiles avec des outils manuels ; plus faciles avec une scie électrique |
| **À mi-bois** | 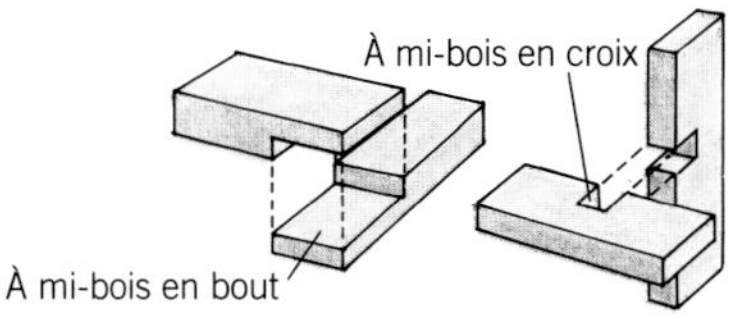 <br>À mi-bois en croix<br>À mi-bois en bout | Scie à dossière et ciseau ; toupie ; scie radiale ; plateau de sciage et tête à rainurer | Cadres, portes à cadre et à panneaux et structures à éléments emboîtés | Assez bonne | Facile |
| **Emboîtement :**<br>**à queues d'aronde,**<br>**à queues droites** | 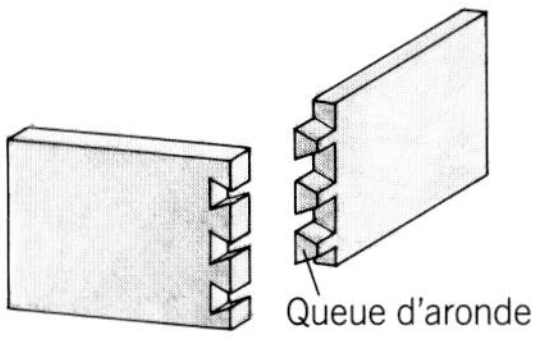 <br>Queue d'aronde | Scie à archet ou scie à araser et ciseau ; toupie et gabarit ; plateau de sciage | Tiroirs, armoires et boîtes | Excellente si on se sert d'outils manuels ; bonne si on se sert d'outils électriques | Difficile avec des outils manuels ; plus facile avec des outils électriques |
| **Rainure : à feuillure,**<br>**à entaille, à feuillure**<br>**et entaille, à rainure**<br>**et à languette** | 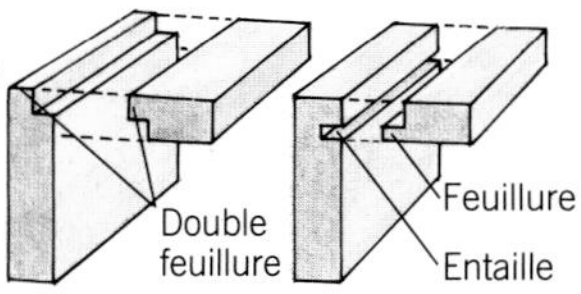 <br>Double feuillure — Feuillure — Entaille | Scie à dossière et ciseau ; scie radiale ; plateau de sciage et tête à rainurer | Tiroirs, armoires, boîtes et tablettes | Feuillure : assez forte<br>Entaille : faible<br>Rainure et languette : bonne | Feuillure : assez facile<br>Entaille : facile<br>Rainure et languette : assez facile |
| **À tenon et**<br>**à mortaise** | 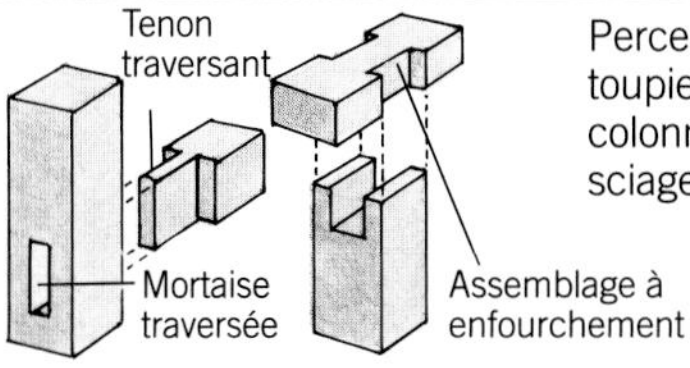 <br>Tenon traversant — Mortaise traversée — Assemblage à enfourchement | Perceuse et ciseau ; toupie ; perceuse à colonne ; plateau de sciage | Bâtis et pieds de table et de chaise, armoires à cadre et à panneaux | Bonne | Assez difficile avec des outils manuels ; plus facile avec des outils électriques |

Les assemblages à plat-joint offrant l'avantage de longues surfaces d'encollage, on peut les exécuter en n'utilisant que de la colle. Pour faciliter l'alignement des planches, vous pouvez utiliser des goujons ou des biscuits. Avant l'encollage, exécutez un serrage à blanc pour déceler les interstices. Placez une lampe allumée derrière l'assemblage et examinez-le ; marquez les portions où la lumière ne passe pas, dressez-les, puis examinez de nouveau l'assemblage.

Lorsque vous exécutez l'encollage, serrez suffisamment les serre-joints pour faire fluer la colle ; évitez cependant un serrage excessif. Pour empêcher le surplus de colle d'adhérer aux limandes ou de réagir avec les serre-joints en métal, mettez une feuille de papier ciré ou du polythène sur les points de contact.

Les assemblages en bout et à onglet sont naturellement faibles, même lorsque la coupe est précise : la surface d'encollage est restreinte et le bois est à contre-fil. Ils doivent être renforcés avec des clous, des vis, des goujons, des biscuits, des pigeons, des baguettes ou des blocs de bois (fixés dans les coins intérieurs des assemblages).

Les clous et les vis apparents conviennent aux armoires et aux rayons de rangement ; par contre, les vis devront être noyées ou chambrées et les trous de clous obturés s'il s'agit d'ouvrages soignés (p. 150).

Les goujons sont borgnes ou apparents. Pour faciliter le perçage de trous parfaitement alignés et à la bonne profondeur, employez un gabarit ou un guide de votre fabrication.

Les biscuits ovoïdes représentent une solution de rechange d'application relativement facile. Leur mise en œuvre requiert l'utilisation d'une scie à rainurer. Après avoir absorbé la colle, ces biscuits se dilatent, donnant un assemblage très résistant. Il en existe trois grosseurs : choisissez les plus grands. Les biscuits ovoïdes ne sont pas recommandés pour assembler des pièces de contreplaqué gauchies ; dans ce cas, utilisez plutôt des goujons ou des languettes droites.

**Attention !** La scie à rainurer ne doit jamais être utilisée à main levée. Bloquez la pièce et appuyez l'outil contre elle ou contre une butée. Méfiez-vous d'un possible retour de l'outil vers vous et tenez les mains éloignées de la lame.

## Assemblage en bout goujonné

**Les cannelures** des goujons servent à évacuer le surplus de colle. Percez des trous dont la profondeur excède de 1/16 po la longueur des goujons.

**Exécutez un assemblage** à blanc. Marquez la position des goujons avec une équerre.

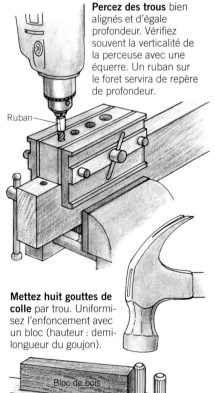

**Percez des trous** bien alignés et d'égale profondeur. Vérifiez souvent la verticalité de la perceuse avec une équerre. Un ruban sur le foret servira de repère de profondeur.

Ruban

**Mettez huit gouttes de colle** par trou. Uniformisez l'enfoncement avec un bloc (hauteur : demi-longueur du goujon).

Bloc de bois

## Exécution d'un assemblage à plat-joint

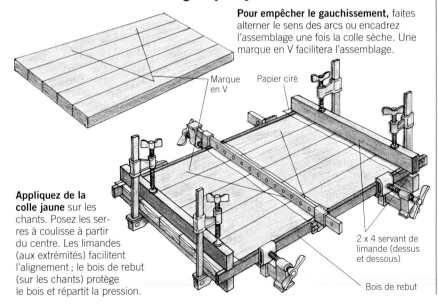

**Pour empêcher le gauchissement,** faites alterner le sens des arcs ou encadrez l'assemblage une fois la colle sèche. Une marque en V facilitera l'assemblage.

Marque en V

Papier ciré

**Appliquez de la colle jaune** sur les chants. Posez les serres à coulisse à partir du centre. Les limandes (aux extrémités) facilitent l'alignement ; le bois de rebut (sur les chants) protège le bois et répartit la pression.

2 x 4 servant de limande (dessus et dessous)

Bois de rebut

## Exécution d'un assemblage à biscuits

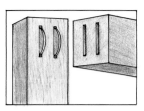

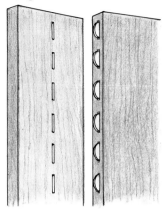

**Les biscuits** ovoïdes remplacent les clous, les vis ou les goujons dans les assemblages en bout (à droite). Dans les cadres (ci-dessus), ils remplacent les tenons (sans offrir la même résistance) ou les languettes droites.

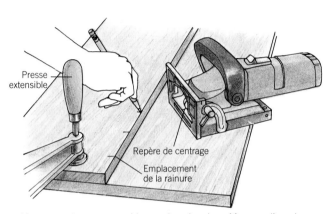

Presse extensible

Repère de centrage

Emplacement de la rainure

**Mesurage et marquage :** bloquez les planches. Marquez l'emplacement des rainures en utilisant le repère de centrage de la scie. Plus les rainures sont rapprochées, plus les assemblages en bout sont résistants (renforcez les cadres avec deux biscuits).

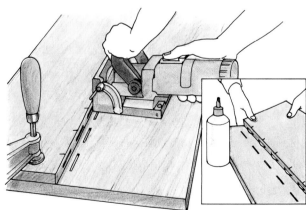

**Pour exécuter la coupe,** alignez le repère de la scie sur la marque et enfoncez la lame. Pour rainurer la planche du bas, mettez la scie à la verticale, sa base appuyée contre le chant de l'autre planche.

**Mettez de la colle** dans les rainures ; posez les biscuits. Bloquez l'assemblage pendant au moins 10 minutes.

## Renforcement d'un assemblage à onglet

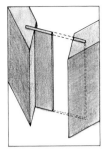

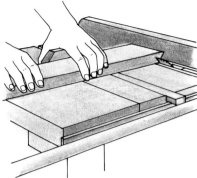

**L'assemblage à onglet** (p. 159) est plus résistant si la languette (rebut de contreplaqué ou de bois franc) est posée près du coin intérieur.

**Pour découper une rainure** qui recevra une languette, inclinez la lame à 45°. D'une main, appuyez solidement la pièce contre le guide à onglet ; de l'autre, poussez-la contre le guide de refend.

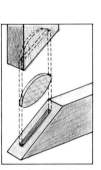

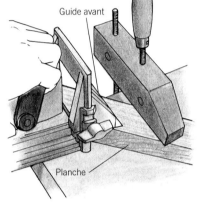

Guide avant

Planche

**Le cadre à onglet** comporte un biscuit à un angle de 90° avec l'onglet.

**Pour découper à contre-fil,** placez la scie à rainurer contre l'onglet et bloquez le guide avant. Utilisez une presse réglable pour bloquer solidement la pièce.

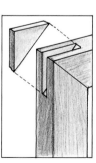

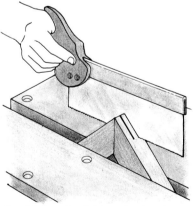

**Le pigeon a une épaisseur égale** au tiers de celle de l'assemblage ; son épaisseur minimale est de 3/32 po.

**Une fois la colle séchée,** sciez dans le coin deux traits parallèles et ôtez le rebut avec un ciseau. Vérifiez l'ajustement du pigeon ; encollez-le et enfoncez-le avec un marteau. Laissez sécher. Arasez le pigeon et finissez au rabot.

# ASSEMBLAGES À MI-BOIS

D'exécution facile, les assemblages à mi-bois sont plutôt fragiles. L'*assemblage à mi-bois en bout,* réalisé en bout de planches, est exécuté à plat au moyen de coupes larges ; l'*assemblage à mi-bois en croix,* formé par deux mortaises, unit deux planches en un point ; l'*assemblage à mi-bois en T* combine les deux assemblages précédents. Il vaut mieux intégrer une queue d'aronde à ce dernier assemblage s'il doit subir des efforts de traction.

Exécutez un assemblage à mi-bois avec des planches de même épaisseur ou d'épaisseurs différentes. Dans le premier cas, la profondeur du trait de scie doit égaler la moitié de l'épaisseur ; dans le second cas, elle ne doit pas représenter plus de la moitié de l'épaisseur de la planche la plus mince. Le fil des planches étant perpendiculaire, la largeur de l'assemblage ne doit pas excéder 4 po (10 cm). L'angle d'une queue d'aronde se situe entre 8° et 12° (soit un rapport d'ouverture à la longueur de 1 : 5 à 1 : 8).

Les assemblages à mi-bois en bout s'exécutent le plus facilement avec une tête à rainurer. Mais une lame standard pourra aussi faire l'affaire ; il suffit d'effectuer plusieurs passes en espaçant les traits de scie. Vous pourrez aussi utiliser des outils manuels. Après le marquage, découpez l'épaulement avec une scie à araser ; ôtez le rebut en sciant dans le sens du fil. Pour former des assemblages précis à mi-bois en croix, entaillez d'abord les lignes de l'épaulement, côté chute, avec un ciseau large tenu verticalement. Ensuite, en tenant le ciseau incliné, biseau à l'extérieur, faites une rainure où amorcer la coupe.

## Assemblage à mi-bois en bout

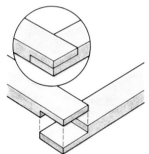

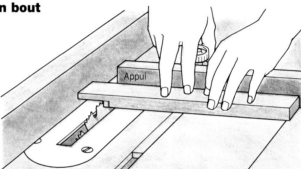

**Fixez la saillie de la lame.** Faites une marque sur un chant. Vissez une pièce d'appui au guide à onglet pour empêcher les fibres d'éclater. Réglez la profondeur de passe sur du bois de rebut. Travaillez du bout vers l'épaulement par passes chevauchantes. Dressez l'évidement au ciseau. Vous pourriez aussi utiliser une tête à rainurer (p. 144) ou une lame standard et un gabarit à tenonner (p. 147).

## Assemblage à mi-bois en croix

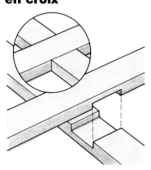

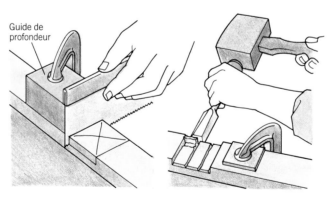

**Sciez les côtés d'une mortaise.** Appuyez la scie contre un guide de profondeur sur lequel butera le dos de la scie une fois atteinte la profondeur voulue. Entamez le rebut en espaçant les traits de 1 po. Ôtez le rebut avec un ciseau, biseau à l'extérieur ; travaillez des côtés vers le centre. Dégagez les coins (biseau vers le bas).

## Assemblage à mi-bois à queue d'aronde

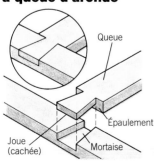

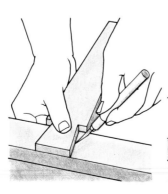

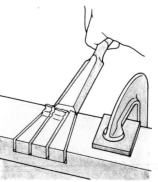

**Tracez les épaulements,** la joue et la queue. Avec une scie à araser, sciez les épaulements, la joue et les côtés de la queue, dans l'ordre. Pour obtenir un assemblage précis, servez-vous de la queue comme gabarit à mortaiser. Pratiquez la mortaise avec une scie et un ciseau comme vous le feriez pour un assemblage à mi-bois en croix.

# GABARIT POUR QUEUES D'ARONDE

Les queues d'aronde sont décoratives et assez faciles à exécuter à l'aide d'une toupie et d'un gabarit pour queues d'aronde. Le gabarit est muni de serres à coulisse et de vis-butées qui retiennent les pièces et en assurent l'alignement. La toupie, dotée d'une mèche à queue d'aronde et d'un guide, découpe les queues.

Faites d'abord quelques essais sur du bois de rebut ayant la même largeur et la même épaisseur que les pièces à façonner. Amorcez le façonnage des épaulements sur la planche à queues, en guidant le couteau le long de l'extrémité des queues du gabarit. Travaillez lentement, de gauche à droite, en exerçant une pression uniforme. Ensuite, guidez le couteau autour des queues du gabarit, en toupillant en profondeur dans les mortaises. Exécutez une seconde passe de droite à gauche. Vérifiez l'assemblage. S'il y a trop de jeu, augmentez la profondeur de passe ; si l'assemblage est trop serré, diminuez-la. Si les queues ne butent pas au fond des mortaises, déplacez légèrement le gabarit vers l'arrière ; si elles pénètrent trop avant, déplacez-le vers l'avant.

Une fois les pièces de rebut ajustées, vous êtes prêt à façonner le véritable assemblage. Si vous fabriquez un tiroir, identifiez-en les quatre côtés au moyen d'une lettre tracée sur

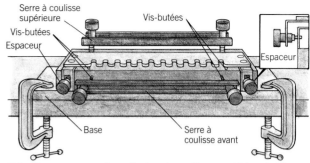

**Gabarit pour queues d'aronde.** Les deux pièces sont bloquées à angle droit par les serres à coulisse ; les vis-butées créent le retrait voulu ; les espaceurs retiennent le gabarit. Leur position influe sur la profondeur de passe.

leur face intérieure ; marquez aussi leur chant inférieur. Avant de façonner les queues et les mortaises, faites la rainure destinée à recevoir le fond. Lorsque vous bloquez les pièces dans le gabarit, appuyez-les toutes de la même façon contre les vis-butées, leur lettre d'identification à l'extérieur. Les planches à mortaiser (l'avant A et l'arrière C) sont toujours placées sur le dessus du gabarit ; les planches à queues (les côtés B et D), sur le devant.

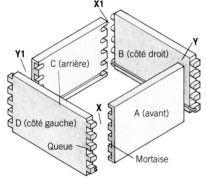

**Identifiez les pièces à l'intérieur,** près du chant inférieur. Faites-y la rainure du fond. Découpez les queues.

## Positionnement des pièces

| Pièces à couper | X | X1 | Y | Y1 |
|---|---|---|---|---|
| | 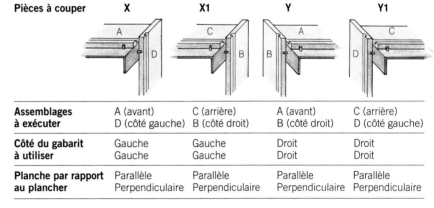 | | | |
| Assemblages à exécuter | A (avant) D (côté gauche) | C (arrière) B (côté droit) | A (avant) B (côté droit) | C (arrière) D (côté gauche) |
| Côté du gabarit à utiliser | Gauche Gauche | Gauche Gauche | Droit Droit | Droit Droit |
| Planche par rapport au plancher | Parallèle Perpendiculaire | Parallèle Perpendiculaire | Parallèle Perpendiculaire | Parallèle Perpendiculaire |

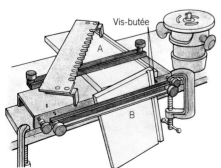

**Assemblage Y.** Bloquez B ; utilisez-le comme guide pour A. Appuyez A contre B et la vis-butée du haut. Placez B au niveau du chant de A et de la vis-butée du bas.

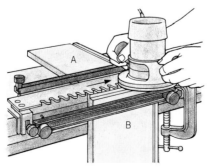

**Exécutez la première passe** de gauche à droite sur l'extrémité des queues du gabarit. La rainure empêchera les fibres d'éclater au moment du découpage.

**Façonnez les queues** de gauche à droite. Le coussinet qui guide le couteau doit rester en contact avec le gabarit. Exécutez une passe de finition de droite à gauche.

L'*entaille,* gorge découpée à contre-fil, et la *feuillure,* chant profilé en L, vous permettront d'assembler à angle droit des planches larges. Une pièce correspondante s'emboîtera dans l'entaille ou la feuillure. L'*assemblage à double feuillure,* dans lequel les deux pièces présentent une feuillure, donne un peu plus de résistance au niveau de l'épaulement. Dans l'*assemblage à feuillure et à entaille,* qui combine entaille et feuillure, les deux pièces résistent aux efforts de torsion.

La profondeur de l'entaille équivaut habituellement au tiers de l'épaisseur de la planche, alors que la profondeur de la feuillure va de la moitié aux trois quarts de l'épaisseur de la planche. Pratiquez l'entaille d'un assemblage d'angle le plus loin possible du bout de la planche. Les quatre types d'assemblages sont collés et cloués ou collés et vissés. Au besoin, renforcez-les avec un tasseau de bois franc. Les entailles peuvent être façonnées à la main avec une guimbarde ou une scie à dossière et un ciseau, ou encore avec une toupie à couteau droit ou un plateau de sciage doté d'une lame standard ou d'une tête à rainurer.

En installant la tête à rainurer, mettez suffisamment de déchiqueteurs entre les deux lames pour obtenir la largeur de passe désirée. Remplacez l'étroite plaque de lumière par une plaque conçue pour la tête à rainurer, que vous pouvez acheter ou encore fabriquer comme suit : ôtez la plaque de lumière standard et installez la tête à rainurer ; découpez un morceau de contreplaqué de ½ po (1,2 cm) de façon que son contour soit identique à celui de la plaque de lumière standard ; posez le contreplaqué sur le plateau et fixez dessus

### À entaille complète

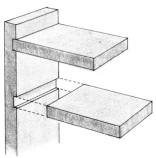

### À entaille arrêtée

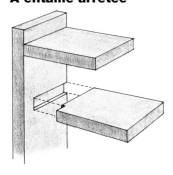

### À queue sur chant

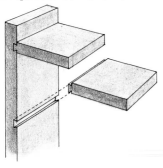

### Sur plateau de sciage

**Assemblage à entaille complète.** Marquez la largeur de l'entaille. Fixez une rallonge au guide à onglet. Mettez en place le guide de refend. Lancez le moteur ; poussez le guide à onglet vers la tête à rainurer.

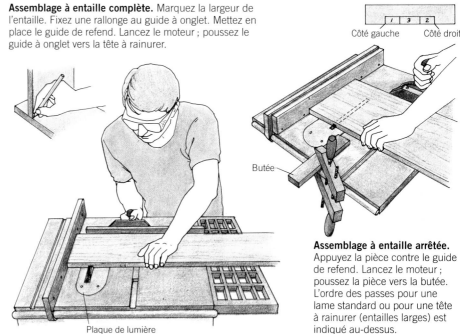

Butée

Plaque de lumière

Côté gauche    Côté droit

**Assemblage à entaille arrêtée.** Appuyez la pièce contre le guide de refend. Lancez le moteur ; poussez la pièce vers la butée. L'ordre des passes pour une lame standard ou pour une tête à rainurer (entailles larges) est indiqué au-dessus.

### À la toupie

**Entaillage.** Dégrossissez l'entaille avec un couteau droit d'un diamètre égal à celui de la partie la plus étroite du couteau pour queues d'aronde.

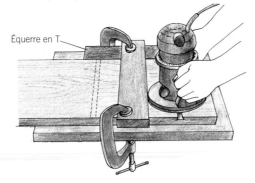

Équerre en T

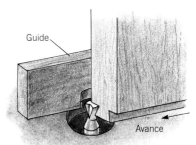

Guide

Avance

**Queue d'aronde.** Fixez la toupie sous le plateau. Fabriquez un guide en bois ; installez-le. Faites des essais sur du bois de rebut. Appuyez la pièce contre le guide et poussez-la de la droite vers la gauche ; retournez-la et recommencez.

une planche que vous bloquerez avec des serre-joints sur le devant et à l'arrière du plateau (la planche doit se trouver sur le côté du contreplaqué et non au-dessus de la tête à rainurer). Lancez le moteur et relevez lentement la tête à rainurer pour découper une lumière dans le contreplaqué.

**Attention !** Il ne faut jamais utiliser les déchiqueteurs sans les lames.

Faites toujours des essais sur du bois de rebut. Pour empêcher les fibres d'éclater à la sortie de la lame, de la tête à rainurer ou du couteau de toupie, renforcez le chant avec du bois de rebut. Pratiquez les entailles toupillées en deux ou trois passes. En augmentant la profondeur de passe après chaque passe, vous réduirez les vibrations et le broutement du couteau et obtiendrez une entaille plus lisse. L'entaille arrêtée ne traverse pas la pièce entièrement et n'est pas visible une fois l'assemblage réalisé. Pour l'exécuter avec une toupie, fixez une butée sur la planche avec un serre-joint et faites glisser la toupie le long d'une limande. Si vous utilisez un plateau de sciage, poussez la planche vers une butée fixée avec un serre-joint sur le plateau ou le guide de refend. Équarrissez les coins intérieurs avec un ciseau. Entaillez les coins avant de la planche avant de l'insérer.

L'assemblage à queue d'aronde sur chant est résistant et décoratif. Exécutez-le avec une scie à dossière ou une toupie à couteau pour queues d'aronde. Si vous utilisez une toupie, réalisez les premières passes avec un couteau droit. À la dernière passe, façonnez les queues au couteau spécialisé. Pour toupiller le chant correspondant, fixez la toupie sous un plateau de toupie ou utilisez un gabarit. Faites des essais sur du bois de rebut, vérifiez l'ajustement et réglez la saillie du couteau ou la position du guide.

Réalisez les assemblages à feuillure avec une toupie ou une tête à rainurer. (Si vous préférez employer des outils manuels, optez pour un guillaume ou une scie à dossière et un ciseau.) Toupillez les feuillures avec un couteau droit ou un couteau à guide. Pour plus de précision, utilisez le couteau droit avec un guide latéral ou une limande.

## Assemblages à feuillure

Simple

Double

**Le couteau à feuillures** est doté d'un roulement à billes qui prend appui sur le chant et fixe la largeur de la feuillure. On l'utilise sans limande. Ramenez la toupie vers vous, toujours de gauche à droite.

**Le guide latéral,** fixé à la base de la toupie, permet de créer des feuillures avec un couteau droit. Appuyez-le contre le chant.

## À feuillures et à entailles

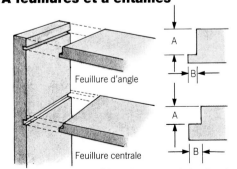

Feuillure d'angle

A

B

Feuillure centrale

A

B

**Feuillure d'angle.** A = ¾ de l'épaisseur de la planche à feuillure ; B = ¼ celle de la planche entaillée. Feuillure centrale. A = ½ - ⅔ de l'épaisseur de la planche à feuillure ; B = ⅓ de celle de la planche entaillée.

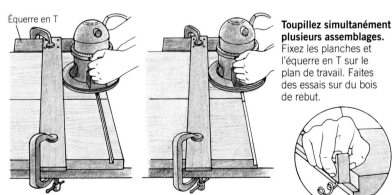

Équerre en T

**Toupillez simultanément plusieurs assemblages.** Fixez les planches et l'équerre en T sur le plan de travail. Faites des essais sur du bois de rebut.

## Assemblages à tenon et à mortaise traversant

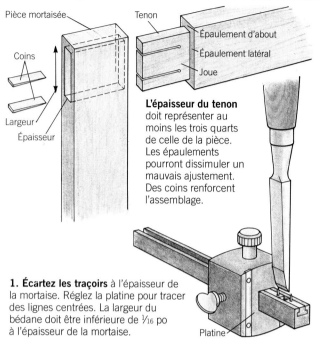

Pièce mortaisée

Coins

Largeur

Épaisseur

Tenon

Épaulement d'about

Épaulement latéral

Joue

**L'épaisseur du tenon** doit représenter au moins les trois quarts de celle de la pièce. Les épaulements pourront dissimuler un mauvais ajustement. Des coins renforcent l'assemblage.

Platine

**1. Écartez les traçoirs** à l'épaisseur de la mortaise. Réglez la platine pour tracer des lignes centrées. La largeur du bédane doit être inférieure de 1/16 po à l'épaisseur de la mortaise.

Ce type d'assemblage est résistant et sert à construire des bâtis. Un tenon doit pénétrer sans jeu dans une mortaise pour assurer une bonne adhérence des surfaces d'encollage.

L'assemblage à tenon et à mortaise est traversant ou borgne. Arrondissez un tenon traversant pour lui donner plus belle apparence.

La dimension des pièces détermine celle de l'assemblage. La mortaise et chaque épaulement latéral d'un tenon ont d'ordinaire une dimension équivalant au tiers de l'épaisseur des pièces. Une grosse pièce mortaisée pourra recevoir un tenon plus épais. La dimension des épaulements d'about d'un tenon à trois ou quatre épaulements peut aller d'une fraction de centimètre jusqu'au quart de la largeur de la pièce tenonnée. Si vous devez marquer plusieurs assemblages, mettez toujours la platine du trusquin à double traçoir contre la face correspondante de la pièce. Si la pièce doit être tenonnée à ses deux extrémités, calculez la distance entre les deux assemblages en prenant la mesure d'une ligne de profondeur à l'autre (étape 5).

Pratiquez la mortaise d'abord. Réglez l'écartement des traçoirs du trusquin et marquez l'épaisseur de la mortaise. (Une mortaise borgne aura une profondeur excédant de 1/16 po [1,5 mm] la longueur du tenon pour recueillir tout

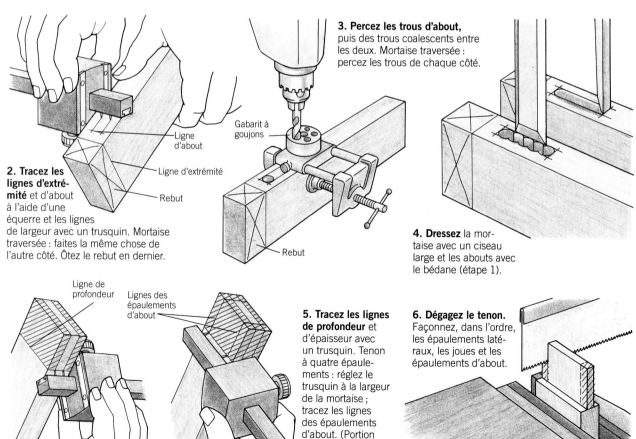

Ligne d'about

Ligne d'extrémité

Rebut

**2. Tracez les lignes d'extrémité** et d'about à l'aide d'une équerre et les lignes de largeur avec un trusquin. Mortaise traversée : faites la même chose de l'autre côté. Ôtez le rebut en dernier.

Gabarit à goujons

Rebut

**3. Percez les trous d'about,** puis des trous coalescents entre les deux. Mortaise traversée : percez les trous de chaque côté.

**4. Dressez** la mortaise avec un ciseau large et les abouts avec le bédane (étape 1).

Ligne de profondeur

Lignes des épaulements d'about

**5. Tracez les lignes de profondeur** et d'épaisseur avec un trusquin. Tenon à quatre épaulements : réglez le trusquin à la largeur de la mortaise ; tracez les lignes des épaulements d'about. (Portion hachurée : rebut.)

**6. Dégagez le tenon.** Façonnez, dans l'ordre, les épaulements latéraux, les joues et les épaulements d'about.

surplus de colle.) Évidez la mortaise en utilisant une perceuse à colonne ou encore un gabarit à goujons et une perceuse portative dotée d'un foret de diamètre équivalent à la largeur de la mortaise. Percez une mortaise traversée à partir des deux chants pour éviter l'éclatement des fibres. Façonnez aussi une mortaise à l'aide d'une toupie plongeante ou d'une toupie standard et d'un gabarit. Si vous utilisez une toupie standard, bloquez la pièce et le gabarit sur l'établi. Inclinez la toupie ; amorcez le façonnage un peu en deçà de l'about de la mortaise ; ôtez de ⅛ à ¼ po (3-6 mm) de bois à chaque passe. Façonnez le tenon correspondant avec une scie à main ou électrique.

Renforcez un assemblage traversant avec des coins. Avant d'encoller, tracez deux lignes de coupe au bout du tenon, percez deux trous de ⅛ po (3 mm) à la base de chaque ligne pour empêcher les fibres d'éclater et sciez. Assemblez les éléments et enfoncez les coins dans les traits de scie au maillet.

Dans un assemblage à tenons et à mortaises multiples, pour réaliser des tenons également espacés à épaulements d'about de même largeur, mesurez la largeur de la pièce à tenonner et déterminez le nombre nécessaire de tenons ainsi que leur largeur. Additionnez la largeur des tenons et soustrayez la somme de la largeur de la pièce. Divisez l'espace restant par le nombre de tenons plus un. Par exemple, il faut quatre tenons de ¾ po (1,9 cm) de largeur sur une planche de 5½ po (14 cm) de largeur. Donc, 4 x ¾ po (1,9 cm) = 3 po (7,6 cm) ; 5½ po (14 cm) – 3 po (7,6 cm) = 2½ po (6,4 cm) ; 2½ po (6,4 cm) ÷ 5 = ½ po (1,25 cm) entre les tenons.

## Outils qui accélèrent le façonnage

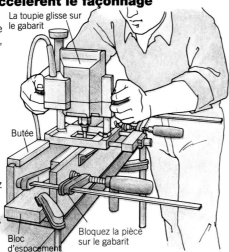

**Façonnez une mortaise** avec une toupie plongeante, un couteau droit et un gabarit (à fabriquer vous-même). Des butées, à l'avant et à l'arrière sur un côté du gabarit, fixent la largeur de la mortaise. Des blocs d'espacement haussent la pièce. Effectuez plusieurs passes, en ôtant tout au plus ⅛ po de bois chaque fois. Équarrissez les abouts.

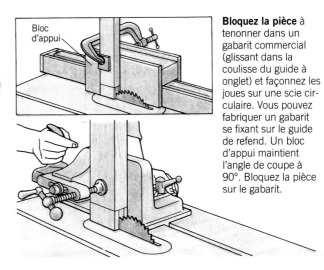

**Bloquez la pièce** à tenonner dans un gabarit commercial (glissant dans la coulisse du guide à onglet) et façonnez les joues sur une scie circulaire. Vous pouvez fabriquer un gabarit se fixant sur le guide de refend. Un bloc d'appui maintient l'angle de coupe à 90°. Bloquez la pièce sur le gabarit.

## Assemblage à tenons et à mortaises multiples

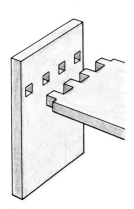

**Assemblage de planches larges.** Une série de tenons entrent dans des mortaises correspondantes, borgnes ou traversées.

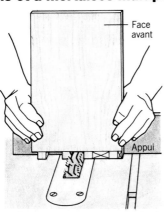

**Ôtez le rebut** avec une tête à rainurer. Fixez une pièce d'appui au guide à onglet. Pour empêcher les fibres d'éclater, tracez les lignes de profondeur au couteau.

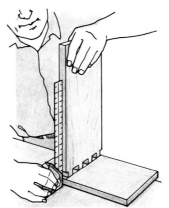

**Marquez l'emplacement** des mortaises à l'aide d'une équerre et de la pièce tenonnée servant de gabarit. Marquez le rebut d'un X.

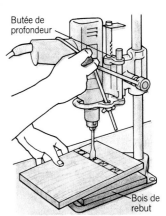

**Ôtez le rebut** sur une perceuse à colonne avec un foret à centrer ou une mèche plate. Bloquez la butée de profondeur. Finissez les mortaises au ciseau.

Décidez de votre choix de colle en fonction des réponses apportées aux questions suivantes. De quel type sont les matériaux à coller ? Les pièces sont-elles destinées à rester dehors ou à l'intérieur ? Les assemblages sont-ils lâches ? La colle devrait-elle être imperméable ? Et quels efforts devra subir l'assemblage ? Enfin, s'il s'agit d'une réparation, quelle était la nature de la colle d'origine ? Aidez-vous aussi du tableau ci-dessous et lisez l'étiquette accompagnant les produits.

Appliquez la colle uniformément sur les deux surfaces. Si vous devez encoller du bois de bout, appliquez deux couches ; laissez sécher la première avant d'appliquer la seconde. Respectez la durée d'encollage. Le séchage est plus long si le bois est humide ou si la température est inférieure à 70°F (21°C). Prévoyez une ouverture permettant l'évacuation du surplus de colle.

**Attention !** Lorsque vous employez une colle toxique, suivez scrupuleuse-ment les consignes de sécurité figurant sur l'étiquette. Travaillez dans un endroit bien aéré et évitez tout contact avec les yeux ou la peau. Tenez la colle éloignée de la flamme nue. Si vous utilisez de l'époxyde ou de la colle contact, éteignez les veilleuses.

Avant d'appliquer une colle, réalisez un assemblage à blanc pour vérifier l'ajustement et le régler au besoin, pour déterminer le nombre et le type de serre-joints à utiliser et pour fixer un ordre d'assemblage (coller une pièce

## Collage

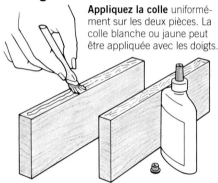

**Appliquez la colle** uniformé-ment sur les deux pièces. La colle blanche ou jaune peut être appliquée avec les doigts.

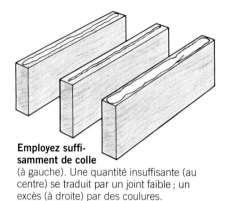

**Employez suffi-samment de colle** (à gauche). Une quantité insuffisante (au centre) se traduit par un joint faible ; un excès (à droite) par des coulures.

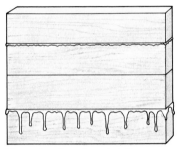

**Un cordon de colle** uni révèle un joint résistant ; l'absence de cor-don, un joint faible. Tout excès est salissant.

## Fiches techniques de quelques adhésifs

| Type d'adhésif | Durée d'encollage | Durée de serrage | Usages | Caractéristiques | Solvant |
|---|---|---|---|---|---|
| Colle blanche (PVA, acétate de polyvinyle) | 7-10 min | 8 h | Assemblages légers (intérieur) ; papier, céramique | Liquide, prête à l'usage ; ne tache pas ; inodore, soluble dans l'eau ; rétrécit avec le temps ; transparente une fois sèche | Savon et eau chaude |
| Colle jaune (colle de menuisier, résine aliphatique) | 7-10 min | 1 h | Meubles et armoires d'intérieur | Liquide, prête à l'usage ; assemblages résistants ; facile à étendre et à poncer ; soluble dans l'eau ; transparente | Eau chaude |
| Résorcinol | 20 min | 10 h, à 70°F (21°C) | Bateaux, meubles d'extérieur, contre-placage (bois) | Liquide et catalyseur en poudre à mélanger ; imperméable ; rouge foncé une fois sec | Eau froide avant durcis-sement |
| Époxyde | Lire l'étiquette | 5 min-12 h (selon le type d'époxyde) | Assemblages mixtes (métal sur verre) ou matériaux non poreux (porcelaine) ; bois | Liquides à mélanger en quantités égales ; imperméable et résistante à l'huile ; obturatrice ; aucun retrait ; facile à poncer ; transparente ou brune une fois sèche ; toxique (voir l'étiquette) | Acétone (dans certains dissolvants) |
| Urée formaldéhyde | 20-30 min | 16-20 h, à 70°F (21°C) ; 9-13 h, à 75°F (24°C) | Placage, contreplaca-ge, meubles (intérieur/extérieur), armoires | Poudre à mélanger avec de l'eau ; résis-tante à l'eau ; obturatrice médiocre ; brun clair ; ne prend pas sous 70°F (21°C) | Savon et eau chaude avant durcissement |
| Colle caséine | 5-20 min | 2-3 h | Meubles d'intérieur | Poudre à mélanger avec de l'eau ; con-vient aux bois huileux (palissandre, teck) ; obturatrice ; tache les bois tendres | Eau chaude |
| Colle animale | 1 min (à froid) | 1 h | Meubles d'intérieur ; réparation de meu-bles anciens | Granules à mettre dans l'eau et à chauffer à 130°F (54°C), au bain-marie ; soluble ; obturatrice médiocre ; incompa-tible avec les colles blanche ou jaune | Eau chaude |

trop tôt pourra compromettre l'ajuste-ment d'autres pièces ou empêcher car-rément leur mise en place). Ainsi, pour assembler une bibliothèque à côtés rai-nurés, mettez en place l'un des côtés de façon que les entailles soient orientées vers le haut. Puis, insérez les rayons dans les entailles, vérifiez l'ajustement et réglez-le au besoin. Alignez ensuite sur les rayons les entailles de l'autre côté et réglez de nouveau l'ajustement s'il le faut. Défaites l'assemblage et notez l'ordre de mise en place des pièces ; au moment de coller, vous suivrez le même ordre.

Lorsque vous utilisez des serre-joints, travaillez sur une surface bien de niveau (l'établi ou, pour les pièces de grandes dimensions, le plancher). À moins d'être recouvertes de gaines pro-tectrices, les mâchoires des serre-joints ne doivent jamais toucher les pièces. (Les serre-joints métalliques appliqués directement sur le bois pourraient réagir avec la colle et tacher les pièces.) Mettez du polythène ou du papier ciré

entre les mâchoires et les pièces : les pièces n'adhéreront pas aux serre-joints ni au bois de rebut.

Lorsque les pièces sont collées avec la bonne quantité de colle, un petit cordon de colle apparaît au moment du serrage. Essuyez-le immédiatement avec le solvant approprié. Cela est très important car les teintures et les finis ne pénètrent pas la colle séchée. La pression exercée par les serre-joints ne doit jamais vider le joint de sa colle ni gauchir les pièces.

## Serrage

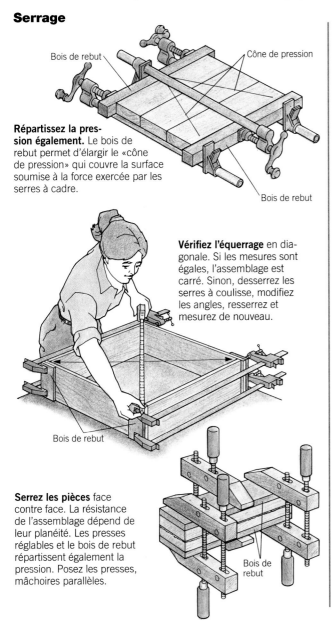

**Répartissez la pres-sion également.** Le bois de rebut permet d'élargir le «cône de pression» qui couvre la surface soumise à la force exercée par les serres à cadre.

Bois de rebut

Cône de pression

Bois de rebut

**Vérifiez l'équerrage** en dia-gonale. Si les mesures sont égales, l'assemblage est carré. Sinon, desserrez les serres à coulisse, modifiez les angles, resserrez et mesurez de nouveau.

Bois de rebut

**Serrez les pièces** face contre face. La résistance de l'assemblage dépend de leur planéité. Les presses réglables et le bois de rebut répartissent également la pression. Posez les presses, mâchoires parallèles.

Bois de rebut

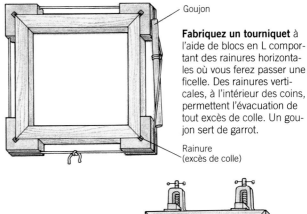

Goujon

**Fabriquez un tourniquet** à l'aide de blocs en L compor-tant des rainures horizonta-les où vous ferez passer une ficelle. Des rainures verti-cales, à l'intérieur des coins, permettent l'évacuation de tout excès de colle. Un gou-jon sert de garrot.

Rainure (excès de colle)

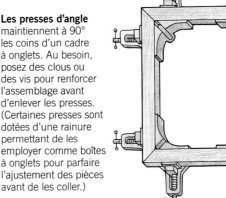

**Les presses d'angle** maintiennent à 90° les coins d'un cadre à onglets. Au besoin, posez des clous ou des vis pour renforcer l'assemblage avant d'enlever les presses. (Certaines presses sont dotées d'une rainure permettant de les employer comme boîtes à onglets pour parfaire l'ajustement des pièces avant de les coller.)

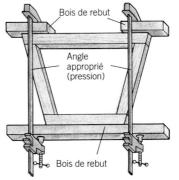

Bois de rebut

Angle approprié (pression)

Bois de rebut

**Employez des serres à cou-lisse** sur les cadres à tenon et à mortaise dont les côtés parallèles sont d'inégales longueurs. Posez du bois de rebut sur les chants pour élargir la surface de serrage à angle droit : la pression sera exercée à l'angle approprié.

Les trous de vis percés avec une perceuse à colonne sont toujours perpendiculaires à la pièce pour autant que le plateau soit de niveau ; si vous utilisez une chignole ou une perceuse électrique portative, adjoignez-y un guide-foret ou un bloc de bois franc percé d'un trou et bloqué sur la pièce avec un serre-joint. Lorsque vous percez un trou de biais, marquez le point d'attaque avec un amorçoir et entamez le perçage avec un foret de petit diamètre pour éviter que le foret du diamètre final glisse sur la pièce.

Fixez la profondeur des avant-trous avec une butée, un calibre de profondeur ou un bout de ruban enroulé sur le foret. Pour empêcher les fibres d'éclater à la sortie du foret, percez un trou des deux côtés de la pièce, ou encore fixez derrière du bois de rebut.

Pour enfoncer un clou dans du bois franc, percez d'abord un avant-trou. Frappez le clou bien à la verticale, en glissant légèrement le marteau vers l'avant ou vers l'arrière à la fin de chaque coup de façon à maintenir l'horizontalité de l'outil.

Pour arracher un clou recourbé, utilisez un marteau à panne fendue ou un arrache-clou et interposez un petit morceau de bois de rebut ou de métal entre l'outil et la pièce.

Tenez les clous sans tête et les clous à finir avec une pince coupante en bout et arrachez-les en tirant droit ou en les faisant jouer un peu.

Pour masquer un trou ou une tête de clou, employez de la pâte de bois ; pour masquer la tête d'une vis ou d'un boulon, employez de la pâte de bois ou une cheville.

## Pose des vis et des boulons

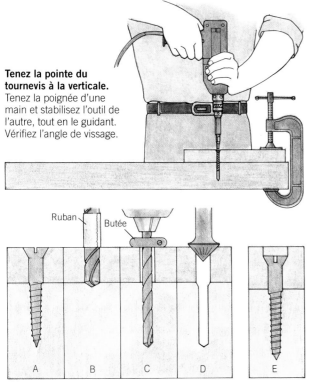

**Tenez la pointe du tournevis à la verticale.** Tenez la poignée d'une main et stabilisez l'outil de l'autre, tout en le guidant. Vérifiez l'angle de vissage.

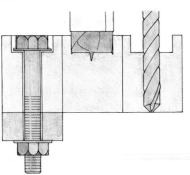

**Noyure** (A) : percez le trou du fût (B), puis un avant-trou du diamètre de la vis, moins les filets (C). Fraisez pour terminer (D). Trou chambré (E) : pratiquez l'évidement et suivez les étapes précédentes. Pour aller plus vite, employez un foret-fraise. Noyure de boulon : percez un évidement du diamètre de la rondelle.

## Techniques de clouage

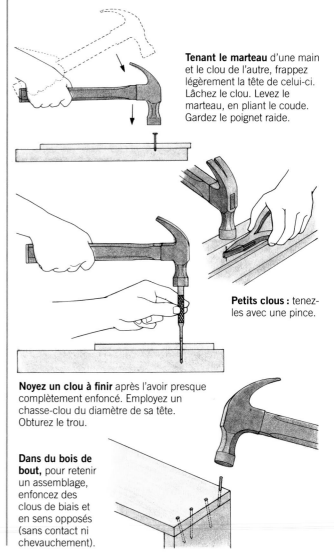

**Tenant le marteau** d'une main et le clou de l'autre, frappez légèrement la tête de celui-ci. Lâchez le clou. Levez le marteau, en pliant le coude. Gardez le poignet raide.

**Petits clous :** tenez-les avec une pince.

**Noyez un clou à finir** après l'avoir presque complètement enfoncé. Employez un chasse-clou du diamètre de sa tête. Obturez le trou.

**Dans du bois de bout,** pour retenir un assemblage, enfoncez des clous de biais et en sens opposés (sans contact ni chevauchement).

# CHARNIÈRES

Le type de nœud et sa position déterminent la façon dont pivote une charnière. Placez à la jonction des deux pièces le nœud d'une charnière à deux lames égales. Tracez la mortaise : mesurez la largeur de la lame à partir du centre du nœud. Si vous devez façonner beaucoup de mortaises de même dimension, envisagez l'achat ou la fabrication d'un gabarit et d'une toupie.

Dans la mortaise d'une charnière à fixer sous le plateau d'une table à abattants, creusez au ciseau l'évidement destiné à recevoir le noeud. Avant de poser la charnière, exécutez un assemblage à noix en toupillant les chants au moyen d'un couteau à gorge et d'un couteau à arrondir.

Les charnières, vues à hauteur d'yeux, donnent l'impression d'être également espacées. Ce n'est pas le cas. Prévoyez plus d'espace entre la charnière du bas et le bas de la porte qu'entre la charnière du haut et le haut de la porte.

## Mortaisage à la toupie

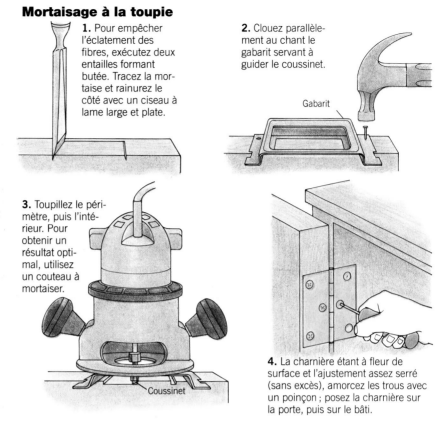

**1.** Pour empêcher l'éclatement des fibres, exécutez deux entailles formant butée. Tracez la mortaise et rainurez le côté avec un ciseau à lame large et plate.

**2.** Clouez parallèlement au chant le gabarit servant à guider le coussinet.

Gabarit

**3.** Toupillez le périmètre, puis l'intérieur. Pour obtenir un résultat optimal, utilisez un couteau à mortaiser.

Coussinet

**4.** La charnière étant à fleur de surface et l'ajustement assez serré (sans excès), amorcez les trous avec un poinçon ; posez la charnière sur la porte, puis sur le bâti.

## Pose d'une charnière de table pliante

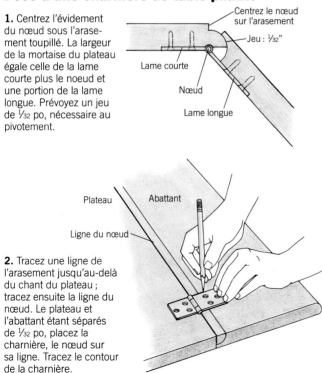

**1.** Centrez l'évidement du nœud sous l'arasement toupillé. La largeur de la mortaise du plateau égale celle de la lame courte plus le nœud et une portion de la lame longue. Prévoyez un jeu de $\frac{1}{32}$ po, nécessaire au pivotement.

Centrez le nœud sur l'arasement

Jeu : $\frac{1}{32}$"

Lame courte

Nœud

Lame longue

Plateau   Abattant

Ligne du nœud

**2.** Tracez une ligne de l'arasement jusqu'au-delà du chant du plateau ; tracez ensuite la ligne du nœud. Le plateau et l'abattant étant séparés de $\frac{1}{32}$ po, placez la charnière, le nœud sur sa ligne. Tracez le contour de la charnière.

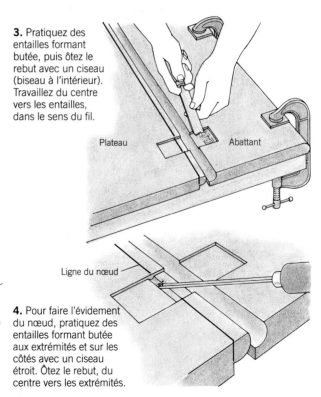

**3.** Pratiquez des entailles formant butée, puis ôtez le rebut avec un ciseau (biseau à l'intérieur). Travaillez du centre vers les entailles, dans le sens du fil.

Plateau   Abattant

Ligne du nœud

**4.** Pour faire l'évidement du nœud, pratiquez des entailles formant butée aux extrémités et sur les côtés avec un ciseau étroit. Ôtez le rebut, du centre vers les extrémités.

Le contreplaqué se compose d'un certain nombre de couches de bois, appelées *plis,* superposées et collées de façon à former un panneau. Le contreplaqué de bois tendre convient aux travaux de construction ; le contreplaqué de bois franc remplace souvent le bois massif dans la contruction de structures à cadre et à panneaux et de meubles. Ils servent dehors ou à l'intérieur, selon le type de colle liant les plis.

De grandes dimensions (4 pi [1,2 m] x 8 pi [2,4 m]), le contreplaqué offre certains avantages si on le compare au bois massif. Il est résistant, relativement stable et se présente en panneaux de grandes dimensions, sans assemblages à plat-joint. Toutefois, ces grandes dimensions le rendent difficile à transporter, à manipuler et à entreposer. L'humidité risque de l'endommager et d'en provoquer le gauchissement. Il faut donc toujours l'entreposer au sec.

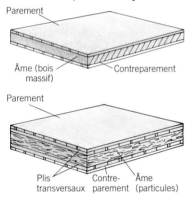

Parement

Âme (bois massif)    Contreparement

Parement

Plis transversaux    Contre-parement    Âme (particules)

La résistance et la stabilité du contreplaqué tiennent à la superposition à fil croisé des plis. Le pli central, ou *âme,* dont l'épaisseur varie selon le type de contreplaqué, pourra être plaqué de plis *transversaux.* Les plis extérieurs sont appelés *faces* lorsqu'ils sont de même qualité ; dans les autres cas, un pli de bonne qualité s'appelle *parement* et un pli de moins bonne qualité, *contreparement.*

Au sciage, les fibres du contreplaqué éclatent à la sortie de la lame. Pour éviter que cela se produise sur le parement, mettez-le côté travail si vous utilisez un plateau de sciage et côté sol si vous utilisez une scie circulaire portative. Si vous vous servez d'une scie à main (scie à panneaux ou scie à araser), mettez le parement côté travail.

Pour unir des pièces de contreplaqué, choisissez un assemblage qui en couvre les chants : à tenons et à mortaises multiples, à rainures et à languettes, à queues d'aronde toupillées et à languettes rapportées. On peut clouer ou visser le contreplaqué. Dans certains cas, il faut, en plus de clouer ou de visser, employer de la colle. Le contreplaqué ne se fendant pas, les clous et les vis peuvent être rapprochés et posés près des chants (⅛ po [3 mm]), mais les plis s'ouvriront si vous posez des vis dans les chants. Des vis traversantes à cheville, comme la vis de jonction, forment des structures résistantes et facilement démontables. Les charnières à axe déporté, retenues par des vis posées sur un chant et sur une face, conviennent au contreplaqué.

Recouvrez les chants d'une moulure ou d'une bordure en placage. Sur les chants soumis à des frottements répétés, posez une moulure en bois massif.

Première passe

**Tracez les lignes de coupe.** Évitez les figures inhabituelles et les coupes compliquées ou inutiles. Tenez compte de la largeur du trait de scie (⅛ po). Pour faciliter la manipulation, effectuez d'abord toutes les passes en longueur. Vérifiez les mesures après chaque passe.

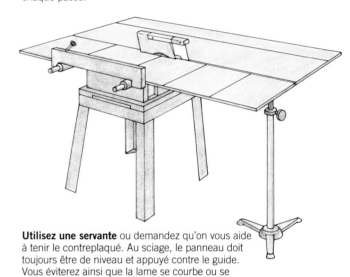

**Utilisez une servante** ou demandez qu'on vous aide à tenir le contreplaqué. Au sciage, le panneau doit toujours être de niveau et appuyé contre le guide. Vous éviterez ainsi que la lame se courbe ou se coince, occasionnant un retour possible.

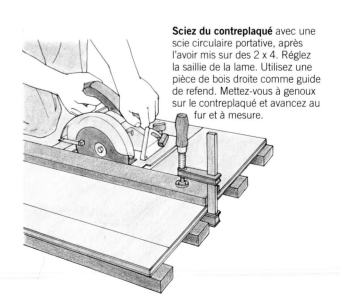

**Sciez du contreplaqué** avec une scie circulaire portative, après l'avoir mis sur des 2 x 4. Réglez la saillie de la lame. Utilisez une pièce de bois droite comme guide de refend. Mettez-vous à genoux sur le contreplaqué et avancez au fur et à mesure.

## Assemblages en contreplaqué

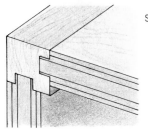

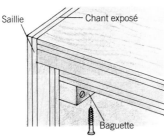

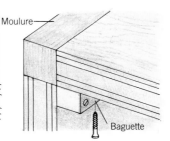

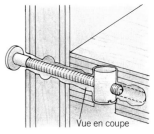

**L'assemblage à rainures et à languettes** est résistant. La languette fait le tiers de l'épaisseur d'une pièce. Une pièce d'angle masque les chants.

**Assemblage à double feuillure.** Une pièce de contreplaqué saille légèrement et couvre le chant. Posez un placage sur le chant exposé.

**Moulurez les chants du contre-plaqué.** Avec des languettes rapportées, alignez les pièces et collez-les. Renforcez avec une baguette.

**Vis de jonction.** Percez la noyure, le trou du fût et le trou de la cheville. Posez la cheville (mettez-la en place avec un tournevis) et la vis.

## Habillage des chants

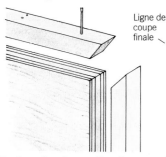

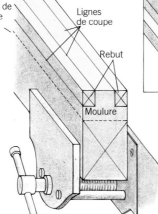

**Moulurez les chants.** Fixez les moulures, neutres ou ornementales, avec de la colle et des clous à finir (pour empêcher le bois franc de se fendre, percez des avant-trous).

**Assemblage à rainure et à languette.** Rainure (contreplaqué) : toupillez (couteau droit ou à rainurer) ou sciez (lame standard ou tête à rainurer). Languette (moulure) : toupillez, sciez ou rabotez.

## Cadre et panneau emboîtés

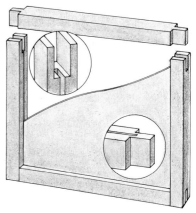

**Assemblage à enfourchement.** Faites d'abord une rainure de panneau ($\frac{1}{4}$-$\frac{3}{8}$ po) dans les éléments du cadre, jusque dans les tenons pour que s'y engagent les coins du panneau. Faites les mortaises, puis les tenons (pp. 146-147).

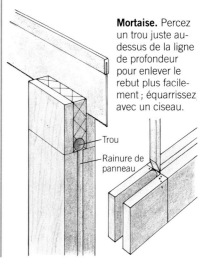

**Mortaise.** Percez un trou juste au-dessus de la ligne de profondeur pour enlever le rebut plus facilement ; équarrissez avec un ciseau.

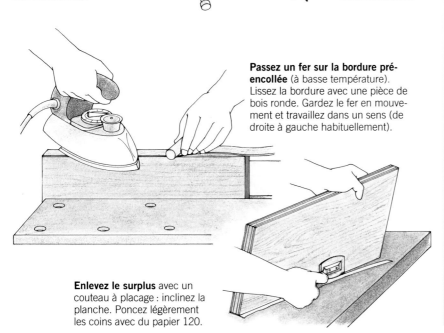

**Passez un fer sur la bordure pré-encollée** (à basse température). Lissez la bordure avec une pièce de bois ronde. Gardez le fer en mouvement et travaillez dans un sens (de droite à gauche habituellement).

**Enlevez le surplus** avec un couteau à placage : inclinez la planche. Poncez légèrement les coins avec du papier 120.

# BÂTIS DE MEUBLES

D'apparence simple ou recherchée, le meuble de rangement est essentiellement une boîte. S'il est de grandes dimensions, il se compose souvent d'un bâti en bois massif et de panneaux de bois manufacturés ou en bois massif. S'il est petit, il n'a souvent pas de bâti.

Le tiroir en applique est le plus facile à ajuster dans un meuble de rangement. Son devant recouvre partiellement le bâti. La fabrication d'un tiroir qui vient s'encastrer dans l'ouverture demande plus d'habileté. (Le même principe s'applique pour la fabrication des portes.)

Pour fabriquer un tiroir, pratiquez d'abord les rainures devant recevoir le fond (contreplaqué mince ou panneau de fibres) : toupillez le devant et les côtés. (L'arrière est étroit et repose sur le fond.) Ménagez sur les parois de côté une rainure devant recevoir l'arrière. Préparez un assemblage à queues d'aronde, à queues droites ou à feuillure et à entaille pour former les coins avant. Assemblez les éléments. De l'arrière, glissez le fond dans ses rainures (cela contribue à mettre le tiroir d'équerre) et fixez-le à la paroi arrière avec des clous ou des vis.

On pose les rayons mobiles sur des taquets logés dans les trous d'une crémaillère, ou sur des goujons ou des tiges logés dans des trous percés dans les côtés. On introduit les rayons fixes dans des rainures.

Les portes consistent en un panneau de contreplaqué ou en un ensemble panneau et cadre. Pour faire le cadre, on pratique l'un des types d'assemblages suivants : à tenon et à mortaise, à onglet et à biscuit, à rainure et à languette.

L'assemblage du cadre et des pieds suppose le renforcement de tenons et de mortaises. Il sert de base aux tables, aux chaises, aux lits et à certains meubles de rangement. Dans cet assemblage, les tenons sont arrêtés (longueur minimale : 1 po [2,5 cm]) ou à onglet, ce qui les empêche de se toucher dans les pieds.

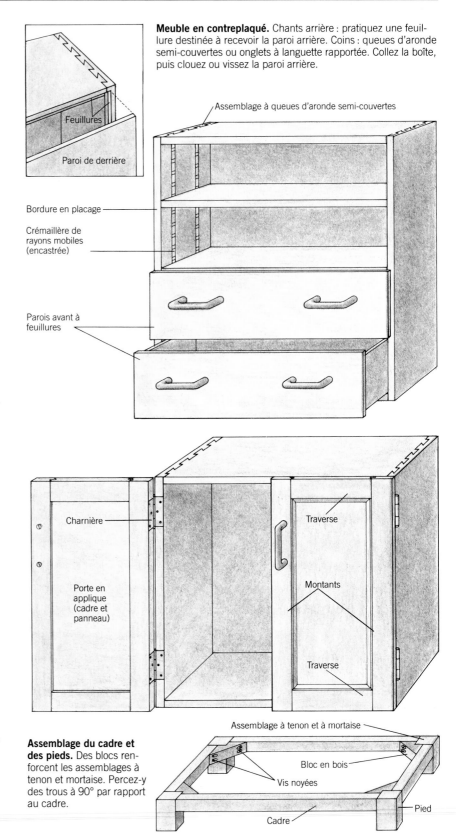

**Meuble en contreplaqué.** Chants arrière : pratiquez une feuillure destinée à recevoir la paroi arrière. Coins : queues d'aronde semi-couvertes ou onglets à languette rapportée. Collez la boîte, puis clouez ou vissez la paroi arrière.

Feuillures

Paroi de derrière

Assemblage à queues d'aronde semi-couvertes

Bordure en placage

Crémaillère de rayons mobiles (encastrée)

Parois avant à feuillures

Charnière

Porte en applique (cadre et panneau)

Traverse

Montants

Traverse

**Assemblage du cadre et des pieds.** Des blocs renforcent les assemblages à tenon et mortaise. Percez-y des trous à 90° par rapport au cadre.

Assemblage à tenon et à mortaise

Bloc en bois

Vis noyées

Pied

Cadre

## Tiroirs et tasseaux

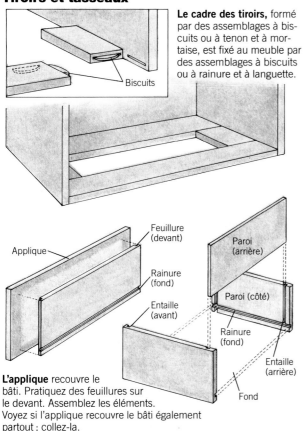

**Le cadre des tiroirs,** formé par des assemblages à biscuits ou à tenon et à mortaise, est fixé au meuble par des assemblages à biscuits ou à rainure et à languette.

Biscuits

Applique

Feuillure (devant)

Rainure (fond)

Entaille (avant)

Paroi (arrière)

Paroi (côté)

Rainure (fond)

Entaille (arrière)

Fond

**L'applique** recouvre le bâti. Pratiquez des feuillures sur le devant. Assemblez les éléments. Voyez si l'applique recouvre le bâti également partout ; collez-la.

**Tiroir à coulisseaux latéraux.**
Les coulisseaux en bois sont vissés. Avant d'assembler le tiroir, rainurez les parois de côtés avec une toupie. Des rainures arrêtées serviront de butées.

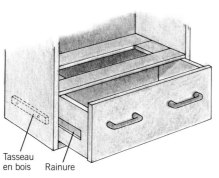

Tasseau en bois

Rainure

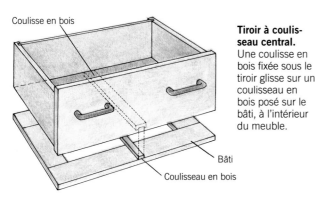

Coulisse en bois

**Tiroir à coulisseau central.**
Une coulisse en bois fixée sous le tiroir glisse sur un coulisseau en bois posé sur le bâti, à l'intérieur du meuble.

Bâti

Coulisseau en bois

## Assemblage du cadre et du panneau

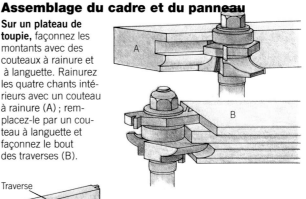

A

B

**Sur un plateau de toupie,** façonnez les montants avec des couteaux à rainure et à languette. Rainurez les quatre chants intérieurs avec un couteau à rainure (A) ; remplacez-le par un couteau à languette et façonnez le bout des traverses (B).

Traverse

Montants

Panneau

Traverse

**Vérifiez l'assemblage.** Collez une traverse et un montant ; encollez et posez le panneau. Collez le second montant, puis l'autre traverse. Posez les serres à coulisse.

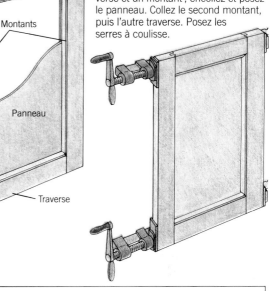

## Construction d'une table

Des équerres à lumière supportent un plateau en bois massif. Si la table est longue, sciez les tenons en onglet ; prévoyez un vide de $1/16$ po pour la colle.

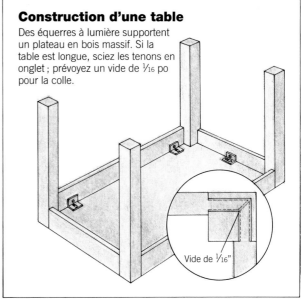

Vide de $1/16$"

Posez des moulures pour obtenir une jolie finition et masquer les joints entre les murs et les planchers, les plafonds et les cadres de portes et de fenêtres. Les moulures protègent les coins, encadrent les châssis de fenêtre, servent de butée dans les huisseries et dévient l'écoulement des eaux au-dessus des fenêtres.

Choisissez avec soin les moulures qui devront être aboutées. Chaque fabricant a des modèles qui lui sont propres, et il pourra y avoir de légères variations de profil chez un même fabricant. Assurez-vous que la finition de chaque moulure est uniforme et que le profil est le même partout.

Les moulures se présentent dans des longueurs allant de 6 à 16 pi (1,8 à 4,8 m). Il y a des moulures à profils standard, faites en pin blanc sans nœuds ou, dans certaines régions, en chêne rouge ; on peut commander des moulures taillées dans d'autres bois. Il y a aussi des moulures préfinies en bois assorties aux boiseries, en mousse, en plastique rigide ou en bois plaqué.

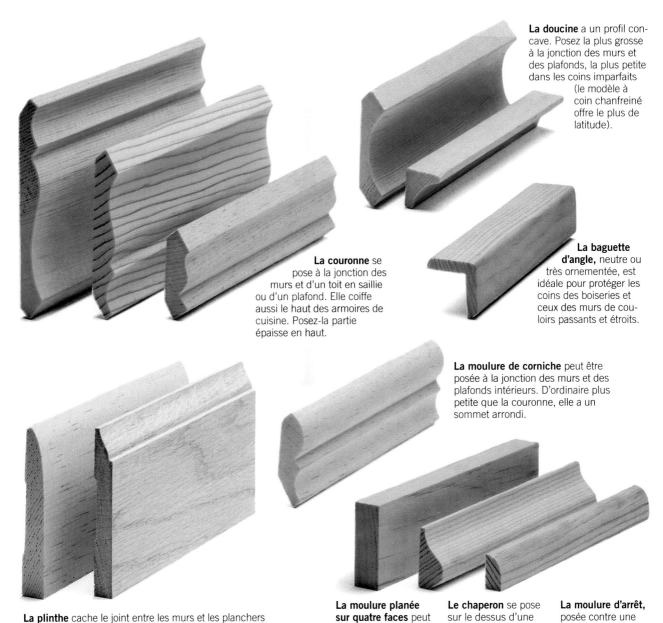

**La doucine** a un profil concave. Posez la plus grosse à la jonction des murs et des plafonds, la plus petite dans les coins imparfaits (le modèle à coin chanfreiné offre le plus de latitude).

**La couronne** se pose à la jonction des murs et d'un toit en saillie ou d'un plafond. Elle coiffe aussi le haut des armoires de cuisine. Posez-la partie épaisse en haut.

**La baguette d'angle,** neutre ou très ornementée, est idéale pour protéger les coins des boiseries et ceux des murs de couloirs passants et étroits.

**La moulure de corniche** peut être posée à la jonction des murs et des plafonds intérieurs. D'ordinaire plus petite que la couronne, elle a un sommet arrondi.

**La plinthe** cache le joint entre les murs et les planchers et protège la base des murs. La base de la plinthe est généralement unie et l'on peut y ajouter une moulure d'arrêt. Son sommet, souvent ornementé, rend inutile l'ajout d'un chaperon.

**La moulure planée sur quatre faces** peut être posée seule ou combinée à d'autres moulures.

**Le chaperon** se pose sur le dessus d'une moulure planée sur quatre faces ou sur des lambris.

**La moulure d'arrêt,** posée contre une plinthe ou une moulure planée, masque le joint entre mur et plancher.

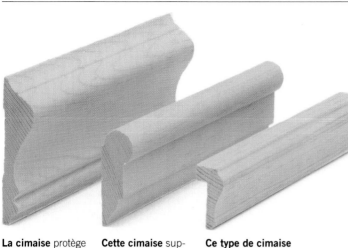

**Le quart-de-rond,** moulure courante, s'ajuste aux coins. Il sert aussi à former des moulures composées.

**Le demi-rond** est idéal pour finir le chant de tablettes. Il ajoute aussi une touche décorative aux meubles et aux moulures composées, notamment à celles qui habillent le pourtour des foyers.

**La cimaise** protège les murs à hauteur de dossiers de chaises. Elle donne l'impression de murs plus bas et sert de séparation horizontale.

**Cette cimaise** supporte des cadres suspendus à des crochets. Elle doit faire le tour de la pièce, près du plafond.

**Ce type de cimaise** se pose sur le dessus du lambris d'appui. Elle protège le bois de bout et rehausse l'apparence de l'ensemble.

**Les petites moulures** servent à finir les tablettes, rayons, paravents, meubles et cadres et à former des moulures composées.

**La moulure en forme de brique** recouvre les cadres extérieurs. On peut y ajouter des briques ou d'autres matériaux.

**La moulure de cadre** masque le joint entre un cadre et un mur et contribue à consolider le cadre. Elle présente des profils unis ou ornés et s'obtient en plusieurs largeurs. La moulure d'allège (à gauche) peut aussi être posée sous l'appui des fenêtres.

**La main courante** est une moulure épaisse faite de bois résistant. Elle sert de rampe dans les cages d'escaliers. Elle est souvent posée sur des supports qui doivent être solidement vissés dans les poteaux du mur.

**L'arrêt** est posé dans les cadres de porte, où il forme un butoir. Il sert aussi à fixer une fenêtre coulissante. Il masque les joints et, dans une certaine mesure, fait fonction de coupe-bise et d'isolant phonique.

La moulure ornementale sert à finir les murs ainsi que le chant de meubles et d'éléments intégrés. Dans une pièce, on pose les plinthes à plat sur les murs ; on finit les coins rentrants avec un assemblage contre-profilé et les coins saillants avec un assemblage à onglet. On assemble les couronnes de la même façon, sauf que les coins saillants sont assemblés à onglets composés (p. 141).

Avant de poser une moulure, repérez les poteaux en utilisant un détecteur ou en cognant sur le mur. Indiquez leur emplacement. Pour que les moulures collent solidement aux murs, effilez leurs extrémités. Taillez leur face en biseau sur $\frac{1}{16}$ po [1,5 mm], un peu moins sur le dos. De cette manière, vous devrez exercer une pression sur la moulure pour l'insérer.

Si le mur est long, assemblez les moulures au moyen d'entures (onglets parallèles). Enfoncez-y un clou et clouez les moulures aux poteaux. Pour éviter que les moulures de bois franc ne se fendent, percez des avant-trous. Enfoncez les clous à ½ po (1,3 cm) des chants et à 1 po (2,5 cm) de chaque extrémité.

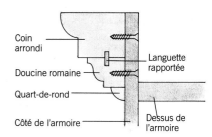

Coin arrondi

Doucine romaine

Quart-de-rond

Côté de l'armoire

Languette rapportée

Dessus de l'armoire

Vous pouvez fabriquer vous-même vos moulures avec une toupie et divers couteaux. Vous pouvez aussi composer des moulures complexes à l'aide de moulures diverses, comme celle de l'illustration ci-dessus.

## Pose des couronnes

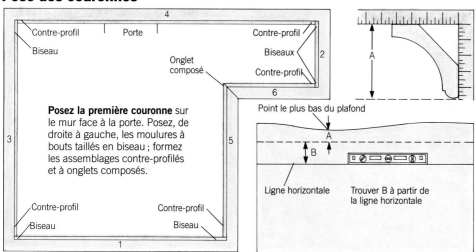

4

Contre-profil | Porte | Contre-profil

Biseau

Biseaux | 2

Onglet composé

Contre-profil

6

**Posez la première couronne** sur le mur face à la porte. Posez, de droite à gauche, les moulures à bouts taillés en biseau ; formez les assemblages contre-profilés et à onglets composés.

3

5

Contre-profil | Contre-profil

Biseau | Biseau

1

A

Point le plus bas du plafond

A

B

Ligne horizontale

Trouver B à partir de la ligne horizontale

**Pour trouver A,** qui est la distance entre la tête (plafond) et la base de la moulure (mur), utilisez une équerre.

**Tracez une ligne horizontale** tout le tour de la pièce et mesurez à partir de cette ligne pour trouver le point le plus bas du plafond. Mesurez la distance A ; faites une marque. Trouvez ensuite B. Sur chaque mur, reportez B à partir de la ligne horizontale. C'est là que vous fixerez la base de la couronne.

**Fixez la couronne** (clous à finir enfoncés sur un tiers de leur longueur dans la charpente) ; noyez les clous. Obturez les trous ; poncez.

## Couronnes jointes par un assemblage à onglet composé

**Le haut** de la couronne s'appuie au plafond. Pour bien tailler l'angle, utilisez une boîte à onglets ; mettez-y la moulure la tête en bas.

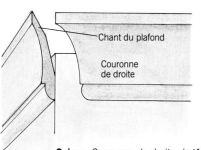

Chant du plafond

Couronne de droite

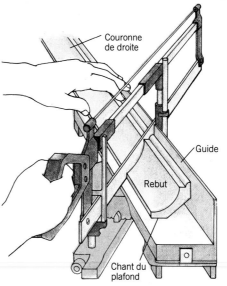

Couronne de droite

Guide

Rebut

Chant du plafond

**Sciage.** Couronne de droite : la tête en bas, appuyée contre le guide (rebut à droite). Couronne de gauche : sciez selon une diagonale opposée (rebut à gauche).

**Vérifiez l'assemblage ;** au besoin, rabotez l'onglet de la couronne de droite. N'entamez pas le devant de la moulure.

## Pose des plinthes

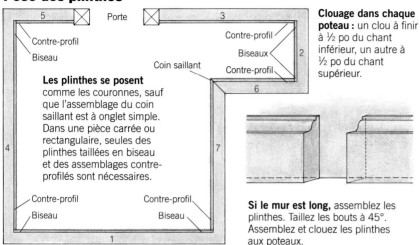

5  Porte  3

Contre-profil
Biseau

Contre-profil
Biseaux  2
Coin saillant
Contre-profil
6

**Les plinthes se posent** comme les couronnes, sauf que l'assemblage du coin saillant est à onglet simple. Dans une pièce carrée ou rectangulaire, seules des plinthes taillées en biseau et des assemblages contre-profilés sont nécessaires.

4  7

Contre-profil
Biseau
Contre-profil
Biseau

1

**Clouage dans chaque poteau :** un clou à finir à ½ po du chant inférieur, un autre à ½ po du chant supérieur.

**Si le mur est long,** assemblez les plinthes. Taillez les bouts à 45°. Assemblez et clouez les plinthes aux poteaux.

## Assemblage à onglet saillant

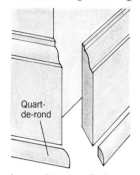

Quart-de-rond

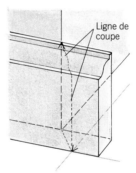

Ligne de coupe

**Les onglets des plinthes** doivent s'assembler sans jeu. Un quart-de-rond, cloué aux plinthes, masque le joint entre le plancher et les plinthes.

**1.** Mettez les plinthes en place à tour de rôle. Au point d'intersection, faites une ligne sur le plancher et un V, en haut et en bas, sur les deux plinthes.

**2.** Tracez des lignes perpendiculaires aux V sur les deux faces de chaque plinthe ; reliez-les en haut et en bas pour obtenir la ligne de coupe exacte (45° environ).

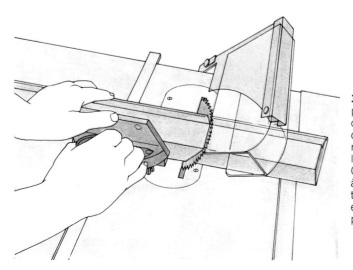

**3.** Réglez la lame pour tailler des onglets. Faites des essais environ à ½ po de la ligne de coupe. Comparez l'onglet à la ligne ; ajustez. Sciez l'onglet en une seule passe.

## Assemblages contre-profilés

**Taillez le biseau d'une plinthe ;** posez-la. Contre-profilez l'autre plinthe. Assemblez-les.

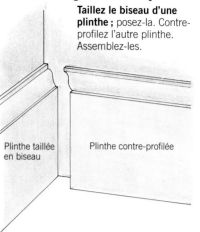

Plinthe taillée en biseau

Plinthe contre-profilée

**1.** Tracez le profil à l'aide d'un bout de bois de rebut derrière la plinthe à contre-profiler. Utilisez un crayon bien taillé ; tenez-le à 45°.

Plinthe à bout biseauté  Rebut

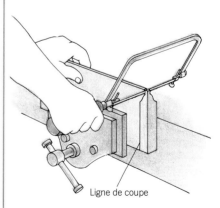

Ligne de coupe

**2.** Suivez les courbes avec une scie à chantourner. Retournez la plinthe ; suivez les lignes droites avec une scie à araser ou à dossière. Vérifiez l'assemblage. Finissez à la lime.

# TEINTURES, BOUCHE-PORES ET AUTRES PRODUITS DE FINITION

Il existe de nombreux produits pour finir le bois. Avant de fixer votre choix, déterminez l'usage que vous en ferez. Les produits présentés ici peuvent, soit rehausser la figure du bois, le rendre lustré ou mat, en enrichir ou en changer la couleur ou la texture ou encore en foncer la surface. La plupart offrent une certaine protection contre le soleil,

l'abrasion, l'eau et les produits chimiques. Certains finis et teintures sont prêts à l'usage. D'autres doivent être préparés et permettent de créer des teintes originales.

Selon le produit employé, la surface à traiter et la technique utilisée, il faudra plus ou moins de compétence et des outils plus ou moins spécialisés.

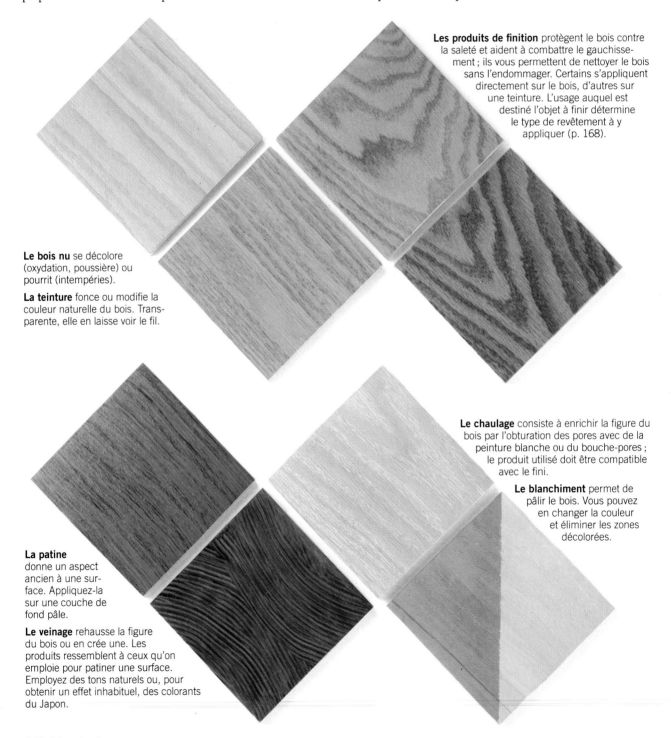

**Les produits de finition** protègent le bois contre la saleté et aident à combattre le gauchissement ; ils vous permettent de nettoyer le bois sans l'endommager. Certains s'appliquent directement sur le bois, d'autres sur une teinture. L'usage auquel est destiné l'objet à finir détermine le type de revêtement à y appliquer (p. 168).

**Le bois nu** se décolore (oxydation, poussière) ou pourrit (intempéries).

**La teinture** fonce ou modifie la couleur naturelle du bois. Transparente, elle en laisse voir le fil.

**Le chaulage** consiste à enrichir la figure du bois par l'obturation des pores avec de la peinture blanche ou du bouche-pores ; le produit utilisé doit être compatible avec le fini.

**Le blanchiment** permet de pâlir le bois. Vous pouvez en changer la couleur et éliminer les zones décolorées.

**La patine** donne un aspect ancien à une surface. Appliquez-la sur une couche de fond pâle.

**Le veinage** rehausse la figure du bois ou en crée une. Les produits ressemblent à ceux qu'on emploie pour patiner une surface. Employez des tons naturels ou, pour obtenir un effet inhabituel, des colorants du Japon.

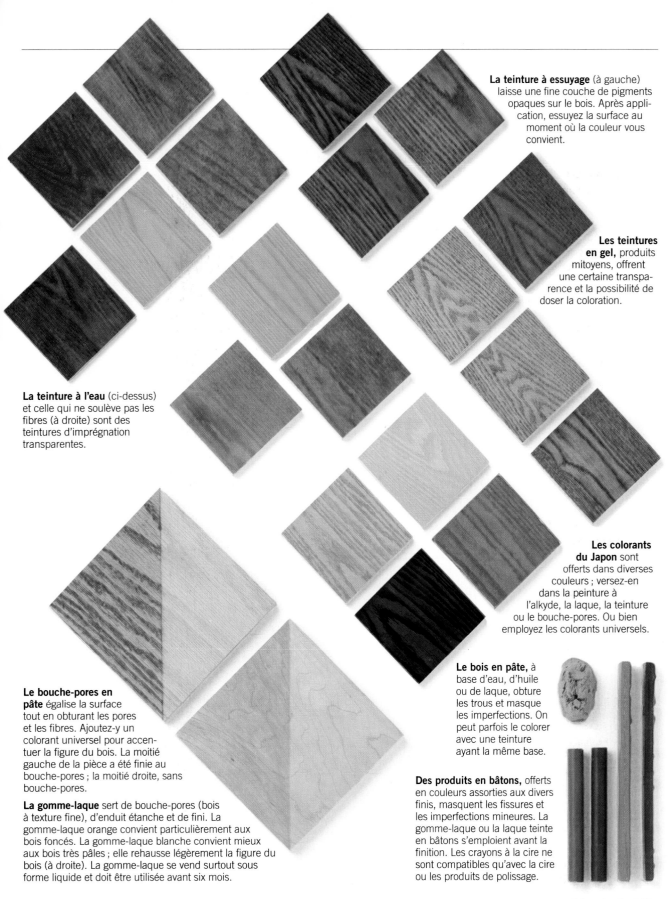

**La teinture à essuyage** (à gauche) laisse une fine couche de pigments opaques sur le bois. Après application, essuyez la surface au moment où la couleur vous convient.

**Les teintures en gel,** produits mitoyens, offrent une certaine transparence et la possibilité de doser la coloration.

**La teinture à l'eau** (ci-dessus) et celle qui ne soulève pas les fibres (à droite) sont des teintures d'imprégnation transparentes.

**Les colorants du Japon** sont offerts dans diverses couleurs ; versez-en dans la peinture à l'alkyde, la laque, la teinture ou le bouche-pores. Ou bien employez les colorants universels.

**Le bouche-pores en pâte** égalise la surface tout en obturant les pores et les fibres. Ajoutez-y un colorant universel pour accentuer la figure du bois. La moitié gauche de la pièce a été finie au bouche-pores ; la moitié droite, sans bouche-pores.

**La gomme-laque** sert de bouche-pores (bois à texture fine), d'enduit étanche et de fini. La gomme-laque orange convient particulièrement aux bois foncés. La gomme-laque blanche convient mieux aux bois très pâles ; elle rehausse légèrement la figure du bois (à droite). La gomme-laque se vend surtout sous forme liquide et doit être utilisée avant six mois.

**Le bois en pâte,** à base d'eau, d'huile ou de laque, obture les trous et masque les imperfections. On peut parfois le colorer avec une teinture ayant la même base.

**Des produits en bâtons,** offerts en couleurs assorties aux divers finis, masquent les fissures et les imperfections mineures. La gomme-laque ou la laque teinte en bâtons s'emploient avant la finition. Les crayons à la cire ne sont compatibles qu'avec la cire ou les produits de polissage.

# PLACAGES

Les placages rehaussent l'apparence des ouvrages de menuiserie. Ils permettent tout aussi bien de masquer les imperfections d'une pièce de bois massif que de recouvrir du bois manufacturé. Plaquez n'importe quel objet pour lui donner un fini décoratif. Grâce au placage, vous avez accès à des essences que vous ne pourriez utiliser autrement en raison de leur prix ou de l'impossibilité de les employer à l'état massif.

Les feuilles de placage sont entreposées et vendues dans l'ordre de leur débit, surtout pour en faciliter l'appareillage, mais aussi pour assurer l'uniformité de la figure, de la couleur et de la texture. Les placages sont livrés en feuilles planes ou roulées, selon leurs dimensions. Commandez-en plus que nécessaire, en prévoyant de 20 à 30 p. 100 environ de pertes. Manipulez ces feuilles délicatement ; elles sont très fragiles.

**Les feuilles de placage** (à droite) se caractérisent par l'essence, le mode de débit, la partie de l'arbre dont elles proviennent (un nœud pourra être visible) et la figure. Ces variables débouchent sur un choix infini de placages.

**Les bordures** (à droite) sont des bandes de placage vendues en rouleaux. Certaines sont autocollantes. Posez-les sur le chant des contreplaqués.

**Les incrustations en baguettes** (à droite) servent à orner les bords d'une pièce. Les petites bandes de bois naturel qui forment les motifs géométriques sont préassemblées ; le travail d'ornementation s'en trouve donc grandement simplifié. Les baguettes se logent facilement dans des rainures peu profondes, découpées à la toupie. Elles ont 3 pi de longueur et de $\frac{1}{4}$ à $\frac{3}{4}$ po de largeur.

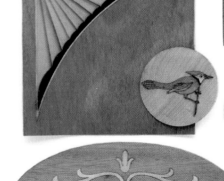

**Le placage souple** (ci-dessus, à gauche), moins cassant que les autres placages, est idéal pour habiller les surfaces courbes. Il est offert en feuilles de grandes dimensions. Appliquez-le avec de la colle contact.

**Le placage autocollant** (ci-dessus, à droite) est préencollé. Pour le poser, détachez la pellicule protectrice et appuyez.

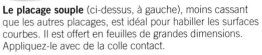

**Les incrustations en médaillons** se présentent dans une vaste gamme de motifs, obtenus par l'assemblage de pièces de bois aux couleurs naturelles ou artificielles. Intégrez-les à l'ouvrage.

# MOULURES DÉCORATIVES

Comme dernière touche avant d'appliquer la teinture ou le fini, posez des moulures décoratives. Vous obtiendrez un ouvrage impressionnant. Posez des reproductions de moulures anciennes pour restaurer de vieux meubles. La plupart des moulures sont en bois franc : noyer, chêne,

cerisier, etc. Elles rehaussent l'apparence d'armoires, de coffres, de bibliothèques, de portes, de fenêtres, de cages d'escalier, de murs, etc.

Il suffit, pour les poser, d'un peu de colle ou de quelques petits clous.

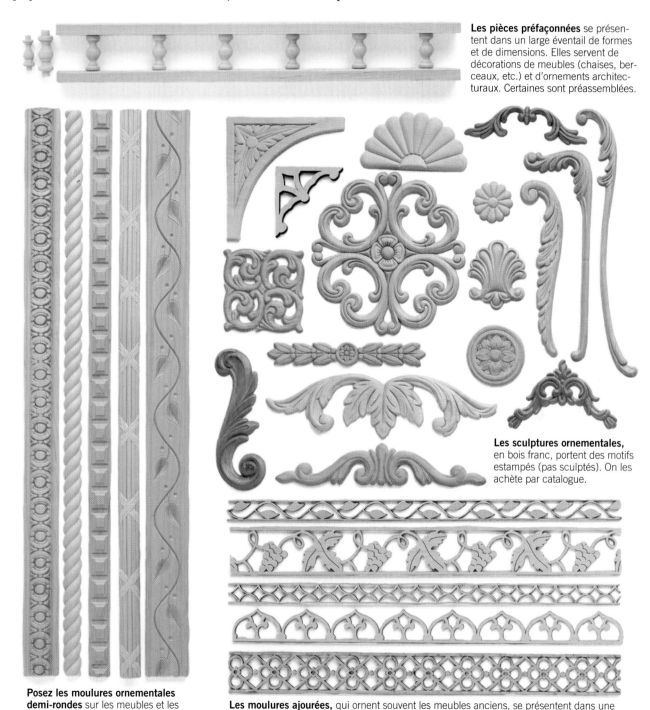

**Les pièces préfaçonnées** se présentent dans un large éventail de formes et de dimensions. Elles servent de décorations de meubles (chaises, berceaux, etc.) et d'ornements architecturaux. Certaines sont préassemblées.

**Les sculptures ornementales,** en bois franc, portent des motifs estampés (pas sculptés). On les achète par catalogue.

**Posez les moulures ornementales demi-rondes** sur les meubles et les cadres, autour des portes et fenêtres, le long des murs et plafonds.

**Les moulures ajourées,** qui ornent souvent les meubles anciens, se présentent dans une vaste gamme de motifs complexes. On les pose sur les boîtes de fantaisie, les coffres et les cadres. Elles sont vendues par catalogue.

Le fini accentue les imperfections du bois. La surface doit donc être soigneusement préparée. Un ponçage manuel est toujours nécessaire, mais le travail sera accéléré par l'emploi d'un racloir. Bien fait, le raclage produit des copeaux qui ressemblent à de la dentelle. S'il produit de la poussière, il faut affûter la lame.

Les outils de ponçage électriques accélèrent encore le travail. Dégrossissez une pièce avec une ponceuse à courroie. Utilisez ensuite une ponceuse vibrante et achevez le ponçage en passant légèrement un papier de verre sur la surface. Suivez toujours une progression granulométrique. Pour dégrossir, utilisez du papier 80. Sur une surface lisse, utilisez du papier 120 d'abord, du 180 ensuite et, finalement, du 220 ou du 240. Poncez parallèlement au fil, sinon l'on verra des éraflures. Entre les ponçages, nettoyez la surface avec un tampon gras, humectez de térébenthine et d'un peu de vernis. Si le produit de finition est à base d'eau, humectez le tampon d'eau.

**Attention !** Portez un masque anti-poussières. Si vous employez une ponceuse électrique, reliez-la si possible à un collecteur de poussières ou à un aspirateur d'atelier.

Pour obtenir un fini très lustré sur un bois comme le chêne ou le noyer, bouchez les pores avec du bois en pâte, de couleur ou neutre. Ce dernier peut aussi recevoir une teinture. Le bouche-porage est inutile si vous recherchez un aspect naturel ou si le bois (pin, érable, cerisier) a de très petits pores.

Avant d'appliquer la teinture, apprêtez les surfaces pour qu'elles absorbent uniformément la teinture (surtout dans le cas des bois tendres). Appliquez au pinceau deux couches d'épaisseur moyenne ; laissez sécher la teinture entre chaque couche et poncez avec un papier 240.

## Raclage

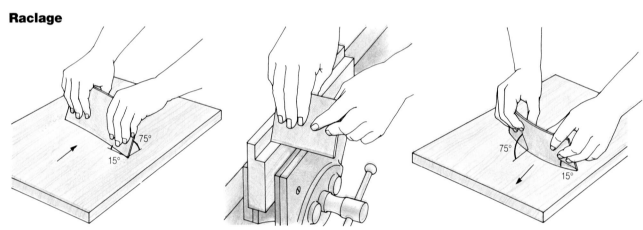

**Tirez le racloir** dans le sens du fil ; inclinez-le à 75°, placez-le à 15° par rapport au fil et courbez-le un peu pour qu'il égalise sans que ses coins marquent le bois.

**Lissez les coins** et les recoins en tirant le racloir incliné à 75° ; gardez les doigts éloignés du tranchant. Ne creusez pas le bois avec les coins.

**Poussez le racloir** dans le sens du fil pour lisser les surfaces inégales et les fibres irrégulières. Inclinez-le à 75° et courbez-le de façon qu'il soit convexe devant.

## Bouche-porage

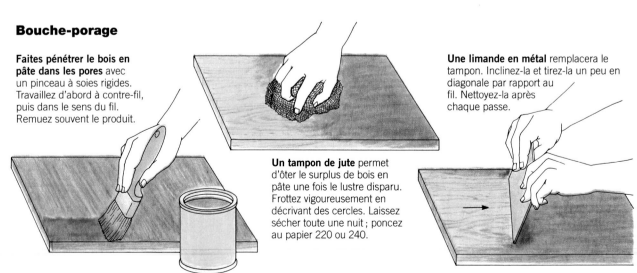

**Faites pénétrer le bois en pâte dans les pores** avec un pinceau à soies rigides. Travaillez d'abord à contre-fil, puis dans le sens du fil. Remuez souvent le produit.

**Un tampon de jute** permet d'ôter le surplus de bois en pâte une fois le lustre disparu. Frottez vigoureusement en décrivant des cercles. Laissez sécher toute une nuit ; poncez au papier 220 ou 240.

**Une limande en métal** remplacera le tampon. Inclinez-la et tirez-la un peu en diagonale par rapport au fil. Nettoyez-la après chaque passe.

# Ponçage

**Poncez dans le sens du fil,** par passes parallèles légèrement chevauchantes. Guidez la ponceuse sans appuyer.

**Poncez les petites surfaces** de la façon décrite ci-dessus. Lancez la ponceuse avant qu'elle touche la surface.

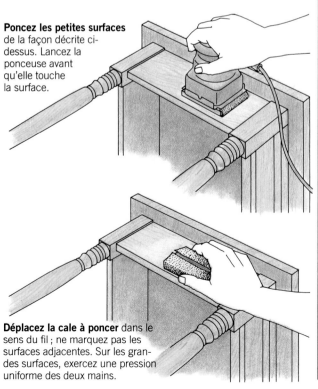

**Déplacez la cale à poncer** dans le sens du fil ; ne marquez pas les surfaces adjacentes. Sur les grandes surfaces, exercez une pression uniforme des deux mains.

**Pour poncer de longues pièces tournées,** pliez un quart de feuille en trois pour former un demi-cercle ; travaillez de haut en bas. Petites surfaces : employez la technique du cireur de chaussures (ci-dessous, à droite).

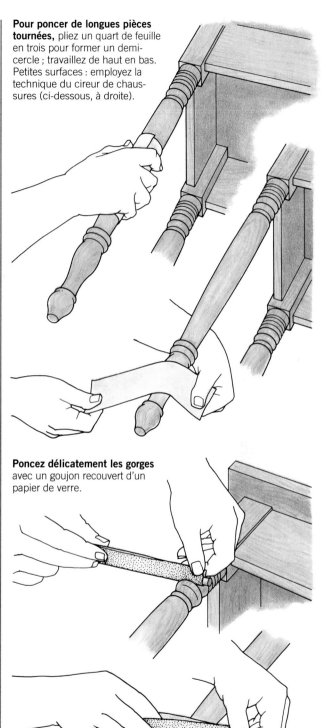

**Poncez délicatement les gorges** avec un goujon recouvert d'un papier de verre.

**Rainures étroites :** imprimez un mouvement de va-et-vient au papier plié en deux. Appuyez d'un côté puis de l'autre.

Les teintures rehaussent la couleur naturelle du bois ou la changent radicalement, en accentuant ou en masquant la figure. Si vous optez pour les teintures d'imprégnation, qui pénètrent les fibres, attendez-vous à une couleur transparente et à un grain accentué. Toutefois, le bois absorbe très facilement ce type de teinture et il peut être difficile d'éviter les zébrures et les défauts de reprise.

Par comparaison, les teintures à essuyage sont faciles à appliquer. Elles laissent cependant une mince pellicule de colorant sur le bois. Leurs riches couleurs ont donc souvent comme contrepartie un fil trouble. Les teintures en gel combinent les avantages de la teinture d'imprégnation et de la teinture à essuyage. Vu l'absence d'éclaboussures et de coulures qui les caractérise, elles s'appliquent proprement. Il existe aussi des produits qui combinent teinture et produit de finition. Ils accélèrent certes le travail, mais ils procurent un fini de qualité souvent inférieure à celle que l'on obtient avec l'application en deux étapes classique.

Lorsque vous choisissez une teinture et un produit de finition, voyez quels solvants ils contiennent ; teintures et produits de finition doivent être compatibles.

Le plus grand désavantage lié à l'emploi des teintures solubles dans l'eau est sans doute que certaines d'entre elles font gonfler les fibres du bois. Cela suppose le recours préalable à un produit dont l'action soulève les fibres. Cependant, il existe une teinture soluble dans l'eau qui ne soulève pas les fibres et ne contient pas d'eau. On l'applique au pulvérisateur.

Au moment d'acheter une teinture, optez pour une teinte légèrement plus pâle que la teinte recherchée : il est plus facile de foncer une teinture pâle que d'en pâlir une trop foncée. Par ailleurs, la couleur varie selon l'essence ; faites donc un essai sur une surface cachée. Appliquez la teinture avec un chiffon non pelucheux ou un pinceau à soies synthétiques (selon le mode d'emploi). Sur les petites surfaces, employez un tampon en mousse.

Certains bois (le pin, le sapin, le bouleau) absorbent mal la teinture. Si vous y appliquez de la teinture, soumettez-les d'abord à un bouche-porage (p. 164) ; optez pour une teinture à base d'eau ou pour une teinture en gel un peu plus foncée que leur couleur naturelle.

Vous pourrez pâlir un bois en appliquant en deux étapes un produit de blanchiment. Il est toutefois difficile de faire disparaître les taches qui enlaidissent le bois, à moins d'en connaître exactement la nature. Par exemple, les rayures allant du bleu-vert au gris-noir que l'on voit sur les vieux meubles d'acajou, d'érable ou de chêne sont habituellement causées par la réaction des ferrures avec les tanins du bois. L'acide oxalique enlèvera ce genre de tache sans changer la couleur du bois. Appliquez-le sur le bois ; laissez-le sécher et nettoyez à fond pour éliminer les cristaux.

**Attention !** L'acide oxalique et les substances contenant un composé organique volatil sont toxiques. Aérez bien l'aire de travail, observez les consignes du fabricant et portez des gants de caoutchouc et des lunettes de protection.

## Techniques de base

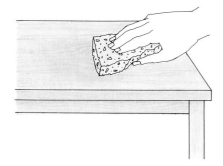

**1. Soulevez les fibres** avant d'appliquer une teinture à base d'eau ou si le bois est rude au toucher après le ponçage final. Humectez le bois avec une éponge ; laissez sécher.

**2. Poncez rapidement** les fibres soulevées au papier 180, puis passez l'aspirateur. N'utilisez pas un tampon gras : il pourrait laisser un résidu qui nuirait à la pénétration de la teinture.

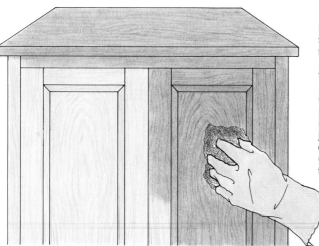

**La teinture en gel** s'applique dans le sens du fil d'un bois préparé, avec un tampon propre et non pelucheux. Frottez (fort pour une couleur pâle, légèrement pour une couleur foncée) jusqu'à ce que la couleur soit uniforme. (Sur une surface verticale, appliquez une teinture liquide à partir du bas.)

# EFFETS SPÉCIAUX

Le chaulage et la patine permettent de vieillir artificiellement le bois. Le chaulage, qui consiste à obturer les pores avec de la peinture blanche ou du bois en pâte avant la finition, procure un fini à deux tons. La patine consiste à recouvrir un bois verni ou peint d'un enduit contrastant, puis à l'essuyer pour donner l'illusion d'une certaine usure. Le veinage, qui est l'art de reproduire les veines du bois sur une surface neutre, suppose le même mode d'application en deux temps. Les finis décoratifs ne protègent cependant pas le bois ; appliquez un produit de finition recommandé par le fabricant.

## Chaulage

**Appliquez le bois en pâte avec un pinceau,** puis ôtez l'excès à contre-fil avec un tampon de jute. Laissez sécher 24 h avant de sceller.

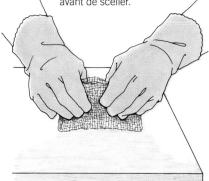

## Veinage

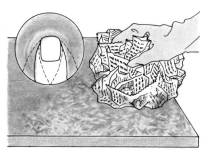

**Tirez un spalter** en le faisant onduler et en le déplaçant de bas en haut ou encore employez un pinceau à soies rigides ou une balayette.

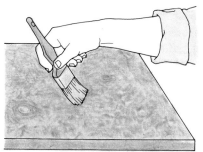

**Créez une texture** avec du papier journal chiffonné (faites des essais sur du rebut). Pour imiter les nœuds, appuyez le pouce sur la patine en tournant.

## Fini antique

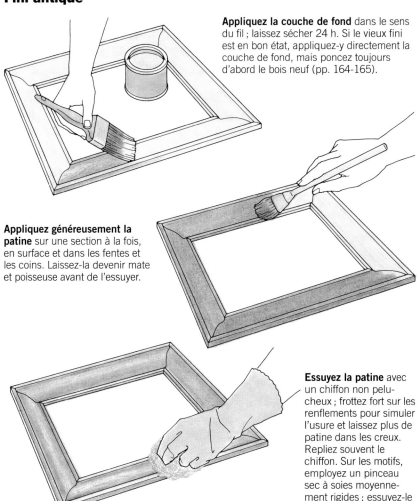

**Appliquez la couche de fond** dans le sens du fil ; laissez sécher 24 h. Si le vieux fini est en bon état, appliquez-y directement la couche de fond, mais poncez toujours d'abord le bois neuf (pp. 164-165).

**Appliquez généreusement la patine** sur une section à la fois, en surface et dans les fentes et les coins. Laissez-la devenir mate et poisseuse avant de l'essuyer.

**Essuyez la patine** avec un chiffon non pelucheux ; frottez fort sur les renflements pour simuler l'usure et laissez plus de patine dans les creux. Repliez souvent le chiffon. Sur les motifs, employez un pinceau sec à soies moyennement rigides ; essuyez-le souvent sur un chiffon.

**Pour donner plus de réalisme,** passez un pinceau sec sur la surface texturée ; inclinez-le et imitez le fil par passes légères.

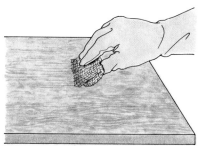

**Uniformisez le veinage.** Laissez sécher la première couche de patine ; appliquez-en une seconde par passes parallèles et en ligne droite avec un tampon de toile rude.

L'usage auquel est destiné l'objet à finir ainsi que l'apparence recherchée déterminent le type de produit de finition que vous choisirez. Les produits de surface (vernis, polyuréthane, laque) forment une pellicule protectrice sur le bois. Les produits d'imprégnation (huiles) pénètrent les fibres et y durcissent.

Les produits de surface résistent mieux aux taches et à l'abrasion que les produits d'imprégnation, mais sont plus difficiles à retoucher. Ces derniers donnent un fini satiné qui rehausse la couleur et la figure du bois.

Il faut aussi considérer la composition du produit. Les produits sont en général à base de solvant, mais il y a aussi des vernis et des laques à base d'eau, non toxiques et ininflammables. Cependant, ils sont parfois difficiles à appliquer et soulèvent les fibres du bois. Vérifiez s'ils sont compatibles avec les teintures et les bouche-pores à base d'huile ; en cas de doute, communiquez avec le fabricant.

Les produits de finition rendent plus visibles les imperfections. Poncez le bois avant de le finir, en suivant une gradation granulométrique aboutissant à un papier de verre 220 ou plus. Traitez de façon égale toutes les parties d'un même ouvrage pour qu'elles réagissent uniformément au jeu du bois et ne gauchissent pas. Bouchez d'abord les pores d'un bois tendre. Pour obtenir un résultat optimal, la température ambiante doit être modérée et le taux d'humidité faible. Lisez l'étiquette du produit pour connaître les temps de séchage entre les applications.

Évitez de faire de la poussière tant qu'un fini n'est pas sec. Pour prévenir les bulles d'air, agitez les produits lentement, délicatement et à fond. Plongez le tiers du pinceau dans le bidon. Enlevez le surplus en appuyant le pinceau sur la paroi intérieure du bidon ; appliquez le produit.

Pour obtenir un fini lustré, procédez comme suit : le produit une fois sec, versez généreusement de l'huile à polir sur un chiffon ou un tampon de feutre, saupoudrez celui-ci de pierre ponce fine et frottez la surface sèche dans le sens du fil. Une fois la surface douce et satinée, enlevez l'huile avec un chiffon propre et doux et appliquez deux couches de cire en pâte. Pour obtenir un fini encore plus lustré, repolissez la surface avec de la diatomite et de l'huile avant de la cirer.

| Type | Effet sur la surface | Application | Solvant | Remarques |
|---|---|---|---|---|
| **Vernis alkyde** | Fini résistant, mat ou lustré. Fonce un peu le bois. | Liquide : pinceau ; gel : tampon ; 2 ou 3 couches. | Essence minérale ou térébenthine | Protection générale. Vernis yacht : bon à l'extérieur. À nombre égal de couches, le vernis liquide produit une pellicule plus épaisse qu'en gel. |
| **Vernis à base d'eau** | Comme ci-dessus, mais fonce moins le bois. | Pinceau ; 2 ou 3 couches. | Eau | Écologique. Pourra soulever les fibres. Sèche plus vite que les vernis à base de solvants. |
| **Polyuréthane** | Fini très résistant, mat ou lustré ; ressemble au plastique. Fonce un peu le bois. | Liquide : pinceau ; gel : tampon ; 2 ou 3 couches. | Essence minérale ou térébenthine | Extrêmement résistant ; bon pour les objets soumis à un usage intensif. |
| **Laque synthétique** | Mat ou lustré ; accentue la figure. Fonce le bois un peu moins que les autres produits, mais peut jaunir. | Pinceau ou pistolet vaporisateur ; 3 couches au moins. Risque de défauts de reprise lorsqu'on applique la laque au pinceau. | Diluant à laque | Protège mieux que les huiles, mais moins bien que les vernis. Très inflammable ; appliquez-la dans une cabine de pistolage. |
| **Laque à base d'eau** | Comme ci-dessus, mais jaunit moins. | Pinceau ou pistolet vaporisateur : 2 couches ; tampon : 3 couches. | Eau | Ininflammable et non toxique ; soulève les fibres du bois. |
| **Huile d'abrasin** | Fini mat d'apparence naturelle. Il rehausse la couleur et la figure du bois. | Pinceau ou tampon ; 2 ou 3 couches ; frottez vigoureusement. | Essence minérale ou térébenthine | Bon pour tous les objets d'intérieur. Faible protection contre l'abrasion ; offre par contre une certaine résistance aux taches. |
| **Huile danoise** | Fini mat d'apparence naturelle qui rehausse la figure du bois. Transparente ou colorée, elle fonce le bois. | Tampon ; 3 couches (4 couches sur les objets devant subir un usage intensif). | Essence minérale ou térébenthine | Bon pour les objets d'intérieur ; protège moins que l'huile d'abrasin. Certaines huiles sont spécialement conçues pour les bois huileux. |
| **Vernis à l'huile d'abrasin** | Fini résistant ; son apparence est plus naturelle que celle des autres vernis. Fonce un peu le bois. | Pinceau, tampon ; 3 couches. | Essence minérale ou térébenthine | Protège mieux que les huiles, mais moins bien que les autres vernis. |

## Techniques d'application

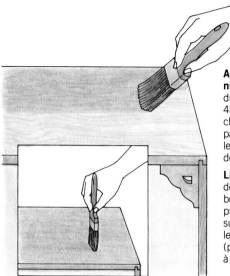

**Appliquez le vernis** dans le sens du fil (pinceau à 45°). Ne faites pas chevaucher les passes ; soulevez le pinceau à la fin de chacune.

**Lissage :** passez délicatement le bout des soies presque sèches sur le vernis, dans le sens du fil (pinceau presque à 90°).

**Coins intérieurs.** Vernissez d'abord les surfaces verticales, de bas en haut, puis les surfaces horizontales. Allez du coin arrière vers le chant avant, en éliminant les coulures sur les surfaces verticales.

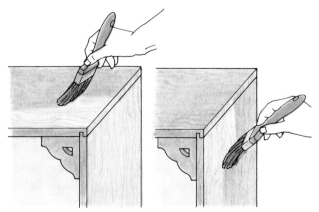

**Coins extérieurs.** Vernissez les surfaces horizontales (levez le pinceau à la fin de chaque passe). Vernissez les surfaces verticales de bas en haut pour obtenir un fini uniforme et sans coulures.

## Décapage

Les décapants dissolvent la vieille peinture. Ceux qui contiennent du dichlorométhane (que l'on croit cancérigène) agissent rapidement (en moins de 15 minutes) et efficacement ; mais il faut les utiliser avec beaucoup de précautions. Les décapants à base d'eau, non toxiques, agissent plus lentement et soulèvent les fibres du bois, ce qui nécessite un léger ponçage après le décapage. Leur application sur des objets précieux ou plaqués est donc risquée. Technique de décapage : appliquez une couche épaisse au pinceau bon marché ; laissez agir et décapez au grattoir. Appliquez une nouvelle couche sur les zones rebelles.

**Attention !** Utilisez les décapants qui contiennent du dichlorométhane à l'extérieur ou dans une aire de travail bien aérée. Portez un masque à filtre organique qui protège contre les vapeurs toxiques (les autres filtres ne retiennent que les particules). Portez des lunettes de protection et des gants en caoutchouc épais. Protégez le plancher avec des journaux. Ayez de l'eau fraîche et des chiffons propres sous la main en cas d'éclaboussures.

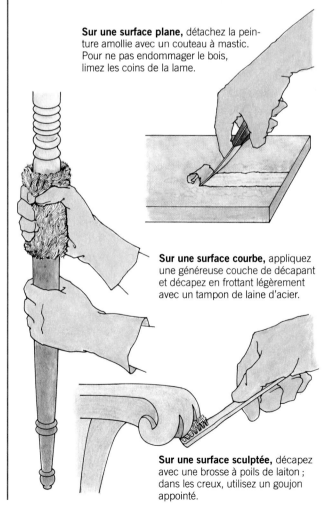

**Sur une surface plane,** détachez la peinture amollie avec un couteau à mastic. Pour ne pas endommager le bois, limez les coins de la lame.

**Sur une surface courbe,** appliquez une généreuse couche de décapant et décapez en frottant légèrement avec un tampon de laine d'acier.

**Sur une surface sculptée,** décapez avec une brosse à poils de laiton ; dans les creux, utilisez un goujon appointé.

# POSE DU PLACAGE

L'art du placage consiste à coller une mince feuille de bois décoratif sur un support (peu importe le matériau). Vendu au pied carré, le placage est offert en feuilles de longueurs variées, planes ou roulées. Aplanissez-les bien avant de les utiliser ; vaporisez-y de l'eau et empilez-les, chaque feuille isolée de la suivante par du papier d'emballage. Posez un contreplaqué sur la pile et des briques sur le contreplaqué. Une fois les feuilles aplanies, faites-les sécher durant cinq jours en les laissant empilées ; changez le papier chaque jour.

Le placage est issu soit du déroulage, soit du tranchage. Dans le premier cas, il est détaché d'une bille posée sur un tour géant ; son fil semble étiré, car les cernes de croissance sont espacés. Dans le deuxième cas, il est débité en minces tranches ; son fil est le même que celui du bois scié. Les feuilles de placage sont emballées dans l'ordre de leur débit.

Appareillage à plat

Appareillage retourné

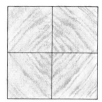

Appareillage en pointe de diamant

Pour bien conserver cet ordre, numérotez-les à la craie au moment du déballage.

Il existe différents types d'appareillages. Celui à plat consiste à assembler les feuilles à plat-joint en suivant l'ordre du débit pour créer un motif répétitif. L'appareillage retourné consiste à combiner les feuilles deux à deux comme les pages

## Assemblage à plat-joint

**1.** Faites chevaucher deux placages sur environ ½ po ; bloquez une limande au centre de la portion chevauchante. Découpez en plusieurs passes légères.

**2.** Posez un morceau de bande adhésive en travers du joint tous les 6 po ; recouvrez ensuite le joint sur toute sa longueur. Vérifiez l'ajustement à contre-jour.

**3.** Retournez l'ensemble ; ouvrez le joint sur le bord de l'établi. Encollez légèrement les chants (colle blanche) et refermez. Essuyez l'excès de colle. Couvrez d'un papier ciré et mettez une presse.

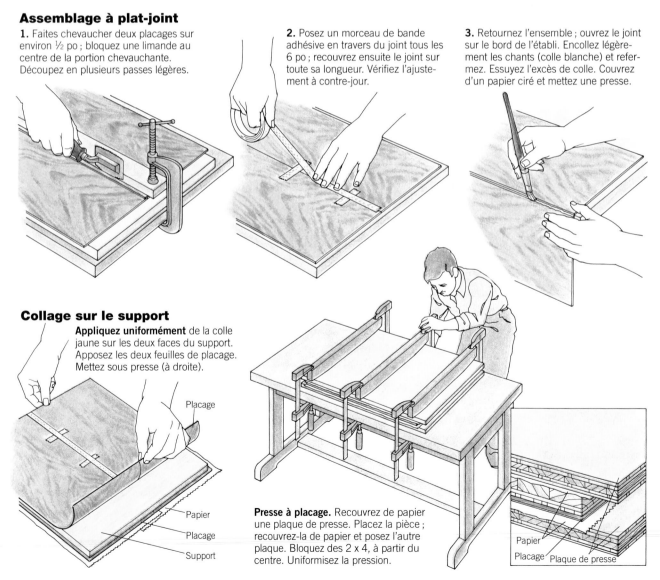

## Collage sur le support

**Appliquez uniformément** de la colle jaune sur les deux faces du support. Apposez les deux feuilles de placage. Mettez sous presse (à droite).

Placage

Papier

Placage

Support

**Presse à placage.** Recouvrez de papier une plaque de presse. Placez la pièce ; recouvrez-la de papier et posez l'autre plaque. Bloquez des 2 x 4, à partir du centre. Uniformisez la pression.

Papier

Placage   Plaque de presse

d'un livre pour produire un effet de miroir. L'appareillage en pointe de diamant consiste à découper quatre carrés ou rectangles identiques de façon que, une fois qu'ils seront assemblés, leur fil se coupe à angle droit. Placez ensuite les pièces pour créer un motif à figures convergentes ou divergentes.

La plupart des matériaux peuvent être plaqués s'ils sont propres et lisses (les bosses transparaissent au travers du placage). Posez le placage, son fil perpendiculaire à celui du bois du support. Pour empêcher le gauchissement, plaquez les deux faces du support.

Taillez le placage à l'envers. Il doit déborder le support de ½ po (1,3 cm). Collez-le, enlevez le surplus avec une scie à placage et ôtez enfin les morceaux de bande adhésive pour placages. Une fois les deux faces plaquées, taillez la pièce aux dimensions voulues et couvrez les chants avec une bordure.

Pour que le placage adhère bien au support, exercez une pression uniforme partout sur la pièce, puis appliquez une force plus grande au centre. Posez des briques ou des blocs de béton pour faire adhérer les petites surfaces. Si vous employez des serre-joints, posez-en un tous les 9 po (23 cm). Si vous employez une presse à placage, les contreplaqués servant de plaques de presse (et de panneaux de protection) doivent être plus grands que l'ouvrage ; les traverses (2 x 4) doivent avoir une base convexe. Mettez un sac en plastique rempli de sable là où vous ne pouvez pas poser de serre-joint.

Les surfaces plaquées sont très vulnérables, particulièrement sur les bords. Avant d'effectuer un rapiéçage, lissez les portions endommagées et équarrissez-les avec un couteau-scalpel. Avant d'effectuer une réparation, assurez-vous que le support est lisse et exempt de vieille colle.

## Encadrement sur chant

**Avec des baguettes de placage,** encadrez un panneau. Retenez-les avec des morceaux de bande adhésive pour placages.

**Taillez des onglets** à l'aide d'une règle en plusieurs passes légères à partir de l'extérieur. Assemblez les baguettes et collez-les à plat-joint. Collez l'ensemble sur un support.

## Encadrement incrusté

**Rainurez la pièce :** l'incrustation doit à peine saillir. Équarrissez les bouts au ciseau. Mesurez la distance entre le tranchant du couteau et l'extérieur de la base de la toupie ; bloquez la limande à cette distance.

**Découpez les bandes d'incrustations** en excédant la longueur utile. Ajustez, collez et passez au rouleau ; poncez.

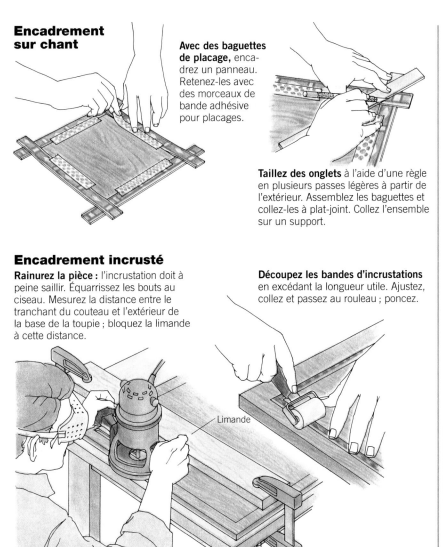

Limande

## Réparations

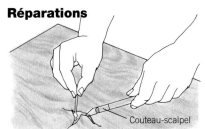

Couteau-scalpel

**Cloque.** Incisez dans le sens du fil et soulevez. Introduisez de la colle blanche (cure-dents ou seringue). Passez un rouleau ; couvrez de papier ciré ; mettez un poids.

**Décollement.** Ôtez la colle séchée ; appliquez de la colle fraîche (pinceau ou cure-dents). Couvrez de papier ciré ; mettez un poids.

**Trou.** Couvrez-le d'un papier blanc ; reproduisez sa forme au crayon. Fixez ce patron à un placage avec de la colle caoutchouc. Taillez dans le sens du rebut, ajustez et collez ; mettez sous presse.

## Collage et serrage

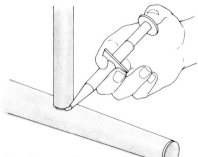

**Recollez une pièce** sans défaire l'assemblage ; insérez le bout d'une seringue dans l'assemblage (au besoin, percez un petit trou).

**Une corde et un garrot** permettent de serrer les assemblages à éléments inclinés.

Garrot

Pour raviver l'éclat d'un meuble usagé, optez d'abord pour la méthode la plus douce. Si le fini est en bon état mais terni, nettoyez-le avec un détergent doux ou un décapant à cire. Si cela échoue, employez un rénovateur. Si le fini est fendillé, appliquez un produit de dissolution.

Masquez les petites éraflures à l'aide de gomme-laque en bâton, de marqueurs imprégnés de teinture à bois ou de crayons de cire. Les pièces très égratignées pourront nécessiter un ponçage et une remise en état complète.

Pour éliminer les cernes causés par l'eau, humectez d'huile minérale un chiffon en coton doux, saupoudrez-le de pierre ponce ou de diatomite finement broyée et frottez délicatement.

Pour soulever un creux, percez-le en plusieurs endroits avec une pointe, couvrez-le d'un chiffon humide et d'un fer à vapeur chaud pendant quelques secondes. Laissez sécher et recommencez, s'il le faut.

Démontez un meuble soigneusement si vous devez en réparer plusieurs assemblages, si vous voulez en remplacer une pièce, ou si la réparation d'un élément risque d'en endommager un autre. Examinez d'abord le meuble globalement. Pour faciliter le remontage, notez ensuite l'ordre de démontage et marquez les pièces.

Défaites avec un maillet en caoutchouc un assemblage qui joue. Mais s'il s'agit d'un assemblage serré, attention de ne pas le briser. Essayez d'amollir la colle : percez-y plusieurs petits trous et, avec une seringue à encoller, injectez-y un mélange composé de quantités égales de vinaigre et d'eau ; attendez une ou deux heures avant de défaire ensuite l'assemblage.

Les cassures dans le sens du fil se réparent habituellement bien avec de la colle, contrairement aux cassures à contre-fil que l'on conseille de renforcer avec des goujons ou des languettes. Resserrez un assemblage goujonné en collant une ficelle ou de l'étamine autour du goujon pour en accroître le diamètre. Pour élargir le bout d'un goujon dans un assemblage défait, fendez-le et insérez-y un coin en bois franc. Assujettissez un tenon en y collant de petites cales en bois. Épaississez une queue (d'aronde ou droite) en y collant du placage. Il faut toujours enlever la vieille colle avant d'appliquer de la colle fraîche.

Une porte peut nécessiter diverses réparations. Si elle ferme mal, frottez son chant à la craie. Fermez la porte, puis dressez-en la partie où la craie a disparu. Obturez un trou de vis devenu trop grand avec de la colle et des cure-dents ; repercez-le. Vérifiez les mortaises des charnières : creusez au ciseau celles qui manquent de profondeur, mettez du placage au fond de celles qui en ont trop.

## Réparation d'une fente

**Ouvrez délicatement** la fente avec un couteau à mastic ou un vieux tournevis.

**Enfoncez-y un coin** ; élargissez-la de façon à pouvoir y introduire un petit pinceau. Encollez les surfaces ; ôtez le coin.

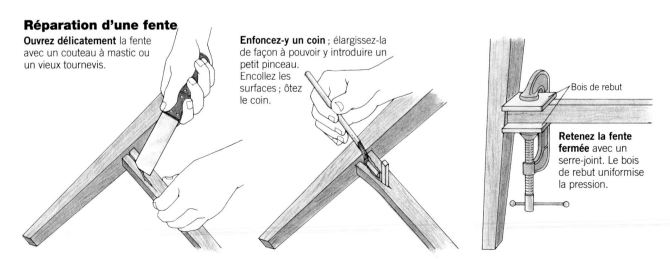

Bois de rebut

**Retenez la fente fermée** avec un serre-joint. Le bois de rebut uniformise la pression.

## Réparation d'un barreau goujonné

**Sciez la partie brisée.** Percez un trou pour un goujon ayant la moitié de la largeur du barreau. Ajoutez ⅛ po en profondeur pour la colle (le ruban servira de butée de profondeur). Ajustez à sec.

**Dans le pied,** obturez l'ancien trou avec un goujon encollé ; laissez sécher ; arasez. Percez un nouveau trou pour y loger le barreau. Faites un essai. Encollez le goujon ; enfoncez-le à légers coups de maillet.

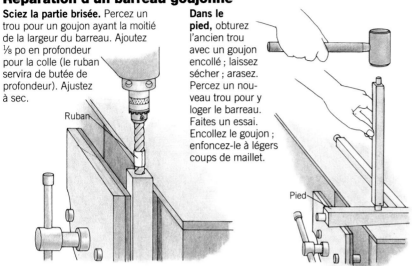

Ruban

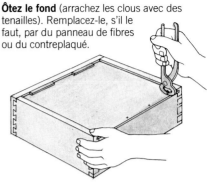

Pied

## Réparation d'un tenon

**Arasez le tenon brisé.** Percez des trous pour mortaiser la pièce sur au moins 1 po de profondeur ; prévoyez ⅛ po de plus pour l'excès de colle. Évidez les mortaises.

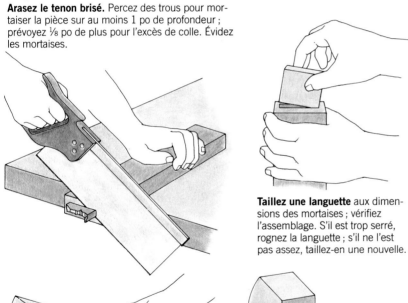

**Taillez une languette** aux dimensions des mortaises ; vérifiez l'assemblage. S'il est trop serré, rognez la languette ; s'il ne l'est pas assez, taillez-en une nouvelle.

**Encollez les deux côtés** de la languette ; posez-la en frappant avec un maillet.

Bois de rebut

## Réparation d'un tiroir

**Ôtez le fond** (arrachez les clous avec des tenailles). Remplacez-le, s'il le faut, par du panneau de fibres ou du contreplaqué.

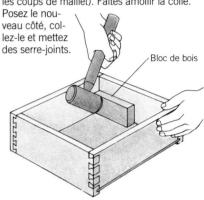

**Pour remplacer un côté,** défaites l'assemblage (examinez-le pour savoir de quel côté donner les coups de maillet). Faites amollir la colle. Posez le nouveau côté, collez-le et mettez des serre-joints.

Bloc de bois

**Pour remplacer des coulisseaux.** Rabotez. Dressez le coin avant au ciseau. Taillez de nouveaux coulisseaux en bois franc.

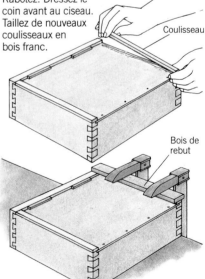

Coulisseau

Bois de rebut

**Collez les coulisseaux.** Posez une serre à coulisse sur du bois de rebut tous les 6 po. Laissez sécher ; vérifiez l'ajustement. Rabotez ou poncez.

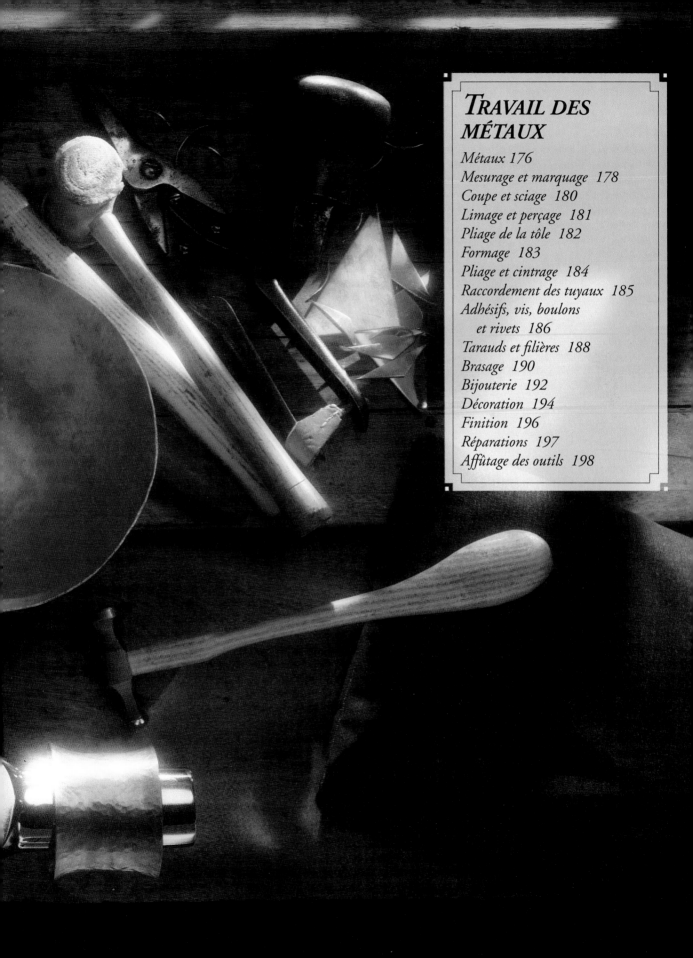

# TRAVAIL DES MÉTAUX

Bien que supplantés en partie par les plastiques, les métaux sont encore largement utilisés (solins, revêtements extérieurs, cadres et châssis de fenêtres, armoires, tuyaux, conduits, etc.). Ils sont tendres ou durs, décoratifs ou neutres, souples ou rigides, épais ou minces. Il y a les métaux ferreux (qui contiennent du fer), les métaux non ferreux (qui englobent tous les métaux communs : cuivre, aluminium, nickel et zinc) et les métaux précieux (or, argent et platine). On allie souvent deux métaux communs afin de modifier leur apparence ou leur ouvrabilité et leur tenue (dureté, solidité, résistance à la corrosion, point de fusion, etc.). Les métaux que vous aurez l'occasion de façonner seront fort probablement l'argent sterling, le cuivre, le laiton, l'acier et des alliages d'aluminium. Vous les trouverez sous différentes formes : en feuilles de moins de $3/16$ po (5 mm) d'épaisseur, en plaques de $1/4$ po (6 mm) d'épaisseur ou plus, en barres et sous forme de tiges rondes, carrées ou hexagonales, de tubes, de profilés, etc.

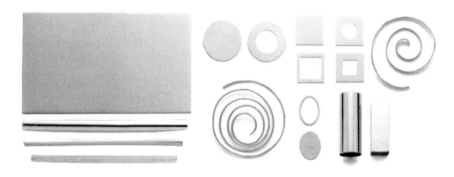

**L'argent,** l'or et le platine sont chimiquement très stables et résistent à l'oxydation et à la corrosion. On les trouve sous diverses formes : feuilles standard ou préfaçonnées, plaques, fils standard, fils plats pour chatons, tubes, tiges, feuilles minces et granules (servant aux moulages et aux alliages) ; il y a aussi les chaînes, fermoirs, tiges de boucles d'oreilles et maillons d'attache, qui simplifient la fabrication de bijoux.

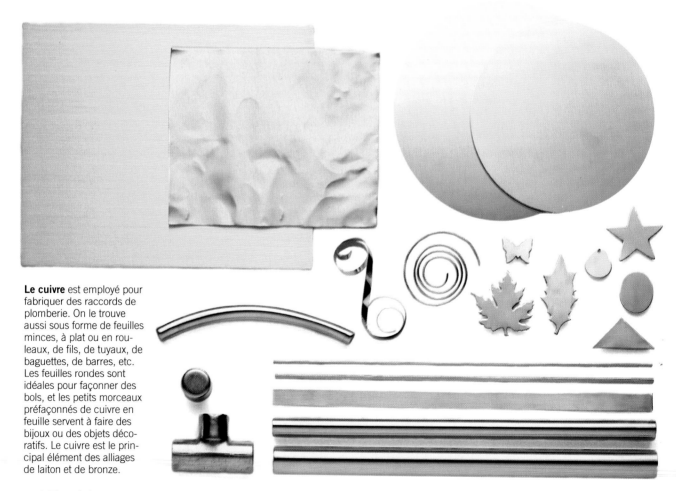

**Le cuivre** est employé pour fabriquer des raccords de plomberie. On le trouve aussi sous forme de feuilles minces, à plat ou en rouleaux, de fils, de tuyaux, de baguettes, de barres, etc. Les feuilles rondes sont idéales pour façonner des bols, et les petits morceaux préfaçonnés de cuivre en feuille servent à faire des bijoux ou des objets décoratifs. Le cuivre est le principal élément des alliages de laiton et de bronze.

**Le laiton,** alliage de cuivre et de zinc, est vendu en feuilles et en plaques et sous forme de tubes, de tiges et de fils. Il est plus dur que le cuivre et il résiste à la corrosion ; les articles en laiton sont recouverts d'un enduit qui les empêche de ternir. Le laiton massif est largement utilisé pour fabriquer des tuyaux et des raccords de plomberie. Le laiton en bandes sert à orner les meubles, les boîtes, les lampes et les bols. Les propriétés et usages du bronze (cuivre et étain) sont semblables à ceux du laiton.

**Les aciers au carbone** (alliage de fer et de carbone) sont ceux qu'utilisent les bricoleurs. Il y en a trois sortes. L'acier de cémentation est le plus utilisé ; il est facile à percer, à scier et à plier. Il se présente sous forme de tiges, de tubes, de baguettes, de tuyaux et de raccords filetés (chauffage, gaz), etc. L'acier mi-dur, alliage plus dur, sert à mouler des objets et à fabriquer des outils. L'acier à haute teneur en carbone est dur et sert à fabriquer des outils de coupe.

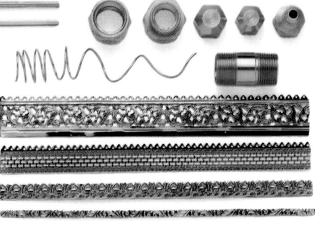

**L'aluminium,** trop tendre pour être employé seul, est toujours allié à un autre métal. Il est léger et facile à percer et à scier, mais il ne peut être brasé et se prête mal à d'autres techniques de soudage. Il résiste naturellement à la corrosion atmosphérique. Un procédé électrochimique, le traitement anodique, le rend encore plus résistant. L'aluminium se vend sous diverses formes (feuilles, solins, tiges, seuils, antennes, charpentes, châssis, etc.).

Travail des métaux  177

Le travail des métaux requiert une préparation minutieuse et de bons matériaux. Les métaux non ferreux peuvent être achetés dans les quincailleries et chez les marchands d'articles de construction et de plomberie ; les métaux ferreux, dans les ateliers de tôliers ou de soudeurs ou dans les parcs à ferraille. Les boutiques d'artisanat et les fournisseurs d'articles de bijouterie vendent également des métaux, divers matériaux et des outils spéciaux servant à fabriquer des bijoux.

L'épaisseur du métal est habituellement exprimée par un nombre ; plus il est petit, plus le métal est épais. On utilise d'ordinaire les normes Brown & Sharpe (B & S) et American Wire Gauge (AWG) pour les métaux non ferreux et la norme américaine pour les métaux ferreux. Pour suivre un patron et commander des matériaux, utilisez le tableau de concordance ci-contre.

Le calibre d'épaisseur permet d'estimer l'épaisseur d'une pièce de métal ; le micromètre et le pied à coulisse sont toutefois plus précis. Indiquez les mesures sur tout surplus de métal en vue d'un usage ultérieur. Vérifiez des angles ou repérez un point central à l'aide d'un centreur. Tracez des lignes droites avec une règle d'acier et un traçoir ; les arcs et les cercles avec un compas ; et les points avec un pointeau.

| N° de calibre | B & S/ AWG | U.S. Standard | Métrique (mm) | Feuille de cuivre |
|---|---|---|---|---|
| 0 | 0,325 | 0,312 | 8,25 | — |
| 2 | 0,258 | 0,266 | 6,54 | — |
| 4 | 0,204 | 0,234 | 5,19 | — |
| 6 | 0,162 | 0,203 | 4,11 | — |
| 8 | 0,129 | 0,171 | 3,26 | — |
| 10 | 0,102 | 0,140 | 2,59 | — |
| 12 | 0,080 | 0,109 | 2,05 | — |
| 14 | 0,064 | 0,078 | 1,63 | — |
| 16 | 0,050 | 0,062 | 1,29 | — |
| 18 | 0,040 | 0,050 | 1,02 | 32 oz |
| 20 | 0,032 | 0,037 | 0,813 | 24 oz |
| 22 | 0,025 | 0,031 | 0,643 | 20 oz |
| 24 | 0,020 | 0,025 | 0,511 | 16 oz |
| 26 | 0,016 | 0,018 | 0,404 | 12 oz |
| 28 | 0,013 | 0,015 | 0,330 | 10 oz |
| 30 | 0,010 | 0,012 | 0,254 | 8 oz |

## Mesurage de l'épaisseur

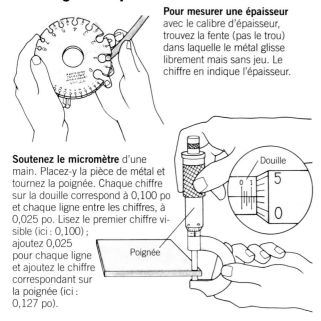

**Pour mesurer une épaisseur** avec le calibre d'épaisseur, trouvez la fente (pas le trou) dans laquelle le métal glisse librement mais sans jeu. Le chiffre en indique l'épaisseur.

**Soutenez le micromètre** d'une main. Placez-y la pièce de métal et tournez la poignée. Chaque chiffre sur la douille correspond à 0,100 po et chaque ligne entre les chiffres, à 0,025 po. Lisez le premier chiffre visible (ici : 0,100) ; ajoutez 0,025 pour chaque ligne et ajoutez le chiffre correspondant sur la poignée (ici : 0,127 po).

Douille

Poignée

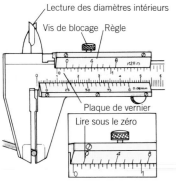

Lecture des diamètres intérieurs
Vis de blocage   Règle
Plaque de vernier
Lire sous le zéro

**Mettez la pièce** dans le pied à coulisse ; serrez la vis de blocage. Faites la lecture sous le zéro (ici : $^2/_{16}$ po) ; si une ligne coïncide exactement, c'est la mesure. Sinon, trouvez la première ligne du vernier qui, à droite, coïncide avec une ligne sur la règle (ici : $^4/_{128}$ po). Résultat : $^2/_{16}$ po + $^4/_{128}$ po = $^{20}/_{128}$ po, soit $^5/_{32}$ po ou 0,15625 po.

## Marquage

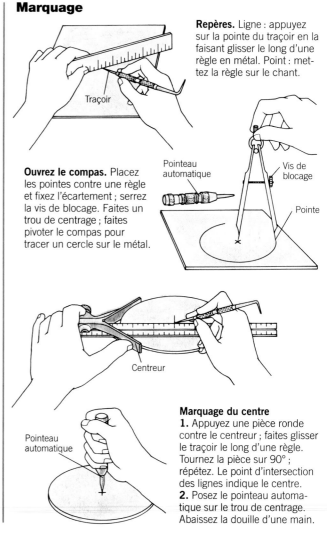

Traçoir

**Repères.** Ligne : appuyez sur la pointe du traçoir en la faisant glisser le long d'une règle en métal. Point : mettez la règle sur le chant.

**Ouvrez le compas.** Placez les pointes contre une règle et fixez l'écartement ; serrez la vis de blocage. Faites un trou de centrage ; faites pivoter le compas pour tracer un cercle sur le métal.

Pointeau automatique

Vis de blocage

Pointe

Centreur

Pointeau automatique

**Marquage du centre**
**1.** Appuyez une pièce ronde contre le centreur ; faites glisser le traçoir le long d'une règle. Tournez la pièce sur 90° ; répétez. Le point d'intersection des lignes indique le centre.
**2.** Posez le pointeau automatique sur le trou de centrage. Abaissez la douille d'une main.

## Fabrication d'un patron

Avant de fabriquer un objet en métal, fabriquez un modèle à l'échelle sur du papier épais ou un carton mince. Les dessins d'objets originaux à deux dimensions, comme les plaques ou les bijoux, peuvent être faits sur du papier quadrillé, puis reportés sur le modèle par l'intermédiaire d'un papier carbone. Découpez le modèle et fixez-le au métal avec de la colle caoutchouc. Découpez le métal en suivant le contour du modèle. Pour les gros objets ou pour les objets à trois dimensions, comme les conduits, les ornements ou la boîte illustrée ici, fabriquez un modèle qui montre toutes les parties dépliées et à plat.

Dessinez un plan à rabats avec un crayon bien taillé et une limande. Vérifiez deux fois les mesures, en utilisant toujours la même ligne de base pour éviter d'additionner les erreurs. Distinguez les lignes de coupe des lignes de pliage et tenez compte, dans vos mesures, des joints et des bords. Une fois le plan dessiné, découpez-le avec des ciseaux ou un couteau universel en suivant la ligne de coupe (utilisez une règle en acier pour guider la lame). Exécutez ensuite l'assemblage du modèle pour en vérifier la précision et pour établir un ordre d'assemblage logique que vous suivrez pour assembler l'objet final. (Pour le pliage, voir p. 182.) Si l'assemblage est complexe, notez l'ordre d'assemblage.

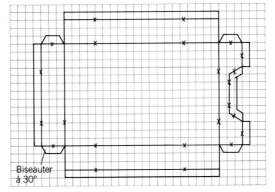

Biseauter à 30°

**Dessin du plan à rabats.**
**1.** Si l'objet a trois dimensions, dessinez-en d'abord le fond ou la base. Prolongez toutes les dimensions pour former les côtés ; tenez compte des joints et des rabats dans vos mesures. Biseautez le coin des rabats à 30° pour faciliter le pliage. Marquez de X les lignes de pliage. Découpez le modèle ; vérifiez sa précision en formant l'assemblage (retenez-le avec du papier-cache).

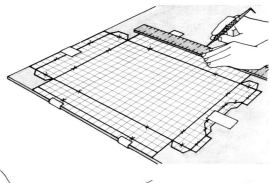

**2.** Avant de tracer les contours du modèle sur la tôle, fixez-le solidement avec du papier-cache. Faites glisser légèrement le traçoir le long d'une règle en acier. Alignez bien la règle sur les bords et maintenez la pointe du traçoir sur le bord inférieur de la règle.

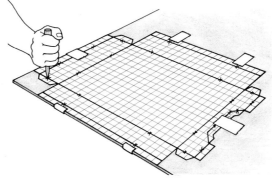

**3.** Avec une pointe à tracer ou un pointeau, marquez les lignes de pliage et les lignes de coupe intérieures en transperçant délicatement le modèle en deux points au moins sur chaque ligne. Ôtez le modèle. Repassez le traçoir légèrement sur les lignes de pliage pour ne pas affaiblir le métal, plus fortement sur le contour et sur les lignes de coupe.

## Blocage d'une pièce

Les accidents surviennent rapidement lorsque l'on travaille les métaux. Pour les éviter, utilisez des serre-joints ou un étau de mécanicien pour bloquer les pièces. À la maison, fixez un étau de mécanicien sur un coin de l'établi, près d'un pied ou au-dessus. Le mors fixe doit dépasser le bord de l'établi d'environ ½ po (1,3 cm). Pour protéger vos yeux contre les petits éclats de métal, portez des lunettes. Portez aussi des gants épais et un vêtement à manches longues.

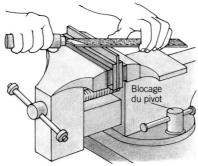

Blocage du pivot

**Pour plus de sécurité** et une meilleure maîtrise de l'outil, serrez solidement la semelle pivotante et les mors de l'étau. Travaillez près des mors.

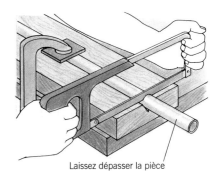

Laissez dépasser la pièce

**Le prisme de fixation en bois** retient solidement une pièce ronde. Bloquez la pièce comme ci-dessus ou placez-la entre deux prismes dans un étau de mécanicien.

On taille le métal très mince avec un couteau universel que l'on passe plusieurs fois le long d'une règle posée sur la ligne de coupe. On sectionne la plupart des fils avec une pince coupante diagonale. Les cisailles conviennent à la tôle d'un calibre inférieur à 16. Les cisailles aviation, compactes et dotées d'un mécanisme de démultiplication, se manipulent bien ; les cisailles de ferblantier ordinaires procurent un bord lisse. Si vous devez exécuter des coupes longues ou répétées, utilisez des cisailles à tôle ou une grignoteuse électriques ; avant de découper un métal, appliquez de l'huile légère sur la ligne de coupe.

L'emporte-pièce permet de découper diverses formes (ronds, demi-lunes, demi-cercles, etc.) servant à fabriquer des objets décoratifs ou des bijoux. Utilisez une scie à métaux pour scier les plaques de métal épaisses et les pièces rondes et une scie sauteuse munie d'une lame à métal pour découper les métaux tendres et les pièces minces. Pour découper des ouvertures dans un métal trop épais pour les cisailles ou pour couper une pièce pleine (tige de boulon, etc.), utilisez un burin et un marteau.

**Attention !** Lisez les consignes de sécurité des pages 12 et 13. Protégez vos yeux contre les éclats de métal et vos mains contre le tranchant des outils. Bloquez toujours solidement les pièces et ébarbez à la lime les bords du métal immédiatement après le découpage.

## Techniques de coupe

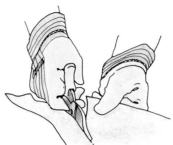

**Cisailles.** Tenez la pièce d'une main ; inclinez un peu les cisailles au-dessus de la surface. Travaillez du côté du rebut ; ne refermez pas les lames complètement. Courbez le rebut.

Poinçon

Fente

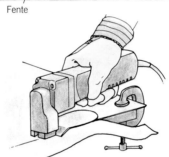

**Cisailles à tôle électriques.** Vitesse de coupe : faible pour le métal épais et les courbes serrées, élevée pour les feuilles minces ou les longues pièces. Portez des lunettes.

**Emporte-pièce.** Ôtez d'abord les poinçons. Glissez la tôle dans la fente, sous un trou (pour varier la forme, décalez un peu la tôle). Insérez un poinçon dans le trou ; frappez avec un marteau pour entamer la pièce.

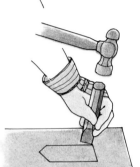

**Burin.** Découpez une pièce à l'intérieur d'une feuille avec un burin tenu incliné et un marteau à panne ronde.

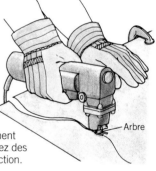

**Grignoteuse.** Réglez l'angle et l'écartement du poinçon et de la matrice. Exercez une pression uniforme vers l'avant. Tenez l'arbre de l'outil perpendiculairement à la surface. Portez des lunettes de protection.

Arbre

**Courbes intérieures.** Percez un avant-trou. Avec des cisailles aviation coupant à droite ou à gauche, entamez la découpe au ras de la ligne de coupe.

## Sciage du métal

Prismes de fixation

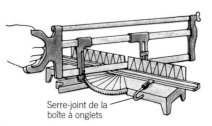

**Scie à métaux.** Pour que le sciage soit efficace, au moins trois dents doivent toucher le métal. Sciez en poussant ; retournez les pièces rondes pour achever le sciage.

Serre-joint de la boîte à onglets

**Coupes obliques.** Sciez le métal tendre dans une boîte à onglets ; bloquez-y la pièce. Posez une lame à métal sur la scie de la boîte ou utilisez une scie à métaux.

Cheville

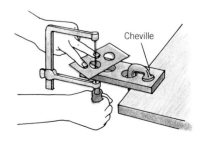

**Bocfil.** Passez la lame dans un trou percé dans le métal ; fixez-la. Appuyez la pièce sur une cheville. La lame à la verticale, découpez en ramenant la scie vers le bas.

# LIMAGE ET PERÇAGE

Les limes d'usage général sont généralement les meilleurs outils pour façonner et adoucir les bords des pièces en métal. Toutefois, pour travailler les métaux tendres, l'aluminium en particulier, utilisez des limes à denture curviligne profonde. Les limes à taille simple usent le métal plus lentement que les limes à double taille. Au plan de la rugosité, on range les limes dans l'une des trois catégories suivantes : à taille douce, demi-douce ou bâtarde (la plus rude). Les limes longues procurent une finition plus rude que les limes courtes. Choisissez une lime dont la forme correspond à celle de la pièce.

Pour plus de sécurité et une meilleure maîtrise de la lime, posez toujours un manche sur la soie.

Tenez la lime par ses extrémités et poussez-la lentement en exécutant de longues passes. Travaillez des bras et des épaules tout autant que des mains ; exercez une pression uniforme et adoptez un rythme régulier. Soulevez la lime pour la ramener vers vous de façon à ne pas en émousser les dents.

Pour empêcher l'empâtement des dents, frottez-les de craie avant usage et nettoyez-les régulièrement avec une carde à limes.

**Limage à traits croisés.** Placez la lime diagonalement et à plat sur le chant de la pièce sciée et poussez-la vers le haut et de côté pour l'ébarber.

**Limage en long.** Pour obtenir une finition douce, posez la lime à plat sur le chant et ramenez-la vers vous. Utilisez de nouvelles dents à chaque passe.

**La lime ronde** sert à adoucir les courbes serrées. Poussez-la vers l'avant et de côté tout en la tournant.

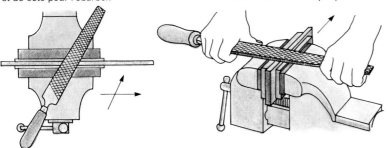

## Perçage du métal

La perceuse à colonne est gage de stabilité et de précision, mais une perceuse électrique portative fixée à un support pourra aussi percer la tôle et de petites pièces de métal. Percez les pièces minces ou fixes avec une perceuse portative à vitesse variable.

Utilisez des forets en acier rapide tranchants. Marquez la position du trou avec un pointeau et mettez du bois de rebut sous la pièce. Déposez plusieurs gouttes d'huile légère ou d'huile à moteur sur le foret et dans le trou en cours de perçage. Lorsque vous percez du métal épais ou de l'acier, formez un cratère avec de la pâte à modeler pour retenir l'huile. Travaillez à petite vitesse et exercez une pression ferme mais non excessive ; réduisez la vitesse si le foret grince et interrompez le perçage s'il devient bleuâtre ou si de la fumée apparaît. Nettoyez fréquemment le foret et ajoutez-y de l'huile.

**Attention !** Portez des lunettes de protection et bloquez solidement les pièces mobiles.

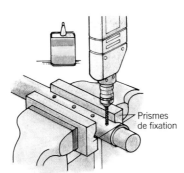

Prismes de fixation

**Pour percer un tube,** bloquez-le dans des prismes de fixation ou un étau. Un goujon renforce une paroi mince et permet de percer un trou traversant droit.

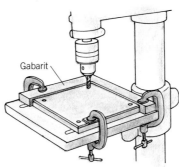

Gabarit

**Perceuse à colonne.** Fabriquez un gabarit à deux faces pour percer des trous uniformes. Mettez du bois sous le métal. Bloquez solidement le gabarit.

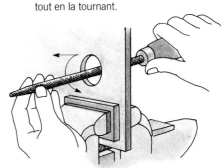

Foret à redans

**Perçage de trous ayant plus de 1/8 po de diamètre.** Marquez le diamètre à l'aide d'un ruban adhésif fixé à un foret à redans. Interrompez le perçage à la hauteur du ruban.

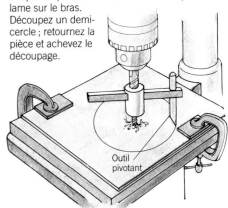

**L'outil pivotant** découpe de grands trous dans le métal mince. Percez un trou de centrage ; bloquez la pièce. Centrez le foret et bloquez la lame sur le bras. Découpez un demi-cercle ; retournez la pièce et achevez le découpage.

Outil pivotant

# PLIAGE DE LA TÔLE

Si vous façonnez de la tôle, pliez-la d'abord avec les mains (portez des gants), ensuite avec les outils de pliage et de frappe. Travaillez par étapes sur toute la longueur de la ligne de pliage, en partant du centre. La presse à plier est gage de précision. Louez-en une ou fabriquez une presse de fortune avec deux pièces de bois franc unies par des serre-joints.

Achevez les plis avec un maillet à table plate et finissez les bords avec un marteau-bouterolle. N'employez jamais de maillet dont le bois, le plastique ou le cuir est tant soit peu endommagé ; si vous vous servez d'un marteau à table d'acier, polissez celle-ci (p. 196) pour la rendre tout à fait lisse.

Planifiez l'ordre de pliage en vous aidant d'un plan à rabats (p. 179). Ébarbez les bords à la lime et exécutez tout travail d'ornementation (pp. 194-195). Réalisez ensuite les bords et les joints. Terminez le travail en exécutant les plis intérieurs.

**Pliage d'une boîte.** Pliez d'abord le dessus, ensuite les côtés et les rabats. Utilisez un gabarit de pliage pour exécuter les plis intérieurs finals.

**Alignez la pince à plier et à agrafer** sur la ligne de pliage ; bloquez-en les mâchoires. Pliez la tôle graduellement. Fermez le joint avec un maillet.

**Le gabarit de pliage** pourra être une pièce de bois franc taillée en biseau. Placez la ligne de pliage sur l'arête et pliez la tôle à la main, puis avec un maillet.

Gabarit de pliage

**La presse à plier** plie la tôle d'un calibre inférieur à 14. Alignez la ligne de pliage sur le bord de la plaque ; bloquez la tôle. Relevez la plaque pour plier la tôle à l'angle voulu.

## Bords

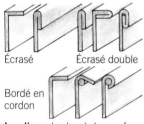

Écrasé     Écrasé double

Bordé en cordon

**Le pliage** des bords les renforce et leur donne un aspect fini. Le bordé en cordon offre une grande résistance.

**Bordé en cordon. 1.** La largeur du pli doit équivaloir à trois fois et demie le diamètre de la tige. Repliez le bord, tenez la tige et fermez le pli avec un maillet.

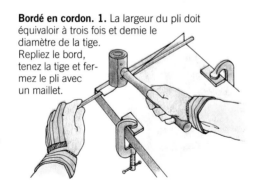

**2.** À l'aide d'un bloc de bois et d'un marteau-bouterolle, enroulez le bord autour de la tige. Coupez la tige inutile avec une pince coupante diagonale.

## Joints

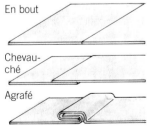

En bout

Chevau-ché

Agrafé

**Les joints** sont soudés, rivetés ou vissés. Le joint agrafé n'a ni à être soudé ni à être retenu avec des attaches.

**Joint agrafé. 1.** Exécutez des plis égaux sur chaque bord en opposant leurs ouvertures. Mettez du bois de rebut dans les plis ; frappez avec un maillet. Ôtez le bois et emboîtez les plis (médaillon). Posez le joint sur un tuyau ; aplatissez-le .

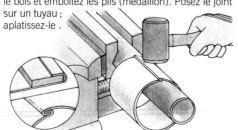

**2.** Posez un chasse-agrafe de la bonne dimension sur le joint. Frappez-le avec un marteau à panne ronde.

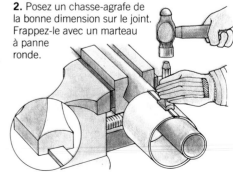

Vous pouvez fabriquer des objets comme des vases, des bols et des plateaux en employant l'une de deux techniques de base : le *repoussage* ou *l'étirage à creux.*

Les objets creux sont façonnés sur une enclume et finis, sur une forme, au marteau ou au maillet. On peut acheter des formes, mais on peut aussi en fabriquer avec des pièces de métal ou de bois. Pour faire des bagues et des bracelets, les bijoutiers emploient un instrument conique appelé *triboulet.*

Pour façonner un objet peu profond, frappez-en la surface intérieure sur une forme creuse comme un sac de sable ou moule creusé dans un bloc de bois franc. Frappez le métal d'aplomb ; c'est la table du maillet ou du marteau, et non son bord, qui doit entrer en contact avec le métal. Donnez de petits coups réguliers. La table d'un marteau en acier doit être d'abord parfaitement polie (p. 196).

Un martelage prolongé durcit la plupart des métaux et les rend cassants. Le *recuit* (chauffage) leur rend toute leur ductilité. (Ne recuisez ni l'aluminium, ni le plomb, ni l'étain.) Après le recuit, éliminez tout résidu d'oxyde en plongeant l'objet dans un bain de décapage (pp. 190-191).

À la suite du formage, ornez la pièce, si vous le désirez (pp. 194-195), et polissez-la (p. 196).

**Recuit.** Posez la pièce sur une brique réfractaire ; chauffez-la sur toute sa surface jusqu'à ce que le métal devienne rouge sombre. Laissez-la refroidir et trempez-la dans l'eau.

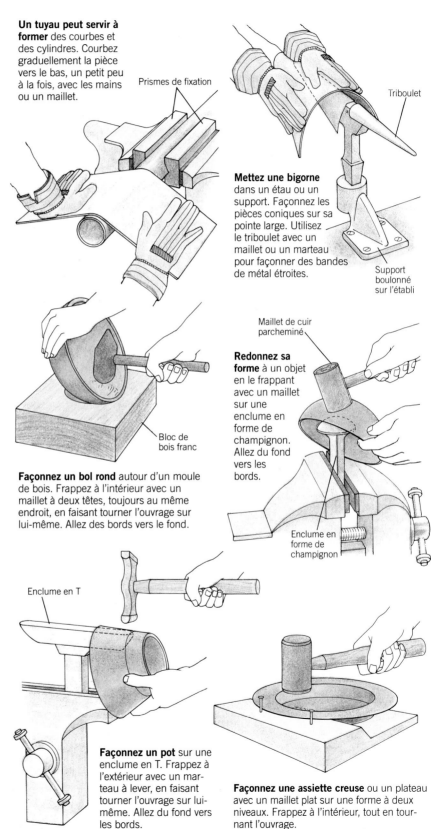

**Un tuyau peut servir à former** des courbes et des cylindres. Courbez graduellement la pièce vers le bas, un petit peu à la fois, avec les mains ou un maillet.

Prismes de fixation

Triboulet

**Mettez une bigorne** dans un étau ou un support. Façonnez les pièces coniques sur sa pointe large. Utilisez le triboulet avec un maillet ou un marteau pour façonner des bandes de métal étroites.

Support boulonné sur l'établi

Bloc de bois franc

**Façonnez un bol rond** autour d'un moule de bois. Frappez à l'intérieur avec un maillet à deux têtes, toujours au même endroit, en faisant tourner l'ouvrage sur lui-même. Allez des bords vers le fond.

Maillet de cuir parcheminé

**Redonnez sa forme** à un objet en le frappant avec un maillet sur une enclume en forme de champignon. Allez du fond vers les bords.

Enclume en forme de champignon

Enclume en T

**Façonnez un pot** sur une enclume en T. Frappez à l'extérieur avec un marteau à lever, en faisant tourner l'ouvrage sur lui-même. Allez du fond vers les bords.

**Façonnez une assiette creuse** ou un plateau avec un maillet plat sur une forme à deux niveaux. Frappez à l'intérieur, tout en tournant l'ouvrage.

# PLIAGE ET CINTRAGE

En général, les métaux ferreux sont plus difficiles à plier que les métaux non ferreux. Utilisez un outil spécial pour cintrer les tuyaux. Les barres de métal ayant au plus ¼ po (6 mm) d'épaisseur et ½ po (1,3 cm) de largeur peuvent être pliées à froid. Si vous devez façonner des courbes serrées, majorez vos calculs pour tenir compte de la perte de longueur qui les accompagne.

La pièce à plier doit être perpendiculaire ou parallèle aux mors de l'étau. Protégez un métal tendre avec des prismes de fixation ou du bois de rebut. Pliez la pièce lentement, en vérifiant l'angle du pli plusieurs fois avec un gabarit ou une fausse équerre. Pliez-la avec les mains d'abord ; frappez-la ensuite avec un marteau ou un maillet. Pour obtenir un profil exact, utilisez une forme fixe (tuyau bloqué dans un étau parallèlement aux mors).

Chauffer le métal le rend plus facile à plier et en accroît les possibilités d'étirement. Chauffez le point de pliage avec une lampe à souder au propane jusqu'à ce que vous puissiez le plier facilement.

**Attention !** Éloignez tout objet inflammable ; dirigez la flamme sur le point de pliage. Portez des gants et des vêtements protecteurs. Ne chauffez pas l'aluminium.

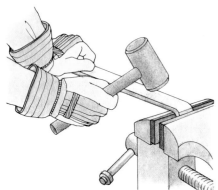

**Pliage à froid.** Marquez le point de pliage. Façonnez les courbes larges avec les mains. Pour avoir une meilleure puissance de levier, insérez le bout de la pièce dans un tuyau. Façonnez une courbe serrée en frappant la pièce près de l'étau.

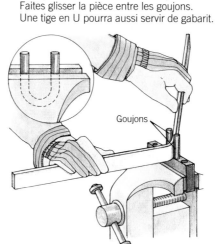

**Le gabarit de cintrage,** deux goujons dont l'écartement doit excéder l'épaisseur du métal, convient aux courbes complexes. Faites glisser la pièce entre les goujons. Une tige en U pourra aussi servir de gabarit.

Goujons

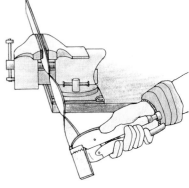

**Torsade.** Bloquez la pièce dans un étau et tordez-la avec une clé à molette ou une pince-étau en exerçant une pression régulière.

**La cintreuse à tubes** permet de courber les tuyaux en cuivre sans les déformer. Placez la section à courber dans la cintreuse. Courbez-la avec les mains ou contre un genou.

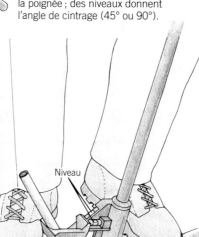

**La cintreuse à tubes** sert à courber les tuyaux épais. Introduisez-y le tuyau et posez le pied sur la saillie tout en tirant la poignée ; des niveaux donnent l'angle de cintrage (45° ou 90°).

Niveau

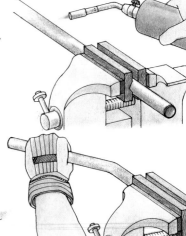

**Pliage d'une barre de métal.** Bloquez la barre dans un étau. Chauffez le point de pliage jusqu'à ce que le métal rougisse ; pliez la barre. Portez des gants.

# RACCORDEMENT DES TUYAUX

Les tuyaux de bronze et d'acier rigides sont raccordés avec des raccords filetés. Les tuyaux de cuivre souples sont unis avec des raccords à bague ou à collet ; souples ou rigides, ils peuvent aussi être soudés. Des raccords spéciaux unissent les matériaux incompatibles. Lorsque vous achetez des raccords, précisez le diamètre intérieur du tuyau et le matériau dont il est fait. Indiquez aussi s'il servira à l'alimentation en eau ou à l'évacuation des eaux usées.

Faites soigneusement vos calculs avant de couper un tuyau : le tuyau rigide peut rarement être utilisé par suite d'une erreur de calcul. Mesurez la largeur du raccord et la profondeur de raccordement. Coupez le tuyau à angle droit avec un coupe-tubes (ou une scie à métaux si le tuyau est en bronze ou en acier). Pour que l'eau s'écoule bien dans le tuyau, ébarbez-en les ouvertures.

Serrez et desserrez des raccords filetés avec deux clés à tuyau ; en bloquant le tuyau avec une clé, vous protégerez les raccords situés sur la même canalisation contre les dommages pouvant résulter d'un effort de torsion. L'ouverture des mâchoires de la clé doit se trouver dans le sens de l'effort.

**Attention !** Avant de modifier une installation de plomberie, consultez l'inspecteur de votre municipalité : les règlements municipaux interdisent certains types de réparations et d'installations au bricoleur. Avant d'effectuer des travaux, coupez l'eau et purgez les tuyaux.

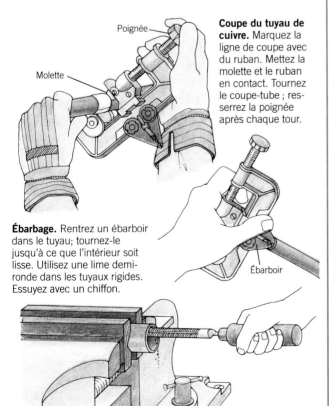

**Coupe du tuyau de cuivre.** Marquez la ligne de coupe avec du ruban. Mettez la molette et le ruban en contact. Tournez le coupe-tube ; resserrez la poignée après chaque tour.

**Ébarbage.** Rentrez un ébarboir dans le tuyau ; tournez-le jusqu'à ce que l'intérieur soit lisse. Utilisez une lime demironde dans les tuyaux rigides. Essuyez avec un chiffon.

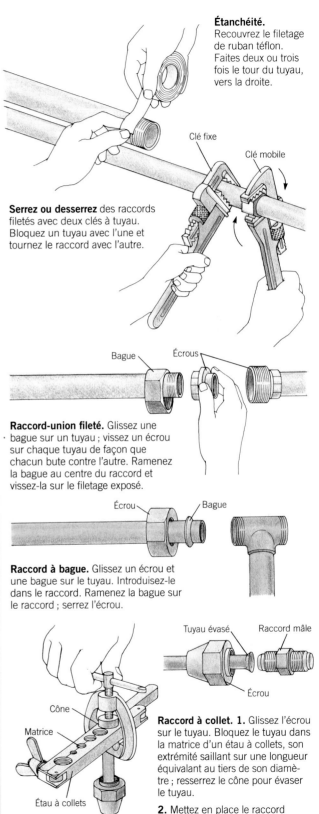

**Étanchéité.** Recouvrez le filetage de ruban téflon. Faites deux ou trois fois le tour du tuyau, vers la droite.

**Serrez ou desserrez** des raccords filetés avec deux clés à tuyau. Bloquez un raccord avec l'une et tournez le raccord avec l'autre.

**Raccord-union fileté.** Glissez une bague sur un tuyau ; vissez un écrou sur chaque tuyau de façon que chacun bute contre l'autre. Ramenez la bague au centre du raccord et vissez-la sur le filetage exposé.

**Raccord à bague.** Glissez un écrou et une bague sur le tuyau. Introduisez-le dans le raccord. Ramenez la bague sur le raccord ; serrez l'écrou.

**Raccord à collet. 1.** Glissez l'écrou sur le tuyau. Bloquez le tuyau dans la matrice d'un étau à collets, son extrémité saillant sur une longueur équivalant au tiers de son diamètre ; resserrez le cône pour évaser le tuyau.

**2.** Mettez en place le raccord mâle ; serrez l'écrou dessus.

## Adhésifs

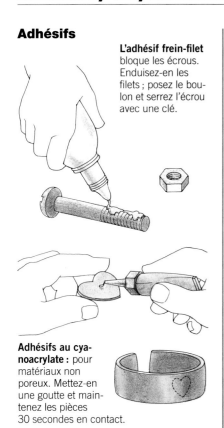

**L'adhésif frein-filet** bloque les écrous. Enduisez-en les filets ; posez le boulon et serrez l'écrou avec une clé.

**Adhésifs au cyanoacrylate :** pour matériaux non poreux. Mettez-en une goutte et maintenez les pièces 30 secondes en contact.

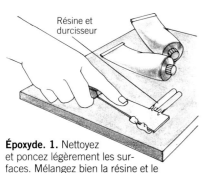

Résine et durcisseur

**Époxyde. 1.** Nettoyez et poncez légèrement les surfaces. Mélangez bien la résine et le durcisseur sur un bout de rebut.

Bois de rebut pour répartir la pression des serre-joints

**2.** Étendez une fine couche du mélange sur chaque pièce. Posez des serre-joints ; laissez sécher. Essuyez tout surplus sur-le-champ.

Les adhésifs peuvent réunir solidement les métaux, mais il importe d'utiliser un adhésif approprié et de bonne qualité et de bien nettoyer les surfaces (dégraissez les métaux avec de l'alcool dénaturé ou un dégraissant commercial). Pour la méthode d'application et les temps de séchage, suivez les instructions du fabricant.

Pour empêcher le desserrement des attaches (en particulier de celles qui se trouvent sur les moteurs, les appareils et les machines soumises aux vibrations), enduisez-les d'un adhésif frein-filet. Collez les petits objets de métal soumis à peu d'efforts avec un adhésif au cyanoacrylate. Choisissez un produit ayant la viscosité appropriée : liquide au cyanoacrylate pour les surfaces planes à ajustement serré ; gel épais pour les pièces à ajustement

ordinaire. Utilisez de l'époxyde si l'objet doit être soumis à un effort moyen ou pour coller du métal sur un matériau non poreux ou des pièces de métal à fini grossier. La résine et le durcisseur doivent être mélangés en quantités égales ; trop de durcisseur affaiblira l'assemblage ; trop peu en ralentira le séchage.

**Attention !** Travaillez dans un lieu bien aéré. Abstenez-vous de manger, de boire et de fumer. Si l'adhésif au cyanoacrylate ou à l'époxyde entre en contact avec la peau, enlevez-le tout de suite avec de l'acétone.

Les attaches filetées et les rivets donnent un assemblage plus résistant que la plupart des adhésifs. Si possible, unissez des pièces et des attaches de même métal. S'il existe une possibilité de corrosion, employez de préférence

## Vis

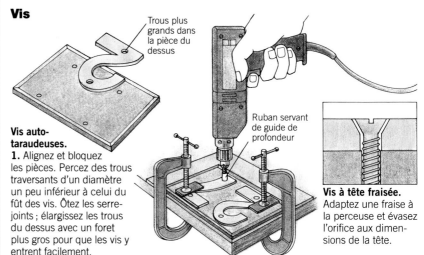

Trous plus grands dans la pièce du dessus

Ruban servant de guide de profondeur

**Vis auto-taraudeuses.**
**1.** Alignez et bloquez les pièces. Percez des trous traversants d'un diamètre un peu inférieur à celui du fût des vis. Ôtez les serre-joints ; élargissez les trous du dessus avec un foret plus gros pour que les vis y entrent facilement.

**Vis à tête fraisée.** Adaptez une fraise à la perceuse et évasez l'orifice aux dimensions de la tête.

**2.** Alignez les pièces. Posez les vis ; les filets doivent mordre dans la paroi des trous du dessous. Ne serrez pas trop les vis pour commencer.

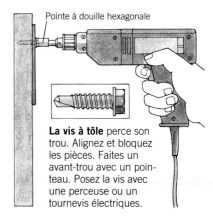

Pointe à douille hexagonale

**La vis à tôle** perce son trou. Alignez et bloquez les pièces. Faites un avant-trou avec un pointeau. Posez la vis avec une perceuse ou un tournevis électriques.

des attaches en métal non ferreux, comme l'aluminium ou le laiton.

Les vis servant à joindre deux feuilles de métal sont généralement autotaraudeuses ; posées avec un tournevis ou un tourne-écrou, elles coupent des filets dans un trou préalablement percé. Certaines percent l'avant-trou et coupent les filets.

Pour assembler des pièces épaisses accessibles des deux côtés, employez des boulons. Le boulon mécanique, à filets fins, a une résistance à l'arrachement supérieure à celle du boulon poêlier. Le tire-fond et le boulon de carrosserie fixent du métal sur du bois. Une fois le boulon serré, deux ou trois filets doivent saillir de l'écrou. Tenez compte de l'épaisseur des rondelles, qui répartissent la pression sous la tête du boulon et sous l'écrou. Il existe divers écrous spéciaux. Utilisez des écrous borgnes sur les objets destinés aux enfants et des écrous à ailettes s'il faut souvent desserrer les boulons. Au besoin, vous pouvez fileter le trou des boulons (p. 188).

Les rivets aveugles sont assez résistants pour réaliser des travaux légers de tôlerie (gouttières, parements en aluminium, carrosseries d'automobiles) ; faciles à poser avec une riveteuse, ils sont plus polyvalents que les rivets de ferblantier. Si les pièces ne sont accessibles que d'un côté, il doit y avoir assez d'espace derrière pour bloquer le rivet.

## Boulons

**Pose de plusieurs boulons.** Alignez et bloquez les pièces. Percez un trou et logez-y un boulon ; percez un autre trou et logez-y un boulon. Percez les autres trous ; ôtez les serre-joints ; posez les autres boulons.

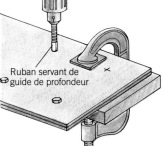

Ruban servant de guide de profondeur

**Boulon noyé.** Avant de noyer un boulon, élargissez l'orifice avec un foret un peu plus gros que la tête.

**Boulons à empreinte cruciforme, Robertson ou à fente.** Posez le boulon, la rondelle et l'écrou. Bloquez le boulon avec un tournevis ; serrez l'écrou avec une clé à douille.

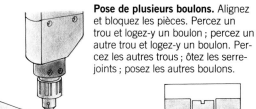

Clé à douille

**Boulon à six pans.** Posez le boulon et l'écrou ; serrez-les en les tournant dans des directions opposées avec deux clés. Si l'espace est restreint, bloquez le boulon ou l'écrou avec une clé à fourches et effectuez le serrage avec une clé à douille.

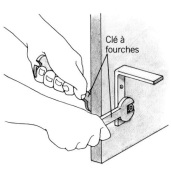

Clé à fourches

## Rivets

**Pose de rivets aveugles. 1.** Percez des trous en quinconce. La longueur de la tige des rivets doit excéder un peu l'épaisseur des deux pièces réunies. Logez la tige du rivet dans le mandrin de la riveteuse.

Tige

Mandrin

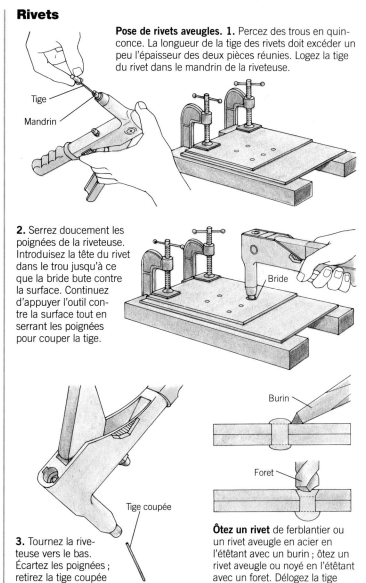

**2.** Serrez doucement les poignées de la riveteuse. Introduisez la tête du rivet dans le trou jusqu'à ce que la bride bute contre la surface. Continuez d'appuyer l'outil contre la surface tout en serrant les poignées pour couper la tige.

Bride

**3.** Tournez la riveteuse vers le bas. Écartez les poignées ; retirez la tige coupée avec les doigts ou en secouant l'outil.

Tige coupée

Burin

Foret

**Ôtez un rivet** de ferblantier ou un rivet aveugle en acier en l'étêtant avec un burin ; ôtez un rivet aveugle ou noyé en l'étêtant avec un foret. Délogez la tige avec un pointeau.

# TARAUDS ET FILIÈRES

Les tarauds servent à fileter des trous, les filières, à fileter des tiges. Ces outils sont souvent employés pour refaire les filets endommagés.

Dans le système de classement le plus courant, l'American National Thread System, les attaches filetées se divisent en deux catégories : pas national gros (NC) ou pas national fin (NF). Les attaches tout usage appartiennent à la première catégorie.

La catégorie est souvent estampée sur les tarauds et les filières, à côté du diamètre et du pas. Ainsi, un taraud portant la marque ⁵⁄₁₆-18 NC fera de gros filets convenant à un boulon de ⁵⁄₁₆ po (7 mm) dont le pas sera de 18 filets au pouce. Les tarauds métriques portent des inscriptions semblables, mais le

**Trou taraudé traversant**

**Trou taraudé borgne**

diamètre et le pas sont exprimés en millimètres, et un numéro indique leur qualité (un taraud n° 2 convient à la plupart des travaux).

Pour percer un trou à fileter, consultez le tableau fourni avec les jeux de tarauds et de filières pour déterminer le diamètre du foret ou encore voyez les inscriptions estampées sur le taraud. Achevez le filetage d'un trou borgne avec un taraud finisseur, qui filète le trou jusqu'au fond.

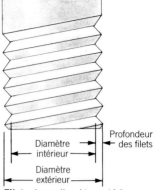

**Filets.** Leur diamètre extérieur détermine le diamètre du taraud ou de la filière. Le diamètre du foret (avant-trou) doit excéder le diamètre intérieur.

## Perçage du trou à tarauder

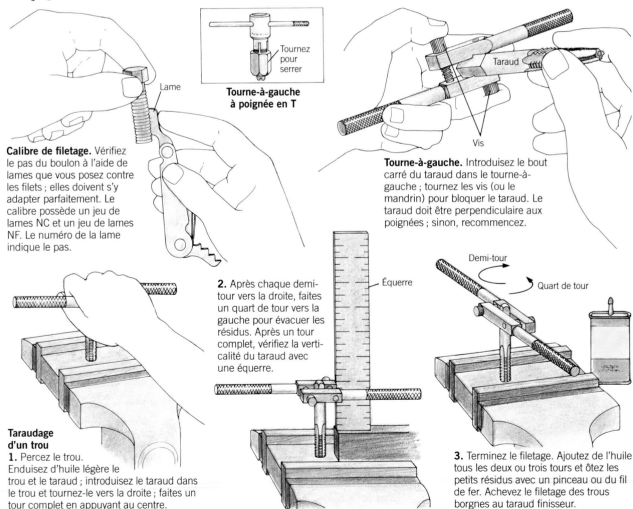

**Tourne-à-gauche à poignée en T**

**Calibre de filetage.** Vérifiez le pas du boulon à l'aide de lames que vous posez contre les filets ; elles doivent s'y adapter parfaitement. Le calibre possède un jeu de lames NC et un jeu de lames NF. Le numéro de la lame indique le pas.

**Tourne-à-gauche.** Introduisez le bout carré du taraud dans le tourne-à-gauche ; tournez les vis (ou le mandrin) pour bloquer le taraud. Le taraud doit être perpendiculaire aux poignées ; sinon, recommencez.

**2.** Après chaque demi-tour vers la droite, faites un quart de tour vers la gauche pour évacuer les résidus. Après un tour complet, vérifiez la verticalité du taraud avec une équerre.

**Taraudage d'un trou**
**1.** Percez le trou. Enduisez d'huile légère le trou et le taraud ; introduisez le taraud dans le trou et tournez-le vers la droite ; faites un tour complet en appuyant au centre.

**3.** Terminez le filetage. Ajoutez de l'huile tous les deux ou trois tours et ôtez les petits résidus avec un pinceau ou du fil de fer. Achevez le filetage des trous borgnes au taraud finisseur.

## Extraction

L'huile de décalage permet d'extraire un boulon ou une vis brisés ou rouillés. Il suffit de la laisser agir pendant 15 minutes puis de desserrer l'attache en la tenant par la tête avec une pince-étau.

On pourra aussi tenir un pointeau, sur un côté de la tête de l'attache, et frapper celle-ci avec un marteau à panne ronde pour la faire tourner vers la gauche.

Délogez les attaches brisées avec un extracteur. Son pas étant le plus souvent à gauche, il faut le tourner avec un tourne-à-gauche.

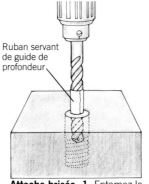

Ruban servant de guide de profondeur

**Attache brisée. 1.** Entamez le centre de l'attache au pointeau. Utilisez un petit foret pour y percer un trou d'au moins ⅜ po de profondeur.

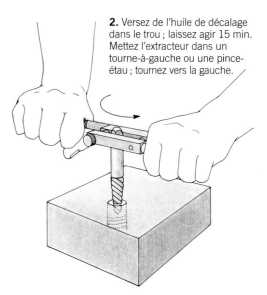

**2.** Versez de l'huile de décalage dans le trou ; laissez agir 15 min. Mettez l'extracteur dans un tourne-à-gauche ou une pince-étau ; tournez vers la gauche.

## Filetage

Filetez avec une filière placée dans une clé spéciale appelée *porte-filière*. Certains porte-filières sont dotés d'un guide réglable qui s'adapte sans jeu sur la tige à fileter et garde l'outil per-

pendiculaire. La plupart des jeux de tarauds et de filières incluent plusieurs filières ; employez celle qui convient au diamètre de la tige à fileter. Les *filières à diamètre variable* sont ajustées avec

une vis. Pour en vérifier l'ajustement, amorcez le filetage à l'ouverture maximale, puis vissez un écrou sur la tige ; si le serrage est difficile, réduisez l'ouverture de la filière et refaites les filets.

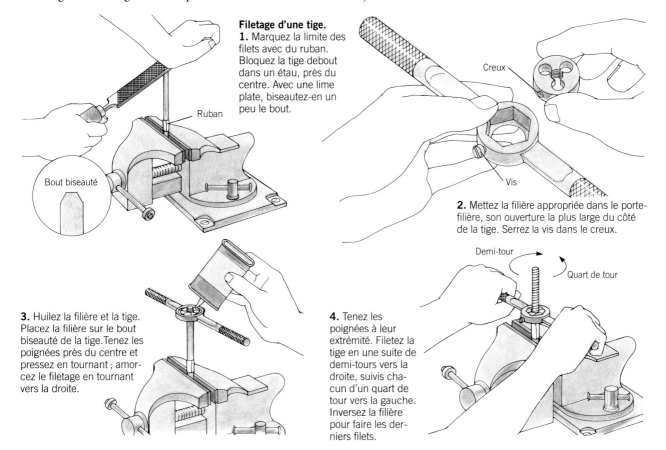

**Filetage d'une tige.**
**1.** Marquez la limite des filets avec du ruban. Bloquez la tige debout dans un étau, près du centre. Avec une lime plate, biseautez-en un peu le bout.

Ruban

Bout biseauté

Creux

Vis

**2.** Mettez la filière appropriée dans le porte-filière, son ouverture la plus large du côté de la tige. Serrez la vis dans le creux.

Demi-tour

Quart de tour

**3.** Huilez la filière et la tige. Placez la filière sur le bout biseauté de la tige. Tenez les poignées près du centre et pressez en tournant ; amorcez le filetage en tournant vers la droite.

**4.** Tenez les poignées à leur extrémité. Filetez la tige en une suite de demi-tours vers la droite, suivis chacun d'un quart de tour vers la gauche. Inversez la filière pour faire les derniers filets.

Le brasage consiste à unir des pièces de métal par l'intermédiaire de brasure. Le *brasage tendre* permet d'unir des tôles et des composants électroniques, et la brasure est composée principalement d'étain et de plomb dont le point de fusion se situe à 700°F (370°C) ou moins (les tuyaux de plomberie en cuivre doivent être brasés avec de la brasure sans plomb). Le *brasage fort* procure un assemblage plus résistant ; on y a recours pour unir des pièces en argent et des objets de facture soignée ; la brasure contient des métaux précieux, dont l'argent, dont les points de fusion varient entre 1 100°F (593°C) et 1 450°F (788°C). Les soudures réalisées par brasage fort sont plus résistantes que celles qu'on obtient par brasage tendre et peuvent même être limées à fleur de métal sans diminution de résistance. Le soudobrasage est un type de brasage fort servant généralement à unir des pièces d'acier ou des métaux différents. Il nécessite une brasure au laiton dont le point de fusion varie entre 1 800°F (982°C) et 3 000°F (1 650°C) et la chaleur intense d'un chalumeau alimenté à l'air et au gaz.

Le fer-crayon et le fer à souder produisent une chaleur suffisante pour le brasage tendre du plomb des vitraux ou des petits composants électroniques. La lampe à souder au propane produit une flamme convenant au brasage des tuyaux de cuivre et au brasage fort.

Avant de braser, enduisez les surfaces de décapant. Pour le brasage tendre, utilisez un décapant au chlorure de zinc ; essuyez tout surplus avec un chiffon une fois les pièces brasées. Si vous brasez des composants électroniques, utilisez un décapant à la résine, plus propre. Pour le brasage fort, employez un décapant au borax ou contenant un fluorure.

Après avoir réalisé une soudure par brasage fort, nettoyez les pièces dans un *bain de décapage*.

## Brasage tendre au fer à souder

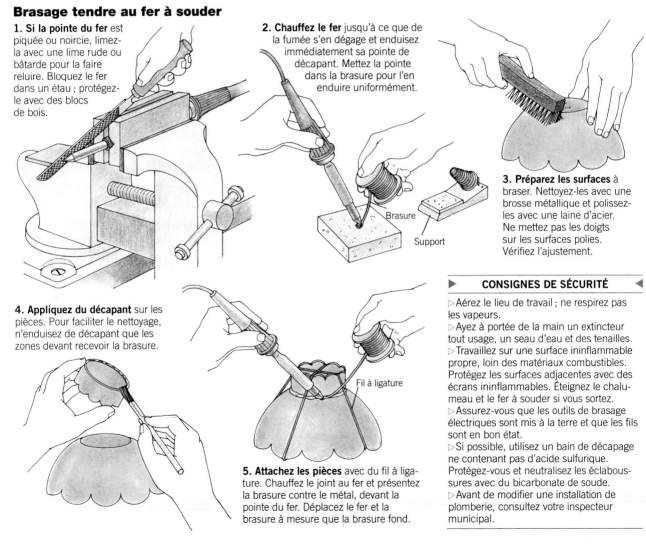

**1. Si la pointe du fer** est piquée ou noircie, limez-la avec une lime rude ou bâtarde pour la faire reluire. Bloquez le fer dans un étau ; protégez-le avec des blocs de bois.

**2. Chauffez le fer** jusqu'à ce que de la fumée s'en dégage et enduisez immédiatement sa pointe de décapant. Mettez la pointe dans la brasure pour l'en enduire uniformément.

Brasure

Support

**3. Préparez les surfaces** à braser. Nettoyez-les avec une brosse métallique et polissez-les avec une laine d'acier. Ne mettez pas les doigts sur les surfaces polies. Vérifiez l'ajustement.

**4. Appliquez du décapant** sur les pièces. Pour faciliter le nettoyage, n'enduisez de décapant que les zones devant recevoir la brasure.

Fil à ligature

**5. Attachez les pièces** avec du fil à ligature. Chauffez le joint au fer et présentez la brasure contre le métal, devant la pointe du fer. Déplacez le fer et la brasure à mesure que la brasure fond.

### CONSIGNES DE SÉCURITÉ

▷ Aérez le lieu de travail ; ne respirez pas les vapeurs.
▷ Ayez à portée de la main un extincteur tout usage, un seau d'eau et des tenailles.
▷ Travaillez sur une surface ininflammable propre, loin des matériaux combustibles. Protégez les surfaces adjacentes avec des écrans ininflammables. Éteignez le chalumeau et le fer à souder si vous sortez.
▷ Assurez-vous que les outils de brasage électriques sont mis à la terre et que les fils sont en bon état.
▷ Si possible, utilisez un bain de décapage ne contenant pas d'acide sulfurique. Protégez-vous et neutralisez les éclaboussures avec du bicarbonate de soude.
▷ Avant de modifier une installation de plomberie, consultez votre inspecteur municipal.

## Brasage des tuyaux de cuivre

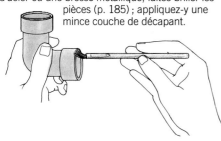

**1. Nettoyez le raccord et le tuyau.** Avec une laine d'acier ou une brosse métallique, faites briller les pièces (p. 185) ; appliquez-y une mince couche de décapant.

**2. Chauffez le joint.** Placez derrière un écran ininflammable. Passez la flamme sur tout le joint pour le chauffer uniformément ; chauffez plus longtemps les parties épaisses.

**3. Lorsque le décapant bouillonne,** présentez la brasure contre le métal sur le côté du raccord opposé à la flamme. À la bonne température, la brasure fond sur-le-champ et pénètre dans l'emboîture ; écartez alors la flamme.

## Brasage fort à la lampe à souder

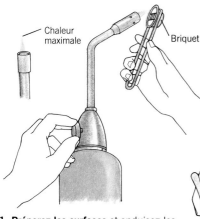

Chaleur maximale

Briquet

**1. Préparez les surfaces** et enduisez-les de décapant. Tenez la bonbonne à la verticale, ouvrez le robinet d'un demi-tour et allumez le gaz avec le briquet. Réglez la flamme pour qu'il s'y forme un cône intérieur bleu.

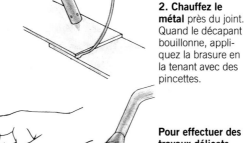

**2. Chauffez le métal** près du joint. Quand le décapant bouillonne, appliquez la brasure en la tenant avec des pincettes.

**Pour effectuer des travaux délicats,** découpez la brasure en petits carrés ; mettez-les au point de contact des pièces à braser et chauffez uniformément les pièces.

**3. Nettoyez les pièces oxydées** dans un bain de décapage qui ne doit pas bouillir. Tenez la pièce avec des tenailles en cuivre (l'acier ou le fer causeraient une réaction chimique) ; rincez-la à l'eau courante.

## Soudage autogène et forgeage

Le soudage autogène consiste à unir deux pièces de métal (habituellement en acier) en les fusionnant. L'intense chaleur que cela exige peut être produite par un chalumeau où se mélangent un combustible et de l'oxygène pur ou par un puissant transformateur appelé *machine à souder à l'arc*. Il faut des soudures résistantes pour réparer des machines, des meubles en métal, du matériel d'extérieur, des outils et des éléments de charpentes métalliques. Simple en théorie, le soudage autogène n'en exige pas moins des connaissances spécialisées et beaucoup d'entraînement. Les polyvalentes et

les écoles de métiers dispensent souvent des cours de soudage autogène ; quant au matériel, on peut le louer.

Au cours des dernières années, le forgeage a connu un regain de popularité. Il exige cependant beaucoup d'espace et du matériel spécialisé (dont une forge pour chauffer le métal et un assortiment de marteaux et d'enclumes pour le former). Le matériel peut être fabriqué par l'amateur ou acheté aux puces ou dans les ventes aux enchères. De nos jours, un forgeron fabrique essentiellement des ustensiles et des objets décoratifs.

Travail des métaux 191

Le fil métallique rond, demi-rond, carré ou rectangulaire sert à fabriquer divers bijoux et objets de métal. Il peut être *tréfilé* (c'est-à-dire passé dans les trous d'une filière et étiré de manière à en changer la forme et l'épaisseur), torsadé à des fins décoratives ou transformé en maillons d'attache.

On fabrique les bagues avec du fil ou des bandes de métal. Pour former une bague ou la réparer, utilisez un triboulet, instrument gradué en fonction des dimensions standard. Mesurez la longueur de la pièce de métal nécessaire à l'aide de l'échelle linéaire qui se trouve sur le triboulet ou simplement avec une bande de papier. Placez le papier autour du triboulet au diamètre voulu et ajoutez deux fois l'épaisseur du métal à la longueur totale.

Le métal servant à fabriquer les chaînes du commerce renferme parfois de la brasure, ce qui en abaisse le point de fusion et le rend difficile à réparer par brasage. Les maillons d'attache de fabrication artisanale forment cependant des chaînes et des maillons résistants. La technique de façonnage d'un maillon d'attache rond est illustrée ici ; vous pouvez aussi créer des maillons d'attache ovales ou carrés en enroulant le fil sur une forme appropriée.

Achetez auprès de fournisseurs d'articles d'artisanat ou de bijouterie les chatons (pour les pierres), fermoirs (pour colliers et bracelets), tiges (pour boucles d'oreilles et boutons de manchettes), etc. dont vous aurez besoin pour effectuer des réparations ou créer un bijou. À moins d'être expérimenté, ne tentez pas de réparer ou de sertir des pierres précieuses ; il est facile de les perdre ou de les endommager.

Quant à l'assemblage de bijoux de métal, le brasage fort, combiné à la technique pour exécuter des travaux délicats illustrée à la page 191, donne d'excellents résultats. S'il faut plusieurs soudures, utilisez, dans l'ordre, des brasures à point de fusion élevé, moyen et bas pour éviter de faire fondre les assemblages déjà réalisés. Collez les pièces qui ne peuvent être chauffées.

## Façonnage du fil

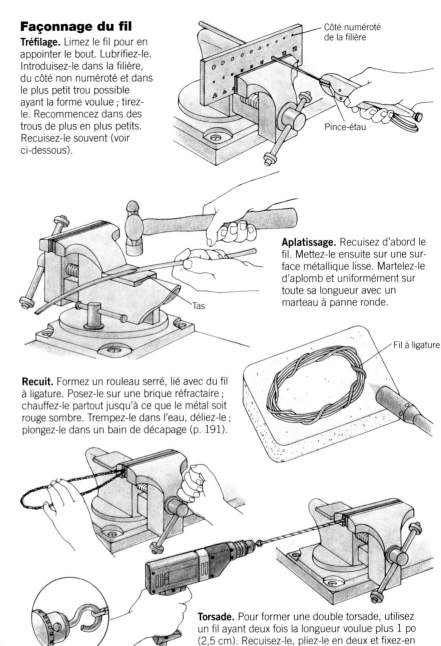

**Tréfilage.** Limez le fil pour en appointer le bout. Lubrifiez-le. Introduisez-le dans la filière, du côté non numéroté et dans le plus petit trou possible ayant la forme voulue ; tirez-le. Recommencez dans des trous de plus en plus petits. Recuisez-le souvent (voir ci-dessous).

**Aplatissage.** Recuisez d'abord le fil. Mettez-le ensuite sur une surface métallique lisse. Martelez-le d'aplomb et uniformément sur toute sa longueur avec un marteau à panne ronde.

**Recuit.** Formez un rouleau serré, lié avec du fil à ligature. Posez-le sur une brique réfractaire ; chauffez-le partout jusqu'à ce que le métal soit rouge sombre. Trempez-le dans l'eau, déliez-le ; plongez-le dans un bain de décapage (p. 191).

**Torsade.** Pour former une double torsade, utilisez un fil ayant deux fois la longueur voulue plus 1 po (2,5 cm). Recuisez-le, pliez-le en deux et fixez-en les bouts libres dans un étau. Adaptez un piton au mandrin d'une chignole ou d'une perceuse électrique à vitesse variable ; introduisez-y le fil. Tendez-le ; faites tourner le mandrin lentement pour torsader le fil. Pour torsader un seul fil, introduisez-le directement dans le mandrin.

### Modèles de torsades

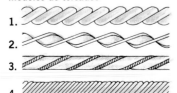

1.
2.
3.
4.

Le fil torsadé sert à fabriquer des bijoux. Fabriquez un bracelet avec une torsade : soudez-en les bouts.
**1.** Faites une double torsade avec un fil rond et aplatissez-la.
**2.** Torsadez un fil plat, simple.
**3.** Torsadez un fil carré, faites une double torsade avec un fil rond et torsadez les deux à la main.
**4.** Torsadez plusieurs fils ronds.

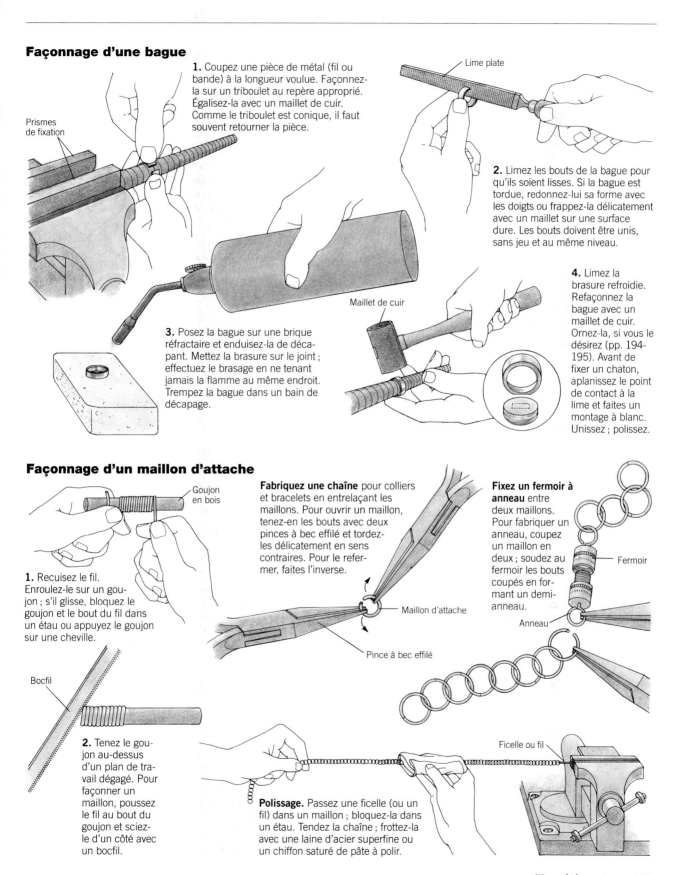

## Façonnage d'une bague

**1.** Coupez une pièce de métal (fil ou bande) à la longueur voulue. Façonnez-la sur un triboulet au repère approprié. Égalisez-la avec un maillet de cuir. Comme le triboulet est conique, il faut souvent retourner la pièce.

Prismes de fixation

Lime plate

**2.** Limez les bouts de la bague pour qu'ils soient lisses. Si la bague est tordue, redonnez-lui sa forme avec les doigts ou frappez-la délicatement avec un maillet sur une surface dure. Les bouts doivent être unis, sans jeu et au même niveau.

**4.** Limez la brasure refroidie. Refaçonnez la bague avec un maillet de cuir. Ornez-la, si vous le désirez (pp. 194-195). Avant de fixer un chaton, aplanissez le point de contact à la lime et faites un montage à blanc. Unissez ; polissez.

Maillet de cuir

**3.** Posez la bague sur une brique réfractaire et enduisez-la de décapant. Mettez la brasure sur le joint ; effectuez le brasage en ne tenant jamais la flamme au même endroit. Trempez la bague dans un bain de décapage.

## Façonnage d'un maillon d'attache

Goujon en bois

**1.** Recuisez le fil. Enroulez-le sur un goujon ; s'il glisse, bloquez le goujon et le bout du fil dans un étau ou appuyez le goujon sur une cheville.

Bocfil

**2.** Tenez le goujon au-dessus d'un plan de travail dégagé. Pour façonner un maillon, poussez le fil au bout du goujon et sciez-le d'un côté avec un bocfil.

**Fabriquez une chaîne** pour colliers et bracelets en entrelaçant les maillons. Pour ouvrir un maillon, tenez-en les bouts avec deux pinces à bec effilé et tordez-les délicatement en sens contraires. Pour le refermer, faites l'inverse.

Maillon d'attache

Pince à bec effilé

**Fixez un fermoir à anneau** entre deux maillons. Pour fabriquer un anneau, coupez un maillon en deux ; soudez au fermoir les bouts coupés en formant un demi-anneau.

Fermoir

Anneau

**Polissage.** Passez une ficelle (ou un fil) dans un maillon ; bloquez-la dans un étau. Tendez la chaîne ; frottez-la avec une laine d'acier superfine ou un chiffon saturé de pâte à polir.

Ficelle ou fil

Diverses techniques, dont le martelage, la gravure à l'eau-forte et la coloration chimique, permettent de décorer les objets de métal. La décoration doit être exécutée au bon moment au cours du façonnage. Par exemple, les articles (bols ou vases) formés par repoussage ou par étirage à creux ne peuvent être décorés qu'après avoir été façonnés. Toutefois, une boîte ou tout autre objet à côtés plats peuvent être décorés avant d'être pliés ou fixés à d'autres

pièces. Faites-vous d'abord la main sur des pièces de rebut.

Le *dressage* consiste à marteler le métal pour le durcir et le rendre lisse. Une pièce adroitement dressée présente bon nombre de petits creux qui lui donnent plus de texture et plus d'éclat. Les marteaux polis sont réservés au dressage ; leur table doit toujours être lisse (p. 196). Un marteau à panne ronde pourra servir à former des motifs sur les surfaces de métal. Portez tou-

jours des lunettes de protection lorsque vous martelez le métal.

Les outils pointus et les pointeaux (frappés avec un marteau) permettent de former des motifs complexes. Ainsi, une surface pourra être *percée* de trous pour former un motif ajouré, *ciselée* au moyen de ciselets pour former un motif en faible saillie ou *repoussée* avec des repoussoirs pour soulever un motif par-derrière. Ciselets et repoussoirs doivent être frappés avec un marteau à

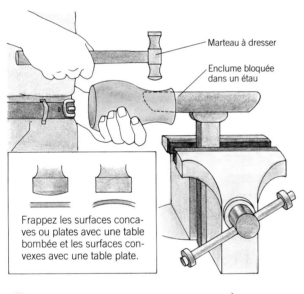

Frappez les surfaces concaves ou plates avec une table bombée et les surfaces convexes avec une table plate.

**Dressage.** Travaillez face à la lumière. Frappez le métal d'aplomb et uniformément, tout en faisant tourner l'ouvrage ; allez de la base vers le bord (du centre vers le bord dans le cas d'un bol). Les points d'impact doivent se chevaucher. L'effort doit venir des poignets.

## Ciselage et repoussage

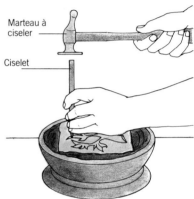

**1.** Chauffez la poix et mettez-y la pièce à l'endroit de façon qu'elle y repose en entier. Tracez le contour et les détails du motif en frappant légèrement le ciselet avec un marteau. Tenez fermement les outils en main.

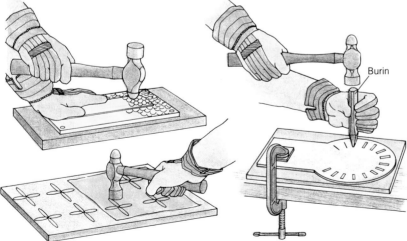

**Martelage.** Pour former un motif en creux, posez la pièce sur une surface dure et frappez-la avec un marteau à table ronde. Pour estamper une pièce, posez-la sur la matrice et frappez-la de part en part avec un marteau à table plate.

**Motif ajouré.** Tracez le contour des ajours ; bloquez la pièce sur du bois de rebut. Percez le métal avec un clou, un pointeau ou un burin ; frappez avec un marteau à panne ronde et à table plate. Essayez de façonner des ajours uniformes.

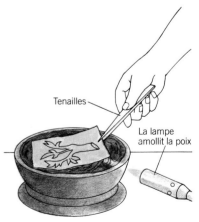

**2.** Chauffez la poix pour ôter la pièce ciselée que vous recuirez (p. 183) avant de la repousser ; remettez-la à l'envers dans la poix et emboutissez-la à l'aide de repoussoirs. Façonnez alternativement les deux côtés jusqu'à ce que le motif soit bien défini.

ciseler léger. La surface de travail doit être légèrement malléable. L'idéal est un bol à recuit rempli de poix ; du bois tendre ou un sac de sable feront aussi l'affaire. Chauffez la poix avec une lampe à souder pour l'amollir avant d'y mettre l'objet ou de l'enlever ; ne l'enflammez pas. Pour éliminer les résidus de poix, trempez le métal dans du diluant à peinture-laque.

La *gravure à l'eau-forte* consiste à dessiner un motif en dissolvant le métal en surface avec un *mordant*. Il s'agit habituellement d'acide nitrique, dont l'emploi est réservé aux spécialistes. Le cuivre et le laiton peuvent toutefois être gravés avec du chlorure ferrique, une solution saline plus sécuritaire car moins caustique. Pour protéger certains éléments du motif contre l'action du mordant, on les recouvre d'un enduit (cire, résine, etc.).

L'exposition des métaux à certains produits chimiques entraîne la forma-

tion d'une mince couche corrodée qui en modifie la couleur et la texture (patine). Après ce genre de traitement, il faudra donc polir le métal puis le recouvrir d'une couche de laque ou de cire pour empêcher tout changement de couleur.

**Attention !** Portez des lunettes de protection et des gants en caoutchouc lorsque vous travaillez avec des produits chimiques. Lisez toujours les recommandations du fabricant.

## Gravure à l'eau-forte

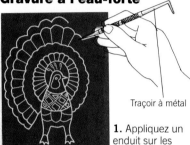

Traçoir à métal

**1.** Appliquez un enduit sur les zones à protéger de l'action du mordant. Vous pouvez appliquer l'enduit et y tracer les motifs ou recouvrir le métal d'un pochoir et appliquer l'enduit sur les zones découvertes. Laissez sécher le mordant.

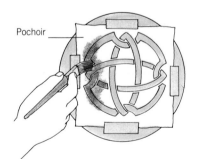

Pochoir

Soulevez avec une ficelle en coton

**2.** Immergez la pièce à l'envers dans un contenant rempli de mordant et muni de supports de plastique dans le fond. Agitez avec une ficelle pour éliminer les bulles.

**3.** Après 30 min, puis toutes les 15 min jusqu'à ce que la profondeur du motif ait été atteinte, rincez la pièce avec de l'eau. Ôtez la réserve avec un chiffon doux imbibé de térébenthine.

## Protection des surfaces finies

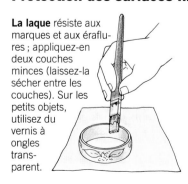

**La laque** résiste aux marques et aux éraflures ; appliquez-en deux couches minces (laissez-la sécher entre les couches). Sur les petits objets, utilisez du vernis à ongles transparent.

**La cire** rend la surface étanche. Employez une bonne cire à meubles sans silicone ; laissez sécher et polissez avec un chiffon propre et doux. Recommencez pour obtenir un fini plus lustré.

## Patine

Pour patiner un objet de métal, utilisez l'une des formules ci-dessous ; modifiez les quantités en fonction de la grosseur de l'objet. Le métal dont est fait l'objet et les conditions ambiantes influent sur le résultat final ; faites un essai sur du métal de rebut. Avant de patiner un objet, lavez-le bien dans un seau d'eau additionnée de détergent domestique et d'une cuillerée à soupe d'ammoniaque. Asséchez le métal avec un chiffon propre et doux ; à partir de ce moment, ne manipulez plus la pièce qu'en la tenant par les bords. Mélangez les produits chimiques dans un contenant de verre ou de porcelaine et n'utilisez que de l'eau distillée. Vérifiez souvent l'objet.

**Pour foncer l'argent et le cuivre,** mélangez une cuillerée à soupe de foie de soufre et une pinte (4 tasses) d'eau chaude. Tenez la pièce avec des tenailles et plongez-la dans le mélange. Rincez-la à l'eau courante.

**Pour foncer l'acier, l'aluminium et le bronze,** enduisez le métal de liquide à bleuir. Frottez avec une laine d'acier fine jusqu'à obtention de la coloration souhaitée.

**Pour former un motif bleu bigarré sur le cuivre,** mouillez le métal et saupoudrez-le de sel fin. Mettez l'objet près d'un bol rempli d'ammoniaque ; recouvrez l'objet et le bol d'un seau de plastique et laissez-les ainsi jusqu'à obtention de l'effet recherché.

**Pour verdir le cuivre, le laiton et le bronze,** mélangez une cuillerée à soupe de chlorure d'ammonium, une cuillerée à soupe de sel fin et deux cuillerées à soupe d'ammoniaque dans une pinte (4 tasses) d'eau chaude. Versez ce mélange dans un vaporisateur en plastique et vaporisez-le sur la surface à verdir. Laissez sécher ; recommencez jusqu'à obtention de l'effet recherché.

**Pour donner au cuivre une couleur brun foncé,** enduisez-le avec les doigts d'une petite quantité d'huile de lin. Chauffez uniformément le métal avec une lampe à souder jusqu'à ce que l'huile fume. Éliminez le surplus d'huile avec un chiffon propre.

Les deux étapes finales du façonnage du métal sont le ponçage, qui adoucit la surface, et le polissage, qui la rend lustrée. Un polissage complet consistera à poncer une surface avec des abrasifs de plus en plus fins, en commençant par un papier de verre (à la main ou avec une perceuse de ⅜ po [1 cm] munie d'un accessoire de ponçage), puis à la polir avec une machine à polir électrique, comme le touret.

Amorcez le ponçage avec un abrasif moyen (100) ou très fin (200) ; lorsque la surface est uniforme, passez à un abrasif extra-fin (300). Pour obtenir un beau résultat, allez au moins jusqu'à un abrasif superfin (400), puis polissez.

Polissez la pièce à l'aide d'un touret muni d'un *polissoir.* Avant de polir des bagues et autres petits objets, fixez un *polissoir conique* à un *arbre conique.* (Suivez les directives du fabricant pour savoir comment changer les polissoirs et poser l'arbre conique.) Vous pouvez aussi enlever l'écran protecteur et le porte-outil, mais portez des lunettes de protection et interdisez à quiconque de s'approcher. Tenez les grosses pièces avec les mains ; appuyez les petites pièces et les pièces plates sur une planche. Le polissoir doit toujours tourner vers le bas et vers vous.

Appliquez la pâte à polir directement sur le polissoir. Amorcez le polissage avec du tripoli, puis passez au colcotar. Servez-vous d'un polissoir différent pour chaque pâte à polir. Après chaque polissage, nettoyez le métal avec un mélange de détergent domestique et d'eau additionné de quelques gouttes d'ammoniaque. Des gants ou des doigtiers en caoutchouc empêcheront les pâtes à polir de vous salir les mains.

Une perceuse portative de ¼ (6 mm) ou de ⅜ po (1 cm) munie d'un polissoir et fixée à un support horizontal pourra remplacer le touret. Bloquez la détente de la perceuse. Appliquez la pâte à polir et polissez la pièce comme vous le feriez si vous utilisiez un touret.

**Premier polissage.** Utilisez une toile abrasive ou un papier de verre fixés autour d'une planchette. Passez par deux degrés de rugosité ou plus. Changez le sens du polissage quand vous changez d'abrasif.

Cale à poncer

**Polissage de la table d'un marteau.** Exécutez le polissage avec un matériau abrasif fixé autour d'un bloc de bois ou sur une cale à poncer. Passez ensuite un bloc recouvert de cuir et saupoudré d'un produit diamanté, en décrivant des cercles.

**La perceuse** accélère le polissage. Munissez-la d'un disque abrasif ou d'un polissoir. Si l'objet n'est pas fixe, bloquez-le. Travaillez à grande vitesse, en déplaçant le disque sur la surface à un rythme régulier ; exercez un peu de pression. Portez des lunettes de protection et des gants.

Disque abrasif

## Polissage sur un touret

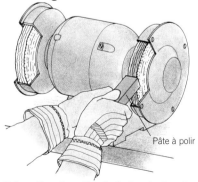

**Préparation du polissoir.** Portez des lunettes de protection et des gants. Posez le bout du bâton de pâte à polir sur le polissoir en rotation, sous l'axe. Appliquez-en une couche uniforme toutes les 5 min pendant le polissage. Nettoyez le polissoir s'il devient brillant ; appliquez davantage de pâte.

Pâte à polir

**Polissage.** Tenez bien la pièce sous l'axe du polissoir. Tournez-la constamment pour en polir toute la surface. Nettoyez-la avant de passer à un polissoir recouvert d'une autre pâte à polir.

**Polissage de petits objets.** Posez un arbre conique sur le touret ; vissez-y un polissoir conique et enduisez-le de pâte à polir. Appuyez les objets délicatement et fermement contre le polissoir en rotation. Changez de polissoir et nettoyez les objets avant d'utiliser une autre pâte.

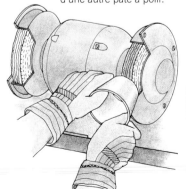

Arbre conique

Polissoir conique

Il est presque toujours possible de réparer des objets en métal légèrement rouillés ou endommagés. Comme la rouille détruit rapidement le métal, peignez les outils d'extérieur, les jouets, etc. avec de la peinture antirouille et rangez-les toujours dans un endroit sec. Employez par ailleurs des attaches, des balustrades et des clôtures en métal galvanisé.

Nettoyez le métal avec un détergent doux et de l'eau ; ravivez un métal terni en le frottant avec un produit d'entretien commercial. Aplanissez les bosses en les frappant doucement avec un maillet, à l'envers sur un sac de sable ou une bouterolle. Mettez de la brasure dans les petites fissures et bouchez les trous avec de la fibre de verre et de la résine. Cependant, ne vous servez pas de ces produits pour réparer une charpente ou des contenants renfermant des produits liquides ou gazeux.

Au lieu de poncer une surface rouillée, vous pourriez la recouvrir de stabilisateur de rouille. Détachez les croûtes de rouille et appliquez le produit. La rouille qui reste durcira et pourra ensuite être peinte.

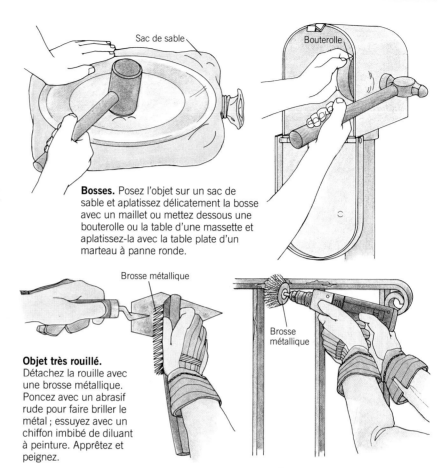

Sac de sable

Bouterolle

**Bosses.** Posez l'objet sur un sac de sable et aplatissez délicatement la bosse avec un maillet ou mettez dessous une bouterolle ou la table d'une massette et aplatissez-la avec la table plate d'un marteau à panne ronde.

Brosse métallique

Brosse métallique

**Objet très rouillé.**
Détachez la rouille avec une brosse métallique. Poncez avec un abrasif rude pour faire briller le métal ; essuyez avec un chiffon imbibé de diluant à peinture. Apprêtez et peignez.

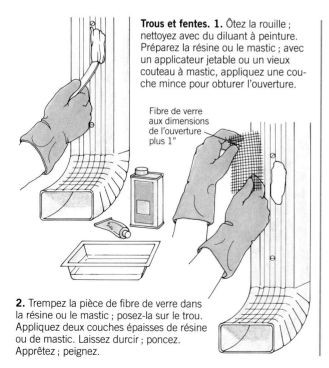

**Trous et fentes. 1.** Ôtez la rouille ; nettoyez avec du diluant à peinture. Préparez la résine ou le mastic ; avec un applicateur jetable ou un vieux couteau à mastic, appliquez une couche mince pour obturer l'ouverture.

Fibre de verre aux dimensions de l'ouverture plus 1"

**2.** Trempez la pièce de fibre de verre dans la résine ou le mastic ; posez-la sur le trou. Appliquez deux couches épaisses de résine ou de mastic. Laissez durcir ; poncez. Apprêtez ; peignez.

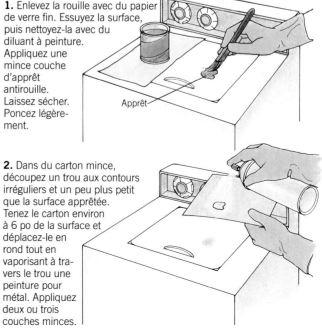

**Peinture écaillée et éraflures.**
**1.** Enlevez la rouille avec du papier de verre fin. Essuyez la surface, puis nettoyez-la avec du diluant à peinture. Appliquez une mince couche d'apprêt antirouille. Laissez sécher. Poncez légèrement.

Apprêt

**2.** Dans du carton mince, découpez un trou aux contours irréguliers et un peu plus petit que la surface apprêtée. Tenez le carton environ à 6 po de la surface et déplacez-le en rond tout en vaporisant à travers le trou une peinture pour métal. Appliquez deux ou trois couches minces.

Vérifiez vos outils avant usage. S'ils sont émoussés, affûtez-les. (Faites affûter les lames de scies et d'égoïnes.) L'affûtage donne au tranchant d'une lame un angle appelé biseau. C'est de cet angle que dépend l'efficacité de la lame. En général, il faut affûter une lame en reconstituant son profil d'origine. Les lames de ciseaux et les fers de rabots ont un biseau de 15° à 30°. Vous pourrez le modifier en y ajoutant une face de dépouille ayant 5° de plus. Cela aura pour effet d'accélérer l'affilage, car le tranchant sera réduit. Le profil concave (qui résulte du meulage) donne le même résultat. Le touret accélère l'affûtage et est particulièrement utile pour redonner leur forme aux tranchants endommagés. Achetez de nouvelles meules dès que le besoin s'en fait sentir. L'affûtage requiert l'utilisation d'une meule moyenne et d'une meule fine.

Si vous utilisez un touret, respectez les consignes de sécurité données aux pages 12 et 13.

**Profil d'origine**

**Profil modifié**

**Profil concave**

Outre qu'elle est extrêmement dangereuse, la mauvaise utilisation du touret peut entraîner la destruction de la *trempe* de l'outil.

Affûtez et affilez les lames à la main avec des pierres abrasives plates et des pierres à aiguiser courbes. Un bon assortiment comprend une pierre à eau à double usage n° 1000/4000, une pierre à huile Arkansas dure et une pierre diamantée. Les pierres doivent toujours être bien lubrifiées. Pour obtenir un tranchant parfait, achevez l'affûtage sur un cuir à rasoir ou, mieux encore, sur un polissoir.

## Affûtage sur un touret

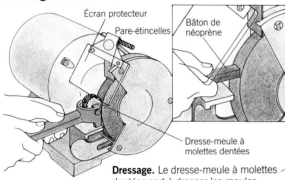

Écran protecteur
Pare-étincelles
Bâton de néoprène
Dresse-meule à molettes dentées

**Dressage.** Le dresse-meule à molettes dentées sert à dresser les meules. Tenez-le sur le porte-outil et déplacez-le latéralement sur la meule en rotation. Employez la même technique pour décrasser une meule, mais utilisez un bâton de néoprène.

**Profil concave.** Réglez l'angle du porte-outil. Tenez l'outil à deux mains ; posez-le sur le porte-outil et déplacez latéralement sur la meule. Stabilisez l'outil avec l'index posé contre le bord du porte-outil.

Porte-outil

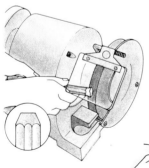

**Burin.** Si sa tête est écrasée ou fendue, meulez-la pour réduire les risques de blessures que pourrait causer l'éclatement du métal. Meulez le bout en cône pour qu'il soit plus résistant.

**Plane.** Biseautage : appuyez la lame sur le porte-outil et déplacez-la latéralement sur la meule. Affilage : bloquez une des poignées dans un étau ; partant du bout opposé, faites glisser une pierre abrasive du côté biseauté de la lame ; recommencez de l'autre côté pour ébarber.

Gabarit fixé sur le porte-outil
Guide
47°
59°

**Foret.** Bloquez un gabarit de votre fabrication sur le porte-outil (de niveau) ; posez le foret contre un guide. Appuyez un côté de sa pointe sur la meule ; faites-le rouler vers la gauche tout en le faisant lentement pivoter vers la ligne à 47°.

## Affilage

**Pour empêcher l'usure inégale** de la pierre, affilez une lame en décrivant un huit ou un mouvement alternatif.

**Affilez un biseau** en frottant la lame sur une pierre moyenne jusqu'à ce qu'apparaisse un morfil du côté plat. Pour former une face de dépouille, relevez la lame de 5° et frottez-la sur une pierre fine jusqu'à formation d'un morfil. Émorfilez chaque fois en frottant délicatement le côté plat de la lame sur la pierre.

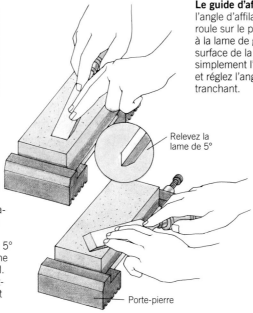

Relevez la lame de 5°

Porte-pierre

**Le guide d'affilage** uniformise l'angle d'affilage. Le modèle illustré roule sur le plan de travail et permet à la lame de glisser sur toute la surface de la pierre. Mettez simplement l'outil en place et réglez l'angle du tranchant.

Guide

Galet

**Passez la lame** sur un cuir légèrement enduit de pâte à polir fine. Passez-la plusieurs fois des deux côtés en la ramenant vers vous.

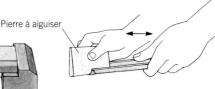

Cuir à rasoir

## Techniques spéciales

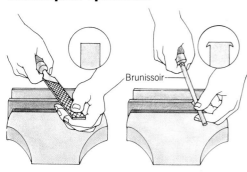

Brunissoir

**Racloir.** Passez une lime ou une pierre sur l'arête pour la rendre parfaitement carrée (à gauche). Reconstituez le tranchant d'un racloir d'ébéniste avec une lime. Créez un morfil à l'aide d'un brunissoir que vous passez sur l'arête en appuyant (à droite) ; achevez-le en inclinant légèrement l'outil vers le bas.

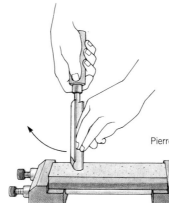

**Gouges.** Affûtez une gouge à biseau extérieur sur une pierre plate en suivant l'angle du biseau et la forme de la lame. Émorfilez avec une pierre à aiguiser. Affûtez une gouge à biseau intérieur avec une pierre à aiguiser ; émorfilez avec une pierre plate.

Pierre à aiguiser

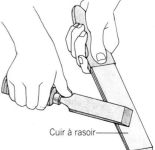

**Couteau.** D'un côté, puis de l'autre, passez la lame presque à plat sur la pierre, en respectant l'angle du tranchant. Finissez au cuir à rasoir pour obtenir un tranchant bien aiguisé.

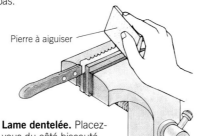

Pierre à aiguiser

**Lame dentelée.** Placez-vous du côté biseauté. Affûtez chaque dent en frottant légèrement la pierre. Conservez l'angle. Émorfilez en frottant le côté non biseauté sur une pierre plate.

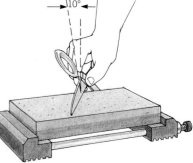

10°

**Ciseaux.** Posez le tranchant sur la pierre. Faites-le glisser en diagonale, en poussant de la pointe vers l'entablure. Émorfilez en ouvrant et en refermant les ciseaux.

# MAÇONNERIE

Le béton est constitué d'un mélange de sable, de granulat grossier (gravier ou pierre concassée) et de ciment portland. Une réaction chimique fait durcir le ciment si on lui ajoute de l'eau. Cinq types de ciment portland sont fabriqués au Canada — 10, 20, 30, 40 et 50 — mais seul le ciment de type 10 est utilisé couramment. C'est celui qui convient à la plupart des travaux d'intérieur et d'extérieur et, selon les proportions du mélange, on peut lui conférer certaines caractéristiques propres aux autres types. Le ciment de type 50, qui résiste aux sulfates, est recommandé dans certaines régions des Prairies, où le sol ou la nappe phréatique ont une forte teneur en sulfates. Si l'ouvrage est exposé au gel ou aux sels déglaçants, il faudra employer du béton à air occlus. Au Canada, on ajoute ordinairement l'adjuvant d'air au moment du malaxage.

Si vous prévoyez employer 1 vg cu (0,8 m³) de béton ou plus, vous jugerez probablement que le béton prémalaxé vous revient moins cher.

Le ciment portland est blanc, gris ou chamois. D'autres teintes s'obtiennent par l'ajout d'un colorant en poudre et d'un durcisseur de couleur. Pour embellir le béton, donnez-lui un fini rugueux, ajoutez-lui un granulat affleurant ou tracez-y des motifs, à la main ou avec un estampeur. Vaporisez un bouche-pores lorsque le béton a durci.

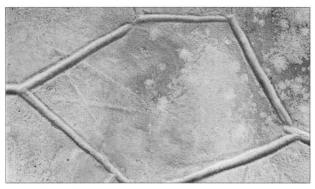

**Un motif de dalles** se dessine facilement à la main avant que le béton durcisse ; ajoutez un colorant au mélange si vous le désirez. Après avoir nivelé et réglé la surface, dessinez les dalles avec un fer à joints et passez la truelle. Une fois le béton durci, vaporisez un bouche-pores de couleur.

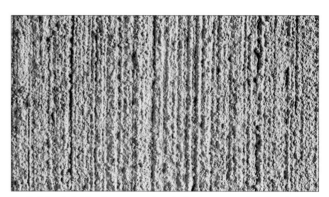

**Le fini ligné** s'obtient en passant un balai-brosse sur le béton frais. Ce fini texturé et rugueux est aussi antidérapant. Normalement, on trace des lignes droites, sur la longueur ou la largeur, mais on peut aussi tracer des lignes ondulées ou diagonales. Ajoutez de la couleur si vous le désirez.

**Le granulat affleurant** donne un fini rugueux plus varié que le ligné au balai-brosse. Répandez le granulat au hasard ou formez un motif avant que le béton (coloré ou non) durcisse. Une fois le béton raffermi, lavez et brossez la surface pour mettre à nu le granulat.

**Le granulat décoratif** se présente sous diverses formes et couleurs selon la pierre dont il est tiré. Le granulat de cailloux ronds ou anguleux couvre bien. Une texture rugueuse adhère mieux au béton qu'une texture lisse ; les cailloux plats ont tendance à se déloger.

Motif en damier

Motif en épi

Carrés

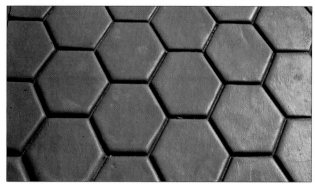

Hexagones

Imitation de pavés

Imitation de pavés

**L'estampage** permet de créer rapidement un motif répété. En enfonçant l'estampeur dans le béton frais (et d'ordinaire coloré), vous pouvez créer un effet de pavé, d'ardoise, de granite, de dalle de béton ou de carreau de céramique.

Quelques-uns des motifs offerts dans le commerce sont illustrés ici. Employez-en un seul ou combinez-en plusieurs pour obtenir un effet plus décoratif, pour ajouter une bordure ou pour délimiter un secteur. Appliquez un bouche-pores une fois le béton durci.

Comparé aux dalles proprement dites, le béton qui les imite est moins facilement affecté par le gel et ses faux interstices ne donnent évidemment pas prise aux mauvaises herbes. Cependant, si l'ouvrage s'abîme, il faudra en remplacer une bonne portion ou même le refaire au complet, tandis qu'une dalle se remplace facilement.

Imitation de briques

Tout projet de bétonnage doit être préparé soigneusement. Considérez d'abord le mélange : granulat, ciment, eau. Le diamètre du granulat ne doit pas dépasser le tiers de l'épaisseur de la dalle. Un granulat de plus de ¾ po (2 cm) fait un mélange difficile à étendre et à tasser. Choisissez ensuite le type de ciment qui convient au type d'ouvrage (pp. 202-203). Déterminez la quantité d'eau et de ciment nécessaire (plus le mélange est épais, plus le béton est résistant), ainsi que la proportion de sable et de granulat. Assurez-vous que les mélanges ci-dessous sont conformes aux règlements municipaux de votre localité.

Seul le béton à air occlus résiste aux effets du gel et du dégel sans s'écailler. Les petites bulles d'air qu'il renferme lui permettent de se dilater et de se contracter selon les températures. Ce type de béton est aussi très facile à manier. Il contient du ciment de type 1A et doit être gâché au malaxeur, en petites quantités égales.

Calculez la quantité de béton nécessaire en vous servant d'une formule (p. 344) ou d'un papier quadrillé (ci-dessous). Majorez la quantité de 5 à 10 p. 100 pour avoir une marge de manœuvre. Pour être suffisamment résistant, le béton d'un patio, d'un trottoir ou d'une entrée doit avoir 4 po d'épaisseur (10 cm), 6 po (15 cm) si des camions doivent s'y garer.

Les mesures de poids sont plus précises que les mesures de volume, car le sable mouillé a plus de volume que le sable sec. Les formules ci-dessous ont été établies pour du sable mouillé ; augmentez ou réduisez la quantité d'eau selon le degré d'humidité du sable. Faites une gâchée d'essai pour vérifier la consistance (ci-contre).

Si vous avez besoin de 1 vg cu (0,8 m³) ou plus de béton, faites-vous plutôt livrer du béton prémalaxé.

Commandez-le une semaine à l'avance et précisez-en la quantité, la résistance (généralement égale à une charge de 4 000 lb/po² [1 800 kg/cm²]), l'affaissement (mesure de consistance utilisée dans le métier, en général 4 po [10 cm] ou moins), la teneur en air (de 5 à 8 p. 100) et la grosseur du granulat. Préparez le chantier et assurez-vous d'avoir de l'aide à la livraison.

Pour mélanger moins de 1 vg cu (0,8 m³) de béton, louez un malaxeur. Pour effectuer de petits travaux, achetez un mélange de ciment et de granulat auquel vous ajouterez de l'eau ; ou encore, achetez les ingrédients séparément. Il suffira de les mélanger à la pelle ou à la truelle.

**Attention !** Le béton mouillé peut causer des brûlures graves. Portez des pantalons, une chemise à manches longues, des bottes de caoutchouc, des gants et des lunettes de sécurité. Enlevez à l'eau les éclaboussures sur la peau.

## Estimation des quantités

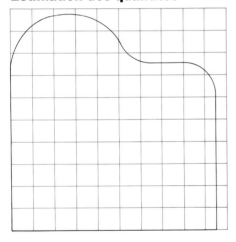

**Ouvrage de forme irrégulière.** Délimitez l'ouvrage, mesurez et transposez les données sur du papier quadrillé, chaque carré correspondant à 1 pied carré. Comptez les carrés dont un tiers de la superficie ou plus se trouve dans le tracé. Convertissez l'épaisseur de la dalle en pieds (4 po = ⅓ pi, par exemple). Multipliez la surface par l'épaisseur pour avoir le nombre de pieds cubes. Divisez par 27 pour le volume en verges cubes.

**Évaluez la teneur en eau du sable** en le pressant dans la main. Si la main est mouillée, le sable est trop humide ; si la main reste sèche et que le sable forme une boule, sa teneur en eau est suffisante.

**Pour mesurer un volume,** fabriquez une boîte de 1 pi³ (12 x 12 x 12 po) sans fond. Au besoin, marquez les fractions de pieds sur les côtés. Mettez-la sur une surface plane, versez-y l'ingrédient et mesurez-le.

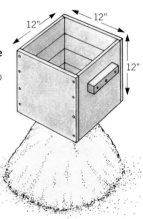

| Formules | 1 pi³ de béton à air occlus | | | | 1 pi³ de béton ordinaire | | | |
|---|---|---|---|---|---|---|---|---|
| | Granulat de ⅜" ou moins | | Granulat de ¾" ou moins | | Granulat de ⅜" ou moins | | Granulat de ¾" ou moins | |
| | Livres | Boîte de 1 pi³ | Livres | Boîte de 1 pi³ | Livres | Boîte de 1 pi³ | Livres | Boîte de 1 pi³ |
| Ciment | 29 | ¼ | 25 | ¼ | 29 | ¼ | 25 | ¼ |
| Sable mouillé | 53 | ½ | 42 | ½ | 59 | ⅔ | 47 | ½ |
| Granulat grossier* | 46 | ⅔ | 65 | ⅔ | 46 | ½ | 65 | ⅔ |
| Eau | 1 gal | 1 gal | 1 gal | 1 gal | 1⅕ gal | 1⅕ gal | 1⅕ gal | 1⅕ gal |

*S'il s'agit de granulat de pierre concassée, en mettre 3 lb (1,4 kg) de moins et ajouter 3 lb (1,4 kg) de sable.

## Transport des sacs

**Évitez les blessures.** Pour soulever un sac de ciment, pliez les genoux, pas le torse. Tenez le sac près du corps et levez-le jusqu'à l'épaule. Si vous avez plusieurs sacs à transporter, demandez de l'aide. (Un sac de ciment pèse 88 lb [40 kg].)

### Malaxage

Stabilisez le malaxeur avec des sacs de sable et faites un mélange d'essai. Versez le granulat et la moitié de l'eau ; mettez le malaxeur en marche et ajoutez, dans l'ordre, le sable, le ciment et le reste de l'eau. Mélangez bien pendant au moins 3 min. Vérifiez la consistance du mélange.

**Attention :** Gardez la tête, les mains et la pelle loin des palettes d'un malaxeur en mouvement. Ne portez pas de vêtements amples : ils pourraient se prendre dans les pièces de la machine.

**Gâchage à la main : 1.** Mesurez tous les ingrédients. Versez le sable dans l'auge et ajoutez-y le ciment. Mélangez pour obtenir une couleur uniforme. Ajoutez le granulat et retournez le tout au moins trois fois.

**2.** Faites un tas, creusez une cuvette au milieu et ajoutez lentement les deux tiers de l'eau. Mélangez en ramenant le mélange sec vers le milieu et en tassant le mélange mouillé vers les bords. Ajoutez le reste de l'eau graduellement.

**3.** Pour vérifier la consistance du mélange, lissez-en la surface et tracez-y des sillons à la binette. Un bon mélange gardera les empreintes. Le granulat doit être à peine visible. Si le mélange fait des mottes, mettez moins de granulat ou plus de sable, de ciment et d'eau. S'il est trop liquide, mettez moins d'eau. Si la gâchée est manquée, préparez-en une autre (ne tentez pas de l'améliorer).

## Préparation du chantier

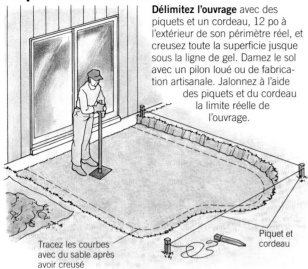

**Délimitez l'ouvrage** avec des piquets et un cordeau, 12 po à l'extérieur de son périmètre réel, et creusez toute la superficie jusque sous la ligne de gel. Damez le sol avec un pilon loué ou de fabrication artisanale. Jalonnez à l'aide des piquets et du cordeau la limite réelle de l'ouvrage.

Tracez les courbes avec du sable après avoir creusé

Piquet et cordeau

## Création de la pente

Cordeau de délimitation

**1.** Plantez des piquets près de la maison, à 1½ po (l'épaisseur du coffrage) de la future dalle. Tendez un cordeau entre les piquets, mettez-le de niveau et faites-le claquer contre la maison. Enfoncez les piquets au niveau de la ligne ainsi formée. Tendez un cordeau entre les piquets délimitant la dalle.

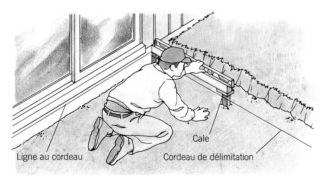

Ligne au cordeau

Cale

Cordeau de délimitation

**2.** Plantez un piquet à 3 pi de la maison, contre le cordeau. Clouez une cale de ¾ po sous un 2 x 4 de 3 pi ; posez-le sur les piquets, l'un après l'autre, la cale sous le côté opposé à la maison. Enfoncez les piquets jusqu'à ce qu'ils soient de niveau. Clouez le coffrage de façon qu'il affleure les piquets.

Le coffrage moule le mélange de béton et le retient. Clouez-le à des piquets de 1 x 2 po (2 x 5 cm) plantés dans le sol. Le dessus du coffrage sert de repère quand on coule le béton et d'appui quand on le nivelle (pp. 210-211).

On enlève généralement le coffrage dès que le béton a durci. Clouez-le avec des clous à deux têtes (qui s'arrachent facilement), mouillez-le et enduisez-le d'un agent de décoffrage (en vente dans les magasins de matériaux de construction). Si vous coulez le béton par étapes, installez des arrêts de dalle en les appuyant sur des piquets. Une planchette chanfreinée clouée au milieu de l'arrêt crée un creux qui sera comblé à l'étape suivante (pp. 212-213).

On fabrique des coffrages avec du contreplaqué en pin de Douglas conçu pour cet usage, du contreplaqué en pin de Douglas ordinaire, des pièces de 2 x 4 ou des planches. (Une pièce de 2 x 4 a de fait 3½ po [9 cm] de largeur ; pour obtenir une dalle de 4 po [10 cm], mettez du gravier sous le coffrage.) Formez une courbe ordinaire avec des planches de bois tendre (1 x 4 po [2,5 x 10 cm]) dans lesquelles vous aurez fait des traits de scie. Formez une courbe plus accentuée avec du contreplaqué ou du panneau de fibre. Le bois vert plie plus facilement que le bois sec et absorbe moins l'humidité du béton en cours de durcissement.

Il y a aussi des coffrages permanents qui servent d'éléments décoratifs. Leurs cloisons servent alors de joints de fractionnement et empêchent la fissuration (pp. 212-213). Choisissez un bois résistant à la pourriture, comme le cèdre ou le cyprès, ou du bois traité sous pression. Si le bois n'est pas traité, appliquez-y un bouche-pores incolore. Couvrez les chants d'un coffrage permanent de ruban-cache pendant la durée des travaux pour les garder propres.

Pour bien s'égoutter, une dalle doit avoir une pente de ¼ po au pied (0,6 cm/30 cm), sur la longueur ou la largeur. (Si l'égouttement d'un patio détaché de la maison n'est pas essentiel, installez son coffrage 1 po (2,5 cm) au-dessus du niveau du sol.) Pour créer une pente sur la longueur, plantez les piquets aux niveaux requis et affleurez coffrage et piquets. Pour créer deux pentes partant du centre, comme dans le cas d'une entrée de garage, fixez la division médiane plus haut que les côtés du coffrage. Vous nivellerez le béton en appuyant la raclette sur cette division et un côté du coffrage.

Avant de préparer le béton, dégagez toute la superficie de l'ouvrage jusque sous la ligne de gel ; la profondeur devrait être suffisante pour contenir une couche de gravier et la dalle. Creusez aussi 1 pi (30 cm) sur tout le périmètre pour pouvoir clouer le coffrage. La couche de gravier sert d'assise et favorise l'écoulement ; elle est essentielle dans les régions soumises au gel, c'est-à-dire partout au Canada. Dans les terres basses ou argileuses, étendez et damez une couche de 4 po (10 cm) de gravier de ¾ po (2 cm). N'oubliez pas que les constructions de béton sont régies par les règlements municipaux, qui exigent parfois une semelle sur le périmètre de l'ouvrage et des tiges d'armature additionnelles (p. 209).

## Coffrage temporaire

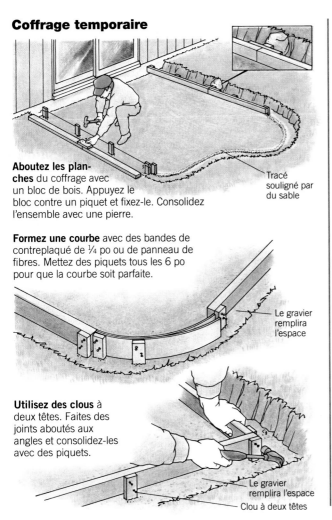

**Aboutez les planches** du coffrage avec un bloc de bois. Appuyez le bloc contre un piquet et fixez-le. Consolidez l'ensemble avec une pierre.

Tracé souligné par du sable

**Formez une courbe** avec des bandes de contreplaqué de ¼ po ou de panneau de fibres. Mettez des piquets tous les 6 po pour que la courbe soit parfaite.

Le gravier remplira l'espace

**Utilisez des clous** à deux têtes. Faites des joints aboutés aux angles et consolidez-les avec des piquets.

Le gravier remplira l'espace
Clou à deux têtes

## Coffrage permanent

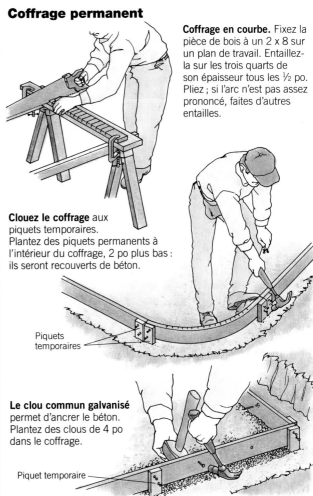

**Coffrage en courbe.** Fixez la pièce de bois à un 2 x 8 sur un plan de travail. Entaillez-la sur les trois quarts de son épaisseur tous les ½ po. Pliez ; si l'arc n'est pas assez prononcé, faites d'autres entailles.

**Clouez le coffrage** aux piquets temporaires. Plantez des piquets permanents à l'intérieur du coffrage, 2 po plus bas : ils seront recouverts de béton.

Piquets temporaires

**Le clou commun galvanisé** permet d'ancrer le béton. Plantez des clous de 4 po dans le coffrage.

Piquet temporaire

## Plan pour une entrée de garage

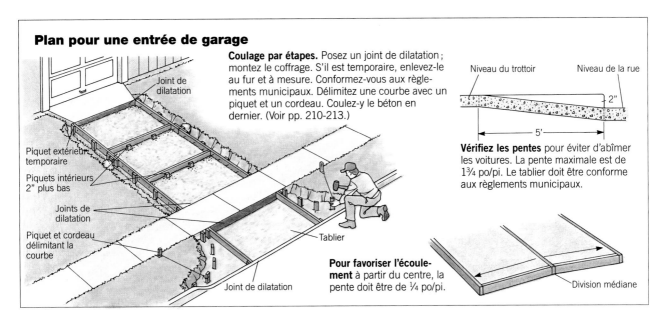

**Coulage par étapes.** Posez un joint de dilatation ; montez le coffrage. S'il est temporaire, enlevez-le au fur et à mesure. Conformez-vous aux règlements municipaux. Délimitez une courbe avec un piquet et un cordeau. Coulez-y le béton en dernier. (Voir pp. 210-213.)

Joint de dilatation

Piquet extérieur temporaire

Piquets intérieurs 2" plus bas

Joints de dilatation

Piquet et cordeau délimitant la courbe

Tablier

Joint de dilatation

Niveau du trottoir
Niveau de la rue
2"
5'

**Vérifiez les pentes** pour éviter d'abîmer les voitures. La pente maximale est de 1¾ po/pi. Le tablier doit être conforme aux règlements municipaux.

**Pour favoriser l'écoulement** à partir du centre, la pente doit être de ¼ po/pi.

Division médiane

Maçonnerie 207

# SEMELLES ET PERRONS

## Tracés et mesures

**1.** Installez des planches-repères de niveau ; délimitez le périmètre externe de la semelle avec un cordeau (p. 233). Creusez une tranchée assez profonde pour recevoir la couche de sable et la semelle. Donnez-lui 1 pi de plus sur la largeur pour pouvoir travailler. Répandez le sable et damez-le. Délimitez le périmètre réel avec un sable coloré.

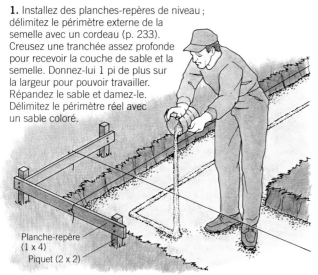

Planche-repère
(1 x 4)
Piquet (2 x 2)

**2.** Plantez des piquets à l'extérieur de la ligne de sable coloré. Vérifiez le niveau et clouez le coffrage externe (pp. 206-207). Pour conserver partout la même largeur, fabriquez des espaceurs (largeur de la semelle plus deux fois l'épaisseur du coffrage).

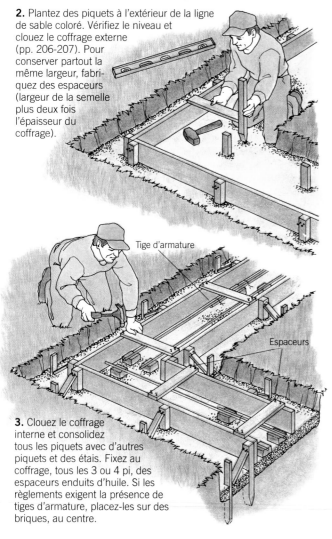

Tige d'armature

Espaceurs

**3.** Clouez le coffrage interne et consolidez tous les piquets avec d'autres piquets et des étais. Fixez au coffrage, tous les 3 ou 4 pi, des espaceurs enduits d'huile. Si les règlements exigent la présence de tiges d'armature, placez-les sur des briques, au centre.

**La semelle de béton** supporte le poids d'ouvrages verticaux et les maintient en place. Avant d'entreprendre la construction d'une semelle, vérifiez les règlements locaux et obtenez les permis nécessaires. Dans certaines municipalités, les coffrages doivent être inspectés avant qu'on y coule le béton.

La semelle a la même épaisseur que l'ouvrage qu'elle supporte et est généralement deux fois plus large. Le dessus de la semelle doit être lisse, ses côtés bien verticaux et l'ensemble parfaitement d'aplomb (p. 233). Les semelles de piliers, colonnes de béton enfoncées dans le sol, servent à ancrer les poteaux de clôture ou à supporter des terrasses ou des remises. Dans la plupart des cas, elles supportent aussi des perrons de 30 po (75 cm) de hauteur ou moins (ci-contre) ou des murs à piliers (pp. 240-241). (Les perrons de plus de 30 po [75 cm] reposent normalement sur une semelle.)

La tranchée destinée à recevoir la semelle doit être assez profonde : on doit pouvoir y étendre une couche de 4 po (10 cm) de sable grossier sous la ligne de gel. L'inspecteur en bâtiments vous dira quel type de sol vous avez et à quelle profondeur se trouve la ligne de gel. Si le sol est dur et compact, vous n'aurez peut-être pas besoin de construire un coffrage. Une tranchée parfaitement rectiligne et à parois bien verticales en fera, dans ce cas, office. On fabrique souvent les piliers en coulant simplement du béton dans des trous partiellement remplis de gravier ; dans un sol meuble ou dans le cas où les piliers ne sont que partiellement enfouis, on coule le béton dans des tubes de carton appelés Sonotubes.

**Perrons en béton.** En planifiant votre projet, pensez sécurité et commodité : les marches et les contremarches devront être uniformes. Idéalement, une contremarche a 6 po (15 cm) de hauteur, 7 po (18 cm) au plus et une marche au moins 11 po (28 cm) de profondeur et préférablement entre 12 et 14 po (30-36 cm) de largeur. Augmentez la profondeur de haut en bas en inclinant les contremarches de 15°. Pour que l'eau s'écoule bien, donnez aux marches une pente de ¼ po au pied (0,6 cm/30 cm). La plateforme devrait excéder de 6 po (15 cm) la largeur de la porte, de part et d'autre.

Le coffrage des côtés d'un perron de 30 po (76 cm) ou moins peut être fabriqué en contreplaqué de ¾ po (2 cm) ; celui des contremarches, en contreplaqué ou en planches de 1 po (2,5 cm). Pour pouvoir bien lisser les marches avant d'enlever le coffrage, chanfreinez le chant inférieur des pièces formant le coffrage des contremarches, enduisez d'huile la portion qui sera en contact avec le béton et consolidez le coffrage (p. 210).

Le grain du coffrage laissera son empreinte dans le béton. Après le décoffrage (de 3 à 7 jours plus tard), appliquez sur les côtés du perron un mortier composé de 1 partie de ciment pour 1½ à 2 parties de sable et d'assez d'eau pour que le mélange ait la consistance d'une peinture épaisse. Laissez-le sécher de 1 à 2 heures et enlevez tout surplus avec un chiffon de toile.

## Construction d'un perron

**Délimitez le périmètre** et la hauteur du perron avec des piquets et un cordeau ; dégagez la surface sur 6 po de profondeur. À l'avant, creusez deux trous d'un diamètre de 8 po, de 4 à 6 po sous la ligne de gel ; tassez-y 4 po de gravier et coulez-y le béton. Installez le joint de dilatation et reliez le perron à la maison avec des tiges d'armature ancrées dans les fondations (p. 213).

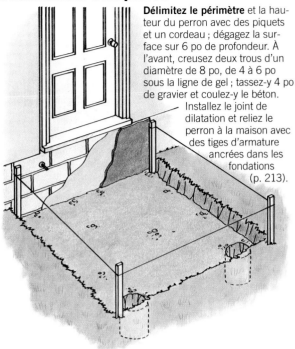

**La plateforme** doit excéder la largeur d'une porte ouverte. Divisez la hauteur du perron par celle d'une contremarche pour avoir le nombre de marches. Inclinez le coffrage des contremarches vers le fond ; donnez une pente aux marches.

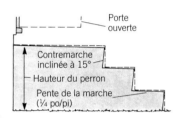

Porte ouverte

Contremarche inclinée à 15°

Hauteur du perron

Pente de la marche (¼ po/pi)

**Découpez le coffrage.** Consolidez-le à l'aide de piquets et d'étais. Versez-y le gravier et tassez-le. Coulez le béton de la première marche et attendez avant de continuer (30 min ou plus selon la température et la consistance du mélange) ; sinon, le béton débordera.

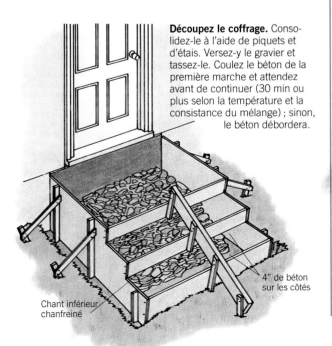

Chant inférieur chanfreiné

4" de béton sur les côtés

## Installation d'un poteau

**1.** Les manches bien parallèles, enfoncez la tarière dans le sol. Ouvrez et tournez l'outil tout en le soulevant. Creusez jusqu'à une profondeur correspondant à la moitié de la longueur du poteau et à 4 po sous la ligne de gel. Si le sol est rocailleux ou la ligne de gel profonde, il faut une tarière motorisée ou les services d'un profession-

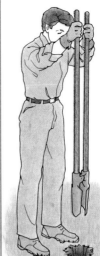

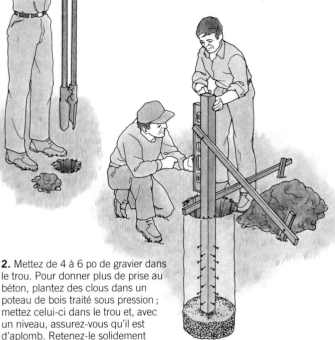

**2.** Mettez de 4 à 6 po de gravier dans le trou. Pour donner plus de prise au béton, plantez des clous dans un poteau de bois traité sous pression ; mettez celui-ci dans le trou et, avec un niveau, assurez-vous qu'il est d'aplomb. Retenez-le solidement en place.

**3.** Plantez un deuxième poteau ; alignez-le sur le premier. À l'aide d'un niveau à cordeau, ajustez sa hauteur. Vérifiez aussi s'il est d'aplomb.

**4.** Remplissez de béton aux trois quarts. Il devrait y avoir au moins quatre fois plus de béton que de gravier. Finissez de remplir avec de la terre ; tassez-la en lui donnant une pente favorisant l'écoulement de l'eau loin du poteau.

Terre

Béton

Gravier

# COULAGE ET FINISSAGE

## Préparatifs

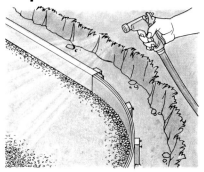

**1.** Installez le coffrage et étendez le gravier (pp. 206-209). Arrosez abondamment toute la surface pour que le gravier se tasse et qu'il n'absorbe pas l'humidité du béton.

**2.** Mouillez le coffrage et enduisez-le d'un agent de décoffrage qui empêchera le béton d'adhérer.

Que vous fassiez livrer du béton prémalaxé ou que vous le prépariez vous-même, planifiez bien vos travaux. Si vous le mélangez vous-même, improvisez une plateforme assez grande pour recevoir les matériaux et où vous pourrez procéder au malaxage. Faites un chemin de planches pour faciliter le transport des brouettes de béton.

Si vous commandez le béton, prévoyez tout de suite le chemin de la bétonnière. Si elle doit manœuvrer à l'étroit ou sur une surface non pavée, demandez à l'entreprise d'envoyer un inspecteur pour déterminer le meilleur parcours. La bétonnière est normalement dotée d'une goulotte de 10 pi (3 m) et de rallonges qui permettent de couler le béton directement dans le coffrage. Les rallonges doivent être à l'horizontale ou en pente pour que le béton s'écoule bien. À la rigueur, on peut aussi transporter le béton par brouettées à partir de la bétonnière.

Vous aurez besoin de plusieurs assistants pour vous aider à étendre et à niveler le béton. Tous devraient porter une chemise à manches longues, des gants de travail épais, des bottes de caoutchouc hautes, de préférence sans boucles, et des lunettes de sécurité.

**Attention !** Le béton est corrosif et peut brûler la peau à travers le cuir, le tissu et d'autres matériaux ; il faut donc enlever les éclaboussures sans délai.

Par temps chaud, le béton durcit rapidement et vous aurez moins de temps pour le finissage. (On peut ajouter au béton prémalaxé un retardateur de prise.) Par temps sec ou venteux, il aura tendance à sécher en surface. Un ouvrage exposé au gel et au dégel devrait être fabriqué en béton à air occlus (p. 204). Évitez de couler du béton sur un sol gelé ou dans un coffrage couvert de neige ou de glace.

Évitez par ailleurs de trop travailler le béton ; cela l'affaiblira. Une mince couche d'eau se formera à la surface du béton pendant que vous le nivelez et l'aplanissez ; attendez que cette eau de ressuage s'évapore avant de continuer.

## Coulage

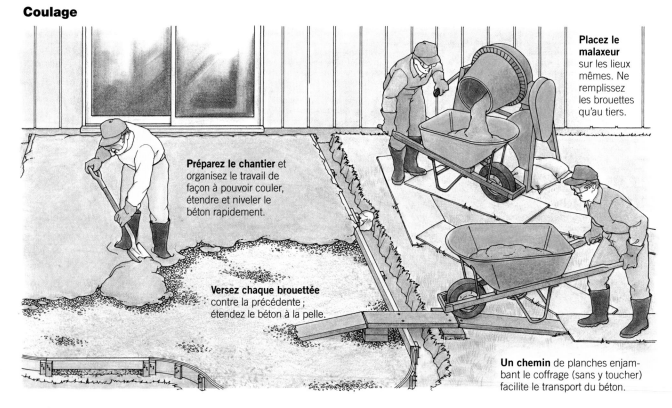

**Placez le malaxeur** sur les lieux mêmes. Ne remplissez les brouettes qu'au tiers.

**Préparez le chantier** et organisez le travail de façon à pouvoir couler, étendre et niveler le béton rapidement.

**Versez chaque brouettée** contre la précédente ; étendez le béton à la pelle.

**Un chemin** de planches enjambant le coffrage (sans y toucher) facilite le transport du béton.

## Nivelage

**Tassez le béton** avec un 2 x 4 posé de chant. Avancez de 1 po à la fois en frappant le bord du coffrage d'un bout à l'autre.

**Nivelez le béton** avec le même 2 x 4. Adoptez un mouvement de sciage tout en avançant. Le surplus de béton remplira les vides.

**L'aplanissoir** sert à tasser et à niveler le béton ainsi qu'à remplir les vides sur une petite superficie.

## Béton prémalaxé

**Soyez prêt** à recevoir la bétonnière, sinon le chauffeur pourra vous présenter une facture majorée. Orientez la goulotte vers le point le plus éloigné ; arrosez-la ainsi que le coffrage avant de couler le ciment. Réorientez la goulotte à mesure que s'emplit le coffrage. Faites ralentir l'écoulement au besoin et faites-le cesser quand la goulotte contient assez de béton pour finir de remplir le coffrage.

**Enfoncez une pelle** dans le béton pour remplir les coins et combler les vides.

**Tassez** le béton pour enfoncer le granulat, puis nivelez-le (à gauche).

## Aplanissement

**Régalez le béton nivelé** dès que l'eau de ressuage s'est évaporée. Travaillez perpendiculairement au coffrage ; relevez un peu l'avant de la planchette en la poussant et ramenez-la à plat.

**L'aplanissoir** sert sur les petites superficies. Appuyez légèrement sur l'arrière de l'outil et décrivez de grands arcs. Travaillez du centre vers les bords.

**La truelle** fait disparaître les marques laissées par la planchette à régaler ou l'aplanissoir. Ne lissez pas trop. Pour un fini antidérapant, passez un balai-brosse (p. 215).

## Joints de dilatation et de fractionnement

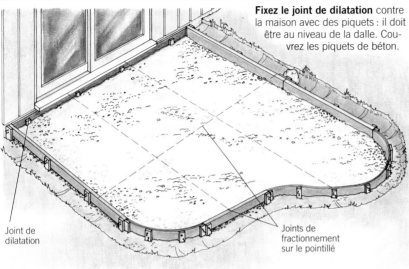

**Fixez le joint de dilatation** contre la maison avec des piquets : il doit être au niveau de la dalle. Couvrez les piquets de béton.

Joint de dilatation

Joints de fractionnement sur le pointillé

**Joint de fractionnement.** Mettez une planche sur le coffrage pour vous soutenir et guider le fer à rainurer. Faites une rainure, du quart de l'épaisseur du béton, tous les 4 ou 5 pi sur un trottoir et tous les 10 pi sur une dalle.

Joint de fractionnement

## Joint de construction

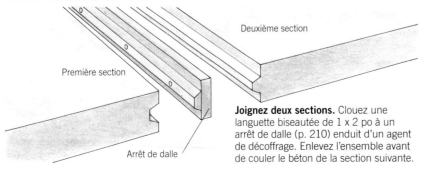

Deuxième section

Première section

Arrêt de dalle

**Joignez deux sections.** Clouez une languette biseautée de 1 x 2 po à un arrêt de dalle (p. 210) enduit d'un agent de décoffrage. Enlevez l'ensemble avant de couler le béton de la section suivante.

Le béton se contracte en séchant. Par la suite, il se contractera et se dilatera selon les variations de température ; il pourra même se fissurer. Trois types de joints servent à diminuer les risques de fissuration : le joint de dilatation, le joint de fractionnement et le joint de construction.

Le *joint de dilatation* sépare le béton fraîchement coulé d'un béton plus vieux ou d'un autre matériau. Le nouvel ouvrage peut ainsi se contracter et se dilater à son propre rythme. Faites un joint de dilatation avec une bande de fibre saturée d'asphalte de ½ po (1,3 cm) d'épaisseur (en vente dans les magasins de matériaux de construction) ; installez-la avant de couler le béton.

Le *joint de fractionnement* est en réalité une rainure creusée dans le béton frais ou faite à la scie circulaire (dotée d'une lame à maçonnerie) dans le béton durci. Les fissures se forment sous la rainure : elles sont moins visibles et peu dommageables.

Le *joint de construction* est recommandé pour le béton coulé par étapes (à intervalles de 30 minutes ou plus). Pour les dalles de 4 po (10 cm) d'épaisseur, installez un arrêt de dalle entre les étapes. Si les dalles sont plus épaisses, clouez une languette taillée en biseau sur l'arrêt de dalle : le creux qu'elle formera sera comblé quand vous aurez coulé le béton de la section suivante.

Pour éviter l'effritement, passez le fer à bordures sur les joints et les bordures. (Par temps chaud, recouvrez le béton après le premier lissage ; découvrez-en une petite surface à la fois pour faire le finissage.) Il faut ensuite laisser au béton le temps de durcir. Il doit rester humide pendant le *durcissement* pour acquérir toute sa résistance. Le béton à base de ciment portland de type 10 (pp. 202-203) durcit normalement en sept jours. Si vous coulez du béton par temps froid, gardez-le à plus de 50°F (10°C). Évitez d'en couler s'il fait moins de 23°F (−5°C) ; si vous êtes obligé de le faire, ajoutez-y une solution alcaline.

## Finition des bordures et durcissement

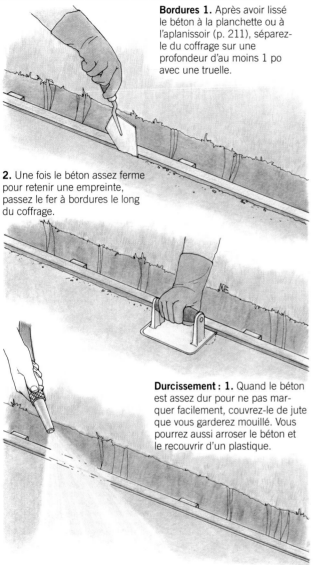

**Bordures 1.** Après avoir lissé le béton à la planchette ou à l'aplanissoir (p. 211), séparez-le du coffrage sur une profondeur d'au moins 1 po avec une truelle.

**2.** Une fois le béton assez ferme pour retenir une empreinte, passez le fer à bordures le long du coffrage.

**Durcissement : 1.** Quand le béton est assez dur pour ne pas marquer facilement, couvrez-le de jute que vous garderez mouillé. Vous pourrez aussi arroser le béton et le recouvrir d'un plastique.

## La résistance dépend du durcissement

Le béton doit être coulé dans les trois heures après son malaxage, dans les deux heures s'il fait plus de 77°F (25°C). Ne préparez ou ne commandez donc que la quantité que vous prévoyez pouvoir couler. Il vaut mieux employer du béton à air occlus — gâché au malaxeur — pour les murs de soutènement ou pour tout ouvrage exposé au gel ou aux produits déglaçants.

Autant que possible, coulez le béton lorsqu'il fait environ 70°F (21°C). Ensuite, gardez le béton mouillé et à température constante pendant sept jours. En hiver, gardez-le environ à 70°F (21°C) ; s'il fait trop froid, le béton ne durcit plus.

Recouvrez le béton de jute mouillé ou de plastique pour ralentir l'évaporation et le durcissement. Un béton qui durcit trop rapidement se fissurera, s'écaillera et s'effritera ; il ne sera pas très résistant.

Même après la période initiale de sept jours, les trottoirs ou les entrées de garage ne devront pas être soumis à une circulation trop lourde. Couvrez-les de planches ou de contre-plaqués pendant plusieurs semaines. Rappelez-vous que le béton a besoin de sécher à l'air libre pendant au moins 30 jours pour pouvoir résister aux effets des produits déglaçants. Idéalement, servez-vous de sable comme antidérapant le premier hiver.

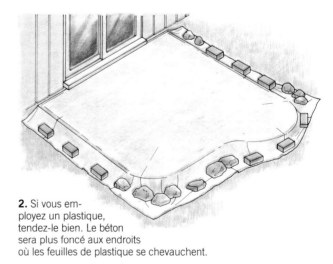

**2.** Si vous employez un plastique, tendez-le bien. Le béton sera plus foncé aux endroits où les feuilles de plastique se chevauchent.

## Ancrage de poteaux

Les fers d'un ancrage encastrés dans des piliers de béton (à droite) ou des fondations retiennent les lisses et les poteaux d'une charpente. Conformez-vous aux directives du fabricant. Pour mettre en place le fer A, fixez un bloc de bois dans sa partie en U. Installez un Sonotube dans le trou ; coulez-y le béton. Posez dessus le fer d'ancrage soutenu par son bloc de bois. Pour encastrer un fer surélevé (B), posez-le sur deux tasseaux de 2 x 2 po. Laissez durcir le béton pendant sept jours avant d'installer le poteau.

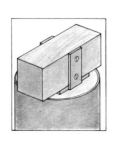

A

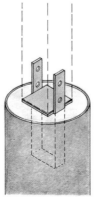

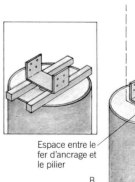

Espace entre le fer d'ancrage et le pilier

B

### Coloration de la surface

**1.** Coulez le béton ordinaire jusqu'à 1 po de la surface. Fixez sous la raclette une rallonge de 1 po d'une longueur égale à la largeur du coffrage.

Rallonge de 1"

**2.** Une fois l'eau évaporée, passez la surface au râteau et coulez le béton coloré. Enlevez la rallonge sous la raclette, nivelez, finissez et laissez durcir (pp. 210-213).

### Coloration par saupoudrage

**1.** Nivelez et lissez le béton pour accélérer le ressuage. (La truelle à régaler en aluminium ou en magnésium ne laisse aucune rugosité.) Suivez le mode d'emploi pour saupoudrer uniformément les deux tiers du colorant.

**2.** Quand le colorant a absorbé l'eau, lissez la surface à la truelle, en décrivant délicatement de petits arcs pour égaliser la couleur.

**3.** Saupoudrez le reste du colorant pour uniformiser la couleur. Refaites l'étape 2 et reprenez les bordures et les joints ; passez au balai-brosse à votre gré.

Il n'est pas dit que le béton doive rester gris et terne ; couleurs et textures sont relativement faciles à ajouter au moment de la finition. Un béton texturé aura aussi l'avantage d'être antidérapant.

Il y a deux façons de colorer le béton : en ajoutant au mélange une poudre colorante minérale (vendue dans les magasins de matériaux de construction) ou en saupoudrant un colorant sur le béton lissé (p. 211). Ce dernier type de colorant contient des durcisseurs qui augmentent la résistance du béton à l'usure. On pourra aussi teindre ou peindre le béton avec des produits spéciaux, mais les résultats sont moins sûrs et moins permanents.

Les pigments utilisés sont des oxydes minéraux. Ajoutez environ 7 lb (3 kg) de colorant par sac de ciment pour obtenir une couleur soutenue ; 2½ lb (1 kg) pour une couleur pastel. Lisez bien le mode d'emploi et, au besoin, consultez le fournisseur.

Vous obtiendrez de meilleurs résultats si vous employez du ciment blanc au lieu du ciment gris ordinaire. Un mélange au sable blanc améliore encore la couleur.

Pour économiser, vous pourriez réaliser presque tout le travail avec du béton ordinaire, c'est-à-dire sans colorant ni matériau particulier, et y superposer immédiatement une couche de béton coloré. Mélangez le colorant au béton à base de ciment et de sable blancs, sans trop ajouter d'eau. Coulez, nivelez et finissez sans trop lisser (le béton serait faible et friable). Couvrez-le de jute plutôt que de plastique pendant le durcissement. Appliquez le bouche-pores recommandé par le fabricant du colorant.

Pour texturer la surface avant qu'elle durcisse, passez-la au balai-brosse, mettez-y des cailloux ou tracez-y des motifs avec des outils de maçonnerie ou un estampeur (voir pp. 348-353 pour savoir où vous les procurer). Si vous optez pour une finition complexe, travaillez par petites sections.

## Balayage

**Traînez le balai-brosse** bien à plat sur le béton pour créer des rugosités. Faites des tracés nets, sans chevauchement. Les poils doux font des lignes fines, les poils raides des lignes plus profondes.

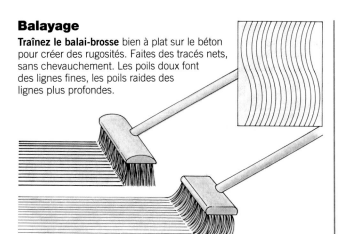

## Estampage

**Mettez deux estampeurs** côte à côte sur la largeur du trottoir, et un troisième devant. Marchez sur les trois également, déplacez les deux premiers et continuez ainsi jusqu'à ce que vous ayez estampé tout le trottoir. Il existe des outils d'estampage pour finir de petites surfaces.

## Cailloutage

**1.** Mouillez des cailloux propres, ronds et lisses de ¾ à 1½ po de diamètre. Coulez et nivelez le béton par petites sections et répandez-y les cailloux.

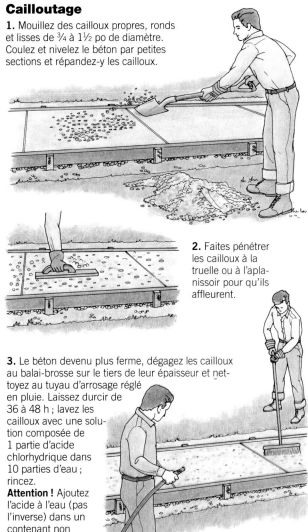

**2.** Faites pénétrer les cailloux à la truelle ou à l'aplanissoir pour qu'ils affleurent.

**3.** Le béton devenu plus ferme, dégagez les cailloux au balai-brosse sur le tiers de leur épaisseur et nettoyez au tuyau d'arrosage réglé en pluie. Laissez durcir de 36 à 48 h ; lavez les cailloux avec une solution composée de 1 partie d'acide chlorhydrique dans 10 parties d'eau ; rincez. **Attention !** Ajoutez l'acide à l'eau (pas l'inverse) dans un contenant non métallique.

## Imitation de pierres plates

**1.** Lissez le béton et tracez-y un motif de pierres plates avec un fer à joints.

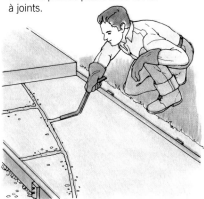

**2.** Lissez de nouveau et surcreusez un peu le contour des « pierres ».

**3.** Enlevez le béton effrité et lissez les contours avec un pinceau sec.

# RÉPARATION DU BÉTON

Malgré sa grande résistance, le béton se détériore à la longue sous l'effet des intempéries ; il pourra aussi s'affaisser ou être abîmé par suite d'un choc violent. Pour réussir une réparation, il faut bien nettoyer la partie endommagée et s'assurer que le mélange utilisé convient au type de réparation à faire.

Bouchez les trous et les fissures avec un mélange composé de 1 partie de ciment portland, de 2½ parties de sable et d'eau. Pour réparer un plan vertical, ajoutez assez d'eau pour faire une pâte consistante ; autrement faites une pâte moins épaisse. Ce type de mélange n'adhère pas bien s'il est appliqué en couche mince ; il faut un trou ou une fissure d'au moins 1 po (2,5 cm) de profondeur. Élargissez le fond d'une fissure au ciseau.

Les mélanges préparés à base de latex, d'époxyde ou d'autres polymères sont la solution la plus simple : ils nécessitent peu de travail et adhèrent bien, même dans le cas de petites fissures ou sur une surface écaillée à refinir. Cependant, comme ils coûtent cher, employez-les conjointement avec un mélange maison si la réparation est importante.

Si la surface devient pulvérulente, passez-la au balai et à l'aspirateur, puis brossez-la à l'eau savonneuse avec une brosse à poils rudes. Recommencez avec une brosse ordinaire et rincez. Si cela ne suffit pas, appliquez au béton un durcisseur à base de magnésium et de fluorosilicates de zinc ou de silicate de sodium (en vente dans les magasins de matériaux de construction) ; suivez le mode d'emploi. Le durcisseur est plus efficace sur du béton frais.

Pour empêcher l'écaillage d'une dalle soumise aux effets de sels déglaçants, enduisez-la, avant le premier hiver, d'une solution composée à parts égales de térébenthine et d'huile de lin bouillie ou d'un bouche-pores. (Ce traitement pourra retarder, mais pas arrêter, l'écaillage d'une vieille dalle.)

**Attention !** Portez des lunettes de sécurité et une chemise à manches longues. Pour travailler les mélanges de béton, portez des gants.

## Réparation mineure au mélange préparé

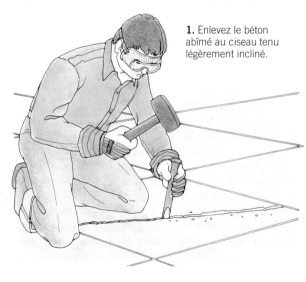

**1.** Enlevez le béton abîmé au ciseau tenu légèrement incliné.

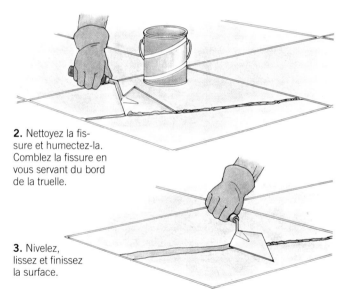

**2.** Nettoyez la fissure et humectez-la. Comblez la fissure en vous servant du bord de la truelle.

**3.** Nivelez, lissez et finissez la surface.

## Réparation majeure par couches

**1.** Dégagez le trou au ciseau. Nettoyez-le ; enduisez-le de mortier (ciment et sable en parts égales ; de l'eau pour obtenir la consistance de la peinture).

**2.** Comblez le trou avec un mélange maison (voir texte ci-dessus) jusqu'à ¼ po en surface. Ne mettez pas trop d'eau.

**3.** Appliquez le mélange préparé en suivant le mode d'emploi. Finissez bien la surface.

## Réfection des arêtes et des coins

**1.** Enlevez au ciseau tout ce qui est abîmé et brossez pour éliminer la poussière. Préparez le mélange selon le mode d'emploi. Humectez le béton si on le recommande.

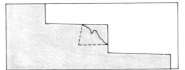

**Découpez une entaille en V** si vous employez un mélange maison.

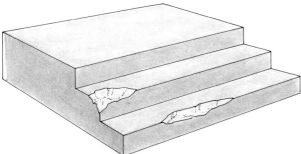

**2.** Montez le coffrage ; enduisez-le d'huile. Coulez le mélange ; passez la truelle et le fer à bordures (pp. 206-213).

## Remplacement d'une dalle

Brisez à la masse la dalle abîmée. Elle se détachera le long du joint de dilatation. Nettoyez et répandez une couche de gravier (comme pour une dalle neuve, pp. 206-207).

**Attention !** Pliez les genoux avant de lever la masse, redressez-les un peu en la levant et pliez-les de nouveau en la laissant retomber. Vérifiez de temps à autre si la tête est solidement fixée. Portez des lunettes de sécurité et des gants épais.

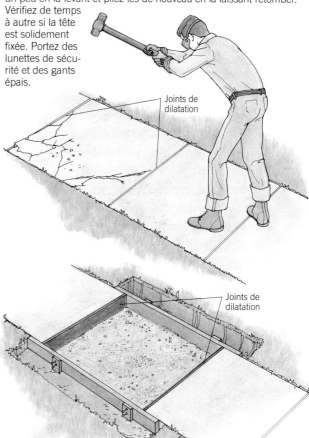

Joints de dilatation

Joints de dilatation

**Installez un coffrage** de l'épaisseur de la dalle et posez un joint de dilatation. Coulez le béton et finissez-le (pp. 206-213).

## Réfection en surface

**1.** Brisez le béton endommagé au ciseau ou en frappant avec une masse de 3 lb. Attention de ne pas fendre la dalle. Nettoyez la dalle avec une brosse à poils rigides et un balai.

**2.** Humectez la dalle et laissez pénétrer l'eau (si le mode d'emploi du mélange le précise). Appliquez le mélange et lissez-le à la truelle. Finissez au balai-brosse (p. 215) à votre gré.

# BRIQUES

La brique est faite d'argile cuite au four. Certaines briques sont encore fabriquées selon un procédé de moulage humide plusieurs fois millénaire, mais la plupart le sont par compression et extrusion d'un mélange épais dans une filière ; les longues barres ainsi formées sont ensuite coupées, séchées, parfois vernissées, puis cuites au four où elles durcissent.

La composition de l'argile utilisée détermine en grande partie la couleur et les caractéristiques de la brique.

Cependant, l'ajout de produits chimiques ou de colorants ainsi que le type de cuisson pourront venir modifier le produit final.

De nos jours, la brique se présente dans une très grande variété de formes, de dimensions et de couleurs. C'est ce qui en fait l'un des matériaux de construction les plus polyvalents. Les divers types de briques illustrés ci-dessous ne représentent qu'un maigre échantillon.

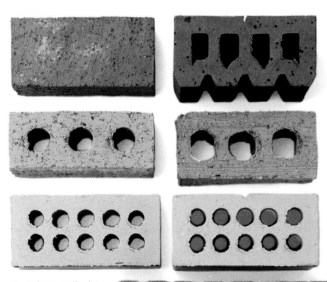

**Les briques arrondies,** sur le chant ou sur les bouts, ont été conçues pour favoriser l'écoulement de l'eau. Elles servent également d'élément décoratif : on s'en sert pour orner les chambranles et les corniches et pour donner de la profondeur à un mur plat.

**La brique** *ordinaire* est généralement masquée par un autre matériau ; la brique *de parement* sert au revêtement. La brique est pleine, perforée ou rainurée et peut être vernissée. Il est facile de l'agencer à d'autres matériaux (comme les blocs de béton).

**La brique à saillie** sert à former un joint de dilatation horizontal (dans lequel on insérera un solin) ou un canal permettant l'évacuation de l'humidité. Elle sert aussi à former des linteaux de portes et de fenêtres. La saillie se trouve sur le chant ou sur le bout de la brique.

**Des briques de formes particulières** s'utilisent pour les courbes et les angles. La brique à rayon intérieur ou extérieur (en haut) forme des courbes ; celles du bas s'imbriquent pour former des angles.

**D'autres briques variées** incluent les chaperons (à gauche, en haut) et les doucines (à droite, en haut) qui sont destinés à servir de briques de couronnement (dernier rang d'un mur) et, par conséquent, à empêcher l'eau de s'infiltrer. Les briques décoratives (en bas), offertes dans une multitude de couleurs et de formes, permettent de composer une infinie variété de motifs. Enfin, on peut commander des briques sur mesure, mais cela coûte cher et il faut parfois soumettre un dessin approuvé par l'entrepreneur.

La brique et la pierre plate (p. 221) servent depuis longtemps au pavage. Plus polyvalente que la pierre, la brique forme des motifs intéressants, à l'horizontale comme à la verticale. Mais les pavés de béton, moulés sous forte pression et comprimés par vibration, sont tout aussi polyvalents.

Brique et pavé de béton résistent aussi bien l'un que l'autre aux écarts de température importants et à la corrosion provoquée par l'emploi de sels déglaçants.

Tous deux résistent également au poids des véhicules les plus lourds.

**Les pavés de brique** sont classés selon leur degré de résistance aux intempéries et selon le poids qu'ils devront supporter. Le pavé de couronnement à bout arrondi (à droite) est parfait autour d'une piscine.

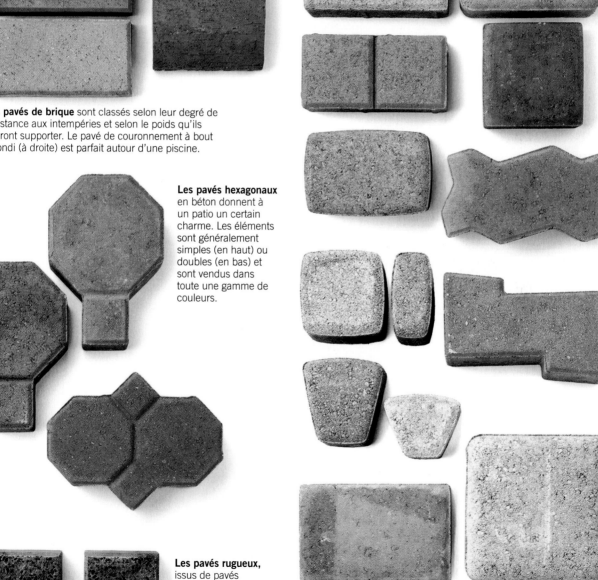

**Les pavés hexagonaux** en béton donnent à un patio un certain charme. Les éléments sont généralement simples (en haut) ou doubles (en bas) et sont vendus dans toute une gamme de couleurs.

**Les pavés rugueux,** issus de pavés rectangulaires qu'on a fendus, imitent la pierre.

**Les pavés de béton** ont une multitude de formes et de couleurs. Reproduisez des motifs traditionnels ou combinez couleurs, motifs et formes pour créer un ouvrage original. Faites-en auparavant une esquisse sur papier quadrillé.

# BLOCS DE BÉTON

Le bloc de béton, composé d'un mélange de ciment portland, de granulat et d'eau, s'emploie surtout dans la construction de fondations, de murs extérieurs et de murs de soutènement. Outre les blocs ordinaires, gris et rugueux, il existe de nombreux types de blocs aux couleurs, aux formes et aux textures diverses. Plus lourd que la brique, plus polyvalent que la brique et la pierre, le bloc de béton n'en constitue pas moins un matériau peu cher. La grande variété de dimensions modulaires offerte sur le marché permet de construire un ouvrage sans avoir à tailler les blocs. Très résistants, ils s'emploient dans les murs et, moyennant certaines mesures pour contrer l'humidité, dans les fondations. Les murs fabriqués en blocs creux sont parfois renforcés ou remplis d'isolant.

**Le bloc panneresse** (à droite), le plus commun, a des extrémités en saillie et deux ou trois alvéoles séparées par des cloisons.

**Le bloc d'angle** (extrême droite) a une extrémité lisse. Ici, le fond des alvéoles est fermé. Cela accroît la résistance du bloc ou permet de finir le dessus d'un mur.

**Bloc de châssis** (à gauche). Les cannelures sur le côté servent à ancrer un châssis métallique.

**Demi-bloc de châssis** (en bas, à gauche), à texture ordinaire.

**Bloc à nervures,** à usages multiples (en bas, à droite).

**Bloc d'angle étroit,** lisse aux deux extrémités. C'est l'une des nombreuses variantes de ce type de bloc. Dimensions nominales : 6 x 8 x 16 po.

**Le bloc de parement** imite la pierre. Il sert à monter un mur à simple épaisseur, qu'on fixe aux montants d'une maison à ossature de bois.

**Les blocs de cloison** sont mieux conçus pour les divisions intérieures. Leurs faces polies ajoutent un élément esthétique à la finition intérieure. Le bloc rouge est rayé d'une cannelure ; le bloc blanc est mi-plein.

**Le claustra** forme de jolies cloisons et favorise l'intimité sans faire écran à la lumière. Le mur de claustras est idéal autour d'une piscine ou d'un patio. De nombreux motifs sont offerts, des plus simples aux plus complexes.

# PIERRES

La solidité, la diversité, la durabilité et la beauté naturelle de la pierre en font un matériau de construction inégalé. Elle peut être dressée, taillée grossièrement, ou employée telle quelle. Sa surface est rugueuse et irrégulière, lisse et plane ou encore extrêmement polie. La pierre est employée à l'intérieur comme à l'extérieur : on en fait des murs, des revêtements de sol, des cheminées, des comptoirs, des toitures, des allées et des trottoirs. Elle sert d'élément décoratif dans les aménagements paysagers.

La pierre destinée à la construction de murs se vend généralement à la tonne ; les dalles, ardoises, carreaux et autres éléments plats, au pied carré. Dans la maçonnerie de moellons, constituée de pierres irrégulières, et la maçonnerie de pierres de taille, les éléments peuvent être disposés en rangs ou non. Les murs de pierre sont montés sans mortier (murs de pierres sèches) ou avec un mortier, apparent ou non. Les joints d'une construction en pierres de taille ont de ⅛ à ¼ po (3-6 mm) de largeur, jamais plus de ½ po (1,3 cm).

**La pierre des champs** (à droite) est souvent employée dans les appareils sans mortier. Le segment de mur illustré ici a été monté en pierres plates.

**L'ardoise** (extrême droite) se présente en couleurs variées allant du gris au vert et du violet au rouge. On a ici disposé les plaques selon un motif géométrique.

**Le granite de type corinthien** (à droite) a des formes irrégulières, ce qui permet d'en agencer diversement les éléments. (Prévoyez des joints de ½ po.)

**Le granite gris** (extrême droite), taillé en blocs carrés et rectangulaires retenus par un joint de mortier de ½ po, forme un mur robuste.

**Le grès blond** (à droite), taillé en blocs de tailles diverses, forme un mur de couleur chaude monté sans mortier.

**Le marbre à texture rugueuse** (extrême droite) est difficile à tailler. Achetez-le donc en blocs déjà taillés. Ici, les éléments d'un mur de marbre rose sont liés par des joints de mortier de ⅛ à ¼ de po.

Choisissez le matériau en fonction de votre expérience en bricolage et du coup d'œil final.

La brique et les blocs de béton sont de dimensions diverses mais toujours modulaires ; ils se prêtent bien aux agencements à motifs géométriques. Réaliser un ouvrage avec ces matériaux n'exige qu'un minimum d'expérience et de temps ; il n'est pas très difficile de planifier un ouvrage et de calculer les quantités nécessaires. Quant à l'uniformité de la texture, de la couleur et des formes, elle permet de prévoir l'aspect final de l'ouvrage.

La pierre *dressée* s'emploie comme la brique et le bloc de béton. Le moellon (pierre grossièrement taillée) et la pierre brute servent dans les ouvrages moins réguliers où l'on veut accentuer plutôt la texture et la couleur.

L'ouvrage de moellons ou de pierre brute exige plus d'expérience et de créativité qu'un ouvrage en briques, en blocs de béton, ou en pierres dressées. Chaque pierre doit être choisie ou taillée en fonction des autres car elle doit pouvoir s'imbriquer comme dans un casse-tête. Il faut, dans ce cas, avoir beaucoup de pierres à sa disposition (plus elles sont irrégulières, plus il en faut) ; d'autre part, le résultat final est moins prévisible. Cependant, la qualité esthétique d'un tel ouvrage viendra récompenser largement l'énergie dépensée.

**Types de pierres non dressées**

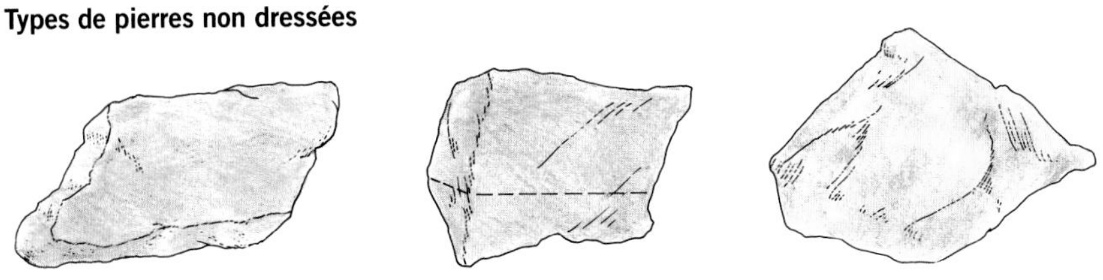

Utilisable — Doit être coupée — Inutilisable

**La brique** est classée selon sa résistance aux alternances du gel et du dégel. (L'eau qu'elle contient se dilate en gelant et la fait fendre.) Seule la brique très résistante est fabriquée au Canada, ce qui n'exclut pas que la brique de résistance moyenne soit aussi utilisée dans les régions centrales et nordiques du pays. La brique à résistance nulle vendue aux États-Unis est à peu près introuvable ici.

La grosseur de brique la plus courante au Canada est la brique standard. La brique est généralement désignée selon ses *dimensions réelles*, mais ce sont bien souvent ses *dimensions nominales* — lesquelles incluent ⅜ ou ½ po (1 ou 1,3 cm) de plus pour l'épaisseur des joints de mortier — qui servent à estimer les quantités requises. La brique standard mesure 3½ x 2 13/16 x 8⅞ po (9 x 7,4 x 22,5 cm), mais ces dimensions pourront varier légèrement. Voici les dimensions réelles de quelques autres types de briques communément employées : brique métrique modulaire, 3½ x 2¼ x 7½ po (9 x 5,7 x 19 cm) ; Ontario, 4 x 2⅜ x 8⅜ po (10 x 6 x 21 cm) ; jumbo, 3½ x 3½ x 11½ po (9 x 9 x 29,5 cm) ; jumbo double, 5½ x 2½ x 11⅝ po (14 x 6,3 x 29 cm).

Pour calculer le nombre de briques dont vous aurez besoin, mesurez la superficie de l'ouvrage (p. 344) et soustrayez-en les ouvertures. En général, il y a 5 briques standard ou jumbo double, 8 briques métriques modulaires, 7 briques de type Ontario ou 4 briques jumbo au pied carré (0,09 $m^2$). Prévoyez un surplus de 10 à 25 p. 100 pour pertes et bris.

Pour évaluer un ouvrage de grande envergure, servez-vous d'une règle à calcul spécialement conçue pour les travaux de maçonnerie. (Elle permet aussi de calculer les quantités de mortier et, tout particulièrement, les quantités de sable, de ciment et de chaux nécessaires à la réalisation d'un ouvrage. Voir p. 224.) Si le mur est à double épaisseur ou plus, multipliez le résultat obtenu par le nombre d'épaisseurs du mur. Ajoutez deux briques au pied carré (0,09 $m^2$) pour un ouvrage construit sans mortier, comme un patio ou une allée, dont les éléments sont séparés par un joint de sable.

La brique est généralement vendue en quantités de 100 ou de 500. Avant de vous la faire livrer, renseignez-vous pour savoir si le fournisseur compte la déposer au bord du trottoir ou sur le chantier. Préparez une plateforme solide pouvant la recevoir et, si vous prévoyez ne pas vous en servir tout de suite, recouvrez-la d'une pellicule de plastique.

**Les blocs de béton,** faits de ciment et de granulats divers, ont des dimensions réelles de 7⅞ x 7⅞ x 15¾ po (20 x 20 x 40 cm). Ajoutez à cela l'épaisseur des joints de mortier (⅜ po [1 cm]) pour obtenir leurs dimensions nominales, soit 8¼ x 8¼ x 16⅛ po (21 x 21 x 41 cm). Un rang de blocs équivaut à trois rangs maçonnés de briques modulaires standard. Cette équivalence se révèle utile lorsque l'on construit des ouvrages à matériaux mixtes, comme les murs de blocs à parement de briques (p. 246).

## Estimation des quantités de briques

| | Dimensions réelles | Briques /100 pi ca | ⅜ po de mortier* |
|---|---|---|---|
| **Standard** | 3½ x 2 13/16 x 8⅞ | 490 | 5 pi cu |
| **Métrique modulaire** | 3½ x 2¼ x 7½ | 720 | 7 pi cu |
| **Ontario** | 4 x 2⅜ x 8⅜ | 600 | 6 pi cu |
| **Jumbo** | 3½ x 3½ x 11½ | 300 | 3 pi cu |

*Prévoyez un surplus de 25 % à 50 % selon l'envergure de l'ouvrage et votre expérience.

Il existe d'autres blocs dont la largeur varie de 2 à 12 po (5-30 cm). Peu importe le type de bloc, il en faut environ 112 (et 6 pi$^3$ [0,17 m$^3$] de mortier) pour couvrir 100 pi$^2$ (9 m$^2$). Un bloc plein pourra être posé en boutisse pour obtenir une dimension autre qu'un multiple de 8, dans la réalisation, par exemple, d'un perron à contremarches de 6 po (15 cm) (p. 238).

Les blocs de béton sont fabriqués avec divers types de granulats, selon l'usage auquel ils sont destinés. Un bloc de 7⅞ x 7⅞ x 15¾ (20 x 20 x 40 cm) pèsera donc de 22 à 40 lb (10-18 kg). Les blocs sont généralement vendus à l'unité, et il existe des demi-blocs et des blocs de formes particulières pour faciliter la finition des ouvertures. Préférez-les aux blocs standard que vous devrez couper. Si les blocs sont entreposés à l'extérieur, couvrez-les avec du plastique pour les garder propres et secs.

Les petits blocs de béton, qu'on appelle *pavés*, sont décoratifs et résistants. On les pose sans mortier sur un lit de sable, pour faire des allées, des patios, des marches et des entrées de garage (pp. 234-239).

**La pierre** dressée, les moellons et la pierre brute se vendent chez les marchands spécialisés qui en font aussi la livraison. Le granite est la pierre la plus dure et souvent la plus chère. Le calcaire et le grès sont plus ou moins durs : selon leur provenance, ils peuvent être tendres ou presque aussi durs que le granite. L'ardoise, débitée dans le sens des feuillets, est très résistante et sert de pierre de dallage.

Il est parfois possible d'obtenir de la pierre brute à bon prix dans les carrières ou les chantiers de construction. On peut aussi s'en procurer dans les champs et ailleurs dans la nature ; cependant elle est lourde et difficile à transporter. (Si vous vous lancez dans cette entreprise, attention de ne pas surcharger votre véhicule !) Choisissez des pierres dont les surfaces sont suffisamment planes pour former des assises solides sans avoir à les couper.

## Briques

**Posez les briques** de façon à former des joints verticaux tous les 4 ou 8 po ; des joints décalés et de l'épaisseur recommandée (½ ou ⅜ po) confèrent à l'ouvrage sa stabilité et sa résistance.

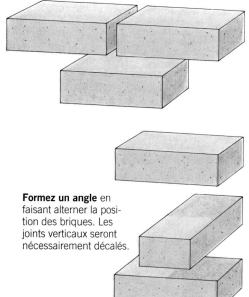

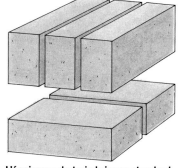

**Formez un angle** en faisant alterner la position des briques. Les joints verticaux seront nécessairement décalés.

**L'épaisseur de trois briques standard** maçonnées et posées sur le chant équivaut à la longueur d'une brique.

## Blocs de béton

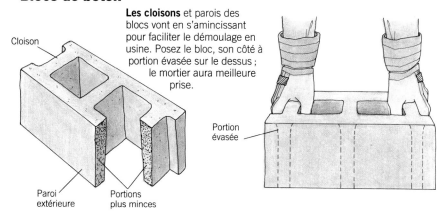

**Les cloisons** et parois des blocs vont en s'amincissant pour faciliter le démoulage en usine. Posez le bloc, son côté à portion évasée sur le dessus ; le mortier aura meilleure prise.

Cloison

Paroi extérieure

Portions plus minces

Portion évasée

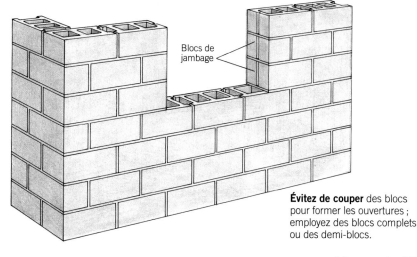

Blocs de jambage

**Évitez de couper** des blocs pour former les ouvertures ; employez des blocs complets ou des demi-blocs.

# GÂCHAGE ET POSE DU MORTIER

## Gâchage du mortier

**Mélangez bien, à sec** d'abord ; ajoutez l'eau graduellement. Gâchez jusqu'à ce que des sillons imprimés à la binette dans le mortier gardent leur forme.

Le mortier est un mélange de ciment et de sable qui sert à lier les briques, les blocs de béton ou les pierres. Contrairement au béton, qui s'affaiblit si on le mélange trop longtemps, le mortier peut être travaillé et mélangé à nouveau jusqu'à ce qu'il commence à durcir. Le maçon *étale* le mortier et *graisse* les briques. Il est extrêmement important de bien mélanger et de bien étaler le mortier. Exercez-vous d'abord sur une pièce de 2 x 4.

Choisissez le type de mélange qui vous convient (voir le tableau ci-dessous). Le type M est couramment utilisé en Ontario et au Québec, tandis que le type N est plus répandu dans les provinces de l'Atlantique. Consultez un maçon pour savoir quel dosage employer, par exemple, pour maçonner des pierres (les pierres doivent bien s'imbriquer ; elles sont davantage retenues par inertie et par gravité que par le mortier) ou pour rejointoyer une maçonnerie de plus de 100 ans (un mortier trop résistant pourra, dans ce cas, faire fendre les briques).

Il y a trois façons de faire un mélange de mortier : en dosant du ciment portland, de la chaux hydraulique et du sable achetés séparément, en ajoutant du sable à du ciment à maçonnerie (préparation de ciment portland et de chaux) ou en utilisant un mélange tout préparé auquel il ne vous reste qu'à ajouter de l'eau. Utilisez toujours un sable propre, fin et sans sel et de l'eau claire.

Gâchez le mortier dans une auge ou une brouette, pas plus de 1 pi³ (0,03 m³) ou environ 6½ gal (30 litres) à la fois. Ne préparez que la quantité que vous prévoyez utiliser en 1 h 30. Gâchez le mortier de la même façon que le béton (voir gâchage du béton à la main, p. 205). Ajoutez assez d'eau pour obtenir la consistance voulue ; commencez par 2½ gallons par pied cube (12 litres/0,03 m³) de mélange sec. Un mortier trop liquide s'écoulera ; un mortier trop dur sera faible. Si vous employez un malaxeur, versez-y les trois quarts de l'eau, la moitié du sable et tout le mélange ciment-chaux. Mélangez un peu, ajoutez le reste de l'eau et du sable et mélangez au moins 3 minutes.

**Attention !** Portez des gants imperméables quand vous travaillez le mortier.

## Dosage du mortier

| Type | Usage | Résistance | Ciment portland | Chaux | Sable | Ciment à maçonnerie* | Sable** |
|------|-------|-----------|-----------------|-------|-------|----------------------|---------|
| M | Maçonnerie portante, résistance au gel et au dégel, fondations, ouvrages en pierres ; employé lorsque le type S est insuffisant | Le plus résistant | 1 | ¼ | 3¾ | 1 | 6 |
| S | Usage général et fondations, murs porteurs intérieurs | 75 % de celle du type M | 1 | ¼-½ | 4½ | 1 | 3 |
| N | Mortier ordinaire, murs non porteurs, au-dessus du sol, ouvrages en pierres | 33 % de celle du type M | 1 | ½-1 | 6 | 1 | 3 |

*Les types de ciment à maçonnerie M, S et N correspondent aux types de mortier.
**Le volume de sable est toujours de 2¼ à 3 fois supérieur au volume de ciment-chaux.

## Ramasser le mortier

**1.** Versez le mortier sur une taloche (une pièce de contreplaqué de ¾ po x 2 pi²) et découpez-y une tranche assez épaisse pour couvrir trois ou quatre briques. Tenez la truelle de côté, perpendiculairement à la taloche.

**2.** Tout en tenant la truelle dans la même position, formez un boudin de mortier de la longueur de la truelle.

**3.** D'une torsion du poignet, ramassez le boudin de mortier. L'avant-bras et la paume tournés vers le haut, faites un mouvement sec vers le bas pour stabiliser le mortier sur la truelle.

## Étaler le mortier

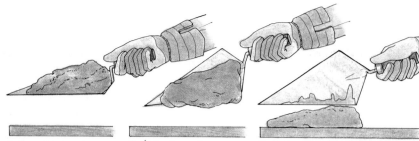

**1.** Tenant la truelle dans la même position et bien à plat, placez-la au point de départ.

**2.** Étalez le mortier en ligne droite ; faites pivoter la truelle tout en la ramenant vers vous.

**3.** Finissez en tenant la truelle perpendiculairement, au centre de la surface. En cas d'échec, remettez le mortier sur la taloche, nettoyez les briques et recommencez.

**4.** Étalez le mortier avec le dos de la truelle de façon à former un lit de ½ po d'épaisseur couvrant la largeur de la brique.

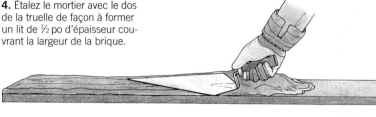

## Graisser la brique

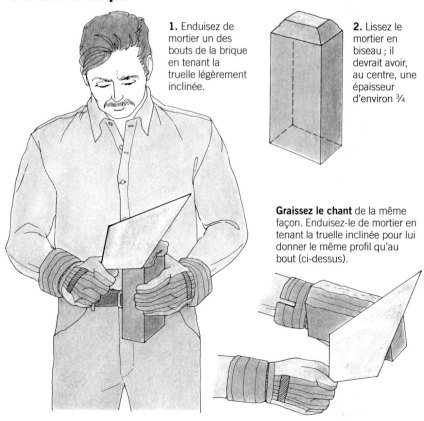

**1.** Enduisez de mortier un des bouts de la brique en tenant la truelle légèrement inclinée.

**2.** Lissez le mortier en biseau ; il devrait avoir, au centre, une épaisseur d'environ ¾

**Graissez le chant** de la même façon. Enduisez-le de mortier en tenant la truelle inclinée pour lui donner le même profil qu'au bout (ci-dessus).

## Position des briques

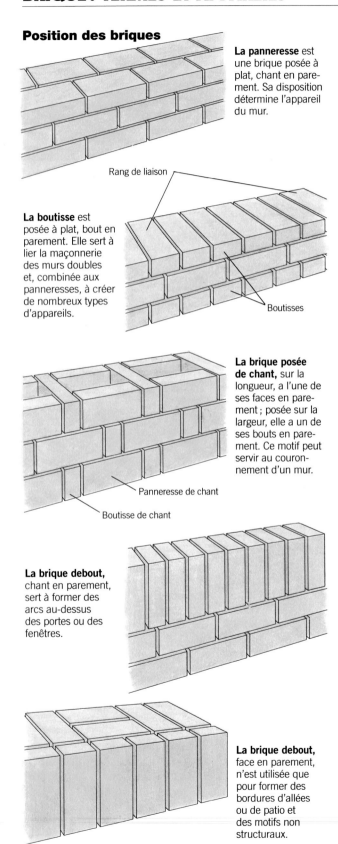

**La panneresse** est une brique posée à plat, chant en parement. Sa disposition détermine l'appareil du mur.

Rang de liaison

**La boutisse** est posée à plat, bout en parement. Elle sert à lier la maçonnerie des murs doubles et, combinée aux panneresses, à créer de nombreux types d'appareils.

Boutisses

**La brique posée de chant,** sur la longueur, a l'une de ses faces en parement ; posée sur la largeur, elle a un de ses bouts en parement. Ce motif peut servir au couronnement d'un mur.

Panneresse de chant

Boutisse de chant

**La brique debout,** chant en parement, sert à former des arcs au-dessus des portes ou des fenêtres.

**La brique debout,** face en parement, n'est utilisée que pour former des bordures d'allées ou de patio et des motifs non structuraux.

Poser la brique est un travail complexe, presque un art. Au cours des siècles, chez les briqueteurs, s'est développée une terminologie descriptive et précise qui définit les parties d'une brique et la façon dont elle est posée dans un mur.

Ainsi, la brique porte un nom particulier selon qu'elle est posée sur la longueur (panneresse) ou sur la largeur (boutisse), comme l'illustrent les schémas de gauche. Son côté large s'appelle *face*, son côté étroit *chant*. On pose la brique sur une couche de mortier appelée *lit*. On dira d'un mur qu'il est *simple* ou *double* selon qu'il est construit à une ou à deux épaisseurs (page ci-contre). Une épaisseur horizontale de briques est un *rang*. On dira d'un rang de briques qui déborde l'épaisseur d'un mur simple que c'est un *rang de liaison*. Par ailleurs, si un rang ne comporte que des briques dont le bout est en parement, on l'appellera *rang de boutisses* ; s'il ne comporte que des briques couchées dont le chant ou la face est en parement, on l'appellera *rang de panneresses*. On dira que la brique est *debout* si elle est posée à la verticale, chant ou face en parement. Le *parement* est le côté visible d'une brique.

Tout segment de brique coupée sur la largeur s'appelle *briqueton,* mais on précisera s'il s'agit d'une *demi-brique*, d'un *quart de brique* ou d'un *trois quarts de brique*. On se sert du briqueton pour finir un rang ou pour décaler les joints verticaux.

*L'appareil* est le motif formé par la disposition des briques (ci-contre). Il en existe divers types dont certains sont très robustes, d'autres très faibles. (Ainsi, l'appareil à joints alignés, trop faible pour supporter une structure, ne pourra servir qu'au parement [p. 246]). Il importe donc, avant de commencer à construire, de s'assurer auprès de la municipalité que le type d'appareil choisi convient bien au type de projet que l'on a conçu.

### Motif décoratif

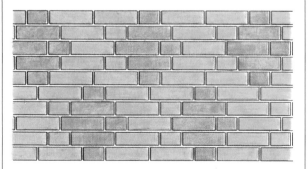

Dans ce muret de jardin, un motif est créé par la disposition des briques de chaque rang. Des briques de couleur différente font ressortir le motif en losange. Faites d'abord une esquisse sur papier quadrillé pour savoir exactement comment agencer les boutisses et les panneresses.

## Murs simples

**Rang** — **Paroi simple**

**Appareil à joints alignés.**
Souvent employé comme parement (p. 246), cet appareil doit être renforcé par une armature dans les joints horizontaux.

**Appareil ajouré.**
On laisse entre les panneresses un espace équivalant à un quart de brique. Appareil faible réservé aux murs non porteurs.

**Boutisses**

**Appareil à la grecque.** Les joints verticaux sont décalés à mi-longueur des briques. Commencez tous les deux rangs par une demi-brique ou une boutisse.

**Appareil à la grecque modifié.** Les joints verticaux sont décalés au tiers de la longueur des briques. Employez des tiers de brique.

## Murs doubles

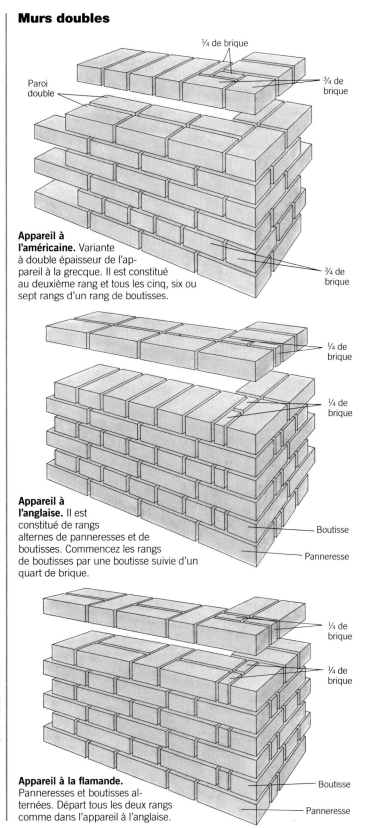

**Paroi double** — **¼ de brique** — **¾ de brique**

**Appareil à l'américaine.** Variante à double épaisseur de l'appareil à la grecque. Il est constitué au deuxième rang et tous les cinq, six ou sept rangs d'un rang de boutisses.

**¾ de brique**

**¼ de brique**

**¼ de brique**

**Appareil à l'anglaise.** Il est constitué de rangs alternes de panneresses et de boutisses. Commencez les rangs de boutisses par une boutisse suivie d'un quart de brique.

**Boutisse** — **Panneresse**

**¼ de brique**

**¼ de brique**

**Appareil à la flamande.**
Panneresses et boutisses alternées. Départ tous les deux rangs comme dans l'appareil à l'anglaise.

**Boutisse** — **Panneresse**

# JOINTOIEMENT DES BRIQUES

La couche de mortier qui lie les briques s'appelle joint. Le joint est soit *horizontal* soit *vertical*. Celui qui lie les deux épaisseurs d'un mur double est un *joint médian*.

Pour que le mortier adhère bien, il doit être projeté avec force contre les briques (p. 225). Ensuite, mettez la brique en place d'un seul coup dans le lit de mortier. Ne la poussez pas davantage, mais rectifiez-en la position en la frappant légèrement avec le manche d'une truelle. Si la brique n'est pas assez haute ou si elle est mal alignée, enlevez-la et nettoyez-la avant de la replacer dans un lit de mortier frais. Vérifiez souvent le niveau et l'alignement (p. 233).

Le mortier est prêt à être lissé lorsqu'une légère pression du pouce y laisse une empreinte. La finition d'un joint à la truelle ou au fer à joints comprime le mortier et contribue à consolider l'ouvrage et à l'hydrofuger. Il est toujours préférable de travailler de bas en haut.

Certains types de joints, purement décoratifs, ne conviennent qu'aux murs intérieurs ; d'autres, profilés pour laisser l'eau s'écouler, conviennent aux murs extérieurs. À l'extérieur, on pourra créer des chantepleures en insérant des mèches ou du tuyau de plastique dans les joints ou en laissant au niveau du solin quelques-uns des joints verticaux vides, à la base du mur, au-dessus et en dessous des fenêtres et au-dessus des portes. Après lui avoir donné sa forme, nettoyez le joint avec une brosse à poils moyens, un chiffon de jute ou une retaille de tapis. Ensuite, repassez la truelle ou le fer à joints pour bien définir le joint et corriger les imperfections.

Les joints de mortier servent à consolider les ouvrages de maçonnerie ; installés à des endroits précis, les joints de dilatation, eux (ci-contre), leur permettent de se dilater et de se contracter, sous l'effet de la température et de l'humidité, sans se fissurer. Il faut un joint de dilatation tous les 25 pi (7,6 m) dans un mur de briques et en certains endroits stratégiques dans une allée ou un patio de briques maçonnées. Cependant, il n'est pas nécessaire d'en installer dans les ouvrages ayant moins de 20 pi (6 m) de long ni dans les ouvrages à joints de sable.

## Pose de la brique

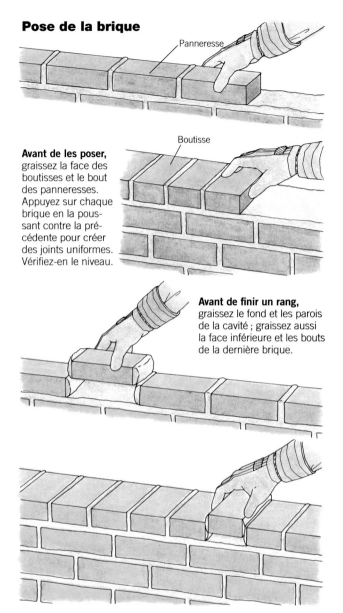

Panneresse

Boutisse

**Avant de les poser,** graissez la face des boutisses et le bout des panneresses. Appuyez sur chaque brique en la poussant contre la précédente pour créer des joints uniformes. Vérifiez-en le niveau.

**Avant de finir un rang,** graissez le fond et les parois de la cavité ; graissez aussi la face inférieure et les bouts de la dernière brique.

## Joints verticaux et horizontaux

**Enlevez le surplus de mortier** en le raclant d'un mouvement ascendant avec le bord de la truelle.

**Finissez les joints verticaux** d'abord. Appuyez sur le fer à joints pour bien tasser et lisser le mortier.

**Finissez les joints horizontaux** de la même façon pour former des lignes continues. Ne surcreusez pas le joint.

## Types de joints de mortier

**Joint oblique.** Hydrofuge. Passez le bout de la truelle à un angle de 30°, en prenant appui sur la brique inférieure. Façonnez les joints verticaux de la même manière.

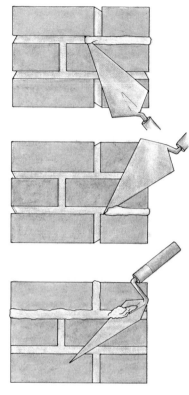

**Joint en sifflet.** Contraire du précédent, il retient l'eau. Façonnez-le en inversant la technique du joint précédent et finissez tous les joints verticaux de la même manière.

**Joint à fleur.** Il résiste mal aux intempéries parce que le mortier n'est pas tassé. Réalisez-le en raclant simplement à la truelle le surplus de mortier.

**Joint concave.** Hydrofuge, c'est aussi le joint le plus courant. Voir ci-contre. Au lieu d'un fer à joints, vous pouvez utiliser un bout de tuyau, une douille ou le dos d'une cuiller pourvu que l'outil soit ¼ po plus large que le joint.

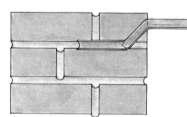

**Joint en V.** Hydrofuge. Façonnez-le avec un fer à joints en V ou le bout d'une truelle. Faites d'abord un essai pour bien centrer le V.

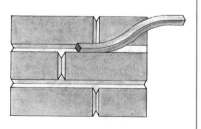

**Joint plat.** Comme il retient l'humidité, on l'emploie essentiellement à l'intérieur. Façonnez-le en enlevant ¼ ou ½ po de mortier avec un fer à joints à bout plat et carré.

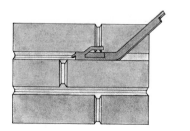

## Joints de dilatation : pavés scellés au mortier

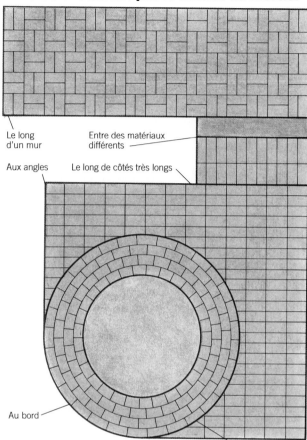

Le long d'un mur    Entre des matériaux différents

Aux angles    Le long de côtés très longs

Au bord

Entre deux motifs

**Le joint de dilatation en néoprène** ou en plastique mousse permet au mortier et à la brique de se dilater et de se contracter à des rythmes différents.

### Coupe de la brique

Tracez la ligne de coupe au crayon sur les quatre côtés de la brique. Posez la brique sur une planche ou sur le sol. Entaillez-la : tenez le ciseau sur la ligne de coupe, face au bout à rejeter, et frappez légèrement avec un marteau. Pour couper la brique, mettez-la à plat ; tenez le ciseau dans l'entaille et frappez-le d'un coup sec.
**Attention !** Portez des gants et des lunettes.

Ligne de coupe

# OUVRAGES EN PIERRE

## Attention au dos

**Pour soulever une pierre,** tenez-la près du corps. Gardez le dos droit et faites travailler les cuisses pour vous relever. Évitez de transporter une pierre lourde sur une trop grande distance.

Barre de fer servant à dégager et à soulever la pierre.

**Délogez une pierre** avec des leviers. Commencez par la dégager avec une barre de fer, puis soulevez-la avec deux 2 x 4 (quelques petits blocs de bois servant de points d'appui) jusqu'à ce que l'un des deux serve de rampe et vous permette de la sortir. Ne mettez pas les mains sous la pierre.

Comme la pierre est un matériau lourd, il faut être en bonne forme physique pour entreprendre des travaux y faisant appel. Si vous n'avez pas l'habitude des gros travaux, travaillez très lentement au début. Passez chez le médecin subir un examen médical, faites des exercices d'échauffement, et ne travaillez pas plus de quatre à six heures par jour jusqu'à ce que vous ayez développé une bonne force musculaire. Portez toujours de bons gants de cuir et des brodequins à bouts d'acier (et des lunettes de sécurité pour couper la pierre).

Ayez recours à des moyens mécaniques (barres de fer, rampes, treuils à manivelle, treuils mécaniques) pour vous épargner des efforts et éviter les risques de blessures. Si vous employez un treuil, passez une chaîne autour de la pierre (plutôt que le câble du treuil, qui pourrait se rompre) et attachez-la au câble.

Pour transporter des pierres sur une courte distance, prenez une bonne brouette dotée de robustes brancards et d'un pneu bien gonflé. (La brouette sera plus facile à manier si vous chargez les pierres à l'avant du plateau, près de la roue.) Mais vous pouvez aussi monter la pierre sur une planche et faire rouler la planche sur des rondins ou des tuyaux. Pour transporter les pierres sur une grande distance, prenez plutôt une camionnette ou utilisez une remorque plateforme ou un traîneau. Assurez-vous auparavant que les freins sont en bon état et conduisez prudemment. Pour éviter que les pierres plates ne se brisent, mettez-les debout plutôt qu'à plat.

La maçonnerie de pierres sèches est tout indiquée pour le débutant : il suffit d'appareiller les pierres de façon qu'elles restent en place par inertie et par gravité. Vous aurez besoin de certains outils utilisés par les tailleurs de pierre pour faire l'appareillage : une masse de 3 lb (1,5 kg) ou un marteau, un ciseau à lame large pour rayer et cliver les pierres stratifiées et un poinçon pour enlever les saillies. Posez la pierre sur une surface ferme qui absorbe les coups (p. 236). Le tailleur de pierre travaille sur une table de bois (environ 6 po [15 cm] au-dessous de la ceinture) recouverte de bran de scie ou de plusieurs couches de tapis.

## Propriétés de la pierre

| Type | Caractéristiques | Taille | Résistance* | Usages |
|------|------------------|--------|-------------|--------|
| **Granite** | Dur et dense, à gros ou à petits grains ; gris, bleu, rosé | Difficile | Excellente | Murs, fondations, cheminées |
| **Calcaire** | Mi-tendre ; de gris pâle à gris foncé | Facile | Moyenne à faible | Murs, fondations, cheminées |
| **Grès** | Tendre à mi-dur ; brun, gris, rougeâtre | Facile ou moyennement difficile selon le type | Moyenne | Grès dur : murs, fondations, cheminées. Grès tendre : parement intérieur |
| **Ardoise** | Tendre ; gris foncé ou noir | Moyennement difficile ; facile suivant le plan de clivage | Moyenne à faible | Patios, allées, bardeaux |

*Y compris la résistance aux intempéries.

## Transport de la pierre

**Faites rouler la pierre sur une planche** posée sur des rondins ou des tuyaux. Poussez-la en replaçant en avant les rondins libérés à mesure que la planche avance. Sur un sol mou, faites un chemin de planches.

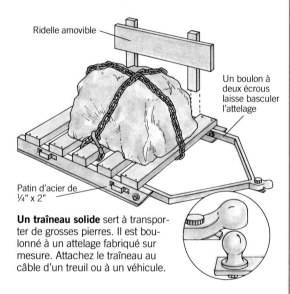

Ridelle amovible

Un boulon à deux écrous laisse basculer l'attelage

Patin d'acier de ¼" x 2"

**Un traîneau solide** sert à transporter de grosses pierres. Il est boulonné à un attelage fabriqué sur mesure. Attachez le traîneau au câble d'un treuil ou à un véhicule.

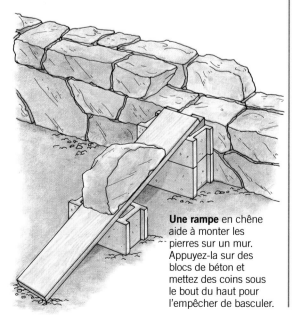

**Une rampe** en chêne aide à monter les pierres sur un mur. Appuyez-la sur des blocs de béton et mettez des coins sous le bout du haut pour l'empêcher de basculer.

## Taille de la pierre

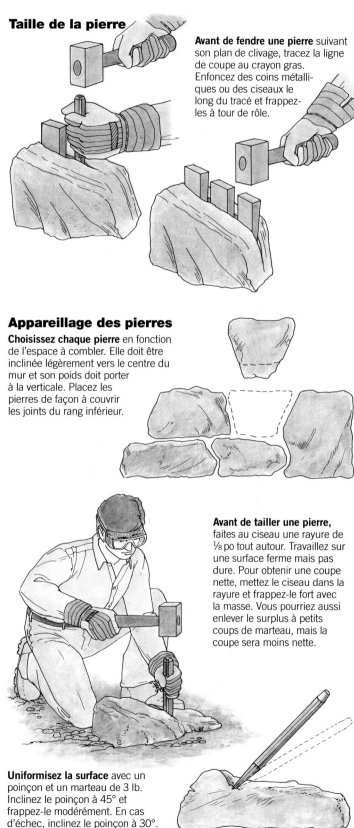

**Avant de fendre une pierre** suivant son plan de clivage, tracez la ligne de coupe au crayon gras. Enfoncez des coins métalliques ou des ciseaux le long du tracé et frappez-les à tour de rôle.

## Appareillage des pierres

**Choisissez chaque pierre** en fonction de l'espace à combler. Elle doit être inclinée légèrement vers le centre du mur et son poids doit porter à la verticale. Placez les pierres de façon à couvrir les joints du rang inférieur.

**Avant de tailler une pierre,** faites au ciseau une rayure de ⅛ po tout autour. Travaillez sur une surface ferme mais pas dure. Pour obtenir une coupe nette, mettez le ciseau dans la rayure et frappez-le fort avec la masse. Vous pourriez aussi enlever le surplus à petits coups de marteau, mais la coupe sera moins nette.

**Uniformisez la surface** avec un poinçon et un marteau de 3 lb. Inclinez le poinçon à 45° et frappez-le modérément. En cas d'échec, inclinez le poinçon à 30°.

## Pose des blocs de béton

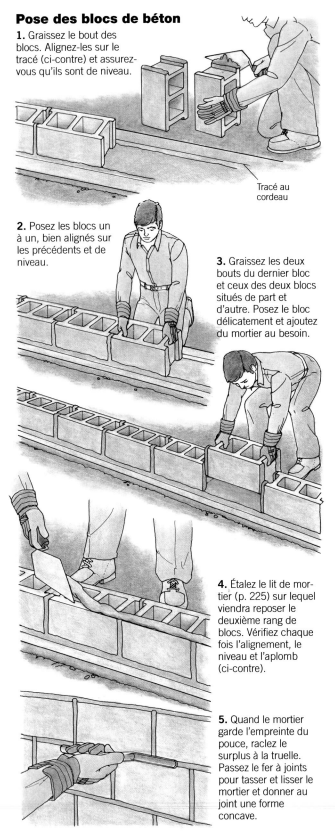

**1.** Graissez le bout des blocs. Alignez-les sur le tracé (ci-contre) et assurez-vous qu'ils sont de niveau.

Tracé au cordeau

**2.** Posez les blocs un à un, bien alignés sur les précédents et de niveau.

**3.** Graissez les deux bouts du dernier bloc et ceux des deux blocs situés de part et d'autre. Posez le bloc délicatement et ajoutez du mortier au besoin.

**4.** Étalez le lit de mortier (p. 225) sur lequel viendra reposer le deuxième rang de blocs. Vérifiez chaque fois l'alignement, le niveau et l'aplomb (ci-contre).

**5.** Quand le mortier garde l'empreinte du pouce, raclez le surplus à la truelle. Passez le fer à joints pour tasser et lisser le mortier et donner au joint une forme concave.

En général, le bloc de béton se pose plus facilement et plus rapidement que la brique, car il est possible de graisser plusieurs blocs à la fois. En plus, à cause de leur poids, ils s'enfoncent facilement dans le mortier. Enfin, l'horizontalité et la verticalité se règlent plus rapidement quand on travaille avec de gros éléments.

Les joints de ⅜ po (2 cm) se font avec le même type de mortier que celui qu'on emploie pour les briques. Le lit de mortier du premier rang doit avoir la largeur des blocs ; aux rangs suivants, il suffira d'étendre le mortier en deux bandes parallèles sur la longueur des blocs. Posez la paroi la plus épaisse sur le dessus pour favoriser une meilleure prise (p. 223).

Dans certains murs, il faut mettre un joint de dilatation (vertical) pour éviter que les mouvements du sol ne fassent fissurer l'ouvrage. Ce type de joint est nécessaire dans les murs à grandes ouvertures, les murs interreliés, les murs appuyés aux deux extrémités et les murs dont la hauteur ou l'épaisseur varient. Par ailleurs, il faut un joint de dilatation dans une maçonnerie mixte (blocs de béton et briques, blocs de béton et pierres). Prévoyez des joints de dilatation aux points de tension les plus forts et, le long d'un mur, à des intervalles équivalant à la hauteur du mur ou à une fois et demie sa hauteur.

Comme le joint de dilatation constitue une ligne de faiblesse et qu'il est souvent le lieu d'une fissure, le joint de néoprène contribuera à préserver l'alignement de l'ouvrage.

Il existe des blocs spécialement conçus pour recevoir les divers types de joints.

### Joints de dilatation

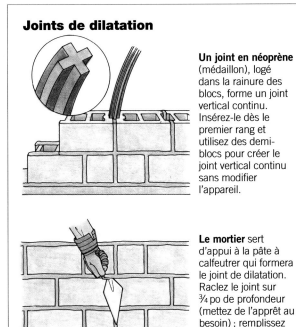

**Un joint en néoprène** (médaillon), logé dans la rainure des blocs, forme un joint vertical continu. Insérez-le dès le premier rang et utilisez des demi-blocs pour créer le joint vertical continu sans modifier l'appareil.

**Le mortier** sert d'appui à la pâte à calfeutrer qui formera le joint de dilatation. Raclez le joint sur ¾ po de profondeur (mettez de l'apprêt au besoin) ; remplissez de pâte à calfeutrer.

# NIVEAU, ALIGNEMENT ET APLOMB

En maçonnerie, l'alignement des éléments constitue le premier facteur de réussite. Pour construire un mur rectiligne qui ne penche pas, il faut vérifier chaque élément sur trois plans, la longueur, la largeur et la hauteur, pour s'assurer qu'il est bien de niveau, bien aligné et bien d'aplomb.

Pour qu'un mur soit rectiligne, tracez une ligne au cordeau sur la semelle. Assurez-vous que chaque bloc ou chaque brique est bien posé parallèlement à la ligne. Pour éviter que la ligne ne disparaisse sous le mortier, tracez-la partout à égale distance (par exemple, à 2 po [5 cm] du bord de la semelle).

Le maçon érige d'abord les extrémités d'un mur, les *têtes,* et termine par la partie centrale. Il tend un cordeau entre les deux têtes : cela lui sert de guide pour monter le mur.

La *règle étalonnée,* que vous pourrez fabriquer vous-même, aide à uniformiser l'épaisseur du lit de mortier entre les rangs. Elle devrait, debout, être un peu plus haute que le mur à construire. Graduez une pièce de 1 x 2 po à intervalles égaux équivalant à l'épaisseur d'un bloc (ou d'une brique) et d'un joint de mortier réunis. Faites autant de marques qu'il y a de rangs prévus. Tenez la règle debout pour vérifier l'épaisseur du joint entre les rangs.

## Tête de mur

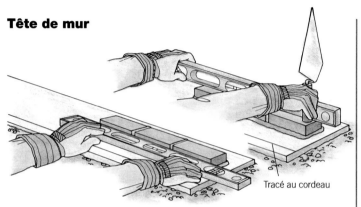

Tracé au cordeau

**1.** Posez les briques à sec pour faire un essai (p. 240). Tracez une ligne sur la semelle et étalez un lit de mortier sur 2 pi. Posez les trois premières briques et alignez-les bien sur le tracé.

**2.** Étalez un autre lit de mortier parallèlement au premier et posez les briques de la paroi arrière. Remplissez le joint médian de mortier. Posez la première brique du rang de boutisses ; vérifiez l'alignement, le niveau et l'aplomb.

Règle étalonnée

Joint médian

Boutisse

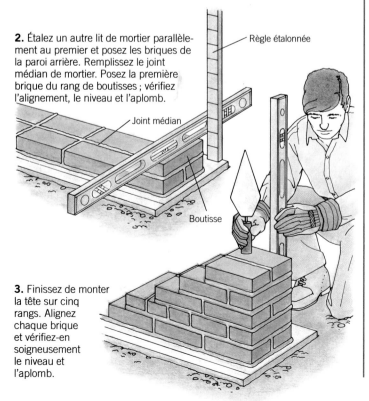

**3.** Finissez de monter la tête sur cinq rangs. Alignez chaque brique et vérifiez-en soigneusement le niveau et l'aplomb.

## Angle droit

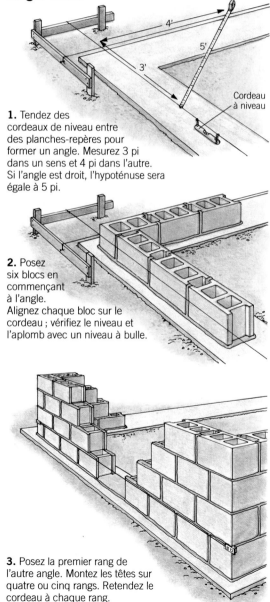

Cordeau à niveau

**1.** Tendez des cordeaux de niveau entre des planches-repères pour former un angle. Mesurez 3 pi dans un sens et 4 pi dans l'autre. Si l'angle est droit, l'hypoténuse sera égale à 5 pi.

**2.** Posez six blocs en commençant à l'angle. Alignez chaque bloc sur le cordeau ; vérifiez le niveau et l'aplomb avec un niveau à bulle.

**3.** Posez la premier rang de l'autre angle. Montez les têtes sur quatre ou cinq rangs. Retendez le cordeau à chaque rang.

# PAVÉS POSÉS SANS MORTIER : MOTIFS ET BORDURES

Pour faire un patio ou une allée, on pose la brique ou le pavé de béton sans mortier sur une assise de sable délimitée par une bordure. Ce type d'ouvrage est très facile à réaliser et à réparer.

On dispose la brique selon des motifs traditionnels : à panneresses, en damier, en épi, à la grecque. Le motif en épi est le plus stable et le plus durable parce que les briques sont placées à angle droit les unes par rapport aux autres.

On réalise aussi les dallages de pierre de cette façon. Comme il ne faut pas de bordure, le terrain est encore moins long à préparer que dans le cas de la brique et du pavé. Il suffit de s'assurer que les dalles reposent sur une surface bien plane, sans quoi elles pourraient casser. (Voir pp. 236-237.)

Dans les régions rarement touchées par le gel et où le sol est sablonneux et bien drainé, creusez sur une profondeur équivalant à l'épaisseur du pavé et d'un lit de sable de 2 po (5 cm). (Le sable empêchera les pavés de bouger.) Dans les régions plus froides et dans d'autres types de sols, creusez sur 4 po (10 cm) de plus pour pouvoir mettre au fond une couche de gravier bien tassé. Il contribuera au drainage et empêchera le gel et le dégel de soulever les pavés.

En planifiant un ouvrage, tenez compte de la dimension des éléments pour limiter les coupes. La brique se coupe assez facilement à la main (p. 229) mais vous devrez louer un outil spécial pour couper le pavé. (Le pavé utilisé pour créer des motifs particuliers est généralement vendu

avec les demi-blocs devant servir à faire les bordures.)

Ancrez une bordure en bois avec des piquets. Pour la faire, choisissez du bois traité sous pression ou une essence de bois qui résiste naturellement à la pourriture, comme le cèdre ou le cyprès. Une bande de PVC (chlorure de polyvinyle) attachée à des tiges métalliques de ⅜ x 10 po (0,9 x 25 cm) fera aussi une bonne bordure. Vous pourriez également faire une bordure de briques (page ci-contre). Posez les briques sur 2 po (5 cm) de gravier pour amoindrir les effets du gel et du dégel.

Pour éviter de trébucher sur une bordure de bois ou de PVC, installez-la ¼ po (6 mm) sous le niveau du pavé ; celui-ci finira par s'enfoncer et la bordure se trouvera au même niveau.

## Motifs

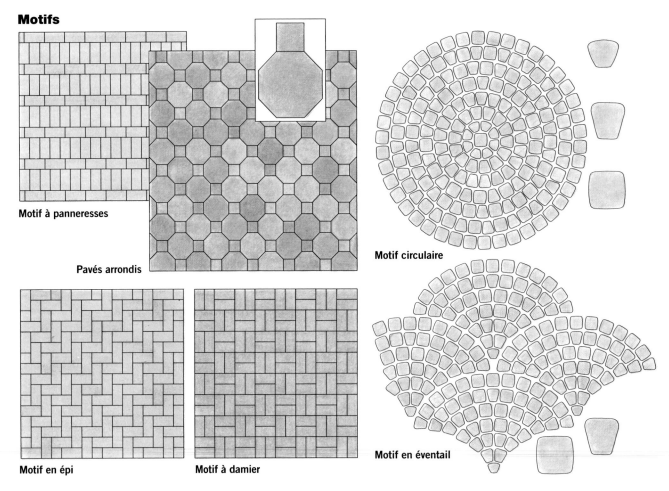

Motif à panneresses

Pavés arrondis

Motif circulaire

Motif en épi

Motif à damier

Motif en éventail

## Bordure de briques

**Délimitez l'ouvrage** à l'aide de piquets et de cordeaux et tracez-en le périmètre avec du sable (p. 208). Creusez une tranchée de profondeur égale à la longueur des briques (2 po plus creux si vous mettez du gravier).

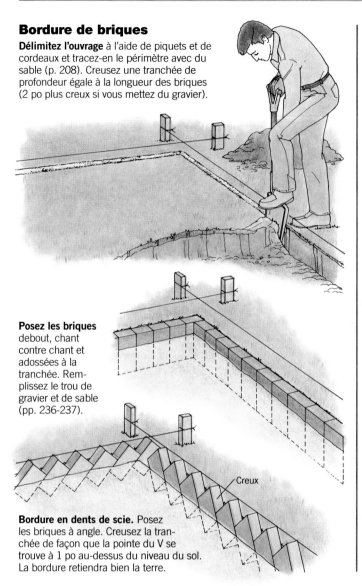

**Posez les briques** debout, chant contre chant et adossées à la tranchée. Remplissez le trou de gravier et de sable (pp. 236-237).

**Bordure en dents de scie.** Posez les briques à angle. Creusez la tranchée de façon que la pointe du V se trouve à 1 po au-dessus du niveau du sol. La bordure retiendra bien la terre.

Creux

## Bordure de bois

**Creusez** un peu au-delà du périmètre de l'ouvrage. Mettez en place la bordure et plantez des piquets tous les 3 pi et à l'endroit des joints. Clouez ou vissez la bordure aux piquets.

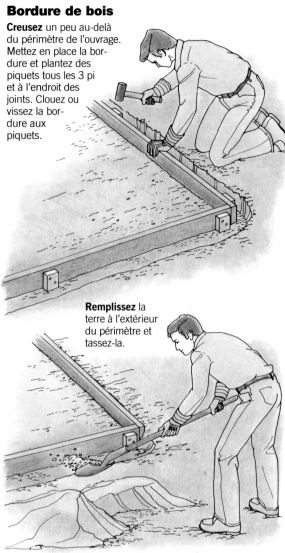

**Remplissez** la terre à l'extérieur du périmètre et tassez-la.

## Deux façons d'ancrer les traverses

**Les traverses au niveau du sol** doivent être aboutées avec des clous de 10 po plantés à angle (médaillon). Noyez les têtes. Étendez le gravier et le sable et posez le pavé.

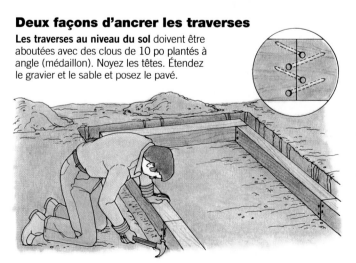

**Percez des trous** de 5/8 po aux bouts et au centre de chaque traverse. Avec une massette, enfoncez-y des tiges d'acier de 1/2 x 18 po. Posez le pavé ; remplissez le pourtour.

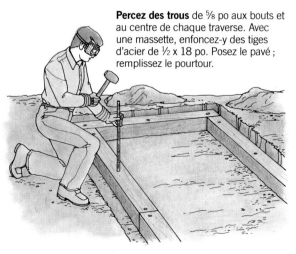

## Allée de brique

**1.** Étendez et tassez le gravier ; ajoutez à la raclette une rallonge de l'épaisseur de la couche de sable et des briques. Étendez le sable et nivelez-le.

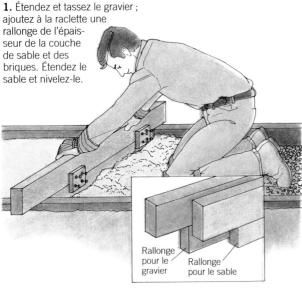

Rallonge pour le gravier    Rallonge pour le sable

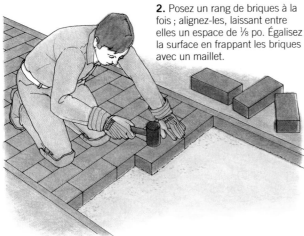

**2.** Posez un rang de briques à la fois ; alignez-les, laissant entre elles un espace de 1/8 po. Égalisez la surface en frappant les briques avec un maillet.

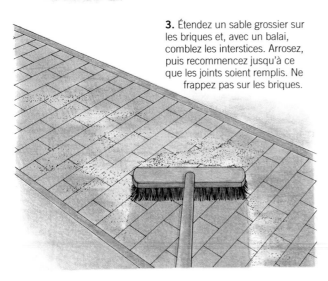

**3.** Étendez un sable grossier sur les briques et, avec un balai, comblez les interstices. Arrosez, puis recommencez jusqu'à ce que les joints soient remplis. Ne frappez pas sur les briques.

Délimitez la superficie à paver à l'aide de cordeaux et de piquets ou de planches-repères, comme dans le cas d'une dalle de béton ou d'un mur maçonné (pp. 206-208, 233). Les cordeaux marquent le périmètre de l'ouvrage et servent de repère pour creuser sur une profondeur uniforme. Délimitez une ligne courbe à l'aide d'une corde ou d'un tuyau d'arrosage ; plantez ensuite des piquets pour souligner la courbe, puis tendez entre eux un cordeau. (Il n'est pas nécessaire que le cordeau épouse parfaitement la forme de la courbe.)

Si l'ouvrage doit être parfaitement plat, enfilez un niveau sur les cordeaux pour les mettre de niveau. Mais si l'ouvrage doit avoir une pente pour favoriser l'écoulement de l'eau loin de la maison, donnez au cordeau une pente de 1/4 po au pied (0,6 cm tous les 30 cm).

La qualité d'une allée sans mortier dépend en grande partie de l'assise sur laquelle elle repose : une assise plate et ferme réduit les risques d'affaissement. Généralement, il est plus facile de creuser sur toute la superficie de l'ouvrage puis d'installer la bordure et les briques. Si vous faites une bordure de bois (pp. 234-235), elle pourra servir de support au moment de niveler les lits de gravier et de sable. Le cas échéant, ajoutez à la raclette une rallonge (pp. 211, 214) de la bonne épaisseur.

Si l'ouvrage est plus large que la raclette ou si vous préférez installer la bordure à la fin (comme dans le cas d'une bordure de briques), installez des pièces de bois de la même hauteur que la bordure avant d'étendre la première couche de gravier ou de sable. Ces pièces serviront de support à la raclette. Après avoir nivelé, enlevez-les et comblez l'espace.

Assurez-vous que la base de l'ouvrage (gravier ou terre, selon le cas) est bien tassée et de niveau. Prenez un pilon (p. 206) pour tasser les matériaux sur une petite superficie ; louez une plaque vibrante si l'ouvrage est d'envergure.

**Attention !** La plaque vibrante est très bruyante ; portez des bouchons d'oreilles.

Ne tassez pas le sable et gardez-le sec. Couvrez-le d'une feuille de plastique à la fin de la journée ou étendez-le au fur et à mesure. Évitez de marcher dessus ; au début, tenez-vous plutôt à l'extérieur de l'ouvrage pour travailler ; ensuite agenouillez-vous sur les briques.

Si vous installez des dalles, agencez-en d'abord le plus grand nombre possible : vous aurez ainsi moins de taille à faire. Mettez les dalles sur du sable pour les couper et, si vous devez en couper plusieurs, travaillez sur une table pour ne pas avoir à courber le dos. Fabriquez une table avec un contreplaqué de 3/4 po (2 cm) et des 2 x 4. Fixez-y une bordure de 1 x 2 po (2,5 x 5 cm) pour contenir le sable.

Posez les dalles de façon que soit visible leur face la plus uniforme et la plus intéressante. Rejetez les petites pierres : elles ont tendance à s'enfoncer dans le sol ou à basculer sous le pied.

## Patio en pavés de béton

**1.** Étendez un lit de gravier de 4 po d'épaisseur (page ci-contre). Tassez-le en passant plusieurs fois la plaque vibrante. Étendez et nivelez 2 po de sable sans le tasser.

**2.** Posez les pavés en commençant par l'un des angles. Alignez-les bien sur la bordure sans les enfoncer dans le sable. Suivez le mode d'emploi du fabricant.

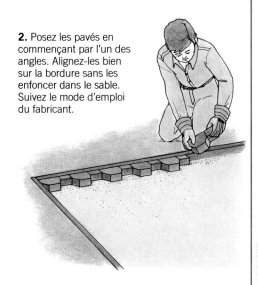

**3.** Tendez un cordeau pour vous guider. Le travail terminé, passez la plaque vibrante. Remplissez les joints de sable au balai et repassez la plaque jusqu'à ce que les joints soient remplis. N'arrosez pas.

## Taille des pierres plates

**Placez la pierre** sur la bordure ou au bord d'une pierre déjà posée. Tracez la ligne de coupe à l'œil des deux côtés de la pierre.

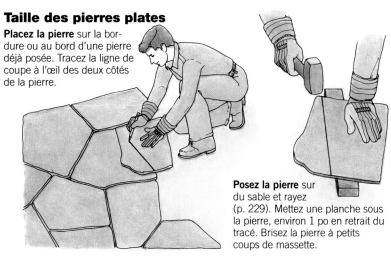

**Posez la pierre** sur du sable et rayez (p. 229). Mettez une planche sous la pierre, environ 1 po en retrait du tracé. Brisez la pierre à petits coups de massette.

## Pose des pierres plates

**1.** Laissez environ ½ po entre les pierres ; posez les plus grosses sur le périmètre de l'ouvrage. Stabilisez-les : soulevez-les et enlevez ou ajoutez du sable pour y adapter l'assise.

**2.** Finissez de stabiliser les pierres à petits coups de maillet. Après avoir posé quelques pierres, vérifiez au niveau qu'elles sont toutes de la même hauteur et qu'il n'y a aucun risque de trébucher.

**3.** Remplissez les joints de sable et arrosez-les (page ci-contre). Tassez le sable dans les joints avec du bois de rebut.

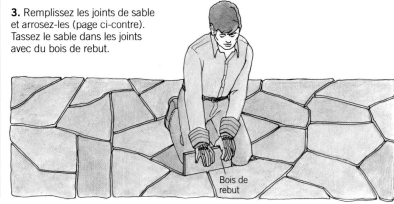

Bois de rebut

Les marches construites au-dessus du niveau du sol reposent normalement sur une semelle. Ainsi, elles sont stables et risquent moins de se fissurer. (Pour des raisons de sécurité, il faut souvent installer une rampe.) S'il s'agit d'un perron, il devra être plus large que l'ouverture de la porte et, si la porte ouvre vers l'extérieur, il devra excéder la largeur de la porte ouverte. Dans une pente raide, il faut parfois construire un mur de soutènement de chaque côté des marches (pp. 244-245). Avant de commencer le travail, consultez un inspecteur en bâtiment et prenez connaissance des règlements municipaux.

Pour construire des marches sûres, appliquez la règle du 7/11 (pp. 208-209). Dans une pente faible, choisissez un aménagement plus esthétique, de longs paliers (6 à 8 pi [env. 2 m]) séparés par une ou plusieurs marches, par exemple.

Déterminez d'abord la hauteur (ou *montée totale* de la pente) et sa longueur (ou *course totale*). La montée est souvent déterminée par les contraintes mêmes du lieu (emplacement de la porte et sa hauteur par rapport au sol), mais la course peut généralement être adaptée. Dans le cas de marches creusées dans le sol, la montée et la course s'établissent avec plus de souplesse.

Pour calculer le nombre de marches, divisez la montée totale (en pouces) par 7 ou moins (prenez un multiple de la montée). Calculez la profondeur des marches en divisant la course totale par un chiffre entre 11 et 18 (prenez un multiple de la course). Si la montée ou la course ne se divise pas exactement, répartissez le reste également entre les marches ou les contremarches ou encore, modifiez la dimension totale de l'ouvrage.

Prenons un ouvrage à montée de 36 po et à course de 84 po. La course se divisera en 7 marches de 12 po et vous aurez besoin de 6 contremarches. La montée se divisera en 6 contremarches de 6 po de hauteur.

Vous pourriez aussi faire un plan des marches sur du papier quadrillé : transposez vos données à l'échelle et essayez diverses combinaisons de marches et de contremarches.

## Marches au-dessus du sol

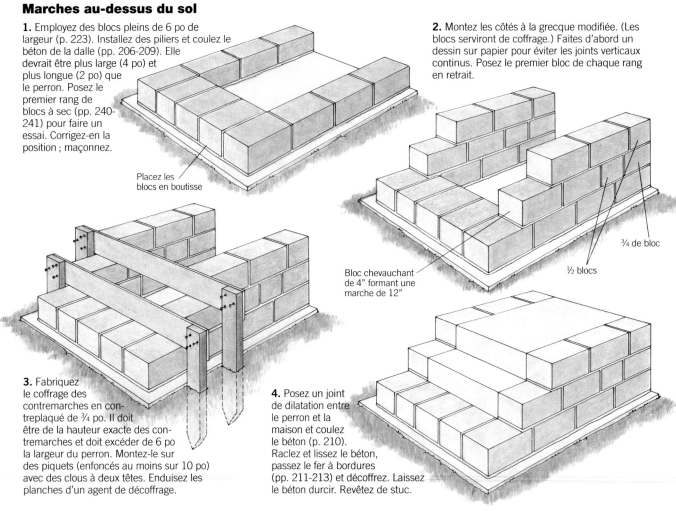

**1.** Employez des blocs pleins de 6 po de largeur (p. 223). Installez des piliers et coulez le béton de la dalle (pp. 206-209). Elle devrait être plus large (4 po) et plus longue (2 po) que le perron. Posez le premier rang de blocs à sec (pp. 240-241) pour faire un essai. Corrigez-en la position ; maçonnez.

Placez les blocs en boutisse

**2.** Montez les côtés à la grecque modifiée. (Les blocs serviront de coffrage.) Faites d'abord un dessin sur papier pour éviter les joints verticaux continus. Posez le premier bloc de chaque rang en retrait.

¾ de bloc

½ blocs

Bloc chevauchant de 4" formant une marche de 12"

**3.** Fabriquez le coffrage des contremarches en contreplaqué de ¾ po. Il doit être de la hauteur exacte des contremarches et doit excéder de 6 po la largeur du perron. Montez-le sur des piquets (enfoncés au moins sur 10 po) avec des clous à deux têtes. Enduisez les planches d'un agent de décoffrage.

**4.** Posez un joint de dilatation entre le perron et la maison et coulez le béton (p. 210). Raclez et lissez le béton, passez le fer à bordures (pp. 211-213) et décoffrez. Laissez le béton durcir. Revêtez de stuc.

## Marches creusées dans le sol

**1.** Plantez des piquets au bas et au haut de la pente. Tendez un cordeau à niveau entre les piquets ; mesurez la course et la montée (sur le piquet au bas de la pente). Calculez le nombre de marches, leur hauteur et leur largeur.

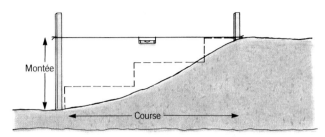

Montée

Course

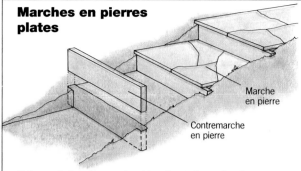

## Marches en pierres plates

Marche en pierre

Contremarche en pierre

Préparez le terrain en suivant les étapes à gauche. Creusez assez profondément ; tenez compte d'une couche de gravier de 4 po, d'un lit de sable de 2 po et des pierres. Creusez un sillon étroit pour la contremarche ; posez-la. Étendez le gravier et le sable. Posez les pierres des marches en les appuyant sur le chant des contremarches. Vérifiez le niveau.

**2.** Coupe montrant la position de traverses (6 x 6 po) de 8 pi de longueur. Des tiges d'acier les ancrent les unes aux autres. Les marches vont s'y encastrer.

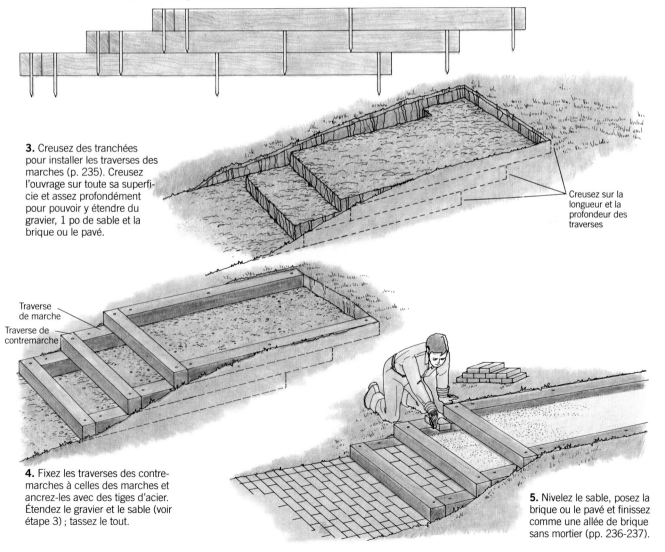

**3.** Creusez des tranchées pour installer les traverses des marches (p. 235). Creusez l'ouvrage sur toute sa superficie et assez profondément pour pouvoir y étendre du gravier, 1 po de sable et la brique ou le pavé.

Creusez sur la longueur et la profondeur des traverses

Traverse de marche

Traverse de contremarche

**4.** Fixez les traverses des contre-marches à celles des marches et ancrez-les avec des tiges d'acier. Étendez le gravier et le sable (voir étape 3) ; tassez le tout.

**5.** Nivelez le sable, posez la brique ou le pavé et finissez comme une allée de brique sans mortier (pp. 236-237).

Maçonnerie 239

Presque tous les murs de maçonnerie, sauf les murs non porteurs de moins de 2 pi (60 cm), sont soumis aux règlements municipaux. Consultez donc un inspecteur municipal avant de construire un mur ; vous pourrez peut-être même lui demander un plan. Si vous faites votre plan vous-même, vous devrez le faire approuver.

Un mur est généralement érigé sur une semelle continue dont la base repose sous la ligne de gel (pp. 208-209). Un mur de brique de plus de 30 po (76 cm) de hauteur doit avoir deux parois reliées par un joint médian de ½ po (1,3 cm).

On pourra cependant construire un mur à piliers, plus facile à réaliser : les travaux d'excavation sont moindres et il faut moins de briques. Les piliers reposent chacun sur une semelle de 18 à 24 po (46-60 cm) de diamètre assise sous la ligne de gel. (La grosseur des piliers et la longueur des pans doivent être adaptées aux conditions du lieu.) La solidité d'un mur à piliers dépend de son armature des piliers. Noyez des tiges d'acier (bien espacées) dans les piliers. Au début, vous devrez sans doute les retenir en place à l'aide de supports fixés au sol de part et d'autre du mur.

La plupart des murs non porteurs en blocs de béton n'ont pas besoin d'être renforcés. Font exception les murs de claustras, fabriqués en blocs décoratifs ajourés, qui doivent prendre appui sur des piliers. (Ces piliers contiennent aussi une armature.) Il faut également poser des joints de renforcement tous les deux rangs pour compenser les faiblesses inhérentes à l'appareil à joints alignés (pp. 226-227).

Finissez tout mur extérieur par un couronnement, pour en améliorer l'apparence et pour empêcher l'eau de s'y infiltrer. Sur un mur de briques, posez un rang de boutisses de chant, ou des chaperons. Sur un mur en blocs de béton, posez des blocs pleins ou faites un couronnement arrondi en mortier.

Appliqué sur un mur de maçonnerie, le stuc constitue une couche à la fois protectrice et décorative. Le dosage type du stuc est le suivant : 1 partie de ciment portland, 1 partie de ciment à maçonnerie et 3¼ ou 4 parties de sable très fin mélangés avec assez d'eau pour obtenir une pâte ayant la consistance d'une garniture crémeuse à gâteau.

## Mur double en brique

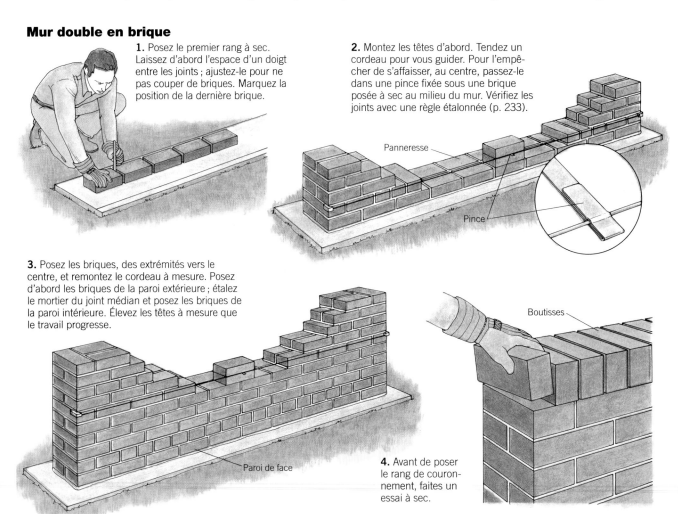

**1.** Posez le premier rang à sec. Laissez d'abord l'espace d'un doigt entre les joints ; ajustez-le pour ne pas couper de briques. Marquez la position de la dernière brique.

**2.** Montez les têtes d'abord. Tendez un cordeau pour vous guider. Pour l'empêcher de s'affaisser, au centre, passez-le dans une pince fixée sous une brique posée à sec au milieu du mur. Vérifiez les joints avec une règle étalonnée (p. 233).

Panneresse

Pince

**3.** Posez les briques, des extrémités vers le centre, et remontez le cordeau à mesure. Posez d'abord les briques de la paroi extérieure ; étalez le mortier du joint médian et posez les briques de la paroi intérieure. Élevez les têtes à mesure que le travail progresse.

Boutisses

Paroi de face

**4.** Avant de poser le rang de couronnement, faites un essai à sec.

## Mur à piliers

**1.** Coulez le béton des semelles. Quand il est assez dur, installez les tiges d'armature avec des espaceurs et des attaches. Remplissez les piliers de mortier à mesure et intégrez des joints de renforcement au mortier tous les deux rangs (voir ci-dessous).

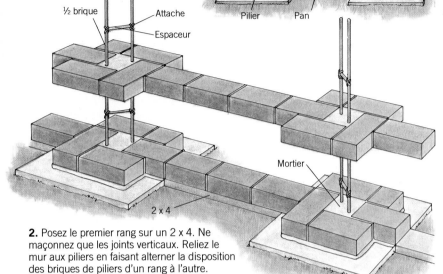

½ brique
Attache
Espaceur
Pilier    Pan
Mortier
2 x 4

**2.** Posez le premier rang sur un 2 x 4. Ne maçonnez que les joints verticaux. Reliez le mur aux piliers en faisant alterner la disposition des briques de piliers d'un rang à l'autre. Enlevez le 2 x 4 une fois le mortier durci.

## Claustra

Joint de renforcement

Couronnement
Armature

Claustra de 16"    Bloc de 8"

**Ancrez l'armature** dans la semelle. Posez les blocs du pilier (l'armature au centre) et remplissez-le de mortier. Étalez un lit de mortier de ½ po d'épaisseur et 4 po de largeur sur la semelle ; posez les claustras. Tous les deux rangs, intégrez aux joints horizontaux un joint de renforcement. (Deux claustras de 12 po ont la même hauteur que trois blocs de pilier.) Posez le couronnement.

## Mur de stuc

**1.** Le stuc s'applique généralement sur un treillis, mais ce support n'est pas nécessaire si le mur est bas. Humectez le mur ; appliquez un liant liquide, puis la première couche de stuc (¼ po). Étendez-la à la truelle d'acier.

**2.** Rayez la première couche au râteau. Gardez la surface humide pendant 48 h : humectez-la ou recouvrez-la de plastique. N'appliquez pas de stuc sous 50°F (10°C). Étendez une deuxième couche de ¼ po.

**3.** Appliquez la dernière couche (⅛ po) avec une truelle de plâtrier. Ajoutez du colorant au mélange si vous le désirez.

# MURS DE PIERRE AVEC OU SANS MORTIER

Qu'elles soient taillées ou irrégulières, les pierres d'un mur peuvent être disposées au hasard, selon leur forme, ou bien en rangs réguliers.

Les pierres se posent à sec ou avec du mortier. Le débutant devrait opter pour une maçonnerie de *pierres sèches*, c'est-à-dire sans mortier, n'ayant pas plus de 3 pi (90 cm) de hauteur. Comme un mur de ce genre suit les mouvements du sol sous l'effet du gel et du dégel, il a une grande souplesse et n'a pas besoin de reposer sur une semelle. On creuse simplement sur environ 6 po (15 cm) avant de poser les pierres.

C'est la gravité qui retient les éléments d'un mur. Les quelques conseils qui suivent vous aideront à mettre à contribution la gravité et à tirer le meilleur parti possible de la forme des pierres. Orientez leur face inclinée vers le centre du mur, ou encore donnez aux parois du mur une inclinaison de 1 po (2,5 cm) tous les 2 pi (60 cm) de hauteur. S'il s'agit d'un mur de soutènement en pierres sèches, l'une de ses parois devra être inclinée vers le haut (paroi visible) ou vers le bas (derrière) (pp. 244-245). Appuyez les pierres les unes contre les autres selon leur plus grande surface de contact. Posez chaque pierre de façon qu'elle en chevauche deux. Pour être stable, le mur devra être à double épaisseur. (Un mur de 3 pi (90 cm) devrait avoir environ 2 pi (60 cm) de largeur.) Insérez une pierre de liaison tous les 10 pi$^2$ (1 m$^2$) ; elle devrait couvrir le mur sur toute son épaisseur.

**Maçonnerie de pierre** à assises réglées

**Pierres** non assisées dans du mortier

Dans un mur de pierres maçonnées, le mortier peut être apparent ou non. Dans les deux cas, le mortier consolide la liaison entre les pierres et permet d'ériger des murs plus hauts et à paroi verticale. Cependant, la solidité du mur est fondée ici aussi sur la gravité. Si le mortier s'effrite, les pierres seront retenues par inertie et par gravité.

Le mur monté avec du mortier est relativement rigide. Au lieu de suivre les mouvements du sol causés par le gel et le dégel ou par la croissance des racines, il se fissure. Il faut donc le construire sur une semelle de béton qui repose sous la ligne du gel. Dans une pente, installez un drain derrière le mur (pp. 244-245). Ne posez jamais plus de trois rangs (ou 2 pi [60 cm] de hauteur) par jour pour laisser durcir le mortier. Le dosage habituel de mortier pour construire un mur de pierre est de 1 partie de chaux pour 3 parties de ciment portland et 9 parties de sable. Ajoutez l'eau graduellement, jusqu'à ce que le mélange ait la consistance d'une crème fouettée ferme. Prenez soin de ne pas mettre de mortier sur la face des pierres : la chaux tache.

**Attention !** Portez des gants imperméables et des lunettes de protection quand vous travaillez du mortier.

Gardez le mur humide et frais pendant environ une semaine pour prolonger le temps de durcissement et rendre le mortier plus résistant. Arrosez-le au tuyau d'arrosage réglé en pluie et couvrez-le d'un plastique.

## Les lois de la gravité

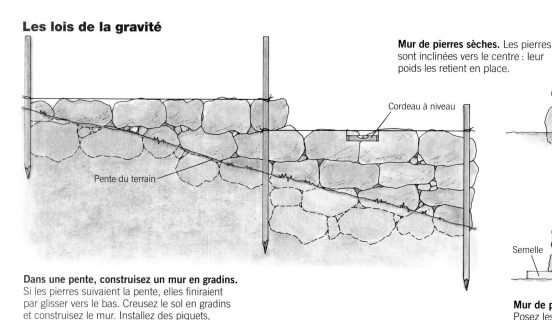

**Dans une pente, construisez un mur en gradins.**
Si les pierres suivaient la pente, elles finiraient par glisser vers le bas. Creusez le sol en gradins et construisez le mur. Installez des piquets, un cordeau et un niveau pour vérifier le niveau de chaque gradin.

Pente du terrain

Cordeau à niveau

**Mur de pierres sèches.** Les pierres sont inclinées vers le centre : leur poids les retient en place.

Semelle

**Mur de pierres maçonnées.**
Posez les grosses pierres et introduisez entre elles des petites pierres pour les stabiliser.

## Mur de pierres sèches

**Posez des piquets** et un cordeau pour assurer l'horizontalité des rangs. Creusez un peu sous le premier rang pour que les pierres soient légèrement inclinées vers le centre. Remplissez le centre de petites pierres ; décalez les joints verticaux.

**Délimitez un coin** en posant des pierres de liaison couvrant la largeur du mur.

Pierres de liaison

Pierre de liaison

**Aux bouts du mur**, mettez les pierres les plus anguleuses.

## Mur de pierres maçonnées

**Posez le premier rang** dans 2 po de mortier, sur une semelle de béton (p. 208). Faites une surface plane pour le rang suivant. Mettez des petites pierres au centre.

Armature

**Remplissez** les joints de mortier sans laisser de vides. Le mortier sec, remplissez le centre de gravier.

**Couronnez le mur** avec de grandes pierres plates : il y aura moins de joints par où l'eau pourra s'infiltrer. Vérifiez l'horizontalité au niveau.

**Raclez** les joints environ à 1 po de profondeur après deux ou trois heures.

**Le lendemain,** quand le mortier est mi-dur, nettoyez les joints avec une brosse rigide.

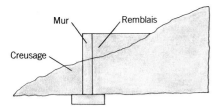

Mur
Remblais
Creusage

Dans un terrain en pente, les murs de soutènement retiennent le sol, freinent l'érosion et permettent d'augmenter la surface utilisable. Ils sont en pierre ou en blocs de béton.

L'architecture des murs de soutènement dépend de leur hauteur, du type de matériau utilisé et du sol sur lequel ils reposent.

Un mur en blocs de béton parfaitement vertical doit être ancré à une semelle par des tiges d'armature (p. 208). Un mur de pierres sèches doit être incliné dans le sens de la pente. Le mur de soutènement à base large, en pierre ou en blocs de béton, retient le sol par son poids.

**La nature des sols** influence leur qualité de drainage ainsi que la façon dont ils réagissent au gel et au dégel. Les sols bien drainés, caillouteux ou sablonneux n'exercent pas autant de pression sur un mur de soutènement que les sols argileux ou limoneux qui absorbent l'eau. La capacité des sols à

soutenir une charge n'est pas uniforme non plus : ce sera un facteur à considérer au moment de construire un mur élevé. Renseignez-vous auprès de la municipalité pour connaître la nature du sol chez vous. S'il le faut, remblayez le terrain derrière le mur avec du gravier plutôt que de la terre.

**Géographie des lieux.** Certains facteurs seront déterminants dans la construction d'un mur. En effet, en climat humide ou près d'un lac, d'un cours d'eau ou d'une source, un sol détrempé perd sa capacité à supporter une charge, son poids augmente et il a tendance à s'affaisser. Par temps froid, il gèle, se dilate et exerce une forte pression sur le mur.

Atténuez les effets de l'humidité en drainant le sol derrière un mur de soutènement de plus de 2 pi (60 cm) de hauteur, même si ce mur est en pierres sèches. Prévoyez des chantepleures, installez des drains et remblayez avec du gravier. Ajoutez une couche de mortier imperméabilisant pour éviter que l'eau ne s'infiltre dans le mur et n'entraîne un phénomène d'efflorescence (p. 248).

**Hauteur du mur.** Les murs de soutènement de plus de 2 ou 3 pi (1 m) sont soumis aux règlements municipaux et aux règlements de zonage. En général, plus un mur est haut et plus la pente est raide, plus le mur et la semelle sur laquelle il repose doivent être résistants.

Dans une pente raide, une série de murets en terrasses seront plus esthétiques et plus faciles à construire qu'un seul mur très haut. Faites appel à un entrepreneur pour construire un mur de plus de 4 pi (1,2 m) de hauteur et à un architecte ou à un ingénieur pour dresser le plan d'un mur de plus de 8 pi (2,5 m). Faites également appel à un professionnel si le mur que vous voulez construire est appelé à retenir le sol, sous une voie carrossable, par exemple.

**Attention !** Il peut y avoir des règlements particuliers dans les régions sujettes aux tremblements de terre.

## Mur de soutènement en blocs de béton

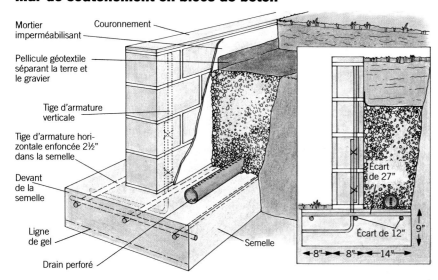

Mortier imperméabilisant
Couronnement
Pellicule géotextile séparant la terre et le gravier
Tige d'armature verticale
Tige d'armature horizontale enfoncée 2½" dans la semelle
Devant de la semelle
Ligne de gel
Drain perforé
Semelle
Écart de 27"
Écart de 12"
9"
8"  8"  14"

**La semelle** d'un mur de soutènement de 3 à 4 pi de haut en blocs de béton de 8 x 8 x 16 po (ci-dessus) est à moitié enfouie sous le sol derrière le mur. Des tiges d'armature n° 3 insérées dans le mur à 32 po d'intervalle sont repliées vers le devant de la semelle. D'autres tiges renforcent la semelle : tous les 12 po sur la longueur et tous les 27 po sur la largeur.

**Le mur de soutènement à base large** (à droite), vertical devant et en escalier derrière, a une base dont la largeur équivaut à la moitié de sa hauteur. Il retient le sol par son poids. Employez des blocs de 8 po et de 12 po de largeur pour faire des joints verticaux décalés.

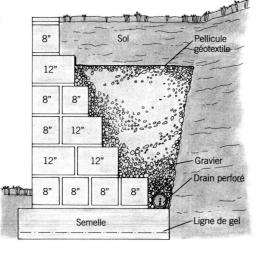

8"
Sol
Pellicule géotextile
12"
8"  8"
8"  12"
12"  12"
Gravier
Drain perforé
8"  8"  8"  8"
Semelle
Ligne de gel

## Mur de pierres sèches incliné

**Creusez** pour poser les premières pierres sur un sol ferme. Remblayez avec du gravier au fur et à mesure. Posez une bonne épaisseur de grosses pierres. L'eau s'écoule par les joints dans le mur. Dans un sol argileux, installez un drain.

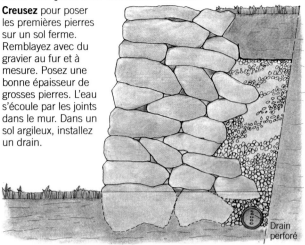

Drain perforé

## Mur de pierres sèches à face verticale

**Posez un premier rang** étroit et remblayez avec du gravier ou de la terre que vous tasserez en y piquant une barre de fer. Continuez en élargissant le mur ; le dernier rang d'un mur de 3 pi devrait avoir environ 2 pi de largeur.

Drain perforé

**Vérifiez l'inclinaison** avec un indicateur de pente. Fabriquez-le de la hauteur du mur avec une base de 2 po pour chaque pied de hauteur. Des cales lui donnent plus de stabilité.

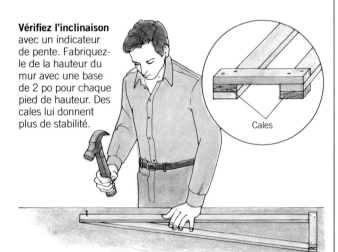

Cales

## Mur de soutènement avec mortier

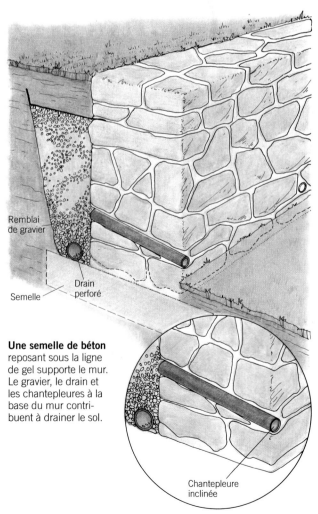

Remblai de gravier

Drain perforé

Semelle

**Vérifiez** l'inclinaison de chaque rang. Si le mur est long, plantez plusieurs indicateurs de pente et reliez-les avec un cordeau à niveau.

**Une semelle de béton** reposant sous la ligne de gel supporte le mur. Le gravier, le drain et les chantepleures à la base du mur contribuent à drainer le sol.

Chantepleure inclinée

Le parement est un mur de revêtement à fonction purement décorative, en brique ou en pierre ou encore en pierre artificielle, matériau plus léger et plus facile à poser que la pierre naturelle. Le parement de brique ou de pierre naturelle (ci-dessous) se monte à la façon d'un mur de maçonnerie ordinaire : sur une semelle qui repose sous la ligne de gel, si le mur est à l'extérieur, et rang par rang sur un lit de mortier. De plus, il faudra des attaches métalliques ou des tiges de renforcement pour retenir le parement au mur qui se trouve derrière.

À l'intérieur, on fait les murs de parement avec de la *brique de parement*, mince et légère, que l'on dispose comme la brique ordinaire. Il existe aussi des panneaux prémontés ainsi que des kits contenant les briques d'angle, les espaceurs, le mastic et le mortier préparé. Coupez la brique de parement avec un coupe-carreaux ou une scie circulaire dotée d'une lame à maçonnerie.

**Parement synthétique.** Il imite la brique ou la pierre et est vendu en éléments séparés ou en panneaux ; il convient souvent à l'extérieur comme à l'intérieur ; certains parements sont conçus spécialement pour garnir les cheminées. Le parement synthétique est facile à installer presque partout. Si l'ouvrage peut être vu de côté, employez des pièces d'angle conçues expressément pour finir les coins.

Posez le parement en suivant le mode d'emploi du fabricant. Posez les briques minces sur une couche de colle et remplissez ensuite les joints de mortier. Dans le cas de la pierre artificielle, appliquez d'abord une mince couche de mortier et laissez-la sécher. (Étendez le mortier directement sur un mur de maçonnerie ; recouvrez les autres matériaux d'un treillis métallique d'abord.) Graissez l'endos de chaque élément et mettez-le en place en appuyant ; remplissez les joints de mortier.

## Placage mince pour l'intérieur

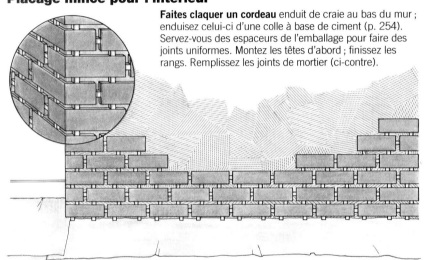

**Faites claquer un cordeau** enduit de craie au bas du mur ; enduisez celui-ci d'une colle à base de ciment (p. 254). Servez-vous des espaceurs de l'emballage pour faire des joints uniformes. Montez les têtes d'abord ; finissez les rangs. Remplissez les joints de mortier (ci-contre).

## Mur de soutènement de blocs et briques

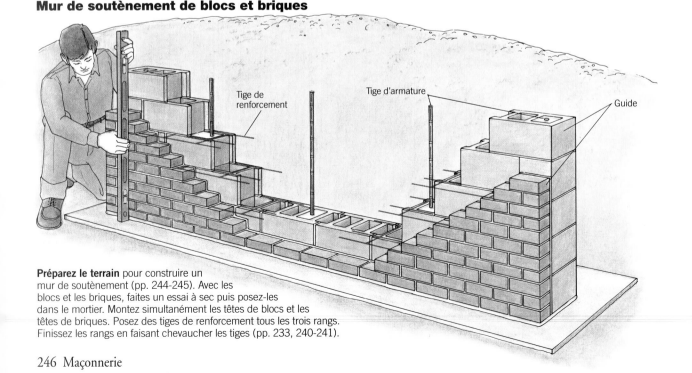

Tige de renforcement

Tige d'armature

Guide

**Préparez le terrain** pour construire un mur de soutènement (pp. 244-245). Avec les blocs et les briques, faites un essai à sec puis posez-les dans le mortier. Montez simultanément les têtes de blocs et les têtes de briques. Posez des tiges de renforcement tous les trois rangs. Finissez les rangs en faisant chevaucher les tiges (pp. 233, 240-241).

# PAREMENTS EN PIERRE SYNTHÉTIQUE

## Pose des pierres

**Faites d'abord le dallage** devant le foyer (voir ci-dessous) et couvrez-le d'une feuille de plastique. Au besoin, agrafez ou clouez un treillis métallique aux montants du mur. Posez les pierres dans le mortier en commençant par le haut.

**Coins.** Étalez de ½ à ¾ po de mortier à l'angle et graissez l'arrière des pierres. Posez-les en appuyant. Faites alterner les bouts longs et courts. Faites des joints de ¾ po au plus.

**Posez les autres pierres** de la même façon, des côtés vers le centre. Étalez le mortier sur 5 ou 10 pi² à la fois.

**Remplissez les joints** de mortier à l'aide d'une poche à coulis. Une fois les joints assez durs, finissez-les au fer à joints (pp. 228-229).

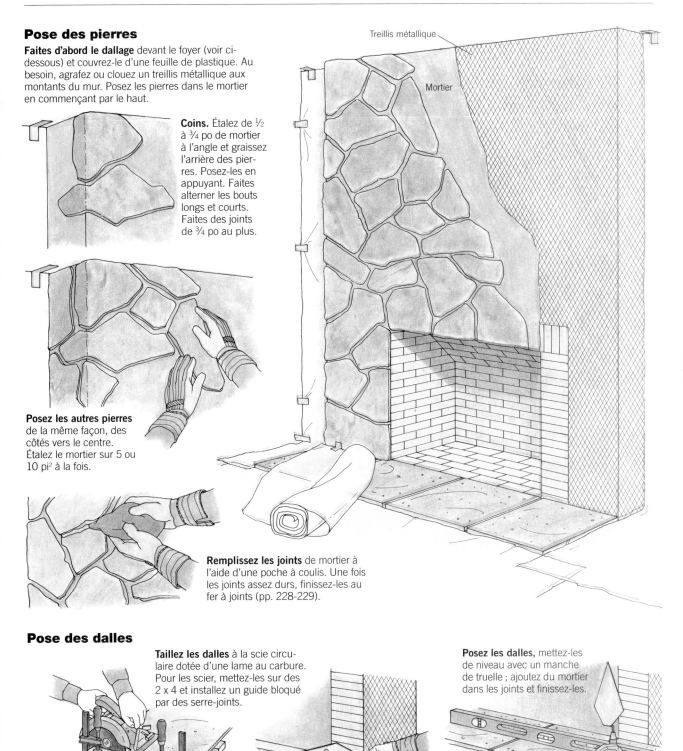

Treillis métallique

Mortier

## Pose des dalles

**Taillez les dalles** à la scie circulaire dotée d'une lame au carbure. Pour les scier, mettez-les sur des 2 x 4 et installez un guide bloqué par des serre-joints.

**Étalez le mortier** en bandes épaisses de 1 po, larges de 3 po et espacées de 1 po.

**Posez les dalles,** mettez-les de niveau avec un manche de truelle ; ajoutez du mortier dans les joints et finissez-les.

Maçonnerie 247

# RÉPARATION DE LA MAÇONNERIE

Dans un ouvrage de maçonnerie, effectuez le plus tôt possible les réparations qui s'imposent. Un défaut mineur, facile à réparer, pourra rapidement se transformer en un problème grave si on le néglige. La plupart des dommages sont causés par l'humidité, le tassement ou un choc.

L'efflorescence, poudre blanche qui se forme à la surface d'un ouvrage neuf, est généralement causée par un excès d'humidité qui s'évaporera en quelques mois. La poudre disparaîtra avec la pluie.

Si l'efflorescence persiste ou si elle se forme sur un ouvrage ancien, cherchez par où l'humidité s'infiltre : fissures, mortier décomposé, tours de fenêtres, de portes ou de cheminées abîmés ou encore saturation du sol autour des fondations. Ces problèmes,

sauf le dernier, se corrigent assez facilement : on remplace le matériau endommagé ou on colmate. Il ne reste plus ensuite qu'à brosser le mur à l'eau.

Avant de réparer un joint de mortier, trouvez par où pénètre l'humidité. Si le mortier se fissure à nouveau, consultez un architecte. Le dosage du mortier de rejointoiement est de 1 partie de ciment à maçonnerie pour 3 parties de sable. Ajoutez assez d'eau pour former une pâte molle. Consultez un maçon avant de réparer un ouvrage ayant plus de 100 ans : il vous faudra peut-être un mortier spécial.

Les problèmes d'humidité dans un mur de maçonnerie situé sous le niveau du sol sont plus difficiles à régler. Il faut installer des drains. S'il s'agit des murs de fondations, vérifiez que les gouttières ne sont pas bouchées et que

l'eau s'écoule loin de la maison. Il faudra corriger la pente au besoin.

Les drains installés près de la semelle d'un mur de fondation ou d'un mur de soutènement peuvent aussi se boucher. Si vous y avez accès, débouchez-les au dégorgeoir. Un soussol pourra être humide parce que la nappe phréatique se trouve près de la surface. Pour empêcher l'eau de monter, installez des drains sur le périmètre du sous-sol et, à l'intérieur, un puisard et une pompe d'assèchement. Si le problème persiste, consultez un ingénieur. Souvent il faudra creuser une tranchée à l'extérieur des fondations (ou derrière un mur de soutènement), installer un drain dans du gravier et poser une pellicule imperméabilisante contre le mur avant de remblayer (pp. 244-245).

## Réparation des joints de mortier

**1.** Avec un ciseau et un marteau, dégraissez les joints sur une profondeur de ½ à ¾ po. Portez des gants épais et des lunettes de sécurité. Faites une rainure découvrant au moins un côté de la pierre ; nettoyez.

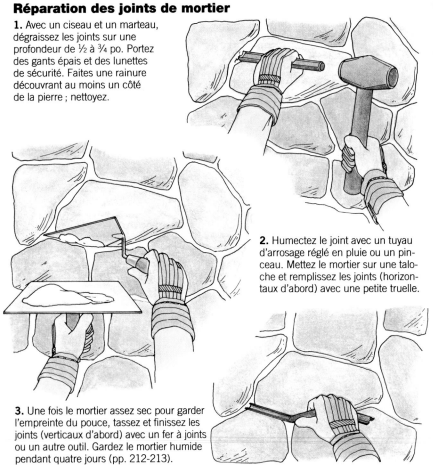

**2.** Humectez le joint avec un tuyau d'arrosage réglé en pluie ou un pinceau. Mettez le mortier sur une taloche et remplissez les joints (horizontaux d'abord) avec une petite truelle.

**3.** Une fois le mortier assez sec pour garder l'empreinte du pouce, tassez et finissez les joints (verticaux d'abord) avec un fer à joints ou un autre outil. Gardez le mortier humide pendant quatre jours (pp. 212-213).

## Remplacement d'une brique

**1.** Enlevez la brique abîmée et le mortier au ciseau. Nettoyez la cavité, humectez-la et graissez-en le plancher.

**2.** Humectez la brique de remplacement, graissez-en le dessus et les bouts. Poussez-la à partir de la taloche.

## Comblement d'une grande lézarde

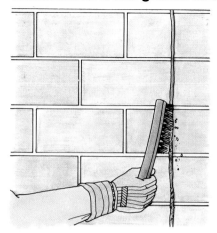

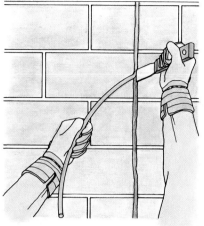

**1.** Nettoyez bien la lézarde. Dans un mur en blocs de béton, ne l'élargissez pas. La travailler au ciseau risquerait d'abîmer la face relativement mince des blocs. Le mortier adhérera sans problème pourvu que la fissure soit bien nettoyée.

**2.** Enfoncez un joint souple dans la fissure, humectez-la et appliquez-lui un enduit liant du commerce ou du mortier (parties égales de ciment et de sable avec assez d'eau pour obtenir la consistance d'une peinture épaisse).

**3.** Remplissez le joint de mortier en le tassant à la truelle, mais sans trop le lisser. Simplifiez le travail en remplaçant le mortier par une pâte préparée.

## Réparation d'un bloc

**1.** Enlevez toutes les parties affaiblies du bloc. Humectez et graissez-en les bouts.

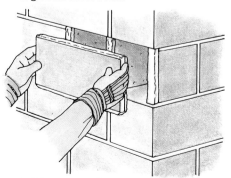

**2.** Découpez une face dans un autre bloc, graissez-la et mettez-la en place en appuyant. Finissez les joints comme d'habitude (p. 232).

## Réparation du stucco

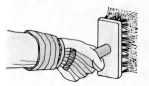

**1.** Corrigez d'abord les problèmes d'humidité. Enlevez le stuc affaibli, puis nettoyez et humectez. Mettez du stuc ; égalisez-le.

**2.** Tassez et lissez le stuc à l'aplanissoir (p. 211) ou avec un 2 x 4. Mettez-en au moins trois couches. Étendez-le pour qu'il se confonde avec le stuc du mur. Gardez la température au moins à 50°F (10°C) pendant le travail et les 48 heures suivantes.

**3.** Gardez le stuc humide pendant cinq jours jusqu'à ce qu'il ait fini de durcir. Appliquez la couche de finition à la truelle ou avec un grand pinceau. Au besoin, texturez-la à la truelle ou à la brosse.

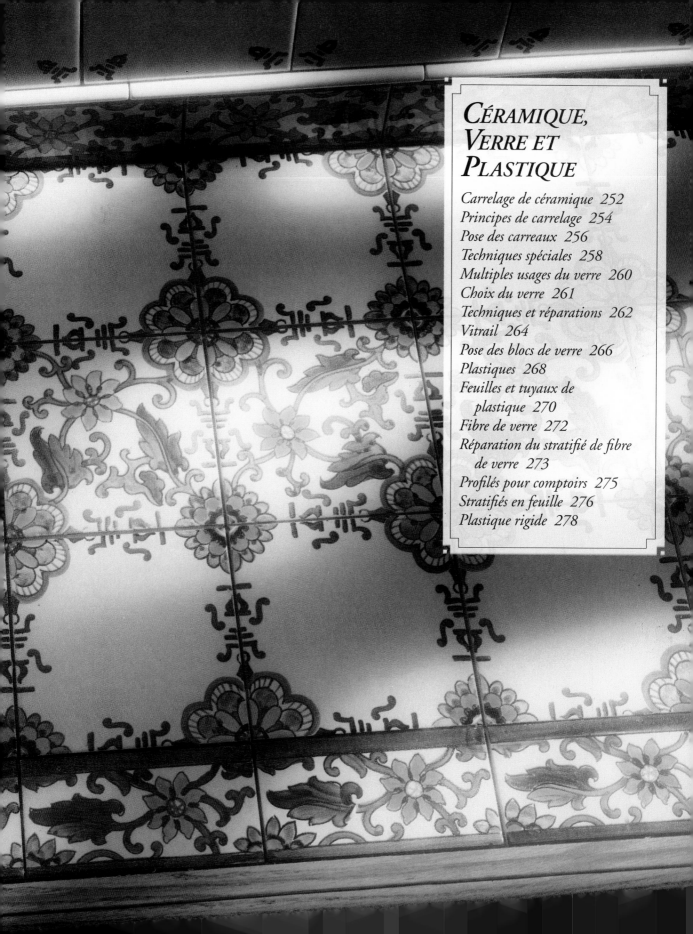

# CÉRAMIQUE, VERRE ET PLASTIQUE

# CARRELAGE DE CÉRAMIQUE

Les carreaux de céramique sont esthétiques, résistants et d'entretien facile. Ils se font en plusieurs couleurs et peuvent être unis ou peints à la main. Le coulis qui les joint vient en coloris assortis ou contrastants.

L'endroit où vous projetez d'installer le carrelage déterminera le choix et la résistance du matériau (p. 254) (les gros motifs, par exemple, ne conviennent pas à une petite pièce).

Si les carreaux décorés à la main sont trop coûteux pour que vous en recouvriez une grande surface, intégrez-en quelques-uns seulement parmi des carreaux d'un prix abordable. Attention : d'un fabricant à l'autre, l'épaisseur des pièces varie. Apportez chez le décorateur ou chez le vendeur des photographies, des échantillons de couleurs et les dimensions des surfaces à recouvrir.

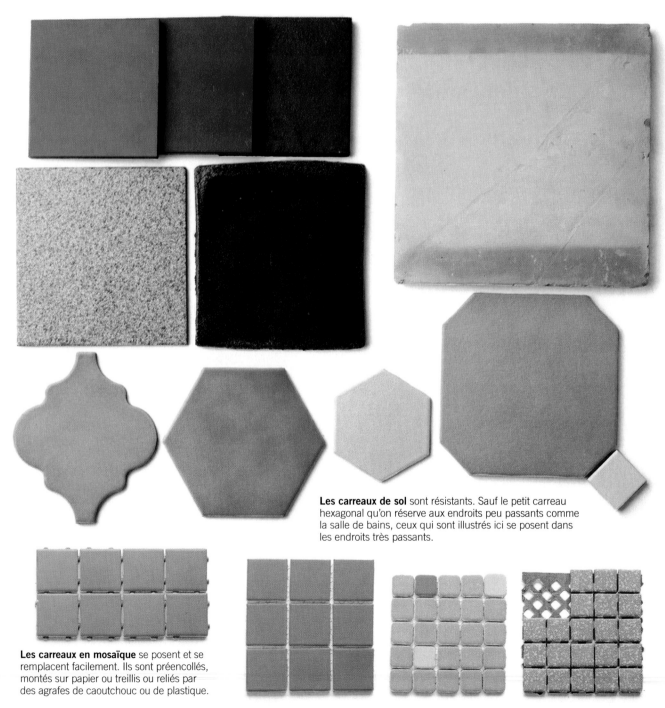

**Les carreaux de sol** sont résistants. Sauf le petit carreau hexagonal qu'on réserve aux endroits peu passants comme la salle de bains, ceux qui sont illustrés ici se posent dans les endroits très passants.

**Les carreaux en mosaïque** se posent et se remplacent facilement. Ils sont préencollés, montés sur papier ou treillis ou reliés par des agrafes de caoutchouc ou de plastique.

**Les carreaux de mur** sont réservés au revêtement des murs ; posés sur le sol, ils risquent de fendre sous le poids des personnes et des meubles et s'égratignent facilement. Créez un décor géométrique en assemblant des carreaux unis de coloris différents, choisissez des carreaux modulaires à motifs assortis (à droite, en haut) ou complémentaires (en dessous). Certains fabricants vendent des carreaux de bordure assortis aux coloris et aux motifs.

**Les carreaux spécialisés,** vendus dans une vaste gamme de formes et de formats, adoucissent la transition entre le carrelage et les surfaces environnantes et règlent le problème des angles et des bordures.

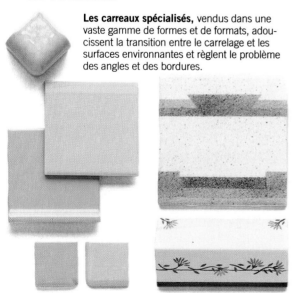

**Les carreaux sol et mur** (ci-dessus) ne conviennent pas, malgré leur nom, à tous les sols. Assurez-vous qu'ils sont résistants ; ne les posez pas dans les lieux très passants.

**Les carreaux décoratifs** servent à orner ou à border un carrelage mural.

**Les carreaux de bordure,** vendus dans une vaste gamme de motifs et de modèles, servent à border un carrelage à mi-mur ou à briser la monotonie d'un carrelage uni. Par souci d'originalité, vous pouvez aussi en superposer deux différents.

Les carreaux de céramique forment un revêtement esthétique, résistant et facile à poser sur les murs, les comptoirs, les sols et les foyers. Vous devez planifier et bien exécuter votre travail si vous ne voulez pas qu'à la longue les carreaux se décollent ou se fendent.

Avant d'arrêter votre choix, déterminez, selon leur destination, si les carreaux doivent être résistants à l'eau et aux taches, robustes et peu glissants. On distingue les carreaux de mur et les carreaux de sol. Les premiers ne sont pas assez robustes pour recouvrir les sols des lieux très passants ; les seconds sont souvent trop grands pour les comptoirs et trop lourds pour les murs. Les carreaux vernissés se nettoient bien mais ils sont glissants ; les carreaux non vernissés le sont moins mais se tachent facilement. Si vous les enduisez d'un bouche-pores, ils résisteront aux taches mais deviendront glissants ; il faut renouveler la couche tous les ans. Les carreaux à surface texturée sont robustes et peu glissants.

La résistance à l'eau des carreaux se mesure à l'absorptivité du *biscuit,* ou corps du carreau. Les carreaux vernissés sont moins absorbants que les carreaux non vernissés. Par ordre décroissant d'absorptivité, on a les carreaux non vitrifiés (les plus absorbants), semi-vitrifiés, vitrifiés et imperméables (qui n'absorbent que 0,05 p. 100 de leur poids). Les carreaux peuvent être de qualité ordinaire, de qualité moyenne ou classés carreaux de mur, minces et décoratifs. La plupart des carreaux sur le marché sont de première qualité ; les carreaux de qualité moyenne comportent de légères imperfections.

On pose les carreaux dans un lit de mortier épais (travail qu'il est préférable de laisser aux spécialistes) ou sur une mince couche d'adhésif. L'assise doit être lisse, propre et stable — la plus petite instabilité fait fendre et décoller les carreaux. (Si le plan de travail est instable, consolidez-le avec des tasseaux.) L'assise idéale est un panneau à base de béton de ½ po (1 cm) vendu chez les fournisseurs de carreaux et dans les grandes quincailleries. On le pose sur le placoplâtre, le contreplaqué et sur presque toute surface plane (p. 257). Souple, le panneau à base de béton de ¼ po (6 mm) s'utilise sur les surfaces courbes.

Les adhésifs les plus courants sont le mastic organique prêt à servir et la poudre de ciment (ou adhésif en couche mince). Moins résistant que le second, le premier est vulnérable à la chaleur et à l'eau. Le tableau ci-dessous vous renseigne sur les correspondances souhaitables. Pour l'équerrage de la surface et la pose du carrelage, reportez-vous aux pages 256-257. Des techniques spéciales pour la préparation de l'assise et la pose des carreaux de sol sont décrites aux pages 334-336.

On parle des carreaux montés sur treillis à la page 258. Les feuilles de carreaux préencollées se posent à peu près comme les carreaux simples. S'il faut retirer des éléments, il est préférable de le faire avant de les couper.

La plupart des fournisseurs de carreaux prêtent ou louent des outils de taille. Si vous avez beaucoup de carreaux à couper, louez une scie à eau. Une scie sans fil équipée d'un disque diamanté est utile pour les coupes droites : assujettissez bien le carreau et travaillez sur une surface stable.

Le biscuit des carreaux de céramique est très dur : utilisez une mèche au carbure ; installez des lames pour carreaux de céramique sur les scies électriques. Pour ne pas endommager la surface vitrifiée, percez et coupez les carreaux sur la face et non sur le dos.

**Attention :** appliquez les règles de sécurité énoncées aux pages 12-13. Examinez le tranchant et le dispositif protecteur des outils que vous louez avant de quitter le magasin. Portez des lunettes et un masque pour percer ou couper des carreaux et pour délayer de l'adhésif en poudre. Portez des protège-oreilles quand vous utilisez des outils électriques. Durant la pose de l'adhésif, aérez bien la pièce et éteignez les flammes nues (même les veilleuses). Refroidissez à l'eau les mèches et les lames, mais ne plongez jamais un outil électrique dans l'eau.

## Choix des carreaux

| Emplacement | Carreaux | Assise | Adhésif |
|---|---|---|---|
| Sols intérieurs | Carreaux de sol vernissés, pavés (avec bouche-pores), carreaux de carrière, en terre cuite, en mosaïque | Panneau à base de béton, dalle de béton, contreplaqué | Adhésif en couche mince pour dalle de béton ; à l'époxyde pour endroits passants ; au latex ailleurs |
| Sols extérieurs | Certains carreaux de sol vernissés, pavés, carreaux de carrière | Panneau à base de béton, dalle de béton | Adhésif en couche mince au latex |
| Murs humides (autour d'une douche) | Carreaux de mur vernissés, carreaux en mosaïque | Panneau à base de béton, placo-plâtre résistant à l'humidité | Adhésif en couche mince au latex |
| Plans de travail | Carreaux de mur vernissés (surfaces peu utilisées), petits carreaux de sol vernissés, carreaux en mosaïque | Panneau à base de béton, contreplaqué, plaqué de plastique | Adhésif en couche mince au latex ; mastic |
| Murs intérieurs et dosserets | Carreaux de mur vernissés, petits carreaux de sol vernissés | Panneau à base de béton, placoplâtre, plâtre, contreplaqué | Adhésif en couche mince au latex, mastic |

## Taille des carreaux

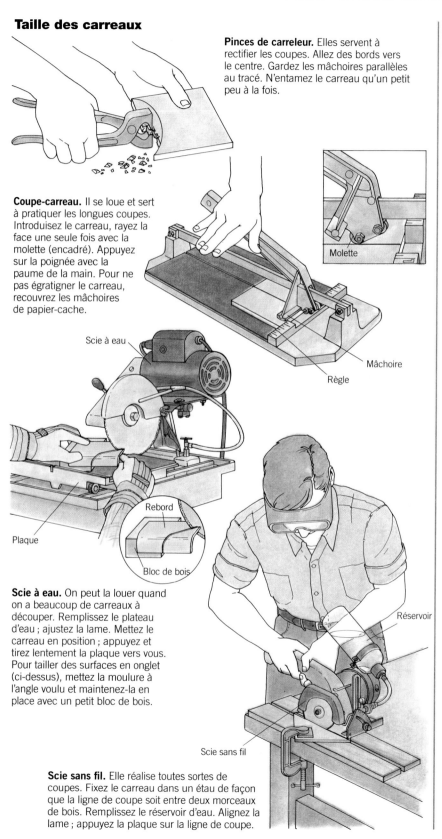

**Pinces de carreleur.** Elles servent à rectifier les coupes. Allez des bords vers le centre. Gardez les mâchoires parallèles au tracé. N'entamez le carreau qu'un petit peu à la fois.

Molette

**Coupe-carreau.** Il se loue et sert à pratiquer les longues coupes. Introduisez le carreau, rayez la face une seule fois avec la molette (encadré). Appuyez sur la poignée avec la paume de la main. Pour ne pas égratigner le carreau, recouvrez les mâchoires de papier-cache.

Scie à eau

Mâchoire

Règle

Rebord

Plaque

Bloc de bois

**Scie à eau.** On peut la louer quand on a beaucoup de carreaux à découper. Remplissez le plateau d'eau ; ajustez la lame. Mettez le carreau en position ; appuyez et tirez lentement la plaque vers vous. Pour tailler des surfaces en onglet (ci-dessus), mettez la moulure à l'angle voulu et maintenez-la en place avec un petit bloc de bois.

Réservoir

Scie sans fil

**Scie sans fil.** Elle réalise toutes sortes de coupes. Fixez le carreau dans un étau de façon que la ligne de coupe soit entre deux morceaux de bois. Remplissez le réservoir d'eau. Alignez la lame ; appuyez la plaque sur la ligne de coupe.

## Pour percer des trous

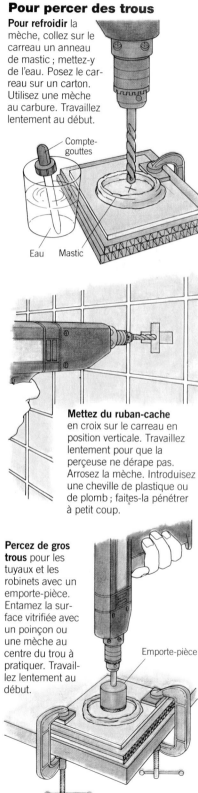

**Pour refroidir** la mèche, collez sur le carreau un anneau de mastic ; mettez-y de l'eau. Posez le carreau sur un carton. Utilisez une mèche au carbure. Travaillez lentement au début.

Compte-gouttes

Eau    Mastic

**Mettez du ruban-cache** en croix sur le carreau en position verticale. Travaillez lentement pour que la perceuse ne dérape pas. Arrosez la mèche. Introduisez une cheville de plastique ou de plomb ; faites-la pénétrer à petit coup.

**Percez de gros trous** pour les tuyaux et les robinets avec un emporte-pièce. Entamez la surface vitrifiée avec un poinçon ou une mèche au centre du trou à pratiquer. Travaillez lentement au début.

Emporte-pièce

Choisissez les carreaux en fonction de la pièce. De grands pavés, superbes dans une grande entrée, écraseraient une petite salle de bains. Pour calculer le nombre de carreaux nécessaires, voyez page 347 ; ajoutez une marge de 15 p. 100 pour les pertes.

Pour bien carreler, il faut avoir un plan précis. Disposez les carreaux uniformément sur l'assise avant de les coller. Sur une surface verticale, marquez leur position avec une règle étalonnée. Sur une surface horizontale, guidez-vous sur les carreaux eux-mêmes. Assurez-vous que la bordure est partout de la même dimension et égale au moins à la moitié d'un carreau. Les contours irréguliers présentent des problèmes ; autour d'un lavabo rond, par exemple, il faudra tailler tous les carreaux de bordure en arc de cercle.

L'écart entre les carreaux doit être de ⅛ à ¼ po (3-6 mm). Disposez des espaceurs entre les carreaux ou utilisez des carreaux montés sur feuille (vérifiez l'écart avec une règle). Les espaceurs sont utiles lorsque les carreaux ont la même dimension. Assurez-vous toujours que les carreaux sont parallèles aux lignes guides.

Si la surface n'est pas carrée, diminuez progressivement les dimensions des carreaux de bordure. Les assises des plans de travail ne sont pas d'une totale stabilité ; pour empêcher les carreaux de fendre, laissez un espace scellé de ⅛ à ¼ po (3-6 mm), rempli de mastic, entre les carreaux et le dosseret ou le mur. Si le carrelage se prolonge sur le mur, posez des doucines (p. 259). Laissez un espace scellé entre l'assise et le dosseret si c'est possible.

Pour poser des carreaux, utilisez une truelle dentée qui creuse des sillons de ⅜ po (1 cm) pour les carreaux à dos nervuré ou bosselé ou de ¼ po (6 mm) pour les autres. Posez un carreau et retirez-le : son dos doit être enduit d'adhésif. S'il ne l'est pas, augmentez la profondeur des sillons.

On pourra colorer le coulis pour l'assortir aux carreaux ou pour créer des contrastes.

## Plan de pose

**La pose simple** est plus facile à réaliser que la pose alternée. Donnez au carreau un quart de tour pour la pose en diagonale.

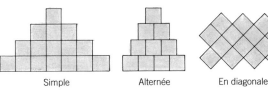

Simple  Alternée  En diagonale

## Tracé du plan

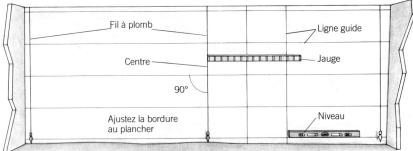

Fil à plomb — Ligne guide
Centre — Jauge
90°
Ajustez la bordure au plancher — Niveau

**Pour reporter le plan de pose sur un mur,** accrochez un fil à plomb au plafond, au centre du mur ou près d'un repère important (porte ou fenêtre). Avec la règle étalonnée, tracez des lignes perpendiculaires tous les 2 pi (60 cm). Vérifiez le niveau des lignes horizontales. Reportez sur la règle les lignes déterminées par le fil à plomb dans les angles à partir du dernier joint possible. Rectifiez ensuite la largeur des carreaux de bordure. Ajustez-les aux irrégularités du mur dans les angles.

**Faites une règle étalonnée** avec un 1 x 2 de 6 pi (1,80 m) ; marquez-y la largeur des carreaux et des joints.

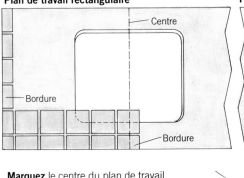

Compas rapporteur

Règle étalonnée

### Plan de travail rectangulaire

Centre

Bordure

Bordure

### Plan de travail en L

Doucine  Dosseret

Angle en onglet

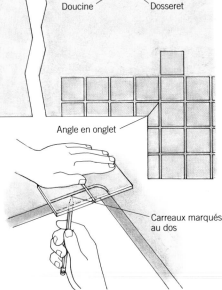

Carreaux marqués au dos

**Marquez** le centre du plan de travail. Déterminez l'emplacement des carreaux de bordure et des carreaux entiers. Évitez les coupes étroites près des bords. Sur un plan en L, commencez la pose à l'angle interne et progressez dans les deux sens. (Taillez en onglet les carreaux de l'angle.) Tracez des lignes tous les 2 pi (60 cm) pour guider la pose. Marquez le dos des carreaux qui entourent l'évier et les robinets ; reportez ces marques sur la face des carreaux. Installez de préférence évier et robinets sur les carreaux ; sinon, scellez bien les joints.

## Pose du panneau à base de béton

**Employez-le** dans les endroits humides. Rayez-le avec un couteau universel ; cassez-le le long du trait. Vissez-le tous les 6 po (15 cm) aux montants ou sur le mur avec des vis galvanisées. Laissez ⅛ po (3 mm) entre les panneaux. Dans la pose en couche mince, mettez à l'extérieur le côté texturé.

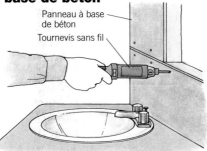

Panneau à base de béton
Tournevis sans fil

**Posez du ruban** de fibre de verre sur les joints. Avec une truelle, étalez de l'adhésif en couche mince sur le ruban.

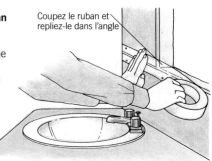

Coupez le ruban et repliez-le dans l'angle

## Pose des carreaux

**1.** Étalez l'adhésif avec le côté uni de la truelle ; striez-le avec le côté denté, en le tenant à un angle de 30°. Travaillez par sections de 2 pi (60 cm) de côté.

Espaceur

Ligne guide

Truelle

**2.** Insérez les espaceurs s'il y a lieu. Pressez les carreaux dans l'adhésif sans les faire glisser. Essuyez l'excédent d'adhésif sur les carreaux et dans les joints.

**3.** Frappez les carreaux avec un maillet et un bloc de bois. Après quelques rangs, assurez-vous qu'ils sont de niveau et bien alignés. La pose finie, ôtez les écarteurs.

Bloc de bois

## Coulis et pâte à calfeutrer

**Remplissez** les joints de coulis (à gauche) avec une truelle maintenue à 45°.

**Ôtez** l'excédent de coulis avec une éponge humide (à droite). Rincez une heure plus tard. Polissez avec un linge sec.

Truelle à coulis

**Mettez** de la pâte à calfeutrer tout autour de la baignoire et du lavabo. (Vous en aurez mis sous le bord de l'évier avant la pose.) Pour ouvrir le joint autour de la baignoire, remplissez-la d'eau.

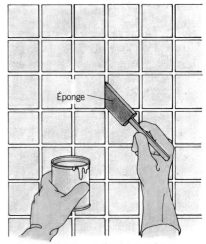

## Bouche-pores

Éponge

**Laissez sécher le coulis** pendant 30 jours avant d'appliquer un bouche-pores. (Les carreaux de terre cuite, très poreux, exigent un bouche-pores spécial.) Appliquez plusieurs couches à l'éponge ; essuyez les carreaux vernissés et ceux qui seront en contact avec des aliments. Nettoyez les joints avec un produit spécialisé ; remettez du bouche-pores tous les ans.

## Bordure

**Rebord.** Posez-le en dernier. Étalez de l'adhésif sur la moulure du comptoir, puis sur la partie verticale du rebord (ci-dessous).

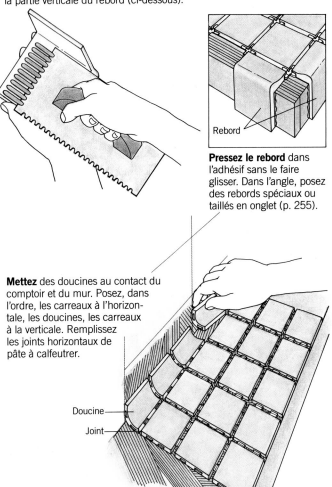

**Pressez le rebord** dans l'adhésif sans le faire glisser. Dans l'angle, posez des rebords spéciaux ou taillés en onglet (p. 255).

Rebord

**Mettez** des doucines au contact du comptoir et du mur. Posez, dans l'ordre, les carreaux à l'horizontale, les doucines, les carreaux à la verticale. Remplissez les joints horizontaux de pâte à calfeutrer.

Doucine

Joint

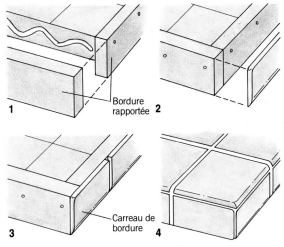

1

Bordure rapportée 2

3

Carreau de bordure

4

**Consolidez les carreaux de bordure.** Si l'assise du comptoir est mince, posez des moulures de bois ou de contreplaqué de 1 x 2 po tout autour avec de la colle blanche et des clous ou des vis.

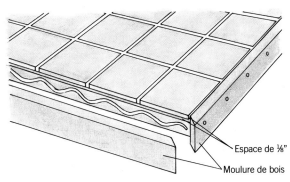

Espace de ⅛"

Moulure de bois

**Appliquez plusieurs couches** de polyuréthane pour imperméabiliser le bois. Collez les moulures et vissez-les avec des vis à bois ; noyez les têtes. Laissez un espace de ⅛ po (3 mm) entre la bordure et les carreaux ; scellez-le.

## Accessoires

**Étalez** sur le mur et l'accessoire de l'adhésif en couche mince au latex ou du plâtre de Paris mélangé à du latex acrylique ; posez l'accessoire et retenez-le en place avec du ruban-cache pendant 12 heures. Enlevez l'excédent d'adhésif. Laissez sécher 24 heures.

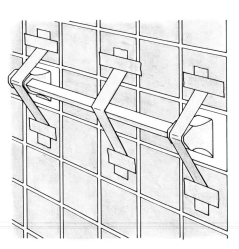

**Pour poser** un accessoire à agrafe, percez un trou au centre du carreau (p. 255). Posez l'agrafe ; glissez-y l'accessoire ; calfeutrez tout autour.

Accessoire

Agrafe

## Pose des carreaux en mosaïque

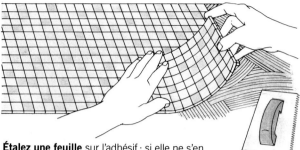

**Étalez une feuille** sur l'adhésif ; si elle ne s'en enduit pas, utilisez une truelle dentée. Posez une extrémité de la feuille sur la ligne guide et déroulez-la. Vérifiez l'équerrage tous les 24 po (60 cm). Pour le coulis, voir p. 257. Ôtez l'excédent de papier avec de l'eau.

## Carrelage d'un mur courbe

Découpez les carreaux de la courbe en pièces rectangulaires. Carrelez par sections de 2 pi (60 cm) de côté. Posez les éléments avec soin ; enduisez-les bien d'adhésif. Ne mettez pas d'espaceurs. Pour les angles droits, achetez des carreaux d'angle.

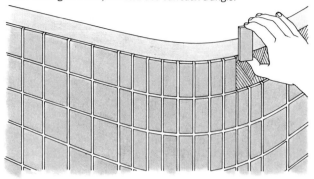

## Réparation du coulis

Scie à coulis

**1.** Portez des lunettes. Ôtez le coulis avec une scie à coulis ou une scie sans fil en commençant par le haut du joint. Enlevez les fragments avec une éponge mouillée. Si les dommages sont importants, consultez un spécialiste.

**2.** Mouillez le joint. Enfilez un gant et appliquez le coulis avec le doigt. Compactez. Appliquez un bouche-pores (p. 257).

## Remplacement d'un carreau

**1.** Cassez le carreau avec un ciseau et un maillet ou percez-y de petits trous avec une scie sans fil. Portez des gants et des lunettes protectrices.

**2.** Ôtez l'adhésif avec une spatule à mastic sans entamer l'assise. Enlevez les débris à l'aspirateur.

**3.** Enduisez d'adhésif le mur et le dos du carreau ; posez le carreau en appuyant légèrement. Essuyez l'excédent d'adhésif. Quand l'adhésif est sec, mettez le coulis.

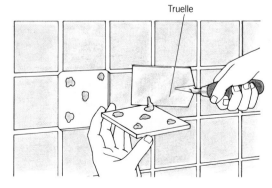

Truelle

# MULTIPLES USAGES DU VERRE

Le verre est essentiellement fait de silice fondue. La fusion est suivie d'un surfaçage sur un bain d'étain en fusion. Le verre est ensuite recuit, puis lentement refroidi. Le verre feuilleté est fait de deux plaques de verre emprisonnant une feuille de plastique ; ainsi traité, il a la propriété, sous un choc, de ne pas voler en éclats ; on en fait des pare-brise. Le verre armé est celui qui comporte une armature métallique ; il sert d'élément antivol. Recouvert d'enduits métalliques transparents, le verre à haute efficacité thermique a la propriété de retenir la chaleur et de laisser passer la lumière. Le verre sans reflet est utilisé en encadrement ; à motifs denses, il offre une surface opaque favorisant l'intimité. Par simple manipulation d'un interrupteur, certains verres deviennent translucides ou transparents.

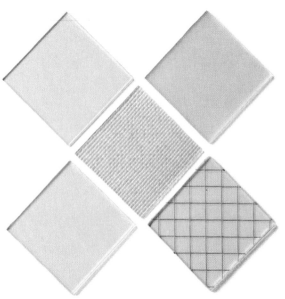

**Le verre a de multiples usages** dans la maison. En panneaux transparents, on l'installe dans les fenêtres ; dépoli, il sert d'abat-jour ; à motifs, il est utile dans les salles de bains. Le verre feuilleté renferme une feuille de plastique ; le verre armé, une armature métallique : sous un choc, ils ne volent pas en éclats.

**Le verre** moulé est un matériau isolant de texture, de forme et de dimensions variées. On en fait des murs, des cloisons ou des parquets.

**Le verre de couleur** entre dans la confection d'œuvres d'art, comme des murales, et d'abat-jour. Chez les vitriers spécialisés, on en trouve une belle gamme de textures et de coloris, translucides ou opaques. Pour colorer le verre, on lui ajoute un alliage métallique à base de cuivre, de fer et de cobalt. Le verre à l'ancienne est coloré à la main ; les autres, à la machine. Voici quelques échantillons de verre : (de haut en bas, à gauche) : filamenté, marbré, grené ; (au centre) : irisé, givré, craquelé ; (à droite) : soufflé à la main, opalin, plaqué.

# CHOIX DU VERRE

Le verre a des qualités et des épaisseurs variées ; renseignez-vous auprès du marchand sur ce qui convient à vos projets. Transportez et entreposez le verre debout pour qu'il ne se brise pas sous son propre poids.

**Attention :** portez des lunettes et des gants de sécurité. Jetez les fragments dans un contenant fermé ou enveloppez-les dans plusieurs épaisseurs de papier journal avant de les jeter aux ordures.

Laissez au vitrier le soin de faire les grandes coupes. Pour les petites, reportez-vous aux techniques décrites ci-dessous et à la page 262. D'abord, nettoyez le verre avec du lave-vitre ; posez-le sur un panneau de bois tendre. Rayez-le avec un coupe-verre ; brisez-le le long du trait. Coupez le verre à motif sur sa surface lisse, le miroir, sur son côté non étamé. Pour les coupes en rond, employez un gabarit en carton rigide. Coupez les courbes peu prononcées comme les traits droits. Dans le cas des cercles et des courbes prononcées, faites des raies radiales.

Huilez la molette du coupe-verre. Rayez la plaque de verre d'un mouvement net ; vous sentez l'outil mordre le verre si la pression est bonne ; des parcelles blanchâtres se détachent quand elle est excessive. Ne rectifiez pas une coupe imparfaite ; vous abîmeriez l'instrument. Coupez le verre à partir du bas, tout de suite après l'avoir rayé.

**Rayez le verre** du côté le plus large ; prenez une règle pour rayer droit. Tenez le coupe-verre perpendiculairement et tirez vers vous pour rayer d'un seul trait.

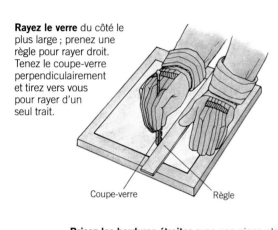

Coupe-verre     Règle

**Pour couper une plaque de verre** de ⅛ po (3 mm) d'épaisseur ou plus, posez un crayon sous le trait, à une extrémité. Appuyez doucement de chaque côté.

Crayon

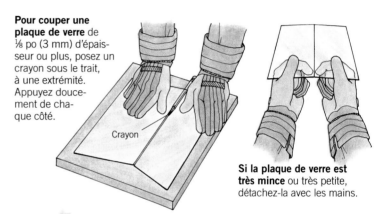

**Si la plaque de verre est très mince** ou très petite, détachez-la avec les mains.

**Brisez les bordures étroites** avec une pince plate. Si la coupe n'est pas nette, rectifiez avec la pince (à gauche) ou avec les crans du coupe-verre. La pince de vitrier (à droite) est un outil sûr. Dégagez la vitre ; posez les mâchoires sur le trait et serrez.

Pince de vitrier

Trait

Pince plate

**Passez une pierre à affûter** au carborandum ou du papier abrasif au carbure de silicone sur l'arête. Lubrifiez avec de l'eau ou de l'huile ; meulez dans un seul sens.

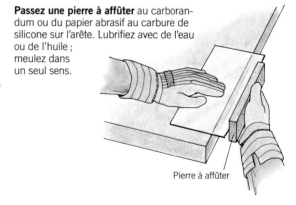

Pierre à affûter

## Cercles et courbes

**1.** Pour réussir un cercle, mettez la plaque de verre sur du carton ondulé. Posez la ventouse d'une tournette au centre. Rayez le verre d'un mouvement uniforme. (Rayez les arcs de cercle sur un carton rigide.) Retournez la plaque ; appuyez doucement les pouces le long du trait, sans la briser tout à fait.

Tournette

**2.** Retournez la plaque de verre ; retirez le carton ; faites des raies radiales tout autour du trait initial sans y toucher. Dégagez les portions de verre entre ces raies avec une pince ; vous pourrez détacher la pièce sans problème.

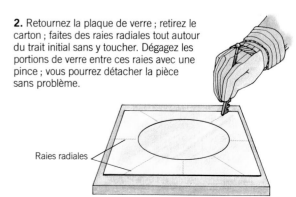

Raies radiales

Le verre de sécurité peut être feuilleté, armé ou trempé. Dans les deux premiers cas, il se raye et se coupe de la même façon (p. 261) que le verre ordinaire, sauf qu'il faut, de surcroît, couper l'autre matériau qu'il enferme : une feuille de plastique pour le verre feuilleté, une armature métallique pour le verre armé. Lorsqu'on coupe le verre feuilleté, il faut d'abord le rayer sur ses deux faces ; après avoir entamé le verre le long de la rayure, on s'attaque au plastique de la façon illustrée ci-dessous. Quant au verre trempé , il n'est pas possible de le couper.

Pour réparer de minuscules éclats sur la face externe d'un pare-brise,

servez-vous d'une solution époxyde vendue en kit chez les vitriers et les marchands de pièces d'automobile.

Pour remplacer un carreau brisé, portez des gants épais et des lunettes ; travaillez de haut en bas pour éviter de vous blesser. Si les morceaux sont difficiles à enlever, posez d'abord des bandes de ruban-cache entrecroisées sur le carreau ; vous pourrez ensuite frapper la vitre avec un marteau.

Expliquez au vitrier à quel usage servait le carreau brisé ; il vous indiquera par quel type de verre le remplacer. Faites un gabarit en carton si le carreau est de forme irrégulière, par exemple en losange ou ovale. Con-

sultez les règlements municipaux pour savoir si vous devez employer du verre trempé dans les portes.

Le mastic sert à assujettir la vitre dans le châssis et à dissimuler les pointes de vitrier ; il se vend en boîtes et en cartouches s'adaptant au pistolet à calfeutrer. Vous pourrez aussi entourer la vitre d'un ruban isolant autocollant. Appliquez-le sur les feuillures, posez le carreau, insérez les pointes de vitrier et mettez du mastic.

**Attention :** n'essayez pas de remplacer ou de réparer des plaques de verre scellées ou à haute efficacité thermique ; il faut confier ce travail à un spécialiste.

## Coupe du verre de sécurité

**Verre feuilleté : 1.** Rayez et coupez la feuille du dessus, puis celle du dessous (p. 261). Assouplissez le plastique avec un pistolet thermique.

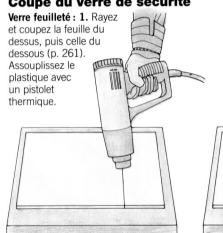

**2.** Écartez les deux portions de façon à pouvoir introduire un couteau universel. Coupez le plastique.

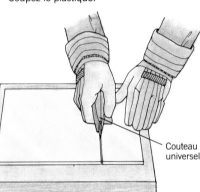

Couteau universel

**Verre armé.** Rayez et coupez la face lisse. Relevez la partie sectionnée jusqu'à ce que l'armature métallique cède.

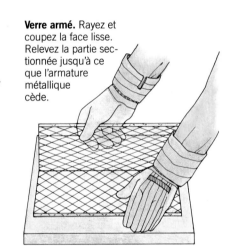

## Pose d'une fermeture

Mèche à verre

Mastic

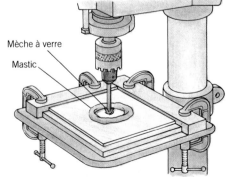

**1.** Pour pratiquer un trou de ½ po (1,2 cm) ou moins dans une plaque de verre, employez une mèche spéciale à trois pointes. Travaillez à l'intérieur d'un anneau de mastic rempli d'eau. Percez lentement et d'un mouvement uniforme à 1 po (2,5 cm) au moins du bord.

Rondelles de caoutchouc

Serrure

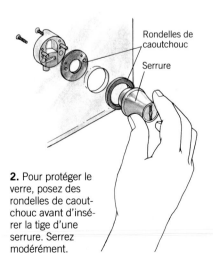

**2.** Pour protéger le verre, posez des rondelles de caoutchouc avant d'insérer la tige d'une serrure. Serrez modérément.

Coussinet

**Fermoir à aimants.** Posez un coussinet autocollant ; faites glisser le fermoir en place.

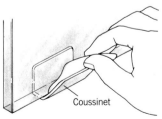

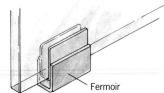

Fermoir

## Pose d'un carreau dans un châssis de métal

**Châssis monobloc :**

**1.** Retirez le joint d'étanchéité avec une pince et remplacez-le s'il est brisé. Ôtez les débris de vitre ; nettoyez avec une brosse métallique. Mesurez le châssis. Achetez ou découpez un nouveau carreau en laissant un jeu de ⅛ po (3 mm) dans les deux sens.

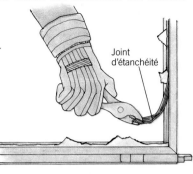

Joint d'étanchéité

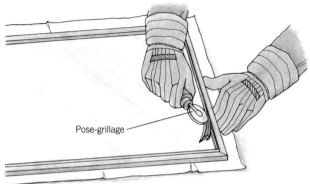

Pose-grillage

**2.** Étalez l'adhésif recommandé par le vitrier. Installez le carreau dans le châssis. Avec un pose-grillage ou les doigts, faites entrer le joint d'étanchéité dans le châssis. Étirez-le au besoin.

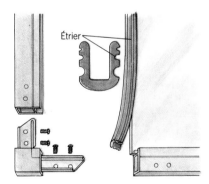

Étrier

**Châssis sandwich :**
Dégagez un côté du châssis en dévissant deux coins ou en ôtant les rivets (p. 187). Ôtez l'étrier et la vitre. Achetez ou découpez un nouveau carreau ; posez l'étrier. Faites glisser la vitre et l'étrier dans le châssis ; mettez en place le montant latéral et revissez.

## Pose d'un carreau dans un châssis de bois

**1.** De l'extérieur, ôtez les débris de vitre, le vieux mastic ou le ruban isolant et les pointes avec un couteau à mastic. Si le mastic a durci, assouplissez-le avec un pistolet thermique.

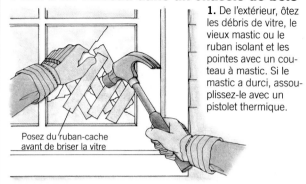

Posez du ruban-cache avant de briser la vitre

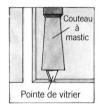

Couteau à mastic

Pointe de vitrier

Mastic

**2.** Nettoyez les feuillures avec une brosse métallique ; mettez un bouche-pores. Mesurez ; achetez ou découpez un nouveau carreau avec un jeu de ¹⁄₁₆ po (1,5 mm) tout autour. Posez une mince assise de mastic sur les feuillures ; installez le carreau. Enfoncez des pointes tous les 4 po (10 cm).

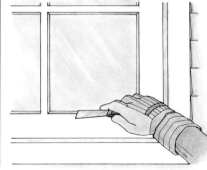

**3.** Étalez du mastic pour sceller le carreau et dissimuler les pointes. Avec un doigt mouillé ou un couteau à mastic, formez un biseau lisse. Laissez sécher plusieurs jours avant d'appliquer de la peinture.

## Petites réparations

**Éclat dans un pare-brise.**
Nettoyez. Posez la rondelle adhésive et le socle sur l'éclat. Mettez la solution chimique dans l'injecteur et agitez. Insérez l'injecteur dans le socle ; appliquez la résine selon les instructions du fabricant. Laissez tout en place pendant 4 heures. Avec une lame de rasoir, enlevez l'excédent de résine et le socle.

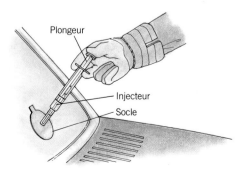

Plongeur

Injecteur

Socle

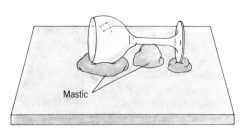

Mastic

**Coller un verre.** Nettoyez d'abord le verre ; posez-le sur des boules de mastic pour qu'il soit stable. Employez de la colle époxyde pour le verre. Suivez les instructions du fabricant.

Le vitrail se compose de pièces de verre coloré insérées dans une résille de plomb. Cette technique est utilisée pour les fenêtres et les grandes œuvres décoratives ; pour les petits objets, boîtes ou abat-jour, on substitue à la résille la feuille de cuivre qui permet de faire des soudures à la fois délicates et robustes.

Dessinez d'abord le motif, ou patron, à la grandeur réelle sur du papier. Tenez-vous-en aux motifs simples et aux lignes droites si vous êtes novice. Faites-en deux copies. Découpez une copie en modèles, ou segments, dont vous vous servirez au moment de découper le verre.

Découpez le verre ; meulez les arêtes (p. 261) et nettoyez les pièces avec du lave-vitre. Placez les pièces sur l'autre copie après en avoir entouré les bords de cuivre.

La feuille de cuivre à envers adhésif se présente en plusieurs formats. Dans la plupart des cas, vous emploierez la feuille de ¼ po (6 mm) de largeur et de 0,001 po (0,4 mm) d'épaisseur (sur le pourtour de l'ouvrage, vous pourrez employer une feuille un peu plus large). Dans les coins externes, repliez la feuille comme si vous faisiez un emballage. Pour éviter d'endommager le cuivre lorsque les bords sont arrondis,

## Soudure à la feuille de cuivre

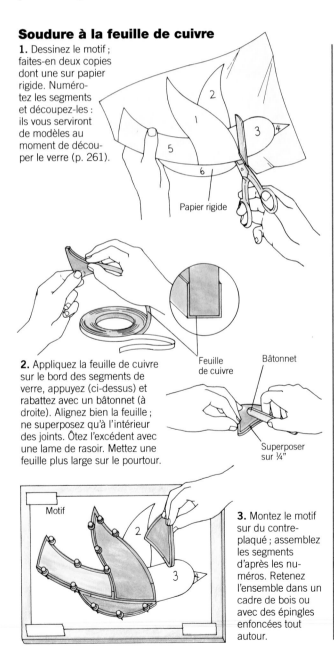

**1.** Dessinez le motif ; faites-en deux copies dont une sur papier rigide. Numérotez les segments et découpez-les : ils vous serviront de modèles au moment de découper le verre (p. 261).

Papier rigide

Feuille de cuivre

Bâtonnet

**2.** Appliquez la feuille de cuivre sur le bord des segments de verre, appuyez (ci-dessus) et rabattez avec un bâtonnet (à droite). Alignez bien la feuille ; ne superposez qu'à l'intérieur des joints. Ôtez l'excédent avec une lame de rasoir. Mettez une feuille plus large sur le pourtour.

Superposer sur ¼"

Motif

**3.** Montez le motif sur du contre-plaqué ; assemblez les segments d'après les numéros. Retenez l'ensemble dans un cadre de bois ou avec des épingles enfoncées tout autour.

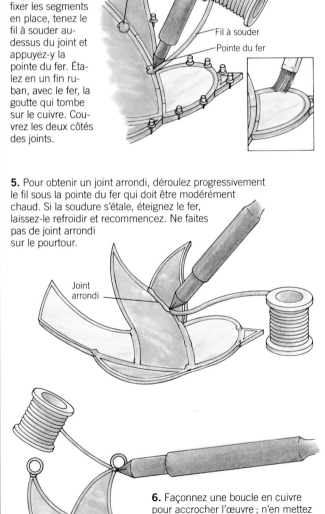

**4.** Badigeonnez les soudures d'acide oléique (vignette). Pour fixer les segments en place, tenez le fil à souder au-dessus du joint et appuyez-y la pointe du fer. Étalez en un fin ruban, avec le fer, la goutte qui tombe sur le cuivre. Couvrez les deux côtés des joints.

Goutte

Fil à souder

Pointe du fer

**5.** Pour obtenir un joint arrondi, déroulez progressivement le fil sous la pointe du fer qui doit être modérément chaud. Si la soudure s'étale, éteignez le fer, laissez-le refroidir et recommencez. Ne faites pas de joint arrondi sur le pourtour.

Joint arrondi

**6.** Façonnez une boucle en cuivre pour accrocher l'œuvre ; n'en mettez qu'une, au point d'équilibre, sur les petites pièces ; mettez-en plusieurs sur les grandes. Brasez et soudez.

donnez-lui un peu de jeu. Après avoir enveloppé de cuivre chaque pièce, assemblez-les sur le patron dont vous aurez numéroté les segments au préalable.

Pour souder, suivez les instructions données à la page 190. Employez un fil à souder composé à 60 p. 100 de plomb et à 40 p. 100 d'étain. Brasez le cuivre pour que la soudure adhère. La première application de soudure est plate, la seconde forme un joint arrondi ; sur le pourtour de la pièce, elle reste plate. Il faut un peu d'expérience pour manipuler le fil à souder et le fer. Si vous éprouvez des difficultés, changez de main, travaillez très lentement ou encore tenez le fer autrement.

L'opération terminée, saupoudrez la surface de talc et polissez avec un chiffon doux. Pour des joints noircis ou cuivrés, appliquez, avec des gants de caoutchouc, un fini à l'antique liquide vendu dans les magasins de matériel d'artistes. Après quelques secondes, essuyez avec un chiffon doux. Pour éviter la corrosion, frottez de temps à autre avec de la laine d'acier fine.

**Attention :** le plomb est toxique. Aérez bien la pièce pendant que vous travaillez. Lavez-vous les mains après avoir manipulé le cuivre, la soudure et le fini à l'antique. Jetez ces substances dans un endroit sûr (p. 11).

## Objets tridimensionnels

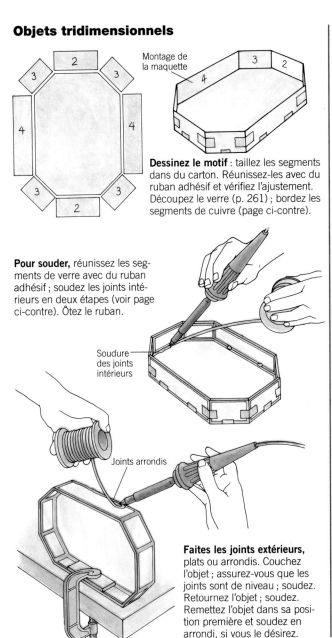

Montage de la maquette

**Dessinez le motif** : taillez les segments dans du carton. Réunissez-les avec du ruban adhésif et vérifiez l'ajustement. Découpez le verre (p. 261) ; bordez les segments de cuivre (page ci-contre).

**Pour souder,** réunissez les segments de verre avec du ruban adhésif ; soudez les joints intérieurs en deux étapes (voir page ci-contre). Ôtez le ruban.

Soudure des joints intérieurs

Joints arrondis

**Faites les joints extérieurs,** plats ou arrondis. Couchez l'objet ; assurez-vous que les joints sont de niveau ; soudez. Retournez l'objet ; soudez. Remettez l'objet dans sa position première et soudez en arrondi, si vous le désirez.

## Réparation d'un vitrail

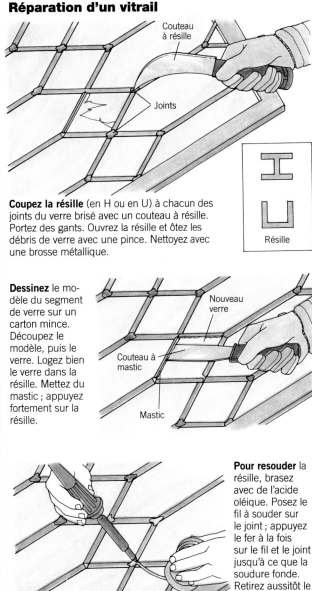

Couteau à résille

Joints

Résille

**Coupez la résille** (en H ou en U) à chacun des joints du verre brisé avec un couteau à résille. Portez des gants. Ouvrez la résille et ôtez les débris de verre avec une pince. Nettoyez avec une brosse métallique.

**Dessinez** le modèle du segment de verre sur un carton mince. Découpez le modèle, puis le verre. Logez bien le verre dans la résille. Mettez du mastic ; appuyez fortement sur la résille.

Nouveau verre

Couteau à mastic

Mastic

**Pour resouder** la résille, brasez avec de l'acide oléique. Posez le fil à souder sur le joint ; appuyez le fer à la fois sur le fil et le joint jusqu'à ce que la soudure fonde. Retirez aussitôt le fer. Colorez les joints s'il y a lieu.

# POSE DES BLOCS DE VERRE

Les cloisons en blocs de verre sont élégantes et robustes ; les fenêtres, faciles à entretenir. Leur construction avec du mortier demande un peu d'expérience, mais n'exige aucun outil spécialisé. On pourra se procurer chez le vitrier tous les éléments nécessaires : espaceurs de plastique, bandes de dilatation, tiges de renforcement et ferrures d'ancrage. Avant d'inclure des briques d'angle et de bordure dans votre projet, assurez-vous qu'il y en a chez le marchand dans le motif de votre choix.

Les cloisons en blocs de verre sont non porteuses (elles ne peuvent pas supporter le poids de la charpente). Elles doivent donc être montées sur une base de bois ou de béton et s'appuyer à une structure en haut et à l'une des extrémités latérales. Consultez le fabricant à ce propos. Montrez votre projet à un inspecteur en bâtiment ou à un spécialiste qualifié ; il

vous dira si vous devez renforcer le plancher. Les équerres d'ancrage, qui se fixent à la structure, augmentent la solidité de la cloison, tandis que les bandes de dilatation empêchent les joints de s'ouvrir sous les mouvements de la charpente.

Pour que le mortier des rangs inférieurs ne s'écrase pas sous le poids de l'appareil avant d'avoir durci, on introduit des espaceurs en plastique entre les briques. Quand le mortier est sec, on en enlève la partie visible. Découpez les espaceurs en L ou en T pour les extrémités des rangs. Prévoyez au moins 150 espaceurs pour 100 blocs de verre.

Utilisez du mortier blanc préparé ou mélangez 1 volume de ciment portland blanc, ½ volume de chaux et 4 volumes de sable blanc. (Dans les endroits humides, employez un mortier imperméable ou ajoutez un produit imperméabilisant.) Délayez avec assez d'eau pour que le mortier s'étende

## Avant la pose

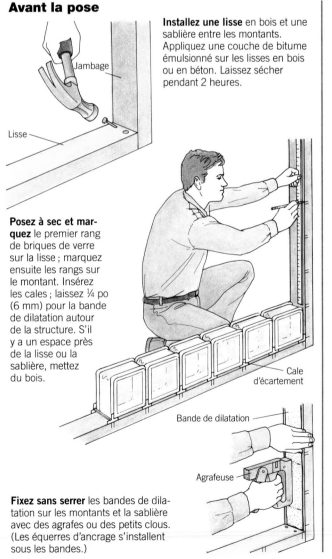

**Installez une lisse** en bois et une sablière entre les montants. Appliquez une couche de bitume émulsionné sur les lisses en bois ou en béton. Laissez sécher pendant 2 heures.

**Posez à sec et marquez** le premier rang de briques de verre sur la lisse ; marquez ensuite les rangs sur le montant. Insérez les cales ; laissez ¼ po (6 mm) pour la bande de dilatation autour de la structure. S'il y a un espace près de la lisse ou la sablière, mettez du bois.

**Fixez sans serrer** les bandes de dilatation sur les montants et la sablière avec des agrafes ou des petits clous. (Les équerres d'ancrage s'installent sous les bandes.)

## Pose du premier rang

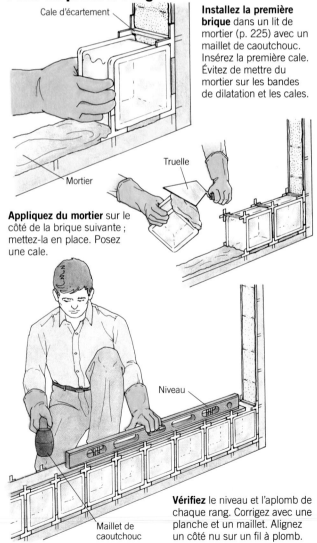

**Installez la première brique** dans un lit de mortier (p. 225) avec un maillet de caoutchouc. Insérez la première cale. Évitez de mettre du mortier sur les bandes de dilatation et les cales.

**Appliquez du mortier** sur le côté de la brique suivante ; mettez-la en place. Posez une cale.

**Vérifiez** le niveau et l'aplomb de chaque rang. Corrigez avec une planche et un maillet. Alignez un côté nu sur un fil à plomb.

bien sans couler (p. 224). Préparez seulement la quantité que vous prévoyez utiliser en une heure.

Construisez la cloison par sections de 4 ou 5 pi (1,2-1,5 m) par jour ; vous aurez le temps de finir les joints et de rectifier l'alignement. Vérifiez l'aplomb et le niveau de chaque rang. Si l'une des extrémités latérales ne s'appuie sur aucune structure, assurez-vous que vous la montez bien droite : accrochez en haut un fil à plomb.

Il se vend des panneaux en blocs de verre préassemblés. Comme ils sont très lourds, vous aurez besoin d'aide pour les installer. Ceux qui servent à remplacer une fenêtre comportent parfois des volets d'aération. Dans la pose sans mortier, on glisse entre les blocs de verre de minces pièces de plastique qu'on colle avec une pâte à la silicone. Le fabricant fournit les instructions.

## Construction de la cloison

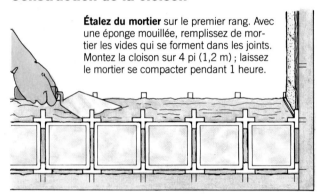

**Étalez du mortier** sur le premier rang. Avec une éponge mouillée, remplissez de mortier les vides qui se forment dans les joints. Montez la cloison sur 4 pi (1,2 m) ; laissez le mortier se compacter pendant 1 heure.

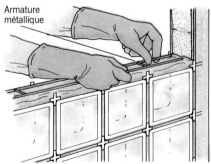

**Dans les cloisons** de 25 pi² (2,3 m²) et plus, posez une armature métallique dans le mortier tous les trois rangs si les blocs ont 6 po (15 cm), tous les deux rangs s'ils ont 8 ou 12 po (20 ou 30 cm).

Armature métallique

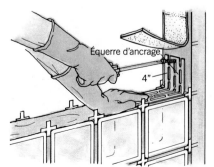

**Tous les deux rangs,** posez des équerres d'ancrage. Coupez en deux une ferrure de 24 po (60 cm) ; pliez-la à angle droit sur 4 po (10 cm). Installez-la dans l'angle, vissez sa patte verticale dans le montant. Rabattez la bande de dilatation par-dessus. À l'avant-dernier rang, fixez les équerres en haut de la structure.

Équerre d'ancrage

4"

## Finition de la cloison

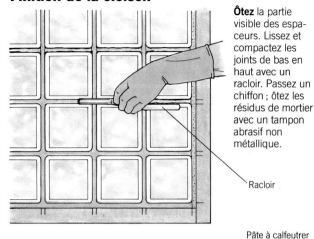

**Ôtez** la partie visible des espaceurs. Lissez et compactez les joints de bas en haut avec un racloir. Passez un chiffon ; ôtez les résidus de mortier avec un tampon abrasif non métallique.

Racloir

Pâte à calfeutrer

**Remplissez** avec de la pâte à calfeutrer les vides entre les bandes de dilatation et la structure. (Les joints pourraient s'ouvrir avec les mouvements structurels.) Lissez la pâte avec un doigt ganté et mouillé.

## Courbes et angles

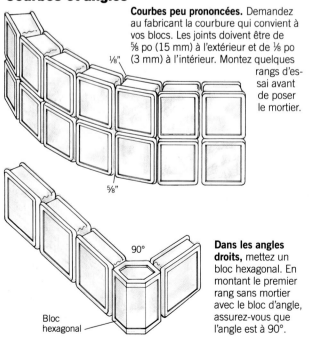

**Courbes peu prononcées.** Demandez au fabricant la courbure qui convient à vos blocs. Les joints doivent être de ⅝ po (15 mm) à l'extérieur et de ⅛ po (3 mm) à l'intérieur. Montez quelques rangs d'essai avant de poser le mortier.

⅛"

⅝"

90°

Bloc hexagonal

**Dans les angles droits,** mettez un bloc hexagonal. En montant le premier rang sans mortier avec le bloc d'angle, assurez-vous que l'angle est à 90°.

# PLASTIQUES

Il y a une très grande variété de plastiques sur le marché, comme en témoigne la liste qui suit. Le chlorure de polyvinyle surchloré (CPVC) est insensible à la corrosion, à la condensation ou à l'accumulation de dépôts. La feuille d'acrylique, transparente comme le verre et facile à mettre en forme, résiste au soleil et aux chocs. Le polycarbonate est léger, simple à poser et quasi incassable. Liée à la résine, la fibre de verre est un matériau robuste servant à réparer la fibre de verre, le métal et le bois.

Le stratifié en feuille, peu coûteux, s'entretient bien et est idéal pour recouvrir les plans de travail, tout comme le panneau rigide de résines acrylique et polyester. Plus coûteux, ce dernier se taille à la demande avec une toupie ; un ponçage fait disparaître les égratignures.

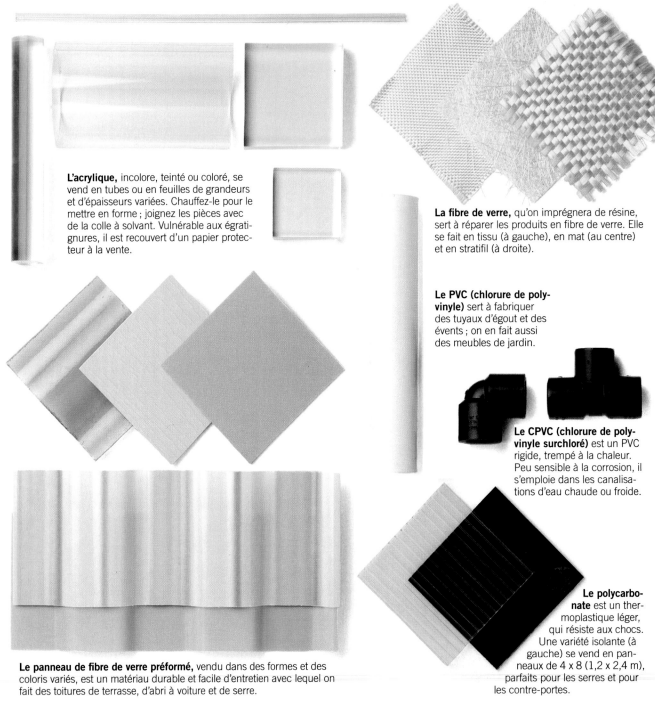

**L'acrylique,** incolore, teinté ou coloré, se vend en tubes ou en feuilles de grandeurs et d'épaisseurs variées. Chauffez-le pour le mettre en forme ; joignez les pièces avec de la colle à solvant. Vulnérable aux égratignures, il est recouvert d'un papier protecteur à la vente.

**La fibre de verre,** qu'on imprégnera de résine, sert à réparer les produits en fibre de verre. Elle se fait en tissu (à gauche), en mat (au centre) et en stratifil (à droite).

**Le PVC (chlorure de polyvinyle)** sert à fabriquer des tuyaux d'égout et des évents ; on en fait aussi des meubles de jardin.

**Le CPVC (chlorure de polyvinyle surchloré)** est un PVC rigide, trempé à la chaleur. Peu sensible à la corrosion, il s'emploie dans les canalisations d'eau chaude ou froide.

**Le polycarbonate** est un thermoplastique léger, qui résiste aux chocs. Une variété isolante (à gauche) se vend en panneaux de 4 x 8 (1,2 x 2,4 m), parfaits pour les serres et pour les contre-portes.

**Le panneau de fibre de verre préformé,** vendu dans des formes et des coloris variés, est un matériau durable et facile d'entretien avec lequel on fait des toitures de terrasse, d'abri à voiture et de serre.

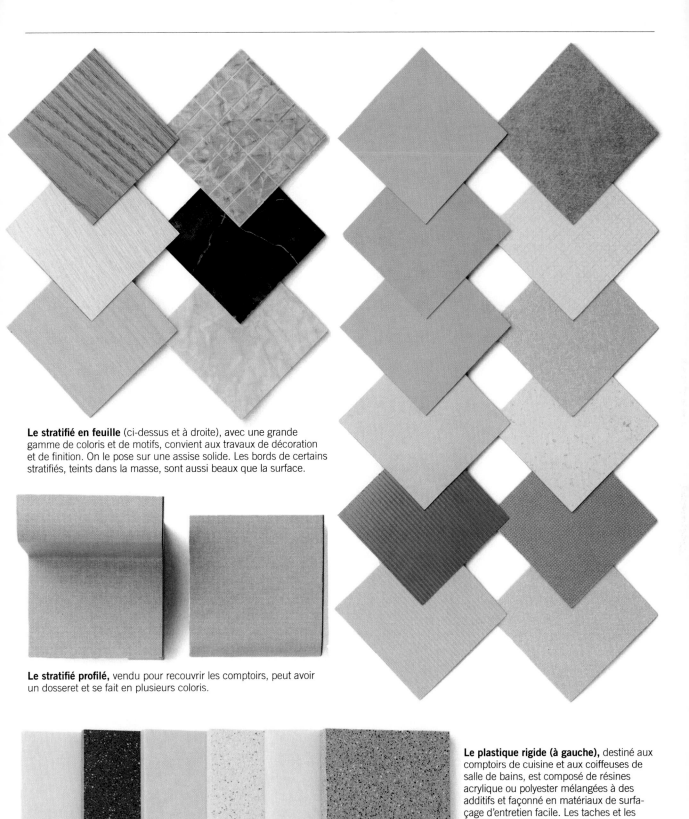

**Le stratifié en feuille** (ci-dessus et à droite), avec une grande gamme de coloris et de motifs, convient aux travaux de décoration et de finition. On le pose sur une assise solide. Les bords de certains stratifiés, teints dans la masse, sont aussi beaux que la surface.

**Le stratifié profilé,** vendu pour recouvrir les comptoirs, peut avoir un dosseret et se fait en plusieurs coloris.

**Le plastique rigide (à gauche),** destiné aux comptoirs de cuisine et aux coiffeuses de salle de bains, est composé de résines acrylique ou polyester mélangées à des additifs et façonné en matériaux de surfaçage d'entretien facile. Les taches et les égratignures disparaissent aisément. Le plastique rigide est surtout fabriqué dans des teintes pastel et dans des motifs imitant la pierre et le marbre.

Céramique, verre et plastique  269

L'acrylique transparent sert à fabriquer des objets et des meubles et remplace le verre. Le CPVC (chlorure de polyvinyle surchloré) et le PVC (chlorure de polyvinyle) servent à fabriquer du tuyau rigide. Les canalisations d'eau chaude et d'eau froide sont en CPVC ; les tuyaux d'égout, les conduits d'électricité et les meubles de jardin sont en PVC. Pour manipuler les plastiques, il faut déjà savoir un peu travailler le bois et le métal.

Pour travailler le plastique, servez-vous de préférence d'outils spécialement conçus à cette fin ; lorsque vous employez des outils ordinaires toutefois, suivez les instructions du fabri-

cant. Par exemple, couper de l'acrylique avec une scie sauteuse fonctionnant à grande vitesse pourrait faire fondre le plastique, et la coupe se refermera derrière la lame.

Comme l'acrylique s'égratigne facilement, on le revêt d'un papier protecteur. Si c'est possible, ne l'ôtez pas avant la fin des travaux. Pour l'enlever, partez d'un coin. Les égratignures disparaissent avec un produit du commerce approprié. Les feuilles d'acrylique se gardent debout ou encore à plat et supportées sur toute leur surface ; autrement, elles se déforment.

On peut joindre des feuilles d'acrylique avec des fixations filetées, des

rivets ou des poteaux et des vis ; on peut aussi les « souder » avec un dissolvant (ci-contre). Si le dissolvant se répand sur l'acrylique, essuyez-le sans tarder. Le CPVC et le PVC se soudent eux aussi avec du dissolvant. Ne vous servez que des produits recommandés pour le plastique que vous utilisez.

On peut plier la plupart des plastiques après les avoir chauffés. Les températures spécifiées pour le CPVC et le PVC doivent être si précises qu'il vaut mieux s'adresser à un spécialiste. Pour chauffer l'acrylique, servez-vous d'un élément chauffant (vous le trouverez, parfois en kit, chez les vendeurs de plastiques et dans les quincailleries).

## Coupe et perçage

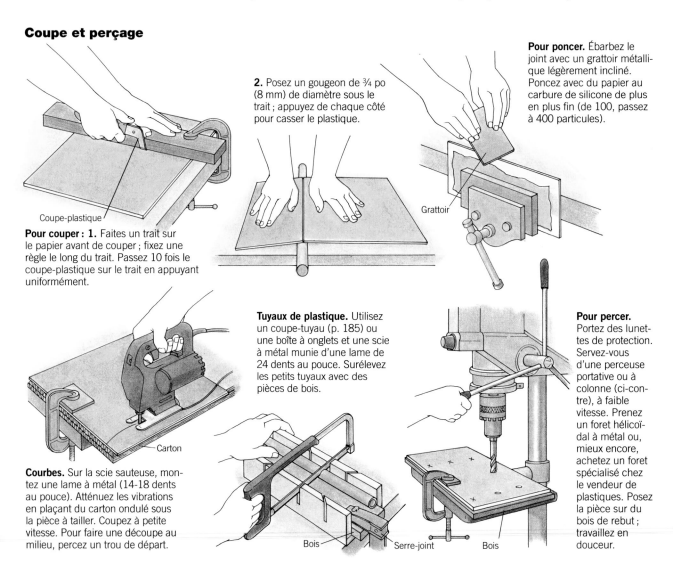

**2.** Posez un gougeon de ¾ po (8 mm) de diamètre sous le trait ; appuyez de chaque côté pour casser le plastique.

**Pour poncer.** Ébarbez le joint avec un grattoir métallique légèrement incliné. Poncez avec du papier au carbure de silicone de plus en plus fin (de 100, passez à 400 particules).

Grattoir

Coupe-plastique

**Pour couper : 1.** Faites un trait sur le papier avant de couper ; fixez une règle le long du trait. Passez 10 fois le coupe-plastique sur le trait en appuyant uniformément.

**Tuyaux de plastique.** Utilisez un coupe-tuyau (p. 185) ou une boîte à onglets et une scie à métal munie d'une lame de 24 dents au pouce. Surélevez les petits tuyaux avec des pièces de bois.

**Pour percer.** Portez des lunettes de protection. Servez-vous d'une perceuse portative ou à colonne (ci-contre), à faible vitesse. Prenez un foret hélicoïdal à métal ou, mieux encore, achetez un foret spécialisé chez le vendeur de plastiques. Posez la pièce sur du bois de rebut ; travaillez en douceur.

Carton

**Courbes.** Sur la scie sauteuse, montez une lame à métal (14-18 dents au pouce). Atténuez les vibrations en plaçant du carton ondulé sous la pièce à tailler. Coupez à petite vitesse. Pour faire une découpe au milieu, percez un trou de départ.

Bois

Serre-joint

Bois

**Attention :** Pour couper, poncer ou percer le plastique avec un outil électrique, portez des lunettes de sécurité et un masque. Avant de chauffer ou de plier du plastique, enfilez des gants isolants. Au moment de joindre les pièces, suivez les recommandations du fabricant ; aérez bien le local et évitez tout contact avec le dissolvant.

Si vous avez l'intention de modifier votre plomberie, communiquez au préalable avec l'inspecteur en bâtiment de votre municipalité ; il y a des règlements qui interdisent certains travaux. Ne négligez pas de couper l'eau et de toujours vider le tuyau que vous vous apprêtez à réparer.

## Finition

**Poncez le chant** avec une perceuse munie d'abord d'un tampon ponceur enduit d'un produit à poncer (vendu dans les boutiques pour travaux d'artisanat), ensuite d'un disque de mousseline ou de flanelle. Ne poncez pas les bords.

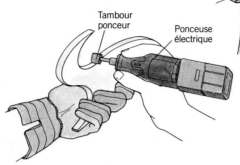

Tampon ponceur

Tambour ponceur

Ponceuse électrique

**Poncez et polissez les courbes** et les creux avec une perceuse électrique ou une petite ponceuse pour acrylique. Poncez les bords avec un tambour ponceur ; polissez avec un disque de feutre, de mousseline ou de flanelle. Pour ne pas faire chauffer le plastique, appuyez très peu et travaillez lentement.

## Tuyaux de plastique

**Préparation.** Ébarbez en biseau avec un canif ou un alésoir. Poncez avec du papier 120. Assemblez les pièces à sec ; marquez le joint au crayon sur les deux. Dégagez-les, nettoyez le joint avec un produit approprié. Quand il est sec, appliquez l'apprêt (pour rendre rugueuse cette portion du tuyau), puis la colle.

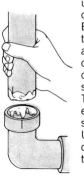

**Raccord.** Appliquez une deuxième couche de colle. Enfoncez immédiatement le tuyau avec un mouvement de torsion jusqu'à ce que les marques soient alignées. Tenez 30 secondes en place ; laissez sécher 24 heures. Un petit bourrelet de colle sera visible tout autour du joint.

## Pliage à la chaleur

**Pour chauffer.** Marquez la pliure. Enlevez une lisière de 4 po (10 cm) de papier protecteur sur les deux faces du plastique. Posez la bande découverte de 1 à 5 min sur un élément chauffant, d'un côté puis de l'autre, à plusieurs reprises.

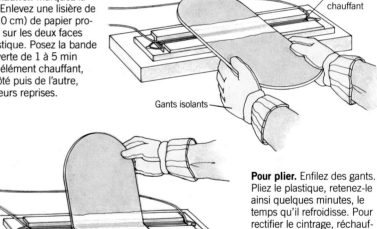

Élément chauffant

Gants isolants

**Pour plier.** Enfilez des gants. Pliez le plastique, retenez-le ainsi quelques minutes, le temps qu'il refroidisse. Pour rectifier le cintrage, réchauffez le plastique, mettez-le à plat et recommencez.

## Assemblage de l'acrylique

**Ôtez le papier** le long des joints. Assemblez les pièces bord à bord sans interstice. Retenez-les avec du ruban gommé, des serre-joints ou des pièces de bois. Appliquez uniformément le dissolvant le long des joints. N'enlevez pas le surplus ; laissez-le pénétrer.

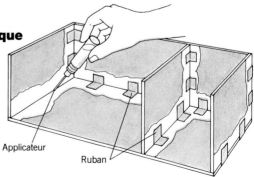

Applicateur

Ruban

La fibre de verre, matériau obtenu à partir du verre filé, prend des formes variées. Vendue en panneaux rigides pour la construction, elle est aussi tressée ou tissée et enduite de résine avant d'être mise en forme.

Les *panneaux de fibre de verre préformés* se travaillent aisément ; on les coupe avec une scie sauteuse munie d'une lame à dents fines. À l'extérieur, pour couvrir une terrasse par exemple, on emploie des panneaux ondulés ou striés, très lourds ; à l'intérieur, on préfère des panneaux unis, plus légers. Les accessoires nécessaires à la construction, comme les chaperons ou les solins, se trouvent facilement. Les panneaux se nettoient au tuyau d'arrosage ; s'ils se décolorent, traitez-les avec le produit recommandé par le fabricant. Les panneaux de fibre de verre ne supportent pas le poids d'une personne ; ne marchez pas dessus.

Avec le *stratifié de fibre de verre*, on fabrique des carrosseries d'automobile, des bateaux, des piscines et des baignoires à remous. On colle à la résine plusieurs épaisseurs de tissu ; en présence d'un catalyseur, le matériau acquiert rigidité et résistance. Réparez des trous de ½ po (1,3 cm) avec du mastic époxyde. Si le dommage est plus considérable, superposez des couches de tissu et de résine. S'il s'agit d'un dommage structurel, consultez un spécialiste.

Pour fabriquer un renfort (p. 274), on fait alterner des couches de tissu et de mat. Dans certains cas, on utilise du tissu stratifil. Pour obtenir satisfaction, il faut choisir le tissu et la résine qui conviennent au matériau. Le tableau de la page qui suit devrait guider votre choix.

La *résine polyester*, recommandée pour la plupart des stratifiés, se travaille facilement et coûte moins cher que la résine époxyde. On en trouve deux sortes. L'une, *imperméable à l'air* et non collante, est additionnée de cire ; en formant à la surface une couche isolante, la cire empêche l'air de pénétrer et permet à la résine de durcir. L'autre, *perméable à l'air*, devient collante en séchant ; il faut la couvrir de papier ciré ou la vaporiser à l'alcool polyvinylique (PVA), vendu dans les boutiques d'accessoires pour bateaux. Lorsque la résine a durci, on enlève l'alcool à l'eau chaude. Il vaut mieux employer la résine perméable à l'air pour les couches intérieures et la résine imperméable à l'air pour la couche de surface, qui deviendra assez dure pour être poncée.

La *résine époxyde* devient très dure, mais lentement. Elle assure une bonne adhérence, mais elle est d'un emploi plus délicat que la résine polyester. Si vous hésitez entre la résine époxyde et la résine polyester, renseignez-vous auprès du fabricant de l'objet à réparer ou faites un essai.

Le stratifié de fibre de verre est recouvert d'une *couche de gel*, résine polyester à formulation spéciale. Vous pouvez le laver fréquemment avec du détersif et de l'eau (ou l'essuyer avec un solvant à l'acétone) avant de le cirer. Les égratignures qui ne vont pas au-delà de cette couche se réparent avec un mélange de gel et de résine vendu dans les boutiques d'accessoires pour bateaux.

## Panneaux de fibre de verre

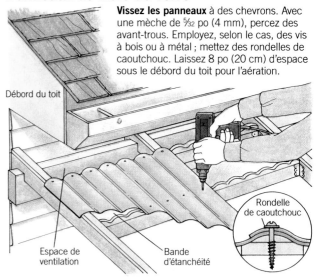

**Vissez les panneaux** à des chevrons. Avec une mèche de 5/32 po (4 mm), percez des avant-trous. Employez, selon le cas, des vis à bois ou à métal ; mettez des rondelles de caoutchouc. Laissez 8 po (20 cm) d'espace sous le débord du toit pour l'aération.

Débord du toit

Espace de ventilation

Bande d'étanchéité

Rondelle de caoutchouc

**Collez les panneaux** avec du mastic souple ou de la pâte à calfeutrer transparente à la silicone. Étendez le mastic sur les joints, au sommet des ondulations. Avant de poser les solins (ci-dessous), calfeutrez le sommet des ondulations qui seront couvertes par les solins.

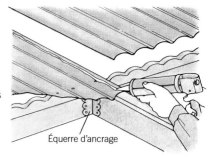

Équerre d'ancrage

**Posez des solins** à la jonction des panneaux et du parement ; insérez-les sous le parement ; mettez des solins ondulés sur les panneaux. Si le parement est fixe au bas, posez-y le solin (avec vis galvanisées et rondelles de caoutchouc).

Bardeau

Solin de mur

**Dans la maçonnerie,** fixez les solins tous les 8 po (20 cm). Recouvrez-les de solins à gradins. Pratiquez une petite rainure dans le joint de mortier. Repliez le bord supérieur du solin et introduisez-le dans la rainure (médaillon). Calfeutrez de pâte à l'uréthane.

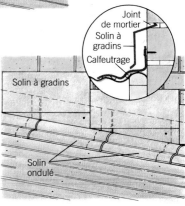

Joint de mortier

Solin à gradins

Calfeutrage

Solin à gradins

Solin ondulé

# RÉPARATION DU STRATIFIÉ DE FIBRE DE VERRE

| Produit | Description | Utilisations | Conseils |
|---|---|---|---|
| **Mat de fibre de verre** | Épais et rigide ; épouse les courbes ; donne de l'adhérence | Faites alterner avec du tissu ou du stratifil : tous types de réparations | Première et dernière couches ; réparations superficielles, mince ; en profondeur, épais |
| **Tissu de fibre de verre** | Mince et fort ; donne un fini lisse | Faites alterner avec du mat : petites réparations | Faites des entailles dans le tissu pour qu'il adhère aux courbes ; utilisez du tissu de 10 oz (285 g) |
| **Stratifil** | Épais et bien texturé ; donne de la rigidité, de la solidité et du volume | Faites alterner avec du mat : réparations importantes | Tend à s'effilocher ; n'en mettez pas sous la couche de gel ; utilisez du stratifil de 18-24 oz (500-700 g) pour les réparations importantes |
| **Résine polyester** | Robuste et compatible avec plusieurs stratifiés ; facile à utiliser ; résiste à l'eau | Recommandée pour les bateaux en fibre de verre ; ne l'utilisez pas sur la mousse de polystyrène | Utilisez-la dans les 90 jours ; employez la résine perméable à l'air pour les couches intérieures et la résine imperméable à l'air en surface ; nettoyez les outils à l'acétone |
| **Résine époxyde** | Plus liante et plus imperméable que la résine polyester ; peut s'avérer plus difficile à travailler ; met plus de temps à durcir | Joint la fibre de verre à d'autres matériaux (bois, métal et plastiques d'usage domestique) | Mélangez avec précision ; suivez strictement les indications concernant la température ; nettoyez les outils à l'acétone |
| **Gel** | Fini dur, lustré, imperméable ; se colore ; peut être mélangé à de la fibre pour ajouter du volume | Forme une couche superficielle imperméable, colorée et protectrice | De préférence, imperméable à l'air. Ajoutez le catalyseur avant la couleur ; diluez à l'acétone avant la vaporisation |
| **Mastic époxyde** | Selon la résine, durcit ou gonfle | Bouche les cavités sous la couche de gel | Ajoutez-y de la silice renforcée pour cacher les petits défauts ; un liant à microsphères, très léger, pour couvrir de grandes surfaces. Poncez à sec |

## Mélange

Mesurez les ingrédients selon les instructions du fabricant. Résines polyester : ajustez la quantité de catalyseur à la température (mettez-en plus s'il fait froid, moins s'il fait chaud). Ne travaillez pas s'il fait très froid ou très chaud ; ne travaillez pas non plus en plein soleil. Faites des essais pour vérifier la qualité du mélange. Préparez seulement la quantité que vous prévoyez utiliser en 20 minutes.

## Réparations mineures

**1.** Nettoyez la surface à réparer avec de l'acétone. Mettez du ruban tout autour. Montez un tambour ponceur sur une perceuse ou une ponceuse et pratiquez une rainure en V.

Tambour ponceur

**2.** Poncez le bord de la rainure ; soufflez pour ôter la poussière (n'y touchez pas). Comblez-la avec le mélange de gel, de catalyseur et de fibre, selon les instructions du fabricant.

Spatule de plastique

**3.** Vaporisez du PVA ou couvrez de papier ciré et faites sortir l'air. Attendez 2 h ; enlevez le PVA à l'eau chaude ou ôtez le papier. Poncez (p. 274).

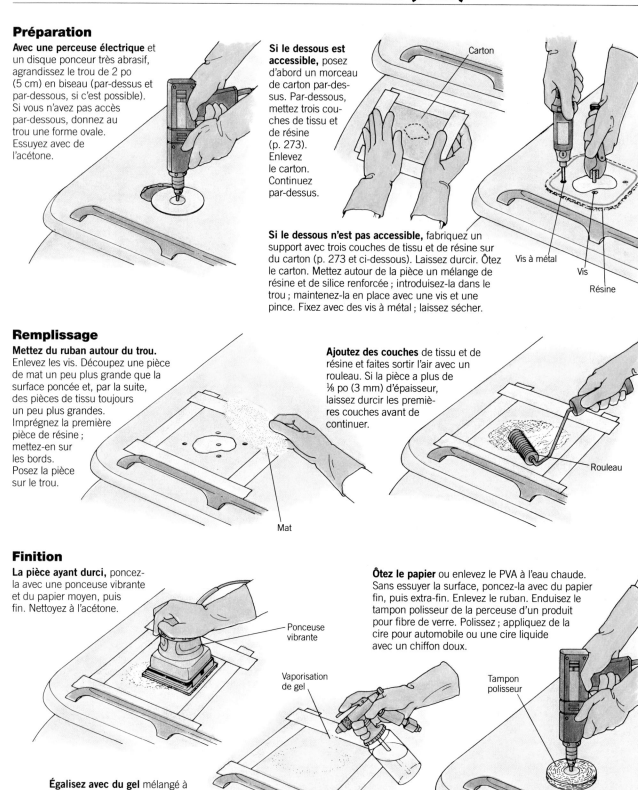

## Préparation

**Avec une perceuse électrique** et un disque ponceur très abrasif, agrandissez le trou de 2 po (5 cm) en biseau (par-dessus et par-dessous, si c'est possible). Si vous n'avez pas accès par-dessous, donnez au trou une forme ovale. Essuyez avec de l'acétone.

**Si le dessous est accessible,** posez d'abord un morceau de carton par-dessus. Par-dessous, mettez trois couches de tissu et de résine (p. 273). Enlevez le carton. Continuez par-dessus.

Carton

**Si le dessous n'est pas accessible,** fabriquez un support avec trois couches de tissu et de résine sur du carton (p. 273 et ci-dessous). Laissez durcir. Ôtez le carton. Mettez autour de la pièce un mélange de résine et de silice renforcée ; introduisez-la dans le trou ; maintenez-la en place avec une vis et une pince. Fixez avec des vis à métal ; laissez sécher.

Vis à métal
Vis
Résine

## Remplissage

**Mettez du ruban autour du trou.** Enlevez les vis. Découpez une pièce de mat un peu plus grande que la surface poncée et, par la suite, des pièces de tissu toujours un peu plus grandes. Imprégnez la première pièce de résine ; mettez-en sur les bords. Posez la pièce sur le trou.

Mat

**Ajoutez des couches** de tissu et de résine et faites sortir l'air avec un rouleau. Si la pièce a plus de ⅛ po (3 mm) d'épaisseur, laissez durcir les premières couches avant de continuer.

Rouleau

## Finition

**La pièce ayant durci,** poncez-la avec une ponceuse vibrante et du papier moyen, puis fin. Nettoyez à l'acétone.

Ponceuse vibrante

**Égalisez avec du gel** mélangé à de la fibre (p. 273). Poncez ; vaporisez du gel mélangé à un catalyseur et dilué à l'acétone. Couvrez de papier ciré ou vaporisez du PVA. Laissez sécher 12 h.

Vaporisation de gel

**Ôtez le papier** ou enlevez le PVA à l'eau chaude. Sans essuyer la surface, poncez-la avec du papier fin, puis extra-fin. Enlevez le ruban. Enduisez le tampon polisseur de la perceuse d'un produit pour fibre de verre. Polissez ; appliquez de la cire pour automobile ou une cire liquide avec un chiffon doux.

Tampon polisseur

# PROFILÉS POUR COMPTOIRS

Les profilés pour comptoirs et plans de travail sont faits d'un stratifié de plastique monté sur un support de contreplaqué ou d'aggloméré. Ils sont arrondis à l'avant et s'adossent au mur à l'arrière. Ils sont fabriqués en largeurs standard et sont coupés à la demande chez le vendeur. Les éléments en L se présentent en deux sections dont une extrémité est taillée en onglet. Vous les montez avec les ferrures fournies. Sont

également fournies des bordures pré-encollées que vous posez en fin de travail (p. 276).

Avant d'enlever le vieux comptoir, coupez l'alimentation en eau, en gaz et en électricité de tous les appareils ; enlevez l'évier et les robinets après avoir noté comment ils sont montés pour les remonter de la même façon. Le cas échéant, demandez à un électricien de débrancher les appareils encas-

trés comme un broyeur à ordures ou une table de cuisson. À l'intérieur des armoires, enlevez toutes les ferrures retenant le comptoir ; dégagez-les ensuite, toujours de l'intérieur, avec une barre-levier plate.

Prenez maintenant les mesures du comptoir que vous désirez installer (ci-dessous) ; faites un croquis détaillé de l'ensemble et apportez-le chez le marchand.

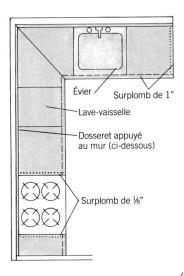

Éver
Surplomb de 1"
Lave-vaisselle
Dosseret appuyé au mur (ci-dessous)
Surplomb de ⅛"

**Prise des mesures.** Éléments en L (à gauche) : mesurez chaque élément côté mur, de l'angle à l'extrémité ; mesurez aussi de l'arrière à l'avant. Ajoutez 1 po (2,5 cm) si le bord est en surplomb, ⅛ po (3 mm) si l'élément est abouté à un appareil ou au mur. Avant d'installer un évier ou un appareil, mesurez les armoires à l'intérieur.

**Mise de niveau.** Le comptoir enlevé (à droite), assurez-vous que les éléments sont de niveau. Rectifiez avec des cales insérées dessous ou derrière ou avec des languettes de bois fixées dessus. Posez des cornières ou des entretoises pour supporter le profilé. Assurez-vous que les angles sont bien droits.

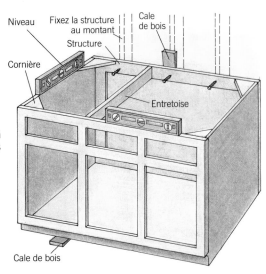

Niveau · Fixez la structure au montant · Cale de bois · Structure · Cornière · Entretoise · Cale de bois

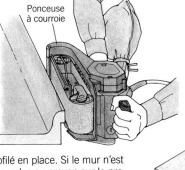

Ponceuse à courroie

**Pose. 1.** Mettez le profilé en place. Si le mur n'est pas droit, indiquez le surplus au crayon sur le profilé. Portez des lunettes et un masque. Poncez pour enlever le surplus.

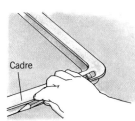

Cadre

**2.** Reportez sur le profilé le contour de l'évier en suivant le gabarit ou les instructions du fabricant. S'il s'agit d'un vieil évier sans cadre, posez-le à l'envers et tracez-en le contour ; découpez à ⅜ po (9 mm) à l'intérieur du tracé. S'il a un cadre métallique, posez celui-ci sur le profilé et tracez-en le pourtour (illustration).

**3.** Percez des trous de départ aux quatre coins. Posez le profilé à l'envers et refaites le tracé. Portez un masque et des lunettes. Découpez à la scie sauteuse munie d'une lame à dents fines. Limez ou poncez les bords de l'ouverture.

Écrou et clé anglaise

**4.** Étalez de la colle ou de la pâte adhésive sur les bords formant le L. Ajustez bien les pièces ; fixez-les avec les ferrures fournies. Laissez sécher 12 h. À deux, installez le profilé. Posez des vis à bois au travers des cornières, par-dessous. Derrière et aux extrémités, remplissez les espaces vides de pâte à calfeutrer transparente.

Les stratifiés en feuille pour plans de travail, comptoirs et tables sont fabriqués dans une infinie variété de motifs et de couleurs. La plupart sont montés sur un support de teinte foncée qui se laisse voir en section ; quelques-uns sont colorés dans la masse. Dans la cuisine, on évitera les finis lustrés, ou à motifs, qui se fanent à l'usage. On choisira plutôt des stratifiés de couleur pâle, plus faciles à assortir. Il existe aussi des stratifiés spéciaux pour murs et armoires.

Le stratifié en feuille s'applique sur la plupart des assises pourvu qu'elles soient lisses et de niveau. Le panneau de particules constitue une assise très populaire ; le contreplaqué, plus robuste et moins susceptible d'absorber l'humidité, est plus coûteux. Dans la cuisine, donnez cependant la préférence au contreplaqué lequel, en outre, retient mieux les ferrures. Découpez les contours de l'évier (p. 275) et des appareils dans l'assise avant de la recouvrir. Poncez les aspérités et remplissez les trous avec du mastic.

Pour que le stratifié ne gondole pas, fixez-le bien aux deux extrémités de l'assise, à moins qu'il ne soit intégré à

## Coupe du stratifié

**Rayez et brisez net.** Tracez la ligne de coupe sur l'endroit. En suivant une règle, passez à plusieurs reprises sur le trait avec un coupe-plastique. Brisez net en relevant une partie de la pièce. Pour dégager de petites pièces, fixez la règle avec des serre-joints, rayez et brisez.

Coupe-plastique

**Coupe de bandes étroites.** Pour les bandes de 4 po (10 cm) ou moins, utilisez une sauteuse pour stratifié munie d'une fendeuse à mèche au carbure. Bloquez le stratifié ; ajustez le guide et coupez.

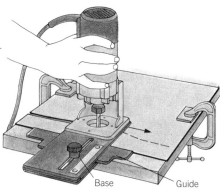

Base    Guide

## Revêtement vertical

**1.** Appliquez deux couches minces de colle-contact sur l'assise et une sur le stratifié. Laissez sécher chaque couche (une fois translucide, la colle n'est plus collante).

Rouleau

**2.** Posez les bandes sur le bord du stratifié avec précision ; pressez avec un rouleau ou avec un maillet et un bloc de bois. (Commencez par les extrémités.)

**Pose d'une bande préencollée**
Assurez-vous que l'assise est propre et sèche. Réglez le pistolet thermique à une température moyenne. Réchauffez la bande de stratifié pour l'assouplir ; posez-la.

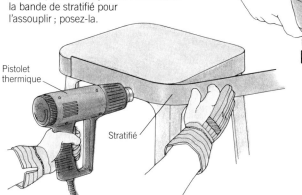

Pistolet thermique

Stratifié

**Finition.** Rectifiez le stratifié vertical avec une toupie ou une sauteuse pour stratifié munie d'une mèche lisse ; travaillez de gauche à droite le long de l'arête.

## Finition des bords

**Faites un bord rapporté** et couvrez-le d'une bande de stratifié ou d'une bordure préencollée. Fixez la pièce de bois avec de la colle blanche et des clous à finir.

Bord rapporté

**Le bord en bois massif** est plus robuste que le stratifié. Montez-le à tenon dans l'assise. Fixez-le avec de la colle blanche.

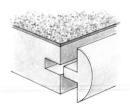

un cadre (comme dans le cas d'un comptoir). Recouvrez les surfaces verticales avant les horizontales, le dos et les côtés d'un élément avant le devant.

Collez le stratifié à l'assise avec de la colle-contact ; d'autres adhésifs pourraient tout aussi bien convenir, mais ils sont plus lents à sécher. Choisissez la colle-contact qui est ininflammable de préférence à l'inflammable.

On découpe le stratifié avec une scie pour stratifié ou avec une scie circulaire ou scie sauteuse munie d'une lame pour stratifié. Gardez les retailles pour les réparations. Taillez les bords en biseau avec une toupie munie d'une mèche au carbure autoguidée ou avec une scie sauteuse pour stratifié. Finissez le travail à la lime, en travaillant de haut en bas.

Bien qu'il soit robuste, le stratifié est vulnérable aux brûlures, aux égratignures et aux taches. Les taches récalcitrantes peuvent parfois être éliminées avec de l'eau de javel.

**Attention :** Pour poncer, découper ou limer le stratifié, portez des lunettes protectrices et un masque. Appliquez la colle-contact dans un lieu bien aéré et portez un respirateur (p. 13).

## Revêtement horizontal

**Encollage.** Étalez de la colle-contact sur l'assise et sur le stratifié. Mettez des baguettes de bois ou des bandes de carton sur l'assise ; posez-y le stratifié. (Ajustez le stratifié ; il ne doit pas toucher l'assise durant l'ajustement.) Ôtez les baguettes ou les bandes une à une en commençant à un bout. Appuyez sur le stratifié.

**Égalisation de la surface.** Passez un rouleau du centre vers les bords pour faire sortir l'air.

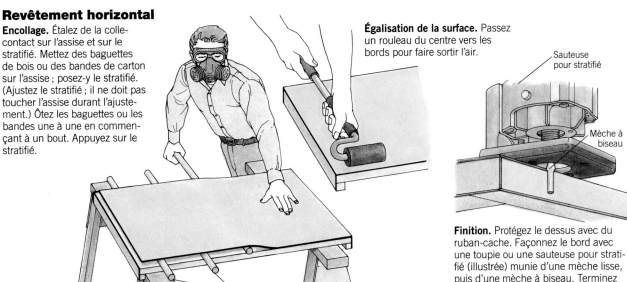

Sauteuse pour stratifié

Mèche à biseau

**Finition.** Protégez le dessus avec du ruban-cache. Façonnez le bord avec une toupie ou une sauteuse pour stratifié (illustrée) munie d'une mèche lisse, puis d'une mèche à biseau. Terminez avec une lime. Ôtez le ruban-cache.

Baguettes de bois

## Découpes et dosserets

**Découpe de l'évier.** Si l'assise n'est pas déjà découpée, reportez-vous à la page 275. Si elle l'est, posez-y le stratifié. Percez un trou de départ. Introduisez la mèche lisse d'une toupie dans le trou de départ. Parvenu au tracé, découpez de droite à gauche.

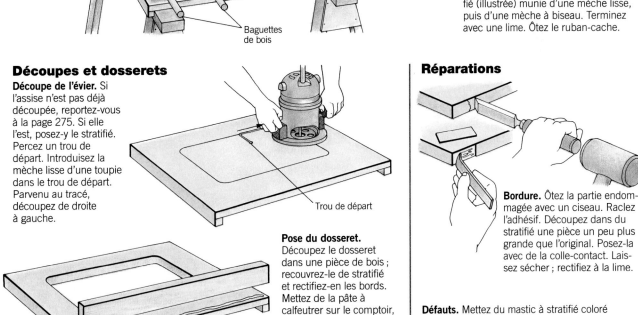

Trou de départ

**Pose du dosseret.** Découpez le dosseret dans une pièce de bois ; recouvrez-le de stratifié et rectifiez-en les bords. Mettez de la pâte à calfeutrer sur le comptoir, à l'endroit prévu ; enserrez. (Enlevez aussitôt l'excédent de pâte.) La pâte séchée, vissez la pièce par-dessous.

Dosseret

Pâte à calfeutrer

## Réparations

**Bordure.** Ôtez la partie endommagée avec un ciseau. Raclez l'adhésif. Découpez dans du stratifié une pièce un peu plus grande que l'original. Posez-la avec de la colle-contact. Laissez sécher ; rectifiez à la lime.

**Défauts.** Mettez du mastic à stratifié coloré pour masquer les fissures et autres défauts. Le mastic séché, poncez avec du papier 400.

# PLASTIQUE RIGIDE

Le panneau de plastique rigide offre les caractéristiques du marbre ou de l'albâtre, mais se travaille avec des outils électriques ordinaires ; par ailleurs, les joints sont presque invisibles. Fait d'un mélange de résine acrylique ou polyester et de minéraux, le matériau est lourd, résistant et peu vulnérable aux taches. Tous ses angles doivent être arrondis ; le profilage du bord extérieur (à la toupie) est facultatif.

Plus coûteux que la plupart des matériaux, le panneau de plastique rigide est vendu dans les expositions de cuisines et de salles de bains. Avant d'acheter, assurez-vous que la garantie ne s'applique pas aux seuls panneaux posés par un spécialiste. Lisez attentivement les instructions du fabricant ; si vous n'avez pas d'expérience en menuiserie, consultez un installateur formé par le fabricant.

Vérifiez le numéro des panneaux pour vous assurer qu'ils appartiennent tous au même lot. Enlevez la pellicule protectrice. Si vous voulez fabriquer un comptoir, mesurez les armoires

## Coupe du panneau

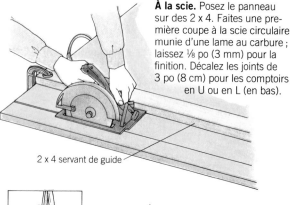

**À la scie.** Posez le panneau sur des 2 x 4. Faites une première coupe à la scie circulaire munie d'une lame au carbure ; laissez ⅛ po (3 mm) pour la finition. Décalez les joints de 3 po (8 cm) pour les comptoirs en U ou en L (en bas).

2 x 4 servant de guide

**Évier.** Pour fabriquer un gabarit, mesurez le pourtour de l'évier (p. 275). Ajoutez une marge correspondant à l'écart entre la mèche et la base de la toupie. Découpez le gabarit ; fixez-le avec des serre-joints. Percez un trou de départ ; découpez avec une mèche au carbure de ½ po (1,2 cm) ; poncez au papier 100.

Bord du gabarit
Tracé de l'évier

Panneau couché sur deux 2 x 4

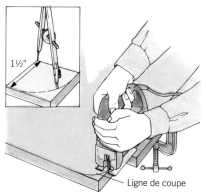

1½"

Ligne de coupe

**Angles saillants.** Coupez un carré de 1½ po (3,8 cm) de côté dans le coin d'un panneau de contreplaqué. Posez la pointe d'un compas dans un angle ; tracez un arc de cercle à 1½ po (3,8 cm) (médaillon). Découpez le gabarit le long du trait ; reportez ce trait sur le panneau ; découpez à la scie sauteuse (à gauche). Fixez le gabarit sous le coin ; finissez avec une toupie à mèche droite autoguidée.

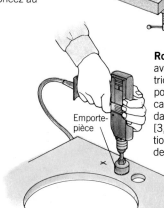

Emporte-pièce

**Robinets.** Faites les trous avec une perceuse électrique munie d'un emporte-pièce à dents au carbure (diamètre standard des robinets : 1¼ po [3,2 cm]). Avant l'installation, encerclez les trous de pâte à calfeutrer.

## Joints

**1.** Fixez les panneaux à ¼ po (6 mm) de distance avec des serre-joints ; toupillez avec une mèche au carbure, en vous guidant sur des règles fixées le long du joint (médaillon). Nettoyez les bords à l'alcool dénaturé ; laissez ⅛ po (3 mm) entre les pièces. Préparez la pâte à joints et remplissez le joint selon le mode d'emploi. Enserrez pour le séchage.

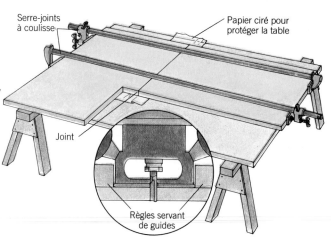

Serre-joints à coulisse

Papier ciré pour protéger la table

Joint

Règles servant de guides

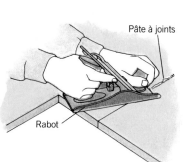

Pâte à joints

Rabot

**2.** Enlevez l'excédent de pâte à joints avec un rabot (pour ne pas abîmer les pièces, arrondissez les coins du fer à la lime) ; poncez au papier 100. Pour la finition, voir page suivante.

(p. 275). Enlevez le vieux comptoir ; avec des vis à placoplâtre, posez des supports de 4 po (10 cm) de largeur taillés dans du contreplaqué de ¾ po (2 cm) sur la structure supérieure des armoires, ainsi que des entretoises tous les 24 po (60 cm) si les panneaux ont ¾ po (2 cm) d'épaisseur, tous les 18 po (46 cm) s'ils ont ½ po (1,2 cm)

d'épaisseur. Mettez des entretoises dans l'autre sens à l'endroit des ouvertures et des joints.

**Attention :** Portez un masque quand vous travaillez le plastique en panneau. Les adhésifs sont très inflammables ; travaillez dans un endroit bien aéré et respectez toutes les recommandations du fabricant.

## Bord rapporté

**1.** Mettez la pièce à l'envers. Coupez des bandes de 1½ po (3,8 cm) de largeur dans le panneau. Passez du papier 60 sur les surfaces à coller pour les rendre rugueuses ; enduisez-les de pâte à joints. Posez des serre-joints à ressort aux 4 po (10 cm).

Serre-joints à ressort

Bande de surfaçage

2 x 4 servant de guide

Gabarit

**2.** Mettez la pièce à l'endroit. Poncez les bords à la toupie. Arrondissez les coins extérieurs avec un gabarit (page précédente). Donnez aux coins intérieurs un arc d'au moins ¼ po (6 mm). Découpez avec un gabarit et une toupie munie d'une mèche droite autoguidée de ½ po (1,2 cm) (médaillon). Poncez au papier 100.

## Dosseret

anchettes

Chiffon humide

**Découpez des bandes** de 3½-4 po (9-10 cm) de largeur. Laissez ⅛ po (3 mm) entre le dosseret et le mur. Passez du papier de verre 60 sur les surfaces à coller pour les rendre rugueuses. Étalez de la pâte à calfeutrer. Mettez le dosseret sous pression avec des planchettes s'appuyant aux armoires supérieures. Lissez la pâte avec le doigt.

## Finition

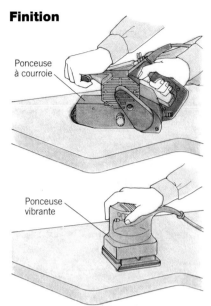

Ponceuse à courroie

Ponceuse vibrante

**Fini mat.** Poncez la surface entière à la machine ou à la main avec du papier 100, puis 180. Polissez avec une ponceuse vibrante munie d'un tampon en plastique fin.

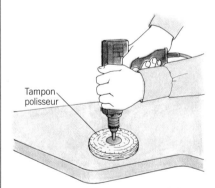

Tampon polisseur

**Fini lustré.** Poncez avec du papier 220, puis 320. Appliquez une cire liquide pour automobile ; polissez avec une perceuse munie d'un tampon polisseur.

**Pour enlever les taches,** frottez avec un produit abrasif ou poncez avec du papier 100. Si la surface est entamée, meulez avec une ponceuse électrique et remplissez de pâte à joints. Polissez.

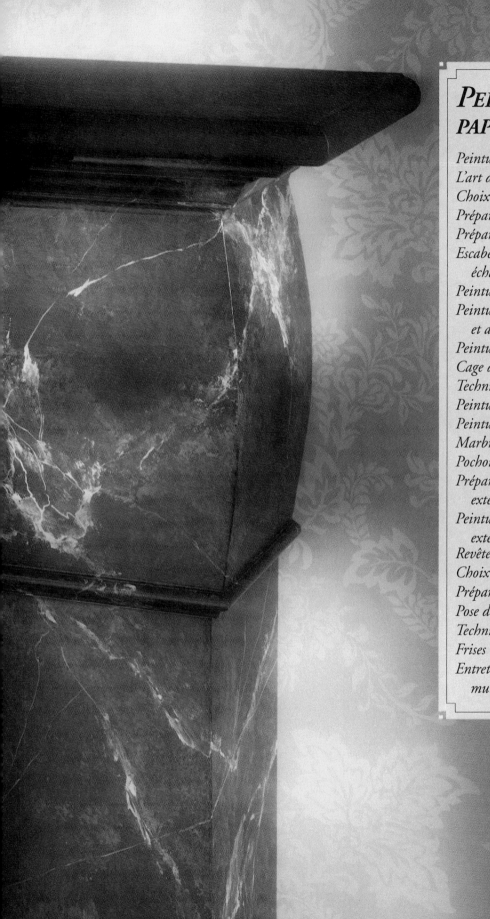

# PEINTURES ET PAPIERS PEINTS

# PEINTURES

La peinture se compose de pigments en suspension dans un milieu constitué d'un liant à l'huile ou à l'eau et de solvants. Quand la peinture sèche, les solvants s'évaporent, laissant une pellicule opaque.

Les peintures à base d'huile contiennent des solvants toxiques, très volatils ; leur emploi est parfois soumis à certaines restrictions. Comparées aux anciennes peintures à l'huile de lin, les peintures à l'alkyde laissent davantage

paraître les coups de pinceau, mais elles sèchent plus vite. Les peintures à base d'eau ont un liant au latex (vinyle, caoutchouc, acétate de polyvinyle ou résine acrylique). Elles retiennent bien les pigments, simplifient le nettoyage et sont peu toxiques. On les recommande pour l'intérieur.

Les peintures à relief se vendent prémélangées ou en poudre. Servez-vous-en pour réaliser des effets spéciaux (ci-dessous) ou bien couvrez la peinture d'un glacis (ci-contre).

## Peintures à relief

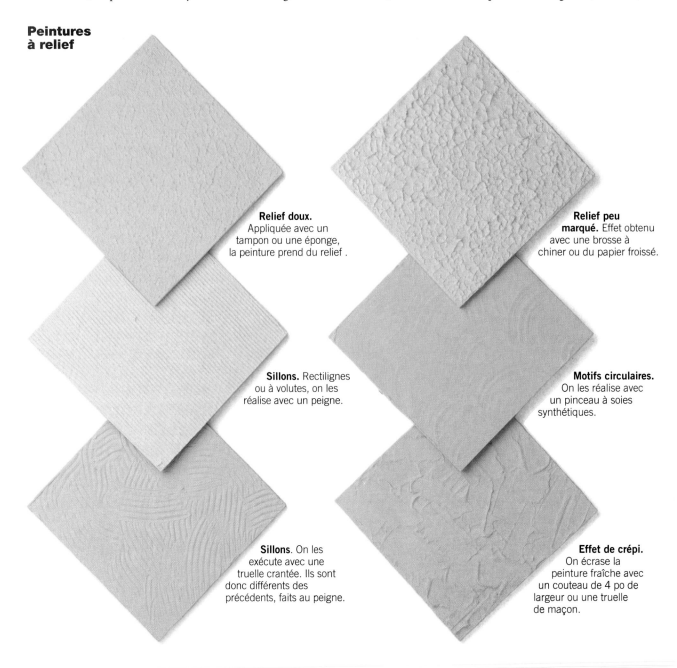

**Relief doux.** Appliquée avec un tampon ou une éponge, la peinture prend du relief .

**Relief peu marqué.** Effet obtenu avec une brosse à chiner ou du papier froissé.

**Sillons.** Rectilignes ou à volutes, on les réalise avec un peigne.

**Motifs circulaires.** On les réalise avec un pinceau à soies synthétiques.

**Sillons.** On les exécute avec une truelle crantée. Ils sont donc différents des précédents, faits au peigne.

**Effet de crépi.** On écrase la peinture fraîche avec un couteau de 4 po de largeur ou une truelle de maçon.

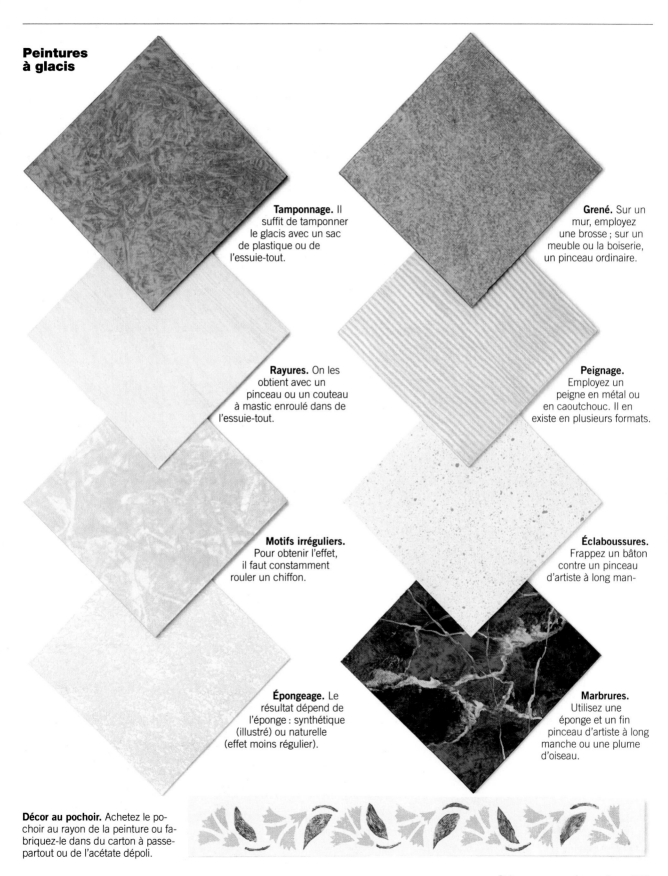

## Peintures à glacis

**Tamponnage.** Il suffit de tamponner le glacis avec un sac de plastique ou de l'essuie-tout.

**Grené.** Sur un mur, employez une brosse ; sur un meuble ou la boiserie, un pinceau ordinaire.

**Rayures.** On les obtient avec un pinceau ou un couteau à mastic enroulé dans de l'essuie-tout.

**Peignage.** Employez un peigne en métal ou en caoutchouc. Il en existe en plusieurs formats.

**Motifs irréguliers.** Pour obtenir l'effet, il faut constamment rouler un chiffon.

**Éclaboussures.** Frappez un bâton contre un pinceau d'artiste à long man-

**Épongeage.** Le résultat dépend de l'éponge : synthétique (illustré) ou naturelle (effet moins régulier).

**Marbrures.** Utilisez une éponge et un fin pinceau d'artiste à long manche ou une plume d'oiseau.

**Décor au pochoir.** Achetez le pochoir au rayon de la peinture ou fabriquez-le dans du carton à passepartout ou de l'acétate dépoli.

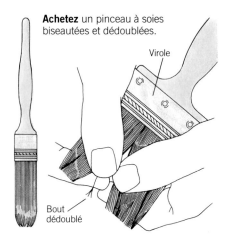

**Achetez** un pinceau à soies biseautées et dédoublées.

Virole

Bout dédoublé

Pour obtenir de beaux résultats durables, achetez du matériel de qualité. Les meilleurs pinceaux ont des soies à bout dédoublé et biseauté (à gauche) et une virole métallique robuste. Les soies naturelles perdent leur forme en absorbant l'eau ; c'est pourquoi il est préférable d'acheter des pinceaux à soies synthétiques pour les peintures au latex (à base d'eau). Pour les peintures à l'alkyde (à base d'huile), les soies peuvent être naturelles ou synthétiques. Les manchons des rouleaux (p. 294) sont en fibre synthétique ou en laine de mouton. Les premiers conviennent aux peintures au latex ; les seconds, aux peintures à l'alkyde. Les manchons bon marché retiennent mal la peinture et boulochent. Nettoyez les manchons après chaque usage et rangez-les comme on l'indique aux pages 292 et 294.

Les peintures de première qualité coûtent cher par rapport aux autres, mais toute économie en ce domaine se révélera illusoire. En effet, les peintures de moins bonne qualité, même quand elles sont censées pouvoir masquer en

| Peinture | Utilisation | Caractéristiques | Remarques |
|---|---|---|---|
| **Au latex** (à l'eau) | La plupart des matériaux, sauf quelques métaux ; parements d'aluminium et de vinyle (marques de qualité seulement) | Odeur faible. Sèche vite, se nettoie facilement ; résiste au soleil, à l'humidité et à la moisissure, ainsi qu'aux changements structurels du bois ; retient bien la couleur ; garde les marques de pinceau | Ne l'appliquez sur une peinture à l'alkyde qu'après l'avoir poncée et apprêtée ; se dilue dans l'eau |
| **À l'alkyde** (à l'huile) | La plupart des surfaces, sauf les parements d'aluminium ; excellente sur les boiseries | Odeur forte. Vapeurs abondantes. Sèche lentement ; se nettoie mal ; garde mal la couleur ; facile à laver quand elle est sèche. | Ne l'appliquez sur une peinture au latex qu'après l'avoir poncée et apprêtée |
| **Apprêt** | La plupart des matériaux, sauf l'aluminium (apprêt à l'alkyde pour les surfaces extérieures, les revêtements muraux et le bois nu) | Mat ; blanc à moins de le teinter de la couleur de la couche de finition ; l'apprêt à métal antirouille est brun-rouge | Employez un diluant approprié ; lisez bien l'étiquette pour vérifier la compatibilité de l'apprêt avec la peinture que vous allez employer |
| **À maçonnerie** | Béton, aggrégat, brique, pierre et autre matériau similaire, à l'intérieur et à l'extérieur | Scelle le béton et la maçonnerie ; peu lustrée | Peinture au latex de formule spéciale |
| **À l'époxyde** | Porcelaine, plastique, fibre de verre et céramique ; sols de béton | Durabilité et résistance exceptionnelles ; lustrée ; la couleur peut jaunir avec le temps | Au latex ou à l'alkyde : il faut l'apprêt approprié ; peut comporter deux éléments à mélanger |
| **Calorifuge** | Objets métalliques soumis à une forte chaleur : grilles, pare-étincelles, calorifères et tuyaux | Résiste à la chaleur ; choix limité de couleurs | Formules spéciales à l'alkyde et à la silicone |
| **À métaux** | Métaux ferreux | Résiste à la rouille et à la corrosion | Formules spéciales au latex ou à l'alkyde |
| **Lactée** | Boiseries ou meubles précédemment revêtus de cette peinture ; là où l'on souhaite une finition à l'ancienne | Finition mate, grenue, peu raffinée ; couleurs chaudes | À base de produits lactés et de liants minéraux ; se dilue dans l'eau |
| **À plancher intérieur et extérieur** | Planchers de bois (intérieurs et extérieurs), terrasses, balcons, escaliers | Résiste à l'usure | Formule spéciale à l'alkyde |
| **À relief** | Murs et plafonds | Masque les irrégularités et les taches ; peu réfléchissante ; permet divers effets décoratifs (p. 299) | Formule au latex chargée d'éléments granulaires |

## Lustre

Les peintures se reconnaissent à leur caractère plus ou moins lustré.

**Les peintures mates, peu lustrées ou coquille d'œuf** réfléchissent peu la lumière. On les utilise sur les murs et les plafonds des pièces de séjour et des corridors ; elles dissimulent les imperfections et les coups de pinceau.

**Les peintures semi-lustrées** s'emploient surtout dans les cuisines, les salles de bains et les chambres.

**Les peintures lustrées ou satinées,** faciles à laver, sont idéales dans les cuisines, les salles de bains et de jeu, et sur les boiseries. Les peintures très lustrées à l'alkyde sont plus brillantes que les peintures de même catégorie au latex ; ces dernières, surtout si elles sont au latex acrylique, sont résistantes, faciles à laver et très masquantes ; elles ont moins d'odeur et sèchent plus vite que les peintures à l'alkyde.

une seule couche la couleur antérieure, couvrent généralement une moins grande surface, s'appliquent et s'entretiennent plus mal et ne résistent pas aussi longtemps. La peinture de qualité, appliquée au rouleau, n'éclabousse pas et ne cloque pas. Ne vous fiez pas aux renseignements inscrits sur le contenant ; prenez plutôt l'avis d'un détaillant fiable ou consultez des revues spécialisées dans les produits de consommation.

Certaines surfaces acceptent plusieurs types de peinture, d'autres, non. (Consultez le tableau à gauche.) En règle générale, on donne la préférence aux peintures au latex pour les murs et les plafonds de la maison.

Les peintures à l'huile ont une odeur forte et se nettoient avec de l'essence minérale, de la térébenthine ou un solvant. Comme elles retiennent moins l'empreinte des coups de pinceau, on les utilise souvent pour les boiseries. Elles sont néanmoins parfois soumises à des restrictions. Renseignez-vous avant d'en acheter.

Les peintures au latex et à l'alkyde vont du mat au brillant, mais les premières ne sont jamais aussi lustrées que les secondes. Si vous voulez protéger la beauté naturelle des boiseries ou des meubles, optez pour une teinture ou un vernis (pp. 164-167).

Posée sur un apprêt, la couche de finition adhère bien et sa couleur est plus uniforme. Sur une peinture de même type et de même couleur, il suffit de retoucher les taches. Sur du placoplâtre neuf ou sur un mur qui a exigé de multiples réparations, mettez un apprêt de la couleur de la couche de finition. Mettez aussi un apprêt quand vous ne savez pas si la finition antérieure était au latex ou à l'alkyde ; appliqué sur de l'alkyde, le latex finit par s'écailler. Vérifiez toujours d'abord si l'apprêt est compatible avec la peinture de finition.

**Attention !** Lisez les conseils et les mises en garde de la page 291. Pour la mise au rebut, suivez les recommandations de la page 307.

## Calcul des superficies

**Murs.** Additionnez la longueur et la largeur de la pièce et multipliez par 2 ; multipliez le produit par la hauteur de la pièce. Comparez ce résultat au chiffre indiqué sur l'étiquette. Si vous donnez deux couches, doublez la quantité.

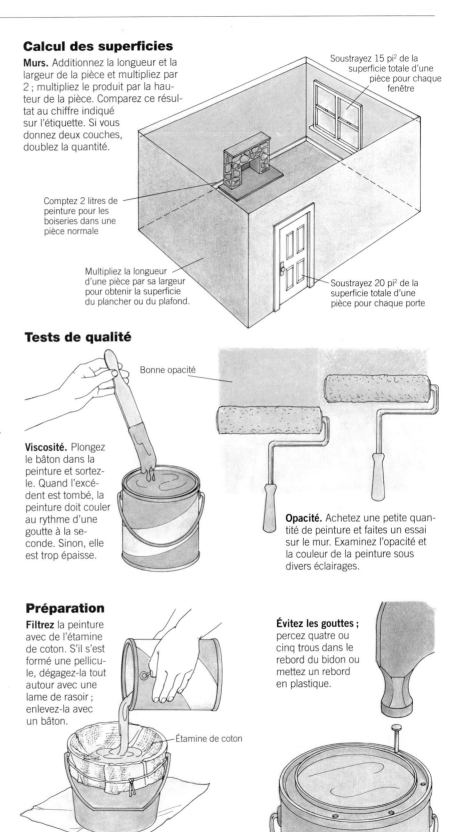

Soustrayez 15 pi$^2$ de la superficie totale d'une pièce pour chaque fenêtre

Comptez 2 litres de peinture pour les boiseries dans une pièce normale

Multipliez la longueur d'une pièce par sa largeur pour obtenir la superficie du plancher ou du plafond.

Soustrayez 20 pi$^2$ de la superficie totale d'une pièce pour chaque porte

## Tests de qualité

Bonne opacité

**Viscosité.** Plongez le bâton dans la peinture et sortez-le. Quand l'excédent est tombé, la peinture doit couler au rythme d'une goutte à la seconde. Sinon, elle est trop épaisse.

**Opacité.** Achetez une petite quantité de peinture et faites un essai sur le mur. Examinez l'opacité et la couleur de la peinture sous divers éclairages.

## Préparation

**Filtrez** la peinture avec de l'étamine de coton. S'il s'est formé une pellicule, dégagez-la tout autour avec une lame de rasoir ; enlevez-la avec un bâton.

Étamine de coton

**Évitez les gouttes ;** percez quatre ou cinq trous dans le rebord du bidon ou mettez un rebord en plastique.

Pour choisir vos couleurs, servez-vous du diagramme chromatique présenté ici. Les couleurs diamétralement opposées sont *complémentaires* et s'harmonisent. Elles s'accordent également avec les couleurs situées de chaque côté. Pour égayer un décor monochrome, c'est-à-dire composé de plusieurs nuances d'une même couleur, choisissez une couleur complémentaire.

La couleur agit sur l'humeur ; il faut la doser. Assortissez la couleur d'une pièce avec celle des meubles, du tapis, des tentures, des tableaux. À l'extérieur, tenez compte des couleurs de votre environnement. Si vous partez de zéro, déterminez une couleur et élaborez votre palette à partir de là.

**Couleurs chaudes et couleurs froides.** Le rouge et le jaune sont des couleurs chaudes ; elles ont un effet stimulant. Dans les pièces ensoleillées, en climat froid, elles créent une ambiance de confort et de détente. Le bleu, le vert et le mauve sont des couleurs froides. En climat chaud, elles font paraître les pièces plus fraîches.

Vous éclaircirez une couleur en lui ajoutant du blanc. Une couleur pâle mettra de la lumière dans une pièce obscure. Vous foncerez une couleur en lui ajoutant du noir. Les couleurs foncées créent une atmosphère d'intimité. Contre un arrière-plan foncé, les couleurs pâles paraissent plus pâles encore. Contre un arrière-plan pâle, les couleurs foncées paraissent plus foncées.

La couleur permet de créer des illusions. Les couleurs pâles reflètent la lumière et donnent l'impression que la pièce est plus grande qu'elle ne l'est en réalité. Les couleurs foncées ont l'effet contraire et créent une ambiance d'intimité. Rectifiez l'apparence d'une pièce longue et étroite en peignant les murs du fond d'une couleur plus foncée ou plus chaude que les deux autres murs. Pour agrandir une pièce ou en atténuer les irrégularités, peignez les murs et les boiseries de la même couleur. Mettez sur les plafonds très élevés une teinte un peu plus foncée que sur les murs ; ils paraîtront plus bas. Faites le contraire pour donner de la hauteur à des plafonds bas.

**Intensité chromatique.** On dit d'une couleur intense qu'elle est *saturée*. Qu'elle soit chaude ou froide, elle attire toujours le regard. Dans une pièce, on utilise les couleurs saturées avec discrétion (par exemple, sur un seul mur). Dans un corridor, par contre, on peut leur faire plus de place puisqu'il s'agit simplement d'un lieu de passage. Une finition très lustrée attirera davantage l'attention qu'une finition mate.

Pour souligner un mur ou une boiserie, choisissez une couleur différente ou un fini plus lustré. Pour dissimuler un élément discordant ou inesthétique (comme un radiateur), donnez-lui la couleur du mur et un fini plus mat.

D'une pièce à l'autre, variez les couleurs. Mais veillez à sauvegarder l'unité du décor en reproduisant en teinte d'accentuation, dans une pièce, la couleur de base de la pièce contiguë. Vous obtiendrez le même résultat en posant, par exemple, sur le mur d'un corridor, un papier peint où se retrouvent les principales teintes de la maison.

Pour l'intérieur, achetez des couleurs un ton plus clair que celles que vous aviez choisies. Sur les murs, elles paraîtront toujours plus foncées que sur l'échantillon. Avant d'arrêter votre choix, faites le petit test proposé ci-dessous ou achetez une petite quantité de la peinture que vous avez choisie et faites-en l'essai sur un morceau de bois. Suspendez cet échantillon pendant quelques jours et notez les changements d'intensité à mesure que la peinture sèche et que la lumière change au cours de la journée.

**Dans le cercle extérieur,** il y a 12 couleurs. Le rouge, le jaune et le bleu sont des couleurs primaires. Les couleurs secondaires — l'orange, le vert et le mauve — s'obtiennent en combinant deux des trois couleurs primaires.

**Dans le cercle intérieur,** vous voyez que des couleurs neutres peuvent être chaudes (à droite) ou froides (à gauche). Associez des tons chauds à des tons neutres pour créer des harmonies de couleurs.

## Tons

**Ajoutez du noir ou du blanc** pour changer le ton sans modifier la couleur. Mélangez des couleurs pour en obtenir une autre. Le brun, par exemple, résulte d'un mélange de rouge, de jaune et de noir.

## Échantillons

**Prenez quatre échantillons** de la même couleur et reliez-les avec du ruban adhésif. (La couleur s'accorde-t-elle aux meubles ?) Fixez-les au mur pour voir la couleur sous différents éclairages.

## Couleurs pour l'intérieur

**Des murs corail semi-lustrés** donnent de la chaleur à ce salon. En règle générale, le rouge s'emploie parcimonieusement ; ici, il crée une ambiance sereine et intime. Le rouge habille bien la salle à manger, les pièces orientées vers le nord et celles où l'on séjourne surtout le soir.

**Les couleurs froides** sont un facteur de détente. Ici, le vert-gris des murs s'harmonise avec le petit coussin, le tableau et l'imprimé des tentures. Les couleurs froides conviennent aux climats chauds, aux pièces exposées au soleil du matin ou de l'après-midi et aux décors modernes.

**Des tons d'une même couleur** — ici, le blanc cassé — concourent à créer une atmosphère harmonieuse. Vous égayerez les tons neutres avec des accessoires contrastants (ici, le vert). Cette harmonie monochrome est tout indiquée dans les chambres d'enfants, les cuisines et les vérandas.

## Couleurs pour l'extérieur

Pour l'extérieur, les principes sont à peu près les mêmes que pour l'intérieur. Une petite maison paraîtra plus grande si on la peint d'une seule couleur (à droite). Les couleurs pâles donnent l'impression qu'une maison est plus proche. Les peintures très lustrées en soulignent les défauts.

L'emploi de trois couleurs (ci-dessous) souligne les détails architecturaux d'une maison. Ici, les murs sont d'un ton neutre, les volets sont foncés et la porte est peinte dans une couleur complémentaire. Harmonisez les couleurs avec les éléments comme la brique que vous ne pouvez pas modifier.

Puisque le soleil fait paraître les couleurs plus pâles, choisissez-les d'un ton plus foncé que prévu. À l'extérieur, les couleurs foncées se fanent plus vite que les couleurs pâles. Le décor naturel autour de la maison change selon les saisons ; choisissez des couleurs qui seront agréables toute l'année.

# PRÉPARATION DES SURFACES

Il est essentiel de nettoyer et de réparer les surfaces qu'on s'apprête à peindre. Enlevez le papier peint (p. 312), les rideaux, les tentures et autres accessoires sauf les plaques d'interrupteurs et des prises de courant que vous enlèverez après avoir lavé les murs. Grattez la vieille peinture qui obstrue les fentes des vis ; ôtez les vis. Lavez les murs et les boiseries de bas en haut avec une éponge et une poudre nettoyante (trisodium sans phosphate) ; rincez. Avant de laver le plafond, protégez le plancher. Soyez prudent sur les escabeaux et les échelles (pp. 290-291).

S'il y a une épaisse couche de peinture sur les boiseries, enlevez-la avec un pistolet thermique ou un décapant. Dans ce dernier cas, appliquez le produit et attendez que la peinture ramollisse ; puis grattez et poncez.

**Attention !** Si vous pensez que la peinture renferme du plomb (p. 307), portez un masque à filtres (p. 13).

Réparez les défauts mineurs dans le placoplâtre. Si les trous sont grands, mettez les montants au jour et posez des fourrures. Découpez une pièce de placoplâtre de la grandeur du trou et fixez-la aux fourrures. Recouvrez les joints de ruban à placoplâtre et de pâte à joints. Dans les murs de plâtre, les longues fissures qui vont en s'évasant et celles qui partent des coins de fenêtres et de portes signalent parfois des problèmes structuraux. Consultez un spécialiste.

## Décapage

**2.** Grattez la peinture ramollie avec un couteau à mastic. (Arrondissez les angles du couteau pour ne pas entamer le bois.) Réchauffez la peinture ou grattez-la, mais ne faites pas les deux en même temps.

Ébarboir

**3.** Grattez les moulures avec un ébarboir ou un grattoir à lame quadrangulaire. Dans les endroits difficiles, utilisez un objet pointu comme un poinçon. Mettez le bois à nu.

**4.** Quand vous avez ôté presque toute la peinture, laissez sécher le bois. Poncez ensuite avec une ponceuse vibrante ou du papier abrasif de plus en plus fin.

**Pour décaper :**
**1.** Tenez le pistolet à 4 ou 5 po de la surface jusqu'à ce que la peinture cloque.
**Attention !** Déplacez constamment le pistolet. Portez des gants, des lunettes de protection et un masque à filtres si la peinture date d'avant 1980.

## Réparation des moulures

**Grattez** la peinture avec un couteau à mastic. Enlevez le bois pourri. Badigeonnez le bois nu avec un bouche-pores.

Pâte de bois

**Remplissez** les trous de pâte de bois au latex ; laissez sécher. Poncez avec du papier abrasif de plus en plus fin.

Clou en saillie

Chasse-clou

**Clous en saillie. 1.** Dans les portes, les fenêtres et les boiseries, noyez les clous avec un chasse-clou. Remplissez les trous et les joints.

Apprêt

**2.** Vaporisez un apprêt ou étalez-le au pinceau. Laissez-le sécher et poncez légèrement.

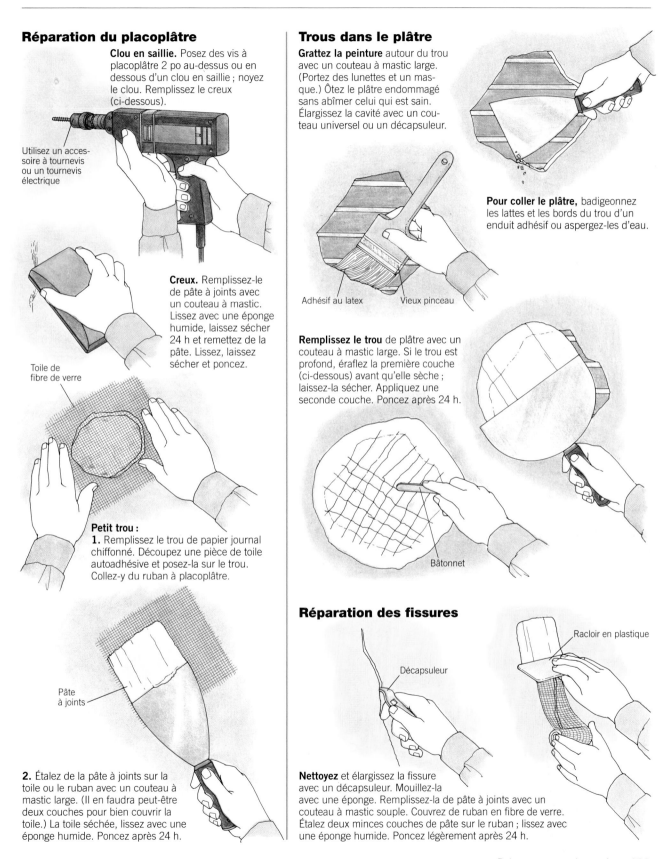

## Réparation du placoplâtre

**Clou en saillie.** Posez des vis à placoplâtre 2 po au-dessus ou en dessous d'un clou en saillie ; noyez le clou. Remplissez le creux (ci-dessous).

Utilisez un accessoire à tournevis ou un tournevis électrique

**Creux.** Remplissez-le de pâte à joints avec un couteau à mastic. Lissez avec une éponge humide, laissez sécher 24 h et remettez de la pâte. Lissez, laissez sécher et poncez.

Toile de fibre de verre

**Petit trou :**
1. Remplissez le trou de papier journal chiffonné. Découpez une pièce de toile autoadhésive et posez-la sur le trou. Collez-y du ruban à placoplâtre.

Pâte à joints

**2.** Étalez de la pâte à joints sur la toile ou le ruban avec un couteau à mastic large. (Il en faudra peut-être deux couches pour bien couvrir la toile.) La toile séchée, lissez avec une éponge humide. Poncez après 24 h.

## Trous dans le plâtre

**Grattez la peinture** autour du trou avec un couteau à mastic large. (Portez des lunettes et un masque.) Ôtez le plâtre endommagé sans abîmer celui qui est sain. Élargissez la cavité avec un couteau universel ou un décapsuleur.

**Pour coller le plâtre,** badigeonnez les lattes et les bords du trou d'un enduit adhésif ou aspergez-les d'eau.

Adhésif au latex          Vieux pinceau

**Remplissez le trou** de plâtre avec un couteau à mastic large. Si le trou est profond, éraflez la première couche (ci-dessous) avant qu'elle sèche ; laissez-la sécher. Appliquez une seconde couche. Poncez après 24 h.

Bâtonnet

## Réparation des fissures

Racloir en plastique

Décapsuleur

**Nettoyez** et élargissez la fissure avec un décapsuleur. Mouillez-la avec une éponge. Remplissez-la de pâte à joints avec un couteau à mastic souple. Couvrez de ruban en fibre de verre. Étalez deux minces couches de pâte sur le ruban ; lissez avec une éponge humide. Poncez légèrement après 24 h.

Le travail sera plus facile si la pièce est dégagée et la surface à peindre délimitée avec du ruban-cache. Enlevez les tentures, les rideaux, le tapis et les meubles légers ; groupez au centre les meubles lourds. Lavez et réparez les murs, le plafond et les boiseries (pp. 288-289). Passez l'aspirateur et époussetez.

Ôtez les accessoires (fermetures de fenêtre, tringles à rideaux et crochets divers) et fixez-y leurs vis avec du ruban adhésif. Protégez tout ce qui n'est pas à peindre : mettez un plastique sur les meubles et les murs et une toile en jute sur les parquets. Si vous employez des feuilles de plastique,

couvrez-les de papier journal ou de vieux draps pour absorber la peinture. Posez sur les plinthes du ruban-cache ou du papier-cache autoadhésif. Ôtez-le délicatement pendant que la peinture sèche ; s'il reste trop longtemps collé, il laissera des marques.

Coupez l'électricité au circuit de la pièce avant d'enlever les plaques, les interrupteurs et les prises de courant et avant d'envelopper les plafonniers et les appliques murales.

Dévissez les garnitures qui recouvrent les boîtes électriques et dégagez-les des murs ou du plafond. Ne laissez pas les accessoires électriques pendre au bout de leurs fils : attachez-les aux sup-

ports de montage avec une ficelle ou un bout de corde.

Vous pourrez coller du ruban-cache autour des carreaux, mais si vous n'avez qu'une fenêtre et si vous maniez bien le pinceau, il ne sera pas plus compliqué, la peinture finie, de nettoyer la vitre au grattoir. Vous pourrez également enduire le pourtour des carreaux d'un produit liquide à masquer à base de cire.

**Attention !** Interdisez aux enfants et aux animaux l'accès à la pièce où vous travaillez. Si vous devez interrompre vos travaux pendant un certain temps, rangez tout votre matériel en lieu sûr (p. 307).

## Avant de peindre

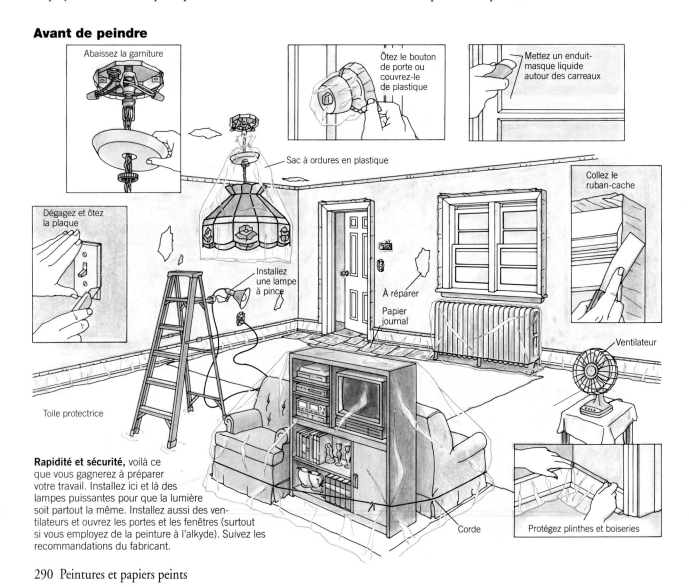

Abaissez la garniture

Ôtez le bouton de porte ou couvrez-le de plastique

Mettez un enduit-masque liquide autour des carreaux

Sac à ordures en plastique

Collez le ruban-cache

Dégagez et ôtez la plaque

Installez une lampe à pince

À réparer

Papier journal

Ventilateur

Toile protectrice

Corde

Protégez plinthes et boiseries

**Rapidité et sécurité,** voilà ce que vous gagnerez à préparer votre travail. Installez ici et là des lampes puissantes pour que la lumière soit partout la même. Installez aussi des ventilateurs et ouvrez les portes et les fenêtres (surtout si vous employez de la peinture à l'alkyde). Suivez les recommandations du fabricant.

# ESCABEAUX, ÉCHELLES ET ÉCHAFAUDAGES

Pour travailler à l'intérieur, une seule échelle suffit ; à l'extérieur, il en faudra souvent au moins deux. Les escaliers posent des problèmes particuliers (p. 297). À l'intérieur, utilisez des escabeaux. Si vous avez besoin d'une échelle à coulisse pour atteindre un plafond élevé, encapuchonnez les montants pour protéger le mur. Construisez un échafaudage simple avec des escabeaux et des madriers. Dans les cas compliqués, louez des échafaudages. Mettez en pratique les mesures ci-contre.

## Escabeau

**Les pieds** de l'escabeau doivent être d'aplomb sur le parquet. Pour assurer votre équilibre, inclinez-vous vers l'escabeau. Ne travaillez pas à bout de bras ; déplacez plutôt l'escabeau. Ne vous étirez pas : l'escabeau pourrait basculer.

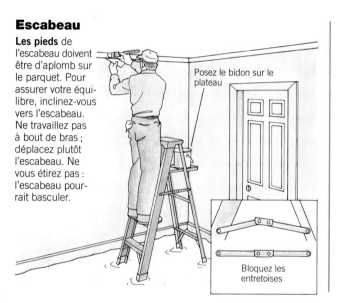

Posez le bidon sur le plateau

Bloquez les entretoises

## Échafaudage

**Posez** un madrier de 2 x 10 ou de 2 x 12 sur les marches d'escabeaux, en les faisant dépasser de 1 pi. Si l'écart entre les escabeaux excède 5 pi, superposez deux madriers.

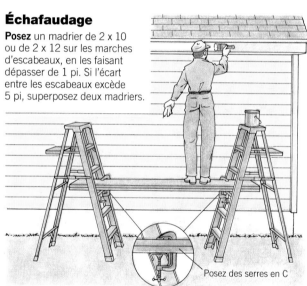

Posez des serres en C

## Échelle à coulisse

**Couchez-la,** les patins contre les fondations, et redressez-la avec les deux mains. Allongez-la à la hauteur voulue et écartez sa base du mur.

**À la base,** écartez l'échelle du mur d'une distance égale au quart de sa hauteur. Les deux patins doivent être parallèles pour éviter le balancement. Si le sol est dur ou glissant, demandez qu'on tienne l'échelle en place.

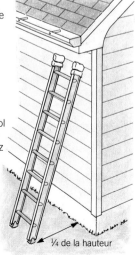

¼ de la hauteur

**Hissez** vos outils dans un seau ou demandez qu'on vous les tende. Accrochez le bidon de peinture sur un tuyau encoché introduit dans le dernier échelon.

Tuyau encoché en PVC, fixé au dernier échelon

# PEINTURE AU PINCEAU

Peignez les boiseries d'abord ; une fois qu'elles sont sèches, protégez-les (p. 290). Entamez ensuite le plafond et les murs. Si vous craignez de tacher les boiseries en cours de travail, commencez par le plafond et les murs et terminez plutôt par les boiseries. Prenez un pinceau de 2-3 po (5-7,5 cm) pour le tour des fenêtres, des portes et des boiseries et pour peindre les angles que le rouleau n'atteindrait pas. Terminez le travail au pinceau très large ou au rouleau (pp. 294-295). À l'extérieur, commencez par les fenêtres et les portes pour pouvoir les fermer en fin de journée.

Commencez votre travail à partir d'un angle près d'une fenêtre. Pour que la couche de peinture soit uniforme, il faut utiliser toute la largeur du pinceau. Tenez-celui-ci entre les doigts et le pouce de façon à le manier en souplesse et changez de prise de temps à autre pour ne pas vous fatiguer. Avant de retremper votre pinceau, repassez-le délicatement sur la peinture fraîche. Pour que les bandes successives ne se voient pas, faites les légèrement chevaucher. Ne vous arrêtez pas au beau milieu d'une section : la couleur pourrait ne plus être uniforme.

## Technique du pinceau

**Trempez les soies** sur le tiers de leur longueur. Enlevez l'excédent en tapotant la paroi du bidon. N'essuyez pas le pinceau contre le bord.

**Si les couleurs du mur** et du plafond sont différentes, faites le découpage avec le côté du pinceau. Ôtez les taches avec de l'essuie-tout enroulé sur un couteau à mastic.

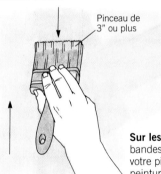

Pinceau de 3" ou plus

**Sur les grandes surfaces,** faites deux ou trois bandes chevauchantes, en diagonale, avec votre pinceau le plus large. Étendez la peinture à la verticale.

**Dans les angles,** sur les boiseries et dans les endroits que le rouleau n'atteint pas, utilisez la pleine largeur du pinceau. Travaillez lentement, sans éclabousser.

## Entretien du pinceau

**Ôtez l'excédent** de peinture avec un peigne ou frottez le pinceau à plusieurs reprises sur du papier journal.

Peigne à pinceau

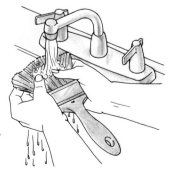

**Enlevez la peinture au latex** à l'eau tiède, en séparant bien les soies. Enlevez la peinture à l'alkyde à l'essence minérale.

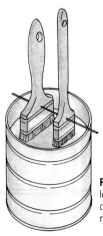

**Pour la nuit :** faites un trou dans le manche du pinceau et suspendez-le sur un fil de fer dans un récipient d'eau ou de solvant.

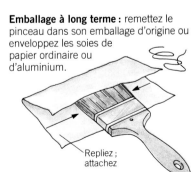

**Emballage à long terme :** remettez le pinceau dans son emballage d'origine ou enveloppez les soies de papier ordinaire ou d'aluminium.

Repliez ; attachez

## Fenêtres

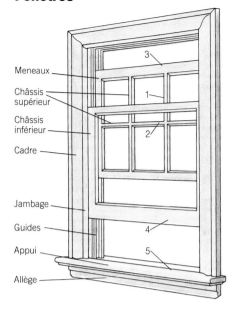

- Meneaux
- Châssis supérieur
- Châssis inférieur
- Cadre
- Jambage
- Guides
- Appui
- Allège

**Séquence :** Retirez poignées et ferrures ; peignez, dans l'ordre, les meneaux verticaux et horizontaux puis le reste du châssis. Fenêtre à guillotine : faites le haut du châssis supérieur ; inversez la position des châssis et faites le bas du châssis supérieur. Faites ensuite le châssis inférieur, puis le jambage, l'allège, l'appui et le cadre. Poncez les guides avant de les peindre. Montez et abaissez les châssis durant le séchage pour éviter qu'ils ne collent.

Châssis supérieur

Angle du pinceau

Châssis inférieur

**Commencez au centre** avec un pinceau rond de 1½ po. Peignez dans les deux sens, en revenant au centre. Pour effectuer ce genre de travail, versez la peinture dans un petit contenant.

**Vérifiez les angles ;** la peinture tend à s'y accumuler et à couler ; épongez l'excédent avec un pinceau sec. Faites de même à l'intersection des meneaux.

## Porte

- Cadre
- Jambage
- Traverse
- Montant
- Cale

**Séquence :** Enlevez le bouton de porte ou protégez-le. Coincez la porte en position ouverte avec des cales. Porte neuve : peignez aussi le dessous avant de la poser pour protéger le bois contre l'humidité. Faites ensuite les côtés et le dessus, puis les moulures des panneaux et les panneaux eux-mêmes. Terminez par les traverses et les montants.

Pinceau rond de 1"

**Moulures des panneaux.** Utilisez un pinceau rond de 1 po et travaillez du haut vers le bas. Épongez dans les angles pour éviter les coulures.

Pinceau de 3"

**Peinture des panneaux.** Utilisez un pinceau de 2 ou 3 po et travaillez à partir du centre du panneau. Lissez à la verticale.

## Boiseries

Pare-peinture

**Protégez les autres surfaces** avec du métal ou du plastique ; essuyez souvent. Travaillez dans le sens du fil ; mettez deux couches.

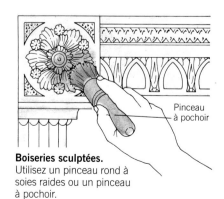

Pinceau à pochoir

**Boiseries sculptées.** Utilisez un pinceau rond à soies raides ou un pinceau à pochoir.

L'épaisseur du manchon doit correspondre au travail que l'on entreprend. Elle sera de ½ po (1,3 cm) pour les peintures mates ou semi-lustrées ; de ¼ po (6 mm) ou en mousse expansée pour les peintures très lustrées ; de ¾ po (2 cm) pour les peintures à relief (p. 299) ou le béton. Avant le travail, humectez le manchon (eau pour les peintures au latex, essence minérale pour celles à l'alkyde) ; épongez l'excédent avec de l'essuie-tout.

Sur le plan technique, le rouleau motorisé est semblable au rouleau manuel. Sa rapidité peut le faire paraître avantageux, mais le temps qu'il faut mettre à le nettoyer annule cet avantage. Les tampons sont utiles sur les surfaces irrégulières et dans les endroits exigus ; les tampons de bordure permettent de faire du beau travail le long des boiseries.

Appliquez une même couche de peinture sans vous interrompre pour éviter les lignes de chevauchement. Sur le placoplâtre neuf, attendez que la première couche soit bien sèche avant de mettre la seconde ; entre les deux couches, rectifiez les joints et faites les petites réparations qui restent visibles.

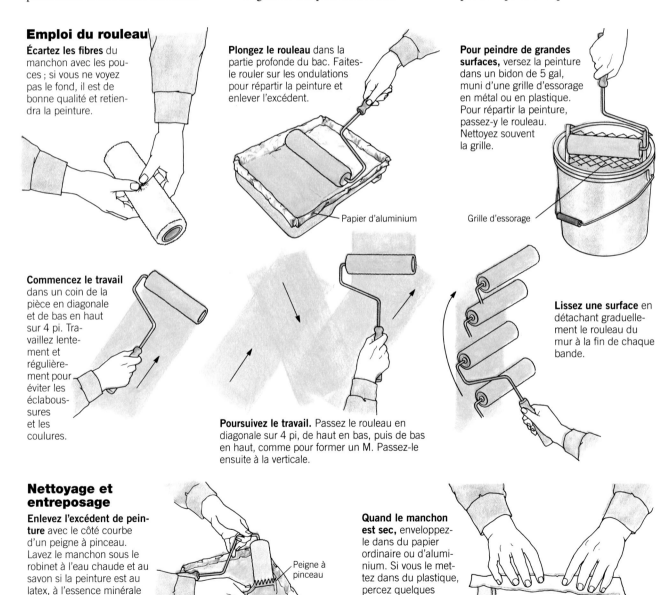

## Emploi du rouleau

**Écartez les fibres** du manchon avec les pouces ; si vous ne voyez pas le fond, il est de bonne qualité et retiendra la peinture.

**Plongez le rouleau** dans la partie profonde du bac. Faites-le rouler sur les ondulations pour répartir la peinture et enlever l'excédent.

Papier d'aluminium

**Pour peindre de grandes surfaces,** versez la peinture dans un bidon de 5 gal, muni d'une grille d'essorage en métal ou en plastique. Pour répartir la peinture, passez-y le rouleau. Nettoyez souvent la grille.

Grille d'essorage

**Commencez le travail** dans un coin de la pièce en diagonale et de bas en haut sur 4 pi. Travaillez lentement et régulièrement pour éviter les éclaboussures et les coulures.

**Poursuivez le travail.** Passez le rouleau en diagonale sur 4 pi, de haut en bas, puis de bas en haut, comme pour former un M. Passez-le ensuite à la verticale.

**Lissez une surface** en détachant graduellement le rouleau du mur à la fin de chaque bande.

## Nettoyage et entreposage

**Enlevez l'excédent de peinture** avec le côté courbe d'un peigne à pinceau. Lavez le manchon sous le robinet à l'eau chaude et au savon si la peinture est au latex, à l'essence minérale si elle est à l'alkyde. Dans ce dernier cas, portez des gants de caoutchouc.

Peigne à pinceau

**Quand le manchon est sec,** enveloppez-le dans du papier ordinaire ou d'aluminium. Si vous le mettez dans du plastique, percez quelques trous pour éviter la moisissure.

# Plafonds et murs

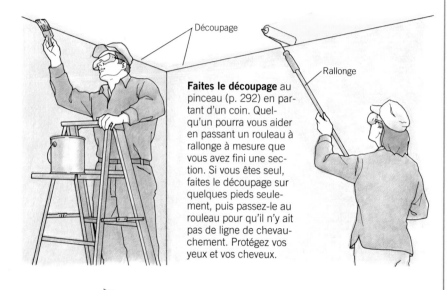

Découpage
Rallonge

**Faites le découpage** au pinceau (p. 292) en partant d'un coin. Quelqu'un pourra vous aider en passant un rouleau à rallonge à mesure que vous avez fini une section. Si vous êtes seul, faites le découpage sur quelques pieds seulement, puis passez-le au rouleau pour qu'il n'y ait pas de ligne de chevauchement. Protégez vos yeux et vos cheveux.

**Poursuivez le travail** par bandes diagonales, comme sur l'illustration de la page prédécente. Couvrez des carrés de 3 pi de côté, puis lissez. Travaillez vers la peinture fraîche ; faites chevaucher le bord des bandes pour éviter les lignes de démarcation. Travaillez lentement pour ne pas faire d'éclaboussures.

**Faites le découpage des murs** après avoir fini le plafond. Le rouleau beignet est utile dans les coins (médaillon). Commencez dans le coin supérieur et faites des sections de 2 x 4 pi du bas vers le haut. Appliquez la peinture comme dans l'illustration de la page ci-contre.

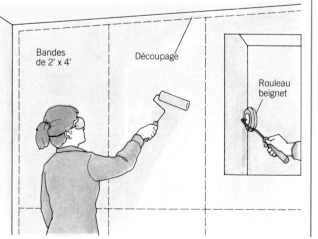

Bandes de 2' x 4'
Découpage
Rouleau beignet

# Emploi des tampons

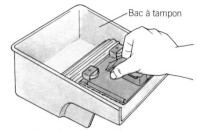

Bac à tampon

**Humectez** le tampon (essence minérale pour la peinture à l'alkyde, eau pour la peinture au latex). Imbibez-le de peinture et débarrassez-le de l'excédent.

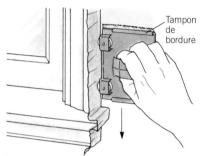

Tampon de bordure

**Posez les roulettes** du tampon de bordure contre la boiserie et travaillez en ligne droite, sans mouvement de va-et-vient.

**Pour nettoyer** le tampon, pressez-le sur du papier journal et lavez-le à l'eau ou à l'essence minérale, selon la peinture.

**Pressez le tampon** sur du papier journal et laissez-le sécher. Enveloppez-le dans du papier ordinaire ou du papier aluminium.

Peintures et papiers peints 295

# PEINTURE AU PISTOLET

La peinture au pistolet est rapide, surtout sur des surfaces irrégulières comme des clôtures ou des meubles, mais il faut de l'expérience pour que la couche soit uniforme. Le pistolet consomme plus de peinture que le pinceau ou le rouleau et il faut le nettoyer minutieusement après chaque usage. Avant d'en acheter ou d'en louer un, pesez bien le pour et le contre et choisissez un appareil adapté à la tâche. Par exemple, le pistolet à pression illustré ici risque de ne pas convenir à l'extérieur (pp. 306-307). Règle

générale, on peut employer n'importe quel type de peinture sauf parfois la peinture à relief. Demandez au vendeur ou au locateur de vous expliquer le maniement de l'appareil ; demandez aussi un manuel d'instructions.

Avant de remplir le godet, filtrez la peinture (p. 285) pour ne pas obstruer la buse et diluez-la d'environ 10 p. 100 avec de l'eau ou un solvant, selon le type de peinture utilisée. Assurez-vous que la buse a la bonne ouverture et qu'elle n'est pas obstruée. Protégez les surfaces que vous ne voulez pas

peindre : l'appareil dégage beaucoup de bruine. Faites d'abord des essais sur des pièces de rebut. Si la peinture a la bonne viscosité, elle couvrira la surface de façon uniforme.

**Attention !** Le jet de peinture est puissant ; s'il vous atteint, il peut vous blesser gravement. Ne braquez jamais l'appareil sur quelqu'un ; ne le braquez jamais sur un objet autre que celui que vous voulez peindre. Débranchez-le avant de le remplir, de le nettoyer ou de le réparer. Portez un masque approprié (p. 13).

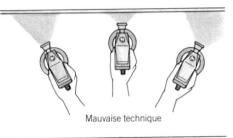

Mauvaise technique

Bonne technique

**Recouvrez chaque bande** sur environ le tiers de sa largeur ; déplacez-vous (à droite) pour que le gicleur reste parallèle au mur. N'inclinez pas le pistolet. Si vous sentez venir la fatigue, tenez-le à deux mains.

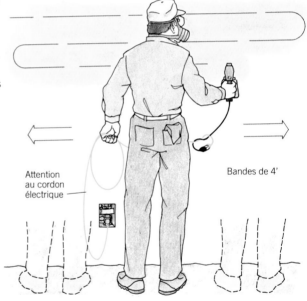

Attention au cordon électrique

Bandes de 4'

**Tenez le pistolet** à 1 pi de la surface et déplacez-le parallèlement au mur. Il doit toujours rester bien droit ; c'est votre poignet qui doit jouer. Ne décrivez pas d'arc.

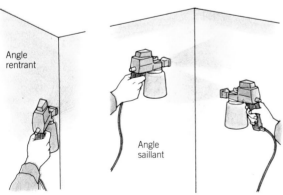

Angle rentrant

Angle saillant

**Dans les angles rentrants,** visez l'intersection des murs. Dans les angles saillants, faites un mur, puis l'autre. Si les murs sont d'une autre couleur que le plafond, faites le découpage au pinceau (p. 292).

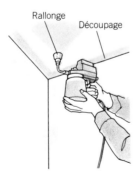

Rallonge

Découpage

**Pour le plafond et le parquet,** utilisez une rallonge souple et éclaircissez un peu plus la peinture qu'à l'ordinaire. Tenez le bidon par-dessous.

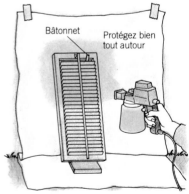

Bâtonnet

Protégez bien tout autour

**Passez sur les formes irrégulières** à l'horizontale en dépassant sur les côtés. Maintenez les lames des persiennes ouvertes avec un bâton.

# CAGE D'ESCALIER

Il faut généralement un échafaudage pour atteindre le haut de la cage d'un escalier. Vous pouvez en louer ou en fabriquer un avec des madriers de 2 x 10 ou de 2 x 12 que vous posez sur des tréteaux, des échelles à coulisse ou des escabeaux. Achetez les madriers chez un vendeur spécialisé ; assurez-vous qu'ils sont droits et dépourvus de nœud.

Si un madrier a plus de 5 pi (1,5 m) de longueur, superposez-en deux. S'il a 10 pi (3 m) de longueur, étayez-le au centre. Le madrier doit être posé de niveau et dépasser de 1 pi (30 cm) les supports aux deux extrémités. Fixez-le avec des serre-joints ou clouez-le. Pour éviter les risques de chute, ne placez pas l'échafaudage trop loin du mur ; laissez un espace équivalent à l'épaisseur de votre corps. Ne mettez sur le plateau que ce dont vous vous servez.

Couvrez tout ce qui se trouve sous l'échafaudage et autour. Peignez la main courante et les balustres avec un gant, les marches avec un pinceau et un petit rouleau. Faites le découpage comme à l'ordinaire (p. 292).

**Attention !** Quand vous travaillez en hauteur, respectez les mesures de sécurité énoncées à la page 291. Assurez-vous que le madrier est stable et bien installé. Pour empêcher un escabeau de glisser, enlevez le tapis si c'est possible et clouez des tasseaux sur le parquet. Interdisez l'accès de l'escalier. Laissez les portes ouvertes ou fermez-les à clé.

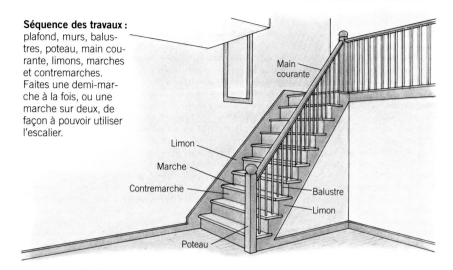

**Séquence des travaux :** plafond, murs, balustres, poteau, main courante, limons, marches et contremarches. Faites une demi-marche à la fois, ou une marche sur deux, de façon à pouvoir utiliser l'escalier.

Main courante

Limon

Marche

Contremarche

Balustre

Limon

Poteau

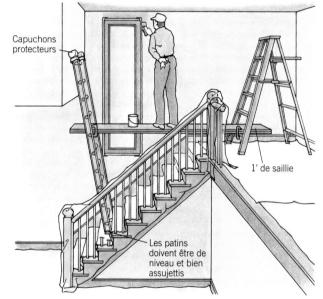

Capuchons protecteurs

1' de saillie

Les patins doivent être de niveau et bien assujettis

**Dans le haut de l'escalier,** installez un escabeau et une échelle à coulisse (comme sur l'illustration). Bloquez les patins de l'échelle contre la contremarche ; encapuchonnez le haut des montants. Mettez deux 2 x 10 ou deux 2 x 12 entre l'escabeau et l'échelle ; assujettissez-les aux échelons avec des serre-joints ou des clous. Si le haut de l'escalier est très exigu, appuyez un escabeau ou un tréteau contre le mur du palier.

Patin ajustable

**Les échelles à coulisse** en aluminium ou en fibre de verre ont parfois des patins ajustables, utiles notamment dans les escaliers.

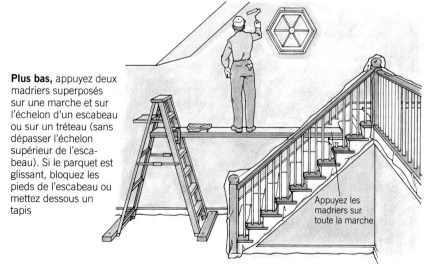

**Plus bas,** appuyez deux madriers superposés sur une marche et sur l'échelon d'un escabeau ou sur un tréteau (sans dépasser l'échelon supérieur de l'escabeau). Si le parquet est glissant, bloquez les pieds de l'escabeau ou mettez dessous un tapis

Appuyez les madriers sur toute la marche

# TECHNIQUES PARTICULIÈRES

Dans tous les projets de rénovation, il y a toujours des objets ou des coins difficiles à peindre. Dans la grande majorité des cas, l'usage du pinceau et du rouleau suffit ; néanmoins, certains outils pourront vous faciliter la tâche.

Dans les endroits exigus, utilisez un pinceau à manche court. Avant d'entreprendre la restauration d'un meuble ou d'une armoire, enlevez-en les portes, les tiroirs et les ferrures

et lavez-en toutes les surfaces. Poncez légèrement. Pour éviter que le bois ne travaille sous l'action de l'humidité, donnez partout le même nombre de couches.

Le pistolet (p. 296) à pression (et non à air comprimé) est idéal pour peindre les objets en métal ou les portes persiennes, mais vous obtiendrez les mêmes résultats, en y mettant un peu plus de temps, avec un gant ou un tampon.

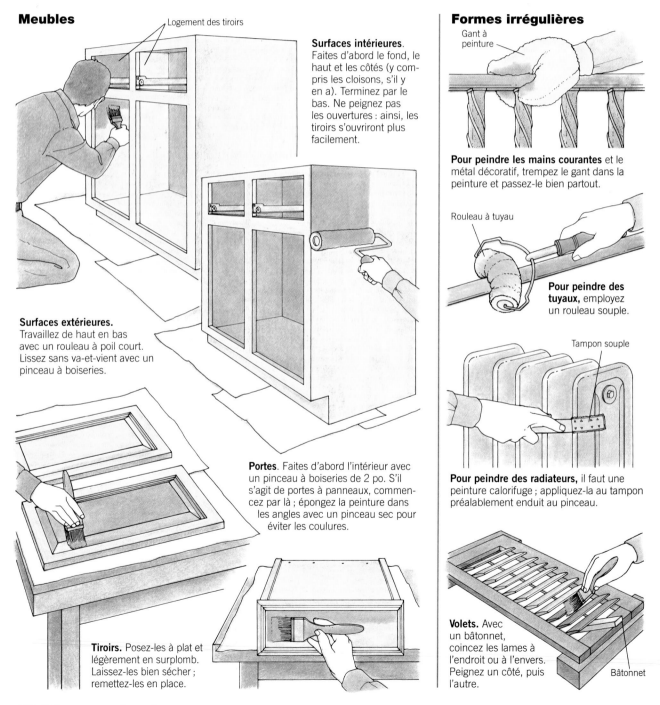

**Meubles**

Logement des tiroirs

**Surfaces intérieures.** Faites d'abord le fond, le haut et les côtés (y compris les cloisons, s'il y en a). Terminez par le bas. Ne peignez pas les ouvertures : ainsi, les tiroirs s'ouvriront plus facilement.

**Surfaces extérieures.** Travaillez de haut en bas avec un rouleau à poil court. Lissez sans va-et-vient avec un pinceau à boiseries.

**Portes.** Faites d'abord l'intérieur avec un pinceau à boiseries de 2 po. S'il s'agit de portes à panneaux, commencez par là ; épongez la peinture dans les angles avec un pinceau sec pour éviter les coulures.

**Tiroirs.** Posez-les à plat et légèrement en surplomb. Laissez-les bien sécher ; remettez-les en place.

**Formes irrégulières**

Gant à peinture

**Pour peindre les mains courantes** et le métal décoratif, trempez le gant dans la peinture et passez-le bien partout.

Rouleau à tuyau

**Pour peindre des tuyaux,** employez un rouleau souple.

Tampon souple

**Pour peindre des radiateurs,** il faut une peinture calorifuge ; appliquez-la au tampon préalablement enduit au pinceau.

**Volets.** Avec un bâtonnet, coincez les lames à l'endroit ou à l'envers. Peignez un côté, puis l'autre.

Bâtonnet

# PEINTURE À RELIEF

La peinture à relief, tout en étant décorative, dissimule les fissures et les irrégularités sur les murs et les plafonds. Elle est difficile à enlever, mais on pourra la rafraîchir ou en changer la couleur avec une peinture ordinaire. Une fois appliquée, travaillez-la selon l'une ou l'autre des techniques qui suivent. La peinture à relief déjà mélangée est en général plus liquide que la poudre à diluer dans l'eau ou la peinture au latex.

Faites-vous la main sur une pièce de carton épais. Sur le mur, masquez les défauts très marqués (pp. 288-289). Appliquez ensuite une couche d'apprêt. Laissez sécher la peinture à relief suivant les recommandations du fabricant avant de réaliser la finition de votre choix. Si vous appliquez de la peinture d'une autre couleur, laissez sécher le motif pendant 24 heures.

## Application

**Donnez à la peinture à relief** la consistance désirée. Appliquez au rouleau une couche de 1/16 po d'épaisseur sur un carré de 3 pi de côté. Réalisez un motif (ci-dessous).

**Pour colorer** la peinture à relief, couvrez-la de peinture ordinaire au latex. Faites d'abord le découpage au pinceau. Remplissez les fissures et lissez.

**Avec un rouleau** à poil de 3/4 po, appliquez la peinture au latex en formant des W ou des M. Finissez à la verticale. Vous pourriez aussi utiliser un pistolet (p. 296).

## Motifs variés

**Ronds.** Faites des ronds avec une éponge naturelle humide.

**Sillons.** Passez une truelle dentée pour former le motif désiré.

**Sillons fins.** Passez un peigne à grosses dents, en plastique ou en métal.

**Effet de crépi.** Travaillez avec une truelle à maçonnerie ou un couteau à mastic.

**Tourbillons.** Avec une brosse à poils raides, faites des mouvements de torsion.

**Chinure.** Travaillez la peinture avec un morceau de papier ciré chiffonné.

Avec quelques outils improvisés, un glacis que vous composez vous-même et les techniques décrites ci-dessous, vous pourrez réaliser des projets de rénovation ayant une véritable valeur esthétique. En effet, la peinture décorative modifie complètement l'aspect d'une pièce.

Le glacis est une peinture semi-transparente que vous appliquez sur une couche de base et que vous travaillez pour obtenir un effet particulier. La technique la plus répandue et la plus simple consiste à étaler le glacis au rouleau ou au pinceau sur la couche de base, puis à le travailler (ci-contre) de manière à obtenir une finition très douce. Vous pouvez également appliquer immédiatement le glacis sur la couche de base avec l'outil de finition de votre choix pour obtenir un motif bien défini. Enfin, vous pouvez combiner ces techniques, multiplier les couches et les couleurs et obtenir un effet de profondeur.

Les recettes sont nombreuses ; la plus répandue est un simple mélange de peinture à l'alkyde, de solvant et de glacis (ci-dessous). (S'il n'y a pas de glacis en stock, on pourra vous en commander.) Comme il est difficile de reproduire exactement une couleur, préparez-en toujours une bonne quantité.

La couche de base, au latex ou à l'alkyde, doit toujours être satinée ou semi-lustrée. Laissez-la sécher 24 heures avant d'appliquer le glacis. Les glacis à l'alkyde sèchent lentement ; vous avez beaucoup de temps pour les travailler. Ceux au latex sèchent vite ; gardez-les pour les petits projets.

Lorsque le glacis est sec, vous pouvez appliquer un vernis transparent qui protège l'ouvrage et lui donne du lustré. L'emploi du vernis est presque obligatoire si vous employez la technique du marbrage (p. 302), ainsi que sur les meubles et les objets.

Avant d'opter pour un effet particulier, examinez la surface à travailler.

Le peignage, le chinage et le brossage feront ressortir les imperfections. Faites d'abord des essais sur une planche. Préparez la pièce comme pour tout autre travail de peinture (p. 290). Si vous décorez une pièce entière, faites d'abord un mur, puis celui d'en face, pour ne pas avoir de problème dans les angles.

**Attention !** Les produits à base d'alkyde dégagent des vapeurs toxiques. Aussi faut-il porter un masque à filtres (p. 13) et des gants de caoutchouc. Aérez bien la pièce ; interdisez-en l'accès aux enfants et aux animaux. Le travail terminé, rangez rapidement votre matériel (p. 307).

## Préparation du glacis

**Mélangez** en parties égales peinture à l'alkyde, solvant et glacis liquide. Remuez le mélange en partant du fond. Faites un essai sur une planche revêtue d'une base ; le glacis ne doit pas être trop fluide. Pour l'épaissir, ajoutez de la peinture ; pour l'éclaircir, ajoutez du solvant. Pour le rendre plus transparent, ajoutez du glacis.

Glacis

## Application

Glacis    Base

**Sur les murs,** appliquez le glacis par bandes verticales de 2-3 pi ; lissez dans un seul sens ; éliminez les lignes de chevauchement (p. 292). Quelqu'un devra travailler le glacis dès que vous l'avez appliqué ; il doit être humide.

**Motif linéaire.** Dans le peignage, par exemple, lissez le glacis à la verticale avant de le travailler.

Tampon de mousse

**Motif indéfini.** Pour marbrer (p. 302), appliquez le glacis avec un pinceau ou un tampon de mousse par bandes allant dans tous les sens.

## Techniques diverses

**Au tampon.** Tamponnez le glacis avec de l'essuie-tout, un chiffon propre et non pelucheux ou une feuille de plastique mince. Pour éviter la répétition du motif, retournez souvent le tampon ou prenez-en un neuf.

**Bouchonnage à l'éponge.** Tapotez le glacis avec une éponge naturelle humectée de solvant ; retournez-la souvent dans la main, sans la comprimer. L'éponge artificielle donne un motif plus défini et plus régulier.

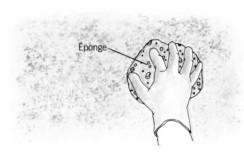

Éponge

**À la brosse.** Appuyez une brosse (ou un pinceau à teinture, moins cher) sur le glacis humide ; le motif sera plus net si vous évitez de faire glisser la brosse. Essuyez-la souvent. Ses poils doivent rester perpendiculaires à la surface.

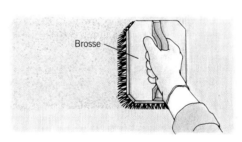

Brosse

**Au chiffon.** Pour obtenir une texture semblable à celle du velours froissé, prenez un carré de chiffon de 12 po de côté et enroulez-le grossièrement. Faites-le rouler sur le glacis de haut en bas en faisant chevaucher les sections.

**Au peigne.** Passez un peigne d'acier ou de caoutchouc incliné à 45°. Selon le mouvement imprimé au peigne, vous obtiendrez des sillons droits ou en zigzag. Les sections ne doivent pas se chevaucher. Nettoyez le peigne après chaque bande.

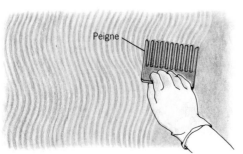

Peigne

## Éclaboussure

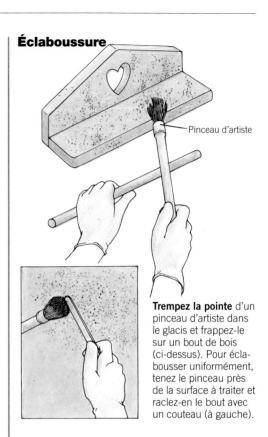

Pinceau d'artiste

**Trempez la pointe** d'un pinceau d'artiste dans le glacis et frappez-le sur un bout de bois (ci-dessus). Pour éclabousser uniformément, tenez le pinceau près de la surface à traiter et raclez-en le bout avec un couteau (à gauche).

## Fines rayures

Tenez le pinceau à plat

Couteau à mastic

**Sur le glacis humide,** passez de haut en bas et d'un mouvement continu un pinceau sec, à poils longs et raides (ci-dessus). Obtenez un effet plus lisse en vous servant d'un couteau à mastic enveloppé dans de l'essuie-tout (à gauche).

On obtient une finition semblable à celle du marbre en appliquant un ou deux glacis de couleurs différentes sur une couche de base et en les travaillant avec des outils adaptés à la finition désirée. La peinture une fois sèche, on dessine les veines avec une plume ou un pinceau d'artiste.

Les finitions qu'on rencontre le plus fréquemment sont l'imitation du marbre vert (base noire, taches vertes et veines grises) et celle du marbre de Carrare (base blanche, taches gris pâle et veines gris moyen).

Avant d'entreprendre le travail, rassemblez les outils et les glacis (pp. 300-301) dont vous aurez besoin et faites des essais (fond et marbrure) sur une planche de bois. Travaillez si possible d'après un morceau de marbre ou une photographie.

On recommande d'habitude aux débutants de travailler des objets qui pourraient vraisemblablement être en vrai marbre : le plateau d'une table ou le dessus d'une cheminée. Si vous êtes en mesure d'entreprendre un projet plus audacieux, un mur ou un plancher, par exemple, divisez et travaillez la surface en carrés de 1 pi (30 cm) de côté. Pour que les résultats soient convaincants, il faudra prolonger les marbrures d'une section à l'autre.

Toute surface propre et lisse peut être marbrée. N'enlevez la vieille peinture que si elle est très épaisse ou si elle se détache. Poncez avec du papier abrasif fin avant d'appliquer la couche de base (peinture émail au latex ou à l'alkyde selon le revêtement antérieur).

Pour que l'illusion soit complète, l'opération comporte finalement plusieurs couches de vernis (p. 168). Un vernis à base d'huile jaunit avec le temps ; il est préférable d'appliquer un vernis à l'eau. Le vernis très lustré fera ressortir les imperfections. Exposez votre projet au marchand et demandez-lui son avis.

**Attention !** Si vous travaillez avec un glacis à l'alkyde, prenez les précautions qui s'imposent (p. 300).

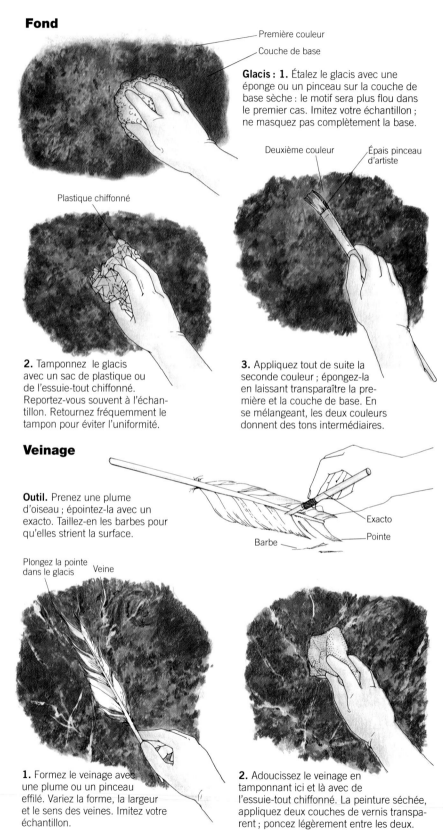

## Fond

Première couleur
Couche de base

**Glacis : 1.** Étalez le glacis avec une éponge ou un pinceau sur la couche de base sèche : le motif sera plus flou dans le premier cas. Imitez votre échantillon ; ne masquez pas complètement la base.

Plastique chiffonné

Deuxième couleur
Épais pinceau d'artiste

**2.** Tamponnez le glacis avec un sac de plastique ou de l'essuie-tout chiffonné. Reportez-vous souvent à l'échantillon. Retournez fréquemment le tampon pour éviter l'uniformité.

**3.** Appliquez tout de suite la seconde couleur ; épongez-la en laissant transparaître la première et la couche de base. En se mélangeant, les deux couleurs donnent des tons intermédiaires.

## Veinage

**Outil.** Prenez une plume d'oiseau ; épointez-la avec un exacto. Taillez-en les barbes pour qu'elles strient la surface.

Exacto
Pointe
Barbe

Plongez la pointe dans le glacis          Veine

**1.** Formez le veinage avec une plume ou un pinceau effilé. Variez la forme, la largeur et le sens des veines. Imitez votre échantillon.

**2.** Adoucissez le veinage en tamponnant ici et là avec de l'essuie-tout chiffonné. La peinture séchée, appliquez deux couches de vernis transparent ; poncez légèrement entre les deux.

## Fabrication du pochoir

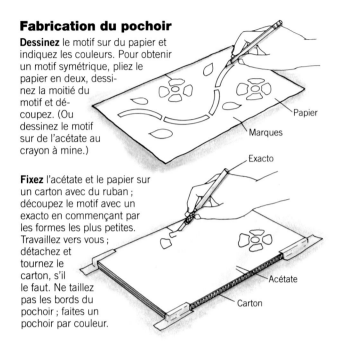

**Dessinez** le motif sur du papier et indiquez les couleurs. Pour obtenir un motif symétrique, pliez le papier en deux, dessinez la moitié du motif et découpez. (Ou dessinez le motif sur de l'acétate au crayon à mine.)

Papier

Marques

Exacto

**Fixez** l'acétate et le papier sur un carton avec du ruban ; découpez le motif avec un exacto en commençant par les formes les plus petites. Travaillez vers vous ; détachez et tournez le carton, s'il le faut. Ne taillez pas les bords du pochoir ; faites un pochoir par couleur.

Acétate

Carton

## Marquage du mur

**Tracez une ligne horizontale** (vérifiez-la avec un niveau) sur laquelle vous appuierez le pochoir.

On donnera un aspect vieillot aux murs, aux plafonds, aux parquets, aux meubles et aux objets décoratifs grâce à la technique du pochoir. Le motif pourra être appliqué en frise, couvrir toute une surface ou être employé comme élément isolé. On peut acheter des pochoirs commerciaux ou en fabriquer soi-même à partir de catalogues de motifs vendus chez les marchands de peinture ou à partir d'une idée originale. Il pourra parfois être nécessaire d'agrandir ou de réduire le motif (p. 338).

La fabrication d'un pochoir exige peu de matériel. Il vous faut de l'acétate ou du carton à pochoir. L'acétate a deux atouts : il se découpe facilement et, comme il est transparent, il laisse apercevoir les repères inscrits sur la surface à décorer. Mettez un carton épais sous la feuille pour protéger votre plan de travail ; découpez-la à l'exacto. Fixez le pochoir avec du ruban à dessin sur la surface à décorer.

Achetez de la peinture à pochoir ou de la peinture à l'acrylique. Donnez-lui la consistance de la crème en la délayant avec un solvant (peinture à l'huile) ou de l'eau (peinture au latex) : si elle est trop liquide, il y aura des bavures derrière le pochoir. Appliquez-la avec un pinceau à chiner ou une éponge ; dans ce dernier cas, le motif sera plus flou. Exécutez ce travail de préférence sur une peinture mate au latex ou à l'alkyde.

Dans le cas d'un motif en frise, prenez les mesures et marquez les repères (à gauche) en tenant compte des inégalités ou des obstacles. Appliquez une première couleur ; pour ne pas gâcher votre travail, laissez-la sécher avant d'appliquer la deuxième. Si le motif est complexe, et même s'il ne comporte qu'une seule couleur, réalisez-en un sur deux et revenez faire les autres quand les premiers auront séchés.

Marque

Longueur du pochoir

**Divisez** la longueur du mur par la longueur du pochoir pour déterminer le nombre de motifs. Ajustez les espaces entre les motifs pour en assurer la continuité d'un mur à l'autre. Indiquez l'emplacement des motifs au crayon à mine.

## Exécution du pochoir

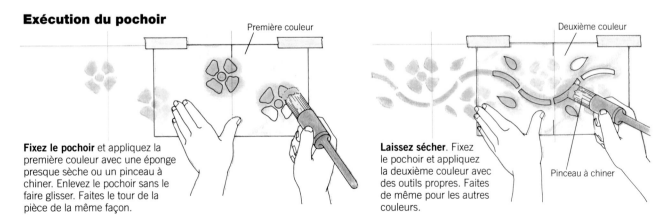

Première couleur

Deuxième couleur

**Fixez le pochoir** et appliquez la première couleur avec une éponge presque sèche ou un pinceau à chiner. Enlevez le pochoir sans le faire glisser. Faites le tour de la pièce de la même façon.

**Laissez sécher.** Fixez le pochoir et appliquez la deuxième couleur avec des outils propres. Faites de même pour les autres couleurs.

Pinceau à chiner

Préparez bien votre travail : vous vous en féliciterez. Commencez par repérer les problèmes à résoudre. Le mur extérieur de la cuisine a-t-il pelé ? Il y aurait peut-être lieu d'améliorer la ventilation. Il y a du mildiou ? Dans ce cas, émondez les arbres et arbustes qui entourent la maison et choisissez une peinture qui résiste au mildiou.

Vous servant de l'illustration ci-dessous, faites le tour de la maison et notez les réparations à effectuer. Enlevez la boîte aux lettres, les luminaires, les persiennes, les auvents et les contre-fenêtres. Protégez les plantes et le gazon tout autour de la maison avec des bâches ; enveloppez de plastique le compteur d'électricité.

Nettoyez à fond toutes les surfaces. Avec un pistolet à eau, le travail se fait vite et bien ; l'eau enlève même une grande partie de la peinture écaillée. Mettez un apprêt sur le bois nu, ainsi que sur les surfaces réparées et les plâtres. (Le plâtre laisse échapper une fine poussière blanchâtre qui marque le bois ou la maçonnerie ; l'eau sous pression l'enlève, mais sans apprêt, elle se reformera.)

Avant d'acheter un apprêt, prenez l'avis du vendeur. Un apprêt à l'alkyde, suivi de deux couches de latex d'extérieur mat, convient à tous les parements ; on réserve surtout la peinture lustrée au bois. Pour que la peinture adhère bien à l'apprêt, on recommande de l'appliquer dans les deux semaines qui suivent. Pour mesurer la surface à peindre, multipliez la hauteur de la maison par son périmètre et divisez le produit par la surface que couvre la peinture (elle est indiquée sur le bidon). Comptez 1 gal (4,5 litres) de peinture à garnitures pour 5 gal (22,5 litres) de peinture mate à parement. Commencez par le parement ; faites ensuite les garnitures et les fenêtres et terminez par les portes, balcons, terrasses, seuils, marches et persiennes.

**Attention !** Portez des lunettes de protection si vous poncez ou grattez de la peinture ; portez aussi un masque (p. 13), sauf si vous êtes certain que la peinture ne renferme pas de plomb (p. 307). Si vous utilisez un pistolet à eau, portez des lunettes et des vêtements de protection ; ne dirigez le jet que sur la surface à nettoyer : il est puissant et pourrait blesser quelqu'un ou casser des carreaux.

## Peinture à l'extérieur

**Parement de bois.** Réparez et calfeutrez. Noyez les clous ; remplissez les trous. Traitez les clous rouillés à la gomme laque. Mettez un apprêt sur le bois nu.

**Gouttières et descentes.** Nettoyez-les ; remettez les en état. Resserrez les supports. Enlevez les descentes pour les peindre et avoir accès aux angles.

**Bois des garnitures.** Réparez. Reclouez les pièces mal assujetties. Bouchez les fissures (page ci-contre).

**Pierre, maçonnerie.** Remplacez les pierres tombées. Refaites les joints (pp. 248-249). Attendez 60 jours avant de peindre le mortier. Ne peignez pas la pierre.

**Solin.** Remplacez les portions endommagées; bouchez les trous (p. 197) ; rejointoyez (pâte ou goudron).

**Bordures de toit et soffites.** Réparez le bois ; bouchez les fissures au mastic ; éliminez le mildiou (page suivante).

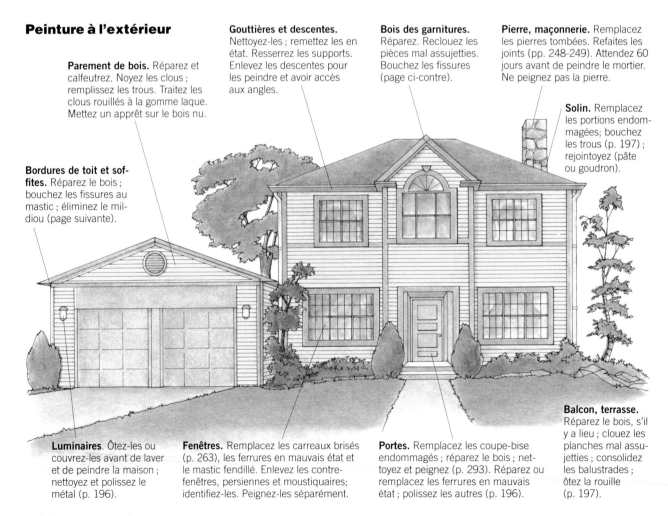

**Luminaires**. Ôtez-les ou couvrez-les avant de laver et de peindre la maison ; nettoyez et polissez le métal (p. 196).

**Fenêtres.** Remplacez les carreaux brisés (p. 263), les ferrures en mauvais état et le mastic fendillé. Enlevez les contre-fenêtres, persiennes et moustiquaires; identifiez-les. Peignez-les séparément.

**Portes.** Remplacez les coupe-bise endommagés ; réparez le bois ; nettoyez et peignez (p. 293). Réparez ou remplacez les ferrures en mauvais état ; polissez les autres (p. 196).

**Balcon, terrasse.** Réparez le bois, s'il y a lieu ; clouez les planches mal assujetties ; consolidez les balustrades ; ôtez la rouille (p. 197).

## Nettoyage des surfaces

**Lavez** les surfaces au tuyau d'arrosage ; frottez les taches avec une brosse pour auto ; enlevez le mildiou avec 4 tasses d'eau de Javel et 1/3 tasse de détersif (sans ammoniaque) dans 12 tasses d'eau.

**Lavez** de grandes surfaces avec un pistolet à eau d'une pression de 1 200 à 2 500 lb au pouce carré ; louez-le, avec un appareil moins puissant pour laver le bardeau de cèdre. Si le parement est très sale, ajoutez à l'eau du trisodium sans phosphate. Tenez l'embout à 45°, à 1 pi au moins de la surface ; travaillez de bas en haut. Laissez sécher deux jours.

## Préparation des surfaces

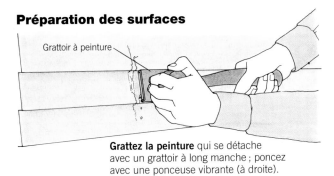

**Grattez la peinture** qui se détache avec un grattoir à long manche ; poncez avec une ponceuse vibrante (à droite).

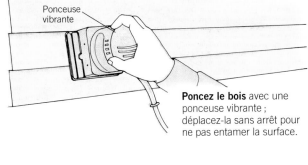

**Poncez le bois** avec une ponceuse vibrante ; déplacez-la sans arrêt pour ne pas entamer la surface.

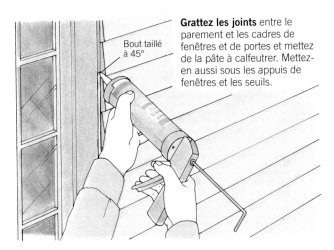

**Grattez les joints** entre le parement et les cadres de fenêtres et de portes et mettez de la pâte à calfeutrer. Mettezen aussi sous les appuis de fenêtres et les seuils.

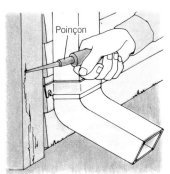

**Vérifiez** l'état du bois avec un poinçon. S'il est pourri, poncez ou grattez jusqu'au bois sain. Si le bois est percé de petits trous, il y a des insectes : consultez un spécialiste.

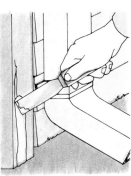

**Le bois pourri enlevé,** emplissez les trous d'une pâte de bois à l'époxyde. Laissez sécher ; poncez avant de peindre.

Quand toutes les surfaces sont propres et lisses, appliquez l'apprêt et la peinture. Pour qu'il n'y ait pas de ligne de chevauchement dans la couche de finition entre une section et la suivante, travaillez du côté de la maison qui est à l'ombre pour que la peinture ne sèche pas trop rapidement. Travaillez de haut en bas et de gauche à droite en essayant de faire d'une traite les surfaces qui se trouvent entre deux démarcations évidentes, comme une porte et une fenêtre. Si vous peignez un mur aveugle, faites toute la largeur de la maison en couvrant la plus grande surface possible avant que la peinture commence à sécher.

La peinture des murs terminée, continuez en suivant la séquence indiquée à la page 304. Peignez les portes et les fenêtres de la même façon qu'à l'intérieur (p. 293). Peignez le côté charnière d'une porte extérieure de la couleur de l'extérieur de la maison, et son côté serrure de la couleur de l'intérieur. Bloquez l'accès aux marches, aux terrasses ou aux balcons avec une corde ou des tréteaux.

Pour les clôtures et autres ouvrages extérieurs, la meilleure méthode est de recourir au pistolet. Un petit pistolet (p. 296) suffira s'il s'agit de peindre une petite surface ; mais s'il faut couvrir une grande surface, il est préférable d'utiliser un pistolet à compresseur, muni d'un réservoir d'au moins 5 gal (20 litres) et d'un long tuyau. Si vous le louez, demandez qu'on vous montre comment vous en servir et comment le nettoyer.

Lisez les renseignements donnés à la page 296 avant de commencer.

## Parement

Pinceau de 4"

**Faites d'abord au pinceau** le chant inférieur des planches à clin. Enlevez tout de suite les coulures. Faites plusieurs planches à la fois.

**Peignez chaque planche** par petites sections avec un pinceau large. Remplissez bien les fentes. Évitez les lignes de chevauchement et travaillez planche par planche.

## Bardeaux

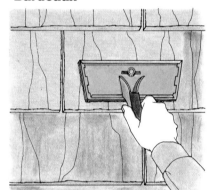

**Peignez d'abord le chant inférieur** des bardeaux avec un tampon ou un pinceau de 4 po, puis leur surface de haut en bas à la verticale.

## Garnitures de bois

Plaque protectrice

**Quand vous peignez un cadre** de fenêtre ou de porte, protégez les autres surfaces à l'aide d'une plaque métallique ou de papier-cache.

## Balcons et terrasses

**Planches espacées.** Peignez le côté des planches avec un balai à poils souples synthétiques.

**Planches juxtaposées.** Étalez la peinture au rouleau. Employez une rallonge.

## Béton

**Appliquez la peinture à maçonnerie** avec un pinceau de 4-6 po à grosses soies rigides ; peignez dans un sens puis dans l'autre. Protégez la base des poteaux.

## Emploi du pistolet

**Faites d'abord** le chant inférieur des planches à clin ou des bardeaux (médaillon). Pour peindre le reste du parement, tenez le pistolet perpendiculairement à la surface, à 8 ou 10 po (p. 296). Faites chevaucher les sections sur le tiers de leur largeur.

**Clôtures, meubles** et autres objets devraient être peints par une journée sans vent. Mettez derrière la surface à peindre un grand morceau de carton maintenu en place par un escabeau.

Portez des lunettes et un masque

Tenez le pistolet bien droit

Protégez les arbustes

Peinture

**Au début d'une section,** peignez d'abord le chant inférieur des planches en tenant le pistolet incliné.

Carton

## Nettoyage et rangement

Il ne faut jamais verser les restes de peinture dans l'égout ou par terre : ils pourraient contaminer la nappe d'eau phréatique. Diminuez le gaspillage en calculant au plus près ce qu'il vous faut (pp. 284-285).

Si vous conservez la peinture qui reste en vue d'éventuelles retouches ou pour d'autres projets, versez-la dans un contenant plus petit : elle séchera moins vite. Étiquetez soigneusement ce contenant, surtout s'il a sa propre étiquette. Rangez les peintures et les solvants dans une armoire fermée à clé à laquelle les enfants n'ont pas accès. L'huile de lin est très inflammable ; gardez-la dans un contenant de métal ou de verre hermétiquement fermé, dans un endroit frais et obscur.

Avant de jeter de la peinture au latex, laissez-la sécher complètement dans son bidon. Laissez également sécher les chiffons ou les papiers enduits de peinture avant de les jeter. Renseignez-vous auprès de votre municipalité pour savoir comment vous débarrasser de ce type de déchets.

Les peintures à l'alkyde, les solvants, les matériaux et les outils qui ne servent plus font partie des matières dangereuses dont vous vous débarrasserez au moment des cueillettes spéciales. Ne jetez pas aux ordures des contenants ou des appareils renfermant de la peinture à l'alkyde ou des solvants, car ces matières peuvent prendre feu spontanément. Recyclez les solvants : versez-les dans des contenants

et laissez se déposer les particules de peinture. Recueillez ensuite le solvant réutilisable. Mettez ensuite de la litière pour chats, du sable ou du bran de scie dans le contenant où se sont déposées les particules et laissez sécher complètement avant de les ajouter aux déchets dangereux.

Les maisons construites avant 1980 ont été peintes avec de la peinture contenant du plomb ; ses poussières et ses vapeurs sont extrêmement toxiques. Les enfants surtout risquent l'intoxication. Si vous avez le moindre doute sur la composition d'une peinture, confiez le décapage à un entrepreneur spécialisé. L'élimination des débris de peinture au plomb est sévèrement réglementée. Renseignez-vous.

Pour choisir un revêtement mural parmi la grande variété de motifs et de styles offerts, tenez compte du style de la pièce, de son ameublement et des objets qui s'y trouvent ; le revêtement doit être compatible avec tous ces éléments.

Les couleurs chaudes et foncées font paraître les murs plus rapprochés ou plus grands, tandis que les couleurs froides agrandissent la pièce en faisant paraître les murs plus petits. Les rayures ou les motifs verticaux créent une impression de hauteur. Posées près des plafonds ou utilisées comme cimaises ou cadres d'éléments architecturaux, les frises rehaussent ou modifient l'apparence d'une pièce.

Généralement, la grosseur des motifs est fonction de la dimension d'une pièce. Si vous posez du revêtement dans plus d'une pièce, conservez les mêmes tons, mais variez la grosseur des motifs. N'oubliez pas de considérer l'ensemble du décor, surtout si les pièces communiquent. Asortissez les revêtements aux tissus d'ameublement et les frises aux revêtements.

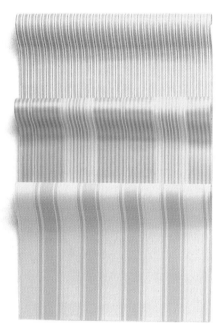

**Les rayures** (à gauche) sont faciles à raccorder. Mais si les murs ne sont pas lisses ou d'aplomb, elles en accentueront les défauts.

**Les motifs sans orientation précise** (à droite) n'ont pas à être raccordés. (Assurez-vous seulement que la couleur est la même d'un rouleau à l'autre.)

**Les petits motifs** (en bas, à gauche) conviennent surtout aux petits espaces, comme une cuisine où les armoires occupent une grande partie des murs ; mais ou pourra les utiliser dans les pièces de grandes dimensions où on les assortira aux tissus d'ameublement. Au moment de la pose du revêtement, certains motifs seront raccordés horizontalement et d'autres diagonalement.

**Les gros motifs** (en bas, au centre et à droite) conviennent surtout aux grandes pièces. Les couleurs pâles alourdiront moins le décor. Vous pourriez utiliser de gros motifs sur un mur et de plus petits motifs apparentés sur les autres murs.

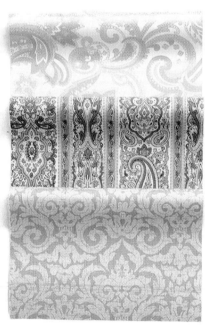

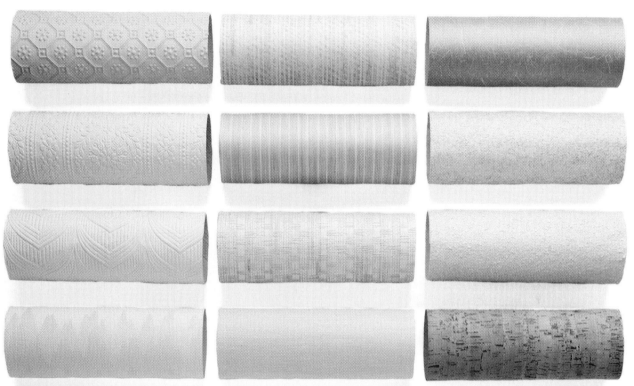

**Les revêtements de vinyle à impression en relief** et de vinyle expansé sont gaufrés. Les premiers (les trois du haut) ont des motifs bien définis ; les seconds (au bas), des motifs plus discrets qui leur donnent de la texture.

**Les revêtements naturels** sont faits, entre autres, de paille, de toile de jute et de ramie. Ils n'exigent aucun raccord, mais leurs tons varient d'un rouleau à l'autre. Planifiez donc le raccord des tons.

**Les revêtements en matériaux exotiques** comprennent (de haut en bas) : le papier de riz ; le revêtement à fragments de céramique ; l'imitation de pierre (leur rugosité en complique la coupe) ; et le liège, qui doit être posé sur un papier d'apprêt.

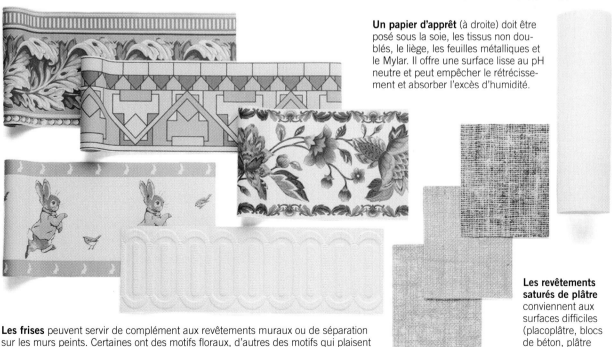

**Un papier d'apprêt** (à droite) doit être posé sous la soie, les tissus non doublés, le liège, les feuilles métalliques et le Mylar. Il offre une surface lisse au pH neutre et peut empêcher le rétrécissement et absorber l'excès d'humidité.

**Les revêtements saturés de plâtre** conviennent aux surfaces difficiles (placoplâtre, blocs de béton, plâtre fissuré, etc.).

**Les frises** peuvent servir de complément aux revêtements muraux ou de séparation sur les murs peints. Certaines ont des motifs floraux, d'autres des motifs qui plaisent aux enfants. L'on trouve des frises gaufrées imitant des éléments architecturaux.

# CHOIX DES REVÊTEMENTS

## Trois types de motifs

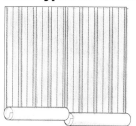

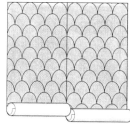

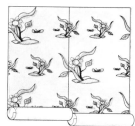

**Alignables à la verticale.** Faciles à poser. On peut faire les raccords presque n'importe où.

**Alignables à l'horizontale.** Faciles à poser. Le motif se complète lorsque les bords supérieurs sont alignés.

**Alignables en diagonale.** Plus difficile à poser. Le motif se complète en diagonale. Il faut tailler.

## L'art de l'illusion

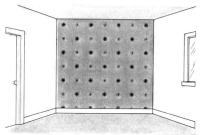

**Une impression de confort** se dégagera d'une pièce à plafond haut si vous posez une large frise en haut et en bas des murs.

**Une pièce longue et étroite** paraîtra moins profonde si vous posez le revêtement sur un des murs étroits.

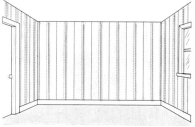

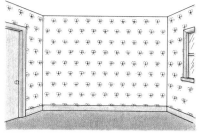

**Donnez une impression de hauteur** avec des motifs verticaux ; mais évitez les motifs rayés si les murs sont très endommagés.

**Pour « agrandir » une petite pièce** ou dissimuler les défauts d'un mur, posez un revêtement à motifs moyens.

## Évaluation des quantités

**Calculez la superficie de la pièce** en pieds carrés : multipliez-en la longueur par la largeur, puis multipliez le produit par 2 ; multipliez le résultat par la hauteur. Pour connaître le nombre de rouleaux nécessaires, divisez la superficie de la pièce par celle d'un rouleau ; ajoutez un rouleau.

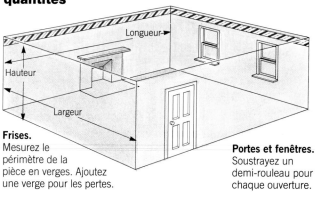

**Frises.** Mesurez le périmètre de la pièce en verges. Ajoutez une verge pour les pertes.

**Portes et fenêtres.** Soustrayez un demi-rouleau pour chaque ouverture.

---

Les revêtements muraux sont classés selon le matériau (papier, vinyle ou tissu) sur lequel sont imprimés les motifs. Les revêtements épais possèdent un support, ce qui n'est pas le cas des revêtements minces. Au moment d'acheter un revêtement, vous verrez peut-être certains termes évoquant la facilité d'entretien et de décollage. Les revêtements *lavables* pourront être lavés avec une éponge et un détergent doux ; ceux qui sont *nettoyables* peuvent subir un lavage plus vigoureux. Les revêtements *décollables* peuvent être enlevés ; le support des revêtements *détachables* doit cependant être détaché séparément.

Pour choisir un revêtement, ayez sous la main quelques échantillons de tissus et de peinture provenant de la pièce à décorer. Si vous souhaitez combiner deux motifs, assurez-vous que les couleurs s'harmonisent. Quant aux motifs eux-mêmes, ils auront avantage à être de grosseurs différentes. Une frise fleurie pourra être le complément d'un revêtement rayé si les couleurs se marient bien. Tenez compte de la résistance et de la facilité d'entretien du revêtement (voir tableau). Bon nombre de revêtements sont préencollés : il faut en mouiller le revers ou les tremper dans un bac. Les revêtements à encoller doivent être enduits d'adhésifs.

Le catalogue ou l'emballage du rouleau devraient indiquer la superficie que couvre le rouleau. Un rouleau simple standard contient environ 36 $pi^2$ (3,3 $m^2$). Les revêtements fabriqués en Europe ont des dimensions métriques. (Pour convertir des mètres carrés en pieds carrés, multipliez le nombre de mètres carrés par 10,8 ; multipliez le nombre de pieds carrés par 0,09 pour obtenir des mètres carrés). Pour éviter les variations de couleurs, vérifiez que les rouleaux portent tous le même numéro de lot. (Pour atténuer les variations de couleurs de certains revêtements à motifs non orientés, posez les lés tête-bêche.) Apportez des échantillons à la maison pour juger de l'effet sous différents éclairages.

## Caractéristiques des revêtements muraux

| Type | Description | Lieu d'utilisation | Pose | Entretien | Résistance | Prix* |
|------|-------------|--------------------|------|-----------|------------|-------|
| **Papier** | Revêtement utilisé depuis longtemps ; une seule couche de papier, à motifs ou coloré. | Pièces sans humidité, à faible ou à moyen coefficient d'usure (salons, chambres à coucher) | Assez facile (se déchire facilement) | Non lavable | Médiocre | $ |
| **Papier recouvert de vinyle** | Support de papier recouvert d'une mince couche de vinyle. Habituellement préencollé ; décollable. | N'importe où | Facile | Assez facile | Moyenne | $ |
| **Vinyle doublé de tissu** | Support de tissu couvert d'un fond vinylique solide. | N'importe où | Facile | Facile | Très grande | $$ |
| **Vinyle** | Support en papier ou en tissu sur lequel une pellicule de vinyle a été laminée. | Pièces à coefficient d'usure élevé (chambres d'enfants, salles de récréation) ; pièces exposées à l'humidité (salles de bains, salles de lavage, cuisines) | Assez facile | Facile | Très grande | $$$ |
| **Vinyle expansé** | Durant la fabrication, la surface d'une feuille de vinyle solide est expansée, ce qui crée des motifs en relief. Parfois appelé vinyle alvéolaire. | Pièces à coefficient d'usure moyen (chambres à coucher, salons, salles à manger) ; surfaces inégales | Facile | Assez facile | Moyenne | $$ |
| **À impression en relief** (Lincrusta, Anaglypta) | Revêtements moulés à motifs en relief très nets. Parfois fixés en permanence à une surface. Certains servent de frises. | Surfaces fissurées ou inégales | D'assez facile à difficile (ils doivent être peints une fois posés) | Assez facile | Très grande | $$$ |
| **Mylar** | Revêtements d'apparence métallique à support en papier ou en tissu. Parfois recouverts d'une mince couche de vinyle. | Surfaces lisses seulement ; décoration des couloirs et des petites pièces ; éclat aveuglant causé par le soleil et les luminaires | Difficile** | Assez facile | Moyenne | $$ |
| **Papier imprimé à la main, sérigraphies** | Motifs dessinés à la main. Support : papier ou tissu. Une mince couche de vinyle recouvre les motifs. La peinture crée parfois un relief. Certaines peuvent être colorées sur commande. | Surfaces sèches à faible coefficient d'usure | Difficile** | Assez facile | Les moins résistants | $$$ |
| **Naturels** | Faits de ramie, de paille ou d'autres matériaux. Support de papier. | Surfaces propres et sèches à faible coefficient d'usure | Difficile** | Non lavable | Médiocre | $$$ |
| **Liège** | Support de papier recouvert de couches de liège. Épaisseurs et textures variées. | Surfaces à faible coefficient d'usure ; là où l'on veut améliorer l'isolation phonique | Difficile** | Assez facile | Moyenne | $$$ |
| **Tissus** | Revêtements généralement sans support. | Surfaces propres et sèches à faible coefficient d'usure | Difficile** | Non lavable | Médiocre | $$$ |
| **Papier de riz** | Sans support : translucide ; avec support de papier : opaque. Habituellement recouvert d'une mince couche de vinyle. | Surfaces à faible coefficient d'usure | Difficile** | Non lavable | Médiocre | $$$ |
| **Fragments de céramique, imitation de pierre** | Support en papier recouvert d'une couche de minuscules fragments rugueux. | Pièces à faible ou à moyen coefficient d'usure (salons, chambres à coucher) | Difficile | Non lavable | Médiocre | $$$ |
| **Saturé de plâtre** | Revêtement saturé de gypse qu'on pourra couvrir d'un autre revêtement. | Surfaces endommagées ou peu esthétiques | Difficile | Facile | Très grande | $$ |
| **Papier d'apprêt** | Papier ou tissu sans motifs. Souvent posé sous un revêtement délicat ou utilisé pour couvrir des surfaces endommagées. | Surfaces endommagées ou inégales ; sous les revêtements spéciaux | Facile (pp. 312-313) | Sans entretien | Très grande | $ |

*Prix : $ = bas ; $$ = moyen ; $$$ = plus cher
**En confier la pose à un spécialiste

# PRÉPARATION DE LA SURFACE

On peut poser du papier peint sur de l'ancien, s'il est bon état ; mais il est préférable d'enlever complètement l'ancien (cela est essentiel si vous posez un revêtement de vinyle). Achetez un dissolvant commercial et suivez les recommandations du fabricant.

Pour enlever plusieurs épaisseurs de papier peint ou du papier recouvert de peinture, louez une décolleuse à papier peint. Apprenez son mode de fonctionnement avant de l'emporter chez vous. Vérifiez le niveau d'eau de temps à autre ; le réservoir ne doit jamais être à sec. Prenez les mesures de sécurité qui s'imposent ; portez des lunettes de protection et des gants.

Avant de commencer, protégez le plancher avec une bâche ; fixez-la aux plinthes avec du ruban, puis recouvrez-la de journaux, qui absorberont tout liquide renversé.

Si les murs sont rugueux ou endommagés, dissimulez-en les défauts avec un revêtement à impression en relief ou un revêtement de vinyle doublé de tissu. Il se pourrait qu'une fois les réparations effectuées, il subsiste des surfaces irrégulières que vous devrez couvrir avec du papier d'apprêt. Ce papier, essentiel à la pose de certains revêtements délicats, permet d'améliorer l'apparence et

## Décollage du revêtement mural

Tirez vers le bas

**Revêtements décollables ou détachables.** Décollez un coin ; tirez délicatement. Revêtement détachable : imbibez le support et l'adhésif de dissolvant ; laissez agir durant 10 min ; grattez avec un couteau à mastic large.

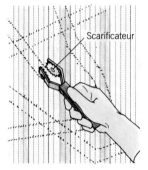

Scarificateur

**Emploi du dissolvant. 1.** Entaillez le revêtement en croisillons avec un scarificateur ou un couteau universel pour que le dissolvant pénètre jusqu'à la couche d'adhésif. Attention de ne pas endommager les murs.

**2.** Avec un rouleau ou une éponge, appliquez le dissolvant (ou vaporisez-le avec un vaporisateur d'insecticide muni d'un réservoir). Laissez-le pénétrer. Lorsque des cloques apparaissent, vous pouvez enlever le papier peint.

**3.** Imbibez de dissolvant les zones difficiles d'accès (coins, recoins près des armoires) à l'aide d'un vaporisateur à bouteille en plastique.

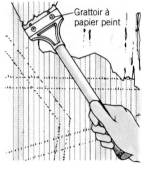

Grattoir à papier peint

**4.** Ôtez le papier peint avec un grattoir ou un couteau à mastic large. Saturez ensuite l'adhésif de dissolvant et grattez-le. Rincez avec de l'eau chaude propre ; laissez sécher. Appliquez un apprêt.

## Emploi de la décolleuse à papier peint

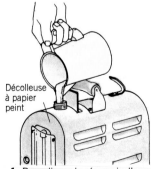

Décolleuse à papier peint

**1.** Remplissez le réservoir d'eau propre avant de brancher l'appareil. Vous pouvez l'utiliser dès que la vapeur sort à la base.

Base

**2.** Tenez l'appareil près de la surface durant 15 secondes ou jusqu'à ce que la surface soit humide. Grattez d'une main la partie décollée ; de l'autre, dirigez la vapeur sur la surface voisine.

Brosse à poils de nylon rigides

**3.** Nettoyez avec une brosse à poils de nylon et un produit sans phosphates ou une solution composée d'une partie d'eau de Javel pour quatre parties d'eau. Laissez sécher. Appliquez un apprêt.

l'adhérence d'un revêtement. Laissez ¹⁄₁₆ po (1,5 mm) d'espace autour des bords et des joints du papier d'apprêt et planifiez la disposition du revêtement pour que ses joints ne coïncident pas avec ceux du papier d'apprêt.

Certaines surfaces doivent aussi être préparées avec un apprêt d'impression. Un mur ainsi apprêté sera uniforme, et l'adhésif sera protégé contre l'humidité. L'apprêt au latex acrylique est facile à nettoyer. Appliquez-le dans des pièces comme la salle de bains où l'humidité est élevée, sur du placoplâtre neuf, sur un revêtement que vous ne pouvez pas enlever, ou sur une surface réparée.

Pour améliorer l'adhérence d'un revêtement, appliquez d'abord sur le mur un apprêt liquide. Il contribuera aussi à faciliter la pose, car il permet de glisser facilement le revêtement sur le mur pour mieux le mettre en place.

N'en employez pas si vous appliquez un adhésif vinylique prêt à l'usage.

Lavez les surfaces peintes avec du détergent ou du trisodium sans phosphate (celui-ci permettra au revêtement de mieux adhérer). Rincez à l'eau propre et laissez sécher. Après avoir préparé la surface, peignez d'abord le plafond et les moulures. Vous éviterez ainsi d'éclabousser votre nouveau revêtement.

## Apprêt des surfaces

**Appliquez l'apprêt** également avec un rouleau à poil court ou un pinceau à encoller de 6 po. Laissez sécher 1 h ; posez le revêtement.

**Murs peints**. Couvrez d'apprêt les réparations ; lavez les murs.

## Pose du papier d'apprêt

Papier d'apprêt

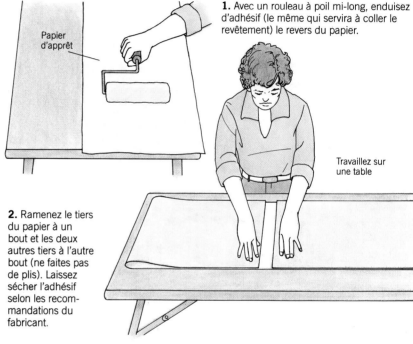

**1.** Avec un rouleau à poil mi-long, enduisez d'adhésif (le même qui servira à coller le revêtement) le revers du papier.

Travaillez sur une table

**2.** Ramenez le tiers du papier à un bout et les deux autres tiers à l'autre bout (ne faites pas de plis). Laissez sécher l'adhésif selon les recommandations du fabricant.

Commencez au fil à plomb

**3.** Posez le papier tout en le lissant avec une brosse à lisser de 12 po. Laissez un peu d'espace au bout des murs et taillez.

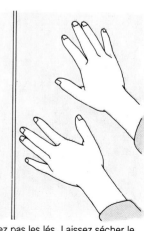

**4.** N'aboutez pas les lés. Laissez sécher le papier durant 36 h ou jusqu'à ce qu'il ne cède plus sous la pression du doigt.

## Planification

**Tout alignement imparfait** se fera dans un coin peu visible. Amorcez la pose ou achevez-la dans ce coin (partez alors directement d'en face et dirigez-vous vers ce coin d'un côté, puis de l'autre).

Point d'arrivée

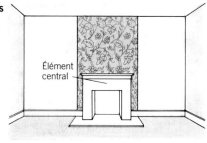

**Si les motifs sont gros** ou s'il y a dans la pièce un élément central ou un mur qui attire l'attention, centrez un lé par rapport à cet élément ou mur. Poursuivez la pose de chaque côté.

Élément central

Ruban indiquant la largeur d'un lé

Niveau

**Marquez l'emplacement** des lés (sur un niveau, indiquez la largeur d'un lé avec du ruban). Modifiez leur disposition si les motifs sont tronqués de façon peu esthétique ou si les lés ont moins que 3 po aux angles.

**Verticalité.** Marquez le point de départ avec un fil à plomb enduit de craie.

Avant de commencer, déterminez où vous poserez le premier et le dernier lés. Prévoyez aussi la façon de vous y prendre dans les coins et autour des portes et des fenêtres. Pour éviter les erreurs, marquez l'emplacement des lés au crayon. Les revêtements en papier et ceux qui sont préencollés ou détachables peuvent gagner jusqu'à ½ po (1,3 cm) une fois mouillés. Déterminez donc la largeur réelle d'un lé avant de procéder au marquage. Pour ce faire, découpez une bande de 2 po (5 cm), plongez-la brièvement dans l'eau et laissez-la s'étendre pendant 10 minutes ; mesurez-en ensuite la largeur.

Parfois, des flèches indiquent au revers l'orientation des motifs. Voyez comment vous tronquerez les motifs à l'intersection des murs et du plafond ; il vaut habituellement mieux ne pas tronquer les motifs, surtout s'ils sont voyants. Tenez compte des 2 po (5 cm) qu'il faudra ajouter dans le haut et dans le bas de chaque lé pour bien les ajuster. Si vous devez réaliser des raccords diagonaux, alignez les motifs à l'œil avant de couper (page suivante). Si vous utilisez deux rouleaux, vous réduirez les pertes.

Vérifiez que le revêtement est exempt de défauts en l'enroulant en sens inverse. Ne découpez et n'encollez que les deux premiers lés ; par la suite, si tout va bien, découpez plusieurs lés (la plupart des fabricants ne reprennent pas les rouleaux dans lesquels plus de deux lés ont été découpés). Quelquefois, les revêtements sans motifs ou gaufrés sont trop encrés et donc un peu plus foncés sur le bord. Pour atténuer ce défaut, posez les lés tête-bêche pour que des bords de coloration semblable se rencontrent.

Vous aurez besoin d'une grande table et d'un rouleau à peindre ou d'un pinceau à encoller si vous devez appliquer de l'adhésif sur le revêtement. Employez l'adhésif recommandé par le fabricant et suivez le mode d'emploi (un fouet à œufs se révélera utile pour éliminer les grumeaux).

Vous pouvez acheter un bac pour faire tremper le papier peint préencollé. Conformez-vous aux consignes du fabricant quant au temps de trempage ; un trempage trop long pourra provoquer la dissolution d'une partie de l'adhésif. Au lieu de faire tremper un revêtement préencollé, vous pourriez le dérouler sur une table et bien en mouiller le revers avec un rouleau à peindre imbibé d'eau. N'appliquez pas d'adhésif sur un revêtement préencollé : les deux adhésifs pourraient être incompatibles.

Après avoir posé un lé, chassez les poches d'air avec une brosse à lisser de 12 po (30,5 cm) (à poils courts pour le vinyle, à poils longs pour le papier) ou un lissoir en plastique ; vous aurez aussi besoin d'une roulette de tapissier pour lisser les joints et les bords. Pour finir, éliminez l'excès d'adhésif avec une éponge humide propre, puis asséchez le revêtement avec un chiffon propre. Il vaut mieux nettoyer les surfaces sur-le-champ pour ne pas risquer plus tard d'endommager le revêtement en tentant d'ôter un adhésif qui a séché.

## Taille d'un revêtement à raccord diagonal

**Dans un premier rouleau (A),** découpez un lé (utilisez un couteau universel et un guide) ; ajoutez 2 po à la longueur utile dans le haut et dans le bas. Marquez le haut. Mettez un poids pour retenir le rouleau.

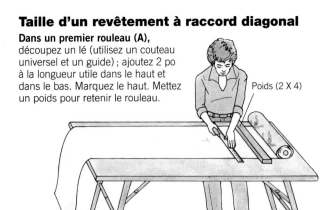

Poids (2 X 4)

**Déroulez le rouleau suivant (B)** et alignez les motifs. Découpez le haut et marquez-le (n'oubliez pas d'ajouter 2 po en haut et en bas). Prélevez les autres lés en alternance dans l'un et l'autre rouleau.

Équerre de menuisier

Perte

Rouleau B

Rouleau A

## Encollage

**Enroulez le lé préencollé,** en partant du bas (motifs vers l'intérieur) ; plongez-le dans le bac pendant 10 secondes, ou bien déroulez-le sur une table et mouillez-en le revers au rouleau.

Bac

Ne pressez pas le pli

**Ramenez un tiers** du lé à un bout et les deux autres tiers à l'autre. Laissez-le ainsi pendant 5 min pour lui permettre de s'assouplir.

**Mettez le lé** plié sur votre avant-bras ; retenez-en les bouts avec le pouce et l'index. Ne faites pas de plis.

Repliez le bout

**Revêtement à encoller.** Pour ne pas souiller la table d'adhésif, encollez le revêtement en partant du centre. Suivez la séquence illustrée ci-dessus. N'oubliez pas de bien encoller tous les bords.

## Pose du revêtement

Fil à plomb

**Alignez le premier lé** sur un fil à plomb ; lissez-en le haut après avoir laissé, au plafond, un excédent de 2 po. Ajustez-le sur toute sa longueur. Chassez les poches d'air avec un lissoir, à partir du centre. Découpez l'excédent en haut et en bas avec un couteau universel.

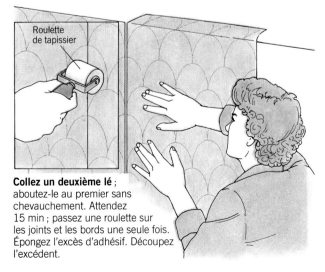

Roulette de tapissier

**Collez un deuxième lé** ; aboutez-le au premier sans chevauchement. Attendez 15 min ; passez une roulette sur les joints et les bords une seule fois. Épongez l'excès d'adhésif. Découpez l'excédent.

## Autour des portes et fenêtres

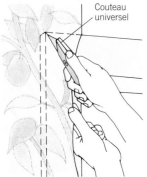

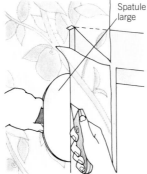

**Laissez descendre le lé.** Dégagez le cadre, en laissant 2 po de surplus tout autour. Dans le coin, incisez le lé en diagonale.

**Lissez le revêtement** le long du cadre ; découpez l'excédent avec un couteau à simple tranchant ou un couteau universel, en appuyant la lame sur un guide.

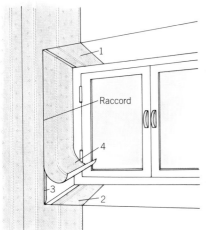

**Fenêtre encastrée.** Laissez descendre le lé. Découpez-le horizontalement à 1 po du bord de l'ouverture ; découpez le lé et collez-le en haut (1) et en bas (2) ; découpez l'excédent. Collez un rabat vertical de 1 po sur le côté (3). Taillez le lé du côté (4) ; raccordez les motifs. Faites chevaucher ce lé en haut et en bas.

La plupart des murs poseront un problème quelconque. Dans le meilleur des cas, vous devrez découper le revêtement autour d'une porte et d'une fenêtre. Les techniques illustrées ici permettent de découper le revêtement autour des fenêtres, des portes, des foyers, des bibliothèques encastrées et des armoires. Ne tentez jamais de découper le revêtement qui encadre un obstacle avant de l'avoir posé. Il est beaucoup plus facile de l'ajuster sur le mur ; si vous faites une erreur, vous disposerez d'un temps suffisant pour le remettre en place avant que l'adhésif sèche.

Le plafond est une surface ordinairement exempte d'obstacles où il est relativement facile de poser un revêtement. Comme il est fatigant de travailler les bras en l'air, demandez à quelqu'un de vous aider. Vous aurez, par ailleurs, besoin d'un solide échafaudage. Si vous prévoyez couvrir le plafond et les murs, commencez par le plafond.

Si vous posez un revêtement à motifs au plafond et sur les murs, il faut que vous sachiez que vous ne pourrez probablement réaliser un raccord parfait qu'à l'une des jonctions des deux surfaces. Prévoyez donc ce raccord à l'endroit le plus en vue. Les décalages sont moins visibles si les motifs sont petits et non orientés.

Pour recouvrir les murs d'une cage d'escalier, vous aurez sans doute besoin d'un échafaudage (p. 297) ainsi que d'un assistant qui se chargera d'ajuster le revêtement dans le bas. Pour éviter de glisser, veillez surtout à ne pas éclabousser l'échafaudage ou l'escabeau d'eau provenant du bac.

On achève souvent la pose d'un revêtement mural en couvrant les plaques d'interrupteurs de façon à obtenir une finition uniforme. Si vous ne souhaitez pas le faire, vous pouvez vous procurer une plaque transparente derrière laquelle il vous suffira de glisser un morceau de revêtement.

## À la jonction de deux murs

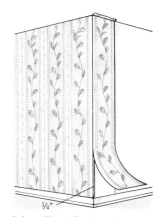

**Coin rentrant. 1.** Mesurez la largeur à partir du bord du lé en haut, au centre et en bas. Taillez le lé après avoir ajouté ⅛ po à la largeur la plus grande.

**2.** Posez le lé ; il doit chevaucher l'autre mur de ⅛ po. Mesurez la partie la plus étroite du lé ; tracez une ligne verticale à cette distance du coin.

**3.** Posez le lé, son bord non découpé contre la ligne. Lissez-le dans le coin, sur la bande de ⅛ po . Découpez l'excédent en haut et en bas.

**Coin saillant.** Employez la même technique que pour le coin rentrant, mais en ajoutant cette fois ¼ po au premier lé pour le chevauchement.

## Au plafond

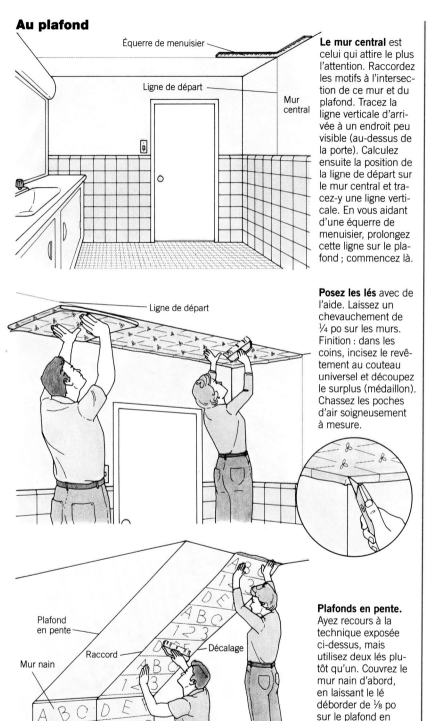

Équerre de menuisier

Ligne de départ

Mur central

Ligne de départ

Plafond en pente

Raccord

Mur nain

Décalage

Raccords

**Le mur central** est celui qui attire le plus l'attention. Raccordez les motifs à l'intersection de ce mur et du plafond. Tracez la ligne verticale d'arrivée à un endroit peu visible (au-dessus de la porte). Calculez ensuite la position de la ligne de départ sur le mur central et tracez-y une ligne verticale. En vous aidant d'une équerre de menuisier, prolongez cette ligne sur le plafond ; commencez là.

**Posez les lés** avec de l'aide. Laissez un chevauchement de ¼ po sur les murs. Finition : dans les coins, incisez le revêtement au couteau universel et découpez le surplus (médaillon). Chassez les poches d'air soigneusement à mesure.

**Plafonds en pente.** Ayez recours à la technique exposée ci-dessus, mais utilisez deux lés plutôt qu'un. Couvrez le mur nain d'abord, en laissant le lé déborder de ⅛ po sur le plafond en pente ; faites ce plafond ensuite. Les motifs seront toujours décalés à la jonction du plafond en pente et des murs adjacents ; ils pourront toutefois être raccordés ailleurs.

## Sous un arc

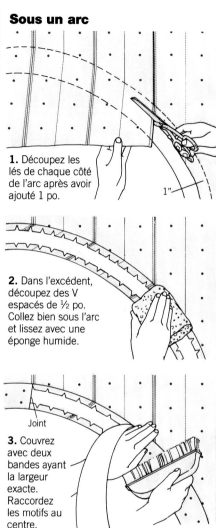

**1.** Découpez les lés de chaque côté de l'arc après avoir ajouté 1 po.

1"

**2.** Dans l'excédent, découpez des V espacés de ½ po. Collez bien sous l'arc et lissez avec une éponge humide.

Joint

**3.** Couvrez avec deux bandes ayant la largeur exacte. Raccordez les motifs au centre.

## Autour d'obstacles

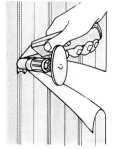

**Plomberie.** Incisez le revêtement en partant du bord le plus près de l'obstacle. Repliez-le ; découpez autour de l'obstacle en faisant de petites entailles. Collez le reste.

**Prises et interrupteurs.** Coupez le courant. Ôtez la plaque. Dans les coins, faites des incisions diagonales. Découpez l'excédent.

# FRISES

Posées près du plafond, les frises accentuent l'impression de confort ; posées à hauteur de cimaise, elles donnent de la hauteur à une pièce. Les frises ajoutent une touche de fantaisie à une pièce sans ornements, meublent un espace étroit entre des armoires et un plafond ou servent à encadrer des fenêtres ou des portes. Rapportez à la maison des échantillons avant d'arrêter votre choix.

Poncez les murs peints avec du papier de verre fin. Lavez-les ensuite pour les dépoussiérer et appliquez-y une couche d'apprêt pour revêtements muraux. Si la frise doit être posée sur des murs déjà couverts de papier peint, enduisez d'apprêt pour revêtements muraux la portion à recouvrir. Sur du revêtement neuf, attendez au moins 48 heures avant de poser une frise. Vous pourrez cependant avoir prévu la pose d'une frise au moment de planifier les travaux ; il suffira alors de découper et de poser le revêtement en fonction de la frise. Cette méthode donne de beaux résultats, mais elle exige beaucoup de temps et d'habileté.

Les frises sont habituellement vendues en rouleaux de 5 vg (4,5 m). Découpez-les en fonction de la longueur de chaque mur, après avoir ajouté ¼ po (6 mm) pour former les coins. Assurez-vous que les motifs coïncideront. Lorsque la frise sert d'encadrement, taillez les joints corniers en onglet. N'employez qu'un adhésif recommandé par le fabricant de la frise.

## Pose de la frise

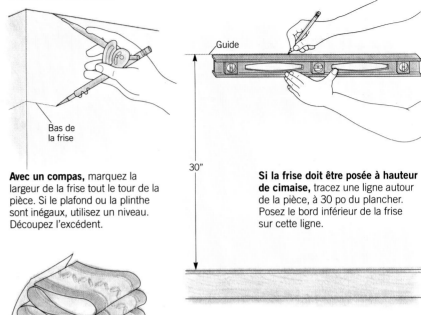

**Avec un compas,** marquez la largeur de la frise tout le tour de la pièce. Si le plafond ou la plinthe sont inégaux, utilisez un niveau. Découpez l'excédent.

Guide

30"

**Si la frise doit être posée à hauteur de cimaise,** tracez une ligne autour de la pièce, à 30 po du plancher. Posez le bord inférieur de la frise sur cette ligne.

Bas de la frise

**Mouillez ou encollez** la frise, selon le type de revêtement ; repliez-la ensuite en accordéon sans plier et laissez-la ainsi pendant plusieurs minutes.

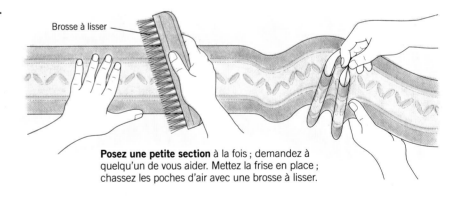

Brosse à lisser

**Posez une petite section** à la fois ; demandez à quelqu'un de vous aider. Mettez la frise en place ; chassez les poches d'air avec une brosse à lisser.

## Joints serrés

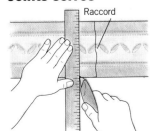

Raccord

**Aboutement. 1.** Faites chevaucher les bords. Incisez les deux épaisseurs en même temps.

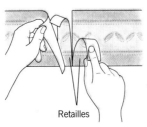

Retailles

**2.** Ôtez les retailles ; lissez avec une éponge ; attendez 15 min ; passez la roulette sur le joint.

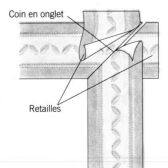

Coin en onglet

Retailles

**Pour tailler un coin en onglet,** incisez en même temps les deux frises à 45° (elles doivent se chevaucher). Ôtez les retailles.

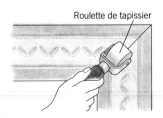

Roulette de tapissier

# ENTRETIEN DU REVÊTEMENT MURAL

Nettoyez le revêtement mural deux fois par année en suivant les recommandations du fabricant. Lavez les revêtements nettoyables avec une brosse et un détergent doux. Frottez légèrement les revêtements lavables et nettoyez-les avec une solution d'eau et de détergent doux appliquée avec un chiffon humide ou une éponge presque sèche. Passez l'aspirateur sur certains revêtements en tissu, mais confiez à un spécialiste le nettoyage de la soie ou de la toile de jute. Vous trouverez aussi dans le commerce des produits de nettoyage convenant à divers revêtements. Quels que soient le produit ou la technique retenus, faites toujours un essai sur une petite surface cachée pour vérifier l'effet du produit.

Sur un revêtement non lavable, vous pourrez faire disparaître de nombreuses taches en les frottant avec une gomme à effacer. Pour enlever une tache de graisse ou de cire, recouvrez-la d'un buvard ou d'un papier essuie-tout et passez-y un fer à repasser à basse température pendant plusieurs secondes. Recommencez jusqu'à ce que la tache disparaisse (utilisez un nouveau papier chaque fois). Si cette méthode échoue, frottez la tache avec de l'étamine imbibée de térébenthine.

Si la chaleur du fer fait pénétrer la cire dans le revêtement, frottez-la sans appuyer avec un chiffon humide saupoudré de bicarbonate de soude légèrement humecté.

Pour masquer une tache rebelle, vous devrez parfois recourir au rapiéçage. Gardez toujours des morceaux de revêtement pour réaliser ce type de réparation. Cependant, la couleur d'une pièce différera légèrement de celle du revêtement déjà posé en raison du vieillissement. Pour coller une pièce, employez un adhésif pour revêtements muraux prêt à l'usage ou un adhésif à joints.

## Joints et bords retroussés ou déchirés

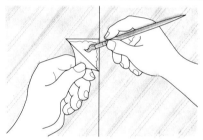

**1.** Encollez le mur et le revers du revêtement avec un pinceau. Appuyez sur le revêtement pendant plusieurs minutes.

**2.** Avec une éponge légèrement humide, lissez le revêtement et ôtez le surplus d'adhésif. Passez un roulette sur le joint après 15 min.

## Élimination des cloques

**Incisez la cloque** avec une lame de rasoir, repliez les bords et ôtez tout débris avec des pincettes ou une brosse. Encollez le revêtement de la façon indiquée à gauche ; lissez-le avec une éponge.

Seringue à encoller

**Avant d'utiliser une seringue à encoller,** pratiquez une petite incision dans le revêtement avec une lame de rasoir, puis chassez l'air ; injectez ensuite l'adhésif. Lissez la réparation avec une roulette de tapissier ou une éponge.

## Rapiéçage

Portion endommagée

Pièce

**La pièce** doit déborder de 3 po la portion endommagée (raccordez les motifs) ; fixez-la dessus avec du papier-cache.

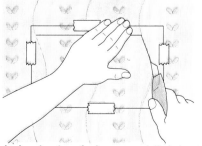

**Incisez les deux épaisseurs** au-delà de la portion endommagée. Si possible, suivez les motifs pour dissimuler la ligne de coupe.

**Enlevez les deux épaisseurs ;** grattez s'il le faut (p. 312). Collez la pièce ; passez la roulette après 15 min.

# PLANCHERS

# PARQUETS DE BOIS

La chaleur naturelle du bois en fait un matériau tout indiqué pour la décoration intérieure. Les parquets de bois, moins froids que la céramique ou l'ardoise, sont en bois massif ou lamellé et se vendent en carreaux, en lamelles ou en lames ; certains sont vendus préfinis. L'aspect général d'un revêtement dépend de l'essence choisie, de sa qualité, du type de parquet (lames ou carreaux) et de la finition. Le code du bâtiment pouvant comporter des exigences précises (que le bois soit dur ou fini à l'uréthane, par exemple), consultez un spécialiste avant de faire vos choix. Précisez cependant quel sera l'usage de ce parquet de même que l'effet visuel que vous recherchez.

**Les carreaux de bois massif ou lamellé** sont faits de petites pièces de bois qui forment un motif. Ils sont prêts à installer. L'agencement des carreaux pourra créer des motifs géométriques complexes. Les rainures et languettes dont ils sont dotés en facilitent l'alignement.

**Dans certains cas,** les lamelles qui composeront un motif sont fixées à un support de papier ou de métal et doivent être installées une à une. On les achète préfinies ou non.

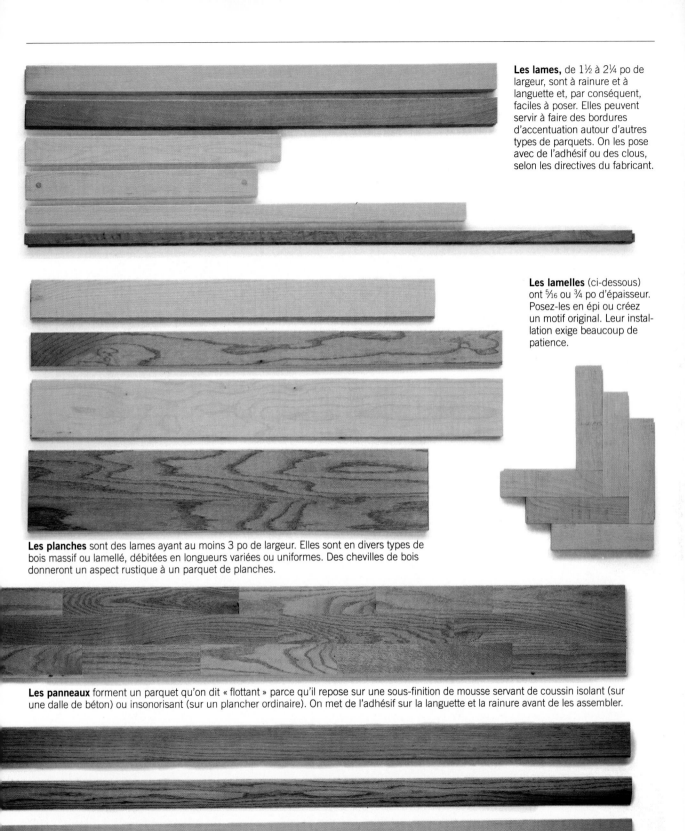

**Les lames,** de 1½ à 2¼ po de largeur, sont à rainure et à languette et, par conséquent, faciles à poser. Elles peuvent servir à faire des bordures d'accentuation autour d'autres types de parquets. On les pose avec de l'adhésif ou des clous, selon les directives du fabricant.

**Les lamelles** (ci-dessous) ont ⁵⁄₁₆ ou ¾ po d'épaisseur. Posez-les en épi ou créez un motif original. Leur installation exige beaucoup de patience.

**Les planches** sont des lames ayant au moins 3 po de largeur. Elles sont en divers types de bois massif ou lamellé, débitées en longueurs variées ou uniformes. Des chevilles de bois donneront un aspect rustique à un parquet de planches.

**Les panneaux** forment un parquet qu'on dit « flottant » parce qu'il repose sur une sous-finition de mousse servant de coussin isolant (sur une dalle de béton) ou insonorisant (sur un plancher ordinaire). On met de l'adhésif sur la languette et la rainure avant de les assembler.

**Des moulures** séparent des revêtements de types (bois, céramique, moquette, vinyle) ou de niveaux différents. Elles se révèlent fort utiles entre des pièces en enfilade.

# REVÊTEMENTS SOUPLES

Bon marché, faciles à poser et à entretenir, les revêtements souples sont tout indiqués pour la salle de bains et la cuisine. Généralement en vinyle (dans des proportions variant selon la marque), ils sont vendus en carreaux de 9 ou 12 po (23 ou 30 cm) et en rouleaux de 6 ou 12 pi (2 ou 4 m) de largeur. Les carreaux sont en vinyle pur ou à base de vinyle.

Le revêtement en rouleau est fabriqué en résine de vinyle ou composé de résine de vinyle et d'uréthane ou de mélamine (ce dernier est plus résistant aux éraflures). Avant de l'étendre, on pourra installer une sous-finition de mousse. Joints, égratignures, irrégularités du sous-plancher et saleté seront moins visibles sur un revêtement à motifs texturés et colorés.

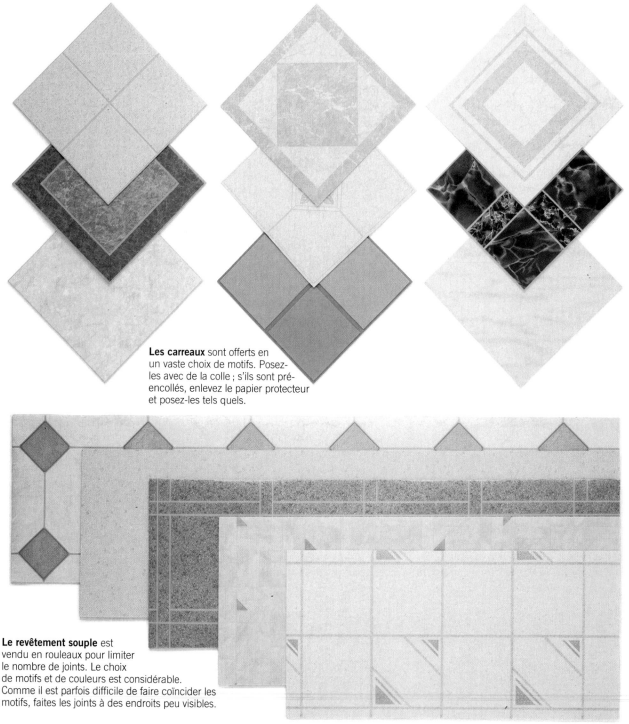

**Les carreaux** sont offerts en un vaste choix de motifs. Posez-les avec de la colle ; s'ils sont pré-encollés, enlevez le papier protecteur et posez-les tels quels.

**Le revêtement souple** est vendu en rouleaux pour limiter le nombre de joints. Le choix de motifs et de couleurs est considérable. Comme il est parfois difficile de faire coïncider les motifs, faites les joints à des endroits peu visibles.

Avant d'installer un parquet de bois, du revêtement souple ou des carreaux de céramique, assurez-vous que la surface est plane, lisse et solide.

On pourra poser un nouveau revêtement sur l'ancien même si celui-ci n'est pas parfaitement horizontal. Le plancher d'une vieille maison, par exemple, pourra s'être affaissé légèrement par endroits sans que la charpente n'en ait été affaiblie. S'il y a des signes de pourriture au sous-plancher ou aux solives, faites vérifier la charpente par un ingénieur ou un inspecteur en bâtiment.

Avant de poser un nouveau revêtement sur un sous-plancher ou un parquet de bois, nettoyez à fond et chassez les clous. Marchez ensuite partout dans la pièce, en faisant porter votre poids sur un pied puis sur l'autre. Si le plancher craque, c'est qu'il n'est pas bien fixé aux solives ; s'il rebondit, c'est que les solives elles-mêmes sont faibles.

Repérez les bosses et les creux d'un plancher. Vous pourrez poncer un parquet de bois (pp. 332-333) mais il est souvent plus facile de corriger l'horizontalité avec un produit de nivellement offert dans le commerce. Choisissez un produit compatible avec le sous-plancher et l'adhésif du nouveau revêtement. Suivez le mode d'emploi et prenez les mesures de sécurité qui s'imposent.

Posez un revêtement neuf directement sur un ancien revêtement souple ou sur des carreaux de céramique parfaitement de niveau. Appliquez un produit de nivellement au besoin. Avant d'appliquer ce type de produit ou de poser un nouveau revêtement sur une dalle de béton, vérifiez-en le degré d'humidité (à droite).

**Attention !** Ne poncez ou n'enlevez jamais un revêtement souple contenant de l'amiante (la poussière pourrait être nocive). En cas de doute, renseignez-vous auprès de votre municipalité sur les consignes de sécurité et les règlements en vigueur avant d'enlever un revêtement souple.

## Vérification du niveau

**Utilisez une règle** ou un long niveau pour repérer creux et bosses ; poncez ou remplissez. Mettez de niveau un faux plancher ou remplacez-le.

## Consolidation du plancher

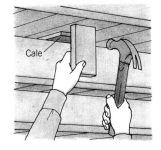

Cale

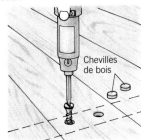

Chevilles de bois

**Éliminez les craquements** en posant des cales encollées (des coins feraient lever le plancher) entre les solives et le sous-plancher. Si vous n'avez pas accès au sous-plancher, vissez les lames aux solives (ci-contre) ; bouchez les trous avec des chevilles.

**Fermez un long espace** entre le plancher et une solive gauchie en fixant un 2 x 4 le long de la solive (ci-contre). Consolidez les solives en posant des entretoises de bois ou de métal tous les 6 ou 8 pi.

Entretoises

## Application d'un produit de nivellement

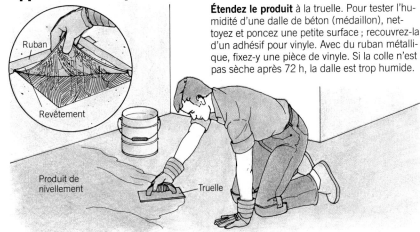

Ruban

Revêtement

Produit de nivellement

Truelle

**Étendez le produit** à la truelle. Pour tester l'humidité d'une dalle de béton (médaillon), nettoyez et poncez une petite surface ; recouvrez-la d'un adhésif pour vinyle. Avec du ruban métallique, fixez-y une pièce de vinyle. Si la colle n'est pas sèche après 72 h, la dalle est trop humide.

La sous-finition a pour but de créer une surface lisse et plane sur laquelle on posera un revêtement. Elle sert de support supplémentaire à un matériau lourd (comme la céramique) et de fond de clouage à un parquet de bois massif ; elle fait aussi écran à l'humidité.

Choisissez la sous-finition en fonction du parquet que vous projetez poser. Elle devra être assez épaisse pour couvrir

les imperfections du sous-plancher. Si le parquet doit être posé au-dessus d'un vide sanitaire non chauffé, étendez d'abord sur le sol une membrane de polyéthylène (6 mil) en guise de pare-vapeur. Cela constribuera à contrer l'humidité. S'il doit être posé au-dessus d'une pièce habitée, mettez une couche supplémentaire d'isolant. Cela contribuera à insonoriser la pièce.

On peut poser certains revêtements directement sur l'ancien revêtement pourvu qu'il soit propre et sec. (En cas de doute, consultez un spécialiste.) On pose la sous-finition sur un revêtement sec, plat et bien fixé au sous-plancher. La sous-finition et le nouveau revêtement relèveront le niveau du plancher ; au besoin, installez des seuils et taillez les portes et les cadres de portes (p. 329).

**Attention !** Il peut se dégager une poussière nocive quand on enlève un revêtement souple. Faites appel à un spécialiste si le revêtement contient de l'amiante.

Avant de poser des carreaux de céramique ou un parquet de bois, posez une sous-finition composée de deux épaisseurs de contreplaqué de ½ po (1,3 cm), catégorie revêtement ; pour les autres parquets et pour les revêtements souples, installez un contreplaqué de ¾ po (2 cm) de même catégorie.

### Enlèvement des moulures

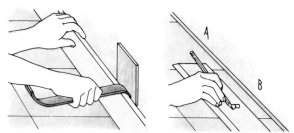

**Déclouez la moulure** délicatement avec un pied-de-biche ou un couteau à mastic rigide (à gauche). Identifiez les segments et les portions de mur correspondantes par des lettres pour faciliter la réinstallation (à droite). Remplacez les moulures endommagées.

### Pose d'une sous-finition de contreplaqué

**Posez les panneaux** pour que le fil soit perpendiculaire aux solives. Décalez les panneaux et laissez un joint de ⅛ po entre les panneaux et de ½ po le long des murs. Clouez à 6 po d'intervalle sur les côtés et à 10 po au centre.

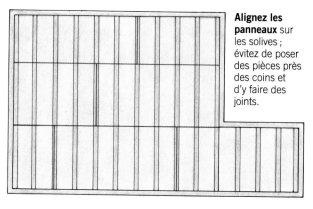

**Alignez les panneaux** sur les solives ; évitez de poser des pièces près des coins et d'y faire des joints.

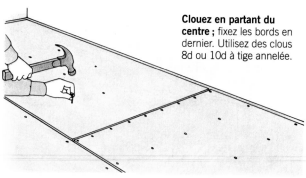

**Clouez en partant du centre ;** fixez les bords en dernier. Utilisez des clous 8d ou 10d à tige annelée.

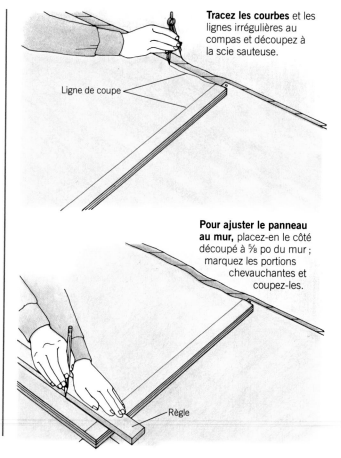

**Tracez les courbes** et les lignes irrégulières au compas et découpez à la scie sauteuse.

Ligne de coupe

**Pour ajuster le panneau au mur,** placez-en le côté découpé à ⅝ po du mur ; marquez les portions chevauchantes et coupez-les.

Règle

N'employez jamais de panneaux de fibres ni de panneaux de particules comme matériau de sous-finition. Installez du panneau à base de ciment comme pare-vapeur sous un revêtement de céramique. Mais, que vous employiez du panneau de contreplaqué ou à base de ciment, laissez un espace entre le panneau et le mur pour que le panneau puisse se dilater ; remplissez cet espace de pâte à calfeutrer souple.

**Dalle de béton.** Les panneaux, les carreaux de bois, les lames, les carreaux de céramique et le vinyle peuvent être collés directement sur une dalle de béton sec (p. 325) avec de la colle ou du mastic. Si la dalle de béton se trouve sous le niveau du sol, posez d'abord un pare-vapeur. Quant au parquet de bois massif, posez-le sur des pièces de 2 x 4 couchées sur du mastic (à droite). Si les lames ont plus de 4 po (10 cm) de largeur, ajoutez une sous-finition de contreplaqué. Avant de poser des carreaux de céramique, collez à la sous-finition un pare-vapeur de polyéthylène chloré conçu à cet effet.

**Dalle de béton extérieure.** On peut poser des carreaux de céramique sur une dalle de béton à l'extérieur pourvu qu'elle s'égoutte bien et qu'elle comporte des joints de dilatation (pp. 206-207, 212-213).

### Pose d'un panneau à base de ciment

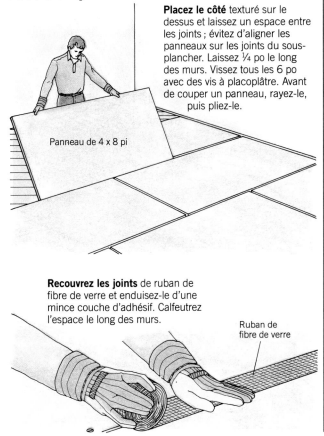

**Placez le côté** texturé sur le dessus et laissez un espace entre les joints ; évitez d'aligner les panneaux sur les joints du sous-plancher. Laissez ¼ po le long des murs. Vissez tous les 6 po avec des vis à placoplâtre. Avant de couper un panneau, rayez-le, puis pliez-le.

Panneau de 4 x 8 pi

**Recouvrez les joints** de ruban de fibre de verre et enduisez-le d'une mince couche d'adhésif. Calfeutrez l'espace le long des murs.

Ruban de fibre de verre

### Préparation d'une dalle de béton

**1.** Nettoyez la dalle une fois sèche ; nivelez-la au besoin avec un produit de nivellement (p. 235). Enduisez-la de mastic d'étanchéité avec une truelle dentée. Partez du coin le plus éloigné.

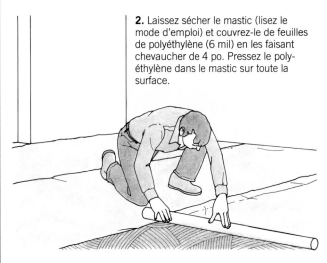

**2.** Laissez sécher le mastic (lisez le mode d'emploi) et couvrez-le de feuilles de polyéthylène (6 mil) en les faisant chevaucher de 4 po. Pressez le polyéthylène dans le mastic sur toute la surface.

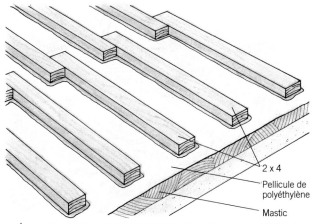

2 x 4

Pellicule de polyéthylène

Mastic

**3.** Étalez des bandes de mastic tous les 12 po (centre à centre) sur le polyéthylène, perpendiculairement au parquet à poser. Scellez des 2 x 4 dans le mastic, en les faisant chevaucher de 4 po. (Si le taux d'humidité est élevé, posez sur les 2 x 4 un autre pare-vapeur.) Si les planches ont plus de 4 po, ajoutez une sous-finition de ¾ po.

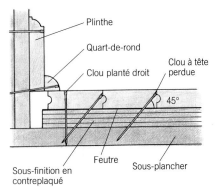

Plinthe

Quart-de-rond

Clou à tête perdue

Clou planté droit

45°

Sous-finition en contreplaqué

Feutre

Sous-plancher

Les lames doivent avoir un support stable et solide (solives ou traverses) et y être fixées perpendiculairement ou en diagonale. Il faut laisser un jeu de dilatation de ¾ po (2 cm) entre le parquet et les murs parallèles aux lames ; mais il n'est pas nécessaire d'en laisser entre le parquet et les murs perpendiculaires aux lames.

Vérifiez d'abord si les murs sont d'équerre et parallèles (taillez les lames en fonction des imperfections). Pour vérifier un angle droit, mesurez la distance entre deux coins diamétralement

opposés. Pour vérifier le parallélisme, mesurez la distance entre les deux murs qui seront parallèles aux lames du parquet. De légères différences près des coins seront faciles à corriger, car il suffira de tailler les planches à leur extrémité.

Pour bien aligner le parquet, tracez une ligne de départ sur le plancher dans le sens des lames. Dans une pièce petite ou moyenne, tracez-la près du mur le plus long ou le plus apparent ; dans une pièce de plus de 20 pi (6 m) de largeur, tracez-la au centre et partez de là pour poser les lames.

Prenez vos mesures entre le mur et la ligne de départ environ tous les pieds (0,3 m). Si le mur n'est pas droit, taillez les lames à la scie sauteuse. Si l'écart de parallélisme entre les murs est de moins de 1 po (2,5 cm), ne le corrigez que sur les lames du dernier rang ; si l'écart est plus important, corrigez-le sur les lames du premier et du dernier rang. Marquez les pièces à tailler (p. 326) et sciez-les.

Pour rendre une correction moins perceptible, rabotez le chant rainuré et la languette des lames (ou approfondissez la rainure) sur plusieurs rangs. Posez ces lames aux endroits les moins visibles.

Gardez les lames les plus droites pour les deux ou trois premiers rangs et pour les trois ou quatre derniers. Les lames légèrement gauchies pourront être mises en place à l'aide d'un levier ; essayez de récupérer les portions droites de lames très gauchies.

Fixez le premier rang de lames, côté rainure le long du mur, avec des clous 7d ou 8d plantés à la verticale et à 1 po (2,5 cm) de la rainure. Au fur et à mesure, noyez les têtes au chasse-clous et bouchez les trous. Plantez les autres clous de biais à travers les languettes pour les fixer au sous-plancher. Faites de même pour toutes les planches. Les clous plantés dans une languette seront dissimulés par la planche suivante. Enfoncez les clous à la verticale dans les deux derniers rangs.

## Préparatifs

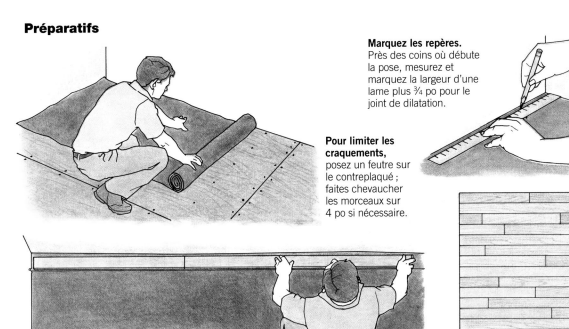

**Marquez les repères.** Près des coins où débute la pose, mesurez et marquez la largeur d'une lame plus ¾ po pour le joint de dilatation.

**Pour limiter les craquements,** posez un feutre sur le contreplaqué ; faites chevaucher les morceaux sur 4 po si nécessaire.

**Tendez un cordeau** entre des clous plantés à chaque coin sur les repères. Placez la première lame en suivant cette ligne. Marquez les irrégularités.

**Disposez plusieurs rangs** avant de clouer les lames. Décalez les joints d'au moins 6 po tout en évitant de créer des motifs en escalier ou en H. Évitez aussi de grouper les lames courtes. Posez des lames d'au moins 8 po au bout des rangs.

## Pose des lames

**Clouez la première lame,** côté rainure le long du mur. Percez des avant-trous pour ne pas la fendre. Utilisez du bois de rebut comme espaceur.

**Frappez sur les lames** avec un maillet de caoutchouc (pas un marteau) pour bien les emboîter. Pour les clouer, tenez-vous sur les lames.

**Pour poser une lame gauchie,** fixez-en d'abord la portion rectiligne ; ramenez ensuite en place la portion gauchie à l'aide d'un levier piqué à la verticale dans le sous-plancher.

**La cloueuse** (louée) permet de faire un travail uniforme. Portez des lunettes de sécurité. Si possible, clouez les lames aux solives. Espacez les clous de 8 po ; commencez environ à 2 po du bout.

**Refendez la dernière lame** s'il le faut. L'espace prévu le long du mur permet d'emboîter la dernière lame. Mettez derrière des espaceurs (bois de rebut). Plantez les clous dans les deux derniers rangs en même temps.

## Cadres de portes

**Taillez les cadres** en fonction de l'épaisseur du parquet (utilisez une pièce de rebut comme guide). Sciez bien droit.

Porte

Goujon

**Une moulure** sert de seuil et, par conséquent, de transition entre les pièces. Clouez-la ou vissez-la à angle. Si elle n'a pas de languette, il faut la goujonner.

## Parquet flottant

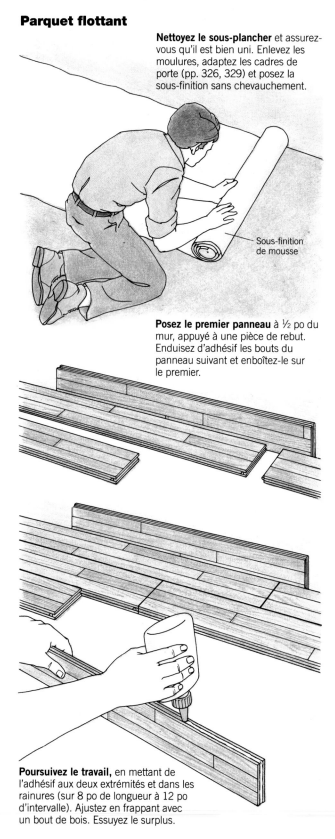

**Nettoyez le sous-plancher** et assurez-vous qu'il est bien uni. Enlevez les moulures, adaptez les cadres de porte (pp. 326, 329) et posez la sous-finition sans chevauchement.

Sous-finition de mousse

**Posez le premier panneau** à ½ po du mur, appuyé à une pièce de rebut. Enduisez d'adhésif les bouts du panneau suivant et enboîtez-le sur le premier.

**Poursuivez le travail,** en mettant de l'adhésif aux deux extrémités et dans les rainures (sur 8 po de longueur à 12 po d'intervalle). Ajustez en frappant avec un bout de bois. Essuyez le surplus.

De tous les types de revêtements, les panneaux de lamelles sont les plus faciles à poser. On les installe sans clous, en les collant les uns aux autres (*parquet flottant*) ou au sous-plancher (*parquet collé*).

Avant d'installer les panneaux, enduisez le sous-plancher d'un produit de nivellement (p. 325) puis recouvrez-le d'une sous-finition de mousse (vendue avec les panneaux). Sur une dalle de béton, étendez d'abord un pare-vapeur de polyéthylène (6 mil).

Le parquet collé doit aussi reposer sur un sous-plancher uniforme et, s'il est sous le niveau du sol, sur une feuille de polyéthylène prise dans le mastic. Sur une dalle de béton sèche et au-dessus du niveau du sol, vous pourrez coller à peu près n'importe quel type de revêtement lamellé. Cependant, sur une dalle de béton au niveau ou sous le niveau du sol, collez d'abord une pellicule de polyéthylène ; installez ensuite un sous-plancher constitué de panneaux de contreplaqué reposant sur des 2 x 4 (voir pp. 325-327).

Un parquet sera mis en valeur par la disposition des carreaux qui le composent. Faites d'abord l'essai à sec de divers motifs avec une dizaine de carreaux. Comme les carreaux de céramique et de vinyle, les carreaux de bois doivent être alignés sur deux lignes de départ perpendiculaires qui vous serviront de guides.

Vous obtiendrez d'excellents résultats si vous utilisez les outils, les adhésifs et les matériaux recommandés et même parfois fournis par le fabricant. Vous aurez besoin de leviers et de blocs pour mettre les carreaux en place dans le mastic ou pour les enlever sans en abîmer les languettes, d'une truelle dentée pour étendre le mastic, et de liège (vendu en bandes ou en feuilles de 1 x 3 pi [30 x 90 cm]) pour combler le joint de dilatation le long des murs.

Étendez le mastic et attendez un certain temps (lisez bien le mode d'emploi) avant de poser les carreaux. Ne les posez, en effet, que lorsqu'il devient collant. Comme il reste collant pendant un temps limité, n'étendez du mastic que sur la surface que vous pensez avoir le temps de couvrir.

**Attention !** Certains solvants sont toxiques et inflammables. Suivez les recommandations du fabricant.

Prenez les carreaux au hasard dans plusieurs paquets pour bien répartir la couleur. Travaillez à partir des carreaux fraîchement posés, à genoux sur un morceau de contreplaqué : cela contribuera à les ancrer dans le mastic. Avant que celui-ci durcisse, marchez sur tout le parquet ou passez un rouleau de 150 lb (70 kg). Complétez le parquet avant de vous attaquer au pourtour. Puis taillez tous les carreaux du pourtour avant d'étendre le mastic.

**Attention !** Découpez les carreaux avec une égoïne, une scie à ruban ou une scie sauteuse et non avec une scie circulaire ni une scie radiale.

Laissez durcir le mastic pendant 24 heures ou selon les recommandations du fabricant. Posez ensuite les moulures et un seuil, s'il le faut (p. 329).

## Disposition des carreaux

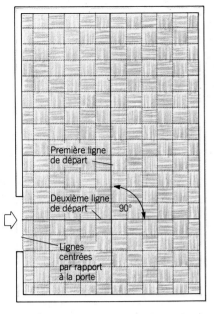

Première ligne de départ

Deuxième ligne de départ

90°

Lignes centrées par rapport à la porte

**Faites un tracé parallèle** au mur le plus long et un autre perpendiculaire au premier, pour qu'ils se croisent au centre de la pièce. Mesurez 3 pi sur un tracé et 4 pi sur l'autre ; la distance entre les deux points devrait être exactement 5 pi.

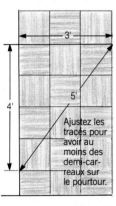

3'

4'

5'

Ajustez les tracés pour avoir au moins des demi-carreaux sur le pourtour.

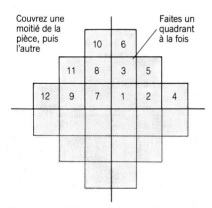

Couvrez une moitié de la pièce, puis l'autre

Faites un quadrant à la fois

| | | | 10 | 6 | | |
| | | 11 | 8 | 3 | 5 | |
| 12 | 9 | 7 | 1 | 2 | 4 |

**En partant de l'intersection des lignes,** disposez les carreaux en pyramide, en les alignant sur une ligne de départ ou en partant d'un coin. Les rangs seront ainsi bien droits.

## Pose des carreaux

**Étendez l'adhésif** en tenant la truelle à 45° ; faites des demi-cercles en partant des lignes de départ ; ne masquez pas complètement ces lignes. Laissez un peu sécher l'adhésif ; suivez les instructions du fabricant.

**Posez le premier carreau** exactement à l'intersection des deux lignes, côté rainure sur les lignes. N'appuyez pas trop fort pour éviter que l'adhésif ne suinte.

**Mettez en place le deuxième carreau.** Imbriquez-le dans le premier en le tenant incliné et déposez-le doucement sur l'adhésif. Ne le glissez jamais à l'horizontale.

**Carreaux du pourtour.** Mettez le carreau à tailler sur un carreau de l'avant-dernier rang. Mettez dessus un carreau gabarit ; appuyez-le sur un espaceur en liège. Tracez la ligne de coupe. (Tracez les lignes irrégulières au compas [p. 326].) Découpez avec une égoïne bien affûtée. Taillez tous les carreaux avant d'étendre l'adhésif.

Espaceur en liège

Carreau gabarit

Les parquets de bois massif d'au moins ¾ po (2 cm) d'épaisseur peuvent être rénovés plus d'une fois. Il suffit de les poncer pour enlever le vieux fini et de leur en appliquer un nouveau. Les parquets plus minces et certains carreaux de bois ne peuvent être restaurés qu'une ou deux fois. Quant au bois lamellé, dont la couche superficielle est mince, il est vendu préfini : tout ponçage l'endommagerait.

Poncer est un travail délicat ; ne lésinez pas sur l'outillage. N'employez ni ponceuse à bande ordinaire ni disque à poncer adapté à une perceuse : ces outils endommageraient le parquet. Louez plutôt une ponceuse à tambour, une ponceuse de chant et une polisseuse. La ponceuse à tambour fait le gros du travail, la ponceuse de chant sert à poncer les bords et les endroits difficiles d'accès et la polisseuse polit le parquet avant chaque couche de fini-

tion. Pour éviter d'abîmer le parquet, faites-vous auparavant expliquer la façon de procéder. Munissez-vous d'une bonne quantité de papier à poncer, de laine d'acier et de grillages. On vous remboursera les articles qui n'auront pas servi.

Avant de poncer, videz la pièce et scellez toutes les ouvertures pour éviter que la poussière ne se répande partout. Enfoncez les clous et enlevez agrafes et punaises. Recollez les éclats de bois.

Poncez tout le parquet au papier d'oxyde d'aluminium à grains grossiers (60), passez l'aspirateur et poncez de nouveau, cette fois avec un papier à grains moyens (80). Passez l'aspirateur de nouveau et poncez au papier fin (120) ou au papier grenat. Bouchez ensuite les fissures, laissez sécher et polissez avec un grillage de calibre 100 ou une laine d'acier 00. Le grillage polit mieux que la laine d'acier.

Appliquez enfin une teinture ou la première couche de finition. Laissez sécher, puis polissez avec un grillage. Passez l'aspirateur et essuyez bien avec un chiffon humide (p. 164). Recommencez l'opération pour chaque couche de fini.

**Attention !** Suivez scrupuleusement les instructions du fabricant. Tous les produits sont toxiques, même parfois les produits à base d'eau. Aérez bien la pièce et portez des lunettes de protection, un respirateur homologué par le NIOSH et des gants de caoutchouc. Pour éviter les explosions, fermez le gaz et arrêtez les moteurs électriques. Le fini appliqué, quittez la maison pendant au moins 24 heures pour ne pas vous exposer aux vapeurs nocives.

Pour tout renseignement supplémentaire sur le ponçage, la teinture et la finition du bois, reportez-vous aux pages 164 et suivantes.

## Sens du ponçage

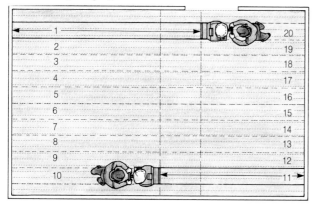

**Poncez parallèlement** au fil du bois. Commencez près de la porte et faites les deux tiers de la pièce dans un mouvement de va-et-vient. Recouvrez de 2 ou de 4 po le passage précédent. Parvenu au dernier tiers, arrêtez la ponceuse et tournez-la sur 180°. Empiétez de 2 pi sur la partie poncée.

**Poncez les carreaux de bois** avec un abrasif moyen en diagonale. Suivez la technique ci-contre.

**Poncez ensuite** avec un papier fin, perpendiculairement au sens du premier ponçage.

**Enfin,** poncez au papier extra-fin, parallèlement aux murs les plus longs ; polissez.

## Produits de finition du bois

| Produit | Durabilité | Application | Entretien |
|---|---|---|---|
| Polyuréthane | À base d'huile : extrêmement durable ; à base d'eau : assez durable. Excellente résistance à l'eau. | Appliquez-le avec une laine d'agneau. Le fini à l'huile, plus facile à appliquer, sèche en 12 ou 24 h ; le fini à l'eau, en 2 ou 4 h. Étalez-le sans laisser de bulles. | Passez une vadrouille humide ; n'employez jamais ni cire ni nettoyant à l'huile. Poncez un parquet terni ; appliquez une nouvelle couche. |
| Vernis | Durabilité et résistance à l'eau moyennes. Évitez le vernis à bateau, peu résistant. | Étendez-en 3 couches au pinceau. Le vernis à l'eau sèche plus vite que le vernis à l'huile ou à base de solvant, mais il peut faire lever le fil du bois. | Balayez souvent pour éviter les risques d'égratignures. Protégez de l'humidité avec de la cire. Décapez et reprenez un fini abîmé. |
| Bouche-pores pénétrant | Bonne durabilité ; bouche les pores du bois et le renforce mais ne le protège pas. | Très facile. Appliquez-le au chiffon non peluchaux ou à la laine d'agneau ; laissez agir (voir directives) ; essuyez le surplus. | Balayez souvent. Cirez pour protéger de l'humidité. Décapez et reprenez un fini abîmé. |

## Ponçage et remplissage

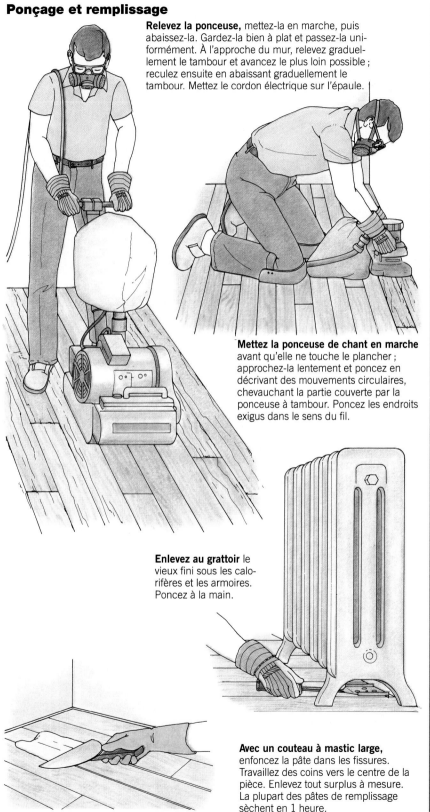

**Relevez la ponceuse,** mettez-la en marche, puis abaissez-la. Gardez-la bien à plat et passez-la uniformément. À l'approche du mur, relevez graduellement le tambour et avancez le plus loin possible ; reculez ensuite en abaissant graduellement le tambour. Mettez le cordon électrique sur l'épaule.

**Mettez la ponceuse de chant en marche** avant qu'elle ne touche le plancher ; approchez-la lentement et poncez en décrivant des mouvements circulaires, chevauchant la partie couverte par la ponceuse à tambour. Poncez les endroits exigus dans le sens du fil.

**Enlevez au grattoir** le vieux fini sous les calorifères et les armoires. Poncez à la main.

**Avec un couteau à mastic large,** enfoncez la pâte dans les fissures. Travaillez des coins vers le centre de la pièce. Enlevez tout surplus à mesure. La plupart des pâtes de remplissage sèchent en 1 heure.

## Finition

**Pliez les genoux** pour bien diriger la polisseuse. N'utilisez pas de laine d'acier si vous appliquez un produit à base d'eau : les filaments rouillent.

**Appliquez le fini** avec un pinceau neuf, à poils doux. Couvrez de bandes étroites en évitant qu'elles se chevauchent.

**Le bouche-pores et la teinture** s'appliquent généreusement au chiffon ou à la laine d'agneau. Suivez le fil du bois ; essuyez le surplus.

# CARREAUX SOUPLES ET DE CÉRAMIQUE

On pose les carreaux souples et de céramique de la même façon que les carreaux de bois. Le plancher doit être uniforme et il faut ajouter une sous-finition (pp. 325-327).

**Les carreaux souples,** qui n'exigent aucun cirage, sont généralement en vinyle. Ils mesurent 12 x 12 po (30 x 30 cm) et sont offerts dans une grande variété de couleurs et de motifs. Il se vend également des carreaux d'accentuation : ceux-ci sont plus grands, plus petits ou de formes diverses. Ils servent à faire des bordures ou à créer des motifs originaux.

On pourra enlever les carreaux d'un revêtement relativement récent en les chauffant au pistolet à air chaud. Cela permet de remplacer quelques carreaux seulement et de rafraîchir l'apparence d'un pièce sans avoir à tout refaire. Cependant, prenez garde de ne pas enlever des carreaux qui pourraient renfermer de l'amiante (p. 325).

La plupart des carreaux souples sont fixés au plancher avec un adhésif recommandé par le fabricant ou le détaillant. Les carreaux autocollants sont enduits d'une colle contact protégée par une pellicule de papier ou de plastique qu'il suffit d'enlever. La pose terminée, il faut passer un rouleau pour bien fixer les carreaux, autocollants ou non. (On loue ordinairement un rouleau de 100 lb [70 kg].)

**Les carreaux de céramique** qui servent au revêtement des sols sont plus grands et plus résistants que les carreaux dont on se sert pour recouvrir

## Plan en diagonale

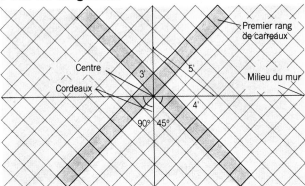

Premier rang de carreaux

Centre

Cordeaux

Milieu du mur

90° 45°

3' 5' 4'

**Faites un plan** sur du papier quadrillé, chaque carré représentant un carreau (pour la céramique, tenez compte de la largeur du joint à remplir de coulis). Marquez le centre de la pièce à l'intersection de deux cordeaux perpendiculaires. Vérifiez l'angle droit de l'intersection (p. 331) ; s'il le faut, ajustez un des cordeaux sans déplacer le point d'intersection. Tracez les angles de 45° au rapporteur, puis vérifiez à l'équerre combinée.

**Une bordure** parallèle aux murs masque les imperfections et simplifie le découpage.

**Posez le premier rang** à sec le long de la ligne à 45° ; ajustez-le pour que les derniers carreaux soient de même taille et fassent au moins des demi-carreaux. Tracez d'autres repères tous les 2 pi et un autre de couleur différente pour la bordure de façon à le différencier.

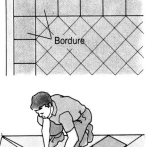

Bordure

2'

Ligne à 45°

Premier rang

Équerre combinée

Cordeaux

## Pose de carreaux souples

**Enduisez le carreau d'adhésif** avec une truelle dentée (page ci-contre) et mettez-le en place en vous servant d'un côté du carreau précédent comme appui.

Appui

Mesurez ici

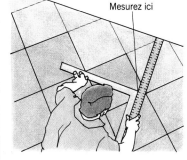

**Pour marquer les carreaux** du pourtour, s'ils doivent être taillés, appuyez le bout d'une règle contre le mur et alignez-la sur l'angle formé par deux carreaux ; elle doit former avec le mur un angle de 90° (vérifiez en tenant la partie horizontale d'une équerre au centre d'un carreau). Reportez les mesures sur le carreau.

**S'il y a des objets fixes,** faites d'abord un gabarit ; reportez ensuite le tracé sur un carreau. Taillez.

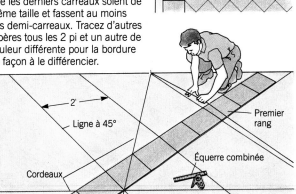

Gabarit de carton

**Passez un rouleau** de 100 lb sur les carreaux pour répartir l'adhésif et fixer les carreaux. Passez-le dans un sens, puis dans l'autre.

Rouleau

les comptoirs ou les murs. Utilisez de l'adhésif en poudre ; portez un masque pour faire le mélange. (Pour les carreaux de céramique, voir pp. 254-259.)

On pose ordinairement les carreaux parallèlement aux murs ou à un angle de 45°. Si vous les disposez parallèlement, procédez comme dans le cas des parquets de bois (pp. 330-331) en tenant compte de la largeur des joints à remplir de coulis. Si la pièce est de forme irrégulière ou si elle contient des éléments fixes, adaptez la méthode décrite aux pages 328 et 329. Choisissez l'un des murs comme repère. Tracez une ligne de départ à deux ou trois carreaux de ce mur. Commencez alors la pose en parallèle ou en diagonale.

Les carreaux pourront masquer les défauts d'une pièce : des lignes verticales la feront paraître plus longue ; des bordures, plus courte. Dans le cas de carreaux hexagonaux, leurs côtés devront être parallèles à deux murs opposés. Choisissez un motif simple si vous en êtes à votre première expérience.

Tracez toujours un plan sur du papier quadrillé. Calculez le nombre de carreaux nécessaires en tenant compte des joints à remplir de coulis ; ajoutez 10 p. 100 en prévision des bris et des réparations futures. Vérifiez votre plan en posant d'abord les carreaux à sec. Modifiez-le au besoin.

Appliquez l'adhésif sur de petites surfaces à la fois pour éviter qu'il ne durcisse trop rapidement. Faites de même pour le coulis et nettoyez le surplus à mesure.

## Pose de carreaux de céramique

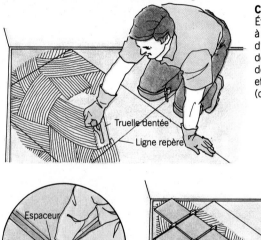

Truelle dentée
Ligne repère

**Commencez dans un coin.** Étendez l'adhésif sur 2 pi à la fois avec le côté lisse d'une truelle, puis faites des sillons avec le côté denté. Posez les carreaux et mettez-les de niveau (ci-dessous).

Espaceur

**Mettez en place les carreaux** avec un léger mouvement de torsion pour bien répartir l'adhésif ; essuyez l'adhésif. Mettez des espaceurs aux coins pour assurer l'uniformité des joints (médaillon). Ne marchez pas sur les carreaux.

**Mettez de niveau** et répartissez la colle en frappant un 2 x 4 enveloppé dans du tapis ou une serviette. Pour relever un carreau trop enfoncé, servez-vous d'un tournevis ; ajoutez de l'adhésif.

## Pose du coulis et nettoyage

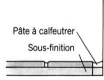

**Laissez reposer 24 h,** puis enlevez les espaceurs. Grattez l'adhésif entre les carreaux et passez l'aspirateur dans les joints.

**Étendez le coulis** avec une truelle à coulis, en la tenant à un angle de 30°. Enlevez immédiatement le surplus en la tenant presque à plat.

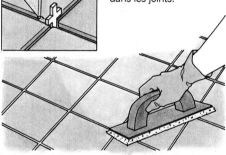

Pâte à calfeutrer
Sous-finition

Carreau de plinthe
Pâte à calfeutrer
Sous-finition

**Remplissez** de pâte à calfeutrer, et non de coulis, le joint de dilatation le long des murs (à gauche) de même qu'entre les doucines et le plancher (à droite). Appliquez-la au pistolet.

**Avant que le coulis sèche,** nettoyez les carreaux avec une éponge humide ; rincez-la souvent. Enlevez le résidu avec un linge propre.

## Pose du revêtement

**1.** Aérez bien la pièce. Déroulez le revêtement à partir du mur le plus long. Laissez un surplus sur tous les côtés ; alignez le motif.

**2.** Repliez délicatement le revêtement. Étendez de l'adhésif sur le plancher avec une truelle dentée. Ramenez le revêtement et fixez-le en appuyant. Faites de même dans toute la pièce.

Adhésif

**3.** Passez le rouleau en partant du centre de la pièce pour bien répartir l'adhésif et enlever les bulles.

Rouleau

Généralement en vinyle, le revêtement en rouleau est offert dans une vaste gamme de couleurs, de motifs et de textures. La qualité et les prix varient. Les plus chers ont une surface spéciale qui masque les imperfections de la sous-finition. Les revêtements qui n'exigent aucun cirage ont une surface en thermoplastique ou en d'autres types de résine.

La plupart des rouleaux ont 6 ou 12 pi (1,8 ou 3,6 m) de largeur. Choisissez celle qui vous permettra de couvrir tout le plancher d'une pièce en faisant le moins de joints possible, car il est difficile de raccorder les motifs et les textures. Prévoyez les joints aux endroits les moins visibles.

Le revêtement en rouleau peut reposer sur à peu près n'importe quelle surface dure et uniforme, et même sur du vieux revêtement souple. (Pour aplanir ou renforcer une sous-finition, voir pp. 325-327.) Le fabricant indique s'il faut coller un revêtement ou non. S'il ne faut pas le coller, suivez les étapes à gauche sans coller et laissez ¼ po (6 mm) tout le tour. Fixez-le selon les directives du fabricant.

Le revêtement en rouleau pourra être difficile à manipuler. Évitez de trop le plier ; il pourrait s'endommager. Même après avoir passé le rouleau, vous verrez peut-être se former des bulles causées par les gaz qui se dégagent de l'adhésif. Si elles ne disparaissent pas en moins d'une semaine, crevez-les avec une épingle et appuyez.

Quand vous déplacez des objets lourds, protégez le revêtement avec une mince feuille de contreplaqué ou du carton épais. Nettoyez-le souvent à l'éponge humide. Ne mettez pas trop d'eau : ce type de revêtement n'est pas imperméable. Pour conserver son lustre, employez toujours un nettoyant recommandé par le fabricant.

## Découpage

**Dans les coins intérieurs,** taillez le revêtements en U à l'aide d'un couteau universel.

**Aux coins extérieurs,** taillez-le à la verticale avec un couteau universel.

**Découpez le surplus** le long des murs en utilisant une règle comme guide ; laissez ⅛ po entre le mur et le revêtement.

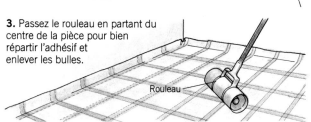

Rebut

**Pour faire un joint,** faites chevaucher deux pièces en raccordant le motif. Coupez à travers les deux épaisseurs ; enlevez le rebut.

## Finition

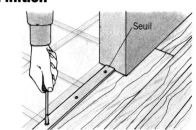

Seuil

**Posez des seuils** à la jonction de deux types de revêtement différents. Taillez-les très exactement avant de les fixer.

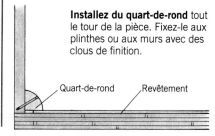

**Installez du quart-de-rond** tout le tour de la pièce. Fixez-le aux plinthes ou aux murs avec des clous de finition.

Quart-de-rond     Revêtement

### Lames

**Percez des trous** à chaque bout de la partie abîmée et enlevez-la avec un ciseau.

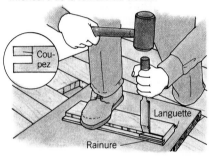

Trous

**Taillez une lame** de la même longueur. Mettez-la à l'envers ; enlevez la lèvre inférieure de la rainure au ciseau.

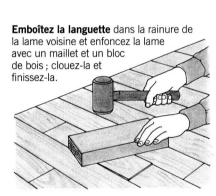

Coupez

Languette

Rainure

**Emboîtez la languette** dans la rainure de la lame voisine et enfoncez la lame avec un maillet et un bloc de bois ; clouez-la et finissez-la.

Pour faire durer un revêtement le plus longtemps possible, balayez-le fréquemment et épongez les dégâts liquides sans tarder. Utilisez les nettoyants recommandés par le fabricant ou l'installateur pour ne pas abîmer le fini.

Sur les parquets de bois, n'employez pas de produits à base d'eau. Sur les parquets finis au polyuréthane, n'utilisez pas de nettoyants à base d'huile, de gras ou de solvant. Les finis synthétiques tels que l'acrylique sont pour la plupart imperméables. Par contre, la laque, le vernis-laque, le vernis ordinaire et la cire s'endommagent facilement au contact d'un liquide contenant des solvants comme l'alcool (quelques minutes suffisent).

Frottez les petites éraflures sur un fini non synthétique avec une laine d'acier très fine (n° 0000), puis appliquez de la cire en pâte. Vous devrez peut-être décaper et refaire un fini très abîmé ou très taché. Pour réparer un fini synthétique ou le fini d'un revêtement souple, suivez toujours les recommandations du fabricant.

Un parquet de bois taché peut parfois être poncé ou décoloré, mais vous devrez, s'il est très abîmé, le rapiécer (à gauche).

Pour faire pâlir un coulis, procurez-vous un nettoyant spécial chez les détaillants de carreaux de céramique. (Voir pp. 257 et 259 sur la façon de sceller le coulis et de réparer les carreaux de céramique très endommagés.)

Il est parfois possible de réparer un revêtement souple marqué de petites entailles. On le fait en fabriquant une pâte composée de miettes du revêtement et de vernis à ongles incolore. (N'émiettez pas un morceau de revêtement qui contiendrait de l'amiante [p. 325].) De façon générale, cependant, le rapiéçage donne de meilleurs résultats.

### Carreaux de bois

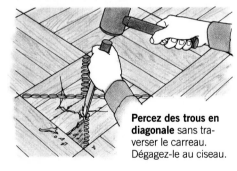

**Percez des trous en diagonale** sans traverser le carreau. Dégagez-le au ciseau.

**Grattez la vieille colle,** mettez de la colle fraîche, puis le carreau.

### Revêtements souples

**Ramollissez l'adhésif** au pistolet à air chaud. Enlevez le carreau et le vieil adhésif. Collez le nouveau carreau.

Pièce

**2.** Enlevez la pièce, puis la partie abîmée et le vieil adhésif tout comme vous le feriez pour un carreau.

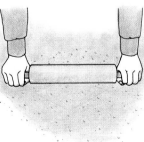

**Rapiéçage**
**1.** Mettez une pièce sur la partie endommagée, en faisant coïncider le motif ; fixez-la avec du ruban et découpez.

Retaille

**3.** Étendez de l'adhésif frais à la truelle dentée ; posez la pièce et passez le rouleau.

Vous vous épargnerez du temps, de l'argent et une bonne dose d'énergie — sans compter la frustration — si vous considérez dès le départ vos projets dans tous leurs détails et planifiez soigneusement chaque étape. En dessinant un plan, vous vous faciliterez presque tous les travaux, grands ou petits. Un bon plan prévoit les outils nécessaires et permet d'estimer la quantité de matériaux et leur coût. Il permet aussi de voir la complexité de l'ensemble des travaux et de déterminer s'il y a lieu de faire ou non appel à des spécialistes.

**Traçage des plans.** Commencez par faire une esquisse ou un schéma illustrant clairement et en détail ce que vous avez l'intention de faire et comprenant la liste des matériaux nécessaires. Vous pouvez esquisser les éléments et mettre des points ou des X pour figurer les clous, les vis ou les boulons.

Pour vous assurer des résultats précis, reportez l'esquisse ou le schéma à l'échelle sur du papier quadrillé, chaque carré correspondant à une unité de mesure.

Vous pourrez aussi utiliser des outils de mesurage et de traçage pour dessiner vos plans à l'échelle. Pour obtenir un modèle grandeur nature d'une petite image ou d'un dessin, utilisez un pantographe ou quadrillez le dessin original et reportez-le sur du papier quadrillé, carré par carré. Soyez minutieux et précis.

Si vous dessinez des meubles, tenez compte du confort d'une personne moyenne et optez pour des dimensions standard. Prévoyez suffisamment d'espace autour de chaque élément. Pour réaliser des travaux d'envergure, vous pouvez, si vous ne souhaitez pas dessiner vos propres plans, modifier un plan existant, en acheter un dans un centre de rénovation ou en copier un dans un livre ou une revue. On trouve aussi dans le commerce des maquettes de meubles divers, des armoires de cuisine par exemple, à deux ou à trois dimensions. Elles sont faciles à déplacer et facilitent l'agencement des éléments. Par ailleurs, il existe désormais des logiciels permettant de concevoir une pièce, une maison entière ou un aménagement paysager.

**Aperçu des étapes.** Une fois les plans dessinés, revoyez l'ensemble des travaux à faire et dressez la liste des principales étapes chronologiques. Subdivisez-les par ordre en sous-étapes et numérotez le tout.

Si vous planifiez des travaux d'envergure, décomposez-les en une série de petits travaux. Vous pourrez ainsi effectuer vos achats au moment opportun, organiser votre emploi du temps et déterminer les travaux qui requerront les services d'un spécialiste. Pour chaque étape, dressez une liste des outils nécessaires. Revoyez ensuite le plan pour déterminer les quantités de matériaux qu'il faudra.

**Autres facteurs à considérer.** Si vous devez transporter ou façonner des matériaux lourds ou encombrants, assurez-vous, par mesure de sécurité, de l'aide d'une ou de deux personnes. Réservez une aire de travail dans l'atelier ou sur le chantier où vous pourrez façonner les matériaux et les ranger à votre aise.

Si vous prévoyez beaucoup de rebuts, décidez d'avance de la façon dont vous les recyclerez ou les éliminerez. Si

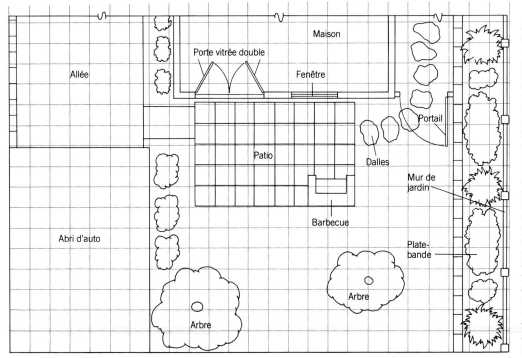

**Avant d'entreprendre de gros travaux** comme l'ajout d'une terrasse, dessinez un plan. Utilisez-le comme guide et décomposez les travaux : mise en place du plancher, aménagement des plates-bandes, construction du barbecue, pose des dalles, etc. Pour prévoir les outils et les matériaux nécessaires, décomposez chacun des travaux en petites étapes indépendantes. Par exemple, décomposez la mise en place du plancher comme suit : préparation du terrain, excavation, ajout de gravier et de mortier, pose des pierres, jointoiement. Réalisez les travaux selon un ordre logique et en fonction de votre budget, de vos temps libres et de la saison.

votre municipalité n'en assure pas la collecte, il vous faudra les transporter vous-même à une décharge.

Comme les huiles, peintures, laques, vernis, diluants, décapants et autres solvants sont inflammables et toxiques ou dangereux pour l'environnement, suivez toujours les recommandations des fabricants. Bouchez les contenants vides ; enveloppez les résidus dans des journaux, puis dans des sacs en plastique ou des contenants étanches et apportez le tout à un centre de récupération des déchets. Vous pourriez aussi mettre les contenants dans une armoire métallique à l'épreuve du feu et vous en débarrasser le jour de la cueillette des déchets

dangereux ou encore communiquer avec la municipalité pour savoir comment vous en débarrasser.

**Règlements et permis.** Avant de mettre la dernière main à des plans de construction ou de rénovation, soumettez-les à l'inspecteur municipal pour vous assurer de leur conformité aux règlements en vigueur. Il existe généralement des règlements distincts pour la construction, la plomberie et l'électricité. Ils traitent de tous les aspects des travaux et vont parfois jusqu'à préciser les types de clous à utiliser. Il se pourrait que vous deviez confier certaines parties des travaux à un spécialiste ou faire inspecter le chantier à différentes étapes.

Procurez-vous un permis au besoin et établissez le calendrier des inspections. Il faut généralement un permis pour faire des rénovations majeures (transformer un garage en chambre d'amis) et pour réaliser d'autres types de travaux (mur de terrasse, construction d'un barbecue à cheminée, démolition d'un trottoir pour aménager une allée, et divers travaux de plomberie et d'électricité).

Avant d'entreprendre des travaux de creusage ou d'excavation, demandez aux entreprises de services publics de marquer l'emplacement des câbles souterrains et des conduites de gaz. Vous serez ainsi à l'abri d'accidents, poursuites ou interruptions de service.

## Engager un entrepreneur

Les parties techniques du présent manuel exposent la façon de travailler divers matériaux ; toutes les techniques de base et quelques techniques spécialisées y sont abordées. Elles pourront vous aider à évaluer les tenants et les aboutissants des travaux que vous planifiez et à définir le rôle que vous jouerez dans leur réalisation.

Vous devriez songer à engager un entrepreneur pour exécuter une partie ou l'ensemble des travaux si, après avoir recueilli tous les renseignements pertinents et évalué l'ampleur de la tâche, certains aspects vous paraissent difficiles à réaliser. Ainsi, dans le cadre des travaux d'aménagement de la terrasse illustrée ci-contre, vous pourriez jouer le rôle de maître d'œuvre et accomplir certaines tâches vous-même, mais engager un terrassier pour effectuer les excavations, un électricien pour installer les dispositifs d'éclairage extérieurs et un plombier pour installer le système d'arrosage du jardin.

**Pour choisir un entrepreneur,** dressez une liste de noms recueillis auprès de voisins et d'amis qui ont eu à faire exécuter des travaux

équivalents ; consultez les Pages Jaunes et les associations des métiers de la construction de votre région. Communiquez avec plusieurs entrepreneurs et demandez-leur de vous fournir les noms de clients qui ont eu recours à leurs services pour réaliser des travaux comparables. Communiquez avec ces clients et demandez à voir le résultat des travaux.

Réduisez votre liste aux noms d'entrepreneurs ayant de bonnes références. Consultez le Bureau d'éthique commerciale de votre région pour savoir si les entrepreneurs ont fait l'objet de plaintes et assurez-vous qu'ils disposent des permis appropriés.

Finalement, demandez un devis à deux ou trois entrepreneurs après leur avoir fourni les plans et des renseignements précis quant aux matériaux que vous souhaitez utiliser. (La plupart des entrepreneurs fournissent eux-mêmes les matériaux, car une partie de leurs bénéfices provient de l'escompte que leur consentent les fournisseurs.)

Une fois les devis reçus, étudiez-les soigneusement et choisissez l'entrepreneur dont l'expérience correspond le

mieux à la nature des travaux à exécuter. Rappelez-vous que celui dont le prix est le plus bas ne constitue pas toujours le meilleur choix. Certains entrepreneurs rogneront sur les détails pour abaisser leur prix.

**Pour votre protection,** exigez un contrat, où figurent les dates de début et de fin des travaux, une description détaillée des travaux à effectuer et des matériaux à utiliser (y compris les marques si cela est important), les modalités de gestion des rebuts, les conditions liées à la modification des plans originaux, les garanties et les conditions d'achèvement des travaux.

Incluez dans le contrat le coût total des travaux et l'échéancier des paiements. Ne payez jamais entièrement le coût des travaux ; il est d'usage de verser un acompte représentant au plus le tiers du coût total, d'effectuer des paiements à mesure que les travaux avancent et de faire un dernier paiement lorsque les travaux sont terminés et que vous les avez approuvés.

Incluez aussi dans le contrat une clause de renonciation. Celle-ci oblige l'entrepreneur à prouver qu'il a payé les fournisseurs et les sous-traitants et

vous protège contre des poursuites de factures impayées. C'est aussi une bonne idée que de charger l'entrepreneur d'obtenir les permis nécessaires et de lui laisser l'entière responsabilité du respect des règlements en vigueur. Exigez des certificats d'assurance dommages et responsabilité civile de tous les entrepreneurs et sous-traitants.

**Une fois les travaux commencés,** suivez-en les progrès attentivement ; s'il survient un problème, avisez-en promptement l'entrepreneur lui-même, pas ses ouvriers. Si vous souhaitez modifier les plans, enquérez-vous de l'incidence que cela aura sur le coût total et exigez un devis. Une petite modification pourra entraîner des changements accessoires coûteux. Par exemple, pour ajouter un luminaire, l'électricien devra peut-être installer un circuit supplémentaire à grands frais, ce dont il ne vous fera part qu'au moment de présenter sa facture, à la fin des travaux.

Une fois les travaux terminés, n'effectuez le paiement final qu'après avoir soigneusement tout examiné. Ne payez jamais pour un travail non achevé.

# TABLES ET CHAISES : DIMENSIONS STANDARD

Si vous concevez des meubles et aménagez une pièce, tenez-vous-en de préférence aux dimensions standard, établies par les architectes en fonction d'une personne moyenne. Une table ou un pupitre, par exemple, doivent avoir une bonne hauteur qui permette de manger ou de travailler confortablement. Aménagez l'espace de façon à pouvoir circuler librement partout.

**DIMENSIONS DES TABLES**

|  | Personnes | Minimales | Moyennes | Grandes |
|---|---|---|---|---|
| **Tables carrées** | 2 | 24"x 24" | 28"x 28" | 30"x 30" |
|  | 4 | 30"x 30" | 32"x 32" | 36"x 36" |
|  | 8 | 44"x 44" | 48"x 48" | 52"x 52" |
| **Tables rectangulaires** | 2 | 22"x 28" | 24"x 30" | 28"x 32" |
|  | 4 | 28"x 44" | 32"x 48" | 36"x 52" |
|  | 6 | 34"x 50" | 36"x 66" | 42"x 72" |
|  | 8 | 34"x 72" | 36"x 86" | 42"x 90" |
| **Tables rondes** | 2 | 22" | 24"" | 28" |
|  | 4 | 32" | 36" | 42" |
|  | 6 | 42" | 50" | 54" |
|  | 8 | 56" | 62" | 72" |

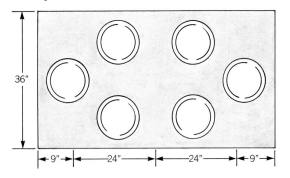

**Une table basse** doit être à distance commode d'une personne assise sur un canapé ou un fauteuil, tout en laissant assez d'espace pour les jambes.

**La hauteur d'une table et des chaises** doit assurer le confort des utilisateurs. Le schéma (à gauche) illustre une table repas de dimensions moyennes. Le tableau ci-dessus donne d'autres dimensions courantes. Ci-dessous : hauteurs standard et dégagement minimal entre le mur et les chaises.

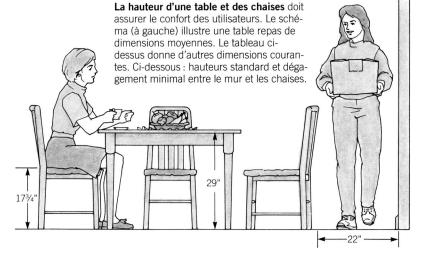

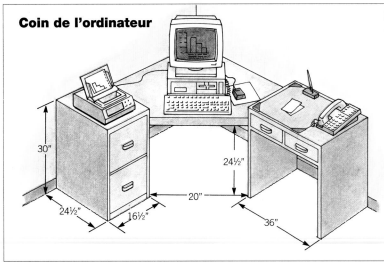

## Coin de l'ordinateur

Vue en plan

**En aménageant** le coin de l'ordinateur dans un angle, vous disposez de plus d'espace pour l'écran et le clavier et créez un milieu propice au travail avec un minimum de mouvements.

**Fabriquez ou achetez** les éléments d'un coin d'ordinateur. Ici, l'élément central est inférieur de 5½ po aux autres éléments (à 24½ po du sol), hauteur qui assure généralement le plus de confort lorsqu'on utilise le clavier. L'élément de droite peut être réservé à l'écriture ; celui de gauche, à l'imprimante. Inversez l'agencement si l'utilisateur est gaucher.

# ESPACES DE RANGEMENT: DIMENSIONS STANDARD

En planifiant l'espace de rangement, tenez toujours compte de la taille des utilisateurs. Les dimensions données sont des dimensions standard que vous pourrez modifier à votre guise pour les adapter aux besoins de chacun. Ainsi, vous voudrez placer des tablettes à une faible hauteur dans une chambre d'enfants et, au contraire, très haut, précisément hors de la portée des enfants, dans une pièce où vous rangez des matériaux dangereux. Les rayons de bibliothèque doivent être plus étroits que les tablettes d'armoires et avoir 36 po (90 cm) de longueur tout au plus pour ne pas fléchir sous le poids des livres. Quand vous meublez une chambre à coucher, prévoyez suffisamment d'espace pour circuler et vous habiller.

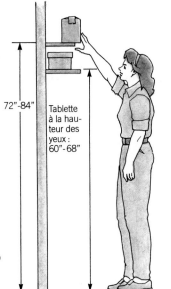

**Les tablettes** (à droite) doivent être à la portée de tous. Celles du haut doivent être plus étroites que celles du bas.

**Les placards** (à gauche) sont bien conçus si tout l'espace est exploité. Posez les tringles à 12 po au moins du mur.

**Laissez assez d'espace** devant les portes et les tiroirs de commodes.

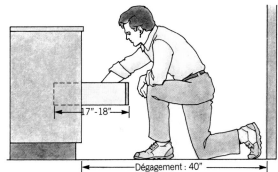

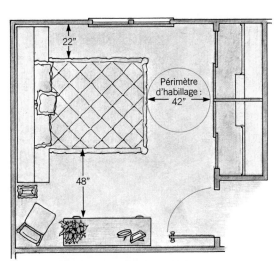

**L'unité murale** (à droite) encadre n'importe quel lit. Laissez 22 po entre deux lits à une place. Un lit à plateforme avec tiroirs procure de l'espace de rangement supplémentaire. Dans l'illustration ci-dessus, on donne le dégagement minimal entre le lit et les murs.

Peut-être plus que dans toute autre pièce de la maison, vous appréciez les avantages d'un aménagement soigné dans la cuisine et la salle de bains. En effet, une cuisine bien conçue permet de rendre toute chose accessible et réduit considérablement le temps consacré à la préparation des repas. Une salle de bains fonctionnelle procure un maximum de confort et est dépourvue d'espaces restreints pouvant entraîner des accidents. Vous pourriez envisager d'y installer une douchette et des barres d'appui à l'intention des personnes ayant des problèmes d'équilibre. Si un membre de votre famille se déplace en fauteuil roulant, vous pourriez aussi effectuer les aménagements illustrés ci-dessous et à la page suivante.

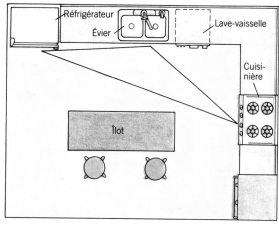

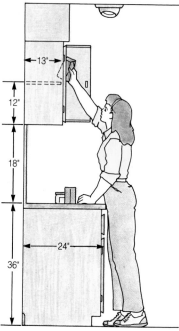

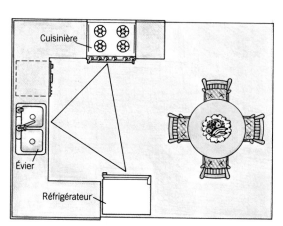

**L'aire de travail triangulaire** dont les angles coïncident avec l'évier, le réfrigérateur et la cuisinière est la plus fonctionnelle. (Une aire de travail en U est illustré à gauche et une cuisine en L, offrant une aire de travail triangulaire plus longue et plus étroite, est illustrée ci-dessus.) Laissez suffisamment d'espace pour les comptoirs entre les trois angles du triangle. Ne placez jamais près du réfrigérateur un électroménager qui dégage de la chaleur, comme la cuisinière ou le lave-vaisselle.

**Les armoires au plancher** sont plus profondes que les armoires murales. Par conséquent, les tablettes du haut seront plus basses que celles sous lesquelles il n'y a pas d'obstacles.

**Laissez un dégagement** suffisant devant un fourneau bas ou une armoire à portes pivotantes.

**Pour les personnes en fauteuil roulant,** abaissez les comptoirs et laissez ouvert l'espace sous l'évier. Installez un four encastré et, dans les armoires du bas, des compartiments coulissants ou pivotants.

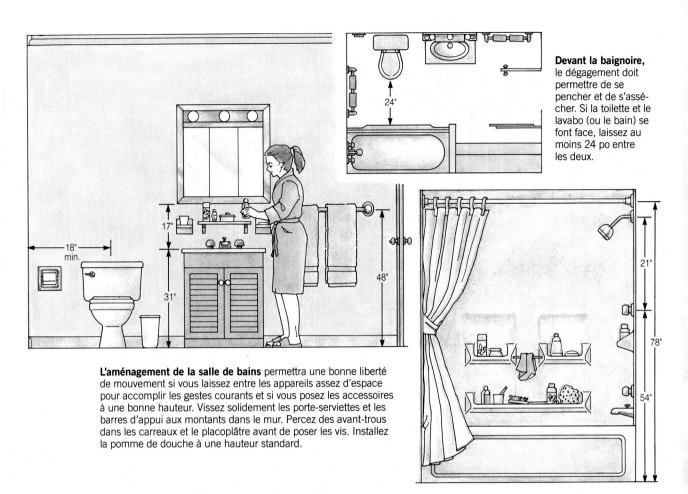

**Devant la baignoire,** le dégagement doit permettre de se pencher et de s'assécher. Si la toilette et le lavabo (ou le bain) se font face, laissez au moins 24 po entre les deux.

**L'aménagement de la salle de bains** permettra une bonne liberté de mouvement si vous laissez entre les appareils assez d'espace pour accomplir les gestes courants et si vous posez les accessoires à une bonne hauteur. Vissez solidement les porte-serviettes et les barres d'appui aux montants dans le mur. Percez des avant-trous dans les carreaux et le placoplâtre avant de poser les vis. Installez la pomme de douche à une hauteur standard.

**Une salle de bains pour personne handicapée** doit être pourvue de bon nombre de barres d'appui et d'une douchette. Abaissez la pharmacie et placez-la à côté du lavabo. Près de la toilette, laissez un espace suffisant où garer un fauteuil roulant ; au centre de la pièce, prévoyez un périmètre de pivotement de 5 pi.

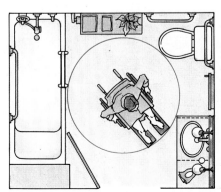

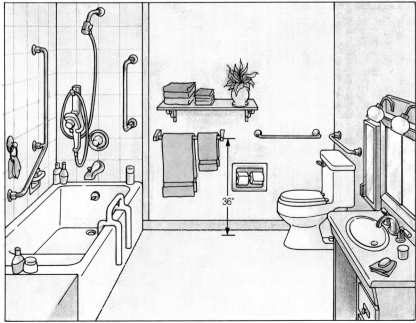

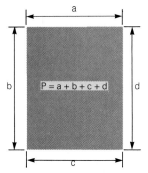

**Calcul du périmètre** d'un rectangle, d'un triangle ou d'un polygone : additionnez la longueur de tous les côtés.

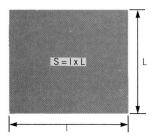

**Surface d'un rectangle :** multipliez la longueur (l) par la largeur (L).

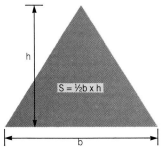

**Surface d'un triangle :** multipliez la moitié de la base (b) par la hauteur (h).

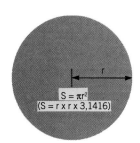

**Surface d'un cercle :** multipliez le carré du rayon (r) par π (3,1416).

Une fois les plans dessinés, dressez la liste des matériaux et de la quincaillerie dont vous aurez besoin en tenant compte de la nature de l'ouvrage. Servira-t-il souvent ? Sera-t-il permanent, temporaire, visible, caché, utilitaire, ornemental ? Sa finition sera-t-elle identique à celle de matériaux existants ou simplement coordonnée ? Sera-t-il à l'intérieur ou à l'extérieur ? Servira-t-il à des enfants ou à une personne handicapée ? Son coût doit-il se situer en deçà d'une certaine somme ? Choisissez les matériaux en conséquence et, s'il y a lieu, le type de fini que vous souhaitez leur donner (peinture, teinture ou fini naturel). Rappelez-vous que les règlements municipaux régissent l'emploi de certains matériaux.

Après avoir choisi les matériaux, vous devrez déterminer ensuite les quantités nécessaires. Dans le cas des matériaux qui se posent en ligne droite, comme les tuyaux ou les

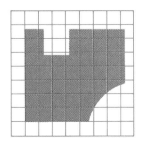

**Dessinez les surfaces complexes** sur du papier quadrillé (un carré = 1 pi$^2$ ou 1 po$^2$). Additionnez les carrés recouverts sur plus du tiers de leur surface.

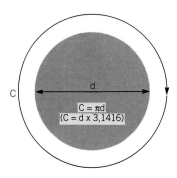

**Circonférence** (ou périmètre) d'un cercle : multipliez le diamètre (d) par π (3,1416).

moulures, mesurez simplement la longueur nécessaire. Dans le cas de matériaux servant à encadrer ou à séparer, mesurez le périmètre ou la circonférence de la surface visée. Dans d'autres cas, il faudra mesurer la surface à couvrir ou le volume à remplir. Utilisez les formules données ici pour effectuer vos calculs. Quand vous appliquez une formule, rappelez-vous qu'il faut utiliser une même unité de mesure du début à la fin. Vous ne pouvez, par exemple, multiplier des pouces par des pieds ou des centimètres par des mètres ; vous devrez convertir les centimètres en mètres ou vice versa.

Certains matériaux sont vendus et mesurés de façons différentes. Les mesures les plus courantes sont présentées dans les pages suivantes.

La meilleure manière de déterminer les achats nécessaires à la réalisation de vos travaux consiste à subdiviser ces derniers en petites étapes et à noter les matériaux et les quantités nécessaires à chacune. Faites une liste de tout ce dont vous aurez besoin : ferrures, attaches, pâte à calfeutrer, abrasifs, etc., ainsi que de tous les outils à acheter ou à louer.

De façon générale, majorez vos estimations de 10 p. 100 pour compenser les mauvais calculs, les petites erreurs, le matériel endommagé, les chutes et les réparations éventuelles. Une fois les quantités déterminées, multipliez-en le nombre obtenu par le prix unitaire pour en connaître le coût total.

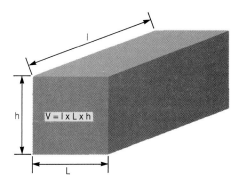

**Volume** d'un carré ou d'un rectangle : multipliez la longueur (l) par la largeur (L) et par la hauteur (h).

**Table de conversion des pieds linéaires en pieds-planches**

| Pieds linéaires | 5 | 10 | 20 | 30 | 40 | 50 | 100 | 250 | 1 000 |
|---|---|---|---|---|---|---|---|---|---|
| Matériaux | | | | | Pieds-planches | | | | |
| 1 x 2 | 0,83 | 1,7 | 3,3 | 5 | 6,7 | 8,3 | 16,7 | 42,7 | 166,7 |
| 1 x 3 | 1,25 | 2,5 | 5 | 7,5 | 10 | 12,5 | 25 | 62,5 | 250 |
| 1 x 4 | 1,7 | 3,3 | 6,7 | 10 | 13,3 | 16,7 | 33,3 | 83,3 | 333,3 |
| 1 x 6 | 2,5 | 5 | 10 | 15 | 20 | 25 | 50 | 125 | 500 |
| 1 x 8 | 3,3 | 6,7 | 13,3 | 20 | 26,7 | 33,3 | 66,7 | 166,7 | 666,7 |
| 2 x 4 | 3,3 | 6,7 | 13,3 | 20 | 26,7 | 33,3 | 66,7 | 166,7 | 666,7 |
| 2 x 6 | 5 | 10 | 20 | 30 | 40 | 50 | 100 | 250 | 1 000 |
| 2 x 8 | 6,7 | 13,3 | 26,7 | 40 | 53,3 | 66,7 | 133,3 | 333,3 | 1 333,3 |
| 2 x 10 | 8,3 | 16,7 | 33,3 | 50 | 66,7 | 83,3 | 166,7 | 416,7 | 1 666,7 |
| 2 x 12 | 10 | 20 | 40 | 60 | 80 | 100 | 200 | 500 | 2 000 |
| 4 x 4 | 6,7 | 13,3 | 26,7 | 40 | 53,3 | 66,7 | 133,3 | 333,3 | 1 333,3 |

Avant d'estimer les quantités de bois dont vous allez avoir besoin, choisissez-en le type et la catégorie. Les bois tendres sont généralement vendus au pied linéaire (longueur réelle des planches) ; la plupart des bois francs sont vendus au pied-planche, une unité de mesure égalant environ 12 po (30,5 cm) de longueur X 12 po (30,5 cm) de largeur X 1 po (2,54 cm) d'épaisseur, soit 144 po³ (2 360 cm³ ou 23,6 m³).

**Planches et bois dimensionné.** Les planches de bois tendre (des 1 X 2 aux 1 X 12) et le bois dimensionné (des 2 X 2 aux 4 X 12) sont généralement vendus selon leur dimension nominale (dimension avant dressage à l'usine). La dimension réelle est inférieure à la dimension nominale, de ¼ à ¾ po (6-20 mm) en épaisseur et en largeur (voir le tableau, à droite). La dimension nominale des bois francs diffère de celle des bois tendres. L'épaisseur est mesurée par paliers de ¼ po (6 mm) ; elle va de 4/4 (1 po [2,5 cm] d'épaisseur) à 8/4 (2 po [5 cm] d'épaisseur). L'épaisseur du bois franc dressé est inférieure d'environ ¼ po (6 mm) à l'épaisseur nominale.

Pour calculer une quantité de bois vendu au pied linéaire (planches, bois dimensionné, goujons, moulures), mesurez simplement la longueur en pieds. Prenez des mesures distinctes pour chaque élément et additionnez toutes les mesures pour obtenir le total.

Pour convertir des pieds linéaires en pieds-planches, consultez la table de conversion ci-dessus. Ou bien multipliez la dimension nominale en pouces par la longueur totale en pieds et divisez le produit par 12. Par exemple, pour connaître le nombre de pieds-planches dans un 1 X 8 de 12 pi de longueur, faites le calcul suivant : 1 X 8 X 12 = 96, puis divisez le produit par 12 ; le quotient équivaut au nombre de pieds-planches, soit 8.

Le calcul du nombre de pieds-planches dont vous aurez besoin est un peu plus difficile à effectuer et entraîne généralement plus de rebuts. Le bois vendu au pied-planche se présente en longueurs, largeurs et épaisseurs variables ; il va donc peut-être falloir le tailler et le dresser. D'autre part, si vous voulez harmoniser le fil, vous devrez sans doute acheter plus de bois.

Pour connaître le nombre de pieds-planches nécessaires à la réalisation d'un projet, multipliez l'épaisseur de chaque élément par sa longueur et sa largeur (en pouces). Additionnez les produits et divisez la somme par 144 (soit le nombre de pouces dans un pied-planche).

**Panneaux.** Contreplaqué, panneau de particules et autres panneaux sont vendus en différentes épaisseurs. Leur dimension la plus courante est 4 pi X 8 pi (1,2 m X 2,4 m). On pourra obtenir sur commande des longueurs et des largeurs plus grandes, moyennant supplément. Certains fournisseurs taillent les panneaux sur mesure si vous payez les rebuts et les frais de sciage.

Estimez le nombre de panneaux requis pour des travaux d'envergure en divisant simplement la surface (en pieds carrés) à recouvrir par la surface d'un panneau. Ajoutez ensuite un facteur de pertes de 5 à 10 p. 100 ; prévoyez-en davantage pour couvrir des formes courbes ou irrégulières.

Avant d'effectuer de petits travaux ou de subdiviser un panneau, tracez un plan sur du papier quadrillé pour déterminer la dimension du panneau à acheter et la façon de le tailler. Rappelez-vous que le contreplaqué offre plus de résistance dans le sens de la longueur. Si l'orientation du fil importe, il faudra peut-être plusieurs panneaux pour obtenir une figure uniforme.

**Dimensions du bois**

| Dimensions nominales | Réelles |
|---|---|
| 1 x 2 | ¾"x 1½" |
| 1 x 3 | ¾"x 2½" |
| 1 x 4 | ¾"x 3½" |
| 1 x 5 | ¾"x 4½" |
| 1 x 6 | ¾"x 5½" |
| 1 x 8 | ¾"x 7¼" |
| 1 x 10 | ¾"x 9¼" |
| 1 x 12 | ¾"x 11¼" |
| 2 x 2 | 1½"x 1½" |
| 2 x 3 | 1½"x 2½" |
| 2 x 4 | 1½"x 3½" |
| 2 x 6 | 1½"x 5½" |
| 2 x 8 | 1½"x 7¼" |
| 2 x 10 | 1½"x 9¼" |
| 2 x 12 | 1½"x 11¼" |
| 3 x 4 | 2½"x 3½" |
| 4 x 4 | 3½"x 3½" |
| 4 x 6 | 3½"x 5½" |
| 6 x 6 | 5½"x 5½" |
| 8 x 8 | 7¼"x 7¼" |

Vous aurez l'occasion d'estimer, outre les quantités de bois, celles de divers autres matériaux de construction et articles de quincaillerie. Certains des matériaux les plus courants sont présentés ci-dessous.

**Briques.** Pour estimer le nombre de briques dont vous aurez besoin, calculez le nombre de pieds carrés à couvrir et divisez le résultat par la surface d'une brique. Utilisez les dimensions nominales de la brique si vous comptez appliquer du mortier ; sinon, utilisez ses dimensions réelles. Prévoyez de 10 à 25 p. 100 de pertes.

La brique neuve se vend en piles de 100 ou de 500 unités : vous devrez arrondir les quantités en conséquence.

**Béton et blocs de béton.** Le béton est vendu à la verge cube et au mètre cube. Pour calculer le volume requis, multipliez la longueur de l'ouvrage par sa largeur, puis multipliez le produit par l'épaisseur du béton. Pour estimer le nombre de verges cubes, mesurez la surface en pieds carrés et multipliez le résultat par l'épaisseur du béton en pieds. Divisez le nombre de pieds cubes par 27, soit le nombre de pieds cubes dans une verge cube. Par exemple, si vous devez couler une dalle de 4 po (10 cm) d'épaisseur mesurant 25 × 15 pi (7,6 × 4,5 m), multipliez 25 par 15 par $\frac{1}{3}$ (4 po [10 cm] égalent $\frac{1}{3}$ pi) et divisez le produit par 27 : vous aurez besoin de 4,63 vg³ de béton ; par mesure de précaution, achetez-en ou mélangez-en 5 vg³.

Pour estimer le nombre de blocs de béton dont vous aurez besoin, divisez le nombre de pieds carrés à couvrir (moins les portes, fenêtres et autres grandes ouvertures) par le nombre de pieds carrés couverts par le type de bloc choisi. D'ordinaire, une commande de panneresses comporte assez de blocs d'angle pour finir à peu près n'importe quel ouvrage ; vérifiez tout de même auprès de votre fournisseur. Commandez expressément tout autre bloc de béton (linteau, couronnement, etc.). Par mesure de précaution, demandez au fournisseur de vous aider

à estimer vos besoins en fonction de vos plans (dessinés à l'échelle ou portant les dimensions exactes).

Votre fournisseur pourra aussi vous aider à estimer la quantité de mortier nécessaire à l'exécution d'un ouvrage en blocs de béton. Généralement, vous devez utiliser environ 6 pi³ (0,17 m³) de mortier pour chaque pan de mur plein de 100 pi (30 m) ; cependant, le type de ciment et les proportions de ciment, de sable et de chaux varient d'un ouvrage à un autre.

**Pavés en béton.** Les pavés en béton se vendent en différentes formes et dimensions ; certains sont autobloquants.

Pour estimer le nombre de pavés dont vous aurez besoin, divisez la surface à paver par la surface d'un pavé. Pour estimer le nombre de pavés requis pour paver une terrasse de 10 × 12 pi (3 × 3,6 m), multipliez 10 par 12, ce qui donne 120, soit la surface du patio en pieds carrés ; divisez ensuite 120 par la surface d'un pavé.

**Dalles.** Toute pierre plate servant à paver une terrasse ou une entrée se nomme dalle ; elle peut avoir des dimensions régulières ou irrégulières. Les dalles carrées ou rectangulaires sont offertes en dimensions s'accroissant par paliers de 6 po (12,7 cm) et vont jusqu'à 24 × 48 po (61 × 122 cm) ; les dalles rondes ont un diamètre de 12 à 30 po (30,5 à 76,2 cm). L'épaisseur des dalles va de $\frac{3}{4}$ po (2 cm) à 3 po (7,6 cm). On vend souvent les dalles à la tonne, une tonne couvrant de 50 à 60 pi² (4,7 à 5,6 m²) ; (une tonne de dalles minces couvre deux fois plus qu'une tonne de dalles épaisses). Les pierres de forme régulière comme la chalcanthite sont parfois vendues au pied carré. Quelle que soit la pierre utilisée, il vaut toujours mieux étudier vos plans avec l'entrepreneur ou le fournisseur.

**Produits de finition.** La peinture, la teinture et autres produits de finition sont vendus en contenants de $\frac{1}{2}$ pte à 5 gal (500 ml à 23 litres), selon le produit. La surface que celui-ci couvre est indiquée sur le contenant.

Pour calculer la quantité dont vous aurez besoin, divisez la surface à couvrir (en pieds ou en mètres carrés) par la surface que couvre le produit (voir l'étiquette), puis multipliez le quotient par le nombre de couches à appliquer. S'il s'agit d'un mur, soustrayez la surface des ouvertures (portes, fenêtres, etc.).

Si vous appliquez trop peu de peinture (comme la plupart des peintres amateurs), vous en utiliserez moins que prévu ou bien vous serez obligé d'en acheter davantage pour appliquer une couche supplémentaire. Le type d'outil servant à appliquer la peinture influe aussi sur la quantité requise. Prévoyez de 10 à 15 p. 100 de pertes si vous utilisez un rouleau électrique ou un pistolet vaporisateur. Si la surface est poreuse (blocs de béton, placoplâtre neuf, etc.), majorez de 25 p. 100 la quantité de peinture requise pour la première couche (il s'agit habituellement d'un apprêt). Finalement, pour couvrir une couleur foncée avec de la peinture pâle, vous devrez appliquer une couche épaisse ou prévoir une couche supplémentaire.

**Revêtements muraux.** Le papier peint et les autres revêtements muraux sont habituellement vendus en rouleaux de 36 pi² (3,3 m²). (Les produits européens sont souvent vendus en rouleaux de 28 pi² (2,6 m²).) Pour estimer le nombre de rouleaux dont vous aurez besoin, calculez la surface de chaque mur en pieds carrés et additionnez toutes les surfaces ; soustrayez ensuite 20 pi² (1,8 m²) par porte et par fenêtre et divisez la différence par 30, plutôt que 36, pour tenir compte des rebuts et des raccords. Pour savoir combien il faut de rouleaux pour couvrir un plafond, multipliez la longueur de celui-ci par sa largeur et divisez le produit par 30. Les bordures sont vendues au pied ou à la verge. Mesurez le périmètre de la pièce en pieds. Pour convertir les pieds en verges, divisez le total par 3.

On estime que 1 lb (450 g) de colle permet de poser environ 10 rouleaux de papier peint non préencollé. Il

| Quantité approximative de clous dans une livre | | | | | | | | | | | | | | | | |
|---|---|---|---|---|---|---|---|---|---|---|---|---|---|---|---|---|
| **Dimension** | 2d | 3d | 4d | 5d | 6d | 7d | 8d | 9d | 10d | 12d | 16d | 20d | 30d | 40d | 50d | 60d |
| **Longueur** | 1" | 1¼" | 1½" | 1¾" | 2" | 2¼" | 2½" | 2¾" | 3" | 3¼" | 3½" | 4 | 4½" | 5" | 5½" | 6" |
| **Clous à bois** | 847 | 543 | 294 | 254 | 167 | 150 | 101 | 92 | 66 | 61 | 47 | 30 | 23 | 17 | 14 | 11 |
| **Clous à finir** | 1 473 | 880 | 630 | 535 | 288 | 254 | 196 | 178 | 124 | 113 | 93 | 65 | — | — | — | — |

faudra peut-être préparer la surface avant d'y poser le papier peint et y appliquer un bouche-pores ou un apprêt liquides. Estimez-en la quantité tout comme s'il s'agissait de peinture.

**Plastiques.** Les plastiques stratifiés servant à couvrir les comptoirs et les armoires sont vendus en panneaux de 24, 30, 36, 38 ou 60 po (61, 76,2, 91, 96,5 ou 152,5 cm) de largeur et de 5 à 12 pi (1,5-3,6 m) de longueur. Mesurez la surface à couvrir et commandez un panneau de longueur exacte ayant au moins ½ po (1,2 m) de plus en largeur.

Les panneaux d'acrylique ont généralement ⅛, ¼ ou ⅜ po (3, 6 ou 10 mm) d'épaisseur, 8 pi (2,4 m) de longueur et 4 pi (1,2 m) de largeur, mais les fournisseurs vendent souvent de plus petits panneaux.

**Verre.** Vous pouvez faire tailler du verre sur commande ou le tailler vous-même. Si vous devez remplacer un carreau, mesurez le carreau brisé, si possible, sinon la longueur et la largeur intérieures du châssis. Pour une pose facile, achetez un morceau de verre ayant ⅛ po (3 mm) de moins que l'ouverture maximale ou taillez-le vous-même. Pour les panneaux de verre ou les miroirs coûteux et de grandes dimensions, il vaut mieux confier à la vitrerie la responsabilité de prendre les mesures.

Les blocs de verre sont offerts dans des épaisseurs standard de 3⅛ et 3⅞ po (7,9 et 9,8 cm). Ils sont carrés ou rectangulaires. Leurs dimensions sont nominales pour tenir compte des joints de mortier de ¼ po (6 mm). Il existe aussi des panneaux de blocs de verre pouvant être posés tels quels. Déterminez le nombre de rangs nécessaires en mesurant la hauteur de

l'ouverture et en la divisant par la hauteur d'un bloc (ces mesures étant en pouces). Mesurez la largeur de l'ouverture et divisez-la par la largeur d'un bloc pour connaître le nombre de blocs par rang. Pour obtenir le nombre total de blocs, multipliez les deux résultats.

**Revêtements de sol.** Les rouleaux de vinyle ont 6 ou 12 pi (1,8 ou 3,6 m) de largeur. Après avoir mesuré la surface à couvrir, ajoutez environ 3 po (7,6 cm) de chaque côté. Ayez-en une quantité suffisante pour couvrir le plancher des entrées, placards ou couloirs qui communiquent avec l'aire principale.

Les carreaux d'asphalte, de vinyle et de tapis mesurent 9 ou 12 po² (58 ou 77,4 cm²) ; les carreaux de céramique mesurent 1, 2, 4, 6, 8, 12 ou 18 po² (6,4, 12,9, 25,8, 38,7, 51,2, 77,4 ou 116 cm²) et sont offerts en modèles rectangulaires, hexagonaux ou octogonaux. Ils sont vendus d'ordinaire par boîte, parfois à l'unité.

Pour calculer le nombre de carreaux qu'il faudra pour carreler une grande surface, divisez-en la surface par la surface d'un carreau. Si vous prévoyez créer un motif avec des carreaux de dimensions ou de couleurs différentes, tracez-le sur du papier quadrillé et calculez le nombre de carreaux qu'il faudra de chaque dimension et de chaque couleur. Prévoyez 10 p. 100 de chutes dans le cas des carreaux de céramique, un peu plus si les carreaux sont cassants ou forment un motif diagonal, un peu moins dans les autres cas. Divisez le nombre de carreaux nécessaires par le nombre de carreaux que contient une boîte pour déterminer le nombre de boîtes à acheter.

Vérifiez l'état des carreaux de céramique avant de quitter le magasin.

**Quincaillerie et articles divers.** Quand vous planifiez l'achat de matériaux, incluez dans votre liste la quincaillerie, les adhésifs, etc. Achetez suffisamment de clous, de vis et autres attaches pour assembler les pièces ou les fixer aux murs. N'oubliez pas les chevilles et les ailettes si vous utilisez du plâtre ou du placoplâtre. Si vous vous servez d'écrous et de boulons, pensez aux rondelles ; si vous posez des carreaux, prévoyez l'achat de pointes de vitrier et de mastic. À ne pas oublier : charnières, supports, loqueteaux, boutons et poignées.

En consultant vos plans, vous pourrez faire une bonne estimation de la quincaillerie dont vous aurez besoin. Les attaches sont faciles à perdre et les clous se tordent si on les enfonce mal ; il vaut mieux en avoir trop que trop peu ; ce qui reste pourra toujours servir.

Les clous sont vendus dans des emballages-coques, en vrac ou en boîtes (souvent au kilogramme) et sont mesurés en centimètres ou en pence. Le penny (au pluriel, pence) est une ancienne mesure du temps des Romains ; son symbole, *d*, est l'abréviation de *denarius*, équivalent romain du penny anglais. Le penny était à l'origine l'unité qui servait à fixer le prix d'un cent de clous. De nos jours, il ne désigne plus que la dimension des clous. Ainsi, un clou 2d aura 1 po (2,5 cm) de longueur. Plus le chiffre est élevé, plus le clou est long et, généralement, lourd. Le tableau ci-dessus indique les dimensions des clous à bois et des clous à finir ainsi que la quantité approximative de clous qu'il y a dans 1 lb (450 g).

Les vis et autres attaches sont généralement vendues dans de petits emballages-coques ou dans des boîtes.

On peut trouver les outils, les accessoires et les matériaux décrits dans ce livre dans un grand nombre de magasins et de centres de rénovation. En plus d'offrir un vaste choix d'outils et d'accessoires sous un même toit, ces centres emploient des vendeurs d'expérience, toujours empressés de fournir des renseignements pratiques. Les encans, les ventes de débarras, les liquidations de stock, ainsi que les petites annonces sont d'autres bonnes sources où trouver des outils électriques d'occasion à prix abordable. Vous pourrez aussi, avec la permission du propriétaire, dénicher sur un chantier de

démolition une foule d'accessoires en bonne condition dont vous aurez besoin pour votre projet : vieilles briques, portes, boiseries, fenêtres, etc.

Si, toutefois, vous préférez magasiner sans quitter votre maison, consultez les catalogues des centres spécialisés cités ci-dessous. Ces compagnies vendent directement au public et peuvent être rejointes sans frais (ligne 800). Certains catalogues coûtent une somme modique qui vous sera remboursée à votre premier achat. D'autres compagnies vous les fourniront gratuitement.

## GÉNÉRAL

**Brookstone Co.**
5 Vose Farm Rd.
Peterborough, NH 03458
(800) 926-7000

*Marchandise variée incluant outils manuels. Catalogue à prix modique.*

**Busy Bee Machine Tools Ltd.**
475 North Rivermede Rd.
Concord, Ont. L4K 3R2
(905) 738-1292
(800) 461-2879

**Northern**
P.O. Box 1499
Brunsville, MN 55337
(800) 533-5545

*Une variété de marchandises incluant des outils électriques.*

**Renovator's Supply**
Renovator's Old Mill
Dept. 9126
Miller Falls, MA 01349
(413) 659-2211

*Meubles, portes, fenêtres et accessoires de salle de bains, éclairage, papiers peints.*

**Sears Canada Inc.**
222 Jarvis St.
Toronto, Ont. M5B 2B8
(416) 362-1711

*Outils manuels et outillage électrique. On trouve des magasins de catalogue dans plusieurs localités. Catalogue à prix modique.*

**The Tool Crib of the North**
P.O. Box 1716
Grand Forks, ND 58206
(800) 358-3096

*Tous genres d'outils, accessoires et quincaillerie. Catalogue à prix modique.*

**Tools on Sale**
216 W. 7th St.
St. Paul, MN 55102
(612) 224-4859

*Outils manuels, outillage électrique et accessoires.*

**Van Dyke's Restorers**
P.O. Box 278
Woonsocket, SD 57385
(800) 843-3320

*Boiseries, peinture au lait. Catalogue à prix modique.*

## QUINCAILLERIE

*Voir aussi catalogues de menuiserie.

**American Home Supply**
P.O. Box 697
191 Lost Lake Lane
Campbell, CA 95009
(408) 246-1962

*Quincaillerie en laiton.*

**The Antique Hardware Store**
9718 Easton Rd., Rte. 611
Kintnersville, PA 18930
(215) 847-2447

*Quincaillerie et accessoires variés pour portes, fenêtres, salle de bains. Catalogue à prix modique.*

**Bainbridge Manufacturing, Inc.**
7873 N.W. Day Rd.
Bainbridge Island, WA 98110
(206) 842-6696

*Tiroirs et étagères de meubles et cabinets. Commande minimum requise.*

**Ball and Ball**
463 W. Lincoln Hwy.
Exton, PA 19341-2594
(215) 363-7330

*Reproduction d'accessoires de maisons et de meubles anti-ques. Catalogue à prix modique.*

**Garrett Wade Company, Inc.**
161 Ave. of the Americas
New York, NY 10013
(800) 221-2942

*Accessoires de meubles en laiton. Catalogue à prix modique.*

**Handyman's Mail Order Store**
Division de Generis Corp.
1295 Kamato Rd.
Mississauga, Ont. L4W 2M2
(905) 625-5614

*Fixations variées. Catalogue à prix modique.*

**Horton Brasses**
P.O. Box 95
Cromwell, CT 06416
(203) 635-4400

*Laiton et fer forgé pour meubles. Commande minimum requise.*

**Imported European Hardware**
Division de Woodworker's Emporium
4320 W. Bell Dr.
Las Vegas, NV 89118
(702) 871-0722

*Accessoires de meubles anciens. Catalogue à prix modique.*

**Lee Valley Tools Ltd.**
1080 Morrison Dr.
Ottawa, Ont. K2H 8K7
(613) 596-0350
(800) 267-8767

*Fixations, accessoires et outils. Catalogue à prix modique.*

**Paxton Hardware Ltd.**
7818 Bradshaw Rd.
Upper Falls, MD 21156
(410) 592-8505

*Reproduction de quincaillerie de meubles anciens, éclairage.*

**Tremont Nail Co.**
P.O. Box 111
Wareham, MA 02571
(508) 295-0038

*Fixations et accessoires en fer forgé.*

**The Workshop Centre Steve's Shop**
R.R. 3, Woodstock, Ont.
N4S 7V7
(519) 475-4947
(800) 387-5717

*Fixations et accessoires de meubles variés.*

## MENUISERIE

**Adams Wood Products, Inc.**
974 Forest Dr.
Morristown, TN 37814
(615) 587-2942

*Blocs de tournage, bois de tournage, et modèles non finis.*

**Artistry In Veneers, Inc.**
450 Oak Tree Ave.
South Plainfield, NJ 07080
(201) 668-1430
*Placages, outils, modèles
de marqueterie.*

**The Beall Tool Co.**
541 Swans Rd. NE
Newark, OH 43055
(800) 331-4718
*Accessoires d'outils électri-
ques pour filage de bois.*

**Bridge City Tool Works, Inc.**
1104 N.E. 28th Ave.
Portland, OR 97232
(503) 282-6997
*Spécialités : équerres, biseaux
et calibres. Outils variés et
outillage électrique. Catalogue
à prix modique.*

**Bristol Valley Hardwoods**
4300 Bristol Valley Rd.
Canandaigua, NY 14424
(716) 229-5695
*Bois d'œuvre domestique et
exotique, blocs tournés et
planchers. Catalogue à prix
modique.*

**Canadian Handcrafted
Homebuilders Supply**
P.O. Box 940
Minden, Ont. K0M 2K0
(705) 286-3305
*Maisons en bois rond, outillage
et équipement pour leur
construction.*

**Canadian Woodworker Ltd.**
1391 St. James St., Unit 4
Winnipeg, Man. R3H 0Z1
(204) 786-3196
(800) 665-2244
*Mèches de perçage.*

**Cascade Tools, Inc.**
P.O. Box 3110
Bellingham, WA 98227
(206) 647-1059
*Mèches de perçage et
outillage varié.*

**Certainly Wood**
11753 Big Tree Rd.
East Aurora, NY 14052
(716) 655-0206
*Placages. Commande
minimum requise.*

**Albert Constantine & Son, Inc.**
2050 Eastchester Rd.
Bronx, NY 10461
(718) 792-1600
*Placages, marqueterie, outils,
peinture au lait. Catalogue à
prix modique.*

**Cooper and Horton Ltd.**
1180 Lorimar Dr.
Mississauga, Ont. L5S 1N1
(905) 670-5110
*Outils de menuiserie.*

**Dominion Saw Ltd.**
600 Orwell St.
Mississauga, Ont. L5A 3R9
(905) 270-2200
*Outils manuels et outillage
électrique, abrasifs, lames à
scie, couteaux de toupie.*

**Eagle America Corp.**
P.O. Box 1099
Chardon, OH 44024
(800) 872-2511
*Couteaux de toupie et forets
de perçage. Catalogue à prix
modique.*

**Farris Machinery**
320 N. 11th St.
Blue Springs, MO 64015
(800) 872-5489
*Outils manuels et outillage
électrique.*

**Frog Tool Co. Ltd.**
700 W. Jackson Blvd.
Chicago, IL 60606
(312) 648-1270
*Outils manuels et outillage
électrique, produits de finition,
modèles. Catalogue à prix
modique.*

**Furnima Industrial Carbide Inc.**
Biernacki Rd., Box 308
Barry's Bay, Ont. K0J 1B0
(613) 756-3657
(800) 267-8833
*Couteaux de toupie en carbure
et outillage de coupe.*

**Garrett Wade Company, Inc.**
161 Ave. of the Americas
New York, NY 10013
(800) 221-2942
*Placages, marqueterie, produits
de finition, outils variés.
Catalogue à prix modique.*

**Geneva Specialties**
P.O. Box 542
Lake Geneva, WI 53147
(800) 556-2548
*Outils manuels, bois de
tournage.*

**Gesswein**
Woodworking Products Div.
255 Hancock Ave.
Bridgeport, CT 06605
(800) 544-2043, ext. 22
*Outils et accessoires de
ciselage de bois. Commande
minimum requise.*

**Grizzly Imports, Inc.**
P.O. Box 2069
Bellingham, WA 98225
(206) 647-0801
*Outils manuels, outillage élec-
trique et accessoires.*

**Highland Hardware**
1045 N. Highland Ave. NE
Atlanta, GA 30306
(404) 872-4466
*Outils manuels et électriques,
accessoires et placages.*

**Homecraft Veneer**
901 West Way
Latrobe, PA 15650
(412) 537-8435
*Placages. Commande
minimum requise.*

**House of Tools**
100 Mayfield Common
Edmonton, Alta. T5P 4K9
(403) 486-0123
(800) 661-3987
*Outils et accessoires de
menuiserie difficiles à trouver.
Catalogue à prix modique.*

**Klockit**
P.O. Box 542
Lake Geneva, WI 53147
(800) 556-2548
*Accessoires d'horlogerie,
boiserie ornementale,
ferronnerie de meubles.*

**Lee Valley Tools Ltd.**
1080 Morrison Dr.
Ottawa, Ont. K2H 8K7
(613) 596-0350
(800) 267-8767
*Outils de menuiserie.
Catalogue à prix modique.*

**Leigh Industries Ltd.**
P.O. Box 357
104–1585 Broadway St.
Port Coquitlam, C.-B. V3C 4K6
(800) 663-8932
*Gabarits de queue d'aronde
et accessoires.*

**McFeely's Square Drive
Screws**
P.O. Box 3, 712 12th St.
Lynchburg, VA 24505-0003
(800) 443-7937
*Vis, outils manuels et outillage
électrique.*

**Outils Viel Inc.**
33, rue Beland
Isle-Verte
Que. G0L 1K0
(418) 898-2601
(800) 463-1380
*Outillage de menuiserie et
d'aiguisage.*

**The Sanding Catalogue**
P.O. Box 3737
Hickory, NC 28603-3737
(800) 228-0000
*Abrasifs et outils. Catalogue
à prix modique.*

**Sharpco Canada Ltd.**
960 Alness St., Unit 2
Downsview, Ont. M3J 2S1
(416) 736-0333
(800) 387-7071
*Outils de menuiserie en
carbure. Catalogue à prix
modique.*

**Stamford Hardware**
3639 Portage Rd.
Niagara Falls, Ont. L2J 2K8
(905) 356-2921
(800) 668-3332
*Couteaux de toupie, outillage
électrique.*

**Tooltrend Limited**
420 Millway Ave.
Concord, Ont. L4K 3V8
(416) 663-8665
(800) 387-7005
*Ferronnerie et accessoires,
outillage et machinerie de
menuiserie. Catalogue à prix
modique.*

### West Wind Hardwood Inc.
10230 Bowerbank Rd.
P.O. Box 2205
Sidney, C.-B. V8L 3S8
(604) 656-0848
(800) 667-2275

*(Service pour la Côte du Pacifique.) Contreplaqué spécial ; bois dur de qualité, bois tendre, blocs à ciseler et placage. Catalogue à prix modique.*

### Wilke Machinery Co.
3230 Susquehanna Trail
York, PA 17402
(717) 764-5000

*Outillage électrique et accessoires.*

### Willard Brothers Woodcutters
300 Basin Rd.
Trenton, NJ 08619
(609) 890-1990

*Bois durs exotiques, moulures et boiseries.*

### Woodsmith Project Supplies
P.O. Box 10350
Des Moines, IA 50312
(800) 444-7002

*Accessoires d'outillage électrique.*

### Woodturner's World
Site 21, Compartment 17
R.R. 2, Gabriola Island
C.-B. V0R 1X0
(604) 722-2930
(800) 695-6496

*Outils de tournage de bois, accessoires et gabarits d'aiguisage.*

### The Woodworkers' Store
21801 Industrial Blvd.
Rogers, MN 55374
(612) 428-2199

*Bois durs exotiques et blocs de tournage, placage, marqueterie, moulures et boiseries, tournage varié, outils manuels, ferronnerie, accessoires de fixation et de finition. Commande minimum requise. Catalogue à prix modique.*

### Woodworker's Supply Inc.
(800) 645-9292

*Outillage électrique et manuel, accessoires, fixations, ferronnerie et produits de finition pour meuble. Catalogue à prix modique.*

### The Workshop Centre Steve's Shop
R.R. 3 Woodstock, Ont.
N4S 7V7
(519) 475-4947
(800) 387-5716

*Plus de 200 pièces tournées en stock, tournage sur mesure, jusqu'à 3 mètres de long. Pièces architecturales. Accessoires et fixations de meubles spéciaux.*

## MÉTAUX

### Allcraft Tool and Supply Co.
666 Pacific St.
Brooklyn, NY 11217
(800) 645-7124

*Métaux, outils, et autres fournitures pour joaillerie et ferronnerie d'art.*

### Alpha Supply
1225 Hollis St., Box 2133
Bremerton, WA 98310
(206) 373-3302

*Métaux, outils et autres fournitures pour joaillerie et ferronnerie d'art. Catalogue à prix modique.*

### Anchor Tool & Supply Co., Inc.
P.O. Box 265
Chatham, NJ 07928-0265
(201) 887-8888

*Métaux, outils et autres fournitures pour ferronnerie d'art. Catalogue à prix modique.*

### ARE Inc.
Box 8, Rte 16
Greensboro Bend, VT 05842
(800) 736-4273

*Métaux, outils et fournitures pour joaillerie, ferronnerie d'art. Catalogue à prix modique.*

### Forge & Anvil Metal Studio Ltd.
30 King St.
St. Jacobs, Ont. N0B 2N0
(519) 664-3622

*Grilles et grillages en fer forgé et en laiton, clous, quincaillerie de maison, originale et de reproduction. Accessoires de forgeage, incluant marteaux et enclumes, matériaux de soudage et autres outils de forgeron.*

### Gesswein
P.O. Box 3998
255 Hancock Ave.
Bridgeport, CT 06605
(203) 366-5400

*Outils pour joailliers et ferronniers. Catalogue à prix modique.*

### Model Builders Supply (MBS)
40 Engelhard Dr., Unit 11
Aurora, Ont. L4G 3V2
(905) 841-8392
(800) 265-4445

*Outillage spécial, ferronnerie pour boîtes, moulures et composés de forge. Catalogue à prix modique.*

### H. & W. Perrin Co. Ltd.
90 Thorncliffe Park Dr.
Toronto, Ont. M4H 1N5
(416) 422-4660
(800) 387-5117 (Qué./Ont.)
(800) 267-3952 (reste du Canada)

*Outils pour joaillerie.*

### Steptoe & Wife Antiques Ltd.
322 Geary Ave.
Toronto, Ont. M6H 2C7
(416) 530-4200
(800) 461-0060

*Escaliers droits ou en spirale en fer forgé. Toitures de métal, plâtre ornemental, balustrades en fer forgé et en laiton. Catalogue à prix modique.*

### Travers Tool Co., Inc.
P.O. Box 1550
128-15 26th Ave.
Flushing, NY 11354
(800) 221-0270

*Outils manuels et outillage électrique, accessoires de fixation. Catalogue à prix modique.*

## CARREAUX DE CÉRAMIQUE

### Designs in Tile
P.O. Box 358
Mt. Shasta, CA 96067
(916) 926-2629

*Carreaux de couleurs et de formes spéciales sur commande pour cuisines, salles de bains et autres utilisations.*

### DeWittshire Studio
104 Paddock
DeWitt, NY 13214
(315) 446-6011

*Carreaux de couleurs et de formes spéciales sur commande pour cuisines, salles de bains et autres utilisations.*

## VITRAUX et VERRE

### S.A. Bendheim Co., Inc.
61 Willet St.
Passaic, NJ 07055
(201) 471-1733

*Restauration de vitraux, mais pas d'usinage.*

### Burlington Store
Rte. 1, Box 145
Omaha, AR 72662
(501) 426-5440

*Vitraux, outils, plans et autres fournitures variées. Catalogue à prix modique.*

### Burtards Antiques
2034 N. 15th St.
Sheboygan, WI 53081
(414) 452-5466

*Vitres taillées pour armoires.*

**Delphi Stained Glass**
2116 E. Michigan Ave.
Lansing, MI 48912
(517) 482-2617
*Vitraux, outils et modèles.
Catalogue à prix modique.*

**The Glass Place**
50, rue Ste-Anne
Pointe-Claire, Qué. H9S 4P8
(800) 363-7855
*Vitraux, outils, et autres
fournitures variées.*

**Whittemore-Durgin Glass Co.**
P.O. Box 2065
Hanover, MA 02339
(617) 871-1743
*Vitraux, outils et autres
fournitures variées.*

# PLASTIQUES

**AIN Plastics**
249 Sandford Blvd., Box 151
Mt. Vernon, NY 10550
(800) 431-2451
*Acryliques, fibre de verre, PVC.*

**Clark Craft Boat Shop**
1640 Aqua Lane
Tonawanda, NY 14150
(716) 873-2640
*Fournitures et accessoires pour
travailler la fibre de verre.*

**Defender Industries Inc.**
P.O. Box 820
255 Main St.
New Rochelle, NY 10802
(914) 632-3001
*Fournitures et accessoires pour
travailler la fibre de verre.*

**Model Builders Supply (MBS)**
40 Engelhard Dr., Unit 11
Aurora, Ont. L4G 3V2
(905) 841-8392
(800) 265-4445
*Plastiques acryliques, profils,
tuyaux et raccords. Catalogue
à prix modique.*

**Smithcraft Fiberglass Inc.**
970 The Queensway
Toronto, Ont. M8Z 1P6
(416) 259-6946
*Fournitures et produits de fibre
de verre, produits composés et
matières brutes, époxyde.*

# PRODUITS DE FINITION ET PEINTURES

*Voir aussi catalogues de menuiserie.

**Amity Finishing Products**
P.O. Box 107, 1571 Ivory Dr.
Sun Prairie, WI 53590
(608) 837-8484
*Finition pour bois.*

**The Old Fashioned Milk
Paint Co.**
436 Main St.
Groton, MA 01450
(508) 448-6336
*Peintures au lait et produits
de finition variés.*

**Olde Mill Cabinet Shoppe**
1660 Camp Betty
Washington Rd.
York, PA 17402
(717) 755-8884
*Produits de finition pour bois,
teintures, peintures au lait.*

**Smithcraft Fiberglass Inc.**
970 The Queensway
Toronto, Ont. M8Z 1P6
(416) 259-6946
*Peintures pour fibre de verre.*

**Steptoe & Wife Antiques Ltd.**
322 Geary Ave.
Toronto, Ont. M6H 2C7
(416) 530-4200
(800) 461-0060
*Papiers peints en relief et
moulures. Accessoires de
décoration de rideaux et
tentures.*

## Compagnies d'outils électriques

Vous pouvez contacter les compagnies d'outils électriques suivantes pour tous renseignements concernant leurs produits et leurs distributeurs les plus proches de chez vous. Si vous voulez faire réparer les outils que vous possédez déjà ou que vous ayez besoin de services professionnels, ces compagnies vous indiqueront l'adresse de leurs agents ou de leurs centres de service.

**Black & Decker Canada Inc.**
100 Central Ave.
Brockville, Ont. K6V 5W6
(905) 635-6740
(800) 465-6070

**Robert Bosch Inc.**
6811 Century Ave.
Mississauga, Ont. L5N 1R1
(416) 826-6060

**Cooper and Horton Ltd.**
1180 Lorimar Dr.
Mississauga, Ont. L5S 1N1
(416) 670-5110

**Delta International
Machinery**
644 Imperial Rd. N.
Guelph, Ont. N1H 6M7
(519) 836-2840

**Dremel**—distributeur exclusif
**Giles Tool Agencies Ltd.**
6520 Lawrence Ave. E.
Scarborough, Ont. M1C 4A7
(416) 287-3000

**Freud-Westmore Tools Ltd.**
7450 Pacific Circle
Mississauga, Ont. L5T 2A3
(905) 670-1025

**Hitachi**—distributeur exclusif
**Jet Equipment & Tools Ltd.**
1291 Parker St.
Vancouver, C.-B. V6A 2H5
(604) 251-4711

**Makita Canada Inc.**
Bureau régional
6398, boulevard Couture
St-Léonard, Qué. H1P 1A9
(514) 323-1223

**Outils Électriques
Milwaukee (Canada) Inc.**
755 Progress Ave.
Scarborough, Ont. M1H 2W7
(416) 439-4181
(800) 268-4015

**Outils Snap-on du Canada
Ltée**
2325 Skymark Ave.
Mississauga, Ont. L4W 5A9
(416) 624-0066

**Porter-Cable Corp.**
P.O. Box 2468
4825 Hwy. 45 N
Jackson, TN 38302-2468
(901) 668-8600

**Powermatic**
Une division de DeVlieg-
Bullard, Inc.
Morrison Rd.
McMinnville, TN 37110
(615) 473-5551
*Au Canada, Powermatic n'a
pas de distributeur exclusif.
Pour le nom de l'agent dans
votre secteur, contactez
Powermatic.*

**Ryobi Canada Inc.**
P.O. Box 910
Cambridge, Ont. N1R 6K2
(416) 453-4195
(800) 265-6778

**Shopsmith Canada Inc.**
2500 Milltower Court
Mississauga, Ont. L5N 6A3
(905) 858-2400

**Skil Outils Électriques**
6811 Century Ave.
Mississauga, Ont. L5N 1R1
(905) 826-6060

**Stanley du Canada Ltée**
1110 Corporate Drive
Burlington, Ont. L7L 5R6
(905) 825-1981
(800) 263-6292

Pour plus de renseignements sur les matériaux mentionnés dans ce livre, consultez la liste des manufacturiers ci-dessous. La plupart d'entre eux fournissent de la documentation sur leurs produits. Vous pouvez sans doute trouver presque tous ces matériaux dans les centres de rénovation de votre région, mais si toutefois vous éprouvez des difficultés, adressez-vous directement aux manufacturiers qui vous indiqueront l'adresse de leur distributeur le plus proche.

## TRAVAIL DU BOIS

**Conseil canadien du bois**
1730, boulevard. St- Laurent
Suite 350
Ottawa, Ont. K1G 5L1
(800) 463-5091
*Tous les produits de bois.*

**Conseil des industries forestières de la C.-B.**
1200 - 555 Burrard St.
Vancouver, C.-B. V7X 1S7
(604) 684-0211
*Tous les produits de bois.*

## CIMENT, BRIQUES ET PIERRES

**Brampton Brick Limited**
225 Wanless Dr.
Brampton, Ont. L7A 1E9
(905) 840-1011
*Briques d'argile cuites.*

**Brique Citadelle**
111 Francheville
C.P. 5190
Beauport, Qué. G1E 6B5
(418) 663-7821
(800) 463-1565
*Briques d'argile cuites.*

**Canada Brick**
P.O. Box 668
Streetsville, Ont. L5M 2C3
(905) 601-7314
(800) 268-5852
*Briques d'argile cuites.*

**Ciment St-Laurent**
Services techniques
435, Place Trans-Canada
Longueuil, Qué. J4G 2P9
(914) 267-6700
*Produits de maçonnerie et ciment.*

**Hidden Brick Co.**
2610 Kauffman Ave.
Vancouver, WA 98660
(206) 696-4421
*Briques.*

**I-XL Industries Ltd.**
P.O. Box 70
Medicine Hat, Alta. T1A 7E7
(403) 526-5901
*Briques d'argile cuites, parois de cheminée, briques réfractaires.*

**LaChance Brick Co.**
392 Mosher Rd.
Gorham, ME 04038
(207) 839-3301
*Briques.*

**L.E. Shaw Ltd.**
P.O. Box 2130
Lantz, N.-É. B0N 1R0
(902) 883-2201
*Briques d'argile cuites, blocs de ciment, bordures, blocs de talus, dalles de patio, pavés imbriqués.*

**Permacon Montréal**
8140, rue Bombardier
Anjou, Qué. H1J 1A4
(514) 351-2120
*Matériaux de construction et maçonnerie et produits de paysagiste : briques et blocs de ciment, bordures, blocs de talus, dalles de patio, pavés imbriqués, etc.*

**Permacon Ottawa**
S.S. 1
Stittsville, Ont. K2S 1B9
(613) 836-6194
*Matériaux de construction et maçonnerie ; produits de paysagiste : briques et blocs de ciment, bordures, blocs de talus, dalles de patio, pavés imbriqués, etc.*

**Permacon Toronto**
R.R. 3
Bolton, Ont. L7E 5R9
(905) 857-6773
*Gamme complète de matériaux de construction et maçonnerie ; produits de paysagiste : briques et blocs de ciment, bordures, blocs de talus, dalles de patio, pavés imbriqués.*

**Webster & Fils Ltée**
2585, côte de Liesse
Montréal, Qué. H4N 2M8
(514) 332-0520
*Briques d'argile cuites, blocs de ciment, blocs de verre et autres produits de maçonnerie et de construction.*

## CÉRAMIQUES, VITRE ET PLASTIQUE

**Advanced Technology**
311 Regional Rd. S.
Greensboro, NC 27409
(919) 668-0488
*Les produits de cette compagnie sont distribués par :*

**Octopus Products Ltd.**
200 Geary Ave.
Toronto, Ont. M6H 2B9
(416) 531-5051
*Feuilles de plastique laminées.*

**American Olean Tile Co.**
1000 Cannon Ave.
Lansdale, PA 19446
(215) 393- 2434
*Carreaux en céramique pour murs, sols, comptoirs de cuisine moulés et autres usages.*

**Avonite**
1945 Hwy. 304
Belen, NM 87002
(800) 428-6648
*Matériaux de surface solide.*

**Les carreaux Ramca**
1085, rue Van Horne
Montréal, Qué. H2V 1J6
(514) 270-9192
*Carreaux de céramique pour murs, sols et autres usages.*

**Country Floors**
15 E. 16th St.
New York, NY 10003
(212) 627-8300 (Côte Est)
(310) 627-0510 (Côte Ouest)
*Carreaux de céramique pour murs et sols. Carreaux importés faits à la main.*

**Euroglass Corp.**
123 Main St., Suite 920
White Plains, NY 10601
(914) 683-1390
*Carreaux de verre.*

**Fiberglas Canada Inc.**
4100 Yonge St., suite 600
Willowdale, Ont. M2B 2B6
(416) 733-1600
*Marériaux de fibre de verre.*

**Fibre Glass-Evercoat du Canada Inc.**
41 Brockley Dr., Unit 4
Hamilton, Ont., L8E 3C3
(800) 729-7600
*Matériaux pour travailler la fibre de verre.*

**Formica Canada Inc.**
25, rue Mercier
St-Jean-sur-Richelieu,
Qué. J3B 6E9
(514) 347-7541
(800) 363-1405
*Feuilles de plastique laminées, revêtements de sols.*

**GE Plastics - Canada Inc.**
2300 Meadowvale Blvd.
Mississauga, Ont. L5N 5P9
(905) 858-5700
*Feuilles de polycarbonate.*

**Glasshaus, Inc.**
415 W. Gold Rd., Suite 13
Arlington Heights, IL 60005
(708) 640-6910
*Blocs de verre.*

**Impro**
8300, place de Lorraine
Montréal, Qué. H1J 1E6
(514) 493-9400
*Distributeur autorisé de
blocs de verre fabriqués par
Pittsburg Corning Corp.*

**Pittsburg Corning Corp.**
800 Presque Isle Dr.
Pittsburg, PA 15239-2799
(800) 624-2120
*Blocs de verre.*

**Produits de construction
Corian de DuPont Canada
Inc.**
P.O. Box 2200, Streetsville
Mississauga, Ont. L5M 2H3
(800) 426-7426
(905) 821-5348
*Matériaux de surface solide.*

**Tuiles Olympia International
Inc.**
Siège social
1000 Lawrence Ave. W.
Toronto, Ont. M6B 4A8
(800) 268-1613
*Carreaux de céramique, de
vinyle, pierres naturelles,
marbre. Produits, accessoires
et installation.*

**Tuiles Olympia International
Inc.**
555, rue Locke
Saint-Laurent, Qué. H4T 1X7
(514) 345-8666
*Carreaux de céramique, de
vinyle, pierres naturelles, marbre. Produits, accessoires et
installation.*

**Summitville Tiles Inc.**
P.O. Box 73, Rte. 644
Summitville, OH 43962
(216) 223-1511
*Carreaux de céramique pour
sols, murs, comptoirs et
armoires de cuisine.*

**Ralph Wilson Plastics Co.**
600 S. General Bruce Dr.
Temple, TX 76504
(800) 433-3222
*Feuilles de plastique laminées.*

# REVÊTEMENTS DE
# SOLS ET PLANCHERS

**Aged Woods, Inc.**
2331 E. Market St.
York, PA 17402
(800) 233-9307
*Planches de bois antique.*

**Boen Hardwood Flooring Inc.**
Rte. 5, Box 640
Bassett, VA 24055
(703) 629-3381
*Planches, lames et lamelles.*

**Bruce Hardwood Floors**
16803 Dallas Pkwy.
Dallas, TX 75248
(214) 931-3100, ext. 600
*Parquets, planches, lames et
lamelles. Feuilles et planches
laminées.*

**Carlisle Restoration Lumber**
HCR 32, Box 679
Stoddard, NH 03464-9712
(603) 446-3937
*Planches, lambris et poutres.*

**Centre de rénovation Bock**
50, rue Stinson
Saint-Laurent, Qué. H4N 2E7
(514) 748-6161
*Tous genres de bois dur,
parquet et bois d'œuvre.*

**Centre de rénovation
Villa Nova**
2, rue Bellechasse
Montréal, Qué. H2S 1W1
(800) 233-9307
*Tous genres de bois dur,
parquet et bois d'œuvre.*

**Congoleum Corporation**
43 - 1313 Border Place
Winnipeg, Man. R3H 0X4
(800) 465-1652
*Revêtements souples en
rouleaux et en carreaux.*

**Industries mondiales
Armstrong Canada Ltée**
6911, boulevard Décarie
Montréal, Qué. H3W 3E5
(514) 733-9981
*Revêtements souples en
rouleaux et en carreaux.*

**Knights of Meaford Inc.**
81 Edwin St. E.
Meaford, Ont. N0H 1Y0
(519) 538-2000
*Lames de chêne et d'érable,
sol de bois dur.*

**MacMillan Bloedel
Building Materials Ltd.**
925 West Georgia St.
Vancouver, C.-B. V6C 3L2
(604) 661-8000
*Tous genres de matériaux
de construction, de produits
forestiers, de bois durs, parquets et bois d'œuvre, etc.*

**MacMillan Bloedel
Building Materials Ltd.**
50 Oak St.
Weston, Ont. M9N 1S1
(416) 244-1741
*Tous genres de matériaux
de construction, de produits
forestiers, de bois durs,
parquets et bois d'œuvre, etc.*

**Matériaux de construction
MacMillan Bloedel Ltée**
308, rue Saint-Patrick
Montréal, Qué. H8N 1V1
(514) 366-2100
*Tous genres de matériaux
de construction, de produits
forestiers, de bois durs,
parquets et bois d'œuvre, etc.*

**Planchers Barwood**
4885, rue Bourg
Saint-Laurent, Qué. H4T 1H9
(800) 363-2601
*Parquets de chêne, de
merisier, de frêne et d'érable.
Planchers prévernis.*

**Tarkett Inc.**
215 Carlingview Dr., Suite 112
Rexdale, Ont. M9W 5X8
(416) 675-1133
*Revêtements souples en
rouleaux et en carreaux.*

**Unicorn Universal
Woods Ltd.**
4190 Steeles Ave. W.
Woodbridge, Ont. L4L 3S8
(905) 851-2308
*Bois d'œuvre exotique et
domestique, planches, bois de
spécialité et contreplaqué de
bateaux, placage simple ou
avec revers en papier.*

**Windsor Plywood**
Siège social et centre
de distribution
10382 - 176th St.
Surrey, C.-B. V3T 5M5
(604) 581-4661
*Produits de finition intérieure,
contreplaqués, moulures,
boiseries et couvre-sols variés.*

# FINITION DU BOIS

**Akzo Peintures Ltée**
1001, boul. Daniel-Johnson
Saint-Jérôme, Qué. J7Y 4C2
(514) 438-3588
*Peintures, teintures et vernis.*

**Benjamin Moore Peintures
& Cie Ltée**
9393, boul. Saint-Michel
Montréal, Qué. H1Z 3H3
(514) 321-3330
*Peintures, teintures et vernis.*

**Peintures Glidden**
8200 Keele St.
Concord, Ont. L4K 2A5
(800) 387-3663
*Peintures de latex sans
solvant en trois finis. Cours
de faux finis sur demande.*

# CONVERSION AU SYSTÈME MÉTRIQUE

Le consommateur canadien a encore généralement le choix entre le système métrique et le système impérial. Des produits comme le bois d'œuvre ou le béton se vendent toujours au pied, au pied carré ou à la verge cube, même si les industries du bois et du béton se sont elles-mêmes depuis longtemps converties au système métrique.

Parce que le système impérial continue d'être plus familier aux bricoleurs, nous l'avons retenu ici exclusivement dans les légendes, les illustrations et les tableaux. Dans le texte principal, les équivalents métriques figurent entre parenthèses.

Une fois qu'on s'est familiarisé avec le système métrique, on s'aperçoit qu'il permet de calculer beaucoup plus vite et plus facilement les quantités de matériaux dont on a besoin. Au lieu de 12 pouces au pied et de 3 pieds dans une verge, on a, pour le calcul métrique, le mètre équivalant à 100 centimètres et à 1 000 millimètres. Les tableaux ci-dessous se révéleront fort utiles pour passer d'un système à l'autre.

## Dimension des planches

Une pièce de bois se décrit en termes de largeur, d'épaisseur et de longueur. Quand vous commandez du bois d'après les mesures impériales, il faut savoir que celles-ci sont des dimensions « nominales », c'est-à-dire celles de la planche brute, au moment du débitage. Une planche de 2 po x 4 po x 8 pi, par exemple, aura en réalité 1½ po x 3½ po x 8 pi du fait qu'elle a été par la suite planée (la longueur n'est pas touchée).
Les planches commandées en mesures métriques, quant à elles, sont toujours conformes aux dimensions indiquées.

| Dimensions nominales (po) | Dimensions réelles (po) | Dimensions réelles métriques (mm) |
|---|---|---|
| 2 x 2 | (1½ x 1½) | 38 x 38 |
| 2 x 4 | (1½ x 3½) | 38 x 89 |
| 2 x 6 | (1½ x 5½) | 38 x 140 |
| 2 x 8 | (1½ x 7¼) | 38 x 184 |
| 2 x 10 | (1½ x 9¼) | 38 x 235 |
| 4 x 4 | (3½ x 3½) | 89 x 89 |
| 4 x 6 | (3½ x 5½) | 89 x 140 |

## Mesures linéaires

| Pouces (po) | 1/64 | 1/32 | 1/25 | 1/16 | 1/8 | 1/4 | 3/8 | 2/5 | 1/2 | 5/8 | 3/4 | 7/8 | 1 | 2 | 3 | 4 | 5 | 6 | 7 | 8 | 9 | 10 | 11 | 12 | 36 | 39,4 |
|---|---|---|---|---|---|---|---|---|---|---|---|---|---|---|---|---|---|---|---|---|---|---|---|---|---|---|
| Pieds (pi) | | | | | | | | | | | | | | | | | | | | | | | | 1 | 3 | 3¼† |
| Verges (vg) | | | | | | | | | | | | | | | | | | | | | | | | | 1 | 1½† |
| Millimètres* (mm) | 0,40 | 0,79 | 1 | 1,59 | 3,18 | 6,35 | 9,53 | 10 | 12,7 | 15,9 | 19,1 | 22,2 | 25,4 | 50,8 | 76,2 | 101,6 | 127 | 152 | 178 | 203 | 229 | 254 | 279 | 305 | 914 | 1 000 |
| Centimètres* (cm) | | | | | | | 0,95 | 1 | 1,27 | 1,59 | 1,91 | 2,22 | 2,54 | 5,08 | 7,62 | 10,16 | 12,7 | 15,2 | 17,8 | 20,3 | 22,9 | 25,4 | 27,9 | 30,5 | 91,4 | 100 |
| Mètres* (m) | | | | | | | | | | | | | | | | | | | | | | | | 0,30 | 0,91 | 1 |

† Fractions arrondies * Valeurs métriques arrondies

## Coefficients de conversion

### Impérial à métrique

| Pour convertir des | en | multipliez par |
|---|---|---|
| Pouces | millimètres | 25,4 |
| Pouces | centimètres | 2,54 |
| Pieds | mètres | 0,305 |
| Verges | mètres | 0,914 |
| Milles | kilomètres | 1,609 |
| Pouces carrés | centimètres carrés | 6,45 |
| Pieds carrés | mètres carrés | 0,093 |
| Verges carrées | mètres carrés | 0,836 |
| Pouces cubes | centimètres cubes | 16,4 |
| Pieds cubes | mètres cubes | 0,0283 |
| Verges cubes | mètres cubes | 0,765 |
| Chopines (Canada) | litres | 0,568 |
| Pintes (Canada) | litres | 1,136 |
| Gallons (Canada) | litres | 4,546 |
| Gallons (É.-U.) | litres | 3,79 |
| Onces | grammes | 28,4 |
| Livres | kilogrammes | 0,454 |
| Tonnes impériales | tonnes métriques | 0,907 |

### Métrique à impérial

| Pour convertir des | en | multipliez par |
|---|---|---|
| Millimètres | pouces | 0,039 |
| Centimètres | pouces | 0,394 |
| Mètres | pieds | 3,28 |
| Mètres | verges | 1,09 |
| Kilomètres | milles | 0,621 |
| Centimètres carrés | pouces carrés | 0,155 |
| Mètres carrés | pieds carrés | 10,8 |
| Mètres carrés | verges carrées | 1,2 |
| Centimètres cubes | pouces cubes | 0,061 |
| Mètres cubes | pieds cubes | 35,3 |
| Mètres cubes | verges cubes | 1,31 |
| Litres | chopines (Canada) | 0,88 |
| Litres | pintes (Canada) | 0,176 |
| Litres | gallons (Canada) | 0,22 |
| Litres | gallons (É.-U.) | 0,26 |
| Grammes | onces | 0,035 |
| Kilogrammes | livres | 2,2 |
| Tonnes métriques | tonnes impériales | 1,1 |